Direito das Obrigações
Contratos em Especial

CB126362

Direito das Obrigações
Contratos em Especial

2019

Pedro de Albuquerque
Professor da Faculdade de Direito de Lisboa
Agregado em Direito
Doutor em Direito

ALMEDINA

DIREITO DAS OBRIGAÇÕES
CONTRATOS EM ESPECIAL

AUTOR
Pedro de Albuquerque

EDITOR
EDIÇÕES ALMEDINA, S.A.
Rua Fernandes Tomás, nºs 76, 78 e 80
3000-167 Coimbra
Tel.: 239 851 904 · Fax: 239 851 901
www.almedina.net · editora@almedina.net

DESIGN DE CAPA
FBA.

PRÉ-IMPRESSÃO
EDIÇÕES ALMEDINA, S.A.

IMPRESSÃO E ACABAMENTO
DPS - DIGITAL PRINTING SERVICES, LDA
Novembro, 2019

DEPÓSITO LEGAL
464025/19

Os dados e as opiniões inseridos na presente publicação são da exclusiva responsabilidade do seu autor.

Toda a reprodução desta obra, por fotocópia ou outro qualquer processo, sem prévia autorização escrita do Editor, é ilícita e passível de procedimento judicial contra o infrator.

ALMEDINA | GRUPOALMEDINA

BIBLIOTECA NACIONAL DE PORTUGAL – CATALOGAÇÃO NA PUBLICAÇÃO

ALBUQUERQUE, Pedro de, e outro

Direito das obrigações: contratos em especial /
Pedro de Albuquerque. – v. – 2ª ed. –
(Manuais universitários) V. 1: p. –
ISBN 978-972-40- 8145-8

CDU 347

Ao Senhor Luís Milheiro, pelo seu paciente e laborioso esforço de revisão dos meus trabalhos ao longo dos anos

VOLUME I

COMPRA E VENDA

1 – Introdução

I – A História e o Direito comparado mostram alguns ordenamentos que consagram a transferência do direito de propriedade através do «*sistema do título e do modo*», outros através do «*sistema do título*», outros, ainda, através do «*sistema do modo*». O primeiro corresponde a um sistema de transmissão causal, em que o negócio base e o ato de transferência são distintos e separados, mas em que se requer uma compaginação entre o segundo e o primeiro. Distingue-se, quer do «*sistema do título*», em que a propriedade se adquire unicamente com base no negócio causal, quer do «*sistema do modo*», no qual a transmissão da propriedade é um ato diverso e independente do negócio causal. O «*sistema do modo*» é o seguido atualmente pelo Direito alemão[1] enquanto o «*sistema do título*» é o adotado pelo Código Civil português[2].

[1] A respeito do sistema atualmente seguido pelo Direito alemão (resultado da separação operada entre o negócio base obrigacional e negócio real de transferência da propriedade segundo o princípio da abstração, cujo cunhar é, tantas vezes, imputado a SAVIGNY – de resto na sequência de uma errada interpretação que este fez de *GAIUS* [D. 41, 1. 9, 3, repetido, aliás, em Inst. 2. 1. 40] – e, depois, acolhido no *BGB*, mas que parecerá encontrar antecedentes em, pelo menos, *BALDUS*, *DONELLUS* e POTHIER) e as diversas soluções consagradas pelo regime da compra e venda v., designadamente, LARENZ, *Lehrbuch des Schuldrecht*, II, *Besonderer Teil*, I, 1986, 6 e ss.; ROLF KNÜTEL, *Vendita e trasferimento della proprietà nel diritto tedesco*, in *Vendita e trasferimento della proprietà nella prospettiva storico-comparatistica. Materiali per un corso di diritto romano*, 1997, 162 e ss.; BERTHOLD KUPISCH, *Causalità e astratteza*, in *Vendita e trasferimento della proprietà nella prospettiva storico-comparatistica. Materiali per un corso di diritto romano*, 1997, 173 e ss., *maxime* 187, onde o autor considera tratar-se de um modelo que generaliza a transferência abstrata de forma contrária às fontes e à vida, resultado da violentação pelo *caput* da escola histórica do próprio método por ele proposto;

WESTERMANN, *Münchener Kommentar. Bürgerliches Gesetzbuch. Schuldrecht*, III, *Besonderer Teil I*, 4.ª edição, comentário aos §§ 433-610, 2005, comentário prévio ao § 433, 5 e ss.; Id., *Münchener Kommentar zum BGB*, 7.ª edição, 2016, comentário prévio ao § 433, anotação 6 e 7; ROLAND BECKMANN, *Staudingers Kommentar zum Bürgerlichen Gesetzbuch mit Einführungsgesetzund Nebengesetzen. Buch 2, Recht der Schuldverhältnisse*, comentário aos §§ 433 a 487, 2004, comentário prévio ao § 433, 9 e ss., comentário aos §§ 433 e 446 a 453, 77 e ss., 373 e ss.; Id., *Idem*, 2014, comentário aos §§ 433 a 487, comentário prévio ao §§ 433, 1 e ss.; ANNEMARIE MATUSCHE-BECHMANN, *Idem*, comentário aos §§ 434 a 445, 453 e 475 a 479, 146 e ss, 649 e ss.; PETER MADER, *Idem*, comentário aos §§ 454 a 473, 507 e ss.; UWE WESEL, *Geschichte des Rechts von den Frühformen bis zu Gegenwart*, 3.ª edição, 2006, 195, 390, 459, assinalando erros interpretativos de SAVIGNY no tratamento das fontes; FIKENTSCHER/HEINEMANN, *Schuldrecht*, 10.ª edição, 2006, 41 e ss., 392 e ss.; HANS-WERNER ECKERT/JAN MAIFELD/MICHAEL MATTHIESSEN, *Handbuch des Kaufrechts. Der Kaufvertrag nach bürgerlichem Recht, Handelsrecht und UN-Kaufrecht*, 2.ª edição, 2014, 1 e ss.. Na Doutrina portuguesa v., a este respeito, MENEZES CORDEIRO, *Tratado de direito civil*, XI, 2018, 45 e 59 e ss..

[2] A respeito destes três sistemas v., na literatura jurídica de língua portuguesa, RUY DE ALBUQUERQUE, *Os Títulos de aquisição territorial na expansão portuguesa (Séculos XV e XVI)*, 1960, 168; CALVÃO DA SILVA, *Cumprimento e sanção pecuniária compulsória*, 4.ª edição, 2002, 99 e ss., nota 193; VIEIRA CURA, *O fundamento romanístico da eficácia obrigacional e da eficácia real da compra e venda nos Códigos Civis espanhol e português*, in *Jornadas romanísticas*, 2003, 40 e ss.; *Compra e venda e transferência da propriedade no Direito romano clássico e justinianeu (a raiz do «sistema do título e do modo»)*, in *Boletim da Faculdade de Direito, Volume Comemorativo do 75.º tomo*, 2003, 68 e ss.; Id., *Transmissão da propriedade e aquisição de outros direitos reais (algumas considerações sobre a história do «sistema do título e do modo»*, separata de *Estudos em homenagem ao Prof. Doutor Raúl Ventura*, 2003, 373 e ss.; e já antes ORLANDO DE CARVALHO, *Direito das coisas*, 1977, 269 e ss.; Id., *Teixeira de Freitas e a unificação do direito privado*, in *Boletim da Faculdade de Direito*, 1984, LX, 13 e 14, nota 30; MENEZES CORDEIRO, *Tratado...*, XI, 44 e 45, 59 e ss.. Referência, igualmente, para NUNO PINTO OLIVEIRA, *Contrato de compra e venda, noções fundamentais*, 2008, 36 e 37; MENEZES LEITÃO, *Direito das obrigações*, III, *Contratos em especial*, 11.ª edição, 2016, 19 e ss.; e VERA EIRÓ, *A transmissão de valores mobiliários – as ações em especial*, in *Themis, Revista da Faculdade de Direito da Universidade Nova*, 2005, VI, 11, 156 (onde refere, louvando-se no ensinamento de RUI PINTO DUARTE, *Curso de direitos reais*, 2002, 54 [mas v., também, RUI PINTO DUARTE, *Curso de direitos reais*, 2.ª edição 2007, 56] três sistemas de transmissão da propriedade: o primeiro, sem mencionar expressamente a locução, vigente entre nós, seria o do título; o segundo, consagrado em Espanha, seria o do modo – que segundo a autora corresponderia às situações nas quais a transmissão da propriedade decorre do contrato juntamente com determinados atos independentes do contrato – e, o terceiro, o Alemão, equivalente ao sistema de transmissão da propriedade não dependente da existência de contrato, mas tão-só de efetivação de atos independentes de contrato. Mas não. Há, com a devida vénia, confusão de VERA EIRÓ, mas na qual não

II – As páginas seguintes serão dedicadas ao estudo da compra e venda no Direito civil português. Não é, porém, numa perspetiva metodológica adequada, possível estudar Direito, e especialmente o Direito civil, sem, concomitantemente, se analisar a evolução histórica dos institutos envolvidos[3]. Iremos, por isso, nos parágrafos imediatamente seguintes, encetar uma análise histórica da evolução da compra e venda, na qual apuraremos como esta se desenvolveu, a vários níveis, designadamente até se chegar ao sistema do modo praticado pela nossa Ordem jurídica vigente.

incide PINTO DUARTE. O sistema vigente na Alemanha é o do modo. Em Espanha vale o sistema do título e do modo, que a autora parece desconhecer. A aceitar-se a possibilidade do terceiro sistema mencionado por VERA EIRÓ, parece ter de se admitir a existência de um quarto sistema). Veja-se também o estudo de Direito Comparado a propósito da transmissão da propriedade e compra e venda de ASSUNÇÃO CRISTAS/MARIA FRANÇA GOUVEIA, *Transmissão da propriedade de coisas móveis e contrato de compra e venda. Estudo comparado dos direitos português, espanhol e inglês*, in *Transmissão da propriedade e contrato*, 2001, 15 e ss.. Entre os autores italianos, referência, *colorandi causa*, para LETIZIA VACCA, *Annotazioni in tema di vendita e trasferimento della proprietà*, in *Vendita e trasferimento della proprietà nella prospettiva storico-comparatistica. Materiali per un corso di diritto romano*, 1997, 127. Finalmente, na Doutrina alemã o realce vai para FRANZ HOFMANN, *Die Lehre von* titulus *und* modus adquirendi, *und von der* iusta causa traditionis, 1873, *per totum*; LANDSBERG, *Die Glosse des Accursius und ihre Lehre von Eigenthum*, 1883, 102 e ss.; MAX KASER, *Compraventa y transmisión de la propriedade en el derecho romano y la dogmática moderna*, 1962, 27 e ss., livro este que teve como origem uma conferência proferida pelo autor alemão em Espanha; BERTHOLD KUPISCH, *Causalità...*, in *Vendita...*, 176 e ss.; UWE WESEL, *Geschichte des Rechts vom den Frühformen bis zu Gegenwart...*, 390.

[3] Para uma demonstração disso mesmo cfr. PEDRO DE ALBUQUERQUE, *Direitos Reais – Relatório*, 2009, 576 e ss.; Id., *A vinculação das sociedades comerciais anónimas e por quotas*, 2017, I, 39 e ss., nota 40, com amplas indicações.

PARTE I

EVOLUÇÃO HISTÓRICA

§ 2.1 – Direito romano

I – No Direito romano a compra e venda (*emptio venditio*) é, predominantemente[4], o contrato consensual e bilateral pelo qual uma das partes (o vendedor) se obriga a transferir para outra (o comprador) a posse de uma *res* e a assegurar-lhe o gozo pacífico, obrigando-se esta (comprador) pagar--lhe (vendedor) o *pretium*[5-6]. Nesta definição vai bem expressa a caraterística

[4] E dizemos predominantemente porque não foi assim em todos os períodos do Direito romano. Adiante se clarificará este aspeto.

[5] Segue-se de perto a definição apresentada por Santos Justo, *Direito privado romano*, II, *Direito das Obrigações*, reimpressão da 2.ª edição, 2006, 49; Id., *Idem*, 4.ª ed., 2011, II, 49; Id., *Manual de contratos civis. Vertentes romana e portuguesa*, 2017, 7 e 8; Id., *Manual de direito privado romano*, 2.ª edição, 2018, 176. A bibliografia sobre o contrato de compra e venda em Roma é infindável. Para mais pormenores ou desenvolvimentos v., *colorandi causa*, Mackeldey, *Manuel de droit romain contenant la théorie des institutes précédée d'une introduction à l'étude du droit romain*, traduzida do alemão por Beving, 3.ª edição, 1846, 205 e ss.; Bechmann, *Der Kauf nach gemeinem Recht*, reimpressão da edição de 1867, 1965, I, *per totum*; Schupfer, *Il diritto delle obbligazioni*, 1868, 357 e ss.; Paulo Merêa, *Direito romano, obrigações, prelecções feitas ao primeiro ano jurídico*, por Rui Cunha e Costa e António Madail, Aveiro, 1913-1914, 82 e ss.; Girard, *Manuel de droit romain*, 7.ª edição, 1924, 562 e ss.; Besta, *Le obbligazioni nella storia del diritto italiano*, 1937, 201 e ss.; Arangio-Ruiz, *Istituzioni di Diritto Romano*, 9.ª edição, 1947, 337; Monier, *Manuel élémentaire de droit romain*, 2 tomos num só volume, Tomo I, *Introduction historique, les sources, la procédure, les personnes, droits réels, les sucessions*, Tomo II, *Les obligations*, segunda reimpressão das 5.ª e 6.ª edições de 1947-1954, 1977, II, 130 e ss.; Raúl Ventura, *Direito romano. Obrigações*, 1951/1952, 256 e ss.; Ferrini, *Manuale di Pandette*, 4.ª edição integrada e tratada por Grosso, 1953, 524 e ss.; Zulueta, *The roman law of sale*, reimpressão da primeira edição, 1957, com realce para a Parte, I, 1 e ss.; Ourliac/Malafosse, *Droit romain et ancien droit*, I, *Les obligations*, 1957, 254 e ss.; Burdese, *Vendita (diritto romano)*, in *Novissimo Digesto italiano*, 1957, XX, 594 e ss.; Betti,

mais original da compra e venda romana[7]: a mera obrigatoriedade. A *emptio venditio* é um contrato no qual, quer a transferência da coisa, quer o pagamento do preço são diferidos para momento posterior[8-9].

Istituzioni di diritto romano, 1960, II, I, 187 e ss.; EDOARDO VOLTERRA, *Istituzioni di diritto privato romano*, 1961, 495 e ss.; GIFFARD, *Précis de droit romain*, 1951, II, 51 e ss.; Id., *Droit romain et ancien droit français – les obligations*, 1958, 47 e ss.; SCHULZ, *Classical roman law*, reimpressão da edição de 1951, 1954, 526; MOREIRA ALVES, *Direito romano*, II, *Instituições de Direito romano: b) parte especial: direito das obrigações, direito da família; direito das sucessões*, 2.ª edição, 1972, 166 e ss.; FUENTESECA, *Derecho privado romano*, 1978, 258 e ss.; PUGLIESE, *Istituzioni di diritto romano*, com a colaboração de FRANCESCO SITZIA e LETIZIA VACCA, Parte II, 1986, 612 e ss., Parte III, *Il período postclassico e giustinianeo*, 1988, 994 e ss.; MARIO TALAMANCA, *Vendita Diritto Romano*, in *Enciclopedia del Diritto*, 1993, XLVI, 303 e ss.; EDUARDO VERA-CRUZ PINTO, *O direito das obrigações em Roma*, 1997, 300 e ss.; SANTOS JUSTO, *Direito privado...*, III, *Direitos reais*, 1997, 105 e ss.; Id., *Breviário de direito privado romano*, 2010, 176 e ss.; Id., *Manual de direito...*, 176 e ss.; PUGLIESE, *Compravendita e trasferimento della proprietà in diritto romano*, in *Vendita e trasferimento della proprietà nella prospettiva storico-comparatistica. Materiali per un corso di diritto romano*, 1997, 37 e ss.; CARLO CANNATA, *La compravendita consensuale romana: significato di una struttura*, in *Vendita e trasferimento della proprietà nella prospettiva storico-comparatistica. Materiali per un corso di diritto romano*, 1997, 73 e ss.; LETEZIA VACCA, *Annotazioni in tema di vendita...*, in *Vendita e trasferimento della proprietà...*, 126 e ss.; JEAN-PHILIPE LÉVY/ANDRÉ CASTALDO, *Histoire du droit civil*, 2002, 713 e ss.; VIEIRA CURA, *O fundamento romanístico da eficácia obrigacional e da eficácia real da compra e venda...*, in *Jornadas...*, 2003, 61 e ss.; Id., *Compra e venda e transferência da propriedade no Direito romano clássico e justinianeu...*, in *Boletim...*, 68 e ss.; Id., *Transmissão da propriedade e aquisição de outros direitos reais...*, 376 e ss.; MAX KASER/ROLF KNÜTEL, *Römisches Privatrecht*, 18.ª edição, 2005, 203 e ss.; UWE WESEL, *Geschichte des Rechts...*, 219 e ss., com realce para a problemática dos vícios da coisa, da transferência do risco e do erro; PEDRO CARIDADE DE FREITAS, *A compra e venda no Direito romano; características gerais*, in *Estudos em honra de Ruy de Albuquerque*, 2006, II, 431 e ss.; FEDERICO FERNÁNDEZ, *Sistema contractual romano*, 3.ª edição, 2007, 2005 e ss.; JOSÉ ALBERTO VIEIRA, *Direitos reais*, 2008, 231 e ss., 239 e ss.; Id., *Idem*, 2.ª ed., 216 e ss., 222 e ss.; MENEZES CORDEIRO, *Tratado...*, XI, 48 e ss., 180 e ss..

[6] GAIUS, 3, 139.

[7] ARANGIO-RUIZ, *Istituzioni...*, 337.

[8] Isto, não obstante o facto, referido por SCHULZ, *Classical...*, 526 a 528, de em inúmeros casos a coisa e o preço serem trocados no momento da conclusão do contrato. No entanto, se alguém comprasse uma *res nec mancipi* adquiria a propriedade não por força do contrato de venda, mas através da *traditio*. O constituto possessório, nota SCHULZ, era nesta altura desconhecido do Direito romano clássico. Se se comprasse uma *res mancipi* adquiria-se a propriedade por *mancipatio* ou *iure in cessio* mas não através da *emptio venditio* (acerca destas noções v. as indicações fornecidas *infra* na nota subsequente a esta). Por outro lado, no Direito clássico, a transferência da propriedade não dependia do pagamento do preço. Em

II – As origens da compra e venda afiguram-se nebulosas. Na própria Roma o contrato consensual não era originário. No antigo Direito Civil a compra e venda era um negócio a contado como sucedia com a *mancipatio*[10], na qual originariamente se procedia à troca imediata de uma coisa contra um preço. E mesmo antes desta deve ter sido usada a troca pura e simples. Com o tempo a troca em espécie começou a tornar-se menos rígida, com a possibilidade de se diferir a entrega do preço da coisa. Na *mancipatio*,

lugar de realizar um contrato consensual de compra e venda, as partes podiam realizar duas estipulações: o vendedor prometia uma coisa e o comprador uma soma em dinheiro. Havia mesmo casos em que este era o único mecanismo disponível. Mas embora o resultado fosse economicamente equivalente à venda, do ponto de vista jurídico não se aplicava o regime da *emptio venditio*. Sobre tudo isto v. SCHULZ, *op. loc. cit.*. V., também, LEICHT, *Storia del diritto italiano, Il diritto privatto*, II, 69, III, *Le obbligazioni*, 2.ª edição, 1948, 112, onde o autor refere o aparecimento, em fase mais tardia, seja de exceções à necessidade de tradição, seja de meios para evitar a sua realização. Relativamente às primeiras LEICHT refere o privilégio outorgado por JUSTINIANUS à Igreja de forma a permitir-lhe o recurso a uma *actio in rem* para obter os bens vendidos, sem necessidade de tradição. Entre os segundos, o jurista italiano menciona o constituto possessório que dispensava a tradição. Também SANTOS JUSTO, *Manual de direito...*, 176, refere o facto de na época pós-clássica se ter admitido a imediata transferência da propriedade desde que o preço tivesse sido pago.

[9] Note-se que no início era desconhecida a transmissão de direitos tal como hoje configurada, em que o adquirente recebe precisamente o mesmo direito que o alienante. O direito subjetivo constituía-se *ex novo* na esfera do adquirente. Nos juristas clássicos já aparecia, contudo, a representação de que o vendedor, quando «cede» o direito ao adquirente, perde um direito com o mesmo conteúdo que o alcançado pelo último. Este tipo de situações era simbolizado pelos clássicos como transferências ou cessões da propriedade: *dominium transferre, transire*. Assim KASER/KNÜTEL, *Römisches...*, 119; e, entre nós, referindo-se também ao ensinamento dos autores tudescos agora citados, JOSÉ ALBERTO VIEIRA, *Direitos...*, 231, nota 784; Id., *Idem*, 2.ª ed., 216, 832.

[10] A *mancipatio* é um ato formal e abstrato, por força do qual alguém cede a outrem a propriedade sobre certas coisas ou um poder semelhante à propriedade sobre determinadas pessoas ou coisas. Objeto da *mancipatio* só podiam ser os filhos e determinados bens que, destarte, são apelidados de *res mancipi*: prédios situados em solo itálico, escravos, gado grosso e, posteriormente, servidões rústicas (as restantes coisas eram designadas *res nec mancipi*). Se a *mancipatio* se realizava na base de uma compra e venda, como sucedia sempre nos tempos antigos, para além da transferência da propriedade gerava a responsabilidade do alienante em determinadas situações. A este respeito v., a título exemplificativo, VIEIRA CURA, *Compra e venda...*, in *Boletim...*, *Volume Comemorativo...*, 73 e 74, nota 13, com indicações, 98 e ss.; Id., *Transmissão da propriedade...*, 380 e ss.; KASER/KNÜTEL, *Römisches...*, 44 e ss., 120; UWE WESEL, *Geschichte des Rechts vom den Frühformen bis zu Gegenwart...*, 192 e 193; MENEZES CORDEIRO, *Tratado...*, XI, 49 e 50, 54.

já as XII Tábuas referem o pagamento diferido e a respetiva garantia por negócio gerador de responsabilidade[11]. Como se chegou, porém, à compra e venda consensual é facto que permanece controvertido[12], embora a força obrigatória vinculativa pareça encontrar-se reconhecida o mais tardar no século II a. C.[13].

Na época pós-clássica[14], em virtude da desconfiança geral provocada pelo declínio da economia, regressa-se à compra e venda a pronto ou contado, num fenómeno que afeta tanto o Ocidente como o Oriente[15]. A celebração da compra e venda consta de documento escrito em todas as situações importantes, sendo que, para a compra e venda de imóveis, CONSTANTINO

[11] KASER/KNÜTEL, *Römisches...*, 203.

[12] Acerca das várias explicações que têm sido avançadas a este propósito v. GIRARD, *Manuel...*, 652 e ss.; MONIER, *Manuel...*, 129 e ss., com grande pormenor e importantes indicações; GIFFARD, *Précis...*, II, 48 e ss.; BURDESE, *Vendita...*, in *Novissimo...*, XX, 595; TALAMANCA, *Vendita...*, in *Enciclopedia...*, XLVI, 303 e ss., também com desenvolvimento; LÉVY/CASTALDO, *Histoire...*, 714 e ss.; SANTOS JUSTO, *Direito...*, II, 50; Id., *Idem*, 4.ª ed., II, 50; Id., *Manual de contratos...*, 9; e PEDRO CARIDADE DE FREITAS, *A compra e venda no Direito romano...*, in *Estudos em honra de Ruy...*, II, 433 e ss., *maxime*, 439 e ss..

[13] Assim KASER/KNÜTEL, *Römisches...*, 203, que referem ter sido esta venda conhecida desde sempre no âmbito do *ius gentium* (v., porém, quanto mencionam acerca da importância dos estudos de PRINGSHEIM, neste âmbito, a propósito da venda grega e helenística, LÉVY/ /CASTALDO, *Histoire...*, 715 e 716). Cfr., ainda, TALAMANCA, *Vendita...*, in *Enciclopedia...*, XLVI, 303 e ss., para quem a *obligatio consensu contracta* terá sido introduzida, ao menos nas relações entre *cives*, em finais do século III.

[14] Para uma referência aos vários períodos do Direito romano v., por todos, SANTOS JUSTO, *A evolução do Direito romano*, in *Boletim da Faculdade de Direito, Volume Comemorativo do 75.º tomo*, 2003, 47 e ss., que propõe a seguinte periodificação segundo um critério jurídico-interno que privilegia os aspetos dogmático-práticos: 1.ª – época arcaica: mais ou menos entre 753 e 130 a. C.; 2.ª – época clássica: de 130 a. C. ao ano 230; 3.ª – época pós-clássica: entre os anos 230 e 530; 4.ª – época justinianeia: vai de 530 a 565.

[15] KASER/KNÜTEL, *Römisches...*, 204. De forma desenvolvida, acerca da compra e venda no período pós-clássico, v. TALAMANCA, *Vendita...*, in *Enciclopedia...*, XLVI, 461 e ss.. V., também já antes, PUGLIESE, *Istituzioni...*, III, 994 e ss.. Entre nós cfr. VIEIRA CURA, *O fundamento romanístico da eficácia obrigacional e da eficácia real da compra e venda...*, in *Jornadas romanísticas...*, 81 e ss.; Id., *Compra e venda...*, in *Boletim...*, *Volume Comemorativo...*, 104 e 105, assinalando o efeito real da compra e venda, sobretudo translativo do domínio, sob CONSTANTINO, numa orientação continuada pelos seus sucessores; MENEZES CORDEIRO, *Tratado...*, XI, 53 e 54; SANTOS JUSTO, *Manual de direito...*, 176, referindo a admissibilidade de transferência da coisa desde que tivesse sido pago o preço.

estabeleceu ainda outros requisitos[16]. Com a celebração da compra e venda e o pagamento do preço o comprador torna-se proprietário[17].

Com JUSTINIANO assiste-se a uma solução intermédia[18]. Admite-se a compra e venda consensual e não formal do Direito clássico, mas concede--se a possibilidade de se escolher a compra e venda por escrito[19]. Ambas as modalidades se podem utilizar tanto para as coisas móveis como para as imóveis[20]. Optando as partes pela forma escrita, o contrato só será vinculativo com a redução a escrito. Em qualquer caso a compra e venda só tem efeito obrigacional, voltando a transmissão a separar-se da compra e venda[21].

III – O contrato de compra e venda formava-se por acordo (*conventio*) sobre a venda e o preço[22]. Significa isto serem três os seus elementos constitutivos[23]: o *consensus* ou *conventio*, a *res* (coisa) e o *pretium* (preço):

1. *Conventio*: sendo a compra e venda um contrato consensual ela realizava-se pelo mero acordo de vontades, oralmente ou por escrito. *GAIUS*[24] dá-nos conta de que a compra e venda se celebra indepen-

[16] KASER/KNÜTEL, *Römisches...*, 50 e 204.

[17] BURDESE, *Vendita...*, in *Novissimo...*, XX, 595; KASER/KNÜTEL, *Römisches...*, 122 e 204.

[18] Para uma referência pormenorizada acerca da compra e venda no Direito justinianeu v. PUGLIESE, *Istituzioni...*, III, 994 e ss.; TALAMANCA, *Vendita...*, in *Enciclopedia...*, XLVI, 467 e ss.; e VIEIRA CURA, *O fundamento romanístico da eficácia obrigacional e da eficácia real da compra e venda...*, in *Jornadas...*, 95 e ss.; Id., *Compra e venda...*, in *Boletim...*, *Volume Comemorativo...*, 104 e ss.

[19] KASER/KNÜTEL, *Römisches...*, 204. relativamente ao efeito translativo desta v. TALAMANCA, *Vendita...*, in *Enciclopedia...*, XLVI, 469 e 470, 475. Ao nível das fontes cfr. C. 4, 21, 17.

[20] KASER/KNÜTEL, *Römisches...*, 204.

[21] KASER/KNÜTEL, *Römisches...*, 204. V., também, entre nós, VIEIRA CURA, *Compra e venda...*, in *Boletim...*, *Volume Comemorativo...*, 107 e ss., sublinhando a circunstância de a *traditio*, no Direito clássico, para as *res nec mancipi* e, posteriormente, no Direito justinianeu, para todas as coisas corpóreas, ser causal.

[22] Cfr. *GAIUS*, 3, 139; Inst. 3, 23 (24), pr..

[23] Assim, a título meramente exemplificativo, GIRARD, *Manuel...*, 566 e ss.; GIFFARD, *Précis...*, II, 55; VOLTERRA, *Istituzioni...*, 498; LÉVY/CASTALDO, *Histoire...*, 718 e ss.; SANTOS JUSTO, *Direito...*, II, 51 e ss.; Id., *Idem*, 4.ª ed., II, 51 e ss.; Id., *Manual de contratos...*, 8 e 9; KASER/KNÜTEL, *Römisches...*, 204; PEDRO CARIDADE DE FREITAS, *A compra e venda no Direito romano...*, in *Estudos em honra de Ruy...*, II, 446 e ss..

[24] *GAIUS*, 3, 139. Cfr., também, Inst. 3, 23 (24), pr.; e D., 19, 4, 1, § 2, onde *PAULUS* afirma verificar-se a venda pela nua vontade daqueles que nela consentem.

dentemente do pagamento do preço ou de quaisquer arras[25]. As arras correspondiam a um instituto usado na compra e venda pelos povos gregos e divulgado no mundo mediterrânico. Consistia numa entrega feita pelo comprador ao vendedor com funções de garantia ou penitenciais. Se o comprador não cumpria perdia o sinal. Se o incumprimento fosse do vendedor devia restituir em dobro. Em Roma, porém, as arras começaram por consistir na entrega de objetos de pequeno valor apenas com uma função probatória destinada a evitar discussões relativamente à data concreta da celebração do contrato. No século II, as arras deixam de ter a mera função de antecipação do pagamento do preço. Tal como no Direito grego o comprador podia desistir perdendo-as, devendo o vendedor restituir em dobro caso não cumprisse. Com JUSTINIANO as arras passam a ter uma dupla função: penal e confirmatória. Nos contratos que ainda se não encontravam perfeitos, por ser exigida a forma escrita, qualquer das partes podia afastar-se unilateralmente do contrato. Porém, se tivessem sido dadas arras, o vendedor tinha de restituir em dobro e o comprador perdia o que tivesse dado (*ius poenitendi*)[26]. Nos contratos perfeitos, as arras continuaram a desempenhar uma função probatória[27].

2. *Res*: objeto da compra e venda podiam ser coisas corpóreas e incorpóreas, presentes ou futuras. Podiam vender-se patrimónios, créditos e determinados direitos reais[28]. Da ideia de compra e venda a pronto decorre, segundo alguma romanística[29], que a pura compra e venda genérica era desconhecida. A função económica desta seria desem-

[25] Para mais pormenores a seu respeito v., entre outros, GIRARD, *Manuel...*, 571 e 572; VOLTERRA, *Istituzioni...*, 498; SANTOS JUSTO, *Direito...*, II, 51, nota 6, 177 e ss.; Id., *Idem*, 4.ª ed., II, 51, nota 6, 177 e ss.; KASER/KNÜTEL, *Römisches...*, 204.

[26] Cfr. Inst. 3, 23 (24), pr..

[27] V. Inst. 3, 23 (24), pr.; C. 4, 21, 17. Cfr., também, SANTOS JUSTO, *Direito...*, II, 178 e 179; Id., *Idem*, 4.ª ed., II, 178 e 179.

[28] Cfr., de entre a bibliografia referida no início do presente parágrafo, GIFFARD, *Précis...*, II, 55; VOLTERRA, *Istituzioni...*, 499 e 500; TALAMANCA, *Vendita...*, in *Enciclopedia...*, XLVI, 329, com menção designadamente à problemática da venda de homem livre como escravo aparente e da compra e venda de *res extra commercium*, 329 e ss.; SANTOS JUSTO, *Direito...*, II, 51 e 52; Id., *Idem*, 4.ª ed., II, 51 e 52; Id., *Manual de contratos...*, 8. KASER/KNÜTEL, *Römisches...*, 205 e 206.

[29] Para uma referência aos termos da controvérsia e às posições defendidas pelos diversos autores v., por todos, TALAMANCA, *Vendita...*, in *Enciclopedia...*, XLVI, 360 e ss..

penhada através de formas sucedâneas como a promessa de prestação na forma de estipulação[30]. Em contrapartida a compra e venda de bens genericamente determinados pertencentes a uma reserva era conhecida, como sucedia com o vinho de uma concreta adega[31]. Admissíveis eram a compra e venda alternativa[32] e a compra e venda de coisas futuras ou meras expectativas[33].

3. *Pretium*: num passo considerado pacífico na época clássica o preço deveria consistir em dinheiro (*numerata pecunia*). Mais tarde, porém, proculianos e sabinianos digladiar-se-iam a este respeito. A opinião que acabaria por prevalecer seria a dos proculianos no sentido segundo o qual o preço devia consistir, na realidade, em *numerata pecunia*[34], sob pena de representar um contrato de permuta. O preço devia, ainda, ser certo[35] ou determinável perante circunstâncias objetivas, real e não fictício. Uma venda *nummo uno*, por um sestércio, não era uma autêntica venda, mas uma doação encapotada[36]. No período clássico discutiu-se se podia ser deixado a terceiros ou peritos a determinação

[30] Assim KASER/KNÜTEL, *Römisches...*, 204 e 205.

[31] D., 18, 1, 35, § 6 e § 7. Indicações constantes de algumas fontes onde se faz referência à compra e venda de quantidades de coisas fungíveis têm sido consideradas não conclusivas por não se saber se tinha já havido um processo prévio de individualização.

[32] TALAMANCA, *Vendita...*, in *Enciclopedia...*, XLVI, 364.

[33] V., por exemplo, BURDESE, *Vendita...*, in *Novissimo...*, XX, 596; SANTOS JUSTO, *Direito...*, II, 52 e 53; Id., *Idem*, 4.ª ed., II, 52 e 53; Id., *Manual de contratos...*, 8 e 9, Id., *Manual de direito...*, 176 e 177.

[34] Ao nível das fontes v. *GAIUS*, 3, 141; Inst. 3, 23 (24), § 3. Na Doutrina cfr. ARANGIO-RUIZ, *Istituzioni...*, 339; MONIER, *Manuel...*, 138 e 139; GIFFARD, *Précis...*, II, 55; SCHULZ, *Classical...*, 528; BURDESE, *Vendita...*, in *Novissimo...*, XX, 596; VOLTERRA, *Istituzioni...*, 500; FUENTESECA, *Derecho...*, 267; EDUARDO VERA-CRUZ PINTO, *O direito...*, 314; TALAMANCA, *Vendita...*, in *Enciclopedia...*, XLVI, 312 e ss., 364 e 365; VIEIRA CURA, *Compra e venda...*, in *Boletim...*, *Volume Comemorativo...*,76 e 77, nota 19; SANTOS JUSTO, *Direito...*, II, 53; Id., *Idem*, 4.ª ed., II, 53; Id., *Manual de contratos...*, 8 e 9, Id., *Manual de direito...*, 177; KASER/KNÜTEL, *Römisches...*, 206; PEDRO CARIDADE DE FREITAS, *A compra e venda no Direito romano...*, in *Estudos em honra de Ruy...*, II, 461 e 462.

[35] *GAIUS*, 3, 140; Inst. 1, 3, 23 (24), § 1.

[36] V., a este respeito, ARANGIO-RUIZ, *Istituzioni...*, 339; GIFFARD, *Précis...*, II, 55; MONIER, *Manuel...*, 139; VOLTERRA, *Istituzioni...*, 500 e 501; FUENTESECA, *Derecho...*, 268; TALAMANCA, *Vendita...*, in *Enciclopedia...*, XLVI, 366 e ss.; LÉVY/CASTALDO, *Histoire...*, 721 e 722; SANTOS JUSTO, *Direito...*, II, 53; KASER/KNÜTEL, *Römisches...*, 206.

do preço[37]. Com JUSTINIANO a possibilidade de ser um *tertius* a fixar o preço torna-se pacífica[38-39]. A ideia de que o preço devia ser justo é estranha ao Direito clássico. Mais tarde apareceria o conceito de *pretium iustum* e a questão que, recorrendo à nomenclatura dos Doutores medievais, seria designada por *laesio enormis*. Ainda assim trata-se de uma figura que, no dizer de TALAMANCA[40], segundo o reconhecimento universal, não atingiu nunca o âmbito de um mecanismo de aplicação geral. Ficou confinado à tutela do vendedor de bens imóveis[41]. Em consequência, se um bem de raiz fosse vendido a um preço inferior a metade do seu justo valor, o vendedor podia pedir a rescisão do contrato, exceto se o comprador preferisse pagar a diferença[42].

IV – Relativamente aos efeitos do contrato de compra e venda enquanto *obligatio consensu contrata*, ao invés do sucedido com os contratos com

[37] *GAIUS*, 3, 140, referindo em favor da possibilidade de determinação por terceiro *OFILIUS* e *PROCULUS*. Contra manifestaram-se, segundo *GAIUS*, LABEO e *CASSIUS*.

[38] V., designadamente, Inst., 3, 23 (24), § 1.

[39] BURDESE, *Vendita...*, in *Novissimo...*, XX, 597; TALAMANCA, *Vendita...*, in *Enciclopedia...*, XLVI, 366 e ss., sublinhando o facto de ressaltar das fontes a impossibilidade de substituição do árbitro mas não a insindicabilidade da arbitragem efetuada, não sendo nunca confirmada a relevância de um *arbitrium merum*; SANTOS JUSTO, *Direito...*, II, 53; KASER/ /KNÜTEL, *Römisches...*, 206.

[40] TALAMANCA, *Vendita...*, in *Enciclopedia...*, XLVI, 367 e ss.. GAMA BARROS, *História da administração pública em Portugal nos séculos XII a XV*, 2.ª edição dirigida por TORQUATO DE SOUSA SOARES, 1949, VI, 234 e 235, refere que DIOCLECIANO autorizou a rescisão da venda com fundamento em ter sido ela realizada por metade do justo preço. CONSTANTINO aboliu-a por constituição de 319, que passou para o Código de Teodósio, donde se tirou para a lei romana dos visigodos; e esse direito foi expressamente repelido do Código comum a romanos e visigodos, como por estes o fora já das suas leis privativas. A reforma de JUSTINIANO restabeleceu, porém, aquele princípio. Cfr. entre nós, a respeito deste instituto SANTOS JUSTO, *Direito...*, 4.ª ed., II, 53; Id., *Manual de direito...*, 177.

[41] Não obstante GIFFARD, *Précis...*, II, 56, levanta dubitativamente a interrogação de saber se, com JUSTINIANO o remédio, não teria sido também de aplicação aos bens móveis. Também GIRARD, *Manuel...*, 570, refere a existência de dúvidas a dois níveis: por um lado, menciona uma interpretação no sentido segundo o qual só o vendedor podia recorrer ao mecanismo da *laesio enormis* e não o comprador; por outro, afirma ser opinião corrente circunscrever-se o remédio à venda de bens imóveis. Relativamente ao primeiro ponto, manifesta a respetiva concordância; já a propósito do segundo julga tratar-se de assunto debatido.

[42] TALAMANCA, *Vendita...*, in *Enciclopedia...*, XLVI, 367 e ss.; SANTOS JUSTO, *Direito...*, II, 53; Id., *Idem*, 4.ª ed., II, 53; Id., *Manual de direito...*, 177; KASER/KNÜTEL, *Römisches...*, 206.

efeitos reais, nasciam apenas consequências obrigacionais recíprocas para as partes.

As obrigações do vendedor eram enunciadas com clareza num trecho de *PAULUS*[43] e consistiam, aí, no *possessionem tradere*, na responsabilidade por evicção e na abstenção de qualquer comportamento doloso. A romanística moderna não é, porém, uniforme na indicação dos efeitos essenciais da compra e venda: numa síntese têm sido apontados os seguintes[44]:

1. *Culpa et custodia*: o vendedor ficava obrigado a cuidar da coisa até à sua entrega, sendo discutido o limite da responsabilidade e o grau de diligência devido[45]. Quanto ao risco por perda ou deterioração da coisa por facto fortuito (*periculum*) é afirmado nas fontes justinianeias que este corria por conta do comprador (*periculum est emptoris*) a partir do momento da perfeição do contrato (*perfecta emptione periculum ad emptorem respiciet*[46]) – que não coincidia necessariamente com a conclusão[47]. Em contrapartida o comprador tinha direito ao que restasse da coisa, às ações destinadas a recuperar a coisa perdida, àquilo que se juntasse à *res* por acessão, pois as vantagens devem pertencer àquele por conta de quem o risco corre (*nam et commodum eius esse debet, cuius periculum est*), etc.[48].

[43] D., 19, 1, 4.

[44] V., *colorandi causa*, GIRARD, *Manuel...*, 572 e ss.; ARANGIO-RUIZ, *Istituzioni...*, 339 e ss.; GIFFARD, *Précis...*, II, 58 e ss.; MONIER, *Manuel...*, 144 e ss.; SCHULZ, *Classical...*, 530 e ss.; BURDESE, *Vendita...*, in *Novissimo...*, XX, 597 e ss.; BETTI, *Instituzioni...*, II, I, 189 e ss.; VOLTERRA, *Istituzioni...*, 501 e ss.; FUENTESECA, *Derecho...*, 258; TALAMANCA, *Vendita...*, in *Enciclopedia...*, XLVI, 370 e ss.; LÉVY/CASTALDO, *Histoire...*, 726 e ss.; VIEIRA CURA, *Compra e venda...*, in *Boletim...*, *Volume Comemorativo...*, 78 e ss.; SANTOS JUSTO, *Direito...*, II, 54 e ss.; Id., *Idem*, 4.ª ed., II, 53; Id., *Manual de contratos...*, 9 e ss.; KASER/KNÜTEL, *Römisches...*, 207 e ss.; PEDRO CARIDADE DE FREITAS, *A compra e venda no Direito romano...*, in *Estudos em honra de Ruy...*, II, 465 e ss..

[45] V. EDUARDO VERA-CRUZ PINTO, *Direito...*, 319 e ss.; e SANTOS JUSTO, *Direito...*, II, 57; Id., *Idem*, 4.ª ed., II, 53; Id., *Manual de contratos...*, 11.

[46] D., 18, 6, 8, pr.; Inst. 3, 23 (24), § 3.

[47] A compra e venda não se encontrava perfeita se estivesse sujeita a condição ou a termo, se fosse necessária uma atividade de pesagem, contagem, ou se se tratasse de venda alternativa, etc..

[48] Para um estudo alargado do regime dos *commoda* e *incommoda* pode ver-se, designadamente, na literatura jurídica italiana TALAMANCA, *Vendita...*, in *Enciclopedia...*, XLVI, 418 e

2. *Possessionem tradere* (*praestare rem, possessionem tradere, vacuam possessionem tradere*): diversos textos do Digesto indicam ser a obrigação essencial do vendedor a de transferir a posse livre e pacífica da coisa. Ela não devia, destarte, encontrar-se sujeita a vícios ou ser precária. Segundo um passo de *Africanus*[49] o vendedor apenas tinha de assegurar a posse, mas não de tornar o comprador proprietário. Não obstante, outros remédios acabavam por conduzir a este último resultado. A garantia prestada ao comprador contra evicção assegurava ao comprador a manutenção da posse durante o período necessário para usucapir. Por outro lado, a proibição de dolo e a exigência de *bona fides* levavam a que o vendedor tivesse de fazer o necessário para o comprador adquirir, realizando uma *mancipatio*[50] ou *iure in cessio*[51] da *res mancipi* ou a *traditio*[52] da *res nec mancipi*[53].

ss., e a bibliografia aí referida, e 449 e ss., relativamente à questão da repartição do risco, com indicações. Quanto aos romanistas franceses refere-se, *colorandi causa*, Giffard, *Précis*..., II, 64 e ss.; Monier, *Manuel*..., 147 e ss.; Lévy/Castaldo, *Histoire*..., 726 e ss..

[49] D., 19, 1, 30, § 1. Sobre esta obrigação do vendedor pode ver-se, ilustrativamente, de entre a bibliografia que vimos referindo, Santos Justo, *Manual de direito*..., 54 e 55; Id., *Idem*, 4.ª ed., II, 54 e 55; Id., *Manual de contratos*..., 9 e 10; Menezes Cordeiro, *Tratado*..., XI, 55 e 56, 180 e 181.

[50] A *mancipatio* é, já o dissemos, um ato formal e abstrato, através do qual alguém cedia a outrem a propriedade ou poder semelhante. A este respeito v., por todos, Kaser/Knütel, *Römisches*..., 44 e ss., 120; e Menezes Cordeiro, *Tratado*..., XI, 49 e 50, 54.

[51] A *iure in cessio* consistia num ato abstrato em que aquele a quem a coisa era cedida declarava, tendo-a na mão ou algum objeto que a simbolizasse, perante um magistrado do povo romano, que a coisa lhe pertencia segundo o direito dos quirites. De seguida, o magistrado perguntava ao que ia ceder a coisa se contestava a afirmação. Caso não o fizesse a coisa era adjudicada ao reivindicante. Cfr., na literatura jurídica moderna, Vieira Cura, *Compra e venda*..., in *Boletim*..., *Volume Comemorativo*..., 98 e ss., nota 66. Ao nível das fontes v., designadamente, *Gaius*, II, 24.

[52] A propósito da *traditio*, inicialmente uma das formas de transferência da propriedade e, depois, a única, cfr., *colorandi causa*, Vieira Cura, *Compra e venda*..., in *Boletim*..., *Volume Comemorativo*..., 102 e ss.; 106 e ss.; Kaser/Knütel, *Römisches*..., 121 e ss., aliás com opiniões desencontradas quanto à natureza causal ou abstrata da *traditio* na compilação de Justiniano, afirmando a respetiva causalidade o primeiro, admitindo os segundos a possibilidade de no Direito justinianeu ela ter assumido natureza abstrata. A favor da causalidade da *traditio* pode ver-se, por último, Uwe Wesel, *Geschichte des Rechts*..., 194.

[53] Desde a época arcaica até ao final da época clássica a distinção entre as *res mancipi* e as *res nec mancipi* assumiu importância fundamental. Posteriormente cairia em desuso na época pós-clássica e foi finalmente abolida por Justiniano. Cfr., *colorandi causa*, Vieira Cura,

3. *Garantia de evicção*: consistia na obrigação de o vendedor responder pela privação sofrida pelo comprador em virtude de uma decisão judicial que, reconhecendo a propriedade a um terceiro ou a titularidade de uma servidão, usufruto ou penhor, lhe conferia a posse. Destarte, o comprador demandado devia solicitar a presença do vendedor no processo para o defender. Se o vendedor se recusasse ou não conseguisse prevenir o resultado desfavorável, o comprador podia demandá-lo exigindo a sua condenação no dobro do preço pago. A garantia de evicção cessava quando o comprador se tornasse proprietário por *usucapio*[54]. Esta obrigação não se encontrava inicialmente ligada diretamente aos efeitos da *obligatio consensu contrata* mas era imposta através de um ato diverso da *emptio venditio*, sofrendo, todavia, uma evolução até derivar naturalmente do contrato. A partir do momento em que se tornou elemento natural do contrato, o seu afastamento dependia de acordo entre as partes ou de disposição legal particular nesse sentido.

Compra e venda..., in *Boletim...*, *Volume Comemorativo...*, 73, nota 13, 98 e ss. e 106, nota 81; KASER/KNÜTEL, *Römisches...*, 47 e 48; 120 e 121.

[54] A propósito do desenvolvimento da garantia de evicção v., entre nós, VIEIRA CURA, *Compra e venda...*, in *Boletim...*, *Volume Comemorativo...*, 83 e ss.; SANTOS JUSTO, *Direito...*, II, 55 e 56; Id., *Idem*, 4.ª ed., II, 55 e 56; Id., *Manual de contratos...*, 10 e 11; Id., *Manual de direito...*, 177; PEDRO CARIDADE DE FREITAS, *A compra e venda no Direito romano...*, in *Estudos em honra de Ruy...*, II, 474 e ss.; MENEZES CORDEIRO, *Tratado...*, XI, 180 e ss.. Na literatura jurídica estrangeira cfr., *colorandi causa*, GIRARD, *Manuel...*, 582 e ss.; BETTI, *Istituzioni...*, 204 e ss.; SCHULZ, *Classical...*, 533 e ss.; REMO MARTINI, *Evizioni (Diritto greco)*, in *Novissimo digesto italiano*, 1957, VI, 1048; GIAMBATTISTA IMPALLOMENI, *Evizione (Direito romano)*, in *Idem*, VI, 1048 e 1049; ANGELO DE MARTINI, *Evizione (Direito romano)*, in *Idem*, VI, 1049 e ss.; FUENTESECA, *Derecho...*, 261 e 263; TALAMANCA, *Vendita...*, in *Enciclopedia...*, XLVI, 385 e ss.; LÉVY/CASTALDO, *Histoire...*, 731 e ss.; COING, *Europäisches Privatrecht*, II, *19. Jahrhundert*, 1989, 478 e ss.; KASER/KNÜTEL, *Römisches...*, 211 e ss..V., também, LETIZIA VACCA, *Sulla responsabilità* «ex empto» *del venditore nel caso di evizione secondo la giurisprudenza tardo-classica*, in *Vendita e trasferimento della proprietà nella prospettiva storico-comparatistica. Materiali per un corso di diritto romano*, 1997, 193 e ss.; Id., *Ancora sull'estenzione dell'ambito di applicazione dell'*actio empti *in età classica*, in *Vendita e trasferimento della proprietà nella prospettiva storico-comparatistica. Materiali per un corso di diritto romano*, 1997, 221 e ss.; Id., *La garanzia per evizione e le obbligazioni del venditore nel sistema romano e nel sistema del codice civile italiano*, in *Vendita e trasferimento della proprietà nella prospettiva storico-comparatistica. Materiali per un corso di diritto romano*, 1997, 266 e ss.; LUCIANA PISU, *Garanzia e responsabilità*, in *Vendita e trasferimento della proprietà nella prospettiva storico-comparatistica. Materiali per un corso di diritto romano*, 1997, 256 e ss..

4. *Garantia contra vícios ocultos*: nas palavras de LÉVY/CASTALDO os últimos estádios de desenvolvimento do Direito romano mostram possuir o comprador um recurso contra o vendedor se descobrisse que a coisa vendida sofria de vícios ocultos, materiais ou jurídicos, que a tornasse imprópria para o respectivo uso ou que diminuísse o seu valor. A evolução desta garantia, no conjunto, é paralela à da garantia de evicção mas mais lenta[55]. Numa época tardia, pelo menos na época de JUSTINIANO, a garantia decorrerá do próprio contrato. Ao tempo deste imperador se os defeitos não declarados se produzissem o comprador podia demandar o vendedor através de três ações: a *actio empti*, destinada a obter uma indemnização contra os vendedores de má fé – podendo ser intentada num prazo de trinta anos; a *actio redhibitoria* cujo objetivo era a de obter a resolução da venda; e a *actio quanti minoris* por força da qual o comprador podia obter a redução do preço. Estas duas últimas ações não dependiam da prova da má fé do vendedor.
5. *Purgari omni dolo* e a obrigação de proceder à *mancipatio*: GIFFARD[56] aponta este efeito como um dos aspetos essenciais da compra e venda. Trata-se de uma regra que no fundo anula a consequência do facto de o vendedor não ser obrigado a *dare*. Basta que o vendedor proceda à entrega e se abstenha de todo o dolo[57]. Como consequência deste princípio a boa fé exige que ele transmita ao comprador todos os direitos que tem ou vier a adquirir sobre a coisa.

V – Quanto aos deveres do comprador podem ser assinaladas as seguintes obrigações, deveres ou situações desvantajosas[58]:

[55] Para mais pormenores a este respeito pode ver-se, de entre a inúmera literatura existente, GIRARD, *Manuel...*, 592 e ss.; BETTI, *Istituzioni...*, 208 e ss.; MONIER, *Manuel...*, 159 e ss.; SCHULZ, *Classical...*, 535 e ss.; VOLTERRA, *Istituzioni...*, 505 e ss.; FUENTESECA, *Derecho...*, 263 e ss.; LÉVY/CASTALDO, *Histoire...*, 737 e ss.; VIEIRA CURA, *Compra e venda...*, in *Boletim...*, *Volume Comemorativo...*, 90 e ss.; SANTOS JUSTO, *Direito...*, II, 58 a 60; Id., *Idem*, 4.ª ed., II, 58 e 60; Id., *Manual de contratos...*, 11; Id., *Manual de direito...*, 178 e 179; KASER/ /KNÜTEL, *Römisches...*, 214 e ss.; PEDRO CARIDADE DE FREITAS, *A compra e venda no Direito romano...*, in *Estudos em honra de Ruy...*, II, 447 e ss.; MENEZES CORDEIRO, *Tratado...*, XI, 180 e ss..

[56] GIFFARD, *Précis...*, II, 60 e 61.

[57] D., 19, 4, 1, pr., onde *PAULUS* afirma «*venditori sufficit possessionem tradere et purgari dolo malo*».

[58] Também a respeito da temática relativa às obrigações do comprador a bibliografia é inúmera. Destacamos com caráter ilustrativo: Girard, *Manuel...*, 596 e 597; MONIER,

1. Transmitir a propriedade (*dare*) do *pretium* ao vendedor, para além de outros deveres, como o de pagar juros se não satisfizer o *pretium* dentro de certo prazo.
2. Receber a coisa a pedido do vendedor e suportar os danos se recusar o recebimento.
3. Pagar as despesas feitas de boa fé para conservar a coisa.
4. Responder pelo risco: *periculum emptori est.*

As obrigações das partes mostravam-se, por força do princípio da boa fé, interdependentes, não podendo nenhuma exigir o cumprimento sem o oferecer também[59].

VI – Os efeitos da compra e venda podiam ser modificados pelas partes através de pactos anexados ao contrato. Tornaram-se típicas certas formas que o condicionavam. Eram em favor do comprador a *in diem actio,* para a eventualidade de, num determinado prazo, surgir um comprador melhor[60] e a *lex comissoria* pela qual se podia considerar o contrato não realizado no caso de o comprador não pagar dentro de determinado prazo[61]. A favor do comprador pode apontar-se o *pactum displicentiae* por força do qual a venda ficava dependente do agrado do comprador[62-63]. Outros pactos frequentes

Manuel..., 143; Volterra, *Istituzioni...*, 506; Giffard, *Précis...*, II, 63 e 64; Fuenteseca, *Derecho...*, 265; Pugliese, *Istituzioni...*, II, 621, III, 994 e ss.; Lévy/Castaldo, *Histoire...*, 742 e 743; Vieira Cura, *Compra e venda...*, in *Boletim...*, *Volume Comemorativo...*, 93 e ss.; Santos Justo, *Direito...*, II, 60; Id., *Idem*, 4.ª ed., II, 60; Id., *Manual de contratos...*, 11; Id., *Manual de direito...*, 179; Pedro Caridade de Freitas, *A compra e venda no Direito romano...*, in *Estudos em honra de Ruy...*, II, 486 e ss.. Note-se existirem vários autores que afirmam ser apenas uma a obrigação do comprador: a de pagar o preço.

59 D, 19, 1, 13, § 8; D., 44, 4, 5, § 4. Na Doutrina moderna Monier, *Manuel...*, 146; Vera-Cruz Pinto, *Direito...*, 334 e ss.; Vieira Cura, *Compra e venda...*, in *Boletim...*, *Volume Comemorativo...*, 95 e ss., falando de sinalagma funcional; Santos Justo, *Direito...*, II, 60 e 61; Id., *Idem*, 4.ª ed., II, 60 e 61; Id., *Manual de contratos...*, 11; Id., *Manual de direito...*, 179. Questão discutida é a relativa ao condicionamento da transferência da propriedade ao pagamento do preço. Cfr. Betti, *Istituzioni...*, 199 e ss.; Volterra, *Istituzioni...*, 507 e 508; Monier, *Manuel...*, 151 e ss.; Pugliese, *Istituzioni...*, II, 621, III, 994 e ss..

60 D., 18, 2, 1.

61 D., 18, 3, 2; D., 41, 4, 2 § 3 e § 4.

62 D. 18, 1, 3; D. 18, 5, 6, D., 19, 5, 20.

63 Acerca destes pactos e sua estrutura suspensiva ou resolutiva v., entre nós, Santos Justo, *Direito...*, II, 61 e ss.; Id., *Idem*, 4.ª ed., II, 61 e ss; Id., *Manual de contratos...*, 12; Id., *Manual de*

eram, ainda, o *contractus estimatorius*[64], o *pactum de retrovendendo* pelo qual o vendedor reservava o direito de resgatar a coisa restituindo o preço ao comprador e a preferência (*pactum protimiseos*)[65].

VII – O comprador e vendedor eram tutelados, respetivamente, com a *actio empti* (ou *ex empto*) – que permitia ao comprador exigir o cumprimento das obrigações resultantes do contrato – e a *actio venditio* (ou *ex venditio*), que, desde a época de CÍCERO, foram classificadas entre os *bonae fidei iudicia*[66].

VIII – Em jeito de conclusão dir-se-á que, no Direito romano, o sistema seguido a propósito da compra e venda foi, sobretudo, o do título e do modo, não obstante a circunstância de, e apesar de opiniões em sentido inverso, esta ideia não ter sido nunca expressamente formulada pelos romanos[67-68]. No período pós-clássico ter-se-á assistido, temporariamente, a um sistema, se não de duplo título, pelo menos de imbricação do modo no título[69].

§ 2.2 – Direito intermédio

I – A compra e venda no Direito dos povos germânicos, lombardos e francos parece assumir a estrutura de um contrato real em que, de início, se assiste a uma imediata troca entre o bem e o preço em dinheiro[70]. A estes

direito..., 179 e 180. Na literatura jurídica estrangeira pode ver-se BETTI, *Istituzioni...*, 218 e 219; VOLTERRA, *Istituzioni...*, 344 e 345; MONIER, *Manuel...*, 166 e ss.; LÉVY/CASTALDO, *Histoire...*, 749 e 750; KASER/KNÜTEL, *Römisches...*, 218 e 219.

[64] D., 19, 3, 1.

[65] Para uma referência a outros pactos por vezes igualmente convencionados v. PEDRO CARIDADE DE FREITAS, *A compra e venda no Direito romano...*, in *Estudos em honra de Ruy...*, II, 488 e ss..

[66] Assim, por todos, SANTOS JUSTO, *Direito...*, II, 63. Cfr., também, a propósito da *actio empti* MENEZES CORDEIRO, *Tratado...*, XI, 180 e ss..

[67] Veja-se, por exemplo, ORLANDO DE CARVALHO, *Direito...*, 269 e ss., com indicações no mesmo sentido.

[68] Assim, também, FRANZ HOFMANN, *Die Lehre...*, *passim*; e VIEIRA CURA, *Transmissão...*, 373 e ss..

[69] ORLANDO DE CARVALHO, *Teixeira de Freitas e a unificação do direito...*, in *Boletim da Faculdade...*, XL, 13 e 14, nota 30; VIEIRA CURA, *O fundamento...*, in *Jornadas...*, 47 e 48, nota 34.

[70] De um modo geral, a respeito da compra e venda no Direito dos povos bárbaros pode ver--se entre os historiadores italianos PERTILE, *Storia dell diritto italiano della caduta dell'impero*

povos bárbaros era completamente estranha a ideia de uma compra e venda consensual. Em vez de se tornar perfeita com o consenso ou a contraposição das duas obrigações, a compra e venda dependia da realização efetiva de uma das prestações por uma das partes para a outra ficar vinculada. Evoluções posteriores levariam a que ela se assumisse como um contrato real *quoad constitutionem* por duas vias diversas: uma marcada pelo uso de arras, a outra pela utilização de documentação. A compra e venda dos povos germânicos parece, para usar as palavras de MARIA ADA BENEDETTO, na esteira em parte, de resto, de ASTUTI[71], apresentar-se com o aspeto de um negócio jurídico real e formal. De um lado, depende do pagamento do preço[72]; do

romano alla codificazione, IV, *Storia del diritto privato*, 1874, 519 e 520; Id., *Idem*, 2.ª ed., 1893, 554 e ss.; BESTA, *Le obbligazioni nella storia del diritto...*, 204 e ss.; LEICHT, *Storia del diritto...*, III, 112 e ss.; ALDO ASTUTI, *I contratti obbligatori nella storia del diritto italiano, parte generale*, I, 1952, 192 e ss., 219 e ss., 224 e ss., 350 e ss.; MARIA ADA BENEDETTO, *Vendita (diritto intermédio)*, in *Novissimo Digesto Italiano*, 1957, XX, 600 e ss.; GIOVANNI DIURNI e CORRADO PECORELLA, *Vendita (dir. intermedio)*, in *Enciclopedia del Diritto*, 1993, LVI, 476 e ss.. Na historiografia francesa aponta-se, entre outros, OURLIAC/MALAFOSSE, *Droit romain et ancien...*, I, 265 e ss.. Na Doutrina nacional cfr. GAMA BARROS, *História da administração pública...*, VI, 183 e ss., 232 e ss.; PAULO MERÊA, *Sobre a compra e venda na legislação visigótica*, in *Estudos de Direito Visigótico*, 1948, 83 e ss.; SÍLVIA ISABEL DOS ANJOS ALVES, *Alguns aspetos acerca da natureza obrigacional ou real da compra e venda civil na história do direito português*, pol., 1990, 16 ss.; FERNANDO JOSÉ GAUTIER LUSO SOARES, *Compra e venda na história do direito português: sua natureza*, pol., 1995, 15 e ss.; MENEZES CORDEIRO, *Tratado...*, XI, 54 e ss.. Mais latamente a respeito da evolução do consensualismo após a queda do Império Romano do Ocidente v., a título exemplificativo, ASTUTI, *I contratti...*, *maxime* 425 e ss.; LÉVY/CASTALDO, *Histoire...*, 768 e ss..

71 ASTUTI, *I contratti...*, I, 350 e ss..

72 Ou da entrega das arras. Mas a função e natureza destas ao tempo parece ser controvertida. V. a este respeito LEICHT, *Storia...*, III, 114 e 115; ASTUTI, *I contratti...*, I, 225 e ss.. Ainda assim, o autor admite a hipótese de com base nelas o contrato de compra e venda no Direito dos povos bárbaros poder ter assumido as caraterísticas de uma compra e venda obrigatória, do ponto de vista dos efeitos, mas real *quoad constitutionem*. Sobre todas estas questões no Direito visigótico se pronuncia, em termos complexos, PAULO MERÊA, *Sobre a compra e venda...*, in *Estudos...*, 83 e ss., que, de resto, escreveu também *Excurso sobre a arra*, in *Novos Estudos de Direito Visigótico*, 169, onde se aborda a questão da arra da Reconquista peninsular, obra esta última a que, todavia, não tivemos acesso. V., também, GAMA BARROS, *História da administração pública...*, VI, 183 e ss., 249 e ss.; SÍLVIA ISABEL DOS ANJOS ALVES, *Alguns aspetos acerca da natureza obrigacional ou real da compra e venda civil na história do direito...*, 18.

outro, da *traditio chartae*[73]. A praxe desenvolveria formas de transferência do domínio, baseada em atos simbólicos ou parciais, que dispensavam a tradição material. Mas, não obstante as dúvidas levantadas a este propósito por vários autores, entre os quais BRUNNER, SCHUPFER e em parte pelo próprio ASTUTI, relacionadas com a relevância e efeitos da *traditio chartae* ou *traditio cartae* e a da *traditio per chartam* ou *traditio per cartam*, não se está, todavia, como este último acaba por reconhecer[74], ainda diante do reconhecimento da eficácia real translativa dos contratos de alienação[75].

[73] É debatida a questão de saber se a *traditio chartae*, ou seja, a entrega do *titulus adquirendi*, normalmente ainda incompleto, pelo vendedor ao comprador, realiza, por si só, a transferência da propriedade, independentemente da *traditio rei*. Para os termos da controvérsia v., *colorandi causa*, ASTUTI, *I contratti...*, I, 350 e ss., pronunciando-se pela negativa. MARIA ADA BENEDETTO, *Vendita...*, in *Novissimo...*, XX, 601, parece admitir que a *traditio chartae* realiza a transferência da propriedade sem que ocorra a *traditio rei*, mas mantém a ideia de que a eficácia translativa real dos contratos de alienação apenas será formulada no plano teórico pela escola do Direito natural, sendo que no Direito dos bárbaros era sempre necessária uma forma de tradição, ainda que *ficta*, de nada valendo a declaração de transferência. Entre nós, admite a existência de formas de *traditio chartae* no período da Reconquista peninsular MONCADA, *A «*traditio*...*, in *Estudos...*, I, 1 e ss.; num passo desmentido por MERÊA, *A traditio...*, in *Estudos...*, II, 112 e ss.. Recentemente o tema foi, ainda, debatido por SÍLVIA ISABEL DOS ANJOS ALVES, *Alguns aspetos acerca da natureza obrigacional ou real da compra e venda civil na história do direito...*, 31 e ss.; FERNANDO JOSÉ GAUTIER LUSO SOARES, *Compra e venda na história do direito português...*, 28 e ss..

[74] ASTUTI, *I contratti...*, I, 350 e ss., *maxime* 363; e, no mesmo sentido, MARIA ADA BENEDETTO, *Vendita...*, in *Novissimo...*, XX, 601. Sobre a questão da relevância das formas de *traditio* referidas no texto v., para além da obra de ASTUTI e das indicações nele dadas, na nossa literatura jurídica e com relevância para o nosso Direito, CABRAL DE MONCADA, *A «*traditio*» e a transferência da propriedade imobiliária no direito português (séculos XII-XV)*, in *Estudos de História do Direito*, 1948, I, 1 e ss.; PAULO MERÊA, *A doação* per cartam *no Direito romano vulgar e no direito visigótico*, in *Estudos de Direito Visigótico*, 1948, 63 e ss.; e Id., Traditio cartae *e os documentos medievais portugueses*, in *Estudos de Direito Hispânico Medieval*, 1953, II, 112 e ss., onde o autor censura a MONCADA o facto de assentar numa generalização venturosa dos pontos de vista de BRUNNER e de confundir *traditio cartae* e a transferência da propriedade por *traditio per cartam*. Para os termos da distinção, nem sempre pacífica, v. ASTUTI, *I contratti...*, I, 350 e ss.; e MERÊA, *A* traditio..., in *Estudos...*, II, 115 e 116; SÍLVIA ISABEL DOS ANJOS ALVES, *Alguns aspetos acerca da natureza obrigacional ou real da compra e venda civil na história...*, 31 e ss.; FERNANDO JOSÉ GAUTIER LUSO SOARES, *Compra e venda na história do direito português...*, 29 e ss..

[75] Mas v. MERÊA, *Sobre a compra e venda...*, in *Estudos...*, 83 e ss.; e FERNANDO LUSO SOARES, *A compra...*, 15 e ss., ambos afirmando que tanto o Código de Eurico como a *Lex Visigothorum* envolvem como efeito imediato da compra a transferência da propriedade.

II – Com o renascimento do Direito romano operado pela Escola de Bolonha assiste-se ao regresso da compra e venda consensual e obrigacional vigente no período clássico e justinianeu daquele ordenamento jurídico[76].

[76] Para uma referência à problemática relacionada com a compra e venda no Direito comum pode ver-se, a título ilustrativo, na literatura jurídica de finais do século XIX e século XX, entre os autores de língua alemã, FRANZ HOFMANN, *Lehre von* titulus *und* modus adquirendi..., *passim*; BECHMANN, *Der Kauf nach gemeinem Recht*, II, reimpressão da edição de 1884, 1965, III, I, 1905, III, II, 1908, *per totum*; ROSSHIRT, *Dogmen-Geschichte des Civilsrechts*, reimpressão da edição de 1853, 2006, 280 e ss.; HELMUT COING, *Europäisches Privatrecht*, I, *Älteres gemeines Recht 1500 bis 1800*, 1985, 450 e ss., II, 474 e ss.. Quanto aos juristas italianos menção para BUSSI, *La formazione dei dogmi di diritto privato nel diritto comune*, II, *Contratti, sucessioni, diritti di famiglia*, reimpressão da edição de 1939, 1971, 19 e ss.; LEICHT, *Storia...*, III, 117 e ss.; MARIA ADA BENEDETTO, *Vendita...*, in *Novissimo...*, XX, 600 e ss.; GIOVANNI DIURNI e CORRADO PECORELLA, *Vendita...*, in *Enciclopedia...*, LVI, 476 e ss.. Em França v., designadamente, OURLIAC/MALAFOSSE, *Droit romain et ancien...*, I, 265 e ss.. Na Doutrina de língua castelhana cfr., *colorandi causa*, JESUS LALINDE, *Iniciación histórica al derecho español*, 1970, 686 e ss.; ENRIQUE ÁLVAREZ CORA, *La teoría de los contratos en Castilla (siglos XIII--XVIII)*, 2005, 195 e ss.. Na nossa literatura consulte-se VIEIRA CURA, *Transmissão...*, 384 e ss.; MENEZES CORDEIRO, *Tratado...*, XI, 54 e ss., 183 e 184. Na literatura jurídica, mais antiga, do Direito comum, referimos sempre com caráter exemplificativo, e das várias escolas que se foram desenvolvendo ao longo deste vasto período, *Gls.* Inst., Rub. *De emptio & venditio*, *Gls.* Dig., Lib. XVIII, Rub. *De contrahenda emptione*, Lib. XVIII, Rub. *De in diem adictione*, Lib. XVIII, Rub. *De lege comissoria*, Lib. XVIII, *De rescindenda venditione*, Lib. XVIII, Rub. *De periculo,& commodo rei vendite* Lib. XIX, Rub. *De actionibus empti, & venditi Gls.* Cod., Lib. IV, Tit. XVIII, Rub. *De contrahenda emptione & venditione*, Lib. IV, Tit. XLIII, Rub. *De rescindenda venditione*, Lib. IV, Tit. LVIII, Rub. *Quando liceat ab emptione discedere* Lib. IV, Tit. XLII, Rub. *De periculum et commodorei venditae*, Lib. IV, Tit. XLIX, Rub. *De actionibus empti & venditi*, Lib. IV, Tit. LII, *De communium rerum alienatione*, Lib. IV, Tit. LIII, Rub. *De pactis inter emptorem & venditorem compositis*; BARTOLUS, *Digestum Vetus*, Rub. *De contrahenda emptione*, Rub. *De actionibus empti et venditio* [Lião, 1544, fols. 105 f. ss., fols. 107 v. e ss.]; Id., *In secundam Digesti Novi partem praelectiones*, Rub. *De acquirendo rerum dominio*, L. *Varandum*, Rub. *Pro emptore*, L. *Possessor qui* e ss. [sem indicação de local nem data, mas provavelmente de Lião, 1546, fol. 79 f., fol. 112 f e ss.]; Id. *Im primam Codicis partem, commentaria*, Lib. II, Rub. *De pactis*, L. XX, *Traditionibus* [*Omnium iuris interpretum antesignati, commentaria, tomus septimus*, Veneza, 1514, fl. 46 v.]; AZO, *Summa super codicem instituta extraordinaria*, Lib. IV., Rub. *De contrahenda emptione & venditione* [reimpressão anastática, 1966, 152 e ss.]; *CUJACIUS*, *In librum primum Pauli ad edictum commentarii*, Lib. XXXI *Pauli ad edictum*, ad L. XXXI, *de adqur. rer. Domin.* [*Opera omnnia* «Mutinae», 1776, col. 445]; *ANDREAS FACHINEUS*, *Controversiarum Iuris tomi tres*, Lib. II, Cap. I e ss. (Lião, 1555, cols. 149 e ss.); *GOTHOFREDUS*, *Corpus Iuris Civilis «com notis integris»*, *Inst.*, Lib. III, Tit, XIV, Rub. *De emptione et venditione*; Dig., Lib. XVIII, Tit. I, *De contrahenda emptione, et de pactis inter emptorem et venditionem compositis et quae res venire*

Mas não se trata de um retorno puro e simples ao ordenamento jurídico de Roma. O período que se inaugura com a glosa[77] é marcado, neste domínio, por importantes reflexões e contributos.

non possunt, e títulos seguintes, Lib. XIX, Tit. I, *De actionibus empti vendeti*; *Cod.* Lib. IV, Tit. XXVIII, *De contrahenda et venditione* e *passim* [Amtelodami, 1613, fol. 28, fols. 261 e ss., 275 e ss., 131 e 133 e *passim*]; *Antonius Faber*, *Rationalia in tertiam partem pandectarum*, Tom. V, Lib. XVIII e Lib. XIX [Genebra, 1626, 221 e ss., 449 e ss.]; *Codex Fabrianus, Definitionum forensium*, Lib. IV, Tit. XXVII, *De contrahend. Emption.*, *Definitio* I e ss. [Lião, 1644, 404 e ss.]; Azevedo, *Commentarium Iuris Civilis in Hispaniae regias constitutiones tomus tertius*, Lib. V, Tit. II, Lib. V, Tit. XII, Lib. V, Tit. XIII [«Duaci», 1612, II, 346 e ss., 395 e ss. 400 e 401]; Molina, *De iustitiae et iure. Opera omnia in quinque tomus distributa*, Tom. I, Tract. II, Disp. II, II e IV, Tom. II, *De contractibus*, Tract II, Disp. CCCXXXVI e ss. [«Coloniae Allobrogum», 1733, Tom. I, fols. 17, 22, 23, e 24, T. II, fols. 202 e ss.]; Feltmann, *Tractatus de iure in re & ad rem*, Cap. IX, §§ 50 e ss., Cap. X, §§ 1 e ss. [Duisburgo, 1666, 131 e ss.]; De Luca, *Theatrum veritatis & justitiae, sive decisivi discursus per materias, seu titulus distincti, & ad veritatem editi in forensibus controversiis Canonicis & Civilibus, in quibus in Urbe Advocatus pro una partium scripsit, vel consultus respondit. Liber septimus, Cujus I. Pars de donationibus; II. de emptione, & venditione; III. de alienationibus, & contratibus prohibitis; IV. de tutoribus, curatoribus, administratoribus, &c., Pars II, De emptione et venditione* [Veneza, 1706, fols. 1 e ss.]; *Grotius*, *The jurisprudence of Holland*, L. II, Cap. 5, 1 e ss. [edição bilingue, com tradução e comentários de Robert Warden Lee, reimpressão da edição de 1936, 1977, I, 93 e ss.]; Id., *De iure belli ac pacis, passim*, Lib. II, Cap. VI, § 1, Lib. II, Cap. VIII, § 25, Lib. II, Cap. X, e Lib. II, *passim*, Cap. XI, §§ 3 e 4; Lib. II, Cap. XII, *passim* e § 15 [Amesterdão, 1720, 272, 326, 355 e 356 e ss., 379]; Pufendorf, *De jure naturae et gentium libri octo*, Lib. IV, Cap. IX, §§ 5 a 8, Lib. V, Cap. V, §§ 2 e ss. [reprodução fotográfica da edição de 1688, com introdução de Walter Simons, Londres, 1934, vol. I, 428 e ss., 496 e ss.]; *Heineccius*, *Elementa iuris civilis romani secundum ordinem istitutionum Justiniani*, Lib. II, Tit. 1, § 339, §§ 379 e ss. [Nápoles, T. I, 1828, 171, 191 e 192]; Id., *Grundlagen des Natur- und Völkrrechts*, tradução de Peter Mortzfeld, da obra *Elementa iuris naturae et gentium* [Halae, 1738], Liv. I, Cap. X, § 275, Liv. I, cap. XIII, §§ 350 e ss. [Francoforte do Meno e Lípsia, 1994, 205 e 206, 261 e ss.]; Waldeck, *Institutiones iuris civilis Heineccianae emendate atque reformatae*, Lib. II, Tit. I, § 245; Lib. III, Tit., XXIV [Coimbra, 1814, 158 e ss., 429 e ss.]; Pothier, *Pandectes de Justinian*, versão bilingue em latim e em francês, tradução de Breárd-Neuville, 1821, Tomo VI, 520 e ss.; Tomo VII, 1 e ss.; Tomo IX, 2 e ss.; Id., *Traité du contrat de vente*, in *Oeuvres de R.-J. Pothier*, Bruxelas, 1831, I, 285 e ss..

[77] Para uma referência ao contexto histórico da escola dos glosadores e seus métodos v., por todos, Pedro de Albuquerque, *A representação voluntária no Direito Civil (ensaio de reconstrução dogmática)*, 2004, 180 e 181; e Ruy de Albuquerque/Martim de Albuquerque, *História do direito português*, 12.ª edição, 2005, I, 270 e ss..

Tal como em Roma, os elementos essenciais do contrato eram o consenso, a coisa e o preço[78].

Quanto ao primeiro elemento era pacífico para os juristas medievais que, exatamente como no Direito romano, ele podia ser puro ou condicionado, mostrando-se o objeto do contrato ser determinado em alternativa[79]. Não obstante tratava-se de uma componente da venda que foi palco de debate a propósito de diversas questões de que se destacam três[80]: a relevância do ato preliminar de compra e venda; a venda com reserva de propriedade; e a compra e venda com *pactum de recuperanda re*[81].

III – A primeira dizia respeito ao contrato preliminar de compra e venda. A prática tinha revelado o hábito de se recorrer a um ato preparatório e sumário, no qual eram precisados a coisa e o preço, mas contendo a expressa reserva de se lavrar em seguida um ato regular e definitivo com as condições, cautelas e seguranças acordadas pelas partes. Diante deste procedimento, a Jurisprudência medieval, baseada na consideração de que a compra e venda era um ato consensual e perfeito no momento do acordo sobre a coisa e o preço, considerou o ato preliminar equivalente, do ponto de vista dos efeitos e da substância, à compra propriamente dita. Relativamente ao valor deste contrato prévio os juristas medievais entendiam reservarem-se as partes, com ele, a possibilidade de incluírem no contrato os pactos suscetíveis de aí serem colocados segundo o Direito e o costume[82].

O segundo aspeto, acima mencionado, foi apenas aflorado superficialmente pela glosa[83]. A Jurisprudência do século XVI parece não se lhe ter mostrado inicialmente favorável. Posteriormente, acentua a dupla razão que justifica a sua aceitação: por um lado, a eventual desconfiança do vendedor

[78] Sendo que nesta altura passa a ser suficiente para designar este contrato qualquer das palavras *emptio* ou *venditio*. Cfr. Bussi, *La formazione dei dogmi...*, II, 19, cujas investigações são particularmente tidas em conta nos desenvolvimentos que se seguem; assim como a síntese que, com base nelas, opera Maria Ada Benedetto, *Vendita...*, in *Novissimo...*, XX, 601 e ss..

[79] Maria Ada Benedetto, *Vendita...*, in *Novissimo...*, XX, 602. V., também, na Doutrina alemã, Rosshirt, *Dogmen-Geschichte...*, 280.

[80] Maria Ada Benedetto, *Vendita...*, in *Novissimo...*, XX, 602.

[81] Maria Ada Benedetto, *Vendita...*, in *Novissimo...*, XX, 602.

[82] Maria Ada Benedetto, *Vendita...*, in *Novissimo...*, XX, 602.

[83] Landsberg, *Die Glosse des Accursius...*, 128; Bussi, *La formazione dei dogmi...*, II, 23; Maria Ada Benedetto, *Vendita...*, in *Novissimo...*, XX, 602.

em receber o preço; por outro, o propósito de colocar o credor ao abrigo de riscos diversos. Exclui-se, num passo, de resto já trilhado por *BALDUS*, a existência de qualquer transmissão da posse civil enquanto não fosse pago o preço, valendo o contrato de compra e venda como simples locação. As consequências eram óbvias, nomeadamente a respeito da impossibilidade de o comprador adquirir por usucapião[84].

Finalmente, no tocante à compra e venda com *pactum de recuperanda*, a Jurisprudência medieval admite a possibilidade da sua estipulação por tempo infinito, ou que pelo menos fosse feita valer a resolução no período de trinta anos. Mas o reconhecimento desta figura parece ter merecido tratamentos contrastantes entre civilistas e canonistas. Estes últimos consideravam poder-se estar, em potência, perante um ato usurário. Não obstante, a função económica da compra e venda com pacto de recuperação da coisa não era, atentas as insuficiências, ao tempo, do direito hipotecário, despicienda. Por isso, tratava-se de uma importante figura enquanto garantia material do mútuo. A esta luz o Direito canónico terá vindo estabelecer que se na venda fosse estipulado o *pactum de recuperanda* e o preço fosse módico, se presumia terem as partes estipulado a constituição de um penhor e não uma venda[85].

IV – No tocante à coisa, o segundo elemento do contrato de compra e venda, foram também três as questões particularmente debatidas pelos juristas do *ius commune*: 1) a da venda de coisa alheia; 2) a ação de evicção; 3) a venda de quota indivisa[86].

No tocante à primeira, a venda de coisa alheia, ela não produzia efeitos no confronto com o proprietário, embora seja discutível em que medida valia no Direito romano o princípio *nemo plus iuris transferre quam ipse habet*[87]. Mas nesta altura o problema do comportamento do comprador assumia especial importância. Este, segundo o Direito canónico, devia restituir a coisa para não cometer pecado mortal como resultado da violação do sétimo

[84] BUSSI, *La formazione dei dogmi...*, II, 23; MARIA ADA BENEDETTO, *Vendita...*, in *Novissimo...*, XX, 602.

[85] BUSSI, *La formazione dei dogmi...*, II, 23; MARIA ADA BENEDETTO, *Vendita...*, in *Novissimo...*, XX, 602.

[86] BUSSI, *La formazione dei dogmi...*, II, 27 e ss.; MARIA ADA BENEDETTO, *Vendita...*, in *Novissimo...*, XX, 602.

[87] Acerca deste princípio v., por todos, SCHULZ, *Classical...*, 351 e 352, 526 e 527; UWE WESEL, *Geschichte des Rechts...*, 194 e 195.

mandamento[88]. Todavia, restituindo-a perdia a ação de evicção. E isto situa-nos, já, diante do segundo quesito acima referido, atinente à ação de evicção. Esta destinava-se, não só, a garantir a posse pacífica do adquirente, mas, também, a protegê-lo contra eventuais moléstias resultantes de causas anteriores à aquisição e ignotas do comprador[89]. O comprador, ignorante, que se mostrasse ameaçado de evicção tinha, por força do *ius commune*, de pedir uma caução ao vendedor ou aos seus herdeiros, assim como o dever de denunciar imediatamente as moléstias ou ameaça de evicção[90-91]. Ocorrendo a evicção, o vendedor e os seus herdeiros eram obrigados a pagar os danos *circa rem* e, também, *extra rem*[92]. Por último, relativamente à venda de quota indivisa discutia-se de forma acesa a respetiva admissibilidade, encontrando-se as opiniões a este respeito gravemente divididas[93].

V – Igualmente no tocante ao preço se agitaram, no período do *ius commune*, um conjunto de assuntos debatidos não apenas por canonistas e civilistas, mas, igualmente, por moralistas e teólogos[94]. A questão fundamental era, naturalmente, a relativa à lesão enorme[95]. Num passo já sublinhado

[88] Bussi, *La formazione dei dogmi...*, I, *Diritti reali e diritti di obbligazione*, 1937, 69 e 70.

[89] Se existisse conhecimento prévio por parte do adquirente ele perdia, naturalmente, a ação de evicção. Assim Bussi, *La formazione dei dogmi...*, II, 29; Maria Ada Benedetto, *Vendita...*, in *Novissimo...*, XX, 602.

[90] Este dever era particularmente claro no Direito canónico.

[91] Para uma referência às situações em que esse dever de denúncia podia ser dispensado v. Bussi, *La formazione dei dogmi...*, II, 30 e 31; e Maria Ada Benedetto, *Vendita...*, in *Novissimo...*, XX, 602.

[92] Bussi, *La formazione dei dogmi...*, II, 31; Maria Ada Benedetto, *Vendita...*, in *Novissimo...*, XX, 602. Acerca da responsabilidade do vendedor por incumprimento pode ver-se para os pormenores da controvérsia existente a este respeito, designadamente, Pothier, *Traité...*, I, 304 e ss., 312 e ss.. Veja-se também na Doutrina alemã do século XIX, Rosshirt, *Dogmen-Geschichte...*, 281; e na literatura jurídica mais recente Coing, *Europäisches...*, I, 451.

[93] Para uma referência aos termos da polémica v. Bussi, *La formazione dei dogmi...*, II, 31 e ss.; Maria Ada Benedetto, *Vendita...*, in *Novissimo...*, XX, 602.

[94] V., novamente, Bussi, *La formazione dei dogmi...*, II, 34 e ss.; Maria Ada Benedetto, *Vendita...*, in *Novissimo...*, XX, 602 e 603.

[95] Problema marginal ou secundário era o relativo à *rei vindicatio utilis*, expressão consagrada por uma tradição histórica iniciada precisamente no período do Direito comum. A respeito desta problemática v. Bussi, *La formazione dei dogmi...*, II, 34 e ss.; Maria Ada Benedetto, *Vendita...*, in *Novissimo...*, XX, 602 e 603.

pela historiografia do século XX[96], a problemática da lesão enorme no Direito comum, baseada na ideia de justo preço, evidencia bem como o *ius commune* não foi uma simples elaboração do Direito romano. Na verdade, no Direito pós-clássico e justinianeu a lesão enorme representava um remédio de aplicação relativamente circunscrita, sendo apenas concedida, em certos casos, ao vendedor, permitindo-lhe recuperar a coisa ou obter um suplemento de preço, à escolha do comprador, apenas na eventualidade de a *res* ser vendida por metade do seu valor[97]. Enquanto isso, com o Direito comum a lesão enorme adquire a natureza de um mecanismo de aplicação geral[98], seja no tocante às pessoas[99], seja ainda no respeitante aos negócios aos quais é aplicada[100]. Na sua base encontra-se uma presunção de dolo que afetaria o contrato atacado pela lesão.

No tocante à lesão enormíssima, *i. e.* a que ultrapassava os dois terços do preço justo, surge uma destrinça entre «*dolus ex consilio*», ou seja, «*ex proposito*» e «*dolus in re ipsa*», admitindo-se, também, quanto a este último a possibilidade de rescisão, destarte, mesmo faltando o *dolus ex proposito* desde que o consenso fosse de facto viciado[101].

VI – A regra romana segundo a qual o vendedor apenas devia assegurar ao comprador a *vacua possessio*, mas não a propriedade, acabaria por sofrer a crítica do *ius commune*[102].

[96] Cfr. BUSSI, *La formazione dei dogmi...*, II, 35 e ss.; MARIA ADA BENEDETTO, *Vendita...*, in *Novissimo...*, XX, 603; LANGE/KRIECHBAUM, *Römisches Recht im Mittelalter*, II, *Die Kommentatoren*, 2007, 910 e 911.

[97] V. *supra* quanto se escreveu a este propósito no Direito romano.

[98] Mas v., para pormenores, ROSSHIRT, *Dogmen-Geschichte...*, 282; e BESTA, *Le obbligazioni nella storia del diritto...*, 206.

[99] Ela passa a ser concedida, quer ao vendedor, quer ao comprador.

[100] De facto ela é estendida a todos os negócios comutativos, aplicando-se também aos relativos a coisas móveis e aos dotados de objeto misto, ou seja, um *dare* ou *facere* e não apenas aos que se reportavam a coisas imóveis.

[101] BUSSI, *La formazione dei dogmi...*, II, 38; MARIA ADA BENEDETTO, *Vendita...*, in *Novissimo...*, XX, 603. Na literatura do *ius commune* v., entre outros, acerca da temática da lesão enormíssima na compra e venda, FREYBOTT, *Specimen juris civilis, quo contractum emptionis venditionis propter laesionem enormissimam de se praecise rescindi ad illustrandam legem secundam codicis de rescindenda venditione determinatur* [Wirceburg, 1768].

[102] Assim v. na literatura moderna COING, *Europäisches...*, I, 455.

Apesar de o Direito estatutário italiano já parecer conhecer a compra e venda com eficácia translativa[103], a Jurisprudência do *ius commune* permanecerá, durante muito tempo, ligada de forma tenaz ao princípio romano segundo o qual *traditionibus et usucapionibus dominia rerum, non nudis pactum transferuntur*[104]. Por isso mesmo, no plano teórico, só a escola do Direito natural[105-106], na sequência dos novos dogmas abstratamente

[103] Assim MARIA ADA BENEDETTO, *Vendita...*, in *Novissimo...*, XX, 603 e 604. Para uma análise a respeito do Direito estatutário italiano em matéria de compra e venda cfr., ainda, PERTILE, *Storia dell diritto italiano...*, edição de 1874, IV, 520 e ss., que, todavia, refere a obrigação, do vendedor, de transferir a coisa para o comprador; e BESTA, *Le obbligazioni nella storia del diritto...*, 207 e ss..

[104] C., 2, 3, 20.

[105] *GROTIUS*, *The jurisprudence...*, L. II, 5, 1 e ss. [edição citada, I, 93 e ss.], ainda faz eco da doutrina romana da compra e venda ao afirmar que, se segundo o Direito natural parece ser suficiente a aquisição da propriedade com base no mero consenso, o Direito civil decretou que o proprietário deve atribuir a posse ao comprador. Por isso, a propriedade não poderia ser transferida por contrato. Pouco claro mostra-se PUFENDORF, no dizer de VIEIRA CURA, *O fundamento romanístico da eficácia obrigacional e da eficácia real da compra e venda...*, in *Jornadas...*, 53, em nota, geralmente apontado como grande defensor (v., por exemplo, JOSÉ ALBERTO VIEIRA, *Direitos...*, 232, onde o autor escreve: «*PUFENDORF (...) faria igualmente a defesa do princípio da consensualidade*», citando depois, em nota, simplesmente «*Livro IV, Cap. IX, § VI*» sem mencionar tratar-se de citação *Apud* mas, também, sem referir qual a obra de PUFENDORF a que alude [embora se compreenda tratar-se de *De jure naturae et gentium*], edição, local, data ou páginas, sendo certo que o trecho referido é, por si só, inconclusivo) ou mesmo o grande defensor da desnecessidade de tradição, mas sem que isso corresponda à realidade, como, de resto, é notado por VIEIRA CURA. Cfr. PUFENDORF, *De jure naturae et gentium...*, Lib. IV, Cap. IX, §§ 5 a 8, Lib. V, Cap. V, §§ 2 e 3 [edição citada, vol. I, 428 e ss., 496]. Porém, em *De iure belli...*, Lib. II, Cap. VI, 1, Lib. II, Cap. VIII, § 25, e Lib. II, Cap. XI, §§ 3 e 4; Lib. II, Cap. XII, § 15 [edição citada, 272, 326, 355 e 356, 379], *GROTIUS* já sustenta poder a propriedade ser transferida com base no consenso. A mesma ideia, já plenamente formada, encontra-se também em WOLFF, *Grundsätze des Natur- und Völckrrechts*, reimpressão da edição de 1754, 1980, §§ 587 e ss., 377 e ss., onde o autor afirma claramente (designadamente § 594) pertencer-nos a coisa vendida mesmo se não nos for entregue, tudo com impacto direto ao nível das soluções concretas e, por exemplo, a propósito da dupla venda – com a consideração da segunda como um negócio nulo (ao invés do sucedido se o primeiro contrato for uma mera promessa). V., ainda, VIEIRA CURA, *O fundamento romanístico da eficácia obrigacional e da eficácia real da compra e venda...*, in *Jornadas...*, 56 e 57, em nota; na literatura italiana LEICHT, *Storia...*, III, 121 e ss.; e, na Doutrina tudesca, COING, *Europäisches...*, I, 455, nota 30, II, 476.

[106] Para uma referência à escola jusracionalista e suas caraterísticas cfr. o nosso *A representação...*, 267 e ss., com indicações.

por esta desenvolvidos acerca da vontade e do contrato[107], pôde formular a ideia da eficácia real translativa (*quoad effectum*) da compra e venda num passo que depois mereceria a consagração no plano legal pelo Código Civil francês[108].

VII – A temática do título e do modo sofre desenvolvimentos no período do *ius commune*[109].

Alguma Doutrina[110] situa a história da teoria do título e do modo na Idade Média, com a receção. Não obstante, se se atentar nos comentários de BARTOLUS, o *caput* da escola dos comentadores, verifica-se como este se refere ao *modus adquirendi dominum*, mas, tão-só, para dizer que ele é *iure civili* (enquanto o *dominium* é *iure gentium*), empregando também o termo *titulus* como sinónimo de causa[111]. Quanto à transferência da propriedade limita-se a interpretar a constituição imperial contida em C., 2, 3, 20, para afirmar, de uma banda, que ela se opera mediante *traditio* (ou *quasi traditio*), feita *ex causa habili* pelo proprietário da coisa, e da outra, que o domínio não pode ser adquirido com base num mero pacto[112-113]. BARTOLUS, não obstante, não qualifica a *traditio* como *modus adquirendi*, não contrapõe o *titulus* ao *modus*,

[107] Para uma evolução do sistema contratual de Roma até aos nossos dias e da evolução verificada neste âmbito ao nível da relevância da vontade v., *colorandi causa*, PEDRO DE ALBUQUERQUE, *A representação...*, 248 e ss., 269 e 270.

[108] Assim, também, ASTUTTI, *I contratti...*, I, 363; MARIA ADA BENEDETTO, *Vendita...*, in *Novissimo...*, XX, 604; COING, *Europäisches...*, I, 455; GIOVANNI DIURNI e CORRADO PECORELLA, *Vendita...*, in *Enciclopedia...*, LVI, 484; ALBERTO VIEIRA, *Direitos...*, 323 e 324; MENEZES CORDEIRO, *Tratado...*, XI, 56, 59 e 60.

[109] Cfr. FRANZ HOFMANN, *Die Lehre...*, *per totum*; e VIEIRA CURA, *Transmissão...*, 384 e ss..

[110] A este respeito v. LANDSBERG, *Die Glosse des Accursius...*, 102 e ss., com importantes referências; e VIEIRA CURA, *O fundamento romanístico da eficácia obrigacional e da eficácia real da compra e venda...*, in *Jornadas...*, 40.

[111] BARTOLUS, *In secundam Digesti Novi partem...*, Rub. *De adquirendo rerum dominio*, L. I, *Varandum* (fls. 79 f); Id. *Im primam Codicis...*, Lib. IV, Rub. *Mandati*, L. XII, *Per diversas*, n.º 9 [edição citada, fl.152, f.].

[112] BARTOLUS, *In primam Codicis...*, Lib. II, Rub. *De pactis*, L. XX, *De traditionibus* [edição citada, fl. 46, v.).

[113] Sobre tudo isto v. VIEIRA CURA, *Transmissão...*, 385.

nem empreende qualquer construção doutrinal a este respeito das normas que comenta[114].

A primeira teorização do sistema do título e do modo deve-se, muito provavelmente, a JOHANN APEL (1486-1536)[115], ainda que se tenha circunscrito a alguns casos de aquisição derivada do domínio[116]. Na verdade, este jurista alemão, suscetível, no dizer de VIEIRA CURA, de ser inserido entre os humanistas[117], formula a advertência de que os modos de adquirir o domínio não devem ser confundidos com os contratos e sublinha não poder a propriedade ser transferida, designadamente, através de doação, transação ou convenção[118], mas, pela tradição. Além disso, afirma ainda que a *traditio* só opera a transmissão da propriedade desde que fundada numa *iusta causa*, que normalmente consistirá no contrato[119]. APEL distingue, assim, a causa da transferência do modo de aquisição e sustenta a necessidade de conjugação de ambos para que a propriedade seja adquirida.

VIII – A teoria do título e do modo encontraria ainda expressão, entre os humanistas, na obra de *CUJACIUS* (1522-1590)[120] e *DONELLUS* (1527-1591) – cujo ensinamento se repercutiria, principalmente, na Alemanha, através dos juristas do *usus modernus pandectarum*[121-122] –, assim como na de um dos

[114] Cfr. VIEIRA CURA, *Transmissão...*, 385 e 386.

[115] Nesse sentido pode ver-se FRANZ HOFMANN, *Die Lehre...*, 22 e 23; e VIEIRA CURA, *O fundamento romanístico da eficácia obrigacional e da eficácia real da compra e venda...*, in *Jornadas...*, 40 e 41; Id., *Transmissão...*, 286 e ss..

[116] VIEIRA CURA, *O fundamento romanístico da eficácia obrigacional e da eficácia real da compra e venda...*, in *Jornadas...*, 40 e 41.

[117] Acerca do humanismo jurídico cfr. o nosso *A representação...*, 228 e ss., e as indicações aí fornecidas.

[118] Isto porque uma coisa é o domínio e outra a obrigação, e, destarte, uma coisa é a causa do domínio, sem dúvida o modo de adquirir o domínio, e outra a causa da obrigação, a saber, o contrato.

[119] V. FRANZ HOFMANN, *Die Lehre...*, 21 e 22; e VIEIRA CURA, *Transmissão...*, 387.

[120] *In librum primum...*, Lib. XXXI *Pauli ad edictum, ad* L. XXXI, *de adqur. rer. Domin.* [edição citada, col. 445].

[121] VIEIRA CURA, *Transmissão...*, 389 e 389.

[122] A respeito desta corrente v., novamente, o nosso *A representação...*, 256 e 257, assim como as indicações aí fornecidas.

mais eminentes representantes da segunda escolástica ou século de ouro peninsular[123], LUIS DE MOLINA[124-125].

Nos séculos XVII e XVIII assiste-se à consolidação, divulgação e generalização definitiva da teoria do título e do modo no âmbito do Direito civil[126], principalmente por obra dos juristas alemães do «uso moderno», os quais, nesta poderosa questão dogmática, não seguem a orientação da escola jusracionalista[127], com realce para *HEINECCIUS*[128] – o grande divulgador da Doutrina[129], em consequência de os seus manuais terem sido adotados nas universidades de diversos países, entre os quais Portugal, na Faculdade de Leis, por força da aprovação dos estatutos de 1772[130] – e DAREIS (1714--1791), considerado o mais distinto discípulo de WOLFF[131], que a aplicou a todos os direitos reais[132].

[123] Para uma referência ao contributo específico da segunda escolástica remete-se, uma vez mais, para PEDRO DE ALBUQUERQUE, *A representação...*, 244 e as referências ali constantes.

[124] *De iure...*, Tract. II, Disput. II, III e IV [edição citada, 17, 22, 23, e 24].

[125] Para mais pormenores VIEIRA CURA, *O fundamento romanístico da eficácia obrigacional e da eficácia real da compra e venda...*, in *Jornadas...*, 41 e ss.; Id., *Transmissão...*, 388 e ss..

[126] LANDSBERG, *Die Glosse des Accursius...*, 104, refere como marco importante DETHARD HORST (1548-1618).

[127] Embora, num passo igualmente sublinhado entre nós por VIEIRA CURA, *O fundamento romanístico da eficácia obrigacional e da eficácia real da compra e venda...*, in *Jornadas...*, 43; Id., *Transmissão...*, 395; PUFENDORF, *De iure...*, Lib. IV, Cap. IX, § 5 [edição citada, I, 428], se refira à doutrina do título e do modo como sendo a defendida pelos intérpretes do Direito romano.

[128] Cfr. *HEINECCIUS*, *Elementa iuris civilis romani...*, Lib. II, Tit. 1, § 339, §§ 379 e ss., Lib. III, Tit. 25 [edição citada, T. I, 1828, 171, 191 e 192].

[129] Para uma referência ao contributo de *HEINECCIUS* na divulgação da doutrina do título e do modo v. FRANZ HOFMANN, *Die Lehre...*, 5 e 6; e VIEIRA CURA, *O fundamento romanístico da eficácia obrigacional e da eficácia real da compra e venda...*, in *Jornadas...*, 44; Id., *Transmissão...*, 394 e ss..

[130] Acerca da reforma, em 1771-1772, dos estudos da Faculdade de Direito de Coimbra v., por todos, o nosso *Direitos Reais...*, 69 e ss..

[131] Assim FRANZ HOFMANN, *Die Lehre...*, 5, referindo ainda, na difusão da Doutrina, outros nomes do século XVIII, entre os quais de BERGER, NETTELBLADT, KLEIN, DABELOW e HÖPFNER (*op. cit.*, 6).

[132] WALDECK, *Institutiones...*, Lib. II, Tit. I, § 245 [edição citada, 158 e ss.].

§ 2.3 – Direito português

§ 2.3.1 – A compra e venda no Direito português anterior ao Código de Seabra

I – Afigura-se assente a importância da *Lex Visigothorum* ou Código Visigótico, no período da Reconquista, como única legislação geral, até ao aparecimento das primeiras leis régias[133]. Ora, no Código Visigótico a transferência da propriedade não se verifica por efeito do contrato de compra e venda que continua a ter natureza obrigacional[134-135], operando-se, em princípio e ao que parece, sem se afastar a existência de contratos *sine carta*, nomeadamente quanto a bens imóveis, com a transferência da propriedade por *traditio per cartam*[136].

II – A partir de meados do século XIII a influência da *Lex* visigótica diminui. É esta uma época em que se assiste, por um lado, à continuação do ressurgimento de costumes e práticas jurídicas bárbaras, e, pelo outro, ao renascimento do Direito romano justinianeu restaurado na Europa dois séculos antes pela Escola de Bolonha[137], numa manifestação de choque de diversas influências históricas.

[133] Assim, por todos, MONCADA, *A «traditio...*, in *Estudos...*, I, 4; e SÍLVIA ISABEL DOS ANJOS ALVES, *Alguns aspetos acerca da natureza obrigacional ou real da compra e venda civil na história do direito...*, 19.

[134] SÍLVIA ISABEL DOS ANJOS ALVES, *Alguns aspetos acerca da natureza obrigacional ou real da compra e venda civil na história do direito...*, 19 e ss.. Em sentido divergente, MERÊA, *Sobre a compra e venda...*, in *Estudos...*, 83 e ss.; LUSO SOARES, *A compra...*, 15 e ss. e MENEZES CORDEIRO, *Tratado...*, XI, 83 e ss..

[135] Embora não possamos desenvolver aqui esta questão não deixaremos de mencionar a circunstância de ser aspeto importante na prática do contrato de compra e venda neste período a *roboratio*. Para pormenores acerca desta prática v. GAMA BARROS, *História da administração pública...*, VI, 239 e ss. (autor que de resto trata também de questões como o sinal [252 e ss.], evicção [260 e ss.] e vícios redibitórios [263 e ss.]); MONCADA, *A «traditio...*, in *Estudos...*, I, 14 e ss.; MERÊA, *A traditio...*, in *Estudos...*, II, 119 e 120; SÍLVIA ISABEL DOS ANJOS ALVES, *Alguns aspetos acerca da natureza obrigacional ou real da compra e venda civil na história do direito...*, 29 e 30; FERNANDO LUSO SOARES, *A compra...*, 24 e ss..

[136] Assim SÍLVIA ISABEL DOS ANJOS ALVES, *Alguns aspetos acerca da natureza obrigacional ou real da compra e venda civil na história do direito...*, 32 e ss.. V., também, MONCADA, *A «traditio...*, in *Estudos...*, I, 9 e ss..

[137] Neste sentido v. MONCADA, *A «traditio...*, in *Estudos...*, I, 16 e ss.; SÍLVIA ISABEL DOS ANJOS ALVES, *Alguns aspetos acerca da natureza obrigacional ou real da compra e venda civil na história do direito...*, 36 e ss.. Cfr., também, GAMA BARROS, *História...*, VI, 202 e ss..

Terá, então, reaparecido, para usar as palavras de CABRAL DE MONCADA, depois retomadas por SÍLVIA ALVES, a *traditio* romana, no sentido de entrega real ou fictícia da coisa alienada, como elemento material (*modus adquirendi*), distinto do contrato ou justa causa e imprescindível para a transferência do direito. Ainda segundo MONCADA[138], a *traditio*, ato jurídico de transferência da propriedade, ter-se-ia desdobrado nesta altura em dois atos distintos: a desinvestidura ou declaração de vontade de abandono ou renúncia da propriedade, e a investidura na posse ou apropriação por parte do comprador ou apropriação efetiva da coisa. O primeiro dos dois atos seria praticado pelo alienante e teria natureza unilateral[139], sendo que, todavia, noutro local é qualificada pelo autor como troca de consentimento[140]. O segundo tanto o poderia ser só pelo adquirente, com ou sem a assistência pessoal do alienante, como por um representante deste último, sempre na presença de oficial público e das testemunhas.

III – Perspetiva algo diversa é defendida por RUY DE ALBUQUERQUE[141] e, na sua esteira, por SÍLVIA ALVES. RUY DE ALBUQUERQUE contrapõe, também ele, a transferência *per cartam* dos primeiros tempos, à dissociação entre justa causa ou título de transmissão e o *modus adquirendi*, traduzido na entrega real ou fictícia do objeto do negócio, que viria a desenvolver-se posteriormente. Não obstante, julga que o ato de desinvestidura que MONCADA apelida, ora de troca de consentimentos, ora como ato unilateral, representa uma simples declaração de vontade[142]. Além disso, RUY DE ALBUQUERQUE questiona a dupla afirmação de vontade por parte do transferente no sentido de abandonar todo o direito e posse da coisa e de que os deseja transferir para o adquirente. Na verdade, afirma[143], se há documentos nos quais se não depara uma expressa menção de desistência dos direitos, noutros isso não acontece adotando-se fórmulas simples, nas

[138] MONCADA, *A* «traditio..., in *Estudos...*, I, 18 e ss..

[139] MONCADA, *A* «traditio..., in *Estudos...*, I, 19.

[140] MONCADA, *A* «traditio..., in *Estudos...*, I, 18.

[141] RUY DE ALBUQUERQUE, *Os títulos de aquisição territorial na expansão portuguesa ...*, 167 e ss..

[142] RUY DE ALBUQUERQUE, *Os títulos de aquisição territorial na expansão portuguesa...*, 168.

[143] RUY DE ALBUQUERQUE, *Os títulos de aquisição territorial na expansão portuguesa...*, 169 e 170.

quais transparece, exclusivamente, a ideia de transferência. Uma análise dos documentos parece, de facto, confirmar a ideia de que a desinvestidura é aspeto que incorpora parte da *traditio* e tem, por isso, exclusivamente natureza unilateral como sustenta RUY DE ALBUQUERQUE e chega, também, a admitir CABRAL DE MONCADA[144].

Seja como for, dir-se-á, em jeito de síntese, ser a principal nota deste período o distanciamento relativamente à *traditio (rei) per cartam* e a sua substituição pela *traditio rei*[145].

IV – No âmbito das Ordenações, as *Afonsinas* tratavam da compra e venda no L. 4, do Tit. 35 ao Tit. 52 e, depois, no Tit. 60. Por sua vez, as *Ordenações Manuelinas* disciplinavam este contrato no L. 4, do Tit. XXIII ao LXIII e, no Tit. XLV. Finalmente, as *Ordenações Filipinas* tratavam, de modo prolixo[146], o contrato de venda no L. 4, desde o Tit. 1 ao Tit. 22[147]. Aí aparece, no dizer

[144] Neste sentido SÍLVIA ISABEL DOS ANJOS ALVES, *Alguns aspetos acerca da natureza obrigacional ou real da compra e venda civil na história do direito...*, 39 e ss..

[145] Nesta direção, também, SÍLVIA ISABEL DOS ANJOS ALVES, *Alguns aspetos acerca da natureza obrigacional ou real da compra e venda civil na história do direito...*, 48.

[146] Assim MELLO FREIRE, *Instituições de Direito Civil português tanto público como particular* (tradução de MIGUEL PINTO DE MENEZES), *Boletim do Ministério da Justiça*, 1967, 168, 64.

[147] Na Doutrina nacional do Direito intermédio a compra e venda foi tratada, designadamente, por *BENEDICTUS AEGIDIO* LUSITANO, *Commentaria in lex hoc iure ff, de iustit. et iure*, Cap. VII [Lisboa, 1619, 187 e ss.]; AGOSTINHO BARBOSA, *Thesaurus locorum communium iurisprudentiae*, Lib. III, Cap. CI, Lib. XI, Cap. XLIl [Lípsia, 1707, 334 e ss.]; ANTÓNIO CARDOZO DO AMARAL, *Verbo Emptio venditio*, in *Liber utilissimus judicibus, et advocatis*, n.º 1 e ss. [Lisboa, 1610, fol. 121 v.]; PEREIRA CALDAS, *Analyticvs commentarivs sive ad typum instrumenti emptionis & venditionis tractatus operum tomus quartus* [«Coloniae Allobrogum», 1745]; MANUEL BARBOSA, *Remissiones doctorum ad contractus, ultimas voluntates & delicta spectantes, in librum quartum, et quintum ordinationum*, Lib. IV, Tit. I e ss. [Lisboa, 1732, fols. 1 e ss.]; PANTALEÃO GUERRA, *Commentaria ad Ordinationes Portugaliae Regni libri quarti in quibus omnia dilucidantur, resolvuntur & explanantur: tomus primus, in quo tracatur de emptione et venditione, de procuratoribus, de factis sub arrhis contractibus, de consuetudine, & ejus requisitis, de arbitris, & arbitratoribus, & laudi reductione, de hypotecis expressis, & tacitis, de excussione debitorum; & fideijussorum, de dote, & ejus priviligis, de praescritionibus, aliifque quaestionibus variis, passim* [«Conimbricae», 1740, *passim*]; GONÇALVES DA SYLVA, *Commentaria ad ordinationes regni Portugaliae*, Tomo IV, Liv. IV, Tit. 1 e ss. [Lisboa, 1740, 1 e ss.]; MELLO FREIRE, *Instituições...*, in *Boletim...*, 1967, 168, 64 e ss.; COELHO DA ROCHA, *Instituições de direito civil portuguez*, 2.ª edição, 1848, §§ 804 e ss., 627 e ss.; JOSÉ HOMEM CORRÊA TELLES, *Digesto portuguez*

de MELLO FREIRE[148-149], compilado quase todo o Direito romano relativo a

ou Tratado dos modos de adquirir a propriedade; de a gozar e de a administrar, e de a transferir por derradeira vontade; para servir de subsidio ao novo Código Civil, 4.ª edição, 1853, III, §§ 182 e ss., 33 e ss.; TEIXEIRA DE FREITAS, *Consolidação das leis civis*, 5.ª edição, anotada por MARTINHO GARCEZ, 1915, arts. 510 e ss., 297 e ss.. Refira-se, ainda, a obra a que não conseguimos ter acesso de RAMOS, *Apontamentos sobre contractos*, Tit. 2, Cap. 7, n.º 788 a 1106. Na literatura jurídica nacional mais recente cfr. SÍLVIA ISABEL DOS ANJOS ALVES, *Alguns aspetos acerca da natureza obrigacional ou real da compra e venda civil na história...*, 49 e ss.; FERNANDO JOSÉ GAUTIER LUSO SOARES, *Compra e venda na história do direito português...*, 48 e ss.; VIEIRA CURA, *Compra e venda...*, in *Boletim...*, *Volume Comemorativo...*, 71, nota 6; Id., *Transmissão da propriedade...*, 374 e 375, nota 4; MENEZES CORDEIRO, *Tratado...*, XI, 84 e ss..

148 A época do jusracionalismo trouxe, para Portugal, e em matéria de ciência e estudo do Direito, importantes consequências, com a consagração de novas correntes inspiradoras e de novas orientações. O seu principal executor e maior intérprete foi PASCOAL JOSÉ DE MELLO FREIRE DOS REIS (para uma caraterização deste autor e para uma referência à sua importância no panorama jurídico português v. PEDRO DE ALBUQUERQUE, *A representação voluntária...*, 291; Id., *Direitos Reais...*, 72 e ss., e as indicações aí fornecidas). Não obstante o enorme contributo do autor para o desenvolvimento do Direito nacional, em matéria de compra e venda o seu ensino pautou-se sobretudo pelas Ordenações. V. MELLO FREIRE, *Instituições...*, in *Boletim...*, 1967, 168, 64 e ss.. Esse facto é, por exemplo, bem menos notório em COELHO DA ROCHA e CORRÊA TELLES (quanto a estes dois juristas v. PEDRO DE ALBUQUERQUE, *A representação voluntária...*, 291 e 292; Id., *Direitos Reais...*, 95 e ss.). Na verdade, na obra do primeiro autor aparecem, a propósito da compra e venda, para além das referências ao Direito romano e às Ordenações, citações de juristas nacionais como MELLO FREIRE, CORRÊA TELLES e LOBÃO e de cultores do *usus modernus pandectarum* como *HEINECCIUS* e *STRUVIUS* juntamente com alusões às posições de POTHIER, do Código Civil de Napoleão e do Código Comercial português vigente ao tempo. No segundo encontramos menções, sempre a par com as alusões ao Direito romano e às Ordenações, ao ensinamento de autores pertencentes ao humanismo, à segunda escolástica e à jurisprudência elegante holandesa, ao *usus modernus pandectarum* e aos contributos dos grandes nomes da pré-codificação francesa. Surgem assim, naturalmente, autores como *GOTHOFREDUS*, GOMEZ, VOET, *VINNIUS*, LAUTERBACH, *STRYKIUS*, DOMAT e POTHIER, entre outros. No que aos autores nacionais diz respeito o realce vai para SILVA, PEGAS e LOBÃO. Tudo complementado com menção às regras e soluções constantes de leis estrangeiras como o Código Civil francês. Cfr. COELHO DA ROCHA, *Instituições...*, §§ 804 e ss., 627 e ss.; JOSÉ HOMEM CORRÊA TELLES, *Digesto...*, III, §§ 182 e ss., 33 e ss.. Com relevância para a compreensão da compra e venda no nosso Direito, mesmo antes das Ordenações, v. CABRAL DE MONCADA, *A* «traditio» *e a transferência da propriedade imobiliária...*, in *Estudos de História...*, 1 e ss.; PAULO MERÊA, *A doação* per cartam..., in *Estudos...*, 63 e ss.; e Id., Traditio cartae *e os documentos medievais...*, in *Estudos de Direito Hispânico...*,, II, 112 e ss.,

149 MELLO FREIRE, *Instituições...*, in *Boletim...*, 1967, 168, 64.

este contrato. Aspetos essenciais da venda eram o consenso, a coisa certa[150] e o preço[151-152].

Do ponto de vista do conteúdo vigorava o princípio da autonomia privada, porquanto podiam pôr-se na venda todos os pactos honestos não reprovados nas nossas leis[153]. Entre as situações vedadas encontrava-se a venda feita entre pai e filho sem o acordo dos outros filhos, do juiz ou do rei[154]. Aos nobres e membros do clero era proibida, não propriamente a venda, mas o exercício do comércio, ou por serem poderosos, ou por se não adequar à respetiva dignidade e, por isso, ser julgado feio e indecoroso[155].

No tocante ao preço, ele devia mostrar-se certo e justo, consistindo em dinheiro contado[156]. O preço era considerado certo mesmo se deixado ao

[150] Quanto às coisas que não podiam ser objeto de venda, por serem de alienação proibida, cfr. MELLO FREIRE, *Instituições...*, in *Boletim...*, 1967, 168, 65 e 66, com indicações; e COELHO DA ROCHA, *Instituições...*, § 807, 629 e 630; CORRÊA TELLES, *Digesto...*, III, §§ 210 e ss., 38 e ss., ambos igualmente com indicações.

[151] V. MELLO FREIRE, *Instituições...*, in *Boletim...*, 1967, 168, 64; COELHO DA ROCHA, *Instituições...*, § 804, 627. Cfr., ainda, *Ordenações Filipinas*, Liv. 4, Tit., 1. Já antes v. as *Ordenações Afonsinas*, Liv. 4, Tit., 35 e 36; *Ordenações Manuelinas*, Liv. 4, Tit. 24.

[152] CORRÊA TELLES, *Digesto...*, III, § 186, 34, embora sem considerar que se tratava de aspetos atinentes à essência do contrato, afirmava que para a respetiva validade era necessário: 1) poder o vendedor dispor da coisa; 2) ser o comprador capaz de adquirir; 3) mostrar-se a coisa suscetível de ser vendida; 4) afigurar-se o preço certo e justo.

[153] Na literatura jurídica jusracionalista cfr. MELLO FREIRE, *Instituições...*, in *Boletim...*, 1967, 168, 65. Ao nível das Ordenações v. *Ordenações Afonsinas*, Liv. 4, Tit., 40, referindo que o comprador e vendedor podem licitamente colocar na compra e venda qualquer cautela, pacto ou condição desde que seja honesta e conforme ao Direito civil e canónico; *Ordenações Manuelinas*, Liv. 4, Tit. 27, agora mencionando apenas a necessidade de conformidade ao Direito sem mais; *Ordenações Filipinas*, Liv. 4. Tit. 4, no pr..

[154] *Ordenações Manuelinas*, Liv. 4, Tit. 82; *Ordenações Filipinas*, Liv. 4. Tit. 12. V. ainda, na Doutrina jusracionalista, MELLO FREIRE, *Instituições...*, in *Boletim...*, 1967, 168, 65; COELHO DA ROCHA, *Instituições...*, § 805, 628 e 629; CORRÊA TELLES, *Digesto...*, III, §§ 187 e ss., 34 e ss., todos com indicação de outras situações igualmente proibidas (para além das pessoas que não podiam vender COELHO DA ROCHA e CORRÊA TELLES mencionavam, ainda, as pessoas que não podiam comprar).

[155] MELLO FREIRE, *Instituições...*, in *Boletim...*, 1967, 168, 65, com indicações ao nível das fontes; CORRÊA TELLES, *Digesto...*, III, §§ 205 a 207, 37.

[156] Nisto diferia, como sublinham MELLO FREIRE, *Instituições...*, in *Boletim...*, 1967, 168, 66; e CORRÊA TELLES, *Digesto...*, III, § 229, 41, da permuta. V., ainda, quanto às caraterísticas do preço COELHO DA ROCHA, *Instituições...*, § 808, 630 e 631.

arbítrio de uma pessoa, conquanto por esta declarado[157]. Nessa eventualidade deveria aceitar-se o preço estipulado, exceto se ele se mostrasse desrazoável ou afetado de lesão enorme na estipulação[158].

V – Como observa MELLO FREIRE[159], não eram da essência do contrato nem a tradição da coisa, nem o pagamento de preço, nem a escritura[160], nem as arras, atendendo à circunstância de a venda se afigurar perfeita e as obrigações nascerem para ambos os contraentes logo com o acordo em vender certa coisa por determinado preço[161]. Porém, embora o vendedor ficasse obrigado a entregar a coisa ao comprador, ele retinha o domínio dela até à tradição[162-163]. Mais, o comprador não se tornava dono da coisa logo após a entrega se não pagasse ou garantisse o preço[164]. Uma vez que o vendedor era

[157] *Ordenações Manuelinas*, Liv. 4, Tit. 28; *Ordenações Filipinas*, Liv. 4, Tit. 1, § 1. Cfr., também, CORRÊA TELLES, *Digesto*..., §§ 229 a 231, 41.

[158] *Ordenações Afonsinas*, Tit. 4, Liv. 35; *Ordenações Manuelinas*, Liv. 4, Tit. 28; *Ordenações Filipinas*, Liv. 4, Tit., 1, § 1, e Tit. 13. V., ainda, PANTALEÃO GUERRA, *Commentaria*..., Liv. IV, T. 1, § 1, Glosa III [edição citada 25 e s.]; MELLO FREIRE, *Instituições*..., in *Boletim*..., 1967, 168, 66; CORRÊA TELLES, *Digesto*..., III, § 232, 41. Cfr., também, GAMA BARROS, *História da administração pública*..., VI, 183 e ss., 235, afirmando que a introdução da figura da lesão enorme em Portugal se ficou a dever à receção do Direito romano ou talvez resultado das Decretais.

[159] MELLO FREIRE, *Instituições*..., in *Boletim*..., 1967, 168, 66.

[160] A escritura só era necessária à substância do contrato quando expressamente se convencionava fazer a venda por escrito, quando se requeria a escritura como formalidade do contrato ou quando se podia entender que era vontade não valer sem instrumento público. V. MELLO FREIRE, *Instituições*..., in *Boletim*..., 1967, 168, 66, com indicações, quer ao nível das fontes, quer ao nível da Doutrina. Cfr., igualmente, COELHO DA ROCHA, *Instituições*..., § 804, 627; CORRÊA TELLES, *Digesto*..., III, §§ 182 a 185, 33 e 34.

[161] Cfr. *Ordenações Manuelinas*, Liv. 4, Tit. 24, pr.; *Ordenações Filipinas*, Liv. 4, Tit. 2.

[162] *Ordenações Afonsinas*, Tit. 4, Liv. 42; *Ordenações Manuelinas*, Liv. 4, Tit. 28; *Ordenações Filipinas*, Liv. 4, Tit. 7, no pr.. V., na Doutrina, a título exemplificativo, COELHO DA ROCHA, *Instituições*..., § 818, 638.

[163] CORRÊA TELLES, *Digesto*..., III, § 380, 63 e 64, propugnava precisamente a solução contrária: a transferência da propriedade com a realização do contrato, por considerar a solução do Direito romano e das Ordenações contrária ao Direito natural e invocava em apoio da solução por ele defendida, designadamente, *GROTIUS*, *De jure*..., L. 2, Cap. 6, § 1 e Cap. 8, 25 [edição cit. 272 e 326] assim como o artigo 1583.º do Código Civil francês.

[164] *Ordenações Filipinas*, Liv. 4, Tit. 5 e 7, § 1. MELLO FREIRE, *Instituições*..., in *Boletim*..., 1967, 168, 66, invocava ainda o ensinamento do Direito romano em apoio da solução.

senhor da coisa até à tradição, se a vendesse a dois compradores distintos, tinha preferência aquele a quem ela fosse entregue[165].

As arras quando estipuladas na venda não eram da respetiva substância. Todavia, caso fossem dadas pelo comprador em sinal do contrato de venda era possível a qualquer dos intervenientes arrepender-se e desistir da venda, perdendo o comprador o sinal e devendo o vendedor restituir em dobro. Já não era, porém, assim se as arras fossem dadas e pagas em lugar e como parte do preço. Nessa eventualidade, já não podia haver arrependimento, mesmo se o vendedor preferisse perder o respetivo valor. Isto devido à presunção de que, na situação em causa, as arras tinham sido dadas, não em sinal ou segurança do contrato, mas sim para o tornar firme[166].

VI – A principal obrigação do vendedor era a de proceder à entrega da coisa vendida ao comprador[167], acompanhada dos respetivos acessórios[168].

[165] *Ordenações Filipinas*, Liv. 4, Tit. 7, pr.. Mas veja-se, também, o regime complexo (distinguindo situações em que se realiza a venda: a) a um primeiro comprador e depois a outro, conforme se assista à entrega da coisa sem receber o preço, com subsequente recuperação da posse da coisa, e posterior venda a terceiro a quem ela é entregue e paga; b) ou em que se assiste ao pagamento por um mas sem entrega e à entrega e pagamento por outro) estabelecido pelas *Ordenações Afonsinas*, Tit. 4, Liv. 42.; *Ordenações Manuelinas*, Liv. 4, Tit. 28; *Ordenações Filipinas*, Liv. 4, Tit. VII, § 2. Corrêa Telles, *Digesto...*, III, § 381, 64, propunha já, em conformidade aliás com o efeito real que defendia para a compra e venda, que se o vendedor alienasse duas vezes a mesma coisa, preferia sempre o primeiro comprador e afirmava ser a solução das Ordenações repugnante às regras da boa razão. Entretanto defendia, ainda (*op. cit.* § 382, 64), dever o vendedor pagar ao comprador enganado perdas e interesses além de ser punido corporalmente como burlão.

[166] Assim Mello Freire, *Instituições...*, in *Boletim...*, 1967, 168, 67, preconizando ser esse o entendimento que se retirava das *Ordenações Filipinas*, Liv. 4, Tit. 2, § I, na sua articulação com o § 2, e mencionando no mesmo sentido, designadamente, Caldas, *Analyticvs commentarivs sive ad typum instrumenti emptionis & venditionis...*, *De emptione*, Cap. XVIII., números 37, 38 e 39. Importante e claro é, todavia, o § 3, não mencionado por Mello Freire. Regime equivalente constava, de resto, já das *Ordenações Afonsinas*, Tit. 4, Liv. 26, §§ 1 a 3; e nas *Ordenações Manuelinas*, Liv. 4, Tit. 24, §§ 1, 2 e 3. V., ainda, sobre esta questão Teixeira de Freitas, *Consolidação das leis...*, art. 511 e ss., art. 517, 297 e ss., 299 e 300; Corrêa Telles, *Digesto...*, III, §§ 347 a 350, 58 e 59.

[167] Coelho da Rocha, *Instituições...*, § 809, 631; e Corrêa Telles, *Digesto...*, III, §§ 258 e 259, 45, referindo as *Ordenações Filipinas*, Liv. 4, Tit. 2, pr.. V., já antes, *Ordenações Afonsinas*, Tit. 4, Liv. 25, pr.; *Ordenações Manuelinas*, Liv. 4, Tit. 24, pr..

[168] Corrêa Telles, *Digesto...*, III, §§ 260 a 262, com indicações ao nível das fontes.

Não sendo a entrega coativa possível era o vendedor obrigado a indemnizar todo o interesse do comprador, quer no que diz respeito ao dano emergente como ao lucro cessante[169-170]. O vendedor, ainda que no contrato nada se dissesse, era obrigado à garantia de evicção e a assegurar a perda de toda ou parte da coisa que sobreviesse ao comprador, *ex vi* de direito de terceiro que lha vencer judicialmente, por ter melhor direito que o comprador[171]. Aliás, essa solução era preconizada por CORRÊA TELLES «*ainda que o vendedor no ato da venda diga, que se não responsabiliza á evicção*» pois «*sempre fica obrigado a repôr o preço, se a cousa for vencida ao comprador*»[172].

O vendedor era, ainda, responsável pelos defeitos redibitórios[173].

Quanto ao comprador, a sua obrigação principal consistia em pagar o preço[174].

VII – Atenta a liberdade assegurada às partes na configuração do contrato eram permitidos: 1) o pacto de retrovenda[175]; 2) o pacto de adjudicação até certo dia, pelo qual a coisa vendida podia ser adjudicada a outro que dentro de determinado prazo fizesse melhor oferta[176]; 3) o pacto da *lei comissória*, que permitia desfazer-se a venda não sendo o preço pago ao prazo fixado, tendo, todavia, o comprador, nessa situação, a possibilidade de reaver a

[169] CORRÊA TELLES, *Digesto...*, III, § 260, 45. Ao nível das Ordenações cfr., *Ordenações Afonsinas*, Tit. 4, Liv. 25, pr.; *Ordenações Manuelinas*, Liv. 4, Tit. 24, pr.; *Ordenações Filipinas*, Liv. 4, Tit. 2, pr..

[170] Quanto ao lugar da entrega, às exceções invocáveis e à diligência a observar na pendência da entrega v. CORRÊA TELLES, *Digesto...*, III, §§ 263 a 269, 46, com referências.

[171] COELHO DA ROCHA, *Instituições...*, §§ 809 e ss., 631 e ss.; CORRÊA TELLES, *Digesto...*, III, § 292, 50.

[172] CORRÊA TELLES, *Digesto...*, III, § 301, 51.

[173] COELHO DA ROCHA, *Instituições...*, §§ 815 e 816, 636 e 637.

[174] COELHO DA ROCHA, *Instituições...*, § 817, 637 e 638; CORRÊA TELLES, *Digesto...*, III, §§ 325 e ss., com ulteriores indicações. Para uma referência às consequências da falta de pagamento do preço v., *infra* IX, no presente parágrafo.

[175] *Ordenações Afonsinas*, Tit. 4, Liv. XXXX; *Ordenações Manuelinas*, Liv. 4, Tit. 27 pr.; *Ordenações Filipinas*, Liv. 4, Tit. 4, pr.. V., também, MELLO FREIRE, *Instituições...*, in *Boletim...*, 1967, 168, 67; COELHO DA ROCHA, *Instituições...*, § 822, 641 e 642; CORRÊA TELLES, *Digesto...*, III, §§ 363 e ss., 61, dando nota de que o direito do comprador de remir a venda podia ser vendido ou legado e de que o seu exercício levava à dissolução das hipotecas e encargos criados pelo comprador sobre a coisa.

[176] MELLO FREIRE, *Instituições...*, in *Boletim...*, 1967, 168, 67; COELHO DA ROCHA, *Instituições...*, § 820, 640; CORRÊA TELLES, *Digesto...*, III, § 357 a 360, 60 e 61.

coisa ou repetir o preço[177]; 4) o pacto de prelação a favor do vendedor ou de terceiro, caso o comprador pretendesse alienar a coisa comprada[178]; 5) o pacto sobre um fundo vendido com a condição de o próprio vendedor o manter «alugado» por certa renda, transferindo-se, então, o domínio para o comprador pela ficção *brevis manus*[179]; 6) a venda a aprazimento do comprador[180] (hoje designada venda a contento numa terminologia usada já por COELHO DA ROCHA); 7) e a cláusula estimatória pela qual uma pessoa entregava a outrem uma coisa móvel para a vender, com a condição de que a certo tempo lhe dará o preço, relativamente ao qual se colocarão de acordo, sob pena de devolução[181-182].

VIII – O risco e o cómodo da coisa vendida pertenciam ao comprador, não obstante a circunstância de o vendedor reter o respetivo domínio até à tradição. Isto devia-se à circunstância de sendo ele devedor da espécie se libertar com o perecimento desta[183]. Tratava-se, porém, tal como no Direito romano, de regra válida apenas na eventualidade de a venda ser perfeita, caso contrário o risco pertencia ao vendedor. Para se assistir a essa perfeição[184] era necessário que se soubesse em que coisa ela consiste, a qualidade, quantidade, a realização das operações de pesagem e contagem, o preço por que se comprou e vendeu, a não estipulação de qualquer condição suspensiva, termo ou acordo no sentido da realização de escritura pública ou de distribuição convencional do risco[185-186].

177 COELHO DA ROCHA, *Instituições...*, § 821, 640 e 641.

178 MELLO FREIRE, *Instituições...*, in *Boletim...*, 1967, 168, 67 e 68.

179 MELLO FREIRE, *Instituições...*, in *Boletim...*, 1967, 168, 68, com indicações.

180 *Ordenações Afonsinas*, Tit. 4, Liv. XXXV, § 3; *Ordenações Manuelinas*, Liv. 4, Tit. 23, § 2; *Ordenações Filipinas*, Liv. 4, Tit., 1; COELHO DA ROCHA, *Instituições...*, § 824, 642 e 643.

181 COELHO DA ROCHA, *Instituições...*, § 825, 643.

182 Todos estes pactos eram, como se viu, já conhecidos do Direito romano.

183 Ainda assim não faltava quem considerasse esta regra uma grave contradição com o efeito obrigacional do contrato de compra e venda. V., nesse sentido, ALMEIDA E SOUSA DE LOBÃO, *Fascículo de Dissertações jurídico-práticas*, 1825, Tomo II, Dissertação III, § 5, 55.

184 MELLO FREIRE, *Instituições...*, in 1967, 168, 68, mas indicando apenas parcelarmente o regime de distribuição do risco; e CORRÊA TELLES, *Digesto...*, III, §§ 339 e ss., 57 a 59.

185 *Ordenações Afonsinas*, Tit. 4, Liv. 46; *Ordenações Manuelinas*, Liv. 4, Tit. 31; *Ordenações Filipinas*, Liv. 4, Tit. 8.

186 Quanto às situações de mora v. CORRÊA TELLES, *Digesto...*, III, § 344 e 345, 58.

IX – O contrato de compra e venda podia ser rescindido: a) por motivo de dolo ou medo[187]; b) por mútuo dissentimento; c) em determinadas circunstâncias por discordância de uma das partes em certo tipo de contratos, se o contrato ainda se não encontrasse perfeito[188]; d) por lesão enorme[189-190]; e) por vícios na coisa[191-192].

[187] MELLO FREIRE, *Instituições...*, in *Boletim...*, 1967, 168, 68 e 69. Cfr., também, CORRÊA TELLES, Digesto..., III, § 277, 48.

[188] *Ordenações Filipinas*, Liv. 4, Tit. 2, Tit. 19 pr., e § 1.

[189] *Ordenações Afonsinas*, Tit. 4, Liv. XXXV; *Ordenações Manuelinas*, Liv. 4, Tit. 30; *Ordenações Filipinas*, Liv. 4, 13.

[190] Se o engano fosse enormíssimo o contrato era nulo: *Ordenações Filipinas*, Liv. 4, Tit. 13, § 10. MELLO FREIRE, *Instituições...*, in *Boletim...*, 1967, 168, 69 e 70, acusa a solução dos «Filipistas» de ser contrária à razão do Direito romano e pátrio, além de criticar a circunstância de em lugar algum se estipular quanto se entende por engano enormíssimo, ao invés da lesão enorme, que correspondia a mais de metade do justo preço. Propõe, por isso, que, por não se poder deixar um assunto de tamanha importância ao arbítrio do juiz nem ao número dos Doutores, se desprezasse a diferença entre lesão enorme e engano enormíssimo. TEIXEIRA DE FREITAS, *Consolidação das leis...*, art. 359, 211, nota 19, afirma ser engano enormíssimo a lesão enormíssima (acerca da lesão enormíssima v. o que se escreveu *supra* a este respeito no período do Direito intermédio). Por seu turno CORRÊA TELLES, *Digesto...*, I, § 253, 44, considera verificar-se este engano quando se recebeu apenas a terça parte do valor justo da coisa (v., também, *op. cit.* III, § 240, 42). Havia, porém, vozes no sentido segundo o qual se deveria deixar ao juiz julgar quando se dava semelhante engano. Quanto à ação de lesão cfr. CORRÊA TELLES, *Doutrina das Ações, acommodada ao foro de Portugal*, 4.ª edição, 1853, § 361 a 366, 149 e 150, e respetivas notas com indicações.

[191] CORRÊA TELLES, *Digesto...*, § 275, 47, refere também como causa para «*enjeitar*» a venda o erro na substância *v.g.* se o alquime foi vendido em conta de ouro ou o estanho de prata. Trata-se de matéria abordada a propósito da ação redibitória e abatimento no preço.

[192] Sobre tudo isto v. MELLO FREIRE, *Instituições...*, in *Boletim...*, 1967, 168, 69 e 70. Quanto aos vícios da coisa v., ainda, CORRÊA TELLES, *Digesto...*, III, §§ 270 e ss., 47 e ss.. CORRÊA TELLES, *Doutrina das Ações...*, §§ 348 e ss., 141 e ss., identifica as seguintes ações de que o comprador podia lançar mão: 1) ação para entrega da coisa; 2) ações redibitórias para obrigar o vendedor a aceitar de novo a coisa vendida, verificando-se causa legal para a enjeitar; 3) *quanti minoris* com vista a permitir a repetição de parte do preço, em virtude de vício encoberto; 4) de evicção destinada a ressarcir o comprador como consequência da perda de parte ou da totalidade da coisa sempre que ele fosse obrigado a abrir mão dela em favor de terceiro que tenha direito incompatível. Quanto ao vendedor ele podia socorrer-se: 1) da ação para pedir o preço; 2) da ação de lesão; 3) da ação de remir, no caso da venda a retro; 4) da ação de desfazer a venda existindo pacto de prelação, pelo qual o comprador não podia vender a outro sem a oferecer primeiro ao vendedor ou a outra pessoa.

Era também possível estipular-se que em caso de falta de pagamento do preço, por parte do comprador, a venda ficava sem efeito nenhum. Deixava, porém, de ser assim se, passado o prazo para pagamento, em vez de se fazer valer da estipulação, o vendedor exigisse ao comprador o pagamento do preço[193].

X – Tudo visto era, pois, a teoria do título e do modo que se encontrava consagrada, conforme resulta aliás expressamente das palavras de MELLO FREIRE[194].

O Código Comercial de FERREIRA BORGES (datado de 1833) disciplinaria a compra e venda. A matéria da compra e venda constava da Parte I, Livro II, Título IX, num total de cinquenta e dois artigos. Nele o artigo 453.º definia este contrato como aquele pelo qual uma pessoa se obriga a entregar certa coisa a outra, recebendo desta um preço determinado. De seguida, no artigo 454.º, afirmava mostrar-se o contrato perfeito assim que se achar ajustado o preço e a coisa objeto do negócio. MENEZES CORDEIRO [195] interpreta este dispositivo como manifestação da natureza real da compra e venda.

[193] *Ordenações Filipinas*, Liv. 4, Tit., V, § 3. V., também, GONÇALVES DA SYLVA, *Commentaria...*, Liv. IV, Tit. 5, § 3 [edição citada 195 e ss.]; ALMEIDA E SOUSA DE LOBÃO, *Tractado practico, e critico de direito emphitêutico, conforme a legislação, e costumes deste reino e uso actual das nações*, II, 1814, reedição de 1928, 16; CORRÊA TELLES, *Digesto...*, III, § 363, 61; TEIXEIRA DE FREITAS, *Consolidação das leis...*, art. 532, 304, nota 25, fazendo menção a uma ressalva constante de Alvará de 4 de setembro de 1810, quando diz «*sem convenção alguma especial*» e «*sem outra convenção*». Note-se que este Alvará mantinha o esquema das Ordenações quanto ao funcionamento e mecanismo da compra e venda ao estabelecer: «(...) *sendo sem controvérsia estabelecido pelos Direitos natural, Romano, e Patrio, e pelo das Nações cultas, e civilizadas, que no contrato da compra, e venda, ajustado o preço, e entregue ao comprador a cousa vendida, e ao vendedor o preço, ou fiando-o ele, não só fica o contrato aperfeiçoado, mas completo de todo; que por meio da tradição passa o domínio para o comprador, ainda quando o ajuste foi feito* habita fide de pretio (...).» Cfr. VIEIRA CURA, *Compra e venda...*, in *Boletim...*, *Volume Comemorativo...*, 71, nota 6; Id., *Transmissão...*, 375.

[194] MELLO FREIRE, *Instituições...*, in *Boletim...*, 1967, 168, 57 e 67.

[195] MENEZES CORDEIRO, *Tratado...*, XI, 89, 190 e 191.

§ 2.3.2 – O Código de Seabra

I – O Código de Seabra tratava a compra e venda nos artigos 1544.º a 1590.º[196]. Estes quarenta e seis artigos encontravam-se sistematizados da seguinte forma:

Secção I: Da compra e venda em geral,
Secção II: Do objeto da compra e venda,
Secção III: Das pessoas que podem comprar, e das que podem vender,
Secção IV: Das obrigações dos vendedores,
Subsecção I: Da entrega da cousa vendida,
Subsecção II: Da garantia de evicção,
Secção V: Das obrigações do comprador,
Secção VI: Da venda a retro,
Secção VII: Da forma do contrato de compra e venda.

[196] Na Doutrina coeva ao Código de Seabra pode ver-se, designadamente, a respeito deste contrato: Lopes Praça, *Estudos sobre o código civil: rescisão do contracto de compra e venda por lesão e vicios redhibitorios, segundo o art. 1582 do código civil portuguez*, 1870; Dias Ferreira, *Código civil portuguez annotado*, 2.ª edição, III, 1898, comentário aos artigos 1544 e ss., 148 e ss.; Guilherme Moreira, *Instituições de direito civil portuguez*, Lições de 1903-1904, mas sem local nem data, 300 e ss.; Cunha Gonçalves, *Da compra e venda no direito comercial portuguez*, I, 1909, 65 e ss., e *passim*, II, 1912, *passim*; Id., *Tratado de direito civil em comentário ao Código Civil português*, VIII, 1935, 326 e ss.; Id., *Dos contratos em especial*, 1953, 255 e ss.; Jaime de Gouveia, *Da responsabilidade contratual*, 1933, 380 e ss.; Pires de Lima e Antunes Varela, *Noções fundamentais de direito civil*, 3.ª edição, 1954, 465 e ss.; Id., *Idem*, 6.ª edição, reimpressão, 1973, 530 e ss.. Na Doutrina relativa ao atual Código Civil podem ver-se as referências relativas ao anterior diploma de: Raúl Ventura, *O contrato de compra e venda no código civil. Efeitos essenciais do contrato de compra e venda: a transmissão da propriedade da coisa ou da titularidade do direito; a obrigação de entregar a coisa*, in *Revista da Ordem dos Advogados*, 1983, ano 43, III, dezembro, 592; Pedro de Albuquerque, *Compra e venda. Introdução, efeitos essenciais e modalidades*, in *Direito das Obrigações*, 2.ª edição, sob coordenação de Menezes Cordeiro, 1991, III, 19 e ss.; Pedro Romano Martinez, *Direito das obrigações, parte especial, contratos (compra e venda, locação e empreitada)*, 2.ª edição, 2001, 21, 30 e 31. Na literatura histórico-jurídica v. Sílvia Isabel dos Anjos Alves, *Alguns aspetos acerca da natureza obrigacional ou real da compra e venda civil na história do direito...*, 61 e ss.; Fernando José Gautier Luso Soares, *Compra e venda na história do direito português...*, 59 e ss.; Vieira Cura, *O fundamento...*, in *Jornadas...*, 46 e 47, 50 e 51; Menezes Cordeiro, *Tratado...*, XI, 87, 90 e ss., 191 e ss..

II – A nota principal da nova regulamentação consistia no facto de o contrato de compra e venda passar a ter eficácia real translativa ou *quoad effectum*[197], apesar de algumas dúvidas suscitadas pelo artigo 1544.º[198-199], sensível porventura à influência histórica do Direito anteriormente vigente e suas raízes, ao considerar[200]:

> «O contrato de compra e venda é aquelle em que um dos contraentes se obriga a entregar certa *cousa, e* o outro se obriga a pagar por ella certo preço em dinheiro.»

[197] As origens desta solução encontram-se segundo uma opinião largamente difundida no *Code civil* francês (enquanto a compra e venda obrigacional, consagrada em Ordenamentos como o espanhol teria origem romanística). Contra esta visão se pronuncia VIEIRA CURA, *O fundamento romanístico da eficácia obrigacional e da eficácia real da compra e venda*..., in *Jornadas*..., 33 e ss.. O autor sublinha, acertadamente, por um lado, a imprecisão de quantos imputam, sem mais, a venda obrigacional ao Direito romano (v., por exemplo, com a devida vénia, a simplificação operada por ASSUNÇÃO CRISTAS, *Dupla venda de um direito de crédito*, separata de *O Direito*, 2000, 132, I-II, 222), uma vez que, como vimos, este conheceu, no período pós-clássico a compra e venda real. Por outro, sem negar a influência do Código de Napoleão na solução adotada pelo Código de Seabra, sublinha o facto de este ter, ele próprio, antecedentes históricos no mencionado período pós-clássico romano e, depois, na escola de Direito natural jusracionalista. Numa orientação original, e se bem vimos, FERNANDO LUSO SOARES, *A compra e venda*..., 64, parece ligar a solução do Código de Seabra ao Direito visigótico.

[198] PEDRO ROMANO MARTINEZ, *Direito*..., refere o artigo 1544.º do Código Civil de 1966 como sendo aquele por força do qual «*os efeitos reais derivados da compra e venda passaram a produzir-se, por via de regra, aquando da celebração do contrato*». Porém, VIEIRA CURA, *O fundamento*..., in *Jornadas*..., 51, nota 49, escreve a propósito: «*Tal indicação não é, todavia, exata, pois esse artigo* (...), *fornece a definição deste contrato em termos que correspondem à ideia de eficácia meramente obrigacional* (...); *e tanto assim que alguns AA. continuaram a sustentar, com base nele, a natureza simplesmente obrigacional da compra e venda* (...).» Note-se, porém, que a afirmação de PEDRO ROMANO MARTINEZ, perante o artigo 1544.º, é idêntica à feita, na vigência do Código de Seabra, por exemplo, por PIRES DE LIMA e ANTUNES VARELA, *Noções*..., 2.ª edição, 465; Id., *Noções*..., 6.ª edição, 535 e 536, em nota.

[199] Para uma referência ao modo como a prática notarial e tabeliónica continuou, num primeiro momento, a refletir práticas próprias do Direito anterior v. PEDRO DE ALBUQUERQUE, *Compra e venda. Introdução*..., in *Direito*..., III, 20 e 21, nota 12; e SÍLVIA ISABEL DOS ANJOS ALVES, *Alguns aspetos acerca da natureza obrigacional ou real da compra e venda civil na história do direito*..., 68 e ss., em notas.

[200] As dificuldades suscitadas pelo Código Civil de Seabra, neste âmbito, são evidenciadas, por exemplo, por CUNHA GONÇALVES, *Da compra e venda*..., I, 65 e 66.

A eficácia translativa ou real *quoad effectum* resultava, não obstante, claramente dos artigos 715.º e 1549.º, que consagravam definitivamente entre nós o sistema do título[201]. Era o seguinte o respetivo teor do primeiro dos dois preceitos:

> «Nas alienações de cousas certas e determinadas, a transferência da propriedade opera-se entre os contrahentes, por mero effeito do contrato, sem dependencia de tradição ou de posse, quer material quer symbolica, salvo havendo accordo das partes em contrario.»

Por sua vez, o artigo 1549.º determinava:

> «A cousa comprada pertence ao comprador, desde o momento em que o contrato é celebrado, bem como desde esse momento fica o vendedor em direito de haver do comprador o preço estipulado; mas, em relação a terceiro, a venda de bens immobiliários, só produzirá effeito desde que fôr registada nos termos declarados no respetivo título.»

III – A conjugação destes dois preceitos com o artigo 1544.º permitia concluir, na opinião da Doutrina da altura, serem elementos essenciais da compra e venda:

1) a transferência da propriedade de uma coisa do comprador para o vendedor[202];
2) a obrigação, que pendia sobre o comprador, de pagar o preço[203].

[201] Cfr. as referências de Dias Ferreira, *Código civil portuguez...*, 2.ª edição, II, 1895, comentário ao artigo 715.º, 50 e ss..

[202] A parte final do artigo 715.º suscitava, porém, uma dificuldade, uma vez que mencionava acontecer a transferência da propriedade independentemente de tradição, salvo acordo das partes em sentido oposto. Ou seja, as partes podiam exigir a tradição material ou simbólica da coisa para a perfeição do contrato de compra e venda. Isto significava que, nesses casos, o contrato de compra e venda era simultaneamente um contrato real *quoad constitutionem* e *quoad effectum*. Cfr., na literatura histórico-jurídica, Sílvia Isabel dos Anjos Alves, *Alguns aspetos acerca da natureza obrigacional ou real da compra e venda civil na história do direito...*, 62 e 63.

[203] Preço este que devia ser em dinheiro conforme dispunha o artigo 1544.º, sem prejuízo de soluções mistas contempladas no artigo 1545.º.

A tradição continuava a ter alguns efeitos jurídicos, mas não era, em regra, elemento constitutivo do contrato de compra e venda. Manifestação de relevância da *traditio* encontrava-se, por exemplo, no artigo 1585.º. Este normativo impedia a rescisão do contrato, por falta de pagamento do preço, depois da entrega da coisa vendida. Paralelamente, o artigo 1574.º determinava não ser o vendedor obrigado a entregar a coisa enquanto o comprador não pagasse o preço.

IV – Consequência direta da eficácia translativa ou real *quoad effectum* do contrato de compra e venda foi o abandono do regime constante das Ordenações para os casos de dupla alienação. Com o Código de Seabra, a regra passa a ser a de que a propriedade pertence a quem a coisa certa e determinada foi vendida no primeiro momento, mesmo se, eventualmente, não assistiu à entrega da *res* ou do preço, sendo-lhe, destarte, concedida uma ação de reivindicação. Era todavia necessário proceder a algumas distinções.

Tratando-se de coisa móvel prevalecia a venda mais antiga – segundo a regra geral. Não obstante, se não fosse viável determinar a prioridade da data a preferência era dada ao comprador que se encontrasse na posse da coisa (artigo 1578.º)[204]. No caso de em jogo estarem coisas imóveis, prevalecia a registada primeiro e se nenhuma das duas fosse objeto de registo observava-se o disposto para as coisas móveis (artigo 1580.º)[205].

De forma sintética eram as seguintes as obrigações do vendedor (artigo 1568.º):

1) proceder à entrega da coisa vendida, entrega essa a que eram dedicados os artigos 1569.º a 1580.º;
2) responder pelas qualidades da coisa;
3) prestar a evicção.

[204] Encontramos aqui uma outra manifestação de relevância da tradição ou transferência da posse. Não obstante, como bem se verifica por este regime, o Código de Seabra não estabelecia a regra de que a posse vale título.

[205] José Alberto Vieira, *Direitos...*, 235; Id., *Idem*, 2.ª ed., 219 e 220, entende que o regime do artigo 1580.º representava uma mitigação relativamente aos imóveis. Esta posição parece, porém, em oposição com quanto o autor sustenta, a nosso ver bem, a respeito da eficácia meramente consolidativa do registo no Direito vigente.

Mais tarde, seria introduzida, pelo Decreto n.º 19 126, uma quarta obrigação, considerada redundante[206], por força da qual o vendedor devia responder por perdas e danos no caso de não cumprir a obrigação, que tivesse tomado, de vender ou dar preferência a determinado indivíduo.

V – Quanto ao comprador, as suas obrigações eram supostamente determinadas pelos artigos 1583.º a 1585.º.

O primeiro destes dois preceitos estabelecia estar o adquirente obrigado a cumprir tudo quanto tinha estipulado e, em especial, a pagar o preço, no tempo, lugar e modo convencionados.

Já o artigo 1584.º limitava-se a estabelecer o direito de o comprador, com espera de preço, que fosse perturbado na sua posição jurídica e posse, ou com justo receio de o ser, de modo a poder ou vir a poder demandar o comprador por evicção, depositar judicialmente o preço, enquanto o vendedor não fizesse cessar a turbação, ou não lhe desse caução, salvo se outra coisa tivesse sido estipulada. Finalmente, o artigo 1585.º impedia apenas, como vimos, o vendedor de, depois da entrega da coisa, rescindir o contrato por falta de pagamento do preço.

VI – Digna de nota era ainda a circunstância de o Código de Seabra, afastando-se da orientação que vinha do Direito romano e das Ordenações, proibir, no artigo 1587.º, a venda a retro, depois de a ter definido no preceito anterior como aquela em que:

> «(...) a venda é feita com a cláusula ou condição, de que o vendedor poderá desfazer o contrato, e recobrar a cousa vendida, restituindo o preço recebido.»

§ 2.3.3 – Os trabalhos preparatórios do Código Civil de 1966

I – Caberia a INOCÊNCIO GALVÃO TELLES a responsabilidade pelos trabalhos preparatórios do regime da compra e venda no Código Civil de 1966.

[206] Assim JAIME DE GOUVEIA, *Da responsabilidade...*, 381.

No Anteprojeto[207] eram dedicados à compra e venda 77 artigos distribuídos em XI secções e um conjunto de dois artigos relativos a disposições complementares:

Secção I – Disposições preliminares (artigos 1.º a 6.º),
Secção II – Efeitos da compra e venda (artigos 7.º a 23.º),
Secção III – Venda de bens alheios (artigos 24.º a 36.º),
Secção IV – Venda de bens onerados (artigos 37.º a 44.º),
Secção V – Venda de coisas defeituosas (artigos 45.º a 54.º),
Secção VI – Venda a contento e venda sujeita a prova (artigos 55.º a 58.º),
Secção VII – Venda a «retro» (artigos 59.º a 67.º),
Secção VIII – Venda com reserva de propriedade (artigos 68.º e 69.º),
Secção IX – Venda a prestações (artigos 70.º a 72.º),
Secção X – Venda sobre documentos (artigos 73.º e 74.º),
Secção XI – Venda realizada em processo judicial. Outros contratos onerosos de alienação ou oneração de bens (artigo 75.º),
Disposições complementares (artigos 1.º e 2.º).

II – Galvão Telles faria seguir este seu Anteprojeto de uma posterior exposição de motivos de aspetos comuns aos vários contratos[208]. Nela dá-nos conta da importância que para o trabalho teve o seu *Contratos em especial*[209] e o estudo de aspetos que se prendem aos contratos em geral e às obrigações em geral. E de facto, grande parte da exposição de motivos é referente a questões gerais como as relativas às tendências modernas do direito contratual e à autonomia do Direito Comercial face ao Direito civil[210]. As explicações sobre os concretos regimes do contrato de compra

[207] V. Inocêncio Galvão Telles, *Dos contratos em especial, I e II, compra e venda e locação. Ante-projecto de dois capítulos do futuro Código Civil português*, separata da *Revista da Faculdade de Direito de Lisboa*, 1948, V, 5 e ss.. Para mais desenvolvimentos v., ainda, Menezes Cordeiro, *Tratado...*, XI, 94 e ss., 194 e ss..

[208] *Aspectos comuns aos vários contratos (Exposição de Motivos referente ao Título do futuro Código Civil português sobre contratos em especial)*, separata da *Revista da Faculdade de Direito da Universidade de Lisboa*, 1950, VII, 5 e ss..

[209] Esta obra foi objeto de sucessivas edições. Cfr., designadamente, *Manual dos contratos em geral*, 3.ª edição, *Dos Contratos em geral*, 1965.

[210] É a afirmação dessa autonomia que leva Galvão Telles a não considerar no seu Anteprojeto contratos como os de empreitada (que considera de Direito comercial), de Direito bancário ou dos seguros.

e venda, essas, não aparecem mencionadas na exposição de motivos. Elas surgiriam, porém, posteriormente no Projeto completo do título relativo aos contratos civis[211]. Nesse Projeto eram dedicados à compra e venda 71 artigos assim sistematizados:

Secção I – Disposições preliminares (artigos 1.º a 4.º),
Secção II – Efeitos da compra e venda (artigos 5.º a 13.º),
Secção III – Venda de coisas sujeitas a contagem, pesagem ou medição (artigos 14.º a 18.º),
Secção IV – Venda de bens alheios (artigos 19.º a 30.º),
Secção V – Venda de bens onerados (artigos 31.º a 38.º),
Secção VI – Venda de coisas defeituosas (artigos 39.º a 48.º),
Secção VII – Venda a contento e venda sujeita a prova (artigos 49.º a 52.º),
Secção VIII – Venda a «retro» (artigos 53.º a 61.º),
Secção IX – Venda com reserva de propriedade (artigos 62.º e 63.º),
Secção X – Venda a prestações (artigos 64.º a 66.º),
Secção XI – Venda sobre documentos (artigos 67.º e 68.º),
Secção XII – Outros contratos onerosos de alienação ou oneração de bens (artigo 69.º),
Disposições complementares (artigos 1.º e 2.º).

III – Numa breve síntese o contrato surge como uma compra e venda dotada de eficácia real[212]. Segue-se o esquema do título.

Referência particular merece, ainda, o artigo 6.º do Projeto de Galvão Telles relativo à venda de bens futuros, sobre a qual o Código Civil de Seabra era quase omisso[213].

A secção III compreendia um número de disposições que no Anteprojeto estavam integradas na secção segunda e se autonomizaram depois.

No tocante à venda de bem alheio, embora não se considere ser isso uma inevitabilidade decorrente da eficácia real deste contrato, propõe-se a

[211] Inocêncio Galvão Telles, *Contratos civis (Projecto completo de um futuro Código Civil português e respectiva exposição de motivos)*, separata da *Revista da Faculdade da Universidade de Direito de Lisboa*, 1953-1954, IX-X, 5 e ss..

[212] Inocêncio Galvão Telles, *Contratos...*, 8 e 9. As eventuais exceções a esta regra não representavam verdadeiros desvios, mas apenas situações de diferimento do efeito real, numa solução que, como veremos, se mantém no Código Civil.

[213] Inocêncio Galvão Telles, *Contratos...*, 13.

respetiva nulidade absoluta invocável por qualquer interessado, com a única restrição de se proibir a invocação da nulidade por parte do vendedor em caso de boa fé do comprador e por parte do comprador de má fé na eventualidade de boa fé do primeiro. A essa nulidade associa-se uma responsabilidade por *culpa in contrahendo*[214].

Quanto à venda de bens onerados e de coisas defeituosas optou-se pela sua recondução ao regime do erro e do dolo, consagrando, depois, as respetivas especialidades[215].

Relativamente à venda a contento e venda sujeita a prova propugnava-se uma distinção básica entre as duas figuras[216]. Na primeira a produção dos efeitos jurídicos encontra-se dependente da vontade do comprador[217]. Na venda sujeita a prova o contrato fica apenas subordinado à objetiva idoneidade da coisa para satisfação do fim a que se destina.

A venda a retro, admitida apesar das dúvidas historicamente suscitadas em torno da figura, surge como aquela em que se reconhece ao vendedor a faculdade de revogar o contrato mediante restituição do preço. Na conceção do Anteprojeto não se tratava de uma retrovenda em que existiriam dois negócios simultâneos em que *A* vende a *B* e *B* faz, imediatamente, uma proposta a *A* para este comprar. Do que se trata é, na expressa explicação de Galvão Telles, de uma autêntica revogação do contrato[218].

A compra e venda com reserva de propriedade era tratada como uma modalidade de compra e venda inserida entre as demais. Como veremos de seguida este esquema seria, depois, abandonado.

No concernente à venda a prestações a exposição de motivos acentuava a respetiva autonomia face à compra e venda com reserva de propriedade.

[214] Inocêncio Galvão Telles, *Contratos...*, 21.

[215] Inocêncio Galvão Telles, *Contratos...*, 22 a 24. V., porém, os desenvolvimentos adiante a respeito das perturbações típicas da compra e venda onde se observa como, não obstante a aparente recondução desta matéria ao regime do erro, afinal o que está em jogo é uma situação de incumprimento.

[216] Inocêncio Galvão Telles, *Contratos...*, 24.

[217] A venda a contento contemplada tanto podia corresponder a uma simples proposta de venda como a uma situação de revogação *a posteriori*. Em caso de dúvida presumia-se a primeira. Inocêncio Galvão Telles, *Contratos...*, 25 e 26.

[218] Inocêncio Galvão Telles, *Contratos...*, 27.

A propósito de venda sobre documentos sublinhava-se o facto de o seu principal campo de aplicação ser o Direito comercial. Não obstante considera-se ser ela também viável no domínio civil[219].

Finalmente, pela sua importância e riqueza de aspetos a compra e venda foi tomada como modelo dos contratos onerosos alienatórios[220].

IV – O Anteprojeto final do título do Direito das obrigações dedicado aos contratos em especial seguiria, quanto à compra e venda, muito de perto as propostas e sistematização de INOCÊNCIO GALVÃO TELLES. Nele eram dedicados 69 artigos à venda, encontrando-se assim repartidos:

Secção I – Disposições preliminares (artigos 1.º a 4.º),
Secção II – Efeitos da compra e venda (artigos 5.º a 13.º),
Secção III – Venda de coisas sujeitas a contagem, pesagem ou medição (artigos 14.º a 18.º),
Secção IV – Venda de bens alheios (artigos 19.º a 30.º),
Secção V – Venda de bens onerados (artigos 31.º a 38.º),
Secção VI – Venda de coisas defeituosas (artigos 39.º a 48.º),
Secção VII – Venda a contento e venda sujeita a prova (artigos 49.º a 52.º),
Secção VIII – Venda a «retro» (artigos 53.º a 61.º),
Secção IX – Venda com reserva de propriedade (artigos 62.º e 63.º),
Secção X – Venda a prestações (artigos 64.º a 66.º),
Secção XI – Venda sobre documentos (artigos 67.º e 68.º),
Secção XII – Outros contratos onerosos de alienação ou oneração de bens (artigo 69.º).

O essencial deste esquema transitaria, depois, para o Projeto de Código Civil, onde o contrato de compra e venda aparece, no Livro II, Título II, Capítulo I, regulado em 65 artigos repartidos por XII secções que vão do artigo 874.º ao artigo 939.º De fora ficam as disposições transitórias enquanto o regime da reserva de propriedade passa a constar do artigo 409.º. Seria este o esquema base acolhido pelo Código Civil.

219 INOCÊNCIO GALVÃO TELLES, *Contratos...*, 33.
220 INOCÊNCIO GALVÃO TELLES, *Contratos...*, 33 e 34.

PARTE II

Capítulo I
Noção, forma e formalidades, classificação e elementos essenciais

§ 3.1 – A compra e venda no sistema do Código Civil

§ 3.1.1 – Noção e aspetos gerais

I – O contrato de compra e venda é um dos que desempenha maior e mais importante função económica[221]. Do ponto de vista jurídico, a sua regula-

[221] Sobre o contrato de compra e venda em geral pode ver-se, na nossa literatura jurídica, *colorandi causa*, Cunha Gonçalves, *Da compra e venda...*, I, 65 e ss., e *passim*, II, *passim*; Id., *Tratado de direito civil...*, VIII, 326 e ss.; Id., *Dos contratos...*, 1953, 255 e ss.; obras estas que apesar de referentes ao Código de Seabra assumem acuidade direta no âmbito do Direito vigente; Baptista Lopes, *Do contrato de compra e venda no direito civil, comercial e fiscal*, 1971, *passim*; Pedro Nunes de Carvalho, *Direito Privado* II, *Contratos em especial*, I, *Compra e venda e doação*, 1990, 3 e ss.; Armando Braga, *Contrato de compra e venda*, 1990, 10 e ss.; Pedro de Albuquerque, *Compra...*, in *Direito...*, III, 11 e ss.; Jacinto Fernandes Rodrigues Bastos, *Notas ao Código Civil*, 1995, IV, artigos 827.º a 1250.º, comentário aos artigos 874.º e ss., 62 e ss., com amplas referências bibliográficas; Pires de Lima e Antunes Varela, *Código civil anotado*, 4.ª edição, 1997, comentário aos artigos 874.º e ss., 160 e ss.; Pedro Romano Martinez, *Direito das obrigações...*, 19 e ss.; Id., *Compra e venda e empreitada*, in *Comemorações dos 35 anos do Código Civil e dos 25 anos da reforma de 1977*, III, *Direito das obrigações*, 2007, 235 e ss.; José Alberto González, *Código civil anotado*, 2014, I, comentário aos artigos 874.º a 1250.º, comentário aos artigos 874.º e ss., 9 e ss.; Jorge

mentação serve de paradigma à dos demais contratos onerosos conforme se estabelece expressamente no artigo 939.º do Código Civil. Estão sujeitas às respetivas regras a transferência onerosa da titularidade dos diferentes direitos reais, assim como de outros direitos de natureza não real inerentes a valores mobiliários[222], a direitos de propriedade industrial, direitos de autor,

Morais de Carvalho, *Código civil anotado*, coordenação de Ana Prata, 2017, I, artigos 1.º a 1250.º, comentário aos artigos 874.º e ss., 1086 e ss.; Menezes Leitão, *Direito*... III, 9 e ss.; Menezes Cordeiro, *Tratado*..., XI, 99 e ss.. Entre os autores italianos cfr., designadamente, Salvatore Romano, *Vendita, contratto estimatorio*, in *Trattato di diritto civile*, de Grosso/Santoro-Passarelli, 1960; Ruggero Luzzatto, *La compravendita*, edição póstuma, a cargo de Giovanni Persico, 1961; Paolo Greco e Gastone Cottino, *Della vendita*, reimpressão da 1.ª edição, 1964; Bianca, *La vendita e la permuta*, in *Tratatto di diritto civile italiano*, direção de Filippo Vassalli, VI, I, 1972; Francesco Galgano, *Vendita (dir. priv.)*, in *Enciclopedia del diritto*, LVI, 1993, 484 e ss.. Na Doutrina tudesca refere-se, sempre com caráter ilustrativo, Larenz, *Lehrbuch*..., II, I, 6 e ss.; Roland Beckmann, *Staudingers Kommentar*..., comentário aos §§ 433 a 487, comentário prévio ao § 433, 9 e ss., comentário aos §§ 433 e 446 a 453, 77 e ss., 373 e ss.; Id., *Kauf*, in *Staudingers Kommentar zum Bürgerlichen Gesetzbuch mit Einführungsgesetz und Nebengesetzen. Eckpfeiler des Zivilrechts*, 2014, 911 e ss.; Annemarie Matusche-Bechmann, *Idem*, comentário aos §§ 434 a 445, 453 e 475 a 479, 146 e ss., 649 e ss.; Peter Mader, *Idem*, comentário aos §§ 454 a 473, 507 e ss.; Westermann, *Münchener Kommentar*..., I, comentário prévio ao § 433 e comentário aos §§ 433 e ss., 5 e ss.; Id., *Idem*, 7.ª ed., comentário prévio ao § 433, anotações 1 e ss., comentário ao § 433 e ss., anotações 1 e ss.; Fikentscher/Heinemann, *Schuldrecht*, cit., 392 e ss.; Hans-Werner Eckert/Jan Maifeld/Michael Matthiessen, *Handbuch des Kaufrechts*..., *per totum*.

222 Acerca da circulação e transmissão de valores mobiliários e títulos de crédito v., designadamente, em sentidos não coincidentes, Vaz Serra, *Acções nominativas e acções ao portador*, in *Boletim do Ministério da Justiça*, 1968, 176, 78 e 79; Vasco da Gama Lobo Xavier, *Acção (II – Direito Comercial)*, in *Pólis*, I, cols., 68 e 69; Amadeu Ferreira, *Valores mobiliários escriturais. Um novo modo de representação e circulação de direitos*, pol., 1994, 196 e ss.; Ferreira de Almeida, *Desmaterialização dos títulos de crédito: valores mobiliários escriturais*, separata da *Revista da Banca*, 1993, 26, abril/julho, 33 e ss.; Id., *Registo de valores mobiliários*, in *Estudos em memória do Professor Doutor Marques dos Santos*, 2005, I, 872 e ss., 924 e ss.; Ana Paula Costa e Silva, *Compra e venda de valores mobiliários*, separata de *Direitos dos Valores Mobiliários, Revista da Faculdade de Direito de Lisboa*, sem data, mas de 1997, 243 e ss.; *maxime* 251 e ss., e 257 e ss., autora que afirma não ser a compra e venda de valores mobiliários em mercado secundário um contrato, sendo antes titulada por negócios jurídicos unilaterais, sobrepostos por um sistema; Id., *A transmissão de valores mobiliários fora do mercado secundário*, in *Direito dos Valores Mobiliários*, 1999, 217 e ss., *maxime* 240; Oliveira Ascensão, *Direito comercial*, III, *Títulos de crédito*, 1992, 17 e ss.; Id., *Valor mobiliário e título de crédito*, separata de *Direitos dos Valores Mobiliários, Revista da Faculdade de Direito de Lisboa*, sem data, mas de

potestativos ou situações jurídicas complexas, como a posição contratual[223] ou universalidades de direito[224]. O mesmo sucede com negócios como a dação em cumprimento (artigo 838.º do Código Civil), a cessão de créditos (artigos 577.º e ss. do Código Civil)[225]. Acresce que a compra e venda pode ser usada com finalidades diversas daquelas para as quais normalmente lhe correspondem. Assim sucede, por exemplo, com a compra e venda fiduciária ou em garantia[226] e com o contrato de reporte (artigo 477.º e ss., do Código Comercial)[227] ao qual se encontram subjacentes dois contratos de compra e venda com a finalidade de concessão de crédito e a que a alienação em garantia se encontra de resto ligada. Finalmente, a disciplina jurídica da compra e venda aplica-se, ainda, a contratos em que não está em causa a alienação de quaisquer bens. Veja-se como o regime da compra e venda de

1997, 27 e ss., *maxime*, 44 e 45, 47 e ss.; Id., *As acções*, separata do volume II de *Direito dos Valores Mobiliários*, 2000, 77 e ss., 83 e ss.; OSÓRIO DE CASTRO, *Valores mobiliários, conceito e espécies*, 2.ª edição, 1998, 22 e ss.; VERA EIRÓ, *A transmissão...*, in *Themis...*, 2005, VI, 11, 143 e ss.; COUTINHO DE ABREU, *Curso de direito comercial*, 5.ª edição, 2015, II, 65 e ss., 323 e ss.; MENEZES CORDEIRO, *Manual de direito das sociedades*, II, *Das sociedades em especial*, 2.ª edição, 2007, 683 e ss.; ALEXANDRE SOVERAL MARTINS, *Títulos de crédito e valores mobiliários*, Parte I, *Títulos de crédito*, Volume I, 2008, 14 e 15; ANTÓNIO PEREIRA DE ALMEIDA, *Sociedades comerciais e valores mobiliários*, 5.ª edição, 2008, 621 e ss.; RUI SOARES PEREIRA, *A eficácia (real) da compra e venda de acções*, in *Código Civil. Livro do cinquentenário*, II, *Em memória do Prof. Doutor Eduardo Santos Júnior*, 2019, 777 e ss.. Ao nível da Jurisprudência v. STJ 13-03-2007 (SEBASTIÃO PÓVOAS), Proc. 07A379/ITIJ (valores mobiliários – poderes do Supremo Tribunal de Justiça); STJ 15-05-2008 (SANTOS BERNARDINO), Proc. 08B153/ITIJ (valores mobiliários – ações – transmissão – modo); RLx 07-03-1995 (PAIS DO AMARAL), Proc. 00830011/ITIJ (ações – transmissão de propriedade), apenas com indicação do sumário.

[223] Nesse sentido, entre outros, GALGANO, *Vendita (dir. priv.)*, in *Enciclopedia del diritto*, LVI, 1993, 485.

[224] Assim, entre nós, PEDRO ROMANO MARTINEZ, *Direito...*, 19 e 20; MENEZES LEITÃO, *Direito...*, III, 10 e 11. Na literatura italiana cfr., *colorandi causa*, GALGANO, *Vendita...*, in *Enciclopedia...*, LVI, 485.

[225] PEDRO ROMANO MARTINEZ, *Direito...*, 22; MENEZES LEITÃO, *Cessão de créditos*, 2005, 289; Id., *Direito...*, III, 10 e 11. Sobre a estrutura da cessão de crédito v., ainda, ANTUNES VARELA, *Das obrigações em geral*, reimpressão da 7.ª edição, II, 2004, 297 e ss.; ASSUNÇÃO CRISTAS, *Dupla venda...*, 197 e ss.; Id., *Transmissão da posição contratual do direito de crédito (do carácter real do direito de crédito)*, 2005, 219 e 220.

[226] Acerca desta figura, admitida pelo Decreto-Lei n.º 105/2004, de 8 de maio, v. CATARINA MONTEIRO PIRES, *A alienação em garantia no direito civil português*, 2010, *per totum*.

[227] PEDRO ROMANO MARTINEZ, *Direito...*, 20.

bens alheios se aplica às hipóteses de falta de legitimidade para constituir ou transferir uma hipoteca[228-229].

[228] Pedro Romano Martinez, *Direito...*, 20.

[229] Questão que se mostra debatida é a de saber se os contratos de fornecimento de água, gás ou de energia elétrica correspondem, ou não, a um contrato de compra e venda. Ao nível da Jurisprudência pode ver-se, julgando tratar-se o contrato de fornecimento de energia elétrica de uma compra e venda: STJ 30-01-1997 (Sousa Inês), Proc. 96B709/ITIJ (energia elétrica – contrato de fornecimento – compra e venda – preço – caducidade); STJ 26-05-1998 (Fernando Baião), Proc. 98A429/ITIJ (compra e venda – coisa móvel – energia elétrica – contrato de fornecimento, apenas com indicação do sumário); STJ 27-10-1998 (Francisco Lourenço), Proc. 98A215/ITIJ (energia elétrica – contrato de fornecimento – caducidade da ação – prescrição, apenas com indicação de sumário); STJ 22-02-2000 (Lopes Pinto), Proc. 99A1125/ITIJ (contrato duradouro – contrato de fornecimento – energia elétrica – prestações periódicas – caducidade). Em direção diversa, afirmando tratar-se de um contrato atípico com elementos de diversos contratos entre os quais de compra e venda, STJ 07-02-2008 (Salvador da Costa), Proc. 08B050/ITIJ (contrato de fornecimento – contrato atípico – energia elétrica – preço – erro material – dever acessório – boa fé – culpa – responsabilidade contratual – indemnização). De resto, a problemática alarga-se a outros contratos de execução prolongada. V. STJ 13-11-2001 (Fernandes Magalhães), Proc. 01A1123/ITIJ (compra e venda – contrato de fornecimento – contrato inominado – resolução de contrato), onde se considera não consistir o contrato celebrado entre duas sociedades, por força do qual uma se obriga a fornecer à outra durante cinco anos, e esta a consumir a quantidade mínima de 110 quilos de café por mês, uma típica compra e venda, antes consistindo num contrato atípico. Em sentido divergente v. RLx 03-02-2005 (Fátima Galante), Proc. 10038/2004-6/ITIJ (contrato-dano). Na Doutrina pode ver-se a favor da qualificação do contrato de fornecimento de energia elétrica como uma compra e venda Vaz Serra, *Anotação ao STJ 14 de março de 1972*, in *Revista de Legislação e de Jurisprudência*, 1974, 106, 86 e 87; e Pires de Lima e Antunes Varela, *Código...*, II, 162 e 179. Diversamente, pugnando pela respetiva qualificação como um contrato atípico Pedro Romano Martinez, *Direito...*, 26, notas 1, 2 e 3; e Menezes Leitão, *Direito...*, III, 15 (embora o autor impute a Pedro Romano Martinez a posição segundo a qual estes contratos representariam uma compra e venda. Mas não nos parece, com a devida vénia, ser, claramente, essa a posição que resulta da conjugação dos passos em que este autor se refere ao assunto); Nuno Pinto Oliveira, *Compra e venda...*, 24. Atualmente a Lei n.º 23/96, de 26 de julho, veio criar um regime jurídico específico para a prestação de serviços públicos essenciais. A este respeito v. Calvão da Silva, *Anotação a RLx 09-07-1998 e Rpt 28-06-1998*, in *Revista de Legislação e de Jurisprudência*, 1999, 132, 133 e ss., 138 e ss.; Pinto Monteiro, *A protecção do consumidor de serviços públicos essenciais*, in *Estudos de direito do consumidor*, 2000, 2, 333 e ss.; Menezes Cordeiro, *Da prescrição de créditos das entidades prestadoras de Serviços Públicos*, in *Regulação e Concorrência. Perspectivas e Limites da Defesa da Concorrência*, coordenação de Ruy de Albuquerque e Menezes Cordeiro, 2005, 287 e ss..

II – A compra e venda encontra-se regulada no Livro II, Título II, Capítulo I, do Código Civil, nos artigos 874.º a 939.º, com a seguinte sistematização:

Secção I – Disposições gerais,
Secção II – Efeitos da compra e venda,
Secção III – Vendas de coisas sujeitas a contagem, pesagem ou medição,
Secção IV – Venda de bens alheios,
Secção V – Venda de bens onerados,
Secção VI – Venda de coisas defeituosas,
Secção VII – Venda a contento e venda sujeita a prova,
Secção VIII – Venda a retro,
Secção IX – Venda a prestações,
Secção X – Venda sobre documentos,
Secção XI – Outros contratos onerosos.

Se bem se atentar nesta regulamentação e sistematização pode dizer-se que, em rigor, ela comporta quatro blocos distintos. Um primeiro, composto pelas secções I e II, onde se procede à determinação da noção e das disposições gerais pertinentes à compra e venda. Um segundo grupo, relativo às modalidades deste contrato, nas secções III e VII a X. Um terceiro conjunto, intercalado entre as modalidades de venda, e como se delas se tratasse – mas na realidade referente a qualquer compra e venda – relativa a três perturbações típicas do negócio em análise. Finalmente, a secção XI estabelece, no seu único artigo, a aplicabilidade das normas relativas à compra e venda a outros contratos onerosos pelos quais se alienam bens ou se estabelecem encargos sobre eles.

A esta regulamentação acresce com relevo para a compra e venda civil, como se verá, um conjunto de disposições avulsas, de entre as quais se destaca o regime da venda de bens de consumo. Além disso, disposições contidas de forma dispersa pelo Código Civil são, ainda, aplicáveis à compra e venda, suscitando problemas particularmente delicados na respetiva articulação com o regime específico da compra e venda contido no Livro II, Título II, Capítulo I do Código Civil.

III – A noção de compra e venda consta do artigo 874.º do Código Civil. Apesar de não competir ao legislador oferecer definições das diversas *figurae iuris* e de elas não serem vinculativas, a não ser nos aspetos não construtivos[230], a Doutrina tem-na considerado rigorosa[231]. É o seguinte o teor do artigo 874.º do Código Civil:

> «Compra e venda é o contrato pelo qual se transmite a propriedade de uma coisa ou direito mediante um preço.»

Com base nela é possível identificar, de modo manifesto, dois elementos essenciais deste contrato: a transferência da propriedade de uma coisa ou direito e o pagamento do preço. Estes elementos essenciais fazem também, por força do artigo 879.º do Código Civil, parte dos efeitos essenciais da compra e venda[232-233]. São eles:

[230] A respeito do tema relativo ao efeito útil, ou não, das definições legais, referimos agora, e em termos desencontrados e de forma meramente ilustrativa, v. Baptista Machado, *Introdução ao direito...*, 110 e 111; Menezes Cordeiro, *Direito das obrigações*, reimpressão da edição de 1980, 1988, I, 10; Id., *A posse: perspectivas dogmáticas actuais*, 3.ª edição, 2005, 43; Assunção Cristas, *Transmissão contratual...*, 516 e ss., com múltiplas indicações; e Pedro de Albuquerque, *A vinculação das sociedades comerciais....*, I, 764, 765, e nota 4447, 880, 881, e nota 5267, 883, 884, e nota 5287, 915, 920, e a bibliografia aí citada para onde remetemos, *brevitatis causa*, agora.

[231] V., Pedro de Albuquerque, *Compra...*, in *Direito...*, III, 12.

[232] A distinção entre elementos essenciais e efeitos essenciais da compra e venda nem sempre é feita e explicada. Um dos poucos a assinalar a diferença é Raúl Ventura, *O contrato de compra e venda no código civil. Efeitos essenciais do contrato de compra e venda...*, in *Revista...*, 1983, ano 43, III, dezembro, 618 e ss.. Ainda assim a diferença parece-nos, por exemplo, implícita em Pedro Romano Martinez, *Direito...*, 21 e 22. Adiante voltaremos a este assunto quando estudarmos os efeitos essenciais da compra e venda.

[233] Há um grande consenso acerca de quais sejam os efeitos essenciais da compra e venda, como de resto seria de esperar face ao artigo 879.º do Código Civil. A este respeito v., a título ilustrativo, Baptista Lopes, *Do contrato de compra...*, 89 e ss.; Raúl Ventura, *O contrato de compra e venda no Código Civil. Efeitos essenciais: a transmissão da propriedade da coisa ou da titularidade do direito; a obrigação de entregar a coisa*, in *Revista da Ordem dos Advogados*, 1983, 43, II, Dez., 587 e ss.; Jacinto Fernandes Rodrigues Bastos, *Notas...*, IV, comentário aos artigos 874.º e 879.º, 64 e ss., 72 e 73; Pires de Lima e Antunes Varela, *Código...*, 161; Pedro de Albuquerque, *Compra...*, in *Direito...*, III, 12 e 13; Pedro Romano Martinez, *Direito...*, 22 e ss.; Menezes Leitão, *Direito...*, III, 12 e ss., 18 e ss.; Santos Justo, *Manual...*, 13 e ss., 17 e ss., 27 e ss.; Menezes Cordeiro, *Tratado...*, XI, 99 e ss., 147 e ss.. Na Jurisprudência cfr., designadamente, STJ 13-11-2001 (Fernandes Magalhães), Proc. 01A1123/ITIJ (compra e venda – contrato de fornecimento – contrato inominado – resolução de contrato); STJ 18-09-2003 (Lucas Coelho), Proc. 03B1569/ITIJ (contrato

- Em primeiro lugar, um efeito real – a transferência da titularidade de um direito[234].
- Em segundo lugar, dois efeitos obrigacionais: a) a obrigação, por parte do comprador, de pagar o preço[235]; b) a obrigação pendente sobre o vendedor de entregar a coisa vendida.

Dentro destes limites vale, como regra, o princípio da liberdade contratual consagrado no artigo 405.º do Código Civil. As partes são, por conseguinte, em princípio livres de celebrar, ou deixar de celebrar, um contrato de compra e venda, bem como de estabelecerem o conteúdo que entenderem, conquanto no respeito pelos elementos essenciais antes

de compra e venda – efeitos – eficácia real – transmissão de propriedade – reserva de propriedade – condição suspensiva – mútuo consenso – penhora bem imóvel – registo provisório – remessa para os meios comuns – questão nova); STJ 09-10-2003 (LUCAS COELHO), Proc. 02B3286/ITIJ (compra e venda – efeitos – transmissão da propriedade – propriedade – transferência – venda de coisa futura – eficácia real – tempo da prestação – lugar da prestação – mora do credor – risco nas obrigações – coisa); STJ 12-10-2006 (ALBERTO SOBRINHO), Proc. 06B2620/ITIJ (contrato de compra e venda – veículo automóvel – dever acessório – cumprimento defeituoso); STJ 25-10-2007 (SALVADOR DA COSTA), Proc. 07B3713/ITIJ (compra e venda – contrato de prestação de serviços – coligação de contratos – contraordenações – presunções judiciais – incumprimento contratual – cláusula penal). Em sentido desalinhado das restantes vozes, procurando demonstrar a possibilidade de contratos de compra e venda em que nem todos os efeitos essenciais da compra e venda se verificam, pode-se cfr. ASSUNÇÃO CRISTAS/MARIA FRANÇA GOUVEIA, *Transmissão da propriedade de coisas móveis e contrato...*, in *Transmissão...*, 48 e ss., onde as autoras sugerem a possibilidade de contratos de compra e venda sem eficácia real translativa; e NUNO PINTO OLIVEIRA, *Compra e venda...*, 13, admitindo a existência de contratos de compra e venda sem obrigação de entrega de preço ou da coisa, aliás, num ponto já sublinhado por RAÚL VENTURA, *O contrato de compra e venda no código civil. Efeitos essenciais do contrato de compra e venda...*, in *Revista...*, 1983, ano 43, III, dezembro, 619; por PEDRO ROMANO MARTINEZ, *Direito...*, 21 e 22; e por MENEZES LEITÃO, *Direito...*, III, 29. Adiante voltaremos a estas questões quando se tratar dos efeitos essenciais da compra e venda.

[234] Apontando no sentido da eficácia meramente obrigacional da compra e venda de ações tituladas, fora do mercado bolsista, v. STJ 15-05-2008 (SANTOS BERNARDINO), Proc. 08B153/ITIJ (valores mobiliários – ações – transmissão – modo), com expressa alusão ao sistema do título e do modo supostamente consagrado pelo CVM (v. artigos 101.º e 102.º, para os valores mobiliários titulados, e artigo 80.º para os escriturais).

[235] O preço deve necessariamente consistir em dinheiro. Assim PEDRO DE ALBUQUERQUE, *Compra...*, in *Direito...*, III, 34 e ss.. MENEZES CORDEIRO, *Tratado...*, XI, 154. Adiante se voltará a esta questão. Cfr. *infra* Parte II, § 3.1.4.3.3.

mencionados. Existem, todavia, alguns limites de distinta natureza, na maior parte das vezes relacionados com o bem objeto da compra e venda ou com necessidades de protecção do consumidor[236] ou da concorrência entre agentes económicos[237]. Recorde-se, igualmente, neste contexto, a venda executiva, a compra e venda realizada na sequência de um contrato--promessa, a venda resultante de sentença *ex vi* artigo 830.º do Código Civil, a venda efetuada pelo credor em caso de válida estipulação de pacto comissório[238], etc..

§ 3.1.2 – Classificação do contrato de compra e venda

I – A compra e venda é, antes de mais, um contrato típico ou nominado. Ele encontra-se reconhecido pelo Direito como categoria jurídica específica, quer no contexto do Direito civil (artigos 874.º e ss. do Código Civil), quer no quadro do Direito comercial (artigos 463.º e ss. do Código Comercial)[239].

Além disso, como veremos com mais pormenor adiante a propósito do tratamento da forma no contrato de compra e venda, trata-se de um negócio fundamentalmente não formal.

Consiste, ainda, num contrato consensual, em oposição ao contrato real *quoad constitutionem*[240], atendendo ao facto de o nosso Direito ter expressa-

[236] PEDRO ROMANO MARTINEZ, *Direito...*, 23.

[237] Na verdade, em matéria de concorrência tem-se vindo a combater, de há já longa data, a recusa de venda. Cfr., entre outros, PEDRO DE ALBUQUERQUE, *Direito português da concorrência* (análise breve do Decreto-Lei n.º 422/83), separata da *Revista da Ordem dos Advogados*, 1990, 50, III, dezembro, 620 e ss..

[238] O artigo 11.º do Decreto-Lei n.º 105/2004, de 8 de maio, veio expressamente admitir a validade do pacto comissório nos contratos de garantia financeira. Não obstante, num passo evidenciado também por CATARINA MONTEIRO PIRES, do que se trata na realidade não é da admissibilidade de um pacto comissório mas, tão-só, de um pacto marciano.

[239] Para uma referência às caraterísticas ou classificações do contrato de compra e venda cfr., *colorandi causa*, BAPTISTA LOPES, *Do contrato...*, 125 e ss., 193 e ss.; PEDRO DE ALBUQUERQUE, *Compra...*, in *Direito...*, III, 12 e 13; PEDRO ROMANO MARTINEZ, *Direito...*, 23 e ss.; MENEZES LEITÃO, *Direito...*, III, 14 e ss. MENEZES CORDEIRO, *Tratado...*, XI, 99 e ss..

[240] Ao nível da Jurisprudência trata-se de uma caraterística afirmada, entre outros, pelo STJ 18-09-2003 (LUCAS COELHO), Proc. 03B1569/ITIJ (contrato de compra e venda

mente estipulado uma obrigação de entrega da coisa por parte do vendedor. Quer isto dizer que se não encontra associada à constituição ou celebração do contrato a entrega da coisa. O contrato surge imediatamente com o encontro de vontade das partes, antes da entrega da coisa[241]. Voltaremos a esta questão um pouco mais adiante quando estudarmos os efeitos essenciais do contrato de compra e venda.

Debate-se, porém, se por força do princípio da autonomia privada as partes podem estabelecer a compra e venda como contrato real *quoad constitutionem*[242]. Não vislumbramos razões para entender que não (imprescindível é que o contrato não surja antes como meramente obrigacional. O caráter real *quoad constitutionem* e *quoad effectum* deverão nessa eventualidade coincidir). Indubitável será certamente a possibilidade de as partes sujeitarem o contrato à condição suspensiva de a coisa vir a ser entregue. Como parece também possível que o contrato de compra e venda seja subordinado à condição resolutiva de entrega da coisa.

– efeitos – eficácia real – transmissão de propriedade – reserva de propriedade – condição suspensiva – mútuo consenso – penhora bem imóvel – registo provisório – remessa para os meios comuns – questão nova); STJ 27-11-2002 (LUCAS COELHO), Proc. 03B1475/ITIJ (negócio jurídico – anulabilidade – não-cumprimento – invalidade do negócio – prazo de arguição); STJ 03-02-2005 (OLIVEIRA BARROS), Proc. 04B4468/ITIJ (documento autêntico – força probatória – contrato de compra e venda – cláusula CIF – interpretação do negócio jurídico – risco nas obrigações), nota 4. De um modo geral, para a distinção entre contratos reais *quoad effectum* e contratos reais *quoad constitutionem* v. ANTUNES VARELA, *Das obrigações...*, 3.ª reimpressão da 10.ª edição, I, 2005, 300 e ss.; PEDRO ROMANO MARTINEZ, *Direito...*, 25.

[241] PEDRO DE ALBUQUERQUE, *Compra...*, in *Direito...*, III, MENEZES LEITÃO, *Direito...*, III, 14 e 15.

[242] A este respeito v., entre nós, PEDRO ROMANO MARTINEZ, *Direito...*, 25; JOÃO SERRAS DE SOUSA, *Garantias reais e modificação do objeto da garantia*, in *Código Civil. Livro do cinquentenário*, II, *Em memória do Prof. Doutor Eduardo Santos Júnior*, 2019, 50, 51 e nota 125; e MENEZES LEITÃO, *Direito...*, III, 12 e 13, o qual parece admitir essa possibilidade, mas depois termina a reconduzi-la a outros fenómenos. Julga, designadamente, que o contrato de compra e venda no qual se faz depender o mesmo de tradição da coisa corresponderia a uma celebração do contrato de compra e venda através de declaração tácita. Mas não vemos por que razão tenha de ser assim. Não há, de facto, motivo nenhum para se não admitir que as partes convencionem só se mostrar o contrato de compra e venda perfeito com a entrega da coisa. Era aliás essa, conforme se viu, já a solução que expressamente resultava do Código de Seabra.

II – Trata-se, ainda, de um contrato:

a) Translativo, caraterística resultante do efeito real da compra e venda.
b) Oneroso, o que tem importância a vários títulos e nomeadamente para efeitos de aplicação dos artigos 237.º e 612.º do Código Civil.
c) Bilateral ou sinalagmático, o que permite a qualquer das partes valer-se da exceção prevista no artigo 428.º do Código Civil, ou alegar a caducidade do contrato por impossibilidade de uma das prestações (artigo 795.º do Código Civil) e a resolução por incumprimento (artigo 801.º/2, com a exceção constante do artigo 886.º).
d) Simultaneamente obrigacional e real *quoad effectum*.
e) Por regra, de execução instantânea[243]. Os seus efeitos esgotam-se num só momento. O efeito translativo é imediato. A obrigação de pagar o preço e a obrigação de entregar a coisa também não são delimitadas em função do tempo. Mesmo na venda em que o preço é dividido e escalonado no tempo, só se considera o pagamento realizado no final, e, portanto, sendo ele pago em prestações a obrigação do devedor só está cumprida depois de realizadas todas e cada uma delas[244].
f) Comutativo, embora por vezes possa assumir uma feição aleatória, como sucede com as situações de venda de bens futuros, frutos pendentes e partes componentes ou integrantes, a que os outorgantes confiram essa natureza (artigo 880.º/2); com a venda de bens de existência ou titularidade incerta (artigo 881.º); com a venda de herança ou quinhão hereditário (artigos 2124.º e ss. do Código Civil), ou com a venda de expectativas[245]. Na hipótese contemplada no primeiro

[243] Pedro Romano Martinez, *Direito...*, 26 e 27; e Menezes Leitão, *Direito...*, III, 14 e 15; Nuno Pinto Oliveira, *Compra e venda...*, 23 e 24. Quanto à questão de saber se os contratos de fornecimento de energia elétrica, gás e eletricidade, naturalmente de execução continuada, são ou não contratos de compra e venda cfr. a Jurisprudência e a bibliografia citada *supra* na nota 229 no parágrafo anterior (§ 3.1, I).

[244] Pedro Romano Martinez, *Direito...*, 26.

[245] Menezes Leitão, *Direito...*, III, 14, nota 13; Menezes Cordeiro, *Tratado...*, XI, 102. Para uma distinção entre o regime da compra e venda de coisas esperadas (*emptio rei speratae*) e compra e venda das esperanças (*emptio spei*) v. Nuno Pinto Oliveira, *Compra e venda...*, 20; e ainda *infra* Parte II, Capítulo II, § 3.1.

dos dois artigos agora referidos, relativo à venda de bens futuros, frutos pendentes e partes componentes ou integrantes, o pagamento do preço é devido ainda que se não chegue a verificar qualquer transmissão de bens. Na situação contemplada no segundo artigo, referente à venda de bens de existência ou titularidade incerta, o preço será devido mesmo que os bens não existam ou não pertençam ao vendedor. A aleatoriedade está presente igualmente na venda de quinhão hereditário e a venda de expectativas.

g) Finalmente, é causal e assenta no sistema do título. O princípio da causalidade diz-nos depender a constituição ou modificação de direitos reais da existência, da validade e da procedência da causa jurídica na ordenação das situações jurídicas[246]. Exprime isso que a transferência da propriedade depende de um negócio de compra e venda válido e unitário. Por isso, se ele vier a ser anulado, ou se se mostrar nulo, a aquisição do direito não acontece. À causalidade opõe-se a abstração[247]. Na compra e venda abstrata assiste-se a uma separação entre o negócio jurídico causal e obrigacional e o contrato real. Além disso, assiste-se a uma independência da eficácia do negócio real relativamente ao negócio obrigacional. Dito de outra maneira, a transmissão do direito real depende apenas da eficácia

[246] ORLANDO DE CARVALHO, *Direito...*, 269 e ss., 279, 281 e ss..

[247] Acerca destas duas noções v. PEDRO DE ALBUQUERQUE, *A representação...*, *passim*; com amplas indicações; ORLANDO DE CARVALHO, *Direito...*, 281 e ss.; MENEZES CORDEIRO, *Tratado de direito civil*, I, *Parte Geral*, I, 3.ª edição, 2005, 470; Id., *Tratado de direito civil*, II, *Parte geral. Negócio jurídico*, 4.ª edição, 2014, 101 e ss.; Id., *Tratado...*, XI, 59 e ss..; JOSÉ ALBERTO VIEIRA, *Direitos...*, 240. Na Doutrina alemã pode ver-se, *colorandi causa*, FLUME, *Allgemeiner Teil des bürgerlichen Rechts*, II, *Das Rechtsgeschäft*, 3.ª edição (a 4.ª edição é igual à 3.ª), 1979, 152 e ss.; JAN WILHELM, *Sachenrecht*, 2.ª edição, 2002, 11 e ss., 308 e ss., 65 e ss., 513 e ss.; SCHAPP e SCHUR, *Sachenrecht*, 3.ª edição, 2002, 5 e ss.; 91 e 92 e *passim*; WÖRLEN, *Sachenrecht*, 6.ª edição, com a colaboração de METZLER-MÜLLER, 2005, 10, 13, 151: SCHWAB/PRÜTTING *Sachenrecht*, 32.ª edição da obra fundada por FRIEDRICH LENT, 2006; WOLF, *Sachenrecht*, 23.ª edição, 2007, 184 e ss.; estas duas obras igualmente citadas por JOSÉ ALBERTO VIEIRA, *Direitos...*, 240; Id., *Idem*, 2.ª ed., 223 e ss.. Para uma compreensão destas duas noções v., também, com interesse KUPISCH, *Causalità...*, in *Vendita...*, 175 e ss., onde o autor ensaia uma articulação histórica entre os princípios da abstração e da causalidade com a *condictio indebiti*. Para uma crítica às posições que, relativamente a esta noção, foram avançadas por KUPISCH v. MENEZES LEITÃO, *O enriquecimento sem causa no direito civil*, 1996, 77 e ss., e 79 e ss..

do negócio real, não se repercutindo uma eventual falta de validade do negócio obrigacional causal sobre o negócio real. É, como vimos, o esquema do modo. Entre nós vigora, repise-se, o sistema do título, sendo a compra e venda um negócio unitário e causal (e consensual) simultaneamente fonte de efeitos reais e obrigacionais.

§ 3.1.3 – A forma do contrato de compra e venda

I – O contrato de compra e venda está sujeito às regras gerais dos artigos 217.º e seguintes do Código Civil quanto à forma. Quer isto dizer que, em princípio, será um contrato meramente consensual, formando-se mediante simples acordo dos contraentes, uma vez que vale o princípio da liberdade de forma. Noutros termos, por norma, a compra e venda pode ser celebrada através de qualquer das formas admitidas por lei para a declaração negocial.

II – Nalguns casos, porém, a lei exige a observância de certa forma. Assim sucede com a compra e venda de bens imóveis. Até há bem pouco tempo era necessária a observância de escritura pública para a compra e venda cujo objeto correspondesse a um bem desta natureza. Na verdade, na sua redação inicial o artigo 875.º do Código Civil impunha, claramente, a necessidade de o contrato de compra e venda de bens imóveis ser celebrado através de escritura pública. Aliás, esta regra valia para a transmissão de direitos sobre bens imóveis, conforme resultava do artigo 80.º do Código de Notariado (na redação anterior ao Decreto-Lei n.º 116/2008, de 4 de julho). A escritura de compra e venda era, ainda, exigida na celebração de outros contratos de compra e venda. Assim sucedia com a alienação de herança ou quinhão hereditário (artigo 2126.º do Código Civil, sempre na redação anterior ao Decreto-Lei n.º 116/2008, de 4 de julho).

III – A exigência de escritura era, todavia, já dispensada se o bem imóvel objeto da compra e venda fosse adquirido com recurso ao crédito bancário, conforme resulta do Decreto-Lei n.º 255/93, de 15 de julho. Nesse cenário, segundo o artigo 2.º, do diploma em referência, basta a realização do contrato através de documento particular, com reconhecimento de assinaturas, segundo modelo subordinado a portaria conjunta dos ministros das Finanças, Justiça e das Obras Públicas, Transportes e Comunicações[248].

A escritura já era, também, isenta em caso de compra e venda de direito real de habitação periódica (artigo 12.º do Decreto-Lei n.º 275/93, de 5 de agosto, com as alterações introduzidas pelo Decreto-Lei n.º 180/99, de 22 de maio).

Uma outra exceção à regra da necessidade de escritura pública para a compra e venda de bens imóveis resultava, também já, do procedimento especial de transmissão, oneração e registo de imóveis, constante do Decreto-Lei n.º 263-A/2007, de 23 de julho e da Portaria 794-B/2007, igualmente de 23 de julho e alterado pelo Decreto-Lei n.º 125/2013, de 30 de agosto. Segundo os artigos 2.º/*a*) e 8.º/3 do mencionado Decreto-Lei as compras e vendas realizadas nos respetivos termos estão dispensadas de escritura pública, quando fosse obrigatória nos termos gerais. Mas o diploma surgiu com um âmbito circunscrito. Por um lado, não se aplica a todos os atos de alienação ou transmissão, mas apenas às compras e vendas (artigo 2.º/1/*a*). Por outro, não abrange prédios rústicos, mistos, prédios urbanos descritos em mais de uma conservatória e prédios urbanos formados no próprio ato, a partir de outros, por fracionamento ou emparcelamento.

O Decreto-Lei n.º 263-A/2007, de 23 de julho, viria, ainda, a alterar o próprio artigo 875.º do Código Civil, estabelecendo que a compra e venda de bens imóveis devia ser realizada por escritura pública, salvo disposição legal em contrário.

Todo este processo culminaria com o Decreto-Lei n.º 116/2008, de 4 de julho[249]. Atualmente a exigência de escritura pública, constante da anterior redação dos artigos 875.º e 2126.º do Código Civil e do artigo 80.º do Código de Notariado, foi suprimida pelo mencionado Decreto-Lei n.º 116/2008, de

[248] Para uma reprovação desta solução pode ver-se NUNO PINTO OLIVEIRA, *Compra e venda*..., 32, que chega a suscitar a dúvida a respeito da respetiva constitucionalidade. Em seu entender deveria, pura e simplesmente, alargar-se a derrogação da parte final do artigo 875.º, na redação anterior ao Decreto-Lei n.º 116/2008, de 4 de julho, a todos os casos em que ela se já justificava.

[249] Segundo o artigo 36.º/3 as disposições do Decreto-Lei n.º 116/2008, que permitem e regulam a realização, por documento particular autenticado, dos atos que importem reconhecimento, constituição, aquisição, modificação, divisão ou extinção dos direitos de propriedade, usufruto, uso e habitação, superfície ou servidão sobre coisas imóveis ou outros equivalentes entram em vigor em 1 de janeiro de 2009.

4 de julho, que veio alterar estes três preceitos por forma a, sem prejuízo do disposto em lei especial, os atos neles mencionados passarem a poder ser sempre realizados através de escritura pública ou documento particular autenticado nos termos do artigo 24.º do diploma em referência[250]. Há, ainda, outras situações em que se exige o documento escrito, como sucede com a cessão de quotas (artigo 228.º/1 do Código das Sociedades Comerciais)[251-252], com a compra e venda de navios[253] ou com os contratos celebrados ao domicílio com consumidores ou equiparados (artigo 16.º do Decreto-Lei n.º 143/2001, de 26 de abril).

IV – A não observância da forma prescrita para o contrato de compra e venda determina, nos termos do artigo 220.º do Código Civil, a nulidade do contrato. A generalidade da Doutrina e da Jurisprudência admite, porém, e como se sabe, com alguma generosidade, verificados certos pressupostos, a paralisação da possibilidade de se invocar a nulidade de um contrato por falta de forma. Trata-se, todavia, de matéria que não é específica da compra e venda ou sequer dos contratos em especial. Ao invés, ela afigura-se comum

[250] Para além das alterações introduzidas nos artigos 875.º e 2126.º do Código Civil e no artigo 80.º do Código de Notariado, o artigo 22.º/1 do Decreto-Lei n.º 116/2008, de 4 de julho, estabelece, ainda, que só são válidos se forem estipulados por escritura pública ou documento particular autenticados um conjunto de atos relativos a bens imóveis, a sociedades civis, hipotecas, divisão de coisa comum e partilhas de patrimónios societários ou outros de que façam parte bens imóveis, etc..

[251] MENEZES LEITÃO, *Direito...*, III, 16, refere a exigência de escritura pública para a realização de cessão de quotas. Mas deve tratar-se de um lapso de revisão na passagem de anteriores edições para a atual. Na verdade, o artigo 228.º do Código das Sociedades Comerciais, com a redação do Decreto-Lei n.º 76-A/2006, de 29 de março, dispensa a escritura pública para a cessão de quotas, bastando-se com o documento escrito.

[252] A cessão de quotas corresponde a uma designação genérica cobrindo várias situações: compra e venda, doação e outros negócios diversos, típicos e atípicos. Assim MENEZES CORDEIRO, *Manual de direito...*, II, 369. Na sequência da posição que defendemos a respeito da participação social como um direito subjetivo (v. PEDRO DE ALBUQUERQUE, *Direito de preferência dos sócios em aumentos de capital nas sociedades anónimas e por quotas*, 1993, 401 e ss.; Id., *Código das sociedades comerciais anotado*, coordenação de MENEZES CORDEIRO, 2.ª edição, 2011, comentário ao artigo 228.º, 662, e nota 4) não nos parece de aceitar a qualificação da cessão de quota como uma cessão da posição contratual como defende RAÚL VENTURA, *Sociedades por quotas*, 4.ª reimpressão da 2.ª edição de 1989, 2007, I, 578 e ss..

[253] Mas neste caso exige-se o reconhecimento presencial da assinatura dos outorgantes (cfr. artigo 10.º do Decreto-Lei n.º 143/2001, de 26 de abril).

à generalidade dos negócios jurídicos e declarações de vontade. Consiste, destarte, numa questão pertinentemente estudada na disciplina de Teoria Geral do Direito Civil, para onde se remete[254].

V – Além das imposições de forma anteriormente referidas o nosso Direito exige, por vezes, ainda a observância de um conjunto de formalidades.

Assim, o artigo 1.º do Decreto-Lei n.º 281/99, de 26 de julho, com a redação dada pelo Decreto-Lei n.º 116/2008, de 4 de julho e, depois, pelo Decreto-Lei n.º 99/2010, de 2 de setembro, vem estabelecer não poderem ser realizados atos que envolvam a transmissão de prédios urbanos ou suas frações autónomas sem se fazer prova suficiente da existência da respetiva autorização de utilização, perante a entidade que celebrar a escritura ou autenticar o documento particular. Na transmissão de imóveis é feita sempre menção do alvará da autorização de utilização, com indicação do número e data de emissão, ou da sua isenção (artigo1.º/1). A apresentação de autorização de utilização é dispensada se a existência desta estiver anotada no Registo Predial e o prédio não tiver sofrido alterações (1.º/4).

Também o artigo 9.º do Código de Registo Predial vem estabelecer um princípio da legitimação registal, por força do qual não podem ser titulados atos jurídicos de que resulte a transmissão de direitos ou a constituição de encargos sobre imóveis, sem estes se encontrarem definitivamente inscritos a favor de quem transmite ou constitui o encargo (artigo 9.º/1 do CRP)[255]. Trata-se de um imperativo de que são primordialmente destinatários os notários (mas agora também as entidades com competência para autenticar o contrato), pertencendo às partes intervenientes nos atos a titular fazer prova da existência do registo legitimador. Se essa prova não for feita, o notário deve recusar-se a intervir.

[254] V., a este propósito, por todos, Menezes Cordeiro, *Tratado...*, I, I, 409 e ss., 569 e ss.; Id., *Tratado...*, II, 189 e ss.; Id., *Tratado de direito civil*, V, *Parte geral. Exercício jurídico*, 3.ª edição, 2018, 333 e ss., com indicações.

[255] A este respeito v. Oliveira Ascensão, *Direito civil, Direitos reais*, reimpressão da 5.ª edição, 2000, 347 e ss.; Carvalho Fernandes, *Lições de direitos reais*, 2.ª reimpressão da 4.ª edição, 2005, 117 e ss.; Id., *Idem*, 5.ª ed., 2007, 115 e ss.; José Alberto González, *Direitos reais e direito registal imobiliário*, 3.ª edição, 2005, 364 e ss.; Santos Justo, *Direitos reais*, 2007, 60; José Alberto Vieira, *Direitos...*, 270 e ss.; Id., *Idem*, 2.ª ed., 250 e ss.; Menezes Cordeiro, *Tratado...*, XI, 112.

São, em rigor, quatro as exceções ao princípio da legitimação. A primeira verifica-se tratando-se de prédio situado em área onde não tenha vigorado o registo obrigatório, podendo o primeiro ato de transmissão posterior a 1 de outubro de 1984 ser titulado sem a exigência prevista no artigo 9.º/1, se for exibido documento comprovativo, ou feita justificação simultânea, do direito da pessoa de quem se adquire (artigo 9.º/3 do Código de Registo Predial). A segunda corresponde aos casos previstos no artigo 9.º/2/*a*) do Código de Registo Predial: a expropriação, a venda executiva, a penhora, o arresto, a apreensão em processo penal, a declaração de insolvência e outras providências que afetem a livre disposição dos imóveis.

A terceira exceção respeita às situações em que os atos de transmissão ou oneração sejam outorgados por quem tenha adquirido, em instrumento lavrado no mesmo dia, os bens transmitidos ou onerados (artigo 9.º/2/*b*)).

Finalmente, a quarta exceção dá-se nos casos de urgência devidamente justificada por perigo de vida dos outorgantes.

VI – O artigo 9.º/1/*a*) e *c*) e 9.º/3 do Código de Registo Predial não necessita de especiais explicações. O mesmo já não sucede com o artigo 9.º/1/*b*).

Este preceito respeita aos casos em que o mesmo instrumento titula dois atos sucessivos e encadeados. Por exemplo: *A* vende a *B* certo prédio, e de imediato o adquirente, por seu turno, o vende a *C*. O primeiro negócio não pode ser titulado sem se mostrar feita a inscrição do prédio em nome do primeiro outorgante. A aplicação do princípio da legitimação implicaria igual exigência em relação ao negócio praticado por *B*, o que, em princípio, não seria viável. Mostrar-se-ia, porém, incompreensível a rigorosa exigência do princípio imposto pelo artigo 9.º/1 do Código de Registo Predial, pois a legitimação de *B* resulta do próprio instrumento em que se contém o segundo negócio. Para isso, apenas se exige que este seja celebrado imediatamente após o primeiro.

Assunto debatido é a de saber qual o efeito da falta de observância do princípio da legalidade. Menezes Cordeiro[256] considerou, num primeiro momento, que o artigo 9.º/1 recorreu ao esquema de condicionar a liberdade própria do alienante. Com isso, não se teria instituído apenas uma restrição à autonomia privada: ter-se-ia obtido um processo que equivale a submeter os negócios com eficácia real relativos a prédios a uma sindicância prévia,

[256] *Evolução juscientífica e direitos reais*, in *Estudos de direito civil*, 1987, I, 2343 e 234, e nota 84.

com o relevo material que tal situação envolve. Aponta, portanto, na linha da nulidade segundo o disposto nos artigos 220.º e 294.º do Código Civil. Isso mesmo é, também, defendido por GABRIEL ÓRFÃO GONÇALVES[257]. Para ele o artigo 9.º/1 do CRP seria uma norma imperativa, regendo portanto aqui o disposto no artigo 294.º. Diversa é a posição de OLIVEIRA ASCENSÃO[258], ISABEL PEREIRA, CARVALHO FERNANDES[259] e do próprio MENEZES CORDEIRO[260], num segundo momento, depois seguidos por JOSÉ ALBERTO GONZÁLEZ[261], SANTOS JUSTO, se bem vimos[262], e JOSÉ ALBERTO VIEIRA[263-264], para os quais o desrespeito pelo princípio da legitimação e pelo artigo 9.º do Código de Registo Predial apenas põe em causa a legitimação formal do negócio, não a sua legitimação substantiva. Esta segunda orientação parece preferível. O artigo 9.º é uma norma cuja eficácia se circunscreve ao registo predial. E circunscreve-se ao registo predial dizendo-nos não poderem ser titulados os factos de que resulte transmissão de direitos ou constituição de encargos sobre imóveis sem que os bens estejam definitivamente inscritos a favor da pessoa de quem se adquire o direito ou contra a qual se constitui o encargo. A norma é, portanto, manifesta ao fixar o seu âmbito de aplicação e a consequência da respetiva inobservância. A não ser feito o registo a favor de quem se adquire o direito este facto não pode ser titulado. Só isso. Mais nada. Não há aqui que falar ou admitir qualquer nulidade.

VII – Finalmente, a consolidação da posição do comprador de bens imóveis ou móveis sujeitos a registo depende da realização desse mesmo registo (artigo 5.º/1 do Código de Registo Predial). Não se trata de uma exigência constitutiva. Não obstante, nos termos do artigo 5.º/1 do Código de Registo

[257] *Aquisição tabular*, 2004, 40.

[258] OLIVEIRA ASCENSÃO, *Direito civil...*, 349.

[259] *Lições...*, 119 e 120.

[260] *Tratado...*, I, I, 871; Id., *Idem*, II, 932, falando numa irregularidade que não coloca em causa a validade do negócio.

[261] JOSÉ ALBERTO GONZÁLEZ, *Direitos...*, 364.

[262] SANTOS JUSTO, *Direitos...*, 60.

[263] JOSÉ ALBERTO VIEIRA, *Direitos...*, 271 e 272; Id., *Idem*, 2.ª ed., 250 e 251.

[264] No mesmo sentido v., ainda, o *Parecer do Conselho Técnico. Direcção-Geral dos Registos e Notariado. Serviços administrativos centrais. Sumários dos pareceres jurídicos do conselho técnico*, R.P. 33/99/DSJCT, in <http://>.

Predial e artigo 3.º do Código de Registo de Bens Móveis, o registo é condição de oponibilidade do direito perante terceiros.

Esta regra tem, é certo, um alcance menor do que aquele que pode, à primeira vista, parecer possuir. Mesmo antes do registo os direitos reais são oponíveis entre o alienante e adquirente ou, se se quiser, as partes. Por outro lado, o direito é oponível independentemente de registo a quem não invoca direitos incompatíveis. Pense-se na propriedade perante o locatário.

Além disso o titular de um direito não registado pode opô-lo:

a) a quem adquiriu uma posição incompatível, mas não a registou;
b) a quem tenha adquirido a título gratuito;
c) a quem tendo adquirido a título oneroso se encontre de má fé.

Mesmo assim, pelo artigo 5.º/1 do Código de Registo Predial e pelo artigo 3.º do Código de Registo de Bens Móveis, já se constata como o registo tem importância maior do que a meramente declarativa. Nos termos destes preceitos, o registo realizado pelo verdadeiro titular do direito tem efeito consolidativo. Ele impede que um terceiro venha registar uma situação incompatível tornando a posição substantiva inoponível perante ele[265]. Não parece, todavia, com a devida vénia, que a exigência de registo, e salvo algumas exceções contadas, represente qualquer desvio à regra consagrada no artigo 408.º do Código Civil[266].

[265] Por força de uma aquisição tabular nos termos dos artigos 17.º do Código de Registo Predial, 291.º do Código Civil ou 38.º do Código de Registo de Bens Móveis.

[266] Em sentido diverso, SANTOS JUSTO, *Direitos...*, 75 e 76, com indicações. Não iremos entrar agora na polémica acerca do sentido e efeito do registo predial. Trata-se de matéria a estudar na disciplina de Direitos Reais. Limitamo-nos, por isso, a remeter para as obras já citadas *supra*, Parte II, no § 3.1.3. V, a respeito do registo e para as indicações nelas contidas. Mesmo assim, suscitando a questão da relevância e impacto do registo no sistema do título consagrado, como se explicitará melhor adiante, pelos artigos 408.º, 874.º e 879.º/*a*) do Código Civil, e do princípio da causalidade dele decorrente, em termos que acompanhamos, pode ver-se ORLANDO DE CARVALHO, *Direito...*, 281 e ss. (concretamente 2, do anexo policopiado que completa e fecha a obra agora citada). Cfr., também, MENEZES LEITÃO, *Direito...*, III, 28, onde o autor refere, a nosso ver bem, a circunstância de no nosso sistema se ter optado por uma aplicação quase irrestrita dos princípios da consensualidade e da causalidade.

§ 3.1.4 – Efeitos essenciais da compra e venda

§ 3.1.4.1 – O efeito real

I – Distinguem-se, como vimos, tradicionalmente dois tipos de venda: a venda obrigatória e a venda real, podendo a primeira configurar-se, conforme resulta da análise anteriormente efetuada, segundo o sistema do título e do modo ou segundo o sistema do modo. Correspondia ao sistema do título e do modo a compra e venda obrigacional do Direito romano[267]. Condiz com o sistema do modo a compra e venda do Direito alemão[268].

Nos Ordenamentos que conferem simples caráter obrigatório à compra e venda, entre vendedor e comprador apenas se estabelecem, lembre-se, por efeito do contrato, relações de crédito ou, se se quiser, obrigacionais. Cada um dos contraentes apenas tem o direito de exigir do outro uma prestação:

- ao vendedor pertence o direito de exigir do comprador o preço;
- ao comprador compete o direito de exigir a transmissão ou alienação do objeto vendido.

Antes do ato de entrega da coisa, o vendedor, não obstante a venda, continua proprietário: não aliena, obriga-se a alienar. A propriedade, essa, só se transfere, sublinhe-se de novo, quando o vendedor, através de um ato ou declaração de vontade, posterior à realização do contrato de compra e venda,

[267] Mas insista-se na circunstância, atrás referida, de em Roma ter sido conhecida e praticada, em determinado período, a compra e venda real.

[268] V., a este respeito, entre outros, MENEZES CORDEIRO, *Tratado...*, I, I, 470, nota 1240. Na literatura jurídica tudesca cfr., sempre com caráter ilustrativo, a propósito da compra e venda LARENZ, *Lehrbuch...*, II, I, 6 e ss.; ROLAND BECKMANN, *Staudingers Kommentar...*, comentário prévio ao § 433, 9 e ss., *maxime* 13 e 14; Id., *Kauf*, in *Staudingers Kommentar..., Eckpfeiler...*, 914 e 915; ROLF KNÜTEL, *Vendita...*, in *Vendita...* 162 e ss.; BERTHOLD KUPISCH, *Causalità...*, in *Vendita...*, 173 e ss.; WESTERMANN, *Münchener Kommentar...*, I, comentário prévio ao § 433 e comentário aos §§ 433 e ss., 5 e ss.; Id., *Idem*, 7.ª ed., comentário prévio ao § 433, anotação 6 e 7, comentário ao § 433, anotação 2 e 47 e ss.; FIKENTSCHER/HEINEMANN, *Schuldrecht*, *op. cit.*, 392 e ss.; HANS-WERNER ECKERT/JAN MAIFELD/MICHAEL MATTHIESSEN, *Handbuch des Kaufrechts...*, 1 e ss..

a transmite ao comprador. Trata-se, porém, de um ato que se não confunde com a compra e venda nem é ele próprio compra e venda. Ele constitui, antes, simples execução da venda anteriormente acordada[269].

As coisas passam-se de modo naturalmente diverso na compra e venda dotada de eficácia real. Aqui a transmissão da propriedade é gerada ou provocada pelo próprio contrato e depende exclusivamente dele. Não se torna necessária a realização, para o efeito, de qualquer ato posterior. Vender é, nesta modalidade, sempre alienar.

II – No atual Código Civil a eficácia real da compra e venda decorre com alvura dos artigos 408.º, 874.º e 879.º/*a*)[270].

[269] Acerca da venda obrigatória pode ver-se, para além das referências que fizemos no capítulo dedicado à evolução histórica da compra e venda, *colorandi causa*, Galvão Telles, *Venda obrigatória e venda real*, in *Revista da Faculdade de Direito da Universidade de Lisboa*, 1948, V, 76 e ss.; Id., *Contratos*..., 10 e ss.; Raúl Ventura, *O contrato de compra e venda no código civil. Efeitos essenciais do contrato de compra e venda*..., in *Revista*..., 1983, ano 43, III, dezembro, 586 e ss.; Pedro de Albuquerque, *Compra*..., in *Direito*..., III, 17 e ss..

[270] Em sentido divergente parecem pronunciar-se Assunção Cristas/Maria França Gouveia, *Transmissão da propriedade de coisas móveis e contrato*..., in *Transmissão*..., 49 e ss.; Ferreira de Almeida, *Transmissão contratual de propriedade. Entre o mito da consensualidade e a realidade de múltiplos regimes*, in *Themis*, 2005, 11, 5 e ss.; José Alberto González, *Código civil*..., I, comentário ao artigo 874.º, 10; Jorge Morais de Carvalho, *Código civil*..., I, comentário 879.º, 1094; mas numa orientação que, a nosso ver bem, não mereceu acolhimento significativo por parte da restante Doutrina. V., designadamente, Calvão da Silva, *Cumprimento e sanção pecuniária*..., 99 e ss., nota 193; Pedro Romano Martinez, *Direito*..., 25 e 30 e ss., *maxime* 36; Vieira Cura, *O fundamento romanístico da eficácia obrigacional e da eficácia real da compra e venda*..., in *Jornadas*..., 45 e 46, nota 29; José Alberto Vieira, *Direitos*..., 236; Id., *Idem*, 2.ª ed., 220; Menezes Leitão, *Direito*..., III, 9 e ss., 19 e ss, 24 e ss., *maxime* 26; Santos Justo, *Direitos*..., 34 e 35, nota 1240; Id., *Manual*..., 13 e ss.; 17 e ss., 27 e ss.; Menezes Cordeiro, *Tratado*..., I, I, 470, nota 1240; Id., *Tratado*..., XI, 99 e 100, ao afirmar: «*A eficácia real – ou transmissiva imediata – conhece determinadas exceções (...). Tal eficácia real não é nenhuma fatalidade: a História e o Direito comparado demonstram-no cabalmente (...). Todavia afigura-se-nos, justamente com base nos elementos histórico-comparatísticos que não é possível construir uma regra inversa: embora as tentativas de o fazer surjam estimulantes. Contra depõem múltiplos traços do regime, com relevo para o risco e para as perturbações das prestações.*» As referências posteriores do autor (cfr. Menezes Cordeiro, *Tratado*..., XI, *passim*, e, por exemplo, 277 e 278), devem, pois, ser lidas à luz da afirmação de Menezes Cordeiro, por nós reproduzida nesta nota, e portanto, como relativas a situações em que o efeito real ainda é efeito do contrato, apenas não é imediato. Isto nos mesmos termos por nós desenvolvidos no texto; e o excelente estudo de João Serras de Sousa, *Garantias reais e modificação*

O segundo e terceiro dos preceitos em referência reportam-se exclusivamente à compra e venda. O primeiro consagra, em termos genéricos, a eficácia real dos contratos cujo objeto seja a constituição ou transferência de

do objeto da garantia, in *Código Civil. Livro do cinquentenário*, II, *Em memória do Prof. Doutor Eduardo Santos Júnior*, 2019, 50, 51 e nota 125. V., ainda, no mesmo sentido do texto, e entre os autores anteriores à posição de Assunção Cristas/França Gouveia, Orlando de Carvalho, *Direito...*, 284 e 285; Raúl Ventura, *O contrato de compra e venda no código civil. Efeitos essenciais do contrato de compra e venda...*, in *Revista...*, 1983, ano 43, III, dezembro, 588 e ss.; Pires de Lima e Antunes Varela, *Código...*, II, 161; Pedro de Albuquerque, *Compra...*, in *Direito...*, III, 21 e ss.; Antunes Varela, *Das obrigações...*, I, 300 e ss.. Na Jurisprudência cfr. STJ 13-11-2001 (Fernandes Magalhães), Proc. 01A1123/ITIJ (compra e venda – contrato de fornecimento – contrato inominado – resolução de contrato); STJ 18-09-2003 (Lucas Coelho), Proc. 03B1569/ITIJ (contrato de compra e venda – efeitos – eficácia real – transmissão de propriedade – reserva de propriedade – condição suspensiva – mútuo consenso – penhora bem imóvel – registo provisório – remessa para os meios comuns – questão nova); STJ 09-10-2003 (Lucas Coelho), Proc. 02B3286/ITIJ (compra e venda – efeitos – transmissão da propriedade – propriedade – transferência – venda de coisa futura – eficácia real – tempo da prestação – lugar da prestação – mora do credor – risco nas obrigações – coisa); STJ 12-10-2006 (Alberto Sobrinho), Proc. 06B2620/ITIJ (contrato de compra e venda – veículo automóvel – dever acessório – cumprimento defeituoso); STJ 25-10-2007 (Salvador da Costa), Proc. 07B3713/ITIJ (compra e venda – contrato de prestação de serviços – coligação de contratos – contra-ordenações – presunções judiciais – incumprimento contratual – cláusula penal). A posição de Assunção Cristas/França Gouveia é mencionada pelo STJ 13-03-2007 (Sebastião Póvoas), Proc. 07A379/ITIJ (valores mobiliários – poderes do Supremo Tribunal de Justiça), mas numa hipótese em que estava em causa a subordinação da compra e venda a duas condições (uma resolutiva e outra suspensiva) bem como a transmissão de valores mobiliários. A este respeito refira-se, de novo, apontando no sentido da eficácia meramente obrigacional da compra e venda de ações o STJ 15-05-2008 (Santos Bernardino), Proc. 08B153/ITIJ (valores mobiliários – ações – transmissão – modo), com expressa alusão ao sistema do título e do modo alegadamente consagrado pelo CVM (v. artigos 101.º e 102.º, para os valores mobiliários titulados, e 80.º para os escriturais). Na Doutrina aderem à posição de Assunção Cristas/França Gouveia, acerca da admissibilidade, à luz do nosso Código Civil, de contratos de compra e venda em que a transferência da propriedade não decorreria por mero efeito do contrato, Vera Eiró, *A transmissão de valores mobiliários...*, in *Themis*, cit., 2005, VI, XI, 145 e ss.; e Rui Pinto Duarte, *Curso...*, 2.ª ed., 58, mas, com a devida vénia, ambos a nosso ver de forma acrítica e sem verdadeiro debate e apreciação do problema, dando imediatamente de barato que as exceções a que literalmente se refere o artigo 408.º são, de facto, dogmaticamente autênticas exceções.

direitos reais sobre coisa determinada. A articulação destes três preceitos coloca algumas dificuldades[271]. Caminhemos, porém, por partes.

III – Viu-se já como em função do disposto nos artigos 874.º e 879.º do Código Civil a compra e venda possui como efeitos a transmissão da propriedade da coisa ou titularidade de um direito; a obrigação de pagar o preço; e a obrigação de proceder à entrega da coisa.

Para a transmissão da propriedade da coisa ou titularidade do direito basta, em regra, conforme se deixou já antever quando referimos tratar-se de um contrato consensual, o simples acordo das partes, dotado embora de certo vestimento, quando a lei exija a observância de forma. Ou seja, a transferência ou constituição do direito real é, na compra e venda civil, sempre efeito do contrato. Nos moldes consagrados pelo nosso Direito civil, se a compra e venda não for acompanhada da transmissão da propriedade de uma coisa ou da titularidade de um direito[272], ainda quando diferida no tempo, não é uma compra e venda. Quanto à transferência da posse, se não se assistir a uma tradição, real ou simbólica, da coisa, a posse só poderá ser transferida por constituto possessório (artigo 1264.º do Código Civil[273]). O constituto possessório, especialmente no tocante à compra e venda, consiste no meio ou forma de fazer seguir a posse com a titularidade da coisa. Adiante voltaremos a esta questão[274].

§ 3.1.4.2 – Eventuais exceções à regra da eficácia real

I – Vimos como o artigo 879.º inclui entre os efeitos essenciais da compra e venda a transmissão da propriedade de uma coisa ou outro direito. Mais

[271] Raúl Ventura, *O contrato de compra e venda no código civil. Efeitos essenciais do contrato de compra e venda...*, in *Revista...*, 1983, ano 43, III, dezembro, 592 e ss.; Pedro de Albuquerque, *Compra...*, in *Direito...*, III, 23 e ss.; Assunção Cristas/Maria França Gouveia, *Transmissão da propriedade de coisas móveis e contrato...*, in *Transmissão...*, 49 e ss..

[272] Note-se, de facto, no quadro da transmissão imediata ou do efeito real provocado pela compra e venda, não pressuporem todos os contratos deste tipo a transferência de direitos sobre coisas. Em causa pode estar, por exemplo, apenas o efeito translativo de um direito de crédito ou de autor conforme se sublinhou já, e resulta expressamente dos artigos 874.º e 879.º/1 do Código Civil, sem que com isso se coloque em causa o efeito translativo direto e instantâneo do ato.

[273] Pedro Romano Martinez, *Direito...*, 33.

[274] V. § 3.1.4.3.1, V e ss..

importante ainda, o artigo 874.º considera a eficácia real translativa ou *quoad effectum* como um elemento essencial da compra e venda. Pareceria, assim, que um contrato do qual não decorra a transmissão da propriedade de uma coisa ou outro direito não pode ser qualificado como compra e venda. Porém, o artigo 408.º/1 do Código Civil estabelece que:

> «a constituição ou transferência de direitos reais sobre coisa determinada dá-se por mero efeito dos contratos (...).»

Para acrescentar logo de seguida:

> «(...) salvas as exceções previstas na lei.»

Ao mencionar a existência de exceções à regra da eficácia real dos contratos translativos ou constitutivos de direitos reais, o artigo 408.º do Código Civil leva-nos a colocar a questão da eventual admissibilidade de situações de compra e venda com simples eficácia obrigacional.

II – A determinação do significado da ressalva final constante do artigo 408.º/1 do Código Civil «*salvas as exceções previstas na lei*» depende do sentido que normativamente se deva atribuir ao termo «mero» constante do mesmo preceito[275].

Se se chegar à conclusão de que a palavra «mero»[276] surge como simples forma de reforçar a ideia expressa no artigo 408.º/1, primeira parte, então:

[275] Assim Raúl Ventura, *O contrato de compra e venda no código civil. Efeitos essenciais do contrato de compra e venda...*, in *Revista...*, 1983, ano 43, III, dezembro, 593 e ss.; Pedro de Albuquerque, *Compra...*, in *Direito...*, III, 23 e ss..

[276] Importa sublinhar não se pretender fazer aqui nenhuma interpretação gramatical da palavra em referência. O que se indaga, isso sim, é, repise-se, o seu sentido normativo. Para uma análise àquela que deve ser uma perspetiva adequada de encarar o problema metodológico da interpretação-compreensão-aplicação do Direito v. os nossos *Os limites à pluriocupação dos membros do conselho geral e de supervisão e do conselho fiscal*, 2007, 11 e ss., e *Direitos Reais...*, 21 e ss., e *A vinculação das sociedades comerciais...*, I, 23 e ss., em nota, 39 e ss., notas 40 e ss., 196, e nota 681, 758 e 759, 767 e ss., 915 e ss., e as múltiplas indicações aí fornecidas. Aqui salientamos, apenas, Franz Paul Almeida Langhans, *Uma concepção fenomonológica do Direito*, in *Revista da Ordem dos Advogados*, 1941, I, 2, 347 e ss.; Baptista Machado, *Prefácio a Engisch – Introdução ao pensamento jurídico*, 1964, *passim*, e designadamente XXIII nota (35), XXV e ss.; Id., *Introdução ao direito e ao discurso legitimador*, 1983,

passim; CASTANHEIRA NEVES, *Questão-de-facto – Questão-de-direito ou o problema metodológico da juridicidade (Ensaio de uma reposição crítica)*, I, *A crise*, 1967, *passim* e, por exemplo, 69 e ss., 214 e ss.; Id., *O instituto dos «assentos» e a função jurídica dos supremos tribunais*, 1983, *passim*; Id., *O papel do jurista no nosso tempo*, in *Digesta. Escritos acerca do direito, do pensamento jurídico, da sua metodologia e outros*, 1995, I, *passim*, e pp. 37 e 38, 41 e 42, 47 e ss.; Id., *O princípio da legalidade criminal*, in *Digesta. Escritos acerca do direito, do pensamento jurídico, da sua metodologia e outros*, 1995, I, 428 e ss.; Id., *Interpretação jurídica*, in *Idem*, II, 337 e ss.; Id., *O actual problema metodológico da realização do direito*, in *Idem*, II, 249 e ss.; Id., *Método jurídico*, in *Idem*, II, 283 e ss.; Id., *Metodologia jurídica. Problemas fundamentais*, 1993, *passim* e 83 e ss.; Id., *O actual problema metodológico da interpretação jurídica*, 2003, *per totum*; Id., *O sentido actual da metodologia jurídica*, in *Boletim da Faculdade de Direito*, Volume Comemorativo, 2003, 115 e ss., *maxime* 134 e ss.; Id., *Dworkin e a interpretação jurídica – ou a interpretação jurídica, a hermenêutica e a narratividade*, in *Digesta. Escritos acerca do direito, do pensamento jurídico, da sua metodologia e outros*, 2008, III, 413 e ss.; e FERNANDO JOSÉ BRONZE, *Breves Considerações sobre o estado actual da questão metodonomológica*, separata do *Boletim da Faculdade de Direito*, 1993, 177 e ss.; Id., *Lições de introdução ao direito*, 2.ª edição, 2006, 875 e ss.; Quae sunt Caesaris, Caesari: et quae sunt iurisprudentiae, iurisprudentiae, in *Comemorações dos 35 anos do Código Civil*, volume II, 2006, 77 e ss. 85. V., também, MENEZES CORDEIRO, *Lei (aplicação da)*, in *Polis. Enciclopédia Verbo da Sociedade e do Estado*, 1985, III, cols. 1046 e ss.; Id., *Tendências actuais da interpretação da lei/ Do juiz autómato aos modelos de decisão jurídica*, in *Revista jurídica*, 1987, n.os 9 e 10, pp. 7 e ss.; Id., *Tratado de direito civil*, I, *Introdução, fontes do direito, interpretação da lei, aplicação das leis no tempo, doutrina geral*, 4.ª edição revista e aumentada, 2012, 407 e ss., 433 e ss., 671 e ss.; SANDRA MARTINHO RODRIGUES, *A interpretação jurídica no pensamento de Ronald Dworkin (uma abordagem)*, 2005, *passim*, e designadamente, 1 e ss., 23 e ss., 147 e ss.; e CRISTINA QUEIROZ, *A interpretação jurídica*, in *Estudos em Homenagem ao Professor Doutor Marcello Caetano no centenário do seu nascimento*, 2006, I, 267 e ss.; Id., *O princípio da interpretação conforme a constituição: questões e perspectivas*, in *Revista da Faculdade de Direito da Universidade do Porto*, 2010, VII, 313-328; JOSÉ CARLOS VIEIRA DE ANDRADE, *O Direito e as palavras*, in *Archivum et jus*, 2006, 39 e ss.; SILVA DIAS, «Delicta in se» *e* «delicta mere prohibita»*: uma análise das descontinuidades do ilícito penal moderno à luz da reconstrução de uma distinção clássica*, 2008, 409 e ss.; FRANCISCO AGUILAR, *Felonia metodológica no código civil de 1996*, in *Código Civil. Livro do cinquentenário*, I, *Homenagem ao Prof. Doutor Fernando Pessoa Jorge*, 2019, 487 e ss., num excelente estudo onde o autor refere, ainda, uma série de obras sobre o tema da sua autoria. Menção também para MIGUEL TEIXEIRA DE SOUSA, *Introdução ao Direito*, 2012, 72, 78 e ss., 81, 157 e ss., 174, 256 e ss., 315 e ss., 327 e ss., 331 e ss., 337 e ss., 381 e 383 e s.. Autor este censurado, porém, por FRANCISCO AGUILAR, como sendo moderadamente positivista. Já patentemente positivista, e por isso mesmo de rejeitar, é o pensamento de JOSÉ LAMEGO, *Elementos de metodologia jurídica*, 2016, 281 e ss. (para a interpretação jurídica v. 71 e ss.); Id., *A interpretação da lei e a integração das lacunas no Código Civil*, in *Código Civil. Livro do cinquentenário*, II, *Em memória do Prof. Doutor Eduardo Santos Júnior*, 2019, 210 e ss..

- por regra a transferência ou constituição de direitos reais dá-se por mero efeito do contrato;
- excecionalmente, porém, a transferência ou constituição de direitos reais não se dará por efeito do contrato, dependendo da prática de um ato translativo ou constitutivo posterior ao contrato.

Nesta interpretação do artigo 408.º/1 do Código Civil teríamos, destarte:

- como regra uma compra e venda dotada de eficácia real;
- como exceção uma venda obrigatória.

III – Só que esta interpretação não é linear.

Depois de terminada a análise das várias modalidades e formas de compra e venda reguladas pelo nosso Direito civil, observa-se não existir nenhuma correspondente ao modelo da compra e venda obrigatória. Na verdade, em lugar ou circunstância alguma o nosso Direito civil faz depender a transmissão da propriedade da coisa ou da titularidade do direito de um ato translativo posterior ao contrato de compra e venda. Nem mesmo nos casos nos quais se assiste a uma falta de coincidência entre, de um lado, o

Na Jurisprudência, com interesse, v. os, já citados nesta obra, acórdãos do STJ 07-12-1994 (Torres Paulo), Proc. 086057/ITIJ (instituição de herdeiro); STJ 15-10-1996 (Lopes Pinto), Proc. 087641 (condenação *ultra petitum*) (=*Diário da República*, I – série A, de 26 de novembro de 1996, =*Boletim do Ministério da Justiça*, 1996, 460, 164); STJ 11-03-1997 (Fernandes Magalhães), Proc. 96A751/ITIJ (seguro obrigatório automóvel); STJ 09-12-1999 (Costa Soares), in *Boletim do Ministério da Justiça*, 2000, 492, 398 e ss. (ação de reivindicação – interpretação da lei); STJ 15-02-2000 (Torres Paulo), in *Boletim do Ministério da Justiça*, 2000, 494, 306 e ss. e 309 (garantia das obrigações – impugnação pauliana – má fé); STJ 17-04-2002 (Lourenço Martins), Proc. 02P381/ITIJ, nota 5; STJ 20-03-2002 (Lourenço Martins), Proc. 02P363/ITIJ; STJ 30-04-2003 (Lourenço Martins), Proc. 03P752/ITIJ (recurso para o Supremo Tribunal de Justiça), nota 3; STJ 23-10-2003 (Pereira Madeira), Proc. 02P3223/ITIJ (julgamento em conferência); STJ 27-01-2004 (Fernandes Magalhães), 03P2390/ITIJ (empreitada); STJ 07-12-2005 (Fernandes Magalhães), Proc. 05A3586/ITIJ (falência); STJ 19-01-2006 (Oliveira Barros), Proc. 05B3705/ITIJ (poderes do Supremo Tribunal de Justiça), nota 8; STJ 09-05--2006 (Urbano Dias), Proc. 06A037/ITIJ (contrato de compra e venda – incumprimento); STJ 30-05-2006 (Fernandes Magalhães), Proc. 06A1219/ITIJ (acidente de viação); STJ 10-07-2008 (Urbano Dias), Proc. 08A1057/ITIJ (locação financeira – legitimidade passiva – despesas de condomínio – responsabilidade pelo pagamento).

momento da transferência da propriedade da coisa ou titularidade do direito e, do outro, a altura da celebração do contrato de compra e venda.

Mas analisemos, uma a uma, as hipóteses em que isso sucede.

IV – Na venda de coisa ou bem futuro a transmissão da propriedade ou titularidade ocorre apenas quando a coisa for adquirida pelo alienante (artigo 408.º/2 do Código Civil). O vendedor fica, tão-só, obrigado a desenvolver as diligências necessárias para que o comprador adquira os bens vendidos (artigo 880.º/1 do Código Civil). Ele não necessita de praticar nenhum ato translativo da propriedade. Uma vez adquiridos os bens a respetiva transferência ocorre por simples efeito do contrato.

Bem andou, destarte, o STJ 09-10-2003 (Lucas Coelho)[277]: a especificidade da compra e venda de coisa futura reside na circunstância de a transferência, operando ainda por efeito do contrato, ser diferida para o momento da aquisição da coisa para o alienante.

Na venda de coisa indeterminada, nomeadamente de coisa genérica ou em alternativa, a transferência da propriedade ou titularidade apenas se dá com a concentração. Esta tanto poderá depender de um ato do vendedor (artigo 539.º do Código Civil) como verificar-se por outros meios (artigos 541.º e 542.º do Código Civil). Ora, basta a possibilidade de a concentração não surgir como consequência ou resultado de um ato do vendedor para logo se poder concluir ou constatar não ter a venda de coisa indeterminada caráter obrigatório.

No caso da compra de frutos naturais ou partes componentes ou integrantes, a transferência verifica-se no momento da colheita ou separação. Não há, pois, qualquer obrigação de *dare* da qual fique dependente a transferência da propriedade.

Na compra e venda de bens alheios, uma vez adquirida pelo vendedor a titularidade do direito ou coisa vendida, a venda consolida-se e verifica-se a transmissão para o comprador (artigo 895.º do Código Civil). O vendedor fica obrigado a sanar a nulidade da compra e venda, através da aquisição da propriedade da coisa ou titularidade do direito vendido (artigo 807.º

[277] STJ 09-10-2003 (Lucas Coelho), Proc. 03B3286 (compra e venda – efeitos – transmissão da propriedade – transferência – venda de coisa futura – tempo da prestação – lugar da prestação – risco).

do Código Civil). Contudo, não tem qualquer obrigação de transmitir. O comprador adquire por simples efeito do contrato[278].

V – Hipótese mais disputada é o da compra e venda com reserva de propriedade. Na verdade, ASSUNÇÃO CRISTAS/FRANÇA GOUVEIA sustentam não se estar aí diante de uma situação de compra e venda real[279]. E isto pela razão simples de que, segundo as autoras, o artigo 409.º/1 permitiria às partes estipularem ficar apenas a transmissão da propriedade dependente da entrega da coisa, produzindo-se, desde logo, os outros efeitos. Para elas haveria uma distinção clara entre a primeira parte do artigo 409.º/1 do Código Civil e a sua segunda parte, onde se refere a verificação de qualquer outro evento, não parecendo estar em ligação com as obrigações do comprador. Ora, esse evento qualquer poderia, sustentam, ser perfeitamente a obrigação de entrega da coisa. Em Direito civil rege o princípio da autonomia privada, podendo as partes, dentro dos limites autorizados pelo Direito, fixar livremente o conteúdo dos contratos (artigo 405.º/1 do Código Civil). No caso vertente, estaríamos, por força da parte final do artigo 409.º/1 do Código Civil, dentro dos limites juridicamente admissíveis, pelo que seria possível convencionar-se uma compra e venda perfeita e produtora de efeitos, com exceção da transferência da propriedade, dependente de tradição, ela própria, parece, simples obrigação decorrente do contrato. Mais: seria viável estipular-se que, verificado o evento ao qual se fez associar a transferência da propriedade, essa transferência não teria eficácia retroativa. Donde, nessa circunstância seria o evento em causa o produtor da transferência e não o contrato. Mas esta construção não pode ser aceite. Estivéssemos nós, no caso do artigo 409.º do Código Civil, perante a possibilidade de uma compra e venda meramente obrigacional em que todos os efeitos se produziriam, com exceção da transferência da propriedade colocada na dependência de simples tradição, teríamos de aceitar que houve compra e venda mesmo na eventualidade de a tradição não se verificar nunca. Ora, não se vê como

[278] Assim, também, quanto a todas estas hipóteses RAÚL VENTURA, *O contrato de compra e venda no código civil. Efeitos essenciais do contrato de compra e venda...*, in *Revista...*, 1983, ano 43, III, dezembro, 594; ASSUNÇÃO CRISTAS/MARIA FRANÇA GOUVEIA, *Transmissão da propriedade de coisas móveis e contrato...*, in *Transmissão...*, 50 e 51; PEDRO ROMANO MARTINEZ, *Direito...*, 35; MENEZES LEITÃO, *Direito...*, III, 24 e ss..

[279] ASSUNÇÃO CRISTAS/MARIA FRANÇA GOUVEIA, *Transmissão da propriedade de coisas móveis e contrato...*, in *Transmissão...*, 52 e ss..

sustentar semelhante solução face ao nosso Direito. Tanto mais quanto, num fenómeno que parece ter passado inadvertido a ASSUNÇÃO CRISTAS/ /FRANÇA GOUVEIA, o artigo 409.º/1 não preenche, por si, e ao invés do que sustentam, a exigência constante do artigo 405.º/1, de que as cláusulas convencionadas pelas partes respeitem os limites dentro dos quais se deve situar a autonomia privada. É que o artigo 409.º/1 não pode ser interpretado isoladamente, como se existisse sozinho no universo jurídico. Ele tem de se conjugar com o artigo 874.º. Ora, este preceito é manifesto ao indicar ser elemento essencial da compra e venda a transmissão da propriedade de uma coisa ou direito. Por isso, se essa transferência se não verificar não estamos já perante o tipo compra e venda de Direito civil. Nós próprios já nos manifestámos no sentido da admissibilidade de uma cláusula que torne a compra e venda simultaneamente um contrato real *quoad effectum* e *quoad constitutionem*. Também admitimos a possibilidade de uma compra e venda sujeita a condição suspensiva ou termo inicial. Porém, isso é algo de completamente diferente de uma venda obrigacional em que todos os seus efeitos se produziriam, mas em que não há qualquer transferência da propriedade, operada apenas como efeito, não da venda, mas de um ato de tradição. A afirmação de ASSUNÇÃO CRISTAS/FRANÇA GOUVEIA[280] de que uma compra e venda na qual a transferência da propriedade só se verifica no momento da entrega da coisa corresponde a uma situação de transmissão do direito em virtude da *traditio*, não em resultado do contrato, não é, a nosso ver, verdadeira. É, aliás, precisamente o inverso: apesar da diferença temporal entre o momento da transferência da propriedade e o da celebração do contrato é, ainda, este a produzir o efeito translativo de forma automática uma vez verificado o evento posterior. Dito de outra maneira: não se está aqui perante nenhuma obrigação de transferir (*dare*) em sentido técnico[281]. Mesmo se surgirem obrigações associadas a essa transmissão, não são elas que produzem o efeito real. Este vem apenas concretizar em definitivo uma atribuição patrimonial, estabelecida já, de forma provisória, com a outorga do contrato entre as partes[282]. Aliás, não falta quem sustente poder na venda

[280] ASSUNÇÃO CRISTAS/MARIA FRANÇA GOUVEIA, *Transmissão da propriedade de coisas móveis e contrato...*, in *Transmissão...*, 61.

[281] MENEZES LEITÃO, *Direito...*, III, 27.

[282] Nesse sentido v. NICOLÒ, *L'adempimento dell'obbligo altrui*, 1936, 169; e MENEZES LEITÃO, *Direito...*, III, 27.

com reserva de propriedade a transmissão ficar subordinada ou dependente de um ato do comprador (nomeadamente o pagamento do preço), mas não de ato do vendedor[283]. Só o contrato pode, pois, ter por efeito a referida transmissão. ASSUNÇÃO CRISTAS/FRANÇA GOUVEIA parecem, ainda, não ter presente o conceito de negócio incompleto[284]. Uma compra e venda em que se subordine a transmissão da propriedade à entrega da coisa e em que, desde logo, se assista ao estabelecimento de um preço e à identificação da coisa ou direito a transmitir, ou se verifique mesmo o pagamento do preço e entrega da coisa, pode ser, ou uma normal compra e venda com reserva da propriedade, um negócio incompleto e/ou uma compra e venda real simultaneamente *quoad constitutionem* e *quoad effectum*. Mas não há realmente margem no nosso Direito civil para uma venda perfeita de que não resulte, como efeito do contrato, a transmissão da propriedade. De resto, a prática não atesta situações concretas onde se associe a cláusula de reserva de propriedade a uma obrigatoriedade de realização de um modo ou de entrega da coisa. E fora do caso, não há Direito, mas, como já tem sido notado, sim, mera especulação.

> Bem, portanto, o STJ 18-09-2003 (LUCAS COELHO)[285] – o contrato de compra e venda é um contrato consensual. É elemento essencial da compra e venda a transmissão do domínio do bem ou da coisa. Nos casos do artigo 409.º há apenas diferimento da eficácia real que se continua a imputar ao consenso.

[283] Assim RAÚL VENTURA, *O contrato de compra e venda no código civil. Efeitos essenciais do contrato de compra e venda...*, in *Revista...*, 1983, ano 43, III, dezembro, 594.

[284] A este respeito v. FLUME, *Allgemeiner...*, II, 550; OLIVEIRA ASCENSÃO, *Direito civil. Teoria geral*, 2.ª edição, II, 382 e 383, e o nosso *A representação...*, *passim*. Cfr., também, RAÚL VENTURA, *O contrato de compra e venda no Código Civil. Proibições de compra e venda. Venda de bens futuros. Venda de bens de existência ou titularidade incerta. Venda de coisas sujeitas a contagem, pesagem ou medida*, in *Revista da Ordem dos Advogados*, 1983, 43, II, 297 e 298; MÜLLER-FREINFELS, *Die Vertretung beim Rechtsgeschäft*, 1955, 191 e ss.; THIELE, *Die Zustimmungen in der Lehre vom Rechtsgeschäft*, 1966, 78 e ss.; CANARIS, *Die Vertrauenshaftung im deutschen Privatrecht*, 1971, *passim*, e 34, 35, 55, 67 e 427.

[285] STJ 18-09-2003 (LUCAS COELHO), Proc. 03B1568 (compra e venda – efeitos – eficácia real – transmissão da propriedade – reserva da propriedade – condição suspensiva – mútuo consenso).

VI – Na venda sujeita a condição suspensiva ou a termo inicial é o próprio contrato que fica paralisado nos seus efeitos essenciais e não apenas a transferência da propriedade. Trata-se, assim, uma vez mais, de um caso de venda bem distinta da venda obrigatória[286].

Mas, se não se descortina no nosso Direito civil nenhum caso de venda obrigatória, importa encontrar um outro significado útil para o artigo 408.º/1 e sua ressalva final distinto do anteriormente aventado.

Para isso, é necessário atribuir ao termo «mero» um sentido normativo diverso do simplesmente reforçativo. É necessário tomá-lo como forma de indicar que a constituição ou transferência de direitos decorre, não apenas do contrato, mas unicamente do contrato[287].

Uma vez apurado o sentido da regra torna-se fácil apurar o sentido da exceção. Se por força da regra a constituição ou transferência de direitos reais é unicamente efeito do contrato, os casos de exceção serão aqueles em que a transferência ou constituição de direitos reais é ainda efeito do contrato, mas acompanhado de outro facto.

Nesta interpretação do artigo 408.º/1, as hipóteses de exceção à regra são, ainda, hipóteses de contratos de compra e venda dotados de eficácia real translativa. A única particularidade está na circunstância de nos casos excecionais não haver coincidência temporal entre o momento da celebração do contrato de compra e venda e o momento da transferência da propriedade. Esta, embora decorra ainda do contrato, depende, também, da verificação de um outro facto posterior à compra e venda. É a necessidade de verificação desse facto que dá a certas modalidades de venda caráter excecional. Elas não deixam, por isso, de corresponder a contratos dotados de eficácia real, pois, conforme lembra a propósito INOCÊNCIO GALVÃO TELLES[288], «*o caráter real da venda significa que esta é causa da transmissão, seja imediata ou transmissão futura*». Em todas as situações por nós analisadas constatou-se como a transferência do direito real funcionou sempre de modo automático, continua a ser efeito do contrato, embora completado por outro facto.

[286] MENEZES LEITÃO, *Direito...*, III, 26, nota 35, sublinha a circunstância de neste caso nem se poder falar de uma divergência entre o momento da transferência da propriedade e o dos efeitos do negócio uma vez que todos eles, e não apenas a transferência da propriedade, dependerão da própria verificação da condição ou do termo. É, porém, admissível a condição parcial. Cfr., *infra*, Parte II, Capítulo II, § 2.8.

[287] PEDRO DE ALBUQUERQUE, *Compra...*, in *Direito...*, III, 27.

[288] *Contratos...*, 9. No mesmo sentido PIRES DE LIMA e ANTUNES VARELA, *Código...*, II, 161.

A transmissão não se dá no momento do contrato, mas ocorre por efeito dele sem necessidade de subsequente negócio jurídico[289].

VII – Desta forma consegue-se conciliar o n.º 1 do artigo 408.º do Código Civil com a afirmação categórica do artigo 879.º/*a*), no sentido de a transmissão da titularidade da coisa constituir efeito essencial da compra e venda[290].

Deste modo, harmoniza-se igualmente o artigo 408.º/1 do Código Civil com o disposto no n.º 2 desse mesmo artigo. Nesse n.º 2 especifica-se o momento da transferência de certas coisas com caraterísticas especiais, sempre com a preocupação de não estabelecer qualquer ligação genética entre a transmissão de uma coisa ou titularidade de um direito e os factos que marcam o momento dessa transmissão[291].

VIII – Em conclusão, no nosso Direito civil a compra e venda tem sempre caráter real. Um contrato do qual não decorra a transmissão da titularidade de uma coisa ou direito não poderá nunca qualificar-se como compra e venda civil; mesmo quando reunidos e verificados os demais requisitos e efeitos deste contrato[292].

Mais complicada é a situação da compra e venda de valores mobiliários. Dividem-se aí os autores, parecendo haver lugar, em tese, para todo o tipo de opiniões: não haveria aqui qualquer desvio às regras gerais da consensualidade e da causalidade; estar-se-ia, diversamente, perante hipóteses de registo constitutivo, de situações de compra e venda real *quoad constitutionem*, e, finalmente, diante de uma compra e venda obrigacional[293]. É, porém,

[289] PEDRO ROMANO MARTINEZ, *Direito*..., 36. Também não são exceções à regra dos artigos 408.º/1 ou 874.º/1, ambos do Código Civil, as situações aleatórias previstas nos artigos 880.º/2 e 881.º. Aí a compra e venda não chega a consumar-se, ainda que o preço seja devido.

[290] RAÚL VENTURA, *O contrato de compra e venda no código civil. Efeitos essenciais do contrato de compra e venda*..., in *Revista*..., 1983, ano 43, III, dezembro, 594; e PEDRO DE ALBUQUERQUE, *Compra*..., in *Direito*..., III, 28.

[291] RAÚL VENTURA, *O contrato de compra e venda no código civil. Efeitos essenciais do contrato de compra e venda*..., in *Revista*..., 1983, ano 43, III, dezembro, 594, 597 e ss.; PEDRO DE ALBUQUERQUE, *Compra*..., in *Direito*..., III, 28.

[292] PEDRO DE ALBUQUERQUE, *Compra*..., in *Direito*..., III, 28.

[293] V., entre outros, as opiniões em sentidos divergentes e antagónicos, que ao longo do tempo se foram desenvolvendo a este respeito, de VAZ SERRA, *Ações*..., in *Boletim*..., 1968, 176, 78 e 79; VASCO DA GAMA LOBO XAVIER, *Ação*..., in *Pólis*, I, cols., 68 e 69; AMADEU FERREIRA, *Valores*..., 196 e ss.; FERREIRA DE ALMEIDA, *Desmaterialização dos títulos de*

matéria que não podemos desenvolver aqui em toda a sua extensão, pois de outro modo fugiríamos demasiado ao núcleo do nosso objeto. Sempre diremos, no entanto, terem efetivamente razão os que, como VAZ SERRA, VASCO DA GAMA LOBO XAVIER, ANA PAULA COSTA E SILVA, OSÓRIO DE CASTRO, MENEZES CORDEIRO, PEREIRA DE ALMEIDA, ALMEIDA COSTA/EVARISTO MENDES, RUI SOARES PEREIRA defendem não haver aqui uma quebra do princípio do consensualismo consagrado no artigo 408.º do Código Civil. Vejamos.

A mais recente e desenvolvida defesa da tese segundo a qual a compra e venda de valores mobiliários não assenta numa compra e venda real (no sistema do título), mas antes no sistema do título e do modo, foi realizada, entre nós, por VERA EIRÓ[294], FERREIRA DE ALMEIDA[295] e COUTINHO DE ABREU. A posição destes autores merece acolhimento por parte de alguma jurisprudência:

- STJ 13-03-2007 (SEBASTIÃO PÓVOAS)[296]: em causa estava um contrato de compra e venda sujeito a condição suspensiva e resolutiva, tendo-se verificado a condição resolutiva. A compradora sustenta, com diversos fundamentos de facto e jurídicos, ser, ainda assim, proprietária das ações. Neste quadro suscita-se a questão da relevância e âmbito de aplicação do artigo 101.º do CVM (mas também do artigo 104.º do CVM). O Supremo,

crédito..., 33 e ss.; Id., *Registo...*, in *Estudos...*, I, 924 e ss.; ANA PAULA COSTA E SILVA, *Compra e venda de valores...*, 243 e ss., *maxime* 251 e ss., e 257 e ss.; Id., *A transmissão de valores mobiliários...*, in *Direito...*, 217 e ss., 240 e ss.; OLIVEIRA ASCENSÃO, *Direito...*, III, *Títulos...*, 17 e ss.; Id., *Valor mobiliário...*, 27 e ss., *maxime* 44 e 45, 47 e ss.; Id., *As ações*, cit. 77 e ss., 83 e ss.; OSÓRIO DE CASTRO, *Valores mobiliários...*, 22 e ss.; VERA EIRÓ, *A transmissão...*, in *Themis...*, 2005, VI, 11, 143 e ss.; COUTINHO DE ABREU, *Curso...*, II, 376 e ss.; MENEZES CORDEIRO, *Manual...*, II, *Das sociedades...*, 683 e ss.; ALEXANDRE SOVERAL MARTINS, *Títulos...*, Parte I, *Títulos...*, Volume I, 14 e 15; PEREIRA DE ALMEIDA, *Sociedades...*, 621 e ss.; RUI SOARES PEREIRA, *A eficácia (real) da compra e venda...*, in *Código Civil...*, II, 777 e ss.; ALMEIDA COSTA/ /EVARISTO MENDES, *Transmissão de acções tituladas nominativas*, in *Estudos dedicados ao Professor Luís Alberto Carvalho Fernandes*, 2011, 3, 13 e ss..

294 VERA EIRÓ, *A transmissão...*, in *Themis...*, 2005, VI, 11, 145 e ss.. Curiosamente, a autora, depois de noutro local (*op. cit.*, 156) parecer revelar desconhecimento do sistema do título e do modo, acaba por lhe chamar «*transmissão por efeito do contrato e do "modo"*».

295 *Registo...*, in *Estudos...*, I, 924 e ss..

296 STJ 13-03-2007 (SEBASTIÃO PÓVOAS), Proc. 07A379/ITIJ (valores mobiliários – poderes do Supremo Tribunal de Justiça).

sem tomar posição definitiva, por considerar não ser isso necessário à resolução do caso, atenta a verificação da condição resolutiva, admite, não obstante, a eventual possibilidade de a transferência de valores mobiliários não decorrer de uma compra e venda com eficácia real, mas sim da conjugação do contrato com atos dele independentes: «*É a intervenção do chamado "modo"*[297].»

- STJ 15-05-2008 (Santos Bernardino)[298]: realizada uma compra e venda de ações sem que se tenha procedido à entrega dos títulos representativos das ações, uma das partes vem suscitar a respetiva nulidade por considerar tratar-se de um contrato com eficácia real *quoad constitutionem*. O Supremo apelaria, usando a terminologia proposta por Vera Eiró, para o sistema do contrato e do modo[299], para afirmar não ser a venda de ações um contrato real constitutivo, mas sim um negócio obrigacional vinculativo independentemente da transferência das acções[300].
- RPt 16-06-2005 (Ataíde das Neves)[301]: a entrega, a tradição da ação ao portador, é pressuposto formal e também material da transmissão da ação ao portador, e não apenas do exercício dos direitos nela titulados, o que obsta a que a transmissão dos mesmos direitos, dos direitos incorporados na ação, se opere sem essa mesma tradição.
- RLx 12-07-2007 (Rui Torres Vouga)[302]: o caso é o mesmo que o apreciado pelo STJ 15-05-2008. Tal como o Supremo, a Relação de Lisboa entendeu gerar o consenso entre as partes uma compra e venda nos moldes do sistema do título e do modo.

[297] De facto o que o Supremo admite é o sistema do título e do modo.

[298] STJ 15-05-2008 (Santos Bernardino), Proc. 08B153/ITIJ (valores mobiliários – ações – transmissão – modo).

[299] Em causa está, porém, como se referiu já, o sistema do título e do modo que a autora designa de forma não ortodoxa.

[300] Mas o mesmo relator afirmaria, depois, noutro aresto (STJ 03-07-2008 (Santos Bernardino), Proc. 08B1345/ITIJ (caso julgado – transação judicial – transmissão de direito real – determinação do preço), ser o sistema português, no tocante à transmissão e constituição de direitos reais, o sistema do título.

[301] RPt 16-06-2005 (Ataíde das Neves), Proc. 0532116/ITIJ (ação – transmissão de título).

[302] RLx 12-07-2007 (Rui Torres Vouga), Proc. 2794/2007-1/ITIJ (ações ao portador – ações nominativas).

- RPt 18-09-2008 (Carlos Portela)[303]: o contrato de compra e venda de ações ao portador tem natureza real ou *quoad constitutionem*, porquanto a entrega de tais ações constitui o momento decisivo da transmissão da respetiva propriedade, não operada por efeito da mera consensualidade subjacente. Por isso, a entrega, a tradição da ação ao portador, é pressuposto formal e também material da transmissão de tal tipo de ações e não apenas do exercício dos direitos nela titulados, o que obsta a que a transmissão dos mesmos direitos, dos direitos incorporados na ação, se opere sem essa mesma tradição.

Nalguns cenários as decisões são menos patentes:

- RCb 04-10-2005 (Garcia Calejo)[304]: em causa estavam uns embargos de terceiro movidos em apenso num processo de arrolamento. A embargante sustentava ser titular de determinadas ações nominativas em virtude de elas lhe terem sido entregues em dação em pagamento e se encontrar, além disso, na posse das ações. A Relação entendeu ter a embargante razão. Considerou que, sendo ela detentora das ações nominativas, deve ter-se por proprietária, pois a transmissão de títulos ao portador se faz, precisamente, através da respetiva entrega, invocando o revogado artigo 327.º/1 do Código das Sociedades Comerciais e o artigo 101.º/1 do CVM. Além disso, considerou ter a embargante logrado provar o negócio subjacente conducente à transmissão, embora estivesse dispensada de o fazer pois beneficiava da situação derivada da titularidade das ações. Era o embargado a ter de fazer a demonstração da inexistência ou nulidade desse negócio. Parece ficar a dúvida sobre se o tribunal considera haver aqui um sistema de título e modo ou apenas uma presunção derivada da entrega das ações[305].

Em contraponto algumas decisões dos nossos tribunais entendem que as formalidades exigidas para a transmissão de ações são autênticas exigências

[303] RLx 18-09-2008 (Carlos Portela), Proc. 0831973/ITIJ (ações ao portador – compra e venda – transmissão de propriedade – contrato real).

[304] RCb 04-10-2005 (Garcia Calejo), Proc. 2368/05/ITIJ Proc. 2368/05 (ações ao portador – transmissão entre vivos).

[305] *In casu* não é citada qualquer Doutrina em apoio da decisão.

de forma, cuja não observância gera a nulidade do negócio. Vai, por exemplo, nesse sentido, ainda ao abrigo de anterior legislação:

- RPt 27-11-2000 (Couto Pereira)[306]: entendeu-se que a transmissão de valores fora de bolsa, só era válida quando se utilizasse o modelo 5, além da declaração do transmitente no título e pertence, quanto às ações nominativas, e ainda quando houvesse a declaração para registo (ou depósito).
- RPt 20-03-2001 (Afonso Correia)[307]: tendo sido realizado negócio de transmissão de ações nominativas fora de bolsa dependia ele de utilização em quadruplicado de modelo aprovado com assinaturas reconhecidas, aposição no título de declaração do transmitente e lavrado o pertence. *In casu* não foi feita a declaração do alienante nem lavrado o pertence. Invocando jurisprudência no mesmo sentido, assim como um parecer de Raúl Ventura proferido noutro processo, a Relação do Porto entendeu estar-se aqui diante da preterição de formalidades essenciais e julgou o negócio nulo.

IX – Em todos estes casos estava em disputa a transmissão de acções[308]. As formas de transmissão destes títulos vinham reguladas nos artigos 326.º e 327.º do Código das Sociedades Comerciais. Esta regulamentação viria, porém, a ser revogada pelo CVM, depois de já ter sido ultrapassada pela evolução legislativa[309]. Atualmente:

- transmitem-se pelo registo na conta do adquirente os valores mobiliários escriturais e valores mobiliários titulados em sistema centralizado (artigo 80.º/1 e 105.º do CVM);

[306] RPt 27-11-2000 (Couto Pereira), Proc. 0050931/ITIJ (ações nominativas – transmissão de título – ausência – bolsa de valores – formalidade *ad sustantiam*), apenas com indicação do sumário.

[307] RPt 20-03-2001 (Afonso Correia), Proc. 0120083/ITIJ (sociedade comercial – ações nominativas – transmissão de título – formalidades – falta de forma legal).

[308] Veja-se, também, num sentido que não é claro, por apenas estar em causa o sumário, mas parecendo fazer depender a qualidade de acionista do cumprimento de certos atos, RCb 05-07-2000 (Pires da Rosa), Proc. 2558/2000/ITIJ (ações nominativas).

[309] Menezes Cordeiro, *Manual...*, II, *Das sociedades...*, 684.

- os valores mobiliários titulados nominativos transmitem-se por declaração de transmissão, escrita no título, a favor do transmissário, seguida de registo junto do emitente ou junto do intermediário financeiro que o represente (102.º/1, do CVM);
- valores mobiliários ao portador (entretanto proibidos pelo artigo 52.º do CVM) transmitiam-se por entrega do título ao adquirente ou ao depositário por ele indicado (anterior artigo 101.º/1, do CVM).

Não deve, porém, confundir-se as formalidades que acompanham este conjunto regulativo com exigências de forma. Como veremos, a sua falta não implicará nem a nulidade do contrato de compra e venda nem impede a imediata transferência dos títulos para o adquirente.

X – Principiemos por tratar, muito brevemente, o tema da transmissão das chamadas «posições de socialidade» ou participações sociais anteriores ao registo do contrato de sociedade ou aumento de capital.

Segundo o artigo 274.º do Código das Sociedades Comerciais a qualidade de sócio adquire-se com a celebração do contrato de sociedade ou com o aumento de capital, não dependendo da emissão e entrega do título da ação ou, tratando-se de ações escriturais, da inscrição na conta de registo individualizado[310]. Porém, segundo o artigo 5.º do Código das Sociedades Comerciais, as sociedades existem enquanto tais e gozam de personalidade jurídica apenas a partir da data do registo definitivo do contrato definitivo. Suscita-se, por isso, a questão de saber se a «posição de socialidade» ou participação social decorrente do artigo 274.º do Código das Sociedades Comerciais já é transmissível antes do registo de constituição[311]. Aponta decisivamente nesse sentido o artigo 37.º/1 e 2 do Código das Sociedades Comerciais, embora impondo condições[312]. Alguma Doutrina, tem entendido

[310] De um modo geral, acerca da aquisição da qualidade de sócio v. PEDRO DE ALBUQUERQUE, *Direito de preferência...*, 163 e ss.. No sentido de que o artigo 274.º do Código das Sociedades Comerciais demonstra existir um direito social independentemente de qualquer representação v. OLIVEIRA ASCENSÃO, *As acções*, cit., 65. Lembra, ainda, o disposto no artigo 88.º do Código das Sociedades Comerciais ao dispor que para efeitos internos o capital se considera aumentado e as participações constituídas a partir da celebração da escritura pública.

[311] Cfr. VERA EIRÓ, *A transmissão...*, in *Themis...*, 2005, VI, 11, 175 e ss..

[312] Note-se que o artigo 304.º/6 do Código das Sociedades Comerciais, onde se proibia a negociação ou emissão de títulos antes da inscrição do registo da sociedade anónima, foi

poder, enquanto a sociedade não estiver regularmente registada, a transmissão da participação social ou «posição de socialidade» suceder enquanto cedência de uma universalidade de direitos do sócio face à sociedade ou enquanto posição contratual do sócio. Poderia, destarte, apelar-se a uma cessão de créditos ou a uma cessão da posição contratual. Mais árduo, diz-se, seria o problema se, em vez de transmitir a posição ou participação social, se celebrasse um contrato de compra e venda de ações, tratando-se de sociedade anónima, enquanto coisas futuras ou um contrato-promessa de compra e venda de ações.

No caso de uma compra e venda de coisa futura, a propriedade desta transfere-se com a emissão das ações. Neste caso estar-se-ia, sustenta-se, necessariamente, perante uma compra e venda sem eficácia real translativa[313]. Mas não. Já atrás demonstrámos como, na compra e venda de coisa futura, a transferência da propriedade ou titularidade de um direito é, ainda, um efeito do contrato. Não há aqui qualquer desvio às regras gerais.

Havendo contrato-promessa é, sublinha-se, necessária nova manifestação de vontade das partes para a celebração do contrato definitivo. E este não teria eficácia real, obedecendo ao sistema do título e do modo[314]. Mas, uma vez mais, não. Quanto ao primeiro aspeto não há aqui qualquer particularidade. Um contrato-promessa não é uma compra e venda. Ele não transfere nunca, por si, a titularidade de um direito, mesmo quando dotado de eficácia real. Relativamente ao segundo, veremos, de seguida, como, na verdade, a transferência de ações não depende do sistema do título e do modo.

revogado. Por outro lado, não se pode ignorar o facto de o artigo 5.º do Código das Sociedades Comerciais não se opor a um sistema de livre constituição das pessoas coletivas ou, para usar a terminologia usada por Menezes Cordeiro, de aquisição automática da personalidade coletiva. Ao invés, é manifestamente esse o sistema do nosso Direito. O registo não tem eficácia constitutiva. A especificidade trazida pelo registo não é personalidade. É a sujeição às regras do tipo e, no âmbito das sociedades de responsabilidade limitada, a limitação de responsabilidade. Sobre isto v. o nosso *A vinculação das sociedades comerciais...*, I, 760 e ss., e a bibliografia aí referida para onde agora se remete, *brevitatis causa*.

313 Vera Eiró, *A transmissão...*, in *Themis...*, 2005, VI, 11, 177 e 178.

314 Vera Eiró, *A transmissão...*, in *Themis...*, 2005, VI, 11, 178 e 179, autora que defende, ainda, a impossibilidade de uma compra e venda sujeita à condição suspensiva de a sociedade ou o aumento de capital virem a ser registados. Mas os argumentos não nos convencem mesmo à luz do pretérito artigo 304.º/6 do Código das Sociedades Comerciais. Com a respetiva revogação ainda menos.

XI – A defesa da ideia segundo a qual o CVM verteria, em matéria de transmissão de valores mobiliários, um sistema de título e modo, não o sistema do título tal como consagrado no Código Civil, tem sido encetada sustentando-se o mais variado tipo de argumentos.

Apela-se, desde logo, para mais facilmente se entender o sistema vigente em matéria de valores mobiliários, o paralelo representado, no tocante à transmissão de ações, pelo Direito espanhol[315-316]. Mas a comparação não é suficientemente aprofundada. É que, em Espanha, o sistema básico da compra e venda de Direito civil é ele próprio obrigacional, assentando no título e no modo, enquanto, entre nós, a base é, repise-se, no contexto do Direito civil, o título, mesmo se se admitissem possíveis exceções. O eventual impacto da regra de Direito Civil em matéria de compra no país vizinho sobre a lei espanhola das sociedades anónimas não é, porém, abordado.

Um segundo argumento usado é o de que o próprio Código Civil admitiria, nos artigos 408.º e 409.º, exceções à regra. Ou seja, situações de compra e venda meramente obrigacional a que teria de se seguir um ato posterior para se operar a transmissão da coisa ou direito vendido. Tudo segundo o sistema do título e do modo. Já vimos, porém, não ser assim. As exceções à regra da imediata transferência da propriedade ou do direito vendido correspondem ainda e sempre, no nosso Direito civil, a situações de alienação conformes com o sistema do título.

O terceiro argumento prende-se com a afirmação segundo a qual os valores mobiliários não comportam duas faces ou lados cuja realidade poderá não coincidir (o documento representativo e os direitos incorporados). A transmissão da ação implicaria sempre a transmissão da participação social nela incorporada[317-318]. É assunto em torno do qual não nos podemos deter demasiado. Mesmo assim, e deixando inclusivamente de lado a questão de saber se a transmissão de posições de socialidade ou de participações sociais não demonstra precisamente o inverso, diremos que, tal como apresentado, o

[315] Assim Vera Eiró, *A transmissão...*, in *Themis...*, 2005, VI, 11, 172 e ss..

[316] Vera Eiró, *A transmissão...*, in *Themis...*, 2005, VI, 11, 161 e ss..

[317] Vera Eiró, *A transmissão...*, in *Themis...*, 2005, VI, 11, 163.

[318] Mas acertadamente no sentido segundo o qual, de facto, os artigos 274.º e 88.º do Código das Sociedades Comerciais são elementos a favor da tese das duas realidades v. Oliveira Ascensão, *Acções*, cit., 65 e 66. V., também, no sentido da existência de duas realidades suscetíveis de não coincidirem do mesmo autor, *Valor mobiliário...*, 27 e ss., e *O actual conceito de valor mobiliário*, in *Revista da Ordem dos Advogados*, 2001, I, 61, 8 e ss..

argumento padece de uma clara petição de princípio. Na verdade, diz-se não poder a ação comportar duas realidades distintas cuja circulação é suscetível de não coincidir, pois, de outro modo, ter-se-ia de inferir implicar, tão-só, a transmissão da ação a outorga de legitimidade para o exercício de direitos apenas transmitidos com a participação social[319]. Porém, justamente o que se pretende demonstrar ao afirmar-se ajustar-se o modelo de transmissão de valores mobiliários ao sistema do título e do modo, não ao do título, é não envolver a transmissão do valor mobiliário, apenas a concessão de legitimidade. Ou seja: pretende-se demonstrar não assentar a compra e venda de valores mobiliários, tão-só, no negócio base, dizendo-se não depor contra a solução proposta a tese segundo a qual os valores mobiliários comportam duas realidades diversas, porventura não coincidentes (o documento e os direitos inerentes), pelo facto, simples, de a aceitação das *duas realidades* impedir a proposta que se pretende impor. Mas a prova final de que as duas realidades podem não coincidir está no artigo 58.º do CMV, se ele tiver o sentido que lhe imputa quem alega a inviabilidade da tese das *duas realidades*[320]. Mais. Não é sequer possível defender-se o sistema do título e do modo para a transferência de valores mobiliários e negar-se a ideia das *duas realidades* suscetíveis de não coincidirem. E isto pelo facto de o próprio sistema do título e do modo originar, necessariamente, situações deste tipo, na medida em que o modo só opera a transmissão se assentar num título válido. Por isso, em todos os casos nos quais o negócio base ou causal se mostrar viciado ou faltar, mas ainda assim se tiver assistido ou efetivado o modo temos duas realidades não coincidentes: a titularidade substancial dos direitos pertence a uma pessoa e, enquanto não for desfeita, a legitimidade aparente da outra. Num caso destes só quem beneficia da legitimidade proporcionada pela

[319] Vera Eiró, *A transmissão...*, in *Themis...*, 2005, VI, 11, 163 e 164.

[320] É esse o caso de Vera Eiró, *A transmissão...*, in *Themis...*, 2005, VI, 11, 169 e ss., considerando, de facto, ter o CMV consagrado neste preceito um mecanismo de aquisição a *non domino* semelhante ao do Registo Predial – o que, a ter razão, como parece, Ana Paula Costa e Silva ao afirmar não corresponder a compra e venda de valores mobiliários em mercado secundário a um contrato, sendo antes titulada por negócios jurídicos unilaterais, sobrepostos por um sistema, não é nada pacífico. Só que se é assim, então, e recorrendo às palavras da própria Vera Eiró, no artigo 58.º do CMV, «*o regime consagrado determina a necessária existência de um alienante* a non domino *que, tendo as ações a transmitir registadas em seu nome, ou declaração nos títulos em seu nome ou sendo possuidor das ações, na realidade não é seu titular*». Não poderia haver mais afincada defesa da tese das duas realidades.

concretização do modo pode votar ou participar em deliberações sociais. Não obstante não é titular do direito de fundo.

Acrescenta-se, finalmente, em oposição ao sistema do título no âmbito dos valores mobiliários levar ele, mesmo na eventualidade de ter de se aceitar a tese das duas realidades, a saídas absurdas, puramente conceptuais e desprovidas de sentido prático e dogmático. A tese tradicional defende que a transmissão de valores mobiliários, e concretamente as ações, se opera por mero efeito do contrato celebrado entre as partes. As exigências no respeitante ao registo ou posse situam-se, nesta perspetiva, acertadamente, no plano da simples atribuição de legitimidade, não ao nível da realidade substantiva. Em sentido oposto objeta-se, porém, que a ser assim o adquirente seria titular de um direito de propriedade sobre ações muito singular: um direito desprovido de qualquer conteúdo, tendo perdido todo o caráter real.

A primeira dificuldade deste reparo principia, logo, por não estar aqui em jogo qualquer direito de propriedade ou qualquer outro com eficácia real. Os valores mobiliários representam direitos e seguem o respetivo regime. A representação do direito não se destina a eliminar o direito preexistente. Não há nenhuma forma de novação pela qual o direito representado se extingue para passar a existir apenas um direito representativo. O direito representado mantém-se no plano substantivo[321]. Tratando-se de ações, o direito de fundo é uma participação social e essa há muito se sabe corresponder, nem a um direito de crédito nem a um direito real, mas sim a um direito corporativo de natureza *sui generis*[322].

Porém, mesmo quando se estivesse diante de um direito de propriedade é incorreta a afirmação segundo a qual nos encontraríamos perante um direito quase desprovido de conteúdo, um direito despido das suas caraterísticas precípuas enquanto se não assistisse ao efetivar do suposto modo (registo, tradição e declaração). Os defensores da tese do título e do modo avançam exemplos: *A* celebra hoje, com *B*, um contrato de compra e venda de ações tituladas ao portador da sociedade anónima *X*. Segundo as condições contratuais, *A* apenas tem a obrigação de entregar as ações daqui a dez dias. A aceitação de que a transmissão se operou, exclusivamente, em virtude do título levaria a considerar transmitidos para *B* os direitos titulados pelas

[321] Oliveira Ascensão, *O actual conceito...*, in *Revista da Ordem...*, 2001, I, 61, 8 e ss.. Cfr., ainda, do mesmo autor, *Valor mobiliário...*, 27 e ss..

[322] V., por todos, Pedro de Albuquerque, *O direito...*, 402 e 403, com indicações.

ações. A realidade substancial faz com que *B* seja acionista a partir de hoje. Entretanto está convocada uma assembleia geral para cinco dias após a compra e venda ter sido realizada. Julgando ser um dos direitos dos sócios o de participar nas assembleias gerais, se *B* é sócio a partir de hoje, então ele deveria poder participar na assembleia geral. Porém, nos termos, do artigo 55.º do CMV, *B* não tem legitimidade para participar nas assembleias gerais enquanto não lhe forem entregues as ações. A conclusão a extrair deste exemplo reforçar-se-ia se se lhe introduzisse variações. Imagine-se, por exemplo, serem, na mesma sociedade, distribuídos dividendos seis dias após a venda. Neste caso *A* seria titular dos dividendos e não *B*[323].

Tudo exemplos suscetíveis, alega-se, de conduzirem à seguinte conclusão: *B*, enquanto adquirente, terá, antes da entrega do título, alcançado uma vitória de Pirro. A titularidade transmitida segundo a tese consensualista estaria desprovida de faculdades. Mas não é assim.

XII – Chame-se, desde logo, a atenção para o artigo 80.º/2 do CVM. Por força deste a compra em mercado regulamentado e em sistema de negociação multilateral de valores mobiliários escriturais confere ao comprador, independentemente do registo e a partir da realização da operação, legitimidade para a sua venda nesse mercado. Ora, isso significa que no mercado regulamentado a transferência se opera com o simples consenso, sob pena de se estar a consagrar positivamente uma situação de venda *a non domino*. Sustenta-se, todavia, que esta norma é excecional apenas aplicável ao mercado regulamentado, não a outras situações[324]. A isso pareceria dever responder-se *quod erat demonstrandum*[325]. Mesmo admitindo haver

[323] VERA EIRÓ, *A transmissão...*, in *Themis...*, 2005, VI, 11, 164 e 165.

[324] VERA EIRÓ, *A transmissão...*, in *Themis...*, 2005, VI, 11, 162 e 163.

[325] A tese de FERREIRA DE ALMEIDA, *Registo...*, in *Estudos...*, I, 928, segundo a qual o artigo 80.º/2.º se limita a conferir legitimidade a quem não é titular do direito, tendo apenas um crédito sobre ele, é algo que, com a devida vénia, força os limites da imaginação para além do que ela suporta, sobretudo se se conjugar o artigo 80.º/2 com o artigo 210.º/1. O paralelo com a compra e venda comercial, onde se admite a venda de coisa alheia, falha, desde logo, porque aí nem o sujeito não legitimado nem o pseudoadquirente têm qualquer direito a frutos produzidos pela coisa vendida. Mais. Ainda que a venda comercial de coisa alheia seja válida o vendedor não tem legitimidade para vender, como resulta nitidamente do artigo 467.º/2/§ único. Ora, o que o artigo 80.º/2 do CMV estabelece é algo de bem diverso. Ele atribui legitimidade ao adquirente, mesmo antes do registo, para alienar. Como bem nota

no mercado regulamentado singularidades próprias, relativas ao sistema de registos internos dos intervenientes, não se vê por que razão não deve valer a mesma regra para, por exemplo, o adquirente de títulos nominativos, depois de obtido o consenso entre *A* e *B*. Ao invés, o cotejo com o artigo 37.º/1 e 2 do Código das Sociedades Comerciais parece justamente sugerir tratar-se da regra geral – isto para não mencionar já o artigo 408.º do Código Civil. Além disso, não obstante os artigos 55.º e 104.º do CVM, o artigo 210.º/1 do CVM desmente, perentoriamente, também no âmbito do mercado regulamentado e de negociação multilateral, e num passo que se não vê quanto tenha de excecional, a afirmação segundo a qual, entre a data da compra e a efetivação do suposto modo, os dividendos pertençam a *A* e não a *B*. De facto, diz-se, aí, pertencerem ao comprador, desde a data da operação, os direitos patrimoniais inerentes a valores mobiliários vendidos[326]. E se é certo não excluir o artigo 210.º/3 a possibilidade de as partes convencionarem outro regime de atribuição dos direitos inerentes, isso em nada vem bulir com a imediata eficácia real da compra e venda de valores mobiliários resultante do artigo 210.º/1. Também na venda civil pode ser

Pedro Romano Martinez, *Direito...*, 114, no fundo, e bem-vistas as coisas, o regime da compra e venda de bens alheios acaba por não ser verdadeiramente diverso consoante se esteja perante uma venda civil e uma venda comercial. Em sentido aproximado v., também, Assunção Cristas, *Dupla venda...*, 229, que chega a propor, em certos casos, a aplicação da nulidade à venda comercial de coisa alheia, segundo o regime base do Código Civil.

[326] Ferreira de Almeida, *Registo...*, in *Estudos...*, I, 928, pretende que esta norma se limitaria a distribuir as obrigações entre o comprador e vendedor no tocante aos dividendos dos valores mobiliários vendidos. Mas não é isso que se passa. O preceito não impõe obrigações. Diz claramente que os direitos pertencem ao comprador. Por isso, se porventura os dividendos fossem, por qualquer motivo, entregues ao alienante, e este os não devolver ao adquirente, não temos o incumprimento de uma obrigação, mas sim apropriação de coisa alheia, com todas as consequências daí resultantes. Note-se, aliás, a incapacidade da compra e venda obrigacional para produzir obrigações da natureza da pretendida por Ferreira de Almeida. Na verdade, o efeito que Ferreira de Almeida pretende ser o resultado de uma compra e venda obrigacional (a atribuição, ao adquirente, dos direitos inerentes ao valor mobiliário vendido) é absolutamente estranho à estrutura e esquema da compra e venda obrigacional e com eles incompatível. Até porque no caso da compra e venda obrigacional é válida a dupla venda, caso em que teríamos, então, a fazer fé na construção de Ferreira de Almeida, duas pessoas com direito aos dividendos e, por aplicação do artigo 80.º/2, também duas pessoas legitimadas para vender, sem que nenhuma fosse dona. Tudo isto representa excessiva duplicação e complicação para defesa de uma tese que afinal não tem apoio normativo.

perfeitamente convencionado, por exemplo, um regime particular quanto aos frutos da coisa vendida sem isso em nada prejudicar o caráter real translativo do mero título. É, pois, falacioso vir-se dizer não estarem associadas à posição do adquirente, enquanto se não cumprirem os requisitos para a sua legitimação, quaisquer faculdades, correspondendo a sua situação a algo desprovido de conteúdo. É verdade não poder o adquirente participar nas assembleias gerais, ou votar nelas, enquanto não forem preenchidas certas formalidades. Mas isso não significa não ser ele titular. Significa, isso sim, não estar em condições de fazer prova da respetiva titularidade diante da sociedade ou terceiros. Trata-se, porém, de algo totalmente diverso de se defender continuar a ser o alienante titular da posição, só por estar aparentemente legitimado a exercer esses direitos. De facto, a partir do momento da venda o alienante não pode exercer quaisquer direitos de voto sem o consentimento ou instruções do adquirente. Ele tem legitimidade formal mas não tem legitimidade substancial. Por isso, se exercitar os direitos para os quais está formalmente legitimado, mas não materialmente, responderá por todos os danos causados ao adquirente com esse seu comportamento ilegítimo. Isto é assim no mercado regulamentado, por força dos artigos 80.º/2 e 210.º/1, mas é, também, assim nos outros cenários, não só por não haver razões para as coisas se passarem de modo diferente, como ainda pelo facto de nesse sentido apontar o artigo 408.º do Código Civil, o artigo 37.º do Código das Sociedades Comerciais, o facto de os valores mobiliários comportarem duas realidades não necessariamente coincidentes, o regime do artigo 58.º do CVM, etc..

Mas mesmo se assim não fosse e se sustentasse a tese de que os artigos 80.º/2 e 210.º/1 só permitiriam extrair ilações para uma compra e venda de valores mobiliários no âmbito do mercado regulamentado – com o reconhecimento aí de uma eficácia real diretamente derivada do título – tombaria por terra a afirmação de que, por não poder participar em assembleias gerais, votar ou exercer outros direitos de conteúdo político a posição do adquirente seria vazia de conteúdo, pirrónica. A posição do adquirente fora do mercado regulamentado é, neste ponto, tão pirrónica quanto a do adquirente de valores transacionados em mercado regulamentado. E, relativamente à situação deste, não há dúvida de ter ele adquirido com base no mero título, não com base no título e no modo. Insista-se, destarte: o adquirente não está legitimado para exercer certos direitos, mas já é o titular da posição de fundo, podendo opor-se à atuação do titular aparente e condicioná-la dando-lhe instruções, cujo incumprimento responsabiliza o alienante e, ainda, putativo titular (face às regras de legitimação formal, mas não do ponto de vista substantivo). Nisto se manifesta já o conteúdo da titularidade do comprador.

Conclua-se, pois, em definitivo: também no âmbito dos valores mobiliários não há lugar para uma compra e venda meramente obrigacional. A compra e venda, entre nós, tem sempre eficácia real.

É, portanto, ainda hoje, correta a orientação afirmada pela RLx 07-03-1995 (Pais do Amaral), à luz de legislação pretérita, ao sustentar que a transmissão de ações (*in casu* nominativas) se transmite por mero efeito do contrato. A declaração de pertence é mera obrigação acessória do vendedor sendo necessária para a transmissão produzir efeitos perante a sociedade e terceiros. No mesmo e bom sentido pode, ainda, ver-se RCb 03-06-2014 (Barateiro Martins): a transmissão da titularidade das ações ocorre com o negócio subjacente, segundo as regras de Direito civil (artigo 408.º do CC), produzindo efeitos entre as partes, mas a sua oponibilidade à sociedade e a legitimação para efeitos de exercício dos direitos inerentes fica dependente da lei da circulação, *in casu*, da entrega das ações[327].

XIII – Esta inferência tem vários efeitos importantes. Um dos de maior realce traduz-se, por força do princípio *ubi commoda ibi incommoda*, na imediata transferência do risco para o comprador (artigo 796.º/1 do Código Civil) mesmo se, porventura, ainda não tiverem sido satisfeitas ou cumpridas as obrigações emergentes do contrato de compra e venda. Só não será assim se, eventualmente, tiver sido estipulado que a coisa permanecerá em poder do vendedor, em virtude de termo a seu favor. Nessa situação, a transferência do risco apenas se dará com o vencimento do termo ou entrega da coisa, conforme disposto no artigo 796.º/2 do Código Civil, ressalvada a hipótese de mora tal como previsto no artigo 807.º do Código Civil para o qual remete o preceito anteriormente referido.

Na hipótese de o contrato de compra e venda ter sido sujeito a condição resolutiva, o risco corre igualmente por conta do adquirente se a coisa lhe

[327] RLx 07-03-1995 (Pais do Amaral), Proc. 00830011/ITIJ (ações – transmissão de propriedade), apenas com indicação do sumário; RCb 03-06-2014 (Barateiro Martins), Proc. 1156/05.1TBVIS-A.C1/ITIJ (inventário – ações tituladas ao portador – circulação – *traditio* – presunção da existência titularidade – título – decisão provisória).

tiver sido entregue, pois já se verificou a transferência da titularidade do direito objeto do contrato. Tratando-se de condição suspensiva, aí a transmissão da propriedade ainda se não consumou, pelo que o risco corre por conta do alienante conforme determina aliás o artigo 796.º/3 do Código Civil[328].

Ligada à transferência da propriedade com a celebração do contrato está, ainda, a circunstância de o comprador deixar de estar sujeito ao concurso dos credores no património do vendedor em relação à coisa ou bem vendido (artigo 604.º/1 do Código Civil)[329].

§ 3.1.4.3 – Os efeitos obrigacionais

§ 3.1.4.3.1 – O dever de entrega da coisa

I – Além do efeito real a compra e venda produz ainda, já o vimos, dois outros efeitos essenciais, de caráter obrigacional. São eles:

- a obrigação que recai sobre o vendedor de entregar a coisa;
- a obrigação que impende sobre o comprador de pagar o correlativo preço.

Vejamos separadamente cada um destes dois efeitos obrigacionais, começando pela obrigação de entregar a coisa[330].

[328] MENEZES LEITÃO, *Direito...*, III, 29.

[329] MENEZES LEITÃO, *Direito...*, III, 29.

[330] A este respeito pode ver-se, entre outros, RAÚL VENTURA, *O contrato de compra e venda no código civil. Efeitos essenciais do contrato de compra e venda...*, in *Revista...*, 1983, ano 43, III, dezembro, 618 e ss.; JACINTO FERNANDES RODRIGUES BASTOS, *Notas...*, IV, comentário ao artigo 879.º, 72 E 73; PIRES DE LIMA e ANTUNES VARELA, *Código...*, II, 167 e ss.; PEDRO ROMANO MARTINEZ, *Direito...*, 42 e ss.; NUNO PINTO OLIVEIRA, *Contrato de compra e venda...*, 40 e ss.; MENEZES LEITÃO, *Direito...*, III, 29 e ss.; JORGE MORAIS DE CARVALHO, *Código civil...*, I, comentário 879.º, 1094 e 1095; SANTOS JUSTO, *Manual...*, 29 e ss.; MENEZES CORDEIRO, *Tratado...*, XI, 147 e ss., com relevo designadamente para a compra e venda comercial e onde o sutor aborda sucessivamente a entrega, o momento, o objeto e o lugar. Na literatura alemã referência, a este respeito, *colorandi causa*, para BECKMANN, *Staundigers Kommentar...*, comentário ao § 433, 102 e ss.; WESTERMANN, *Münchener Kommentar...*, I, comentário ao § 433, 65 e ss.; Id., *Idem*, 7.ª ed., comentário ao § 433, anotação 43 e ss.; FIKENTSCHER/ /HEINEMANN, *Schuldrecht*, cit., 395 e 396.

II – O Código Civil contém um único artigo relativo à obrigação de entrega da coisa: o artigo 882.º.

O artigo 882.º/1 destina-se resolver os problemas resultantes do diferimento ou protelar no tempo da obrigação de entrega da coisa. É que, não sendo a coisa entregue no momento da celebração do contrato, o seu estado pode variar até à altura da respetiva entrega. Em hipóteses como esta, importa saber se o vendedor deve entregar a coisa no seu estado ao tempo da venda, ou se, ao invés, a pode entregar no seu estado no tempo da entrega. O nosso Código manifestou-se, compreensivelmente, pelo primeiro termo da alternativa (v. o artigo 882.º/1), o que significa que na eventualidade de a coisa se deteriorar no período que medeia entre a realização do contrato e a sua efetiva entrega se presume a responsabilidade do vendedor, segundo a regra geral de presunção de culpa do devedor estabelecida no artigo 799.º/1 Código Civil[331].

III – Nalguns cenários, porém, não é possível determinar qual o estado da coisa ao tempo da celebração do contrato de compra e venda. Lembre-se a venda de coisas futuras ou de coisa indeterminada. Em ambas estas hipóteses não se pode apurar qual a situação, ao tempo da venda, da coisa vendida. Numa, ela nem sequer existe na altura da venda. Na outra, ainda não se mostra determinada. Em conjunturas como estas o momento relevante para determinar o estado em que a coisa deve ser entregue terá de ser respetivamente o do começo da existência da coisa futura – na venda de coisas futuras – e o da especificação da coisa indeterminada – na venda de coisa indeterminada.

Tratando-se de coisa genérica deverá ter-se em consideração o regime que decorre dos artigos 400.º e 539.º e seguintes, do Código Civil. Quer isto dizer que o vendedor terá de entregar os objetos ou bens correspondentes à quantidade e qualidade estipulada no contrato e deverá selecionar coisas de qualidade média, exceto se outra coisa tiver sido acordada pelas partes.

[331] Menezes Leitão, *Direito...*, III, 30, sublinha, bem, como este dispositivo faz recair sobre o vendedor um dever de custódia a cumprir segundo o padrão do bom pai de família (artigos 799.º/2 e 487.º/2). Por isso, se a coisa se deteriorar ou adquirir vícios perdendo qualidade entre o momento da venda e o da entrega, presume-se existir responsabilidade do vendedor por incumprimento da sua obrigação (artigos 918.º e 799.º/1 do Código Civil).

A não observância destas regras importa na sujeição do vendedor ao regime do incumprimento das obrigações (artigo 918.º do Código Civil).

Apurado o estado em que a coisa tem de ser entregue o vendedor deve observar duas espécies de condutas[332]:

- uma negativa, correspondente à obrigação de se abster da prática de quaisquer atos que alterem o estado da coisa[333];
- outra positiva, traduzida na obrigação de fazer o necessário para a conservação da coisa no seu estado ao tempo da venda[334].

IV – No artigo 882.º/2 procurou-se fixar o âmbito da obrigação de entrega. Por força deste preceito essa obrigação abrange, salvo estipulação em sentido oposto, as partes integrantes, os frutos pendentes e os documentos relativos à coisa ou direito vendido.

A falta de clareza do artigo 882.º/2 não nos permite, porém, determinar sem dificuldades quais as partes integrantes, frutos pendentes e documentos abrangidos pela obrigação de entrega da coisa[335]. Assim, e nomeadamente no tocante aos frutos pendentes, o Código Civil não nos diz, de forma imediata, se abrangidos pela obrigação de entrega são apenas os frutos pendentes ao tempo da venda, ou também os frutos produzidos depois desta e pendentes à data da entrega. Devidamente interpretado é, porém, possível extrair do artigo 882.º/2 as seguintes conclusões:

- o momento relevante para fixação do âmbito da obrigação de entrega é o correspondente à data da venda;
- deste modo, abrangidos pela obrigação de entrega são apenas as partes integrantes ou frutos pendentes ao tempo da venda;

[332] V., a título ilustrativo, Raúl Ventura, *O contrato de compra e venda no código civil. Efeitos essenciais do contrato de compra e venda...*, in *Revista...*, 1983, ano 43, III, dezembro, 627 e ss..

[333] Raúl Ventura, *O contrato de compra e venda no código civil. Efeitos essenciais do contrato de compra e venda...*, in *Revista...*, 1983, ano 43, III, dezembro, 627.

[334] Raúl Ventura, *O contrato de compra e venda no código civil. Efeitos essenciais do contrato de compra e venda...*, in *Revista...*, 1983, ano 43, III, dezembro, 627.

[335] Assim, também, Raúl Ventura, *O contrato de compra e venda no código civil. Efeitos essenciais do contrato de compra e venda...*, in *Revista...*, 1983, ano 43, III, dezembro, 630 e ss.. Sobre o sentido do artigo 882.º/2 v., por último, Menezes Cordeiro, *Tratado...*, XI, 149 e ss..

– excluem-se as partes integrantes ligadas à coisa em momento ulterior ao da venda. O mesmo vale para os frutos produzidos depois desta data[336]. Não porque o comprador não tenha direito a elas. De facto, as coisas devem ser-lhe entregues, não por ele ser comprador, mas, sim, por ser proprietário. Dito de outra maneira: as partes ligadas ou produzidas pela coisa em momento posterior à venda pertencem-lhe na sua qualidade de proprietário, não na de comprador[337]. Não estão, pois, abrangidas pela obrigação de entrega da coisa tal como decorrente do contrato. Por isso, para as obter, em caso de reticência do vendedor, deverá o comprador lançar mão da ação de reivindicação ou das ações possessórias, não podendo recorrer à de incumprimento do contrato[338]. Só assim não será se, as partes, ao abrigo da respetiva iniciativa decidirem incluir a obrigação de entregar as coisas ligadas ou produzidas, pelo objeto vendido depois da venda, entre os vínculos contratuais.

No tocante aos documentos, não se encontram abrangidos pela parte final do artigo 882.º/2 do Código Civil:

[336] Raúl Ventura, *O contrato de compra e venda no código civil. Efeitos essenciais do contrato de compra e venda...*, in *Revista...*, 1983, ano 43, III, dezembro, 630 e ss..

[337] Menezes Leitão, *Direito...*, III, 30, sublinha, com razão, não ser lícito ao vendedor separar, após a venda, coisas móveis ligadas materialmente ao prédio vendido com caráter de permanência, ou proceder à colheita de frutos pendentes. Mas isso resulta diretamente da eficácia real da compra e venda, destarte, da aplicação das regras de direitos reais quanto à titularidade dos mesmos. Não de aspetos que relevem do cumprimento de obrigações.

[338] Nuno Pinto de Oliveira, *Contrato de compra...*, 41, invocando Pedro Romano Martinez, *Direito...*, 46, 1, censura a posição expressa no texto e que, na sequência de Raúl Ventura, *O contrato de compra e venda no código civil. Efeitos essenciais do contrato de compra e venda...*, in *Revista...*, 1983, ano 43, III, dezembro, 631, defendêramos já em *Compra...*, in *Direito...*, III, 31. Isto porque, afirma, o contrato de compra e venda tem como efeito essencial a transmissão do direito de propriedade. O conteúdo do direito de propriedade desdobra-se nas faculdades ou poderes de fruição ou disposição da coisa (artigo 1305.º do Código Civil). Ora, a faculdade de fruição refere-se especialmente ao poder de colher os frutos, pelo que os frutos percebidos entre a data da conclusão do contrato são do comprador e devem ser-lhe entregues. Mas, com a devida vénia, nunca dissemos o inverso. Os frutos têm, na verdade, de ser entregues ao seu proprietário. O título é que é diferente. O dever existe não já como uma obrigação decorrente do contrato de compra e venda mas como consequência da posição real do proprietário.

- os documentos cuja entrega é essencial para a própria entrega da coisa transmitida (a razão de ser da entrega destes documentos não resulta do artigo 882.º/2, apenas referente a obrigações acessórias da obrigação principal, não a obrigações essenciais);
- os documentos probatórios de contrato celebrado[339-340].

Todos estes aspetos que vimos referindo, relativamente seja ao estado em que a coisa deve ser entregue, seja ainda à própria determinação do âmbito da obrigação de entrega, encontram-se naturalmente sujeitos ao princípio da autonomia das partes, por força do disposto no artigo 405.º do Código Civil[341].

[339] Raúl Ventura, *O contrato de compra e venda no código civil. Efeitos essenciais do contrato de compra e venda...*, in *Revista...*, 1983, ano 43, III, dezembro, 632.

[340] Os documentos probatórios do contrato não respeitam à coisa ou direito vendidos. Por isso eles não estão imediatamente abrangidos pela obrigação de entrega da coisa. Eles devem ser fornecidos ao comprador, mas por força de um dever resultante do princípio da boa fé. A respeito da temática da entrega dos documentos v. Raúl Ventura, *O contrato de compra e venda no código civil. Efeitos essenciais do contrato de compra e venda...*, in *Revista...*, 1983, ano 43, III, dezembro, 632 e ss.; Pedro de Albuquerque, *Compra...*, in *Direito...*, III, 32 e nota 8; Pedro Romano Martinez, *Direito...*, 45 e 46, nota 4; Menezes Leitão, *Direito...*, III, 30 e 31 nota 49.

[341] Menezes Leitão, *Direito...*, III, 31, refere o facto de em muitos casos, segundo os usos vigentes, a obrigação de entregar a coisa compreender também a obrigação de fornecer a embalagem. Noutros casos, a embalagem é necessária para entrega da coisa, mas não é ela própria objeto direto do contrato, no sentido de não ficar a pertencer ao comprador, como sucede com as garrafas de gás. A este propósito v., na Jurisprudência, *colorandi causa*, STJ 13-01-2002 (Nascimento Costa), Proc. 99B1006/ITIJ (compra e venda – restituição de objetos – rescisão de contratos), onde em síntese foi decidido o seguinte: os recipientes ou invólucros que envolvem a coisa vendida constituem simples acessórios dela, pelo que não são restituídos ao vendedor e estão compreendidos no preço da venda. Todavia, para alguns recipientes (por exemplo, garrafas quando o produto vendido é de certo tipo), existem usos que impõem a restituição e outras vezes pactua-se o oposto, com cláusula expressa ou tácita. Tratando-se de sacos de ráfia utilizados para ensacar húmus, que podem ser utilizados muitas vezes, de algum valor monetário, com reduzida utilidade para o comprador do húmus mas com muita utilidade para o vendedor desse fertilizante, deve entender-se que, após a venda do húmus, continuam a pertencer ao vendedor e lhe devem ser restituídos pelo comprador no caso de para este ser mais fácil a restituição que para o comprador o levantamento de tais sacos. Neste Acórdão foi, também, considerado que se a compra e venda foi resolvida por culpa do comprador, que não chegou a dar-lhe início de execução, tal resolução opera retroativamente – não funcionando o artigo 434.º/2 do Código Civil, daí que o vendedor

V – A obrigação de entrega da coisa acha-se subordinada às regras gerais do cumprimento e do incumprimento. Vale, portanto, aqui o disposto nos artigos 762.º e seguintes e 790.º do Código Civil. Tratando-se de um contrato sinalagmático aplicam-se naturalmente as disposições constantes dos artigos 428.º e seguintes e 798.º e seguintes. Relativamente ao local do cumprimento valem as normas constantes dos artigos 772.º e seguintes, com a particularidade de no caso das obrigações de envio ser de aplicar também o artigo 797.º do Código Civil – com a consequente transferência do risco com a entrega ao transportador. Quanto ao tempo do cumprimento são também as regras gerais as aplicáveis (artigos 777.º e seguintes).

O prazo de prescrição desta obrigação mostra-se, também ele, subordinado à regra geral de vinte anos, constante do artigo 309.º do Código Civil.

Menezes Leitão[342] afirma que o cumprimento da obrigação de entrega da coisa opera a transmissão da respetiva posse para o comprador. Assim será efetivamente se ele não for já possuidor. O problema suscitado está em saber se, por norma, a compra e venda não opera, mesmo sem a entrega, a transmissão da coisa por constituto possessório (artigo 1263.º/*c*) e 1264.º do Código Civil). Essa possibilidade é admitida por Menezes Leitão[343], mas não como regra[344]. Segundo este autor é duvidoso se, quando após a venda o vendedor não procede à entrega imediata do bem, se deve presumir a verificação do constituto possessório, permanecendo o vendedor como detentor, ou se se deve antes presumir a manutenção da posse no vendedor. Face à conceção objetivista da posse, que Menezes Leitão considera plasmada no artigo 1251.º do Código Civil, entende ser de entender o vendedor como possuidor em todas as hipóteses nas quais exerce poderes de facto sobre a coisa, apenas passando a detentor se for convencionado que passará a possuir em nome do comprador (artigo 1253.º/*c*) do Código Civil).

tenha direito a ser indemnizado pelo interesse contratual negativo, uma vez que não houve entrega de prestações por qualquer das partes. Neste contexto foi julgado poder o interesse contratual negativo abranger tanto o dano emergente como o lucro cessante (o proveito que o credor teria obtido se não fora o contrato que efetuou).

342 Menezes Leitão, *Direito...*, III, 30.

343 Menezes Leitão, *Direito...*, III, 29. V., também, Pedro Romano Martinez, *Direito...*, 33.

344 Assim, também, perante o Direito alemão, entre outros, Westermann, *Münchener Kommentar...*, III, ao § 433, 65; Id., *Idem*, 7.ª ed., comentário ao § 433, anotação 43.

Não podemos analisar aqui a problemática da posse em toda a sua extensão. Levar-nos-ia para demasiado longe do nosso objeto. Ainda assim sempre diremos o seguinte. A conceção objetivista da posse está longe de ser dominante entre nós. José Alberto Vieira aponta, num primeiro momento, como defensores de uma compreensão subjetivista da posse, e, destarte, baseada na vontade do possuidor, no âmbito da vigência, seja do Código de Seabra, seja do atual Código Civil, os nomes de José Tavares[345], Cunha Gonçalves[346], Manuel Rodrigues[347], Pires de Lima[348], Dias Marques[349], Mota Pinto[350], Henrique Mesquita[351], Pires de Lima /Antunes Varela[352], Orlando de Carvalho[353], Oliveira Ascensão (numa primeira fase do seu pensamento)[354], Ana Paula Costa

[345] José Alberto Vieira, *Direitos...*, 1.ª ed., 534; cita José Tavares como subjetivista. Mas, José Tavares, *Os princípios fundamentais do direito civil*, 2.ª edição, I, 1929, 652 e 653), sustenta, isso sim, a orientação oposta. De facto, José Tavares escreve: «*O nosso Código, como resulta claramente do art. 474.º e § 1, adoptou precisamente a teoria objectiva de Jhering, segundo a qual toda a detenção deve considerar-se posse, desde que seja voluntàriamente exercida e a lei não determine o contrário.*» Mais tarde, José Alberto Vieira, *A posse. Estudo sobre o seu objeto e extensão, perspetiva histórica e de direito português*, 2018, 421 e 435, nota 2918; já emoldurará José Tavares entre os objetivistas.

[346] *Da propriedade e da posse*, 1952, 184 e 185, embora admitindo a existência de situações com um *animus* presumido.

[347] *A posse – estudo de direito civil português*, 3.ª edição revista, anotada e prefaciada por Fernando Luso Soares, 1980, 88 e ss., 98 , e 191 e ss., e 222 e ss..

[348] *Noções fundamentais de direito civil*, lições proferidas ao 1.º ano jurídico de 1944-1945, por João de Matos Antunes Varela, II, 1945, 128 e ss..

[349] *Direitos Reais (Da prescrição aquisitiva)*, apontamentos coligidos por Manuel Malheiro Dias e Luiz Queiroz de Barros, 1960, 6 e ss., e *Prescrição aquisitiva*, 1960, I, designadamente, 31, onde o autor sustenta ter o Código Civil de Seabra aderido à teoria da causa.

[350] *Direitos reais*, segundo as preleções ao 4.º ano jurídico de 1970-1971, por Álvaro Moreira e Carlos Fraga, 1971, 189 e ss., embora aceite que do ponto de vista dos resultados o regime consagrado entre nós acaba por conduzir a soluções semelhantes às orientações objetivistas.

[351] *Direitos Reais*, 1967, 68.

[352] *Código Civil anotado*, 2.ª edição, com a colaboração de Henrique Mesquita, 1987, III, anotação ao artigo 1251.º, 5.

[353] *Introdução à posse*, in *Revista de Legislação e de Jurisprudência*, 1989-1990, 122, 68 e 69.

[354] *Curso de Direitos Reais*, prelecções para uso dos alunos do 4.º ano, 1963, 179 e 180; *Direitos Reais*, 2.ª edição, reprodução da 1.ª edição de 1971, 1973, 249.

e Silva[355], Rui Pinto[356] e Santos Justo[357-358]. A favor dela pronunciaram-se, ainda, Dias Ferreira[359], Guilherme Moreira[360], Jaime de Gouveia[361], Gomes da Silva[362], França Pitão/Borges Pinto[363], Maria João Soller[364], Lima Araújo/Fernando Seara[365], Eduardo dos Santos[366], Penha Gonçalves[367] e Durval Ferreira[368]. A estes nomes se deve juntar, ainda, se bem vimos, o de Rui Pinto Duarte[369] e a grande parte da Jurisprudência[370].

[355] *Posse ou posses?*, 2004, *per totum*, *maxime* 26 e ss., 32 e 33.

[356] *Direitos reais de Moçambique*, 2006, 501 e ss., afirmando estar presente no nosso Código Civil uma solução subjetiva mitigada.

[357] *Direitos...*, 155, embora este autor, perfilhando uma orientação subjetivista, acabe, como outros, por admitir a existência de elementos objetivistas.

[358] Note-se como esta inserção de José Tavares na lista dos defensores da conceção subjetiva da posse apresentada por José Alberto Vieira, na 1.ª edição, dos seus *Direitos reais* foi, depois, alterada, designadamente, em *A posse...*, 421 e 435, nota 2918, onde o primeiro já aparece entre os objetivistas.

[359] *Codigo civil portuguez annotado*, 2.ª edição, I, 1894, 335.

[360] *Instituições do direito civil*, III, *Direitos reaes e direitos de família*, pré-edição, sem indicação de local nem data, mas de 1901, 10.

[361] *Direitos Reais*, segundo as lições magistrais feitas ao curso do ano jurídico de 1935-1936, compiladas por António de Castro Guimarais, Emídio da Cruz e João Marques, 1935, 195.

[362] *Curso de Direitos Reais*, apontamentos das lições proferidas no curso do 4.º ano jurídico de 1956-1957, coligidos por António Braz Teixeira, 1957, 92.

[363] *Direito das coisas*, 1976, 47.

[364] *Direitos Reais (plano da cadeira)*, 1976-1977, 113.

[365] *Direitos Reais*, 1980, 171, 186 e 187.

[366] *Curso de Direitos Reais*, I, *Introdução. Direitos reais de gozo*, 1983, relativo ao ano letivo 1982--1983, turno da noite, 305 e ss..

[367] *Curso de direitos reais*, 2.ª edição, 1993, 245 e 246.

[368] *Posse e usucapião*, 2.ª edição, 2003, 38 e ss..

[369] *Curso...*, 283 e 284, o qual, apesar de considerar não ter a querela dogmática relevância prática e estar superada, ainda assim, afirma não ser possível suprimir a referência do artigo 1253.º/*a*) do Código Civil à intenção, embora esta tenha de assumir alguma forma de exteriorização. V., ainda, para uma referência aos autores subjetivistas José Alberto Vieira, *A posse...*, 435 e ss.. Entre outros nomes suscetíveis de serem, ainda, referidos na defesa de uma conceção subjetivista da posse é possível apontar o de Henrique Sousa Antunes, *Direitos reais*, 2017, 299.

[370] V., a título meramente exemplificativo, na Jurisprudência mais recente, STJ 16-09-2008 (Rodrigues dos Santos), Proc. 08B639/ITIJ (petição inicial – valor da causa – alçada); STJ 09-09-2008 (Azevedo Ramos), Proc. 08A1988/ITIJ (contrato-promessa – compra

A favor de uma compreensão objetivista da posse se manifestaram José Tavares[371], Menezes Cordeiro[372], Oliveira Ascensão[373], alterando anteriores posições, Carvalho Fernandes[374], Menezes Leitão[375], Bonifácio Ramos e José Alberto Vieira[376]. Acórdãos mais ou menos recentes parecem ir na mesma linha. Assim:

- STJ 25-11-1999 (Quirino Soares)[377]: considerou, *in casu*, que não é a vontade que decide da posse, mas, sim, o direito ele próprio. O *animus* dos alienantes relativamente aos bens que alienaram, mas continuaram a deter,

e venda – posse – inversão do título da posse), apenas com indicação do sumário; STJ 17-04-2008 (Garcia Calejo), Proc. 08A057/ITIJ (usucapião – usufruto); STJ 01-07-2008 (Moreira Camilo), Proc. 08A1719/ITIJ (ação de reivindicação – posse – usucapião – igreja – indivisibilidade), invocando a presunção de posse; STJ 16-05-2008 (Mário Cruz), Proc. 08A785/ITIJ (contrato-promessa – aplicação da lei no tempo – tradição da coisa – recusa – direito de retenção – caução); STJ 29-01-2008 (Maria dos Prazeres Pizarro Beleza), Proc. 07B2373/ITIJ (compropriedade – divisão da coisa comum – divisibilidade – impugnação judicial – posse – usucapião); STJ 10-01-2008 (Salvador da Costa), Proc. 07B4660/ITIJ (contrato-promessa de compra e venda – coisa alheia – incumprimento do contrato – direito de propriedade – ocupação de imóvel – responsabilidade extracontratual – indemnização – interpelação – indemnização – abuso de direito); STJ(P) 14-05-1996 (Amâncio Ferreira), Proc. 085204/ITIJ (recurso para o pleno – usucapião – posse – presunção), onde se afirma uma orientação subjetivista da posse e, depois, se uniformiza jurisprudência no sentido de uma presunção ilidível de posse a favor de quem exerça o poder de facto); RPt 04-12-2007 (Cristina Coelho), Proc. 0725035/ITIJ (restituição provisória da posse – defesa da posse – constituto possessório); RPt 04-11-2003 (Marques de Castilho), Proc. 0220923/ITIJ (propriedade horizontal – usucapião – constituto possessório).

371 *Os princípios fundamentais...*, II..., 652 e 653.

372 *Direitos reais*, reimpressão da edição de 1979, 1993, 395 e ss.. Recentemente Menezes Cordeiro, *A posse...*, 51 e ss., veio considerar que o sistema do Código Civil era misto ou sobreposto. Não obstante, consideramos ser a posição de Menezes Cordeiro ainda de reconduzir às orientações objetivistas.

373 *Direito Civil. Direitos Reais*, 5.ª edição, reimpressão, 2000, 86 e ss..

374 *Lições...*, 5.ª ed., 283 e ss..

375 Menezes Leitão, *O enriquecimento sem causa no direito civil português*, 1996, 692, nota 6; Id., *Direito...*, III, 29; Id., *Direitos reais*, 7.ª edição, 2018, 111 e ss., *maxime* 113 e 114.

376 *Direitos...*, 536 e ss.; Id., *A posse...* 111 e ss..

377 Assim, STJ 25-11-1999 (Quirino Soares), Proc. 99B782/ITIJ (constituto possessório – posse – inversão do título – transmissão da propriedade), com indicação do sumário (mas obteve-se cópia da decisão integral).

pode ser o de titulares do direito alienado, e, todavia, tal intenção ser indiferente para a ordem jurídica.

- STJ 13-03-2008 (PEREIRA DA SILVA)[378]: sufraga-se, exatamente, a orientação defendida no Acordão antes citado – é o Direito a decidir da qualificação de uma situação como possessória ou, ao invés, como de detenção. De nada vale o *animus sibi habendi*, do detentor se não existir inversão do título da posse.

O debate atual encontra-se particularmente marcado pela polémica a este respeito entre SAVIGNY[379] e JHERING[380]. A oposição entre estes autores não é, porém, senão um ponto alto de uma questão com origens mais remotas.

VI – Que pensar destas duas orientações?

Parece-nos verter o nosso Direito uma orientação objetivista. Porém, tal como as subjetivistas, as orientações objetivistas não se mostram uniformes, apresentando os seus defensores formulações diversas da mesma corrente básica. Das várias explicações apresentadas, a de MENEZES CORDEIRO afigura-se-nos manifestamente a melhor.

O autor principia sublinhando o facto de o problema do *animus* levantar em si, independentemente mesmo da consideração do regime jurídico consagrado, uma série de dificuldades, a começar logo pelo da vontade: ele reporta-se à intenção de ser proprietário – *animus domini* –, de ser possuidor – *animus possidendi* – ou de ter a coisa para si – *animus sibi habendi*[381]? Lembra, ainda, a inexistência de esquemas subjetivos puros e as dificuldades, no plano dogmático, do regime do próprio *animus*.

Uma via de ultrapassagem dos problemas postos pelo *animus* poderia, lembra, traduzir-se no apelo à teoria da causa. Na impossibilidade de reconhecer, de entender e de controlar o *animus*, atribuir-se-lhe-ia o conteúdo do título de aquisição da posse ou, se se preferir, da sua «causa». As dificuldades referidas

[378] STJ 13-03-2008 (PEREIRA DA SILVA), Proc. 08B030/ITIJ (constituto possessório), com indicação de sumário. Obteve-se, porém, no Supremo cópia do texto integral.

[379] *Das Recht des Besitz*, 7.ª edição, 1865, 25 e ss..

[380] Para uma referência a algumas das posições deste Autor em torno da posse veja-se, designadamente, *Ueber den Grund der Besitzsschutzes*, 2.ª edição, 1869.

[381] *A posse...*, 52 e 53.

ficariam resolvidas. Tal *animus*, porém, nota acertadamente, já não teria a ver com a vontade. No fundo está-se, como bem evidencia MENEZES CORDEIRO, ao apelar para a teoria da causa, sem embargo das divergentes profissões de fé porventura feitas, diante de uma autêntica construção objetiva[382].

Atenção particular é posta na circunstância de, concretamente, à luz do nosso Direito, se verificar a existência de soluções possessórias onde, expressamente, se dispensa qualquer *animus*: a posse pode ser adquirida por quem não tenha o uso da razão (artigo 1266.º do Código Civil), outro tanto sucedendo com o funcionamento da usucapião (artigo 1289.º/2 do Código Civil)[383].

Na lógica de SAVIGNY, a base possessória seria a detenção; esta, mediante o acréscimo do *animus*, passaria a posse. Ao invés, segundo JHERING, a base seria a posse. Ora, como sublinha MENEZES CORDEIRO, o Código Civil define a posse, sem qualquer *animus* – artigo 1251.º – e, depois, por defeito, refere situações de detenção – artigo 1253.º. O estilo e a sistemática são claramente objetivistas[384]. A isso soma-se, na opinião do autor, o facto de o alargamento das ações possessórias ao locatário, ao parceiro pensador, ao comodatário e até ao depositário, não só, não depor contra a compreensão objetiva da posse como, ao invés, funcionar a favor de um sistema de tipo objetivo[385].

Resta abordar os dois elementos subjetivistas que ficam:

- a opinião dos autores das revisões ministeriais;
- o artigo 1253.º/*a*) do Código Civil.

Relativamente aos trabalhos preparatórios MENEZES CORDEIRO lembra o seu caráter inconclusivo. Além disso, adiciona, de forma acertada, um argumento tirado dos trabalhos preparatórios que é fraco: a opinião histórica dos autores materiais da lei não colhe se não tiver ficado consagrada. E é isso o que procuramos saber[386].

Mais difícil é, como admite o autor, o argumento a retirar do artigo 1253.º/*a*): são havidos como detentores ou possuidores precários os que exercem o poder de facto sem intenção de agir como beneficiários do direito. Não obstante,

[382] *A posse...*, 54.
[383] *A posse...*, 56.
[384] *A posse...*, 56.
[385] *A posse...*, 57.
[386] *A posse...*, 57 e 58.

Menezes Cordeiro termina por, partindo das duas últimas alíneas do artigo 1253.º, obter uma explicação para o artigo 1253.º/*a*) em moldes que nada têm a ver com as orientações subjetivas.

O artigo 1253.º/*b*) refere, como detentor, o beneficiário da mera tolerância. O autor sublinha a circunstância de a Jurisprudência portuguesa apresentar uma noção ampla de tolerância, levando-a para além da mera simpatia ou da obsequiosidade entre vizinhos[387]. Aproveitando as fórmulas divulgadas por Henrique Mesquita e pelo próprio Menezes Cordeiro os nossos tribunais vieram a centrar a mera tolerância no exercício tácita ou expressamente autorizado pelo proprietário[388].

A situação dos representantes ou mandatários do possuidor ou, em geral, dos que possuem em nome de outrem, corresponde à detenção propriamente dita[389]. Ficam abarcados os possuidores da coisa em termos de direitos reais menores ou de outros direitos de gozo, em relação à posse, em termos de propriedade. Quer dizer, eles serão possuidores relativamente ao direito real menor, mas não em termos de propriedade. Estes titulares são – ou podem ser – possuidores, em nome próprio, nos termos do direito que os legitime: meros detentores, porém, em termos de propriedade. Trata-se de um simples fenómeno da sobreposição de posses[390].

Além das situações mencionadas, o artigo 1253.º/*c*), abrange, ainda, as situações de representação formal, assim como as situações nas quais o agente atua em nome de outrem, mesmo sem representação formal. Tal o caso da gestão representativa de negócios, bem como da situação dos auxiliares com *contemplatio domini*[391].

A referência ao «mandatário do possuidor» resultou, segundo Menezes Cordeiro, de lapso das revisões ministeriais: não se observou como o Código de 1966, ao invés da legislação anterior, dissociou o mandato da representação. Havendo mandato sem representação, o mandatário adquire os direitos e assume as obrigações decorrentes dos atos que celebra (artigo 1180.º do Código Civil) e, portanto, adquire a posse. Apenas é obrigado, depois, a transferir para o mandante os direitos adquiridos. A expressão «mandatários do possuidor» parece,

[387] *A posse...*, 60.

[388] V., por exemplo, STJ 09-10-2007 (Fonseca Ramos), Proc. 07A2503/ITIJ (ação de reivindicação); STJ 29-04-2008 (Paulo Sá), Proc. 08A745/ITIJ (prova documental).

[389] *A posse...*, 61.

[390] *A posse...*, 61.

[391] *A posse...*, 61.

pois, ter sido usada fora do seu alcance técnico, traduzindo, apenas, o mandato com representação e outras situações de atuação com *contemplatio domini*[392].

Fica, então, por elucidar, apenas o artigo 1253.º/*a*). A sua interpretação literal levar-nos-ia, como bem sublinha Menezes Cordeiro, a julgar como detentores as pessoas que exercem o poder de facto em termos altruísticos, sem intenção de agir como beneficiários do direito. Mas não pode ser, como o próprio bem demonstra: basta pensar numa interposição real de pessoas – alguém pode ser titular de um direito e agir sem intenção de ser seu beneficiário[393]. O facto de alguém exercer um poder sem intenção de agir como beneficiário do direito não é incompatível com o *animus domini*, o *animus possendi* ou o *animus sibi habendi*. Destarte: o possuidor pode sê-lo sem intenção de beneficiar do direito[394].

Uma via possível seria a de aproximar o artigo 1253.º/*a*) da categoria dos atos facultativos. Mas, por julgar não ter o preceito em análise qualquer relação com estes atos, Menezes Cordeiro acaba por rejeitar esse caminho[395].

Um outro trilho explorado pelo autor[396] é a construção proposta por Oliveira Ascensão para o artigo 1253.º/*a*): ele refletiria aqueles casos nos quais o próprio agente declarasse não pretender ser possuidor. Depararíamos, então, com uma intenção declarada, compatível com uma orientação objetivista.

Mas a orientação é afastada por Menezes Cordeiro por dois motivos básicos:

– em primeiro lugar alega a irrelevância da *protestatio facta contraria*: segundo as regras gerais, a atuação voluntária não é descaraterizada pelo facto de o agente fazer simples declarações. Mesmo para efeitos contratuais um comportamento não é prejudicado pela declaração de sinal inverso; esta regra aplica-se, afirma, à posse;

– em segundo lugar, lembra não dar a posse direitos apenas. Ela também suscita o aparecimento de deveres; assim, o possuidor de má fé responde pela perda ou deterioração da coisa – artigo 1269.º; deve restituir os frutos e responde pelos frutos que o proprietário diligente poderia ter obtido – artigo 1271.º. Não seria aceitável que alguém pudesse escapar a estes deveres pela

392 *A posse...*, 61.
393 *A posse...*, 61.
394 *A posse...*, 61.
395 *A posse...*, 62.
396 *A posse...*, 62 e 63.

simples circunstância de declarar não querer ser possuidor. No limite: o ladrão é possuidor, por muito que declare não querer sê-lo.

Os exemplos dados por Oliveira Ascensão para ilustrar situações compreendidas no artigo 1253.º/*a*) são desmontados por Menezes Cordeiro da seguinte forma: um emigrante deixou na sua aldeia bens ao abandono. Um vizinho toma conta deles, mas declara categoricamente fazê-lo apenas em nome do emigrante, a quem restituirá tudo no seu regresso.

Aquele que cultiva terra alheia declara trabalhar para o dono da terra. Diz Oliveira Ascensão não existir em nenhum destes cenários posse, que tem de significar um poder autónomo exercido sobre a coisa. Mesmo se não houver mandato ou contrato de trabalho, os intervenientes desvalorizam a sua intervenção. Nestes casos não haveria, por força de norma nesse sentido, posse mas, sim, mera detenção[397].

Menezes Cordeiro afirma, com razão, existir em ambas as hipóteses gestão de negócios (artigo 464.º do Código Civil). Se o interventor afirmar agir em nome do proprietário a gestão é representativa: há detenção por via do artigo 1253.º/*c*). Se não o fizer, a gestão é não representativa: o interventor é possuidor, embora deva transferir tudo o que, assim, obtenha para o dono por força dos artigos 1181.º/1 e 471.º, do Código Civil. Donde, os exemplos de Oliveira Ascensão quando correspondam a situações de detenção cabem no artigo 1253.º/*c*) e não no artigo 1253.º/*a*)[398].

A única saída para ressalvar o *animus* do artigo 1253.º/*a*) do Código Civil seria subscrever, segundo Menezes Cordeiro[399], a teoria da causa. Esta não é viável para animar ou apoiar teorias subjetivistas por ser incompatível com a ideia de *animus*. Mas ela não é inconciliável com uma posição de outro cariz.

O artigo 1253.º/*a*) refletiria, assim, as situações em que o poder de facto foi adquirido em termos tais que a própria lei afasta a posse, desde que a situação não fique abrangida pelo âmbito das alíneas *b*) ou *c*) do mesmo preceito.

Ficar-nos-ia, assim, para o artigo 1253.º/*a*) o exercício do poder de facto sobre bens do domínio público, como se infere do artigo 1267.º/1, *b*) e do artigo 202.º/2. Também se poderia referir a situação do artigo 2096.º/2: o que sonegar bens da herança é considerado mero detentor desses bens. Aí, por via da teoria da causa, não há *animus* nem posse[400].

397 Oliveira Ascensão, *Direito civil...*, 88.

398 Menezes Cordeiro, *A posse...*, 65.

399 *A posse...*, 65.

400 *A posse...*, 65.

A tese de MENEZES CORDEIRO foi objeto de impugnação por parte de JOSÉ ALBERTO VIEIRA[401]. Este autor procurou, num primeiro momento, demonstrar a improcedência dos argumentos suscitados por MENEZES CORDEIRO e regressar a uma conceção objetivista da posse nos moldes propostos por OLIVEIRA ASCENSÃO.

Contra a regra geral da irrelevância da *protestatio facta contraria* afirma JOSÉ ALBERTO VIEIRA nada impedir a consagração particular de normas de natureza excecional. O Direito poderia pretender, em situações concretas, atribuir relevância à declaração do interessado na prossecução de objetivos gerais do sistema jurídico. O artigo 1253.º/*a*) seria justamente uma dessas regras. Desta forma, sustenta, o sistema manteria a sua coerência interna, no sentido de fazer corresponder a posse a uma exteriorização de um direito sobre a coisa, que se perderia se a posse se mantivesse mesmo nos casos em que o detentor negasse a titularidade de um direito.

Quanto ao segundo argumento de MENEZES CORDEIRO, JOSÉ ALBERTO VIEIRA considera perder ele toda a força se se ponderar o regime a que está sujeito o detentor e se proceder, simultaneamente, ao seu confronto com o do possuidor de má fé. E isto pela simples razão de que, feito este cotejo, se chega à conclusão de que o detentor ainda está em pior situação diante do titular do direito de fundo do que o possuidor.

A afirmação de MENEZES CORDEIRO, segundo a qual os exemplos propostos por OLIVEIRA ASCENSÃO, para ilustrar situações compreendidas no artigo 1253.º/*a*), corresponderiam a casos de gestão de negócio é considerada por JOSÉ ALBERTO VIEIRA como inexata. Sem a declaração do interveniente a situação seria possessória. Só com a declaração muda o tratamento jurídico da mesma. É com ela que se percebe que a intervenção ocorre em gestão de negócios e não representa a exteriorização de um direito próprio sobre a coisa.

Na verdade, continua JOSÉ ALBERTO VIEIRA, o artigo 1253.º/*a*) aplica-se a todas as situações nas quais quem tem *corpus* possessório esclarece socialmente não ter nenhum direito sobre a coisa. Porquanto a posse é tutelada como exteriorização de um direito, quando aquele que tem a coisa em seu poder se comporta de modo a esclarecer a comunidade não se arrogar nenhum direito sobre ela, a ordem jurídica trata a situação como mera detenção.

[401] JOSÉ ALBERTO VIEIRA, *Direitos...*, 541 e ss.. Mas, num segundo momento, JOSÉ ALBERTO VIEIRA, *Direitos...*, 2.ª ed., 479 e ss., alteraria os termos dessa impugnação.

Assim: *A* é proprietário e possuidor de um carro velho estacionado na rua. Pretendendo vê-lo removido pelos serviços camarários, *A* faz saber junto dos seus vizinhos já não ser proprietário do carro, embora conserve consigo as chaves.

A intenção não assumiria no recorte do artigo 1253.º/*a*) a função de elemento constitutivo da posse. O seu sentido seria negativo: não confere posse, antes a retira em situações normalmente consideradas como possessórias[402]. Deste modo tudo se manteria dentro dos quadros objetivos da posse.

VII – Mas as objeções de José Alberto Vieira não logram, com o devido respeito, convencer-nos.

Comecemos pelos exemplos debatidos. Menezes Cordeiro não sustenta representarem as hipóteses de gestão representativa situações de posse. Diz, isso sim, moldarem-se elas a situações de detenção por aplicação do artigo 1253.º/*c*), não em virtude do artigo 1253.º/*a*). Não se vê como desmentir esta afirmação.

Quanto às hipóteses de gestão não representativa, José Alberto Vieira – descolando dos exemplos apresentados por Oliveira Ascensão, onde em jogo está sempre uma atuação em nome de outrem – entende saber-se, com a declaração, dar-se a intervenção por conta (*sic*) de outrem (gestão de negócios [*sic*]) e não representar a exteriorização de um direito próprio sobre a coisa. Mas a objeção não é, com a devida vénia, exata. Quem atua por conta de outrem tem, de facto, um direito próprio sobre as coisas submetidas ao seu controlo. É isso que, precisamente, distingue a atuação por conta de outrem da atuação em nome de outrem. Neste segundo cenário o interveniente é, efetivamente, titular de todas as situações resultantes da atuação por conta do *dominus*. Na verdade, os artigos 1157.º, 1180.º, 1181.º/1 e 471.º, todos do Código Civil, são categóricos e não deixam qualquer dúvida a este respeito:

[402] José Alberto Vieira, *Direitos...*, 554. Note-se, porém, o facto de, num segundo momento, José Alberto Vieira, *Direitos...*, 2.ª ed., 474 e 475, rever a sua posição inicial, mencionada no texto, e usar o mesmo exemplo para referir, bem, como nesse cenário o possuidor do carro não deixa de o ser pelo facto de declarar não pretender ser possuidor, numa ilustração de fragilidade do subjetivismo.

ARTIGO 1157.º

Noção

Mandato é o contrato pelo qual uma das partes se obriga a praticar um ou mais atos jurídicos por conta de outrem.

ARTIGO 1180.º

Mandatário que age em nome próprio

O mandatário, se agir em nome próprio, adquire os direitos e assume as obrigações decorrentes dos atos que celebra, embora o mandato seja conhecido dos terceiros que participem nos atos ou sejam destinatários deles.

ARTIGO 1181.º

Direitos adquiridos em execução do mandato

1. O mandatário é obrigado a transferir para o mandante os direitos adquiridos em execução do mandato.

(...).

ARTIGO 471.º

Representação sem poderes e mandato sem representação

Sem prejuízo do que preceituam os artigos anteriores quanto às relações entre o gestor e o dono do negócio, é aplicável aos negócios jurídicos celebrados por aquele em nome deste o disposto no artigo 268.º; se o gestor os realizar em seu próprio nome, são extensivas a esses negócios, na parte aplicável, as disposições relativas ao mandato sem representação.

VIII – Quanto ao exemplo do carro: numa primeira fase do seu pensamento, para José Alberto Vieira, ao afirmar pretender que os serviços camarários reboquem o automóvel, o comportamento do dono tem o significado de uma renúncia à propriedade e projeta-se ao nível possessório, retirando-lhe a posse nos termos do artigo 1253.º/*a*) do Código Civil. Não obstante o *corpus*, passa a existir uma situação de mera detenção após ter declarado renunciar ao carro. Deixando agora de lado a circunstância de a manifestação de pretensão de reboque do automóvel ser, pelo menos até ele acontecer, ainda uma exteriorização do direito de propriedade, as afirmações de José Alberto Veira não eram, a nosso ver e com todo o respeito, exatas.

Terá a declaração do proprietário o efeito, inicialmente, pretendido por José Alberto Vieira? Não se vê como.

Basta pensar na hipótese de, não obstante a declaração no sentido de não ser possuidor ele mandar pintar o carro, enchê-lo de gasolina todos os dias, cedê-lo em locação ou a terceiros tornando seu o dinheiro obtido com esse contrato, fazer viagens constantemente com passageiros a quem cobra um preço que guarda para si, etc. Mesmo os subjetivistas diriam haver, neste caso, a exteriorização de um comportamento revelador de uma intenção de possuir. Os objetivistas terão, por maioria de razão, de aceitar a existência de posse nesta eventualidade. E isto já revela como quanto interessa não é a declaração mas sim o comportamento. Valem aqui as considerações feitas pelo autor a propósito da teoria da causa como forma de fundar a posse: «*o problema está quando o título não corresponde à situação* (...).» O próprio artigo 1252.º/2 contém uma presunção de posse em situações desse tipo ao esclarecer como, em caso de dúvida, a posse se presume naquele que exerce o poder de facto, não parecendo suficiente a declaração em sentido inverso do possuidor para a afastar. Pense-se na situação-limite, tantas vezes referida, do ladrão apanhado em flagrante delito quando tenta furtar uma carteira[403]. Nesta hipótese o significado da sua ação não pode deixar de ser o de apossamento por esbulho, mesmo se ele declarar não ter qualquer intenção de possuir sendo antes um mero detentor. Dito de outra maneira: o significado da sua ação é o resultante do comportamento e não o da declaração eventualmente feita em direção oposta. De nada lhe valerá dizer que tinha a mão no bolso do terceiro, mas não pretendia furtar a carteira[404]. Mesmo os subjetivistas reconhecerão isso mesmo[405].

Donde, inclusivamente face ao artigo 1253.º/*a*), a *protestatio facta contraria* não pode ter o relevo que lhe atribuiu, na primeira fase do seu pensamento, JOSÉ ALBERTO VIEIRA[406]. Era o próprio a demonstrá-lo ao referir-se aos

[403] Recorre, por exemplo, a ele ANA PAULA COSTA E SILVA, *Posse...*, 49.

[404] ANA PAULA COSTA E SILVA, *Posse...*, 49.

[405] Exemplo de quanto afirmamos acha-se em ANA PAULA COSTA E SILVA, *Posse...*, 49.

[406] Acerca da irrelevância da *protestatio facta contraria* e seus limites v., em geral, com caráter ilustrativo FLUME, Das *Rechtsgeschäft...*, II, 76. Entre nós v., sempre *colorandi causa*, FERREIRA DE ALMEIDA, *Texto e enunciado na teoria do negócio jurídico*, 1990, III, 744 e 745; PAULO MOTA PINTO, *Declaração tácita e comportamento concludente*, 1995, 786 e ss.; CARLOS MOTA PINTO, *Teoria geral do direito civil*, 4.ª edição por PINTO MONTEIRO e PAULO MOTA PINTO, 2005, 428. Concretamente no âmbito da posse pode ver-se ANA PAULA COSTA E SILVA, *Posse...*, 39 e ss.. Todos estes autores nacionais afirmam não valer a regra sem exceções. Não obstante confinam o campo dessas exclusões. Ora, observando que o protesto só pode valer para

pressupostos do abandono como forma de extinção da posse. Na verdade, José Alberto Vieira sublinhava o facto, correto, de o abandono pressupor a perda efetiva do *corpus*. Não basta, afirmava, a simples intenção ou *animus* de não possuir, fenómeno juridicamente irrelevante se o controlo material permanecer inalterado. Como uma vez constituída a posse ela se conserva com a mera suscetibilidade de atuação material sobre a coisa (artigo 1257.º/1), tem de haver uma quebra efetiva do domínio para se falar em abandono. E exemplificava: se o proprietário de um veículo o deixa na rua e não desejar saber dele, mas conserva consigo as chaves, podendo a todo o tempo retomar o controlo material sobre a coisa, mantém a posse (artigo 1257.º/1)[407]. Perde-a, apenas, se o deixar num depósito de ferro-velho para o comerciante fazer dele o que quiser. Ora, ao depor contra o abandono por mera declaração o artigo 1257.º/1 depõe, também, contra a extinção da posse por convolação para mera detenção mediante simples declaração, não contrariada pela cessação do *corpus*. Aliás, como a detenção supõe, justamente, a existência e manutenção de *corpus* dir-se-ia opor-se o artigo 1257.º/1, ainda mais, à extinção da posse nos cenários em que o possuidor declara pretender passar a mero detentor.

Mas mesmo quando assim não fosse e a declaração degradasse o possuidor a mero detentor contra a realidade do respetivo comportamento então:

- se a declaração pudesse ter, simultaneamente, o efeito de renúncia ao direito de fundo e à posse, transformando-a em detenção, o comportamento inverso à declaração produziria logo a seguir a ela, e a menos que se entendesse não poder ser nunca alterada ou modificada – posição até agora não só sem qualquer defensor como além disso conclusivamente

esclarecer um dos sentidos possíveis do comportamento, mas não para impor um sentido por ele não comportado (Costa e Silva); ora, para sustentar poder o declarante moldar a sua declaração através do protesto, influenciando a respetiva interpretação, mas não lhe ser viável para definir, muito menos para contrariar, quais os seus efeitos (Ferreira de Almeida); ora, afirmando que em certos casos de protesto se deve procurar uma fonte objetiva para a vinculação, embora aceitando-se o afastamento da vinculação negocial (Paulo Mota Pinto). V., também, Castro Mendes, *Teoria geral do direito civil*, 1979, II, 62 e 63. No âmbito da posse pode ainda ver-se Menezes Leitão, *Direitos...*, 114, que, também, apela à ideia da irrelevância da *protestatio facta contraria* para afastar a posição de Oliveira Ascensão.

[407] José Alberto Vieira, *Direitos...*, 606.

impugnada por ANA PAULA COSTA E SILVA[408] – a constituição de nova posse por apossamento. De nada serviria a declaração;

– se a declaração respeitasse apenas à posse, pertencendo o direito de fundo a um terceiro o comportamento contrário a ela determinaria, logo após, a constituição de nova posse por inversão do título da posse.

Além disso, JOSÉ ALBERTO VIEIRA parecia pressupor, aqui, passar a posse, sempre, com o direito de fundo, *solo consensu*, numa manifestação, no âmbito da posse, da força translativa real da vontade, em termos análogos aos vertidos no artigo 408.º/1 do Código Civil. De tal modo que, se alguém dispuser, renunciando por declaração ao direito de propriedade perderia, também, a posse[409]. Ora, se esta ideia não nos parece, como veremos, em geral errada, ela não é, todavia, aceite pelo autor para o constituto possessório. A este respeito afirma, expressamente, não estar o constituto possessório para a posse como o princípio da consensualidade (artigo 408.º/1 do Código Civil) se mostra para os restantes direitos reais[410]. A regra geral relativamente à transmissão da posse persistiria na tradição, material ou simbólica. O transmitente do direito real afigura-se obrigado a entregar a coisa ao adquirente. Se não o faz, a posse continuaria com ele, não se transmitindo[411]. Ou seja: aquele que declara abandonar um direito perde a posse, mas aquele que afirma transmitir esse direito mantém a posse. A construção não apresenta, a nosso ver e salvo melhor opinião, coerência interna[412]. Em ambos os cenários há uma declaração de vontade que contraria a exteriorização de um direito. O seu tratamento deveria, destarte, ser idêntico.

[408] *Posse...*, 39.

[409] Embora noutro local (JOSÉ ALBERTO VIEIRA, *Direitos...*, 444 e 445) afirme poder duvidar-se operar a renúncia eficazmente em relação à posse se não for acompanhada de abandono. O autor distingue também o abandono da cessação da posse que passa a detenção por declaração do proprietário que renuncia ao seu direito. Em qualquer dos cenários está-se, porém, diante de formas de extinção da posse.

[410] JOSÉ ALBERTO VIEIRA, *Direitos...*, 602; Id., *Idem*, 2.ª ed., 532.

[411] JOSÉ ALBERTO VIEIRA, *Direitos...*, 603; Id., *Idem*, 2.ª ed., 533.

[412] Aporia que não está, todavia, presente na obra de OLIVEIRA ASCENSÃO, *Direito civil...*, 116, onde, justamente, o autor considera a transferência da posse, por força do constituto possessório, um mero efeito do negócio, como a do direito real em geral. Por isso, a regra do constituto possessório joga com a interpretação defendida para o artigo 1253.º/*a*) do Código Civil ao invés do verificado com a posição de JOSÉ ALBERTO VIEIRA.

As coisas complicam-se, ainda mais, com o respeito que se assevera, quando José Alberto Vieira tenta explicar em que se traduz o constituto possessório. Para ele, seriam pressupostos da figura, segundo o artigo 1264.º do Código Civil, três requisitos[413]:

- um negócio jurídico de transmissão de um direito real de gozo;
- que o transmitente do direito real seja possuidor;
- uma causa para a detenção.

A causa jurídica do constituto possessório seria, antes de mais, um contrato. O comprador celebra, simultaneamente com a venda, um outro contrato com o vendedor (arrendamento, depósito, comodato, aluguer, etc.), nos termos do qual se constitui um direito que exige uma atuação material sobre a coisa. Nessa eventualidade, o comprador adquire a posse anterior do transmitente/vendedor referente ao direito real transmitido, mesmo se em cumprimento do contrato celebrado este último permanece com a coisa em seu poder[414].

A causa pode ser, ainda, segundo José Alberto Vieira, uma mera cláusula do contrato de transmissão. Pense-se na compra e venda com reserva de usufruto[415].

O contrato celebrado com a venda ou a convenção negocial nela aposta justificam a transferência da posse sem ter de haver entrega da coisa. Não se dando uma causa jurídica justificadora da não entrega da coisa ao adquirente do direito real não haveria constituto possessório. Ou seja: para haver transferência da posse por constituto possessório teria de haver uma declaração de vontade, eventualmente até tácita, por força da qual as partes permitiam ao vendedor reter a coisa, na qualidade de detentor. Não se assistindo a essa declaração de vontade e não podendo o vendedor reter a coisa, ele seria possuidor. A verdade é que esta construção deixa, com a devida vénia, passar pela janela quanto José Alberto Vieira não pretendia permitir entrar pela porta[416]. Lembre-se a circunstância de este autor ser um defensor do

[413] José Alberto Vieira, *Direitos*..., 601; Id., *Idem*, 2.ª ed., 531.

[414] José Alberto Vieira, *Direitos*..., 601; Id., *Idem*, 2.ª ed., 531.

[415] José Alberto Vieira, *Direitos*..., 601 e 602; Id., *Idem*, 2.ª ed., 531 e 532.

[416] Independentemente da estranheza e perplexidade que uma situação deste tipo (nos casos em que o alienante pode licitamente reter a coisa o comprador torna-se possuidor,

caráter objetivo da posse. Para ele a vontade não tem natureza constitutiva da posse[417]. O único sentido da vontade, no âmbito do instituto da posse era, na primeira fase do seu pensamento, segundo o autor, negativo: «*não confere posse, antes a retira em situações que normalmente seriam de posse*[418].» Não obstante, o entendimento por ele sustentado para o constituto possessório levava-o, ao arrepio de quanto afirma, a atribuir à vontade relevância constitutiva da posse no âmbito daquele instituto.

Na verdade, nesta primeira construção de José Alberto Vieira, é por força de um ato de vontade – a convenção ou contrato que permite ao vendedor reter a coisa juntamente com a alienação – que a posse se transmite. Sem ele, afirmava, não há transferência da posse.

Por todas estas razões a tese proposta, e agora referida, por José Alberto Vieira para a posse não nos parece, com toda a consideração, poder ser aceite. O autor viria, aliás, a abandoná-la, posteriormente.

IX – A aceitação de que a transferência da posse opera *solo consensu* tem tido alguma afirmação expressa na Jurisprudência recente dos nossos tribunais superiores. Por exemplo:

> RPt 04-12-2007 (Cristina Coelho)[419]: o constituto possessório é uma forma de aquisição *solo consensu* da posse, isto é, uma aquisição sem necessidade de um ato material ou simbólico que a revele. Consiste, tradicionalmente, num acordo pelo qual o possuidor, alienada a posse, reserva, por qualquer título, a detenção da coisa e se dispensa, assim, de a entregar ao novo possuidor. O alienante, que tinha em relação à coisa uma causa *possessionis*, passa a deter a coisa em virtude de uma causa *detentionis* (...). O anterior possuidor passa a ter, depois do negócio, o *animus alieno nomine detinendi*. Está prevista esta modalidade no artigo 1264.º/1. No artigo 1264.º/2 encontra-se contemplado um novo caso de dispensa de tradição e, portanto, de transferência *solo consensu*. Supõe-se agora que o possuidor transfere a sua posse, estando a coisa, por qualquer título,

mas se o alienante não pode reter a coisa o comprador já não é possuidor) – aliás geralmente aceite entre nós – possa gerar – e que os leigos certamente afastarão, de imediato, como uma bizantinice própria de juristas bem pensantes. Sobre ela nos pronunciaremos mais adiante.

[417] José Alberto Vieira, *Direitos...*, 554.

[418] José Alberto Vieira, *Direitos...*, 554.

[419] RPt 04-12-2007 (Cristina Coelho), Proc. 0725035/ITIJ (restituição provisória da posse – defesa da posse – constituto possessório).

detida por terceiro. Vende-se, por exemplo, um prédio arrendado ou uma coisa depositada, e pretende-se que o arrendamento ou depósito continue.

E também na Doutrina aparecem manifestações da ideia de que o constituto possessório opera a transmissão da posse *solo consensu*[420]. A ideia subjacente à afirmação vai, todavia, normalmente, na linha das orientações subjetivistas da posse. A estrutura básica do constituto possessório corresponderia à de dois negócios jurídicos realizados em simultâneo. Um destinado a transferir para terceiro determinado direito real sobre a coisa, o outro permitindo ao comprador continuar a deter o controlo material sobre a coisa. Não haveria, pois, por detrás desta afirmação o reconhecimento da ideia segundo a qual o constituto possessório e o artigo 1264.º consagrariam para a posse um efeito translativo imediato idêntico ao estabelecido pelo artigo 408.º para os direitos reais. A verdade, porém, é que na medida da defesa de uma compreensão subjetiva da posse nada impede a possibilidade de o constituto possessório operar a transmissão imediata da posse com base no simples contrato, sem dependência de qualquer convenção reconhecendo ao antigo titular a possibilidade de continuar a deter a coisa.

Pela nossa parte, porém, já nos demarcámos das compreensões subjetivistas da posse. A interrogação está, pois, em saber se à luz de uma conceção objetiva da posse, como a por nós propugnada, não pode considerar-se estar o artigo 1264.º para a posse como o artigo 408.º está para os direitos reais. A resposta é afirmativa como o demonstra a posição expressa por Oliveira Ascensão nesse sentido[421]. Na verdade, o autor, defensor de uma conceção objetivista da posse, julga como pressupostos do constituto possessório:

1) a transmissão do direito real relativo à coisa a que a posse se refere;
2) pelo possuidor;
3) sem haver entrega;
4) a não sujeição da transmissão do direito real a condição suspensiva.

[420] Pires de Lima e Antunes Varela, *Código Civil...*, III, 25. Cfr., também, Henrique Mesquita, *Direitos...*, 101 e 102; e António Lima Araújo/Fernando Reboredo Seara, *Direitos...*, 215 a 217.

[421] Oliveira Ascensão, *Direito civil...*, 116.

Preenchidos estes pressupostos, escreve, o adquirente do direito relativo à coisa adquire também a posse. E acrescenta: a transferência da posse é, pois, um mero efeito do negócio, como a do direito real em geral.

X – A razão pela qual se continua a sustentar não operar a transferência da posse como simples efeito do contrato resulta, na nossa perspetiva, de uma deficiente compreensão da ligação histórica entre compra e venda, tradição e posse.

Historicamente, como vimos, o modelo predominante foi o de que era a tradição, com a investidura na posse, a operar a transmissão da propriedade. Não o inverso. Com as construções racionalistas e a consagração, pelo Código Civil francês, da eficácia real translativa da compra e venda a tradição deixou de ser necessária para a transmissão do direito real. Por isso, logo se debateu a questão de saber se o contrato que opera a transferência do direito real não provoca, também, a transferência da posse. Dito de outra maneira: colocou-se o problema de saber se em virtude do mero contrato ou título não se devia verificar também a transferência da posse.

O assunto seria colocado igualmente, entre nós, no âmbito do Código de Seabra, merecendo tratamento expresso por parte de MANUEL RODRIGUES[422].

A favor da solução segundo a qual a posse se deveria transferir com o contrato, sem mais, o autor lembrava, desde logo, os seguintes argumentos:

1. Entre transmissão do domínio e a transmissão da posse houve sempre paralelismo. A *traditio* operava a transferência do domínio e também da posse. Suprimida a tradição em relação ao domínio, deve supor-se que se pretendeu fazer o mesmo em relação à posse[423]. Esta consideração é confirmada por disposição expressa relativamente à aquisição da posse por sucessão (artigo 1255.º do Código Civil atual).

No Direito romano e no *ius commune* não era assim[424]. Nem a posse nem o domínio dos bens do autor da herança se transferiam pelo simples facto da morte para os herdeiros. Estes ficavam apenas com um direito de obrigação

[422] MANUEL RODRIGUES, *A posse*, cit., 208 e ss..

[423] MANUEL RODRIGUES, *A posse*, cit., 208.

[424] V., a título exemplificativo, MOLINA, *De iure...*, Tract. II, Disp. IV, n.º 18 [edição citada, Tomo I, 23].

contra a herança. O domínio e a posse só passavam com a observância de certas formalidades[425]. Esse formalismo é dispensado pelo Direito moderno e abrange tanto a posse como o domínio[426].

Ora, se o paralelismo se manteve numa das formas de aquisição – a aquisição *mortis causa* – parece dever concluir-se ter-se também mantido na outra – a aquisição *inter vivos*[427].

2. Esta interpretação parece estar em harmonia com as ideias e práticas seguidas no momento da elaboração do Código Civil francês. Por essa altura, em todos os contratos de transferência de direitos suscetíveis de posse se inseria a cláusula em virtude da qual o transferente demitia a sua posse. Não se considerava necessário um ato acessório para que existisse o constituto. E o mesmo sucedia entre nós ao tempo da entrada em vigor do Código Civil de Seabra[428]. Assim concebido o constituto não tinha nenhum significado: consistia apenas num processo de iludir o princípio tradicional de que o domínio se transferia com a tradição e a usucapião. O seu valor resultava afinal do próprio ato de transferência do anterior possuidor. Mas se era assim para quê exigir uma declaração expressa de precariedade[429]?

É precisamente no termo desta evolução que surge a Doutrina do Código Civil francês e do Código Civil de Seabra. Até estes diplomas exigiu-se, para a transferência da posse, o constituto abstrato expresso, depois deles basta o constituto abstrato tácito[430].

XI – A colocação destes argumentos por parte de Manuel Rodrigues não leva, todavia, o autor a aceitá-los. Ao invés, ele acaba por rejeitá-los.

Referindo-se concretamente ao Código Civil de Seabra lembrava a doutrina do artigo 1578.º para os casos de dupla venda. Conforme vimos, nesse preceito estabelecia-se que: – para a dupla venda de coisas móveis prevalece

[425] Manuel Rodrigues, *A posse*, cit., 208.

[426] Manuel Rodrigues, *A posse*, cit., 208 e 237 e ss.

[427] Manuel Rodrigues, *A posse*, cit., 210.

[428] Cfr. os documentos transcritos por Pedro de Albuquerque, *Compra...*, in *Direito...*, III, 20 e 21, nota 12; Sílvia Isabel dos Anjos Alves, *Alguns aspetos acerca da natureza obrigacional ou real da compra e venda civil na história do direito...*, 40 e ss., 51 e ss., 67 e ss.; Fernando José Gautier Luso Soares, *Compra e venda na história do direito português...*, 66 e ss..

[429] Manuel Rodrigues, *A posse*, cit., 210.

[430] Manuel Rodrigues, *A posse*, cit., 210.

a venda mais antiga; se não for possível verificar a prioridade da data, a preferência é atribuída ao comprador que se encontra na posse da coisa. A mesma regra valia, como se viu, para a compra e venda de bens imóveis se nenhuma delas tivesse sido registada (artigo 1580.º). Finalmente, o artigo 953.º dispunha envolver a inscrição no registo de um título translativo da propriedade sem condição suspensiva, independentemente de alguma outra formalidade, a transmissão da posse para a pessoa em benefício de quem essa inscrição foi feita.

Tudo, no dizer de MANUEL RODRIGUES, a indicar que a posse se não transferiu por mero efeito do contrato.

Mas a consequência não era inevitável. Bastava para se chegar a conclusão diversa distinguir diferentes categorias de posse consoante tivesse sido realizado apenas o contrato ou executados os atos subsequentes aos quais o Direito dava relevância para efeitos de resolução dos conflitos de dupla alienação.

Independentemente disso, a verdade é que todos estes preceitos não têm nenhuma correspondência no atual Código Civil. Tombam, por isso, por terra os argumentos deles extraídos.

A isto soma-se o facto de a transferência da posse, por constituto possessório, como mero efeito do contrato ser a que melhor corresponde ao sentimento de justiça e razoabilidade que deve presidir a todas as soluções jurídicas. Pense-se, por exemplo, nos seguintes casos. *A* vende o objeto *x* a *B*. Nessa venda é convencionada a possibilidade de *B* continuar como detentor da coisa. Neste caso, *A* passa imediatamente a possuidor, segundo o entendimento tradicional da figura do constituto possessório. Por isso, se no dia a seguir à venda *C* se apropriar de *x*, *A* pode recorrer de imediato às ações possessórias para defesa da sua posição jurídica. Todavia, se *A* vender a *B* o bem *x* ficando este imediatamente obrigado a entregar a coisa o primeiro já não seria possuidor! Ou seja: quando a coisa pode ser retida pelo alienante o adquirente torna-se possuidor, *solo consensu*; quando não pode ser retida – quando deve ser entregue pelo transmitente –, não se torna possuidor! É necessário um ato adicional de transferência da posse! Por isso, se no dia seguinte à venda *C* se apropriar de *x*, ao invés do que sucede no primeiro exemplo, *A* não pode recorrer às ações possessórias para defender o seu direito. Terá de recorrer à mais complicada e pesada ação de reivindicação. De outra maneira: quando qualquer leigo consideraria, de forma intuitiva e em função do respetivo sentimento de justiça, ter o adquirente menos direitos sobre a coisa ser-lhe-ia concedida mais proteção. Quando parece ter mais direitos é-lhe concedida menor proteção. Não parece aceitável. Só uma pouco adequada (in)compreensão da dimensão metodológica do Direito e da questão metodológica da interpretação poderia justificar uma solução desse tipo. Normativamente, o sentido do artigo 1264.º/1 e 2 não pode deixar de ser o de que a transmissão da posse opera com o contrato de transmissão[431]. A referência constante do artigo 1264.º «*a qualquer causa*» não tem o sentido de exigir que o antigo possuidor, para passar a detentor, tenha uma causa jurídica atributiva do direito de conservar a coisa. É bem diverso o seu sentido normativo: quanto o preceito estipula é que se o titular do direito real, na posse da coisa, transmitir esse direito a outrem, não deixa de considerar-se transferida a posse para o adquirente, ainda que, por qualquer causa, aquele continue a detê-la. Ou seja: ainda que por qualquer motivo, seja ele qual for, mesmo na ausência de razão válida e lícita, o alienante não transferir a coisa ele passa a detentor e o adquirente a possuidor.

Como é que se articula esta solução com o artigo 1253.º e particularmente com o 1253.º/*a*)? Menezes Cordeiro[432] apela, como vimos, para teoria da causa. Esta não é, repise-se, viável para confortar ou apoiar teorias subjetivistas por ser incompatível com a ideia de *animus*. Mas ela não é oposta a uma posição de outra índole.

O artigo 1253.º/*a*) refletiria, assim, lembre-se, as situações em que o poder de facto foi adquirido em termos tais que exista disposição afastando a posse, desde que a situação não fique abrangida pelo âmbito das alíneas *b*) ou *c*), do mesmo preceito.

Ficar-nos-ia, assim, pois, segundo Menezes Cordeiro, para o artigo 1253.º/*a*) o exercício do poder de facto sobre bens do domínio público, como se infere do artigo 1267.º/1, *b*) e do artigo 202.º/2. Também se poderia referir, no entender do autor, a situação do artigo 2096.º/2: o que sonegar bens da herança é considerado mero detentor desses bens. Aí, por via da teoria da causa, não há *animus* nem posse[433]. Esta construção tem, todavia, sido criticada por alguns autores por considerarem esvaziar quase por completo o sentido e âmbito do artigo 1253.º/*a*), ou, segundo Menezes

[431] Para uma análise acerca do modo como a Doutrina de ponta vem encarando o atual problema metodológico da interpretação jurídica cfr. a bibliografia referida *supra* na nota 276.

[432] *A posse...*, 65.

[433] *A posse...*, 65.

LEITÃO, de a reduzir a uma mera norma remissiva. Mas não. Fosse isso verdade, não se vislumbraria, porém, qual o problema ou deficiência em ver no artigo 1253.º/*a*) uma norma apenas remissiva. A chave está designadamente na correta compreensão do constituto possessório. Numa primeira fase do respetivo pensamento, MENEZES CORDEIRO chega, de resto, a ensaiar a articulação do artigo 1264.º, relativo ao constituto possessório, com o artigo 1253.º[434]. No dizer do autor, os requisitos desta figura seriam apenas:

- um titular de direito real, que esteja na posse da coisa;
- que transmita esse direito a outrem;
- e que fique na detenção da coisa.

Nestas condições, o transmissário do direito real adquire a posse por constituto possessório, enquanto o transmitente passa a detentor. Tudo sob exclusiva influência do Direito, não da vontade das partes. Com o constituto possessório, afirma MENEZES CORDEIRO, depois de rejeitar a influência neste âmbito de qualquer *animus* ou vontade, o possuidor degrada-se em detentor porque, tendo transmitido o seu direito, passa a possuir em nome de outrem, perdendo a posse nos termos do artigo 1253.º/*c*). Por outro lado, o adquirente da posse recebe-a aparentemente sem exercer poderes materiais, porque esses poderes são exercidos, em seu nome, pelo antigo possuidor e atual detentor repercutindo-se, consequentemente, na sua esfera jurídica.

Quando mais tarde volta a tratar o tema da posse e a alterar algumas das posições expressas acerca da articulação entre esta e a detenção, MENEZES CORDEIRO não aborda, novamente, a questão nem propõe nova articulação entre o constituto possessório e o artigo 1253.º. Parece, assim, continuar a remeter os casos de constituto possessório para o artigo 1253.º/*c*) do Código Civil, enquanto o 1253.º/*a*), apenas valeria para as situações acima mencionadas[435].

A posição de MENEZES CORDEIRO acerca do constituto possessório foi sufragada em dois excelentes acórdãos do Supremo já antes aqui referidos:

[434] V., também, MENEZES CORDEIRO, *Direitos...*, 526 e ss..
[435] *A posse...*, 65.

- STJ 25-11-1999 (Quirino Soares)[436]: numa situação de transferência de um direito real em que o comprador não entrega a coisa, a posse transfere-se por mero efeito do contrato, segundo a regra do constituto possessório, sem necessidade de qualquer convenção que permita ao alienante retê-la. O *animus* é, neste contexto, irrelevante, cabendo a decisão exclusivamente ao Direito. Por isso, não obstante a vontade de ser possuidor o alienante é considerado, por força do artigo 1264.º, um mero detentor em nome de outrem (artigo 1253.º/*c*).
- STJ 13-03-2008 (Pereira da Silva)[437]: num contrato de compra e venda os vendedores perdem a posse para os compradores por constituto possessório mesmo na ausência do denominado «acordo acessório» (*sic*) tal como referido no STJ 25-11-1999, cuja tese se afirma acolher-se em absoluto. Nos cenários em que por qualquer motivo o alienante possuidor continua a deter a coisa alienada, perdida a posse por efeito do negócio jurídico de alienação, ele passa a exercer o poder material sobre a coisa como possuidor em nome de outrem, nos termos do artigo 1253.º/*c*) do Código Civil.

A defesa da transferência da posse, por mero efeito do contrato e do direito, é inteiramente de subscrever e aplaudir. Não, porém, o recurso ao artigo 1253.º/*c*). Seria voltar a fazer apelo à vontade, pelo menos ficcionada, do alienante no sentido de que ele atuaria em nome do comprador. Não há que ficcionar qualquer situação de *contemplatio domini* ou atuação em nome de outrem. Transferindo-se o direito real transmite-se, também, do mesmo passo, verificados os pressupostos do constituto possessório, a posse. O alienante passa a detentor nos termos do artigo 1253.º/*a*). O sentido, normativo deste preceito é, justamente, o de esclarecer a irrelevância de qualquer vontade em direção contrária à que resulta do artigo 1264.º. Deste modo, o artigo 1253.º/*a*) integra-se de forma coerente no sistema objetivo da posse presente no restante regime da figura. A ausência de vontade ou de intenção de agir como beneficiário do direito é aferida, não por referência à real

[436] Assim, STJ 25-11-1999 (Quirino Soares), Proc. 99B782/ITIJ (constituto possessório – posse – inversão do título – transmissão da propriedade), com indicação do sumário (mas obteve-se cópia da decisão integral).

[437] STJ 13-03-2008 (Pereira da Silva), Proc. 08B030/ITIJ (constituto possessório), com indicação de sumário. Obteve-se, porém, no Supremo cópia do texto integral.

vontade do sujeito concreto, mas, antes, normativamente por referência ao constituto possessório. Dito de outra maneira: normativamente, havendo constituto possessório não há posse, mas sim, detenção. Mesmo que exista uma vontade em sentido oposto o artigo 1253.º/*a*) diz-nos ser ela tida por irrelevante. Tratando-se de uma hipótese de constituto possessório normativamente o sujeito é tido como detentor e como desprovido da intenção de possuir. Mesmo que a tenha ela é irrelevante. O sujeito é tido, independentemente da sua vontade real, como desprovido de intenção de possuir. A ausência de vontade, não é, pois, a ausência de vontade real, mas, sim de uma vontade normativa. Tratando-se de constituto possessório, normativamente não há vontade, ela é tida por irrelevante e o anterior possuidor passa, por isso, sempre a detentor. Tudo sem necessidade de averiguação de qualquer estado subjetivo dos agentes.

Os casos predominantemente compreendidos pelo artigo 1253.º/*a*) são, pois, insista-se, aqueles em que, tendo havido transferência do direito real por ato de vontade, houve também, por força do artigo 1264.º, necessariamente, transferência da posse, com desconsideração da *voluntas* em sentido inverso[438]. Isto, em termos tais que, seja qual for o *animus* (porque se parte, normativamente, do princípio, sempre, de que não houve intenção, mesmo se ela tiver existido em concreto) e apesar da subsistência do *corpus* do alienante, o preceito considera, sempre, ser o controlo material existente sobre a coisa apenas gerador de uma situação de detenção[439], imputando a posse ao adquirente. Não há atuação em nome de outrem nos termos do artigo

[438] Outra situação a ser enquadrada no artigo 1253.º/*a*) é a do adquirente de um bem com reserva de propriedade.

[439] MENEZES CORDEIRO, *Direitos*..., 256, insista-se, chegou, numa primeira fase do seu pensamento a ensaiar um construção similar à por nós aqui defendida. O constituto possessório operaria em resultado do contrato, verificados certos pressupostos (um titular do direito real que se encontre na posse da coisa – que transmita esse direito – e que fique na detenção da coisa), por força do próprio Direito – não da vontade das partes. Mas acabava por fazer reentrar essa vontade no âmbito do constituto possessório ao considerar que nesse caso o possuidor se degradava em detentor porque, tendo transmitido o seu direito, passa a possuir em nome de outrem, perdendo a posse nos termos do artigo 1253.º/*c*). Quando procedeu à revisão do seu pensamento sobre a posse, MENEZES CORDEIRO não revisitaria este ponto nem incluiria os casos de constituto possessório no âmbito do artigo 1253.º/*a*), parecendo, portanto, continuar a aceitar, neste ponto, quanto antes defendera. Mas não. A *contemplatio domini* não é necessária nem deve ser ficcionada. Aplica-se, isso sim, o artigo 1253.º/*a*). Desta forma todo o sistema possessório português ganha coerência.

1253.º/*c*), mas, sim, imputação direta de um *corpus* a um sujeito diferente daquele que o exerce, por força do artigo 1253.º/*a*) do Código Civil. E isto, repise-se, seja qual for a vontade concreta dos envolvidos na situação – e que o intérprete-aplicador do Direito poderia valorar de forma diferente dos outros casos de constituição da posse, por em causa estar a sua transmissão por ato de vontade translativo do direito real. Na verdade, o alcance normativo do artigo 1253.º/*a*) é, precisamente, o de tirar dúvidas e esclarecer a irrelevância da vontade na posse, mesmo quando a sua transmissão se faz num contexto marcado pela relevância da vontade e da autonomia privada. No quadro do constituto possessório, inclusivamente no contexto dos negócios translativos da propriedade, dependentes da autonomia privada, a eventual vontade do alienante, o seu *animus*, é desconsiderado (artigos 1264.º e 1253.º/*a*]). Esta tese é, de resto, hoje defendida, também, por José Alberto Vieira que, assim, se afasta das posições por ele anteriormente defendidas a este respeito. Este autor defende, atualmente, na realidade, a mesma posição que advogamos desde 2008. E bem. Não tem, porém, razão ao defender que nenhuma das posições avançadas anteriormente à defesa, por ele próprio, deste entendimento tinha surpreendido o real sentido ínsito no artigo 1253.º/*a*). Na verdade, José Alberto Vieira avançou esta posição em 2018[440]. Pela nossa parte, já a defendíamos uma década antes[441].

Feito este desvio estamos, finalmente, em condições de responder, em termos definitivos, à dúvida, suscitada por Menezes Leitão, no sentido de saber se uma compreensão objetiva da posse impede a compra e venda de produzir como efeito, em regra, a transferência da posse. A resposta resulta já, claramente, de quanto antes dissemos. Não impede. Ao invés, na nossa perspetiva, impõe-na, insista-se, como regra, como de resto o evidenciam as

[440] José Alberto Vieira, *Reais...*, 2.ª ed., 488; Id., *A posse...*, 448 e ss..

[441] Pedro de Albuquerque, *Direito das obrigações*, 2008, I, I, 120 e ss., 145 e 146. As diferenças entre a nossa posição e a de José Alberto Vieira centra-se, assim, apenas no diverso entendimento que temos da figura do constituto possessório. Ao exigir uma causa de detenção para a existência de constituto possessório José Alberto Vieira volta a fazer intervir a vontade para a degradação da posse em detenção. Expressamente em sentido oposto ao aqui advogado e, portanto, em oposição à recondução do artigo 1253.º/*a*) ao constituto possessório Bonifácio Ramos, *Direitos reais, relatório*, 2013, 213. Segundo este autor o constituto possessório estaria abrangido, antes, pelo 1253.º/*b*). O entendimento por nós defendido no texto a respeito do sentido e figura do constituto possessório impede, porém, essa tese de Bonifácio Ramos.

posições expressas a este respeito por MENEZES CORDEIRO e OLIVEIRA ASCENSÃO. Só não será assim se o alienante não for ele próprio possuidor.

XII – Nalgumas hipóteses em que a coisa é vendida ela já se acha, porém, na posse do comprador ou, no caso de o contrato de compra e venda respeitar a direitos sobre coisas incorpóreas, nem sequer se afigura necessária a entrega da coisa, o que tem sido visto como um indício segundo o qual, não obstante a circunstância de o artigo 879.º do Código Civil incluir a obrigação de entrega da coisa entre os efeitos essenciais deste tipo de contrato, não se estaria realmente na presença de algo de essencial, mas, sim, de um mero efeito obrigatório do contrato de compra e venda[442]. Que pensar? Uma via possível de se proceder à superação do desencontro entre os artigos 874.º e 879.º, ambos do Código Civil, seria a de se considerar necessário acrescentar ou aditar à noção do artigo 874.º a obrigação de se entregar a coisa, por forma a considerar a existência de um efeito essencial dele não constante.

Uma segunda possibilidade de harmonização seria a de se entender não terem, não obstante a circunstância de se encontrarem formalmente reunidos no artigo 879.º do Código Civil, todos os diversos efeitos essenciais a mesma importância[443]. Os constantes do artigo 879.º/*a*) e *c*) seriam também elementos essenciais do contrato, tendo necessariamente de ser queridos pelas partes para haver compra e venda. O dever imposto pelo artigo 879.º/*b*) seria, apenas, um efeito da venda. Não se mostraria, pois, necessário incidir sobre ele a vontade das partes[444].

Perante isto, se a compra e venda tiver por objeto coisas incorpóreas, e, portanto, criações do espírito humano, apreensíveis apenas pelo intelecto, sejam elas bens intelectuais, prestações ou meras realidades jurídicas, não haveria que se falar em obrigação de entrega, respetivo cumprimento ou incumprimento. Dir-se-ia, apenas, não significar esta circunstância não estar o devedor obrigado a fazer tudo ao seu alcance para assegurar, ao comprador, a disponibilidade do bem objeto do contrato de compra e venda.

[442] RAÚL VENTURA, *O contrato de compra e venda no código civil. Efeitos essenciais do contrato de compra e venda...*, in *Revista...*, 1983, ano 43, III, dezembro, 619; PEDRO ROMANO MARTINEZ, *Direito...*, 43; MENEZES LEITÃO, *Direito...*, III, 29.

[443] RAÚL VENTURA, *O contrato de compra e venda no código civil. Efeitos essenciais do contrato de compra e venda...*, in *Revista...*, 1983, ano 43, III, dezembro, 619.

[444] RAÚL VENTURA, *O contrato de compra e venda no código civil. Efeitos essenciais do contrato de compra e venda...*, in *Revista...*, 1983, ano 43, III, dezembro, 619.

Tratando-se de objeto já em poder do devedor também não teria sentido o cumprimento da obrigação de entrega.

Mas importa ir bem mais fundo. A questão que se deve colocar é se, ainda, poderia ser considerado como um contrato de compra e venda um negócio em que, sendo viável e tendo sentido a realização da obrigação da entrega da coisa, fosse suprimida semelhante obrigação. Admite-se, naturalmente, a hipótese de se acordar em diferir no tempo a obrigação de entrega da coisa. Concebe-se, também, que, através de esquemas de união de contratos ou mediante a inserção de uma cláusula no contrato de compra e venda, se possa conceder ao vendedor um título por força do qual lhe é permitido conservar a coisa vendida por tempo mais ou menos prolongado, como sucede nas situações tradicionais de constituto possessório. A questão está em saber se pode haver um contrato onde se estipule a obrigação de pagar um preço, a transferência da propriedade da coisa e simultaneamente se determine não existir obrigação de entrega da coisa.

XIII – À primeira vista o entendimento da obrigação de entregar a coisa como um efeito essencial deste contrato levaria a afastar a possibilidade de uma compra sem obrigação de entrega da coisa[445]. Admita-se um caso extremo figurado por RAÚL VENTURA: as partes estipulam não ser a coisa vendida jamais entregue ao comprador. Ao vendedor não é imposta a obrigação de a entregar, e ao comprador é vedada a possibilidade jurídica de tomar, só por si, a respetiva posse. A transmissão da propriedade sem a possibilidade de o comprador usar da coisa não parece verdadeira transferência da mesma. A disposição afigura-se, por isso, nula, por falta de um elemento essencial típico ao contrato[446].

Diversa se mostra, porém, uma outra situação: as partes estipulam não haver obrigação de entrega, mas não excluem, antes pressupõem, a possibilidade de o comprador tomar o efetivo controlo material da coisa[447]. Imagine-se ter uma coisa sido furtada ao seu proprietário ou por ele perdida.

[445] V. a este respeito RAÚL VENTURA, *O contrato de compra e venda no código civil. Efeitos essenciais do contrato de compra e venda...*, in *Revista...*, 1983, ano 43, III, dezembro, 619 e ss..

[446] RAÚL VENTURA, *O contrato de compra e venda no código civil. Efeitos essenciais do contrato de compra e venda...*, in *Revista...*, 1983, ano 43, III, dezembro, 620.

[447] O exemplo é, novamente, proposto por RAÚL VENTURA, *O contrato de compra e venda no código civil. Efeitos essenciais do contrato de compra e venda...*, in *Revista...*, 1983, ano 43, III, dezembro, 620.

Ainda, assim, aparece um comprador interessado. A coisa é vendida com expressa estipulação de não ser o vendedor obrigado a entregá-la.

O exato tratamento destas questões obriga, todavia, a um pequeno desvio para abordarmos, ainda que brevemente, o problema metodológico da interpretação.

XIV – Mostram-se, hoje, sabidamente, em crise as orientações que procuram amarrar o intérprete à Procusta letra da lei. O problema metodológico da interpretação jurídica não é um problema de *interpretatio legis* mas *actus* de realização do Direito[448]. A interpretação jurídica não intenciona – como pretendia o positivismo jurídico, tanto o histórico como o legalista, ao identificar o Direito, na sua manifestação positiva, às respetivas determinações formais e estas com as suas expressões textuais, com os textos da lei, os quais, precisamente porque textos, como que necessariamente implicariam uma interpretação também só textual – uma significação simplesmente textual, seja ela filológica, hermenêutica *stricto sensu* ou analítico-linguística – se se quiser, exegético-hermenêutica ou semântica[449]. O problema da interpretação jurídica não é filológico, hermenêutico-cognitivo, linguístico. Trata-se de um problema jurídico, especificamente jurídico, e, destarte, de um problema normativo[450] insuscetível de comodamente se resolver na simples consideração da letra da lei, nos seus aspetos literais, na mera afirmação de que onde a lei não distingue não deve o intérprete(-aplicador) distinguir ou que ordens diversas de fatores devem tomar-se como tal[451].

[448] Cfr. a bibliografia citada *supra* nota 276 e 431 e *infra* 449. Sublinhe-se, aqui, a título ilustrativo CASTANHEIRA NEVES, *O atual problema...*, 11 e ss..

[449] V., novamente, CASTANHEIRA NEVES, *O atual problema...*, 249 e ss.. Cfr., também, e novamente, a literatura para a qual se remete na nota anterior.

[450] Cfr. nesse sentido os autores e obras citadas *supra* na nota 276.

[451] Só que, face ao artigo 9.º/2 do Código Civil português, perguntar-se-á pela viabilidade de uma tal superação dos limites (negativos) da letra da lei. O que fazer deste preceito e como entender o seu sentido? São de todos conhecidas as tentativas de políticos e governantes no sentido de cercearem, ou mesmo excluírem, a possibilidade de interpretação das fontes jurídicas. Desconsiderando [mas v. GÉNY, *Méthode d'interprétation et sources en droit privé positif*, 2.ª edição, 1919, I, 223 e ss.; DIEGO POOLE DERQUI, *El derecho de los juristas y sus implicaciones. Un diálogo com Lombardi Valluari*, 1988, 85 e 86, referindo-se à atual situação em Itália e Espanha] agora as situações históricas concretas cujo sucesso ou, melhor, insucesso, não vale a pena sublinhar aqui, cumpre, isso sim, procurar resolver a questão do sentido e valor normativo do artigo 9.º (e, também, entre nós, do artigo 10.º). Qual é efetivamente

o sentido e valor normativo destas prescrições? Deixaremos, com CASTANHEIRA NEVES, *Interpretação...*, in *Digesta...*, II, 349 e ss. (cfr., também, *Metodologia...*, *passim*, e 85 e ss.), de lado os axiomas da omnipotência do legislador caraterísticos do positivismo que vê as regras interpretativas como quaisquer outras. Também se não referirá a questão dos limites metainterpretativos pendentes sobre as normas onde se fixam os cânones interpretativos. Mencionaremos, apenas, duas teses contrárias que, a par com as agora descartadas, têm sido consideradas pelo pensamento jurídico. Uma, apelidada de autonomista, para a qual o problema da interpretação cairia fora do âmbito estrito do jurídico. A outra, de índole contrária, chamada redutivista, segundo a qual as regras sobre interpretação seriam recondutíveis ao Direito positivo, já como normas de segundo grau pelas quais o legislador determinaria o sentido a imputar às regras de primeiro grau, já como regras pertencentes ao direito judicial material ou mesmo a um direito constitucional da atividade normativa judicial em paralelo com as regras da constituição política relativas ao processo legislativo. Dir-se-á, porém, admitir ainda a questão uma outra solução, proposta, entre nós, por CASTANHEIRA NEVES. O problema metodológico da realização do Direito não consente, quer em si, quer nos seus princípios e critérios, que ele se possa pensar como um estrito problema de Direito positivo ou de ser por este resolvido. Trata-se de um problema metapositivo. Donde resulta um juízo quanto ao alcance das regras sobre a interpretação ou quaisquer outras regras de sentido metodológico: são regras metodológicas e não prescrições do domínio jurídico-dogmático. Como tais participam da dimensão problemática do Direito. O respetivo sentido e alcance só poderá ser aquele que a sua inclusão na primeira dimensão, a problemática, autónoma e criticamente lhes conceda. Como prescrições metodológicas positivas ou positivadas é na perspetiva da metodologia jurídica que elas hão de ser compreendidas e assimiladas. No sentido segundo o qual o artigo 9.º do Código Civil, sem ser completamente inútil, não corresponde ao atual estado dos conhecimentos e não é de facto observado pela nossa Jurisprudência v. MENEZES CORDEIRO, *Tratado...*, I, I, 150, e ss.. Para ulteriores desenvolvimentos e considerações acerca do sentido e alcance do artigo 9.º do Código Civil v. JOSÉ BRONZE, *Lições...*, 828 e ss., relativizando igualmente a importância do artigo em referência, mas documentando a existência de várias decisões dos nossos tribunais excessivamente apegadas ao seu teor; e Id., Quae sunt Caesaris, Caesari: et quae sunt iurisprudentiae..., in *Comemorações...*, Volume II, 2006, 83 e ss., colocando a questão da inconstitucionalidade dos artigos 8.º, 9.º, 10.º e 11.º do Código Civil. Na Doutrina estrangeira pode ver-se no sentido da insuficiência das normas interpretativas, entre tantos outros, DIEGO POOLE DERQUI, *Derecho de los juristas...*, 83 e ss.. Para a defesa da necessidade de revisão dos artigos 1.º a 13.º do Código Civil v. FREITAS DO AMARAL, *Da necessidade de revisão dos artigos 1.º a 13.º do Código Civil*, in *Themis*, 2000, I, 1, 13 a 20, a carecer, porém, a nosso ver, de uma análise metodológica sobre a matéria. Ao nível da Jurisprudência v. STJ 10-07-2008 (URBANO DIAS), Proc. 08A1057/ /ITIJ (locação financeira – legitimidade passiva – despesas de condomínio – responsabilidade pelo pagamento), onde se escreve com pertinência: «*o legislador continua a entender*

XV – Neste cenário não pode duvidar-se da inadmissibilidade metodológica do raciocínio baseado na mera ou predominante apreciação literal das normas, até porque se conhece, de longa data, a insubsistência do brocardo *in claris non fit interpretatio*[452]. A aceitação de semelhante brocardo, ou mesmo de que o texto da lei nos forneceria o *prius* ou ponto de partida no processo de interpretação e realização do direito[453], pressuporia que a expressão e o

por bem fornecer aos decisores "pistas de interpretação", "assumindo um problema que não é da sua regedoria", como se fizesse sentido que os jurisprudentes não soubessem as boas regras de interpretação e aplicação do Direito, apontando-as no artigo 9.º do Código Civil. É duvidoso que tais orientações "impostas" pelo (todo-poderoso) legislador tenham hoje guarida à face do Direito Fundamental.»

[452] Chamando a atenção para a, de longa data, conhecida insubsistência do brocardo *in claris non fit interpretatio* cfr. SINDE MONTEIRO, *Responsabilidade por conselhos, recomendações ou informações*, 1989, 586; PEDRO DE ALBUQUERQUE, *A representação voluntária...*, 1000, nota 1672; OLIVEIRA ASCENSÃO, *O direito. Introdução e teoria geral*, 13.ª edição refundida, 2005, 392 e ss.; CRISTINA QUEIROZ, *A interpretação...*, in *Estudos...*, I, 267 e ss.. Veja-se, também, na literatura jurídica estrangeira PERELMAN, *Ética e direito*, tradução de JOÃO DUARTE, 2002, 547 e ss., 557 e ss.

[453] O reconhecimento dos postulados acima enunciados quanto à insuficiência da letra da lei enquanto fator predeterminante da interpretação jurídica e como critério dos respetivos limites é objeto também de expressa e corrente afirmação nas obras dogmáticas nacionais. Assim cfr. PAULO MOTA PINTO, *Aparência de poderes de representação e tutela de terceiros, reflexão a propósito do artigo 23.º do Decreto-Lei n.º 178/86, de 3 de Julho*, in *Boletim da Faculdade de Direito*, 1993, vol. LXIX, 614; PEDRO DE ALBUQUERQUE, *A representação voluntária...*, 1000; Id., *Direito ao cumprimento de prestação de facto, o dever de a cumprir e o princípio* nemo ad factum cogi potest. *Providência cautelar, sanção pecuniária compulsória e caução*, in *Estudos em honra de Ruy de Albuquerque*, 2006, II, 478 e ss (=*Revista da Ordem dos Advogados*, 2005, 65, II); Id., *Anotação ao Acórdão do STJ 02-03-2004. Contrato-promessa, procuração irrevogável e ação de preferência*, in *Cadernos de Direito Privado*, janeiro-março de 2006, 13, 20 e ss.; Id., *Os limites à pluriocupação dos membros do conselho geral e de supervisão...*, 11 e ss.; PEDRO DE ALBUQUERQUE e MARIA DE LURDES PEREIRA, *A responsabilidade civil das autoridades reguladoras e de supervisão por danos causados a agentes económicos e investidores no exercício de actividades de fiscalização e ou investigação*, in *Regulação e Concorrência. Perspectivas e Limites da Defesa da Concorrência*, coordenação de RUY DE ALBUQUERQUE e ANTÓNIO MENEZES CORDEIRO, 2005, 227, nota 57 (v., ainda, os nossos *Direitos Reais....*, 19 e ss.). Na Jurisprudência v. STJ 07-12-1994 (TORRES PAULO), Proc. 086057/ITIJ (instituição de herdeiro); STJ 15-10-1996 (LOPES PINTO), Proc. 087641/ITIJ (condenação *ultra petitum*) (=*Diário da República*, I – série A, de 26 de Novembro de 1996, =*Boletim do Ministério da Justiça*, 1996, 460, 164); STJ 11-03-1997 (FERNANDES MAGALHÃES), Proc. 96A751/ITIJ (seguro obrigatório automóvel); STJ 09-12-1999 (COSTA SOARES), in *Boletim do Ministério da Justiça*, 2000, 492, 398 e ss. (ação de reivindicação – interpretação da lei), onde apesar do aparente enquadramento do processo interpretativo à luz do artigo 9.º do Código Civil se acaba, afinal, por colocá-lo de forma

teor verbal das leis se imporia por si só e previamente aos sentidos jurídicos possíveis, sem interpretação (compreensão), ou tão-só com uma interpretação da significação comum da expressão ou teor verbal. Ora, ambas as coisas são sabidamente insustentáveis[454]. Uma, por razões linguísticas, pela normal indeterminação ou invencível abertura semântica das significações verbais comuns. A outra, por razões hermenêuticas: o sentido do texto jurídico é

completamente diversa, pois, e transcrevemos parte do acórdão: «(...) *o intérprete do direito não pode, nessa sua atividade, deixar de ter presente que a interpretação jurídica não se reduz à interpretação de uma qualquer linguagem comum, por isso que a linguagem jurídica não é, também, redutível à linguagem comum. Na verdade e não resistindo a parafrasear Castanheira Neves,* in "O atual problema metodológico na interpretação jurídica", *Revista de Legislação e de Jurisprudência, ano 131.º, pág. 137,* "o sentido ou significação de uma 'regra' não pode atingir-se e determinar-se senão através da prática judicativa que a convoca e que ela deve orientar, isto é, pela sua aptidão para essa orientação resolvendo os problemas concretos dessa convocação" *e, mais adiante,* "é que a interpretação jurídica, como quer que seja, visa a compreensão (explicitante ou reconstitutiva, judicativa ou dogmática, etc.) da pressuposta normatividade jurídica, isto é, atua na iminência o universo jurídico". *Do que vem a resultar por um lado, que o jurista não pode, na sua interpretação, limitar-se a observar as regras gramaticais de semântica e sintaxe usadas na linguagem comum e que, por outro, se o termo «precário» – mesmo dentro da referenciada hermenêutica – resulta como que carregado do mesmo significado que ele tem em linguagem corrente, nem é por ter o mesmo referente – que o não pode ter, como já dimana do exposto e porque* «o direito, através da sua linguagem normativa específica e prática da sua realização, constitui referencialmente uma sua realidade, também específica» – ob. cit., *ano 129.º, pág. 99 – nem é em consequência de uma qualquer aparência com a chamada doutrina* in claris, que repudiamos.»; STJ 15-02-2000 (Torres Paulo), in *Boletim do Ministério da Justiça*, 2000, 494, 306 e ss. e 309 (garantia das obrigações – impugnação pauliana – má fé); STJ 17-04-2002 (Lourenço Martins), Proc. 02P381/ITIJ, nota 5; STJ 20-03-2002 (Lourenço Martins), Proc. 02P363/ITIJ; STJ 30-04-2003 (Lourenço Martins), Proc. 03P752/ITIJ (recurso para o Supremo Tribunal de Justiça), nota 3; STJ 23-10-2003 (Pereira Madeira), Proc. 02P3223/ITIJ (julgamento em conferência); STJ 27-01-2004 (Fernandes Magalhães), Proc. 03P2390/ITIJ (empreitada); STJ 07-12-2005 (Fernandes Magalhães), Proc. 05A3586/ITIJ (falência); STJ 19-01-2006 (Oliveira Barros), Proc. 05B3705/ITIJ (poderes do Supremo Tribunal de Justiça), nota 8; STJ 09-05-2006 (Urbano Dias), Proc. 06A037/ITIJ (contrato de compra e venda – incumprimento); STJ 30-05-2006 (Fernandes Magalhães), Proc. 06A1219/ITIJ (acidente de viação); STJ 10-07-2008 (Urbano Dias), Proc. 08A1057/ITIJ (locação financeira – legitimidade passiva – despesas de condomínio – responsabilidade pelo pagamento.

[454] V., por exemplo, e a título meramente exemplificativo, Castanheira Neves, *O sentido...*, in *Boletim...*, Volume Comemorativo, 142. Cfr., também, na literatura jurídica tudesca, a título exemplificativo, Adolf Arndt, *Gesetz und Richterrecht*, in *Neue Juristische Wochenschrift*, 1963, 1273 e ss..

um sentido unitariamente jurídico, não, primeiro, um sentido verbal ou literal e, depois, um sentido jurídico[455]. O legislador não usa palavras para se limitar a enunciar o seu sentido comum (ainda quando técnico ou mesmo técnico-jurídico), mas para prescrever uma intenção jurídica através das palavras e expressões[456-457]. E isto postula uma unidade, seja ela entendida

[455] Para mais desenvolvimentos acerca dos limites da letra da lei enquanto factor interpretativo prévio ou determinante v., de entre os autores referenciados *supra*, por exemplo, CASTANHEIRA NEVES, *Metodologia...*, 115 e ss., com amplas indicações comprovativas de que este suposto cânone hermenêutico não é cumprido aí mesmo onde é invocado. V., também, e sempre a título exemplificativo, JOSÉ BRONZE, *Lições...*, 893 e ss., e 909; CRISTINA QUEIROZ, *A interpretação...*, in *Estudos...*, I, 267 e ss; PERELMAN, *Ética...*, 547 e ss.; FRANCISCO AGUILAR, *Felonia metodológica no código civil...*, in *Código Civil...*, I, 487 e ss..

[456] Em termos muito próximos CASTANHEIRA NEVES, *Metodologia...*, 118 e 119.

[457] O artigo 202.º/1 da lei fundamental incumbe aos tribunais a aplicação da justiça, a transcender, conforme nota MENEZES CORDEIRO, a lei em sentido formal. De resto, e mesmo quando assim não fosse, nem os equívocos constitucionais poderiam mudar a natureza das coisas. Sabe-se hoje não poderem as fontes de Direito, efetivamente e contra pretensões vãs, continuar a ser político-constitucionalmente tematizadas (expressamente assim v., por exemplo, CASTANHEIRA NEVES, *O sentido...*, in *Boletim...*, Volume Comemorativo, 157). Embora não possamos desenvolver o tema aqui, mesmo assim dir-se-á com MENEZES CORDEIRO, *Tratado...*, I, I, 140, que a interpretação criativa se encontra legitimada pelo artigo 202.º/1 da Constituição. V., também, a este respeito, FRANCISCO AGUILAR, *Felonia metodológica no código civil...*, in *Código Civil...*, I, 492 e ss., sobretudo nota 15, onde o autor censura, bem, a tentativa de amarrar o intérprete à letra da lei de ignorar olimpicamente o artigo 202.º/1 da Constituição, e de não ser sustentável, nem mesmo à luz dos princípios positivistas, só vendo aquilo que pretende ver e não, como devia, aquilo que é. Não se afigura, pois, aceitável a defesa, totalmente vencida e ultrapassada, da vinculação do intérprete à lei feita por JOÃO PEDRO MARCHANTE, *Das lacunas da lei* de iure constituto*: noção* maxime, *da delimitação da juridicidade aferidora do dever de juridificar implícito nas lacunas (ou: da detecção de lacunas da lei)*, pol., 1999, 99; Id., *Da detecção de lacunas da lei no direito português*, pol., 2001, 60 e ss.; Id., *Das lacunas da lei, no Direito português* maxime, *do disposto no art. 203.º da CRP ("Os tribunais [...] apenas estão sujeitos à lei)*, pol., 2018, *per totum*, e 48 e ss., 60 e ss., e nos termos em que o faz. Trata-se mesmo de uma impossibilidade metodológica como resulta, por exemplo, das considerações de WINDFRIED HASSEMER, *Sistema jurídico e codificação: a vinculação do juiz à lei*, in *Introdução à Filosofia do Direito e à Teoria do Direito Contemporâneas*, org. de A. KAUFMANN e de W. HASSEMER, tradução de MARCOS KEEL e MANUEL SECA DE OLIVEIRA, revisão científica de A. M. HESPANHA, 2002, 292 e ss.. A lei, por si só, e independentemente de um processo de realização, não é suscetível de ser aplicada aos casos concretos. Conforme refere a propósito JHERING, *Geist des römischen Rechts auf den verschiedenen Stufen seiner Entwicklung*, 6.ª e 7.ª edições, 1923, II, II, 322 (há tradução

portuguesa com o título *O espírito do Direito romano, nas diversas fases do seu desenvolvimento*, de Rafael Benaion, 1943, III, 16), num passo devidamente sublinhado entre nós por Castanheira Neves, *Metodologia...*, 25, «*O Direito existe para se realizar. A realização é a vida, e a verdade do Direito é o próprio Direito. O que realmente não sucede, o que só tem existência nas leis e no papel, é unicamente um espectro do Direito, meras palavras nada mais*». Ora, esse processo de realização, e correspondente interpretação que ele convoca, não correspondem a problemas analíticos, exegéticos ou sequer estritamente hermenêuticos. São problemas normativos, com uma dimensão constitutiva, que tornam qualquer tentativa de reduzir o Direito à lei formal, uma autêntica impossibilidade metodológica (remete-se *colorandi causa*, apenas, para o ensaio de juventude de Ruy de Albuquerque, *Poesia e lei*, in *Esmeraldo*, 1955, números 5-6, 44 e ss., acerca da importância da intuição, da razão e da sensibilidade na compreensão e construção do Direito, lembrando designadamente as palavras de Verney a propósito «*dos juristas que na lei... só viam a lei*. "Encontrará V. P. muitos homens, que commummente são tidos por grandes jurisconsultos, os quais tirados do pouco texto que têm estudado são tão rudes, que parecem chegados novamente do Paraguai ou do Cabo da Boa Esperança"»). É este um obstáculo insuperável (e não superado) para João Pedro Marchante. Acerca da forma como o processo de interpretação e de realização do Direito deve ser entendido (*i. e.* como *actus* de realização do Direito e não como *interpretatio legis*) v., designadamente, Castanheira Neves, *Questão-de-facto...*, I, *passim*, e por exemplo 214 e ss.; *O princípio da legalidade...*, in *Digesta...*, I, 428 e ss.; *Interpretação...*, in *Idem*, II, 337 e ss.; *O actual problema metodológico da realização...*, in *Idem*, II, 249 e ss.; *O método...*, in *Idem*, II, 283 e ss.; *Metodologia jurídica...*, *passim* e 83 e ss.; *O sentido atual...*, in *Boletim...*, Volume Comemorativo, 2003, 115 e ss., *maxime* 134 e ss.; e José Bronze, *Lições...*, *passim*, *maxime* 875 e ss.. V., ainda, Menezes Cordeiro, *Lei...*, in *Polis...*, III, 1046 e ss.. Acerca do juízo enquanto julgamento, ou se se preferir acerca do juízo jurídico, no sentido de que este não possui caráter apodítico nem a fundamentação que exprima se pode impor como uma demonstração, apenas lhe sendo viável uma solução argumentativa da solução obtida, suscetível, tão-só, de lograr plausibilidade ou aceitabilidade v., por todos, Castanheira Neves, *Metodologia...*, 30 e ss. (mas v., também, O *Instituto jurídico dos «assentos» e a função jurídica dos supremos tribunais*, 1983, 416 e ss.; *Método...*, 309; Id., *Entre o «legislador», a «sociedade» e o «juiz» ou entre «sistema», «função» e «problema» – os modelos actualmente alternativos da realização jurisdicional*, in *Revista de Legislação e de Jurisprudência*, 1998, 131, 12 [=*Boletim da Faculdade de Direito*, 1998, 124, 40 e ss.. Daqui para a frente cita-se pelo primeiro local]); e José Bronze, *Lições...*, 623 e 697. Cfr., igualmente, quanto escreve a respeito do probabilismo, da razoabilidade ou plausibilidade e do casuísmo enquanto elementos essenciais e mesmo de validade do Direito Ruy de Albuquerque, *Direito de juristas – Direito de Estado*, separata da *Revista da Faculdade de Direito da Universidade de Lisboa*, 2001, XLII, 2, 751 e ss., e, por exemplo, 792, 793, 797 e ss. (cfr., igualmente, com base noutros pressupostos mas afirmando a natureza prudencial da Ciência Jurídica no seu funcionamento Menezes Cordeiro, *Evolução juscientífica...*, in *Estudos...*, I, 215 e 236). Por último v., em adesão aos postulados enunciados pelos autores acima referidos e

como hermenêutica, seja normativa, entre palavra/expressão e sentido: a palavra/expressão legal é a de um sentido jurídico[458]. E daqui resultam duas conclusões diretamente ligadas entre si: a primeira é a de que o teor verbal ou literal não manifesta um sentido linguístico a que se venha a acrescentar o sentido jurídico resultante do processo de interpretação; a segunda consiste justamente na circunstância de as palavras e expressões legais, como formas de significação de um sentido jurídico, só encontrarem a especificação da sua indeterminação no próprio sentido jurídico interpretando. E sendo esse sentido um resultado da interpretação está tudo dito quanto à valia do elemento verbal[459].

Aliás, a perspetiva de interpretação aqui em crise mostra-se inclusivamente superada pelo conceito hermenêutico, em sentido rigoroso, de texto[460]. Segundo semelhante conceito, se o sentido jurídico a atingir pela interpretação houver de se exprimir através do texto ou, conforme refere a propósito Castanheira Neves, enquanto se considera este também a sua objetivação cultural ou o seu ícone, constitui-se, todavia, para além dele ou transcendendo-o. Desde logo pela relevância do contexto significante em que se insere[461], pelo relevo da pré-compreensão do intérprete, pela

à insuficiência da letra da lei enquanto fator predeterminante da interpretação jurídica e como critério dos respetivos limites, com o ultrapassar em grande parte das orientações interpretativas que amarravam o aplicador do direito à letra da lei – inclusivamente apenas como limite negativo dos seus possíveis sentidos –, Paulo Mota Pinto, *Aparência de poderes de representação...*, in *Boletim...*, LXIX, 614; Pedro de Albuquerque, *A representação...*, 1000; Id., *Direito ao cumprimento de prestação de facto, o dever de a cumprir e o princípio* nemo ad factum cogi potest. 478 e ss.; Id., *Responsabilidade...*, 158 e ss.; Id., *Anotação ao Acórdão do STJ 02-03-2004*, in *CDP*, 2006, 13, janeiro-março, 20 e ss.; Pedro de Albuquerque e Maria de Lurdes Pereira, *A responsabilidade civil das autoridades...*, in *Regulação...*, 227, nota 57. Bem, portanto o STJ 10-07-2008 (Urbano Dias), Proc. 08A1057//ITIJ (locação financeira – legitimidade passiva – despesas de condomínio – responsabilidade pelo pagamento), ao questionar a força vinculativa dos artigos 8.º, 9.º, 10.º e 11.º do Código Civil e ao sublinhar não depor contra esse entendimento, antes pelo contrário, o artigo 202.º da CRP.

458 Castanheira Neves, *Metodologia...*, 119.

459 Castanheira Neves, *Metodologia...*, 119.

460 Castanheira Neves, *O sentido...*, in *Boletim...*, Volume Comemorativo, 142. V., também, e por exemplo, do mesmo autor, *Metodologia...*, 118 e ss..

461 De há muito que se chama, por exemplo, a atenção para a circunstância de a interpretação se mostrar uma tarefa de conjunto. Nenhum artigo de lei pode ser tomado isoladamente. O horizonte ou pano de fundo da interpretação terá de ser sempre o ordenamento tomado

situação histórico-concreta da compreensão, pela coisa ou referente de que a significação fala, etc.[462]. Neste caso estamos, ainda, perante uma interpretação textual, mas que vê já no texto, sobretudo, um sentido compreensivo cultural dele transcendente[463].

XVI – Mas ainda se a perspetiva hermenêutica acabada agora de enunciar representa já um progresso, ela mostra-se mesmo assim insuficiente. O problema jurídico-normativo da interpretação não é o de determinar uma significação, se jurídica, expressa pelas leis ou outras normas jurídicas, mas o de obter dessas leis um critério prático-normativo adequado de decisão dos casos concretos. Uma boa interpretação não é aquela que, numa perspetiva hermenêutico-exegética, determina corretamente o sentido textual da norma. É antes aquela que numa perspetiva prático-normativa utiliza bem a norma como critério de justa decisão do problema concreto[464]. Ou se se preferir, numa outra formulação, na interpretação jurídica não se trata de compreender determinantemente a letra e o espírito do texto legal em causa, nem de explicitar a significação da regra-prescrição em questão, mas de reconstituir adequadamente uma norma do *corpus iuris* como critério orientador da solução de um caso qualificado como juridicamente relevante[465].

Por isso o objeto da interpretação não é a norma-texto mas a norma--problema[466]. Ao intérprete-aplicador não interessa a norma enquanto objeto semântico-prescritivo, que comunica impositivamente um sentido literal, mas a norma enquanto *regula* prático-normativa, apta para orientar (em termos igualmente normativamente fundamentados) a solução de um problema ou de uma série de problemas dotados de uma relevância jurídica específica.

no seu todo. O sentido de cada fonte está sempre em necessária conexão com o de todas as outras, pelo que ele será adulterado se o pretendermos tomar isoladamente. Cfr. OLIVEIRA ASCENSÃO, *O direito...*, 392 e 393.

462 CASTANHEIRA NEVES, *O sentido...*, in *Boletim...*, Volume Comemorativo, 142 e 143.

463 CASTANHEIRA NEVES, *O sentido...*, in *Boletim...*, Volume Comemorativo, 143.

464 Assim, e de entre a bibliografia citada *supra* na nota 276, cfr., por exemplo, CASTANHEIRA NEVES, *Metodologia...*, 84 e ss.. V., também, a Jurisprudência referida *supra* na nota 449.

465 JOSÉ BRONZE, *Lições...*, 887 e ss..

466 JOSÉ BRONZE, *Lições...*, 892.

Assim, e retomando um exemplo de escola, já presente em RADBRUCH[467], mas amplamente divulgado, entre nós, quer por CASTANHEIRA NEVES[468], quer por JOSÉ BRONZE, a proibição legal de entrada de cães em determinado local não pode considerar-se semântico-vulgarmente determinável, mas apenas pragmático-juridicamente densificável face a um conjunto de exigências problemáticas subjacentes a esta proibição, em termos tais que abrangido por este comando se deve considerar também, por exemplo, um urso.

Da mesma forma a expressão «dano ambiental» não pode valer com o seu significado semântico-vulgar, mas ser antes concretizável em referência ao conjunto de exigências de sentido que preenchem o Direito do Ambiente[469].

Pode, ainda, aceitar-se que uma seringa dificilmente se considera uma arma. Não deixa, porém, de ser essa a qualificação que normativamente se lhe adequa e corresponde quando, em determinadas circunstâncias, uma subtração fraudulenta tiver sido feita com a ameaça de uma seringa que o arguido diga infetada com sida[470].

Pode, igualmente, nesta perspetiva discutir-se se um ácido deve, ou não, qualificar-se normativamente como uma arma[471].

XVII – É a esta luz que se deve procurar deslindar o sentido da imposição, no artigo 879.º/*b*), da obrigação de entregar a coisa. A consideração normativa do preceito permite afirmar não residir a importância ou pedra de toque da obrigação de entrega, do ponto de vista da finalidade da respetiva consagração como efeito essencial, no comportamento do devedor, mas na situação pretendida para o comprador[472].

[467] RADBRUCH, *Einführung in die Rechtswissenschaft*, 12.ª edição, cuidada após a morte do autor por KONRAD ZWEIGERT, 1969, Estugarda, 168 e 169, referindo ele próprio a circunstância de em causa estar um exemplo já antigo. Veja-se, também, quanto escreve a este respeito PERELMAN, *Ética...*, 560 e ss., 557 e ss..

[468] *Metodologia...*, 132.

[469] JOSÉ BRONZE, *Lições...*, 910 e ss., com indicação de outros exemplos.

[470] A respeito deste exemplo JOSÉ BRONZE, *Lições...*, 913, com ulteriores indicações.

[471] V., novamente, JOSÉ BRONZE, *Lições...*, 913, nota 17. De facto o *Bundesgerichtshof*, num caso em que um homem atirou ácido clorídrico à cara de uma empregada de caixa, arrancando-lhe em seguida o dinheiro, equiparou o ácido a uma arma. Cfr., para mais pormenores a este respeito, na literatura jurídica alemã ARTHUR KAUFMANN, *A problemática da filosofia do direito ao longo da história*, in *Introdução à Filosofia do Direito e à Teoria do Direito Contemporâneas*, cit., 190 e ss..

[472] Em termos muito próximos RAÚL VENTURA, *O contrato de compra e venda no código civil. Efeitos essenciais do contrato de compra e venda...*, in *Revista...*, 1983, ano 43, III, dezembro, 625.

Quanto se afigura pretendido pelo Direito é a possibilidade de o comprador ter o bem vendido à sua disposição para poder exercer sobre ele os poderes correspondentes à posição de proprietário. Dado essa consequência se encontrar normalmente associada à entrega da coisa, o Código Civil estabeleceu como efeito essencial do contrato de compra e venda a obrigação correspetiva. Na verdade, porém, aquilo que se mostra verdadeiramente essencial não é a obrigação de entregar em si mesma mas o seu efeito[473]. Ora, a respetiva consecução pode ser bem diversa consoante os casos, impondo, destarte, condutas igualmente distintas ao vendedor:

a) o comportamento do alienante pode ser irrelevante por a coisa já se encontrar, por hipótese, em poder do comprador[474] ou por o efeito já resultar da conjugação de normas jurídicas e negócios realizados (o caso do constituto possessório na sua formulação ou estrutura tradicional);
b) a atitude do transmitente pode consistir, em certas hipóteses, apenas em não impedir o comprador de tomar para si a coisa colocada à disposição;
c) o vendedor tem de facto, *in casu*, de proceder à entrega da coisa, no sentido de ser necessária uma atividade de sujeição da coisa ao efetivo controlo material do comprador.

XVIII – Apenas no último caso há o cumprimento da obrigação de entrega em sentido estrito. Não é, porém, o sentido restrito a relevar, mas sim o normativo. Ora, normativamente está-se diante do cumprimento da obrigação de entrega em todas as situações antes referidas.

Importa, pois, concluir no sentido segundo o qual a obrigação de entrega não tem sempre o mesmo conteúdo efetivo[475]. De constante e essencial é, apenas, ficar a coisa entregue ao comprador. Variáveis são, porém, os modos

[473] Raúl Ventura, *O contrato de compra e venda no código civil. Efeitos essenciais do contrato de compra e venda...*, in *Revista...*, 1983, ano 43, III, dezembro, 625.

[474] Mas mesmo diante do entendimento tradicional do que se deva entender por obrigação de entregar a coisa, não se pode dizer, sem mais, não decorrer ela do contrato de compra e venda. Parece, mesmo nesta perspetiva, estar-se, apenas, perante uma situação com algumas afinidades com a confusão enquanto causa de extinção das obrigações.

[475] Raúl Ventura, *O contrato de compra e venda no código civil. Efeitos essenciais do contrato de compra e venda...*, in *Revista...*, 1983, ano 43, III, dezembro, 625.

como essa entrega se processa[476]. Em todos eles há, normativamente, cumprimento do disposto no artigo 899.º/*b*) do Código Civil.

Na eventualidade de o vendedor não entregar as partes integrantes e frutos pendentes ao tempo da venda ou os documentos relativos à coisa vendida, conforme tenha sido convencionado ou resulte da lei, é a própria obrigação de entrega que é violada. É que, por força do artigo 882.º, essa obrigação tem um objeto complexo: ela compreende a obrigação de entrega da coisa propriamente dita e das partes integrantes, frutos pendentes e documentos[477]. Faltar à entrega de qualquer destas realidades é, pois, faltar ao cumprimento da obrigação de entrega.

Para reagir contra o incumprimento da obrigação de entrega o comprador dispõe de vários meios. Porque é proprietário ele tem à sua disposição as ações reais, podendo, por exemplo, lançar mão de uma ação de reivindicação (1311.º) ou uma ação de restituição da posse se for possuidor (artigo 1278.º do Código Civil). Se o fizer, o comprador poderá agir contra quem impedir a satisfação do seu direito – vendedor ou terceiro – mas deixará intacto o contrato de compra e venda[478].

Em vez das ações reais o comprador pode preferir intentar uma ação baseada na falta de cumprimento da obrigação de entrega, a qual tratando-se de coisa determinada pode consistir em execução específica nos moldes previstos no artigo 827.º do Código Civil. Esta ação apenas lhe permitirá agir contra o vendedor. Porém, ela apresenta a vantagem de poder servir para a obtenção de uma indemnização por mora ou incumprimento do contrato de compra e venda[479].

[476] RAÚL VENTURA, *O contrato de compra e venda no código civil. Efeitos essenciais do contrato de compra e venda...*, in *Revista...*, 1983, ano 43, III, dezembro, 625 e 626.

[477] RAÚL VENTURA, *O contrato de compra e venda no código civil. Efeitos essenciais do contrato de compra e venda...*, in *Revista...*, 1983, ano 43, III, dezembro, 630.

[478] RAÚL VENTURA, *O contrato de compra e venda no código civil. Efeitos essenciais do contrato de compra e venda...*, in *Revista...*, 1983, ano 43, III, dezembro, 621 e 622.

[479] A fechar uma nota acerca de uma particularidade no que ao tempo do cumprimento da obrigação de entrega na compra e venda comercial diz respeito. O artigo 453.º do Código Comercial estabelece deverem as coisas ser colocadas à disposição do comprador dentro das vinte e quatro horas subsequentes ao contrato se elas houverem sido compradas à vista. Por sua vez o artigo 475.º do mesmo diploma determina que os contratos de compra e venda celebrados a pronto pagamento (contado) em feiras e mercados devem ser cumpridos no mesmo dia da celebração ou o mais tardar no dia seguinte. O § único do artigo 475.º impõe,

§ 3.1.4.3.2 – Outros deveres pendentes sobre o vendedor

A par da obrigação de entregar a coisa podem surgir inúmeros outros deveres decorrentes da boa fé, deveres de informação, conselho, assistência pós-venda, entrega de fatura, etc.[480].

§ 3.1.4.3.3 – O dever de pagar o preço

I – O terceiro e último dos efeitos essenciais da compra e venda é, na enumeração do Código Civil, a obrigação de pagar o preço, art. 879.º/*c*), do Código Civil.

O Código Civil de 1867 referia a propósito desta obrigação *certo preço em dinheiro*. O Código atual limita-se a aludir a preço (v. artigos 874.º e 879.º). Levantou-se, assim, o problema de saber se o preço teria forçosamente de consistir em dinheiro. Não poderá ele corresponder a algo de diverso?

A resposta a esta questão não pode deixar de ser negativa[481]. Preço é por definição a expressão do valor em dinheiro[482], ou, como diz BAPTISTA LOPES, «a medida de valor expressa, típica e exclusivamente em dinheiro». Isto não obsta, obviamente, a que o comprador, com o acordo do vendedor,

por último, que expirados os termos referidos sem que qualquer dos contraentes tenha exigido o cumprimento do contrato ficará este sem efeito.

[480] Para ulteriores referências a este respeito v. PEDRO ROMANO MARTINEZ, *Direito...*, 47 e 49; MENEZES LEITÃO, *Direito...*, III, 33; MENEZES CORDEIRO, *Tratado...*, XI, 163 e ss.. Na Doutrina tudesca v., *colorandi causa*, ROLAND BECKMANN, *Staudingers Kommentar...*, comentário ao § 433, 111 e ss.; Id., *Kauf*, in *Staudingers Kommentar...., Eckpfeiler...*, 932, 933, 987 e 988; FIKENTSCHER/HEINEMANN, *Schuldrecht*, cit., 396; HANS-WERNER ECKERT/ /JAN MAIFELD/MICHAEL MATTHIESSEN, *Handbuch des Kaufrechts...*,169 e ss., 438 e ss., 445. Ao nível da Jurisprudência v., *colorandi causa*: RPt 26-03-2007 (PINTO FERREIRA), Proc. 0750216/ITIJ (compra e venda – nulidade – enriquecimento sem causa): a falta de entrega de documentos para uso da coisa vendida deve incluir-se no regime de falta de cumprimento de entrega da coisa, assim originando a resolução do contrato e a consequente indemnização dos prejuízos.

[481] Assim BAPTISTA LOPES, *Do contrato...*, 110; PEDRO DE ALBUQUERQUE, *Compra...*, in *Direito...*, III; PIRES DE LIMA e ANTUNES VARELA, *Código civil...*, comentário ao artigo 879.º, 169; MENEZES CORDEIRO, *Tratado...*, XI, 154.

[482] BAPTISTA LOPES, *Do contrato...*, 110; PEDRO DE ALBUQUERQUE, *Compra...*, in *Direito...*, III, 34.

pague em bens diferentes de dinheiro[483]. Uma coisa é a fixação do preço – necessariamente em dinheiro –, outra a forma de pagamento, em momento posterior à respetiva estipulação. O modo de realização deste último cabe no âmbito da autonomia da vontade das partes.

II – A respeito do tempo e lugar do pagamento do preço rege o artigo 885.º do Código Civil. O preço deverá ser pago no momento e no lugar da entrega da coisa vendida. Se por estipulação das partes ou por força dos usos o preço não tiver sido pago no momento da entrega, o pagamento será efetuado no lugar do domicílio que o credor tiver ao tempo do cumprimento[484].

III – De especial realce é a solução estabelecida pelo artigo 886.º do Código Civil para a falta de pagamento do preço. Segundo o disposto nesse preceito, transmitida a propriedade da coisa, ou direito sobre ela, e feita a respetiva entrega, o vendedor não pode, salvo convenção em sentido inverso, resolver o contrato por falta de pagamento do preço. Esta solução representa uma exceção à regra do artigo 801.º do Código Civil. Quando é que se pode então proceder à resolução do contrato de compra e venda com fundamento no não pagamento do preço? Em três situações:

- na eventualidade de isso ter sido convencionado;
- na hipótese de não se ter ainda assistido à entrega da coisa;
- no caso de, apesar da celebração do contrato de compra e venda, o vendedor reservar para si a propriedade da coisa nos termos do artigo 409.º do Código Civil, até ao pagamento do preço.

Todos estes casos se encontram diretamente acautelados pelo artigo 886.º do Código Civil, pois a preclusão da possibilidade de resolução da compra e venda depende, segundo o teor expresso deste preceito, a) da transmissão da propriedade; b) da inexistência de convenção em sentido inverso; c) da transferência da coisa ou direito.

483 No entender de Baptista Lopes, *Do contrato...*, 111, essa faculdade tanto pode resultar de estipulação posterior ao contrato de compra e venda, como de cláusula inserida no próprio contrato. Mas é duvidoso que assim seja. Em todo o caso, e dando de barato essa possibilidade, sempre se exigirá a estipulação de um preço e, depois, a convenção ou cláusula permitindo pagar em bens diferentes de dinheiro.

484 Veja-se, porém, o que se escreveu, em nota a respeito da compra e venda comercial no parágrafo dedicado à obrigação de entrega da coisa.

§ 3.1.4.3.3.1 – Continuação: a determinação do preço

I – Problema diverso é o da determinação do preço[485]. Conforme referimos, a obrigação de pagar um preço corresponde a um dos efeitos essenciais da compra e venda[486].

Pode, porém, acontecer que num dado contrato de compra e venda as partes não tenham estipulado um preço, nem um critério de determinação desse preço. Quando isso suceda[487] deve atender-se ao disposto no artigo 883.º do Código Civil, preceito no qual se fixam os critérios tendentes à determinação do preço quando não tenha sido convencionado pelos contraentes. Segundo as regras aí estabelecidas relevará em primeiro lugar o preço fixado por entidade pública[488]. Na falta dele recorrer-se-á sucessivamente[489]:

- ao preço normalmente praticado pelo vendedor à data da conclusão do contrato;

[485] Note-se que, atualmente, o problema da lesão enorme ou enormíssima do Direito romano e do *ius commune* não tem autonomia. Hoje em dia ela releva em sede de vícios da vontade. Na mesma direção PEDRO ROMANO MARTINEZ, *Direito...*, 51, nota 2.

[486] Quanto à proibição de práticas concertadas entre agentes económicos com vista à fixação de preços cfr. o artigo 9.º da Lei n.º 19/2012, de 8 de maio.

[487] Diversa é a situação em que o preço não é imediatamente conhecido mas em que será fixado em função de um conjunto de operações de natureza objetiva, de pesagem, contagem ou medição. Trataremos desta problemática quando estudarmos a compra e venda de coisas sujeitas a pesagem, contagem ou medição.

[488] Preço determinado por autoridade pública significa aquele cujo montante é fixo, não se encontrando sujeito às oscilações da vontade das partes. De resto, nesse caso coloca-se, inclusivamente, o problema da validade da determinação contratual de um preço diverso do fixado publicamente. Trata-se, como diz RAÚL VENTURA, *Contrato de compra e venda no Código Civil. O preço. Venda a retro*, in *Revista da Ordem dos Advogados*, 1980, ano 40, II, 610 e ss., de um assunto relativo à teoria geral da invalidade a que o artigo 883.º dá uma ajuda no sentido da inserção automática do preço publicamente fixado se for obrigatório ou máximo e tiver sido ultrapassado.

[489] Acerca da aplicabilidade do artigo 883.º, como última *ratio*, aos casos em que o notário omitiu a indicação do preço numa escritura de compra e venda de imóvel v. ALBINO MATOS, *Venda sem preço e averbamento e rectificação*, in *Revista da Ordem dos Advogados*, 1999, 59, II, 764 e 765.

- ao preço do mercado ou bolsa no momento do contrato e no lugar em que o comprador deve cumprir[490];
- ao tribunal, que decidirá segundo juízos de equidade.

O primeiro critério tem prevalência sobre o segundo, o que quer dizer que regularmente será sempre esse aplicável mesmo se o preço de mercado ou de bolsa for eventualmente diverso[491].

II – Mas em vez de, pura e simplesmente, não estipularem o preço, ou porção dele, os outorgantes podem preferir que a sua determinação seja logo confiada, nos termos do artigo 400.º do Código Civil, a uma ou outra das partes ou a terceiro.

Nesse caso, se tiverem sido estipulados quais os critérios de determinação da prestação[492], será ele apurado pela parte ou terceiro, chamado a intervir, em conformidade com esses critérios (artigo 400.º, *in fine*). Não havendo critérios pactuados deve a prestação ser determinada segundo critérios de equidade (artigo 400.º/1, segunda parte)[493].

[490] Havendo variações no valor de bolsa ou de mercado ao longo do período a considerar deve usar-se o preço médio. Cfr. CUNHA GONÇALVES, *Tratado...*, VIII, 367.

[491] Assim, também, PEDRO ROMANO MARTINEZ, *Direito...*, 35.

[492] Note-se que prestação correspondente ao dever ou obrigação de pagar o preço corresponde ao terceiro e último dos efeitos essenciais previstos no artigo 879.º/*c*) do Código Civil.

[493] A remissão para a equidade não exprime naturalmente uma remissão para o arbítrio, mas antes para juízos de razoabilidade. Assim BAPTISTA MACHADO, *A cláusula do razoável*, in *João Baptista Machado. Obra dispersa*, 1991, I, 485 e 486, nota 49, embora entendendo, bem, não ter o juízo de equidade sempre o mesmo significado nos diversos preceitos do Código Civil. V., também, VAZ SERRA, *Objeto da prestação – suas espécies, conteúdos e requisitos*, in *Boletim do Ministério da Justiça*, 1958, 74, 207 e 208; MENEZES LEITÃO, *Direito das obrigações*, I, *Introdução. Da constituição das obrigações*, 15.ª edição, 2018, 115 e 116. MENEZES CORDEIRO, *Anotação ao STJ 19-02-1991 – Impugnação pauliana de actos anteriores ao crédito – nulidade da fiança por débitos futuros indetermináveis – efeitos da impugnação*, in *Revista da Ordem dos Advogados*, 1991, 51, II, 563; depois seguido por MENEZES LEITÃO, *Direito...*, I, 115, 116 e nota 269, julga que se deve articular o artigo 400.º com o artigo 280.º/1, pois de outro modo, tomado em termos imediatistas, o primeiro inutilizaria o segundo, na parte essencial aplicável às obrigações. Por isso, a determinação da prestação por qualquer das partes ou por terceiro só poderia ser feita se estas estipulassem algum critério. Não vale, por exemplo, o contrato em que uma das partes estipule ter de pagar o que a outra quiser. Mas já valeria que prestados os serviços, o advogado fixe o valor dos honorários, pois nesse caso haveria um padrão para o efeito. A impossibilidade de se realizar uma venda pelo preço que a outra

III – A tarefa da parte ou do terceiro nomeado para fixar a prestação consiste em complementar a vontade negocial dos intervenientes, não em formular qualquer juízo ou vontade própria e autónoma, que não resulte ou decorra do programa contratual gizado[494]. Particularmente, havendo critérios fixados pelas partes o terceiro não tem qualquer escolha entre

parte quiser era já estabelecida pelas Ordenações (cfr. *Ordenações Filipinas*, Liv. 4, Tit. I,. § 1). Mas não acompanhamos os autores se e na medida em que a posição destes possa significar, no âmbito da compra e venda, a necessidade de se indicar, sempre, um critério para determinação do preço diverso da equidade, ou elementos concretizadores desta. Não nos parece, na verdade, e com a devida vénia, haver nenhuma colisão entre o artigo 280.º/1 e o artigo 400.º, pelo menos no caso concreto da determinação do preço na compra e venda. O artigo 400.º só vale para as hipóteses nas quais se remeteu a determinação da obrigação para uma das partes ou para terceiro. Não julgamos, destarte, com a consideração devida, e no contexto da venda, de acolher a afirmação segundo a qual, entendido em termos imediatos, o artigo 400.º inutilizaria o artigo 280.º. Feita a remissão para um *tertius* ou para uma das partes sem menção de nenhum critério vale a equidade, nos termos do artigo 400.º/1. Só se for impossível utilizar o próprio critério da equidade, por falta de qualquer referência na qual ela se possa apoiar, é que se deve entender haver nulidade nos termos do artigo 280.º/1 do Código Civil. Todavia, na compra e venda haverá, em regra e por definição, um elemento objetivo para se operar com a equidade: o próprio bem vendido. Por isso há uma diferença entre as situações de determinação da obrigação em geral, previstas no artigo 400.º/1 (para as quais haverá realmente de se atender ao artigo 280.º do Código Civil), e a determinação do preço no âmbito do mesmo preceito. Aliás, na hipótese concreta da compra e venda, como vimos, mesmo fora do âmbito de aplicação do artigo 400.º, o artigo 883.º fixa regras particulares (sendo a última justamente a equidade), que acabam por afastar a aplicação do artigo 280.º, para determinação do preço não fixado pelas partes. MENEZES CORDEIRO, *Tratado...*, XI, 154 e 155, veio, entretanto, admitir expressamente o recurso à equidade nos termos do artigo 400.º do Código Civil se as partes não tiverem fixado nenhum critério de determinação. Afirma, porém, tratar-se de uma equidade em sentido fraco. Como resulta do que dissemos antes defendemos essa mesma solução. Esta equidade deve ser tomada em sentido fraco.

[494] Para uma referência à natureza da determinação da prestação por terceiro pode ver-se na literatura jurídica tudesca UDO KORNBLUM, *Die Rechtsnatur der Bestimmung der Leistung in den §§ 315-319 do BGB*, in *Archiv für die Civilistische Praxis*, 1968, 163, 450 e ss., onde se referem as soluções do Direito romano, Direito comum francês e do *Code civil*. Cfr., também, para mais pormenores HERBERT KRONKE, *Zu Funktion und Dogmatik der Leistungsbestimmung nach § 315 BGB*, in *Archiv für die Civilistische Praxis*, 1983, 183, 113 e ss.; MANFRED LÖWISCH, *Staudingers Kommentar zum Bürgerlichen Gesetzbuch mit Einführung und Nebengesetzen*, II, *Recht der Schuldverhähltnisse §§ 315-326 (Leistungsstörungsrecht II)*, por HANSJÖRG OTTO e VOLKER RIEBLE, 2004, comentário aos §§ 315 a 319, 2 e ss.; GOTTWALD, *Münchener Kommentar zum Bürgerlichen Gesetzbuch*, 5.ª edição, 2007, comentário aos §§ 315 a 319, 1825 a 1867.

várias possibilidades[495]. Mesmo nos casos em que a parte ou terceiro decide segundo a equidade, normalmente ele não dispõe de nenhum poder de criação jurídica ou constitutivo (*Rechtsgestaltung*) mas apenas de fixação de declaração, se se quiser conformadora[496]. Por isso, mesmo quem aceita estar-se aqui na presença de um direito potestativo do terceiro, afirma, do mesmo passo, ser essa qualificação válida apenas para efeitos técnico-jurídicos formais. A determinação pelo terceiro não corresponde a uma regulação ou complementação do contrato de forma a satisfazer um interesse ou direito próprio. Não pode, pois, falar-se de um direito subjetivo potestativo na determinação[497].

IV – Se a determinação não puder ser feita ou não tiver sido feita no tempo devido, sê-lo-á pelo tribunal, sem prejuízo do disposto acerca das obrigações genéricas e alternativas (artigo 400.º/2). A questão que se deve colocar é a de saber qual o exato alcance do artigo 400.º/2 do Código Civil. À luz de uma compreensão tradicional do problema metodológico do fenómeno da interpretação-compreensão-aplicação do Direito dir-se-ia que o preceito em análise compreende ou contempla apenas duas hipóteses:

- a de a determinação do preço não poder ser feita,
- a de a determinação do preço não ter sido feita no tempo devido.

[495] Dogmaticamente, tendo havido fixação de critérios para determinação do preço, atribuição de um encargo ao terceiro para o fazer segundo esses critérios e aceitação desse encargo estar-se-á, em regra, perante a figura de um mandato vinculado. Cfr. JACOB JOUSSEN, *Das Gestaltungsrecht des Dritten nach § 317 BGB*, in *Archiv für die Civilistische Praxis*, 2003, 436, referindo ainda a possibilidade de, noutros contextos, se poder estar perante uma gestão de negócios, um contrato de prestação de serviços ou de uma *locatio operarum*. Entre nós v. CUNHA GONÇALVES, *Tratado...*, VIII, 371 e 372.

[496] UDO KORNBLUM, *Die Rechtsnatur der Bestimmung der Leistung...*, in *Archiv...*, 1968, 163, 469, ao sublinhar como mesmo nos casos em que o terceiro decide segundo a equidade, normalmente ele não dispõe de nenhum poder de criação jurídica ou constitutivo (*Rechtsgestaltung*) mas tão-só de fixação de declaração. Apenas em situações excecionais assim não será. V., igualmente, JACOB JOUSSEN, *Das Gestaltungsrecht des Dritten...*, in *Archiv für die Civilistische Praxis*, 2003, 437 e ss.; Id., *Schlichtung als Leistbestimmung und Vertragsgestaltung durch einen Dritten*, 2005, que fala em *Gestaltungsrecht* mas fundado na vontade das partes. A sua função é a de completar um negócio ainda incompleto.

[497] MANFRED LÖWISCH, *Staudingers Kommentar...*, comentário ao § 315, 24.

Ocorrida qualquer uma destas duas circunstâncias caberia ao tribunal a determinação, segundo o processo de jurisdição voluntária previsto no artigo 1429.º do Código de Processo Civil.

V – Numa perspetiva normativa do problema metodológico da interpretação-compreensão-aplicação do Direito, como a referida diversas vezes ao longo desta nossa obra e particularmente quando procuramos determinar o alcance e conteúdo da obrigação de entrega da coisa, torna-se imediatamente problemática a questão que consiste em saber qual a solução a dar aos casos nos quais o terceiro procedeu à determinação do preço de forma incorreta, ou porque o fez de forma iníqua ou por não ter observado os critérios estabelecidos pelas partes para o efeito. Estar-se-ia perante situações não cobertas por fonte legal para as quais se mostraria necessário encontrar uma qualquer solução. Ora, como naqueles casos em que as partes estipularam critérios – com base nos quais o terceiro, ou terceiros, devem determinar o preço – o fizeram porque ao abrigo da respetiva autonomia privada só pretendiam ficar vinculadas ao preço resultante da aplicação do respetivo critério, fácil se tornaria concluir, na base do artigo 10.º do Código Civil, no sentido da aplicação analógica do artigo 400.º/2 a estas situações por ele não cobertas – ou se se preferir à lacuna detetada.

Numa linha diversa, RAÚL VENTURA[498] considerava que se a determinação chegou a ser feita, mas, tendo sido estipulados critérios para o fazer, não foram estes obedecidos, o recurso ao tribunal não é imposto pelo artigo 400.º/2 e, destarte, uma parte não pode ser forçada pela outra a aceitar a determinação judicial. Mas logo acrescentava de seguida: «*O ato realizado pela parte ou pelo terceiro com violação do critério estipulado ou legal não pode, contudo, valer.*» Para se não cair na nulidade do contrato, a parte interessada deveria fazer declarar a nulidade do ato de determinação e, deixando assim de haver determinação, requerer a determinação judicial.

VI – Trata-se, a nosso ver, e com a devida vénia, de duas soluções complicadas para um resultado incontroverso. Na verdade, para quem entenda como nós o problema da interpretação-compreensão-aplicação do Direito como um problema normativo a solução é extremamente simples. Nesta perspetiva não há que reconhecer a existência de nenhuma lacuna para as

[498] RAÚL VENTURA, *Contrato de compra e venda no Código Civil...*, in *Revista...*, 1980, 40, II, 619.

hipóteses nas quais se tenha convencionado determinados critérios para a fixação do preço e eles não tenham sido observados. Também se não mostra necessária a impugnação da determinação incorreta e subsequente recurso ao tribunal, nos termos do artigo 400.º/2. Numa perspetiva normativa do problema metodológico da interpretação-compreensão-aplicação do Direito o que importa não é a determinação textual do artigo 400.º/2 e a circunstância de ele se referir literalmente apenas à determinação que não pode ser feita ou não tiver sido feita no tempo devido. O que interessa apurar, isso sim, é o sentido normativo do artigo 400.º/2, o sentido jurídico da menção «*ao não poder ser a determinação feita ou não ter sido feita no tempo devido*». Ora, nesta perspetiva não parece haver dúvidas de que a realidade normativamente intencionada pelo artigo 400.º/2 não foi esta ou aquela concreta perturbação a que literalmente se parece estar a referir, mas, sim, qualquer perturbação ou incorreção no processo de determinação do preço para a qual as partes não tenham elas próprias, por interpretação negocial ou complementadora, previsto uma saída autónoma. Uma determinação a fazer por uma das partes ou por terceiros, segundo critérios fixados pelos outorgantes, mas que não foram cumpridos, é, na realidade, uma determinação insuscetível de utilização. Ela não corresponde a quanto foi pretendido pelas contraentes, ao abrigo da respetiva autonomia privada, e é, portanto, inaproveitável: do ponto de vista normativo é em tudo equivalente a uma determinação que não pode ser feita ou não foi feita em tempo devido. Ou se se preferir: do ponto de vista normativo ela é na realidade uma determinação que não pode ser feita ou não foi feita em tempo devido ou útil. O artigo 400.º/2 aplica-se, assim, diretamente ao caso em que tendo sido convencionado remeter a fixação do preço a terceiro, segundo determinados critérios estabelecidos pelas partes, este não tenha cumprido o encargo que lhe estava confiado, por inobservância dos limites que lhe foram impostos[499-500].

[499] Não há, pois, a nosso ver, nenhuma necessidade de recorrer a qualquer forma de aplicação analógica do artigo 400.º/2, com o sentido tradicional do termo. Até porque se sabe hoje que a interpretação-aplicação do Direito é sempre analógica mesmo quando, recorrendo aos quadros tradicionais, se diz haver aplicação direta.

[500] Face a quanto se escreveu *supra* no texto facilmente se compreende como perante o nosso Direito não faz falta uma estipulação como a contida no § 318, 2 ou no § 319, 1, ambos do *BGB*, o primeiro relativo à impugnação da determinação pelo terceiro e o segundo à ineficácia da determinação quando ela for iníqua, quando o terceiro não consegue ou não quer proceder à determinação ou se atrasa a fazê-lo. E, embora uma regulamentação mais

VII – Defendida a aplicação direta do artigo 400.º/2 aos casos em que o terceiro não cumpre o critério que lhe foi fixado para determinação do preço, nenhuma dúvida pode haver também, e se não houver regulamentação contratual – obtida por interpretação negocial ou complementadora –, no sentido segundo o qual a fixação incorreta do preço por terceiro pode ser apreciada pelo tribunal. Em qualquer caso, e seja qual for o caminho trilhado, o que se mostraria insustentável, injusto e absurdo seria a defesa de uma qualquer posição segundo a qual não poderia haver aqui sindicância do preço fixado em desconformidade com os critérios estipulados pelas partes, devendo ambas ficar vinculadas a um resultado que nunca pretenderam – nem isso é defensável por força da aplicação das regras contidas nos artigos 236.º e seguintes do Código Civil[501]. De resto, em bom rigor, não há nenhuma situação ou realidade jurídica insuscetível de ser objeto de sindicância ou controlo judicial. Desde logo, por força da regra do abuso de direito, dotada da máxima generalidade, sem se limitar a abranger direitos subjetivos, compreendendo igualmente outras posições jurídicas, incluindo as permissões genéricas de agir como a autonomia privada e o direito de ação[502]. Os próprios direitos de personalidade ou fundamentais têm limites judicialmente sindicáveis ao respetivo exercício.

Não se vislumbra, nem vislumbraria, destarte, qualquer motivo válido para se defender ou sustentar que o cumprimento dos limites impostos no desempenho de um encargo, como seja a fixação de um preço de acordo, esse já não poderia ser judicialmente apreciado. Não estando aqui em jogo os limites do caso julgado, seria colocar esta realidade à margem do próprio Direito.

VIII – Verificada a admissibilidade de controlo e sindicância judicial da determinação do preço por terceiro, importa agora averiguar quais os

cuidada pudesse ajudar, a verdade é que as soluções para estes problemas já estão normativamente presentes no próprio artigo 400.º/2 do Código Civil.

[501] Era de resto já essa a solução que vinha das Ordenações. V. *Ordenações Filipinas*, Liv. 4 Tit. 1, § 1.

[502] Cfr. o nosso *Responsabilidade processual por litigância de má fé, abuso de direito e responsabilidade civil em virtude de actos praticados no processo. A responsabilidade por pedido infundado de declaração da situação de insolvência ou indevida apresentação por parte do devedor*, 2006, 67 e ss., *maxime* 77. V., também, Oliveira Ascensão, *Direito civil*, III, *Relações e situações jurídicas*, 2002, 277 e nota 357; Menezes Leitão, *Direito*... I, 295; e Menezes Cordeiro, *Tratado*..., V, 403 e 404.

critérios a observar pelo tribunal nessa sua tarefa. A questão não oferece dificuldade de maior.

Nos casos contemplados no artigo 883.º do Código Civil se o preço não estiver fixado por autoridade pública, e as partes não determinaram nem convencionaram o modo de ele ser determinado, vale como preço contratual o que o vendedor normalmente praticar à data da conclusão do contrato ou, na falta dele, o de mercado ou de bolsa no momento do contrato e no lugar em que o comprador deve cumprir; na insuficiência destas regras, o preço será determinado pelo tribunal, segundo juízos de equidade. Será também a equidade o critério aplicável quando as partes se tenham reportado ao justo preço.

IX – Nas hipóteses previstas no artigo 400.º do Código Civil nada é dito de forma expressa quanto ao critério a observar pelo tribunal. Mas nem por isso a questão se torna mais difícil de resolver. O artigo 400.º/2 funciona em necessária articulação com o n.º 1 do mesmo preceito, contendo para ele uma remissão implícita. Assim, quando as partes tenham acordado que a determinação do preço se deve fazer segundo a equidade será esse o padrão a observar pelo tribunal[503]. E o mesmo se dirá se os intervenientes tiverem fixado critérios para a determinação do preço. Também, nessa eventualidade, o funcionamento conjugado dos dois números do artigo 400.º do Código Civil impõe ao juiz, na sua atividade de sindicância e controlo da determinação da prestação confiada a uma das partes ou a terceiro, o respeito pelas regras estipuladas pelos contraentes. De resto, nem podia deixar de ser assim. O próprio fundamento do recurso para o tribunal é a ausência de

[503] Apenas se poderá discutir se, havendo remissão para a equidade, o controlo judicial é admissível em caso de mera iniquidade ou, ao invés, exige manifesta iniquidade. No Direito alemão se a determinação for confiada a uma das partes basta a mera iniquidade (§ 315, 3 do *BGB*). Se a fixação foi confiada a um *tertius* é necessária a manifesta iniquidade, mostrando-se, porém, controvertida a questão de saber em quanto ela consiste (cfr. UDO KORNBLUM, *Die Rechtsnatur...*, in *Archiv...*, 1968, 163, 450 e ss., 458 e ss., 465 e ss.; JACOB JOUSSEN, *Das Gestaltungsrecht des Dritten...*, in *Archiv für die Civilistische Praxis*, 2003, 378 e ss.; MANFRED LÖWISCH, *Staudingers...* comentário ao § 315, 34 e ss., e comentário ao § 319, 105 e ss.). Faltando entre nós qualquer diferenciação deste tipo parece que a fiscalização a realizar pelo tribunal se deve fazer sempre em função do critério para o qual os contraentes remeteram: *i. e.* basta a mera iniquidade para o tribunal se poder pronunciar. Cfr. nesse sentido já CUNHA GONÇALVES, *Da compra e venda...*, I, 372, 376 e ss, e 378.

vinculatividade da determinação feita pela parte ou por terceiro em virtude de não ter observado os preceitos vinculativos para a fixação da prestação. Mais: vimos antes como a função do terceiro é apenas a de completar o contrato ou negócio. Ela não é nem criativa nem em regra constitutiva. Por isso, a função do julgador, ao sindicar e substituir-se ao terceiro, só será cumprida impondo e respeitando, ela própria, os critérios definidos pelas partes. Nem outra coisa poderia valer em função do princípio da autonomia privada das partes e da necessidade de os órgãos jurisdicionais respeitarem as obrigações e contratos celebrados ao abrigo da sua lícita concretização e exercício.

X – Questão diversa é a de saber como se deve comportar o julgador na eventualidade de a parte ou o terceiro falhar na sua tarefa de determinação da prestação, mas em aspeto que não foi totalmente disciplinado pelas partes, quando o devia ter sido. Imagine-se que os critérios fixados se mostram incompletos ou que há aspetos da atuação da parte ou do terceiro e suas consequências e efeitos que, segundo a economia contratual, merecem regulamentação mas a não têm. A saída passará necessariamente pela aplicação das regras relativas à interpretação complementadora ou, se se preferir, à interpretação integrativa ou, simplesmente, integração dos negócios jurídicos nos moldes atrás referidos.

XI – Num caso, porém, o nosso Direito parece não admitir a sindicância do tribunal. O artigo 466.º do Código Comercial estabelece, para a venda comercial, a propósito da determinação do preço, poder este tornar-se certo por qualquer meio, que desde logo fica estabelecido, ou dependente de arbítrio de terceiro. Por sua vez, o § único do preceito em referência esclarece que se o preço houver de ser fixado por terceiro e este não quiser ou não puder fazê-lo, ficará o contrato sem efeito, se outra coisa não for acordada. Esta regra diferencia com clareza duas situações: uma, na qual o preço deve ser fixado segundo determinados critérios – mesmo se a concretização desses critérios cabe a uma das partes ou a terceiro –, caso em que pode naturalmente intervir o tribunal para sindicar a atividade de fixação do preço; a outra, na qual tudo é deixado ao arbítrio do terceiro. Nesta última hipótese – e apenas nela –, se o terceiro não fixar o preço ou não puder fazê-lo fica o contrato sem efeito, se outra coisa não tiver sido convencionada. E compreende-se. Sendo tudo deixado ao arbítrio de um terceiro, e nada se estipulando relativamente à sua substituição no caso de este não pretender ou não puder fazer a determinação, parece ser a indicação *intuitu personae.* É a própria vontade das partes a opor-se à intervenção judicial, não parecendo poder o tribunal substituir o seu próprio arbítrio ao do *tertius*. Embora consagrada apenas para a compra e venda comercial deve entender-se que a insindicabilidade do mero arbítrio vale, também, para os casos de compra e venda civil. As razões são as mesmas, correspondendo, de resto, à solução expressamente consagrada pelo *BGB* (§ 318, 2)[504]. Mas mesmo aí parece haver um limite: sempre que haja má fé, dolo ou abuso de direito por parte do terceiro o tribunal pode intervir[505].

§ 3.1.4.3.3.2 – Redução, cumprimento e incumprimento da obrigação de pagar o preço

I – O artigo 884.º do Código Civil disciplina as situações de redução do preço estabelecido em virtude de limitação do objeto, por força do artigo 292.º do Código Civil ou de outro preceito legal (*v. g.* os artigos 793.º/1, 802.º/1 e 2, 888.º/2 ou 902.º). São duas as hipóteses nele previstas.

Se figurar no contrato um preço referente à parte válida aplica-se esse valor. Por exemplo, as partes vendem um cavalo e o veículo de transporte fixando que o primeiro vale 25 000 € e o segundo 20 000 €, sendo o negócio afetado apenas quanto a um deles. O mesmo sucede na eventualidade de se comprar a tanto por unidade e se indicar uma quantidade diferente da vendida (artigo 887.º do Código Civil)[506].

[504] Cfr., por todos, MANFRED LÖWISCH, *Staudingers Kommentar...*, comentário ao § 319, 108 e 109.

[505] CUNHA GONÇALVES, *Da compra e venda...*, 356, 372, e 378, sublinhava já não valer o § único do artigo 466.º sempre que o terceiro intervenha como perito (se a intervenção for nessa qualidade há sempre a possibilidade de sindicância e substituição do árbitro). Apenas em situações nas quais se remete para o mero arbítrio fica o contrato sem efeito se o *tertius* não puder proceder à determinação ou não o quiser fazer. Mas mesmo nas hipóteses de remissão para o mero arbítrio esclarecia já CUNHA GONÇALVES não se estar diante do arbítrio absoluto, suscetível de comportar a permissão de reduzir a obrigação a nada. Não vale, escreve, a escolha inquinada de dolo ou má fé, nem a recusa resultante de combinação dolosa com uma das partes. Nesse caso, pode haver intervenção judicial.

[506] PIRES DE LIMA e ANTUNES VARELA, *Código...*, II, 176.

Na falta de discriminação o artigo 882.º/2 do Código Civil estabelece ser a redução feita por meio de avaliação. Essa avaliação pode ser extrajudicial ou, na falta de acordo nesse sentido, judicial. A discriminação não tem, todavia, de ser expressa.

Assim, também, por exemplo, o STJ 06-02-2007 (Urbano Dias)[507]: não tendo as partes feito na escritura pública qualquer discriminação do preço em razão das áreas dos prédios vendidos isso não invalida que, face ao alegado, se possa fazer prova de que esse critério foi tomado em consideração pelas partes.

Poder-se-ia pensar em, não havendo discriminação, se atender à proporção quantitativa entre o todo e a parte remanescente. Sucede, porém, afirma-se, não ter frequentemente o objeto, que ficou limitado, para o comprador um valor proporcional ao da venda[508]. Uma análise dos diversos preceitos dos quais pode resultar a redução do preço permite, não obstante, constatar como de facto o critério aí utilizado é o da proporcionalidade (cfr. artigos 793.º/1, 887.º, 888.º/2, 902.º, 991.º/1, todos do Código Civil). Nesse caso deve prevalecer este último critério mesmo se com redução do alcance prático do artigo 884.º[509].

II – O preço deve ser pago, salvo disposição das partes em sentido diverso, no momento e lugar da entrega da coisa (artigo 885.º/1 do Código Civil)[510]. Todavia, se por estipulação das partes ou por força dos usos o preço não tiver de ser pago no momento da entrega, o pagamento terá lugar no domicílio do credor ao tempo do cumprimento (artigo 885.º/2 do Código Civil). Tem, pois, aqui, e neste caso, aplicação a regra geral constante do artigo 774.º do Código Civil, para as obrigações pecuniárias. Vale, portanto, também aqui,

[507] STJ 06-02-2007 (Urbano Dias), Proc. 06A4766/ITIJ (redução do negócio – contrato de compra e venda – determinação do preço).

[508] Pires de Lima e Antunes Varela, *Código...*, II, 176.

[509] Raúl Ventura, *Contrato de compra e venda no Código Civil...*, in *Revista...*, 1980, 40, II, 627.

[510] Menezes Leitão, *Direito...*, III, 36, considera que a obrigação de pagar o preço no momento da entrega apenas se verifica com o cumprimento integral da obrigação de entrega. Sendo ela faseada só concluído o processo tem de haver pagamento, exceto se outra coisa for convencionada. A solução é de acompanhar.

o disposto nos artigos 775.º (mudança de domicílio) e 776.º (impossibilidade da prestação no lugar fixado), ambos do Código Civil[511].

Provada a compra e venda incumbe ao comprador a prova do cumprimento da sua obrigação[512].

III – O artigo 801.º/2 concede ao credor o direito de resolução do contrato bilateral sinalagmático na eventualidade de não-cumprimento definitivo imputável ao devedor[513]. Limitando, como vimos, essa regra o artigo 886.º estabelece não poder o vendedor, salvo convenção em sentido inverso, resolver o contrato por falta de pagamento do preço se tiver havido transferência da propriedade da coisa ou do direito sobre ela com entrega da coisa ao comprador.

Tem-se, por isso, entendido que fora dos casos de proibição de resolução constantes do artigo 886.º a resolução da compra e venda é legítima[514]. Raúl Ventura parece, numa primeira análise, recusar a ideia, mas acaba por aceitá-la desde que reunidos os pressupostos de aplicação dos artigos 808.º e 801.º do Código Civil.

Mesmo no caso de a coisa já ter sido entregue ao comprador tem este a faculdade de recorrer à exceção de não-cumprimento do contrato, recusando-se a pagar o preço se, dentro dos prazos conferidos pelo Direito, detetar discordâncias entre a coisa recebida e a qualidade devida[515].

Além disso, o comprador tem sempre a possibilidade de recorrer à ação de cumprimento para pagamento do preço (artigo 817.º do Código Civil) e de exigir os respetivos juros moratórios (artigo 806.º do Código Civil).

511 Pires de Lima e Antunes Varela, *Código...*, II, 177. V., também, Vaz Serra, *Anotação ao STJ 30-10-1967*, in *Revista de Legislação e de Jurisprudência*, 1969, 101, 219 e 221; Raúl Ventura, *Contrato de compra e venda no Código Civil...*, in *Revista...*, 1980, 40, II, 629. Em sentido diverso, porém, Baptista Lopes, *Compra...*, 120; Menezes Leitão, *Direito...*, III, 36, em nota.

512 STJ 06-11-2003 (Lucas Coelho), Proc. 02B3469/ITIJ (compra e venda – compra e venda comercial – extrato de fatura – título de crédito).

513 Quanto ao incumprimento da obrigação de pagar o preço na compra e venda comercial cfr. o artigo 474.º do Código Comercial. Na Doutrina v., por todos, Raúl Ventura, *Contrato de compra e venda no Código Civil...*, in *Revista...*, 1980, 40, II, 635 e ss..

514 Assim, Menezes Leitão, *Direito...*, III, 37; Nuno Pinto de Oliveira, *Compra...*, 45.

515 Assim, também, Pedro Romano Martinez, *Direito...*, 53.

§ 3.1.4.3.4 – Outros deveres pendentes sobre o comprador

I – Analisado o efeito essencial da compra e venda pendente sobre o comprador cabe ainda referir a circunstância de existirem outros deveres, não essenciais, que recaem, ou podem recair, sobre o comprador. Um desses deveres consiste, e salvo convenção ou usos em sentido inverso, na obrigação de o comprador suportar as despesas relativas à celebração do contrato de compra e venda nos termos do artigo 878.º do Código Civil. Sublinhe-se a circunstância de as despesas cobertas pelo preceito em referência serem apenas as inerentes à celebração do contrato e não já as concernentes à sua execução, que deverão, em princípio, recair sobre o vendedor. Desta forma, correrão pelo devedor as despesas ligadas à guarda, e conservação.

Capítulo II
Modalidades Típicas da Compra e Venda

§ 1 – Introdução

I – A compra e venda mostrou-se desde sempre um tipo contratual aberto a configurações singulares[516]. Deve-se isso ao facto de logo nos tempos mais remotos a *praxis* ter logrado a ponderação e o prevenir de interesses singulares através de pactos próprios[517]. Obteve-o no Direito romano através de pactos anexados ao contrato de compra e venda. A estrutura e moldes dos modelos assim obtidos foi perpetuada e desenvolvida pelo *ius commune* que, entretanto, verteria ainda novas soluções ou formas.

II – A maioria das codificações atuais oferece a regulamentação de uma parte das, assim, tipificadas formas particulares de compra e venda. Nenhum Código possui, porém, uma disciplina de todas as modalidades sabidas deste

[516] Sublinhando este mesmo aspeto v., por exemplo, Peter Mader, *Staudingers Kommentar...*, §§ 433 a 487, comentário prévio ao § 454, 507; Peter Mader/Martin Josef Schermaier, *Staudingers Kommentar zum Bürgerlichen Gesetzbuch mit Einführungsgesetz und Nebengesetzen. Buch 2: Recht der Schuldverhältnisse*, 2014, §§ 433 a 480, comentário prévio ao § 454, 829.

[517] V., novamente, Peter Mader, *Staudingers Kommentar...*, 2004, §§ 433 a 487, comentário prévio ao § 454, 507; Peter Mader/Martin Josef Schermaier, *Staudingers Kommentar...*, 2014, §§ 433 a 480, comentário prévio ao § 454, 829.

contrato[518]. Nas páginas do presente capítulo iremos estudar as tipificadas enquanto tais no nosso Código Civil[519].

§ 2 – Venda com reserva de propriedade

§ 2.1 – Generalidades, forma, publicidade e oponibilidade da reserva de propriedade

I – Celebrado um contrato de compra e venda, a coisa vendida passa a pertencer ao comprador. É um resultado da eficácia real do contrato de compra e venda. O artigo 409.º/1 do Código Civil permite, porém, ao vendedor[520-521] reservar para si a propriedade da

[518] Assim, também, PETER MADER, *Staudingers Kommentar...*, §§ 433 a 487, comentário prévio ao § 454, 508; PETER MADER/MARTIN JOSEF SCHERMAIER, *Staudingers Kommentar...*, 2014, §§ 433 a 480, comentário prévio ao § 454, 830.

[519] Não se estudarão, destarte, figuras reguladas em diplomas avulsos e cujo emolduramento é próprio do Direito comercial, por se pretender agora um tratamento civilístico da matéria. Remete-se, pois, no essencial, e relativamente aos aspetos mercantis da compra e venda, para MENEZES CORDEIRO, *Manual de direito comercial*, 4.ª edição, com a colaboração de A. BARRETO MENEZES CORDEIRO, 2016, 856 e ss., e 833 e ss.. Para além da obra de MENEZES CORDEIRO agora referida pode, ainda assim, ver-se, na literatura jurídica civil deste século, a propósito da compra e venda comercial e aspetos com ela conexos, PEDRO ROMANO MARTINEZ, *Direito das obrigações (Parte especial)...*, 99 e ss.; ENGRÁCIA ANTUNES, *Direito dos contratos comerciais*, 3.ª reimpressão da edição de 2009, 2014, 345 e ss.; PEDRO PAIS DE VASCONCELOS, *Direito comercial*, 2011, 258 e ss.; MENEZES LEITÃO, *Direito...*, III, 89 e ss.; (ainda assim, uma nota para sublinhar o facto de MENEZES CORDEIRO [*op. cit.*, 858], entender ter sido o artigo 463.º/5 do Código Comercial, relativo à compra e venda de ações, revogado pelo artigo 3.º/1 do Decreto-Lei n.º 226/86, de 2 de setembro). Na Doutrina do século XX v., por exemplo, CUNHA GONÇALVES, *Da compra e venda no direito commercial portuguez*, 1909, I, 1912, II, *per totum*. No Direito alemão, para as especialidades da compra e venda comercial, v., por todos e de modo puramente ilustrativo, HANS-WERNER ECKERT/JAN MAIFELD/MICHAEL MATTHIESSEN, *Handbuch des Kaufrechts...*, 43 e ss., 181 e ss..

[520] A cláusula de reserva da propriedade faz parte integrante do contrato de compra e venda. Não se trata de convenção ou acordo acessório.

[521] Para uma referência específica ao problema da evolução histórica da reserva de propriedade v., para além do referido *supra*, Parte I, § 2.2, II, a este respeito, a título ilustrativo, LANDSBERG, *Die Glosse des Accursius und ihre Lehre...*, 128; ALFREDO ASCOLI, *La riserva di proprieta nella vendita*, in *Studi Senesi. Scritti giuridici e di scienze economiche pubblicati in onore di Luigi*

coisa[522] até ao cumprimento total ou parcial das obrigações da outra parte ou até à produção de algum outro evento[523-524].

Morani, nel XXXV anno del suo insegnamento, 1906, II, 193 e ss.; BUSSI, *La formazione dei dogmi di diritto privato...*, II, 23 e ss.; BESTA, *Le obbligazioni nella storia del diritto...*, 209; MARIA ADA BENEDETTO, *Vendita...*, in *Novissimo...*, XX, 602; SPONER, *Das Anwartschaftsrecht und seine Pfändung*, 1965, 21 e ss.; SCHIEMANN, *Über die Funktion des* pactum reservati domini *während der Rezeptionen des römischen Rechts in Italien und Mitteleuropa*, in *Zeitschrift der Savigny-Stiftung für Rechtsgeschichte, romanistische Abteilung*, 1976, 93, 161; MEINHART, *Dogmengeschichtliches und Dogmatiches zum Eigentumsvorbehalt*, in *Zeitschrift der Savigny-Stiftung für Rechtsgeschichte, romanistische Abteilung*, 1988, 105, 729 e ss.; KARLHEINZ MISERA, *Zum Eigentumsvorbehalt im klassischen römischen Recht*, in *Festschrift für Rolf Serick zum 70. Geburtstag*, 1992, 275 e ss.; WOLFGANG WIEGAND, *Sicherungsübereignung und Fahrnispfand*, in *Mobiliarsicherhieten. Sicherungszessions und Übereignung, Pfandrecht und Eigentumsvorbehalt aus privat- und verfahrensrechtlicher Sicht (Berner Banksrechtstag, 1998)*, 1998, 75 e ss., 79 e ss.; ROLAND BECKMANN, *Staudingers Kommentar...*,, §§ 433 a 487, comentário ao § 449, 427; Id., *Idem*, 2014, §§ 433 a 480, comentário ao § 449, 6765; MAAB, *Die Geschichte des Eigentumsvorbehalts, insbesondere im 18. und 19*, 2000, *per totum*; KASER/KNÜTEL, *Römisches...*,, 122, 207; e, entre nós, CARLOS DA GAMA ROSE, *Compra e venda a prestações com e sem reserva de propriedade*, 1962, 20; MENEZES CORDEIRO, *Anotação ao STJ (Pleno) 31-01-1996*, in *Revista da Ordem dos Advogados*, 1996, 56, I, 320; ANA CATARINA ROCHA, *A cláusula de reserva de propriedade na Directiva 2000/35/CE do Parlamento Europeu e do Conselho sobre as medidas de luta contra atrasos de pagamentos*, in *Revista da Faculdade de Direito da Universidade do Porto*, 2005, II, 20; MENEZES LEITÃO, *Garantias das obrigações*, 3.ª edição, 2012, 254 a 256; Id., *Idem*, 5.ª ed., 2016, 246 a 247; MARIA ISABEL MENÉRES CAMPOS, *A reserva de propriedade: do vendedor ao financiador*, 2013, 33 e ss.. As opiniões mostram-se divididas relativamente ao conhecimento e moldes desta figura por parte do Direito romano.

522 Assunto com interesse é o de saber se depois de celebrada uma compra e venda é possível inserir no contrato uma cláusula de reserva de propriedade. Via de regra, os contratos são livremente alteráveis mediante acordo das partes. À primeira vista poderia, pois, parecer possível inserir numa compra e venda já celebrada a cláusula de reserva da propriedade. Sucede, todavia, gozar a compra e venda de eficácia real. Uma vez celebrada assiste-se à transmissão da propriedade ou titularidade do direito vendido. Donde, celebrada a venda deixa de ser possível, mesmo com a anuência do comprador, o vendedor reservar para si algo que não lhe pertence. Assim, também, RAÚL VENTURA, *Contrato de Compra e Venda no Código Civil. Efeitos essenciais do contrato de compra e venda...*, in *Revista...*, 1983, ano 43, III, dezembro, 605 e 606; PEDRO DE ALBUQUERQUE, *Compra e venda...*, in *Direito...*, III, 37; PEDRO ROMANO MARTINEZ e PEDRO FUZETA DA PONTE, *Garantias de cumprimento*, 5.ª edição, 2006, 239, nota 579; MENEZES LEITÃO, *Direito...*, III, 54 e nota 99; Id., *Garantias...*, 259 e 260; 5.ª ed., 251; NUNO PINTO OLIVEIRA, *Contrato de compra e venda...*, 53; SANTOS JUSTO, *Manual de contratos...*, 37. Em sentido parcialmente diverso LUÍS DE LIMA PINHEIRO, *A cláusula de reserva da propriedade (algumas reflexões*

sobre a função, regime e natureza jurídica), 1988, 40 e 41, pende a favor da possibilidade de a estipulação de reserva de propriedade, depois de vendido o bem poder representar uma retransmissão da propriedade. Na mesma linha vai MARIA ISABEL MENÉRES CAMPOS, *A reserva de propriedade...*, 105 e ss., lembrando, todavia, a necessidade de proteção dos credores e a possibilidade de a cláusula ser, nesse cenário, uma forma de ladear o princípio da *par conditio creditorum*. A estipulação poderia, assim, ser um ato suscetível de resolução nos termos dos artigos 120.º e seguintes do CIRE. A solução proposta por LUÍS DE LIMA PINHEIRO, mesmo em sede de interpretação da vontade das partes, não pode ser admitida em abstrato. Só casuisticamente, interpretada, de modo apropriado, a vontade manifestada e a respetiva formalização eventual, se pode dizer se é ou não assim. Sublinhe-se, ainda, o facto de a Diretriz 2011/7/UE do Parlamento Europeu e do Conselho exigir a necessidade de a reserva ser anterior à entrega dos bens. Mas nos sistemas de eficácia real baseada no título (e não no modo) a regra deve ser entendida como referente à produção do efeito real. Não ao momento da entrega. No mesmo sentido, se bem vimos, ANA CATARINA ROCHA, *A cláusula de reserva de propriedade na Directiva 2000/35/CE do Parlamento Europeu...*, in *Revista...*, 2005, II, 42. Note-se, ainda, segundo a Diretriz europeia dever ser a reserva de propriedade prevista de forma expressa. Pergunta-se, assim, se o facto de o Direito português a par, por exemplo, com o alemão, não exigir a necessidade de a reserva de propriedade ser estipulada de forma expressa envolve algum incumprimento da Diretriz. Julgamos que não. O sentido da Diretriz parece ser o de não permitir aos Estados-membros negarem efeitos a uma cláusula de reserva de propriedade estipulada de forma expressa. Mas nada os impede de aceitarem igualmente a validade de uma reserva meramente tácita. Em sentido diverso v., porém, ANA CATARINA ROCHA, *A cláusula de reserva de propriedade na Directiva 2000/35/CE do Parlamento Europeu...*, in *Revista...*, 2005, II, 65 e ss.. A autora alega estar em jogo, não apenas a proteção do credor (avantajada pela desnecessidade de declaração expressa), mas, sim, a necessidade de proteção de outras pessoas, *maxime* terceiros credores, o subadquirente ou até o próprio devedor. Relativamente à menor proteção do devedor é o próprio artigo 6.º/2 da Diretriz a admitir essa possibilidade («*Os Estados-Membros poderão manter ou pôr em vigor disposições mais favoráveis ao credor do que as necessárias ao cumprimento da presente directiva*»). Ao permitir-se o avantajar-se do credor isso envolve um desproteger do devedor. Relativamente a terceiros não se vê como poderá a exigência de estipulação expressa beneficiá-los se, ao mesmo tempo, se permite a possibilidade de essa declaração expressa ser meramente verbal. Porém, a Diretriz aceita a possibilidade de a estipulação não ser escrita. E essa exigência é que, verdadeiramente, protegeria os terceiros. Portanto, a Diretriz, ao permitir a reserva mediante acordo oral expresso, não pretendeu proteger os terceiros. Limitou-se a obrigar os Estados-membros a preverem a reserva de propriedade nas hipóteses em que, ambas as partes, a previram expressamente. Se apenas o fizeram de forma tácita, então, os Estados poderão optar por aceitar, ou não, a reserva. E o Estado português aceitou.

Apesar de, em regra, associada à venda a prestações a cláusula de reserva de propriedade não anda necessariamente ligada a esta modalidade do contrato de compra e venda. O pacto de *reservatio dominii* é perfeitamente harmonizável com o pagamento integral do preço. Do mesmo modo, o pagamento em prestações não impede a imediata transferência da propriedade do bem vendido[525]. Isso só sucederá se tiver sido convencionada a reserva da propriedade.

[523] Para uma análise de Direito comparado sobre a reserva de propriedade pode ver-se, por exemplo, ANA CATARINA ROCHA, *A cláusula de reserva de propriedade na Directiva 2000/35//CE do Parlamento Europeu...*, in *Revista...*, 2005, II, 25 e ss.; LUÍS MIGUEL PESTANA DE VASCONCELOS, *A cessão de créditos em garantia e a insolvência*, 2007, 725 e ss., nota 1386 e ss.; MARIA ISABEL MENÉRES CAMPOS, *A reserva de propriedade...*, 60 a 62. Já para um estudo de Direito internacional privado referência para LUÍS DE LIMA PINHEIRO, *A venda com reserva de propriedade em direito internacional privado*, 1991, em especial para o estudo de Direito comparado, 87 e ss..

[524] A propósito das tentativas europeias de unificação desta matéria v. ANA CATARINA ROCHA, *A cláusula de reserva de propriedade na Directiva 2000/35/CE do Parlamento Europeu...*, in *Revista...*, 2005, II, 33 e ss.; MARIA ISABEL MENÉRES CAMPOS, *A reserva de propriedade...*, 62 e ss. De salientar a Diretriz 2011/7/UE do Parlamento Europeu e do Conselho sobre as medidas de luta contra atrasos de pagamentos, a comunicação da Comissão Europeia, de 2003, ao Parlamento Europeu com um plano de ação para uma maior coerência no Direito europeu dos contratos e o Código Europeu dos contratos, *maxime* o seu artigo 201.º.

[525] Isto sem prejuízo do facto notado por LUÍS DE LIMA PINHEIRO, *A cláusula...*, 18 e 19 (v. do mesmo autor, também, *A venda com reserva de propriedade em direito internacional...*, 1 e 12); depois seguido por MENEZES LEITÃO, *Direito...*, III, 53, no sentido de a compra e venda com reserva de propriedade já traduzir, nos nossos dias, um tipo jurídico estrutural, aplicável nas compras e vendas a prestações ou com espera do preço, em que o vendedor procede à entrega da coisa ao comprador, de modo a permitir-lhe o gozo antes de o preço estar pago cfr., igualmente, GABRIELA FIGUEIREDO DIAS, *Reserva de propriedade*, in *Comemorações dos 35 anos do Código Civil e dos 25 anos da reforma de 1977*, III, *Direito das obrigações*, 2007, 423, 428 e 429; NUNO AURELIANO, *O risco nos contratos de alienação, contributo para o estudo do direito privado português*, 2009, 343 e ss.. Também ROLAND MICHAEL BECKMANN, *Staudingers...*, 2004, §§ 433 a 487, comentário ao § 449, 425; Id., *Idem*, 2014, §§ 433 a 480, comentário ao § 449, 674, ao referir estar o sentido da reserva da propriedade ligado a situações em que o vendedor entrega a coisa sem receber o preço. Note-se, porém, que o § 449/1 do *BGB* tem uma configuração diversa do artigo 409.º/1. No primeiro preceito a reserva de propriedade apenas pode permanecer subordinada ao pagamento do preço, no segundo estabelece-se ser lícito ao alienante reservar para si a propriedade da coisa até cumprimento das obrigações da outra parte ou até à verificação de qualquer outro evento. Mesmo assim a existência do tipo estrutural mencionado nesta nota tem vindo a tornar, entre nós, teóricas outras hipóteses como a estipulação da reserva de propriedade sem se proceder à tradição da coisa, que teria,

II – A reserva de propriedade reveste-se para o vendedor da maior importância. Nomeadamente, nas hipóteses da venda como pagamento diferido no tempo ela permite ao vendedor a defesa da sua posição, pois, em caso de incumprimento por parte do comprador, o alienante conserva para si a coisa objeto do contrato de compra e venda.

Por outro lado, em caso de insolvência do comprador, os credores deste não poderão, em princípio, fazer-se pagar pelo valor da coisa vendida com reserva de propriedade. Essa coisa continua na titularidade do vendedor que de tal forma se protege perante os riscos de insolvência do adquirente.

Assunto diverso é o da oponibilidade da cláusula de reserva de propriedade aos credores e adquirentes do vendedor. Na hipótese de insolvência, diz o artigo 104.º/1 do CIRE poder o comprador exigir o cumprimento do contrato se a coisa já lhe tiver sido entregue à data da declaração de insolvência. O administrador pode, todavia, recusar o cumprimento, hipótese em que o comprador apenas terá, como crédito sobre a insolvência, direito à diferença, se positiva, entre o valor da coisa na data da recusa e as prestações previstas até ao final do contrato (artigo 104.º/5 do CIRE). Trata-se, porém, como bem nota MENEZES LEITÃO[526], de uma norma insuscetível de generalização. Nos termos do artigo 342.º do CPC, e ressalvadas as regras relativas ao registo, o comprador poderá opor a expetativa de aquisição aos credores do vendedor. O mesmo sucede relativamente aos adquirentes sucessivos, legitimando-se a aplicação a estes o regime da compra e venda de bens alheios[527]. Na verdade, a titularidade do vendedor é apenas para efeitos de garantia não lhe assegurando já a plenitude dos poderes contidos no seu direito.

apenas o efeito de permitir a aplicação da resolução a terceiros, ou a simples dependência da reserva de propriedade em relação a qualquer outro evento (v., também, no mesmo sentido MENEZES LEITÃO, *Garantias...*, 257, nota 580; 5.ª ed., 249, nota 593). MARIA ISABEL MENÉRES CAMPOS, *A reserva de propriedade...*, 91 e ss., rejeitando a posição de ANA MARIA PERALTA, *A posição jurídica do comprador na compra e venda com reserva de propriedade,* 1991, 152, no sentido de ver na compra e venda com reserva de propriedade um tipo especial, vê nela um subtipo da compra e venda.

[526] PESTANA DE VASCONCELOS, *A cessão...*, 714; MENEZES LEITÃO, *Direito...*, III, 56.

[527] Assim MENEZES LEITÃO, *Direito...*, III, 56 e 57, mas sublinhando a necessidade de se ressalvar o regime da compra a comerciante (artigo 1301.º do Código Civil).

III – Relativamente à forma, a cláusula de reserva da propriedade está sujeita às mesmas exigências e formalidades que o contrato no qual se acha inserida, podendo ser consensual se a própria venda o for. Não obstante, na eventualidade de insolvência do comprador, o artigo 104.º/4 do CIRE impõe a forma escrita como pressuposto de oponibilidade à massa insolvente[528].

Além disso, na medida em que a reserva de propriedade tanto pode ser pactuada na compra e venda de bens móveis como na de imóveis[529], ela terá de obedecer, para ser oponível a terceiros, às regras de registo a que se mostrarem sujeitos os próprios bens alienados (artigo 409.º/2 do Código Civil)[530].

Debatido afigura-se, todavia, o problema de saber qual a oponibilidade da cláusula de reserva de propriedade quando não esteja sujeita a registo. Vamos abordá-la de seguida.

§ 2.1.1 – *(continuação)* A oponibilidade da cláusula de reserva de propriedade, não sujeita a registo, a terceiros

I – Tratando-se de bens não sujeitos a registo, PEDRO ROMANO MARTINEZ[531] entende, numa posição já antes defendida, de *jure condendo*,

[528] Assim, sublinhando-o, por todos, ANA PRATA, *Código civil anotado*, 2017, I, comentário ao artigo 409.º, 509; ANA CATARINA ROCHA, *A cláusula de reserva de propriedade na Directiva 2000/35/CE do Parlamento Europeu...*, in *Revista...*, 2005, II, 25.

[529] Tem-se, todavia, julgado a venda de coisas consumíveis insuscetível de se harmonizar com a reserva de propriedade, salvo se vier a ser estipulada uma inconsumibilidade. Mas isso não exprime não ser um dos campos de maior utilização da compra e venda com reserva de propriedade o da compra e venda de bens de consumo. A linguagem é aqui suscetível de se mostrar fonte de ambiguidades. No Direito alemão têm sido também previstas formas de reserva de propriedade sobre bens destinados a serem transformados e introduzidos no processo produtivo. A respeito das modalidades especiais de reserva de propriedade presentes no Direito alemão v., por todos, LUÍS MIGUEL PESTANA DE VASCONCELOS, *A cessão...*, 458, nota 892, 726 e ss., nota 1386; HANS-WERNER ECKERT/JAN MAIFELD//MICHAEL MATTHIESSEN, *Handbuch des Kaufrechts...*, 118 e ss..

[530] Note-se, porém o facto de não obstante a oponibilidade da reserva de propriedade em certos cenários poder ter aplicação o artigo 1301.º do Código Civil. No sentido de o artigo 1301.º apenas valer para hipóteses de venda de bens não sujeitos a registo v. RCb 28-04-1987 (FERREIRA DA ROCHA), in *Colectânea de Jurisprudência*, 1987, II, 97 (venda de automóvel alheio – automóvel comprado a comerciante).

[531] PEDRO ROMANO MARTINEZ, *Direito...*, 38 e ss.. V., também, PEDRO ROMANO MARTINEZ e PEDRO FUZETA DA PONTE, *Garantias...*, 240 e ss.. Mas V., PEDRO ROMANO

por VAZ SERRA[532], ter a cláusula de reserva de propriedade eficácia *inter partes* mas não ser oponível a terceiros[533]. Esta posição diverge, no entanto, da *communis opinio*. Segundo esta, não havendo obrigatoriedade de registo, a cláusula de reserva é sempre oponível a terceiros de boa fé[534]. O autor alega, em primeiro lugar, a necessidade de tutela da aparência e o paralelo com o penhor (artigos 669.º e ss. do Código Civil) assim como com a compra e venda a comerciante (artigo 1301.º). Em segundo lugar, lembra a relatividade dos contratos (artigo 406.º/2 do Código Civil). Sendo a reserva de propriedade uma cláusula contratual, sem registo, não poderia ser oposta a terceiros. Em terceiro lugar, afirma não se compreender que a reserva de propriedade, no caso de bens imóveis, dependesse de registo para ser oponível a terceiros e tratando-se de coisas móveis fosse oponível *erga omnes*. Finalmente, em quarto e último lugar, na hipótese de incumprimento, designadamente pela falta de pagamento do preço, cabe ao vendedor resolver o contrato nos termos admitidos pelo artigo 886.º, mas nos termos do artigo 435.º/1 do Código Civil a resolução não prejudica os terceiros de boa fé.

II – Que pensar destes argumentos? Com a devida vénia, afigura-se-nos ter razão a *communis opinio*.

MARTINEZ, *Da cessação do contrato*, 2005, 255; 2.ª ed., 2006, 259, onde nos parece subsistirem dúvidas.

[532] VAZ SERRA, *Efeitos dos contratos (princípios gerais)*, in *Boletim do Ministério da Justiça*, 1958, 74, 358 e 368.

[533] Indo mais longe, ainda, a RLx 22-06-2006 (SALAZAR CASANOVA), Proc. 4927/2006-8/ /ITIJ (reserva de propriedade – apreensão de veículo), chega a afirmar, dada a sua natureza creditícia, ou de garantia meramente obrigacional, apenas valer a reserva de propriedade no âmbito das relações entre contraentes. Não é, porém, salvo melhor entendimento, isso a resultar de forma manifesta, por exemplo, do artigo 104.º/4 do CIRE.

[534] Assim v., por exemplo, RAÚL VENTURA, *O contrato de compra e venda no código civil...*, in *Revista...*, 1983, ano 43, III, dezembro, 608; RIBEIRO DE FARIA, *Direito das obrigações*, 1990, I, 222; LUÍS DE LIMA PINHEIRO, *A venda com reserva...*, 19; ANA MARIA PERALTA, *A posição jurídica do comprador...*, 40 e ss.; ANTUNES VARELA, *Das obrigações em geral*, 10.ª ed., 3.ª reimpressão, 2005, I, 306; ANA CATARINA ROCHA, *A cláusula de reserva de propriedade na Directiva 2000/35/CE do Parlamento Europeu...*, in *Revista...*, 2005, II, 22 e 24; MENEZES LEITÃO, *Direito...*, III, 54 e ss., e nota 106; NUNO PINTO OLIVEIRA, *Compra...*, 58 e ss.; MARIA ISABEL MENÉRES CAMPOS, *A reserva de propriedade...*, 136 e ss.; ANA PRATA, *Código civil...*, I, comentário ao artigo 409.º, 511. Ao nível da Jurisprudência v., por exemplo, RÉv 30-04-2009 (MANUEL MARQUES), Proc. 1276/07.8TBABT.E1/ITIJ (reserva de propriedade – compra e venda de coisas móveis).

O apelo à tutela da aparência e o paralelo com o penhor e a compra e venda realizada por comerciante não nos parecem proceder. A solução está vertida nestas duas hipóteses, mas não está na compra e venda com reserva de propriedade[535]. E não há analogia de situações[536]. Além disso, para a venda de bens alheios existe solução expressa para o problema da aparência: o disposto no artigo 892.º do Código Civil. Diz-se, aí, não poder o vendedor opor ao comprador de boa fé a nulidade do negócio. Apenas isso. Relativamente ao proprietário do bem o negócio é *res inter alios acta*[537] e o negócio é nulo. Note-se não fazer o artigo 892.º, ao estabelecer a nulidade, nenhuma distinção entre a venda de bens imóveis ou móveis sujeitos a registo e a venda de bens móveis não sujeitos a registo[538]. No máximo poderá valer, em certas hipóteses, o disposto no artigo 1301.º do Código Civil. Mas isso não envolve a inoponibilidade da reserva de propriedade. O beneficiário da reserva pode exigir, na mesma, o bem. Pode é ter de restituir o preço pago pelo terceiro, beneficiando depois do direito de regresso perante o alienante.

A alegação da relatividade dos contratos como forma de fundar a inoponibilidade da cláusula de reserva de propriedade prova, salvo melhor entendimento, demais[539]. Nessa eventualidade, e a valer o princípio da relatividade ou ineficácia externa do contrato, nem mesmo a transferência da coisa ou titularidade do direito podia ser alegada diante de terceiro[540]. E a noção, natureza e efeitos associados à existência de um direito real, como é a propriedade, depõem justamente em sentido oposto[541]. Ou seja, a favor da oponibilidade a todos, ressalvadas as regras do registo. Não vigora entre nós a regra da posse vale título, suscetível de permitir a proteção, nesta situação, do adquirente *a non domino*[542].

[535] Menezes Leitão, *Direito...*, III, 55, nota 106. V., também, o referido a este respeito por Nuno Pinto Oliveira, *Compra...*, 59. Gabriela Figueiredo Dias, *Reserva...*, in *Comemorações...*, 2007, III, 435, por seu turno refere o consenso no sentido da oponibilidade da reserva de propriedade na venda de bens móveis não sujeitos a registo.

[536] Na mesma direção Menezes Leitão, *Direito...*, III, 55, nota 106.

[537] V., por todos, Maria Isabel Menéres Campos, *A reserva de propriedade...*, 136 e ss..

[538] No mesmo sentido Maria Isabel Menéres Campos, *A reserva de propriedade...*, 136.

[539] Assim, também, Menezes Leitão, *Direito...*, III, 55, nota 106.

[540] Neste mesmo sentido v. Nuno Pinto Oliveira, *Compra...*, 60; e Menezes Leitão, *Direito...*, III, 55, nota 106.

[541] Na mesma direção v. Maria Isabel Menéres Campos, *A reserva de propriedade...*, 139.

[542] No mesmo sentido Maria Isabel Menéres Campos, *A reserva de propriedade...*, 140.

Também prova demais, a nosso ver, o argumento segundo o qual não faria sentido depender a oponibilidade da cláusula de reserva de propriedade relativa a bens móveis de registo e a relativa a móveis não. Na hipótese dos bens sujeitos a registo a própria oponibilidade do negócio de transmissão a terceiros de boa fé depende de registo. O mesmo não sucede com os atos de transmissão de móveis. Se a posição de PEDRO ROMANO MARTINEZ, relativamente à reserva de propriedade, fosse de aceitar tinha de se extrair dela todas as suas consequências: a simetria exigiria que os negócios sobre móveis não sujeitos a registo nunca fossem oponíveis a terceiros de boa fé. Mais: a própria posição dos terceiros de boa fé jamais se mostraria defensável perante quem de boa fé tivesse uma posição jurídica oposta com a deles, numa interminável cascata.

Também se afigura, com o devido respeito, improcedente, para alicerçar a tese da inoponibilidade da cláusula de reserva de propriedade, a alegação do disposto no artigo 435.º/1 do Código Civil. Este preceito determina não prejudicar a resolução do contrato, mesmo se expressamente convencionada, os direitos de terceiro de boa fé. Uma vez que, na compra e venda com reserva de propriedade, o vendedor mantém a propriedade da coisa, a reserva de propriedade não afeta nenhum direito adquirido por terceiro, dado o comprador, por não ser proprietário, não poder transmitir ou alienar mais do que os próprios direitos de que é titular[543-544].

[543] Neste mesmo sentido v. MENEZES LEITÃO, *Direito...*, III, 55, nota 106. Cfr. igualmente NUNO PINTO OLIVEIRA, *Compra...*, 60; e MARIA ISABEL MENÉRES CAMPOS, *A reserva de propriedade...*, 138.

[544] A cláusula não será, todavia, oponível se por algum motivo se assistir a uma causa de aquisição originária de titularidade como a acessão ou usucapião. Assim MENEZES LEITÃO, *Direito...*, III, 55, referindo a extinção da reserva nessa eventualidade. Na mesma direção RLx 25-05-1993 (EDUARDO BAPTISTA), Proc. 0069692/ITIJ (indeferimento liminar – coisa móvel – coisa imóvel – parte integrante); STJ (Pleno) 31-01-1996, in *Revista da Ordem dos Advogados*, 1996, 56, I, 291 e ss. (com indicação de Jurisprudência diversa), ambos relativos a elevadores instalados, em imóveis com reserva de propriedade a favor da empresa de ascensores. V. também RLx 13-12-2007 (SALAZAR CASANOVA), Proc. 13-12-2007/ITIJ (reserva de propriedade – mútuo – nulidade – cláusula). Ainda a respeito da cláusula de reserva de propriedade na hipótese de instalação de elevadores cfr. MENEZES CORDEIRO, *Anotação ao STJ (Pleno)...*, in *Revista...*, 1996, 56, I, 309 e ss., e 329, com menções a propósito da evolução jurisprudencial a este respeito, aplaudindo a doutrina do Pleno. V., ainda, LUÍS MIGUEL PESTANA DE VASCONCELOS, *A cessão...*, 695, nota 1332; e MARIA ISABEL MENÉRES CAMPOS, *A reserva de propriedade...*, 100 e 101. As mesmas soluções têm sido obtidas perante

Finalmente, em oposição à tese de PEDRO ROMANO MARTINEZ depõe, manifestamente, o artigo 104.º/4 do CIRE admitindo, como vimos, mesmo nos cenários de insolvência do comprador, a oponibilidade da cláusula de reserva de propriedade apenas com subordinação ao requisito da sua estipulação por escrito. Trata-se de uma norma que manifestamente vem aumentar as exigências de oponibilidade da cláusula de reserva de propriedade em situações de insolvência patrimonial. Em todos os outros cenários continua a vigorar a regra geral da oponibilidade da reserva: tratando-se de coisa móvel não sujeita a registo basta, pois, em circunstâncias normais, para ser oposta a qualquer terceiro, a sua estipulação consensual.

III – Também não nos parece de aceitar a posição de ANA MARIA PERALTA no sentido de o vendedor não se poder servir da reserva de propriedade para obter a declaração de nulidade da venda feita pelo comprador[545]. Isto, pois, segundo a autora, seria estranho ser permitido ao vendedor interpor uma ação declarativa de nulidade do segundo negócio de alienação e, antes mesmo, ou imediatamente após a sentença o comprador vir a adquirir a propriedade sanando a falta de pressuposto necessário para a venda ser válida.

Porém, essa transferência apenas se dará se se assistir ao evento ao qual as partes subordinaram a transferência da propriedade. E ele pode dar-se ou não. Ora, o vendedor pode justamente intentar a ação para prevenir a possibilidade de o evento não vir a ter lugar. Por outro lado, se fosse como ANA MARIA PERALTA alega, levado o argumento às suas últimas consequências, a nulidade da compra e venda de bens alheios seria insuscetível de ser alegada em muitas outras hipóteses atenta a possibilidade real ou virtual de o comprador *a non domino* vir a adquirir, afinal, o bem. Pense-se, por exemplo nas hipóteses de este ser um herdeiro forçoso do dono do bem, de haver um contrato-promessa de aquisição do bem a favor do segundo adquirente, mas sem o preço ter ainda sido pago, de haver um direito de preferência, a possibilidade de acessão, de usucapião, etc., etc.. Não poderá, por exemplo, o beneficiário intentar ação de declaração de nulidade justamente

o Direito alemão. Para um panorama a este respeito no Ordenamento jurídico tudesco v., por todos, ROLAND MICHAEL BECKMANN, *Staudingers...*, §§ 433 a 487, comentário ao § 449, 437 e 438; Id., *Idem*, 2014, §§ 433 a 480, comentário ao § 449, 691 e 692.

545 ANA MARIA PERALTA, *A posição...*, 51 e 52.

para obrigar ao pagamento do preço no contrato promessa e prevenir a possibilidade do incumprimento? E estará, designadamente, o pai impedido de alegar a nulidade perante o filho adquirente *a non domino*? Se não estão porque seria a solução diversa na hipótese da reserva de propriedade? Não pode, porventura, dar-se incumprimento da obrigação de pagar o preço e não pode o beneficiário pretender proteger essa possibilidade[546]?

§ 2.2 – A cláusula de reserva de propriedade a favor de terceiro

I – A prática tem vindo a divulgar o estabelecimento de cláusulas de reserva de propriedade, em contratos de crédito ao consumo, a favor do mutuante ou entidades financiadoras que não procederam a nenhuma alienação do bem para elas reservado. A sua admissibilidade jurídica mostra-se, porém, longe se ser plácida.

Num tema em que as decisões jurisprudenciais são extremamente abundantes e, com a devida vénia, amiúde assinaladas por uma compreensão do problema metodológico da interpretação-aplicação-compreensão do Direito distinta da por nós advogada[547], pronunciaram-se a favor da admissibilidade de uma cláusula deste tipo:

- RLx 21-02-2002 (Salvador da Costa)[548]: admite-se a validade de uma cláusula de reserva de propriedade a favor de terceiro (o financiador), entendendo-se esta, do ponto de vista do regime, equiparável à da reserva a favor do alienante.

[546] Em sentido adverso à posição de Ana Maria Peralta pode, ainda, ver-se Maria Isabel Menéres Campos, *A reserva de propriedade...*, 138 e ss..

[547] Na verdade, surgem com enorme assiduidade apelos à letra da lei, ao artigo 9.º do Código Civil, à interpretação atualista dos textos, à hermenêutica jurídica, etc., quando, como temos vindo a defender, em diversos lugares, na esteira do defendido pela Doutrina de ponta nesta matéria, entre nós especialmente por Castanheira Neves e José Bronze, ser o problema da interpretação-aplicação-compreensão do Direito um assunto exclusivamente normativo, não um problema cognitivo ou mesmo hermenêutico. V., por exemplo, o nosso *Direitos reais...*, 20 e ss., assim como *supra* nota (276), pp. 140 e ss.

[548] RLx 21-02-2002 (Salvador da Costa), in *Cadernos de Direito Privado*, 2004, 6, 43 e ss., com voto de vencido de Urbano Dias (veículo com reserva de propriedade [= *Colectânea de Jurisprudência*, 2002, I, 112 e ss.]).

- RÉv 25-05-2004 (Sénio Alves)[549]: o artigo 409.º, n.º 1, do Código Civil abrange, na sua letra e espírito, a hipótese de conexão entre o contrato de mútuo a prestações e o contrato de compra e venda do veículo automóvel por virtude de o objeto mediato do primeiro constituir o elemento preço do segundo. Constituído a favor do mutuante, reserva de propriedade sobre determinado veículo, os efeitos dessa reserva são idênticos àqueles que derivariam de ela haver sido constituída a favor do vendedor do veículo.
- RLx 22-06-2006 (Pereira Rodrigues)[550]: verificando-se que um veículo automóvel foi vendido mediante o pagamento de determinadas quantias, a liquidar nos termos de um contrato de financiamento celebrado entre o comprador e a entidade financiadora, e que foi constituída reserva de propriedade a favor da entidade financiadora com vista a garantir o pagamento daquelas quantias, o não-cumprimento do contrato de mútuo por parte do comprador, faculta ao financiador que requeira a apreensão do veículo, por ocorrer uma situação de incumprimento das obrigações que estiveram na origem da reserva de propriedade.
- RLx 06-03-2007 (Graça Amaral)[551]: o artigo 18.º/1 do Decreto-Lei n.º 54/75 admite interpretação extensiva por forma a entender que no conceito de «contrato de alienação» se abrange o contrato de mútuo conexo com o de compra e venda cujo cumprimento esteve na origem da reserva de propriedade. É admissível a constituição de reserva de propriedade tendo por finalidade garantir um direito de crédito de terceiro que é o mutuante do contrato de mútuo conexo com o contrato de compra e venda.
- RLx 26-04-2007 (Carlos Valverde)[552]: é certo que a reserva de propriedade, tal como está prevista na lei, foi pensada para os contratos de compra e venda, todavia o artigo 409.º/1 do Código Civil abrange, na sua letra e no seu espírito, a extensão de tal clausulado a contratos

549 RÉv 25-05-2004 (Sénio Alves), Proc. 473/04-1/ITIJ (tráfego de estupefacientes – veículo apreendido – reserva de propriedade – renúncia – perda do veículo).

550 RLx 22-06-2006 (Pereira Rodrigues), Proc. 4667/2006-6//ITIJ (reserva de propriedade – apreensão do veículo).

551 RLx 06-03-2007 (Graça Amaral), Proc. 1187/2007-7/ITIJ (apreensão de veículo – mútuo – reserva de propriedade), com voto de vencido.

552 RLx 26-04-2007 (Carlos Valverde), Proc. 3076/2007-6/ITIJ (reserva de propriedade – mútuo).

diferentes dos contratos de alienação, nomeadamente ao de mútuo a prestações que com o contrato de compra e venda de veículo automóvel financiado apresenta uma estreita relação de conexão, por virtude do objeto daquele ser constituído e representar o elemento preço do segundo.

- RCb 15-07-2008 (Hélder Roque)[553]: a compra e venda financiada por um terceiro, polarizada na relação entre o consumidor e o terceiro financiador, desdobra-se num contrato de compra e venda, a pronto, ou seja, sem nenhuma convenção de diferimento do preço, celebrado entre o consumidor e o vendedor, e num contrato de mútuo de dinheiro, celebrado entre o consumidor e o terceiro financiador, sendo o capital mutuado destinado ao pagamento imediato do preço estabelecido no conexo contrato de compra e venda. Abrangendo o artigo 409.º/1 do Código Civil, na sua letra e no seu espírito, a hipótese de conexão entre o contrato de mútuo a prestações e o contrato de compra e venda de veículo automóvel, em virtude de o objeto mediato do primeiro constituir o elemento preço do segundo, situação que se configura como se o pagamento do preço relativo ao contrato de compra e venda fosse fracionado no tempo, a figura da reserva da propriedade tem sentido no contexto do contrato de mútuo celebrado com o objetivo de financiar o contrato de compra e venda. A reserva de propriedade pode tutelar o interesse do vendedor ou da entidade financiadora que com aquele colabora, compelindo o comprador ao cumprimento integral das obrigações assumidas para com aquela. Estando a entidade financiadora na posição de titular da reserva de propriedade, tendo em vista ter-se demonstrado o incumprimento pelo adquirente das obrigações que originaram a reserva de propriedade e que esta se afigura registada, a favor do respetivo titular, mostram-se preenchidos os requisitos legais que levam à procedência da providência cautelar para a apreensão de veículo[554].

[553] RCb 15-07-2008 (Hélder Roque), Proc. 187/08.4TBAGN.C1/ITIJ (reserva de propriedade – compra e venda – mútuo), com voto de vencido de Nunes Ribeiro.

[554] Para outras referências jurisprudenciais no sentido da admissibilidade da reserva de propriedade a favor do financiador v. Maria Isabel Menéres Campos, *A reserva de propriedade...*, 328 e ss..

Em sentido substancialmente diferente:

- RLx 29-04-2004 (Salazar Casanova)[555]: não resultou dos documentos ter a vendedora reservado para si a propriedade de um automóvel por ela vendido até ao pagamento do preço pelo comprador à entidade financiadora. Por isso, a Primeira Instância entendeu ser a reserva de propriedade instituída a favor dos financiadores (terceiros) outorgantes no contrato de mútuo. A Relação julgou, todavia, por presunção (artigo 351.º do Código Civil), atenta o facto de vendedor e financiador se mostrarem comercialmente associados, apenas aceitar o primeiro vender, se os interessados comprassem a prestações, mediante estipulação a seu favor de reserva de propriedade. Nega-se a admissibilidade da possibilidade de transmissão da reserva de propriedade e sustenta-se ter, necessariamente, o registo de ser efetuado a favor do vendedor. Na situação em apreço a reserva não fica condicionada ao pagamento do preço a favor do alienante, mas pode ser sujeita a outro facto. *In casu* o pagamento a terceiro. E isso está plenamente dentro dos limites do regime da reserva de propriedade.

Manifestamente de forma adversa à reserva de propriedade em favor de terceiro, pronunciam-se, entre outros:

- RLx 22-06-2006 (Salazar Casanova)[556]: a nossa lei não admite a cláusula de reserva de propriedade a favor do mutuante, mas tão-somente em benefício do alienante (artigo 409.º/1 do Código Civil). Não será, portanto, admissível que uma instituição de crédito outorgue contrato de mútuo com reserva de propriedade a seu favor simultaneamente com a compra e venda do imóvel a favor do comprador, de tal sorte que a propriedade ficaria no mutuante (instituição de crédito) e não no mutuário/ /comprador, como acontece sempre que se procede à compra e venda com mútuo com garantia real (hipoteca) a favor do mutuante. O facto de a lei prescrever que a referida cláusula conste do contrato de crédito

[555] RLx 29-04-2004 (Salazar Casanova), Proc. 1531/2004-8 (contrato de financiamento bancário – reserva de propriedade).

[556] RLx 22-06-2006 (Salazar Casanova), Proc. 4927/2006-8/ITIJ (reserva de propriedade – apreensão de veículo).

não significa que a cláusula se traduza em acordo sobre a reserva de propriedade a favor do mutuante; o referido acordo, precisamente porque o contrato tem por objeto um financiamento para aquisição de bens ou serviços em prestações, há de respeitar ao contrato de alienação[557].

- RPt 15-01-2007 (Cura Mariano)[558]: num excelente acórdão e com profusão de indicações a respeito do modo como a Jurisprudência tem encarado o problema, julga-se só poder o alienante reservar para si a propriedade desse bem, não sendo lícito reservá-la para o alienante uma vez que ele nunca foi proprietário.
- RLx 31-05-2007 (Vaz Gomes)[559]: num acórdão amplamente documentado a nível jurisprudencial, julga-se que nos termos do artigo 409.º do Código Civil, só o vendedor, o titular do direito de propriedade sobre o veículo, poderia manter na sua esfera jurídica a propriedade daquilo que vendera (para efeito de poder resolver o contrato e obter a restituição do veículo, nos termos do artigo 934.º do CC). A lei não admite a cláusula de reserva de propriedade a favor do mutuante (terceiro para efeitos do contrato de alienação), mas tão-só a favor do alienante.
- RLx 13-12-2007 (Salazar Casanova)[560]: a lei não admite a cláusula de reserva de propriedade noutros contratos que não sejam os contratos de alienação, isto é, todos os contratos dos quais decorra a transmissão da propriedade. O artigo 409.º/1 não se limita aos contratos de compra e venda, sendo o seu âmbito mais vasto. Não se vê que a lei tenha admitido, para além do campo dos contratos de alienação, a possibilidade de reserva de propriedade a favor de quem não seja o alienante, *in casu* o mutuante. Uma interpretação atualista, no sentido de admitir a validade de uma cláusula de reserva de propriedade a outros contratos que não sejam os de alienação apenas porque o mutuante entrega a quantia mutuada ao vendedor que aliena o veículo ao comprador/mutuário, para além de não possuir na letra da lei um mínimo de correspondência verbal (artigo

[557] V., também, RLx 14-09-2006 (Salazar Casanova), Proc. 6952/2006-8/ITIJ (reserva de propriedade – apreensão de veículo).

[558] RPt 15-01-2007 (Cura Mariano), Proc. 0651966/ITIJ (reserva de propriedade – contrato – embargos de terceiro – penhora).

[559] RLx 31-05-2007 (Vaz Gomes), Proc. 3901/2007-2/ITIJ (apreensão de veículo – reserva de propriedade).

[560] RLx 13-12-2007 (Salazar Casanova), Proc. 13-12-2007/ITIJ (reserva de propriedade – mútuo – nulidade – cláusula).

9.º/2 do Código Civil), não tem justificação, pois a lei permite que seja constituída hipoteca sobre o veículo automóvel, garantia mais do que suficiente para permitir ao credor ressarcir-se pela venda do veículo e lhe possibilitar utilizar os procedimentos previstos no Decreto-Lei n.º 54/75, de 12 de fevereiro. Não se afigura que haja uma conexão relevante entre os contratos, salvo a que decorre do interesse comercial do mutuante e do vendedor. Uma conexão traduzida em atos jurídicos geradora de uma interdependência contratual não se vê que ocorra. O Decreto-Lei n.º 54/75 não contempla de modo nenhum a reserva de propriedade a favor do mutuante. O nosso sistema legal não prevê tal situação nem ao nível substantivo nem obviamente do ponto de vista procedimental. Assim, a mero título de exemplo, o artigo 5.º/1/*b*) do Decreto-Lei n.º 54/75, de 12 de fevereiro, permite o registo da reserva de propriedade estipulada em contratos de alienação de veículos automóveis; a apreensão cautelar do veículo (artigo 16.º do Decreto-Lei n.º 54/75, de 12 de fevereiro), tratando-se de reserva de propriedade, pressupõe o não-cumprimento do contrato por parte do adquirente. A ação de resolução que é dependência do procedimento cautelar é a ação de resolução do contrato de alienação, não é a ação de resolução do contrato de mútuo. No artigo 6.º/3, alínea *f*) do Decreto-Lei n.º 359/91, de 21 de setembro, onde se refere que o contrato de crédito cujo objeto seja o financiamento da aquisição de bens ou serviços mediante pagamento em prestações deve indicar o acordo sobre a reserva de propriedade. No entanto, o facto de a lei prescrever dever a referida cláusula constar do contrato de crédito não significa traduzir-se ela em acordo sobre a reserva de propriedade a favor do mutuante; o referido acordo, precisamente porque o contrato tem por objeto um financiamento para aquisição de bens ou serviços em prestações, haverá de respeitar ao contrato de alienação e a sua utilidade é a de o mutuante ver afastada a possibilidade de exigir ulteriormente a constituição dessas garantias. Admite-se, todavia, a sub-rogação nos direitos do titular da reserva de propriedade, embora *in casu* se considere não ter ela ocorrido.

- RPt 15-04-2008 (Cândido Lemos)[561]: a cláusula de reserva de propriedade é exclusiva do contrato de compra e venda, não sendo possível

[561] RPt 15-04-2008 (Cândido Lemos), Proc. 0821988/ITIJ (compra e venda – reserva de propriedade – mútuo).

equiparar a posição do alienante, proprietário de um bem que aliena, ao qual é atribuída a possibilidade de convencionar a suspensão dos efeitos translativos do contrato de alienação, com a do mutuante, que não é proprietário desse bem, limitando-se a financiar a sua aquisição.

- STJ 27-09-2007 (Santos Bernardino)[562]: a estipulação de reserva de propriedade, em situações em que o financiador não é o vendedor, é inadmissível, sendo nula a cláusula contratual que a estabeleça.
- STJ 10-07-2008 (Santos Bernardino)[563]: do teor literal do artigo 409.º n.º 1, do Código Civil, conclui-se só nos contratos de alienação – *maxime*, nos contratos de compra e venda – se mostrar lícita a estipulação da cláusula de reserva de propriedade, a favor do alienante. No mesmo sentido apontam os artigos 15.º, 18.º, 19.º e 21.º do Decreto-Lei n.º 54/75, de 12 de fevereiro, dos quais decorre ser pressuposto do recurso à providência cautelar de apreensão, prevista nesse diploma, a existência de um contrato de alienação de veículo, em que tenha sido convencionada a reserva de propriedade, só dela podendo lançar mão o alienante. E tal não é contrariado pelo disposto no artigo 6.º/3/*f*) do Decreto-Lei n.º 359/91, de 21 de setembro – relativo aos contratos de crédito ao consumo – pois este tem em vista apenas as situações nas quais o crédito é concedido para financiar o pagamento de um bem alienado pelo próprio credor, ou seja, em que a pessoa ou entidade financiadora é a detentora do direito de propriedade do bem alienado. No contrato de mútuo, celebrado para financiamento da aquisição, pelo mutuário, de um veículo automóvel, não pode o financiador reservar para si o direito de propriedade sobre o veículo, dado, não sendo seu dono, nada ter vendido: o contrato de mútuo não é um contrato de alienação, constituindo uma contradição nos próprios termos alguém reservar um direito de propriedade que não tem. Não pode falar-se, sem mais, em sub-rogação do mutuante na posição jurídica do vendedor, nos termos dos artigos 589.º e seguintes do Código Civil, pois a sub-rogação voluntária assenta sempre num contrato, realizado entre o credor e terceiro ou entre o devedor e terceiro,

562 STJ 27-09-2007 (Santos Bernardino), Proc. 07B2212/ITIJ (contrato de crédito ao consumo – incumprimento – resolução – reserva de propriedade), com voto de vencido de Pereira da Silva, não a propósito do sentido da decisão mas relativamente a aspeto da sua fundamentação.

563 STJ 10-07-2008 (Santos Bernardino), Proc. 08B1480/ITIJ (reserva de propriedade – mútuo – sub-rogação – nulidade).

devendo ser, em qualquer caso, expressamente manifestada a vontade de sub-rogar, e exigindo-se, a propósito à sub-rogação a favor do terceiro mutuante, que seja feita, no documento do empréstimo, a declaração de a coisa se destinar ao cumprimento da obrigação e que o mutuante fica sub-rogado nos direitos do credor. A interpretação atualista deve ser aplicada com a necessária prudência, estando, logo à partida, condicionada pelos fatores hermenêuticos, designadamente pela *ratio* da norma interpretanda e pelos elementos gramatical e sistemático. No artigo 409.º, n.º 1, do Código Civil, quer o elemento gramatical, quer o escopo ou finalidade visados pela norma, afastam a possibilidade de uma interpretação atualista, no sentido de alargar o seu alcance ao contrato de mútuo ou financiamento, mesmo quando se trate de um contrato de mútuo a prestações conexionado com o contrato de compra e venda do bem financiado, sendo, ademais, certo não se achar o financiador totalmente desprotegido, pois tem meios ao seu dispor para fazer face a eventual incumprimento do mutuário. E o mesmo se dirá relativamente ao artigo 18.º/1 do Decreto-Lei n.º 54/75: nem a sua letra nem o seu espírito consentem interpretação suscetível de levar a entender que, à necessária ação de resolução do contrato de alienação (de que a providência de apreensão de veículo automóvel constitui dependência) possa equivaler a eventual instauração de uma ação de resolução do contrato de mútuo. É, assim, nula, porque legalmente impossível, a cláusula de reserva de propriedade, incluída em contrato de financiamento, a favor do financiador que mutuou o preço da aquisição do veículo, não tendo este, em consequência do incumprimento, pelo mutuário, do contrato de mútuo, direito à entrega do dito veículo.

II – A nível doutrinal manifestaram-se adversos à admissibilidade da cláusula de reserva de propriedade a favor do financiador ABRANTES GERALDES[564], GRAVATO DE MORAIS[565], PAULO DUARTE[566] e MENEZES

[564] ABRANTES GERALDES, *Temas da Reforma do Processo Civil,* 3.ª edição, 2006, IV, 308.

[565] GRAVATO DE MORAIS, *Reserva de propriedade a favor do financiador (anotação RLx 21-02--2002)*, in *Cadernos de Direito Privado*, n.º 6 abril/junho 2004, 51; Id., *União de contratos de crédito ao consumo e de venda para consumo,* 2004, 307, nota 572; Id., *Contratos de crédito ao consumo,* 2007, 299 e ss., com indicação de alguma Jurisprudência diversa da aqui citada.

[566] *Contratos de Concessão de Crédito ao Consumidor: em particular as relações trilaterais, resultantes da intervenção de um terceiro financiador* – dissertação de Mestrado, 2000, 193, *Apud* STJ

LEITÃO[567]. Em sentido favorável depuseram ISABEL MENÉRES CAMPOS[568], PEDRO ROMANO MARTINEZ e PEDRO FUZETA DA PONTE[569], NUNO PINTO OLIVEIRA[570] e MENEZES CORDEIRO[571].

Pela nossa parte, julgamos inadmissível a reserva de propriedade a favor do alienante. Não por alguma razão atinente à letra da lei ou outra de natureza análoga. Já nos pronunciámos diversas vezes a propósito da incompreensão metodológica do problema da interpretação-aplicação-compreensão do Direito suposta por semelhante tipo de alegação. Não insistiremos por isso nesse aspeto[572].

Poder-se ia, também, sublinhar a impossibilidade conceptual e dogmática de uma reserva de propriedade a favor de quem não tem nenhuma propriedade. Mas esse argumento, por si só, não nos parece suficiente. Julgamos haver outros argumentos. Desde logo, o facto de, ao invés do por vezes aparentemente suposto, não vigorar, neste aspeto, o princípio da autonomia privada. A reserva de propriedade atribui ao comprador uma expectativa jurídica real de aquisição limitando do mesmo passo o âmbito do direito de propriedade do alienante. Vale, portanto, neste domínio, o princípio da tipicidade dos direitos reais vertido no artigo 1306.º do Código Civil[573]. Não é, pois, lícito ao intérprete-aplicador vir criar figuras jurídicas novas com essa natureza.

10-07-2008 (SANTOS BERNARDINO), Proc. 08B1480/ITIJ (reserva de propriedade – mútuo – sub-rogação – nulidade).

567 MENEZES LEITÃO, *Direito...*, III, 53, nota 97.

568 MARIA ISABEL MENÉRES CAMPOS, *Algumas reflexões em torno da cláusula de reserva de propriedade em favor do financiador*, in *Estudos em comemoração do décimo aniversário da licenciatura em Direito da Universidade do Minho*, 2004, 631 e ss., *maxime* 642 e 643; Id., *A reserva de propriedade...*, 319 e ss..

569 PEDRO ROMANO MARTINEZ e PEDRO FUZETA DA PONTE, *Garantias...*, 242 a 244.

570 NUNO PINTO OLIVEIRA, *Compra...*, 56 e 57.

571 MENEZES CORDEIRO, *Tratado de direito civil*, 2015, X, 853.

572 V. o nosso *Direitos reais...*, 20 e ss., e a bibliografia aí citada.

573 A propósito do sentido e alcance da tipicidade em Direitos Reais v., por todos, de entre uma multidão de autores suscetíveis de serem referidos, OLIVEIRA ASCENSÃO, *A tipicidade dos Direitos Reais*, 1968; PEDRO DE ALBUQUERQUE, *Autonomia da vontade e negócio jurídico em direito da família (ensaio)*, 1986, 34 e ss.; ELSA SEQUEIRA SANTOS, *Analogia e tipicidade em Direitos Reais*, in *Estudos em Homenagem ao Professor Doutor Inocêncio Galvão Telles*, 2003, IV, 467 e ss.; MARIA ISABEL MENÉRES CAMPOS, *A reserva de propriedade...*, 301 e ss.. V., também, *infra* nota 630.

III – A possibilidade de por via normativa se vir a entender a reserva de propriedade a favor do adquirente, ainda, coberta pelo artigo 409.º/1 mostra-se, a nosso ver, afastada, pelo facto de o caso concreto, *prius* metodológico no processo de interpretação-compreensão do Direito, não exigir semelhante solução. Efeito similar ao da reserva da propriedade a favor do financiador pode obter-se através da convenção das tradicionais garantias reais do crédito. Veremos de seguida ser, também, possível a transmissão da reserva de propriedade, designadamente por sub-rogação, ou outro ato, assim como a estipulação de uma reserva de propriedade a favor do alienante, mas sujeita ao pagamento ao financiador. Ao invés, depõe manifestamente em oposição a um entendimento amplo do artigo 409.º do Código Civil, no sentido de abranger também a reserva de propriedade a favor do financiador não alienante, a proibição de pacto comissório prevista no artigo 694.º que se deve entender extensível às outras garantias[574].

IV – O afastamento da reserva de propriedade a favor de terceiro não impede, porém, a sujeição da transferência da propriedade ao pagamento a terceiro. Esta situação está manifestamente abrangida pelo artigo 409.º/1 do Código Civil ao admitir estar a transmissão do direito dependente do cumprimento integral ou parcial das obrigações da outra parte ou da produção de algum outro evento. Mas é diversa uma reserva de propriedade, a favor do vendedor, subordinada ao pagamento a terceiro, da estipulação de uma reserva em benefício do próprio *tertius*. Só a primeira é possível permitindo, então, ao alienante, em caso de incumprimento da obrigação, solicitar a restituição da coisa para si e apenas para si[575].

[574] Já atrás sublinhámos o facto de o artigo 11.º do Decreto-Lei n.º 105/2004, de 8 de maio, ter vindo, expressamente, admitir a validade do pacto comissório nos contratos de garantia financeira. Não obstante, num passo evidenciado também por CATARINA MONTEIRO PIRES, do que se trata na realidade não é da admissibilidade de um pacto comissório, mas, tão-só, de um pacto marciano. Para a distinção v., por todos, JANUÁRIO GOMES, *Assunção fidejussória de dívida. Sobre o sentido e âmbito da vinculação como fiador*, 1999, 95; CATARINA MONTEIRO PIRES, *A alienação em garantia...*, 275 e ss., e 387.

[575] Embora ele a possa, depois, em virtude de eventuais acordos internos transferir para o terceiro.

§ 2.3 – A questão da transmissibilidade da reserva de propriedade[576]

I – Assunto relacionado com o da admissibilidade de estipulação de uma cláusula de reserva de propriedade a favor de terceiro é o de saber se a posição jurídica emergente da reserva de propriedade pode ser transmitida. Em sentido afirmativo manifesta-se NUNO PINTO OLIVEIRA[577]. Na verdade, segundo este autor, o alienante poderia sub-rogar o terceiro financiador nos respetivos direitos. Ora, a sub-rogação importa a transmissão para o terceiro das garantias e outros acessórios do crédito que não sejam inseparáveis

[576] Abordaremos agora apenas o tema da transmissibilidade da posição do alienante com a reserva a seu favor. Relativamente à alienação a terceiros da posição jurídica do comprador v., em termos que no essencial se subscrevem, ANA MARIA PERALTA, *A posição...*, 97 e ss.. Na Doutrina tudesca cfr., por todos, ROLAND MICHAEL BECKMANN, *Staudingers...*, 2004, §§ 433 a 487, comentário ao § 499, 447 e 448; Id., *Idem...*, 2014, §§ 433 a 480, comentário aos §§ 702 e ss., a propósito da transmissibilidade da posição do adquirente e § 449, 708 e 709, para a transmissão da posição do vendedor.

[577] NUNO PINTO OLIVEIRA, *Compra...*, 56. No mesmo sentido, na hipótese de cessão do crédito, pode ver-se VAZ SERRA, *Cessão de créditos ou de outros direitos*, in *Boletim do Ministério da Justiça*, número especial, 1955, 112, mas exigindo convenção nesse sentido e afirmando de seguida na esteira de VON TUHR: «*o vendedor pode transferir ao cessionário, com o crédito do preço, a propriedade reservada, dando-lhe, além disso, poderes para exercer o direito de rescisão do contrato, sem o que não pode tornar-se efectiva a reserva de propriedade*», e cita, ainda, no mesmo sentido ENNECCERUS-LEHMANN; CARLOS MOTA PINTO, *Cessão da posição contratual*, 1970, 161 e 162; LUÍS MIGUEL PESTANA DE VASCONCELOS, *A cessão...*, 489, 691, nota 1321, 695, nota 1330 (estes dois últimos autores exigem estipulação expressa nesse sentido); GABRIELA FIGUEIREDO DIAS, *Reserva...*, in *Comemorações...*, 2007, III, 433 e 434; e MARIA ISABEL MENÉRES CAMPOS, *A reserva de propriedade...*, 147 e 148. Dubitativo, MENEZES LEITÃO, *Direito das obrigações*, II, *Transmissão e extinção das obrigações. Não cumprimento e garantias do crédito*, 11.ª edição, 2017, 24, pois para o seu exercício mostra-se necessária a resolução do contrato e este só no âmbito da posição contratual poderia ser transmitido. Porém, a resolução pode, nos termos do artigo 432.º do Código Civil, fundar-se na lei ou em convenção das partes. Basta, portanto, a simples convenção para o óbice ser afastado. RAÚL VENTURA, *O contrato de compra e venda no código civil. Efeitos essenciais do contrato de compra e venda...*, in *Revista...*, 1983, ano 43, III, dezembro, 611, por seu turno, admite, do ponto de vista real, a alienação, mas entende haver implicitamente uma convenção, entre as partes, de indisponibilidade com força obrigacional. Mas o autor parece ter em vista as hipóteses em que o vendedor sob reserva de propriedade aliena de facto a propriedade a um terceiro e não, propriamente, as situações em que ele vende a sua «*garantia*». A menção feita por RAÚL VENTURA à prioridade do registo parece sugerir isso mesmo.

da pessoa do devedor (artigos 582.º e 595.º do Código Civil). Destarte, a propriedade reservada transmite-se, enquanto acessório do crédito, para o financiador. A possibilidade de sub-rogação e de transmissão é também defendida por MARIA ISABEL MENÉRES CAMPOS[578].

Na Jurisprudência, a sub-rogação tem sido admitida em tese por alguns arestos. Posto é que tenha sido convencionada[579].

II – Numa linha totalmente diversa – seguindo o entendimento da reserva de propriedade apenas como uma cláusula contratual determinante do diferimento da transmissão da propriedade para momento posterior ao do contrato (e que, eventualmente, a subordina a algo) –, não faltam posições no sentido da intransmissibilidade da reserva de propriedade. É, por exemplo, essa a posição de RUI PINTO DUARTE[580]. A reserva não geraria um direito diverso do de propriedade e, portanto, em si mesma, não seria transmissível. Aceita-se serem as situações de créditos assegurados pela reserva de propriedade tendencialmente iguais às de créditos assegurados por garantias reais transmissíveis (hipoteca [727.º e seguintes do Código Civil] e penhor [676.º/1 do Código Civil], nomeadamente). Afirma-se, também, para essa equivalência ser consequente, dever a reserva ser transmissível como aquelas garantias o são. Isto é, diz-se: se um crédito garantido por um penhor ou uma hipoteca é transmissível em simultâneo com o penhor ou a hipoteca, a situação de garantia de créditos através da reserva de propriedade, para ser semelhante, deveria ser transmissível em termos paralelos. Todavia, na ausência de disposição sobre o ponto e tendo em vista o artigo 409.º do

[578] MARIA ISABEL MENÉRES CAMPOS, *Algumas reflexões em torno da cláusula de reserva de propriedade...*, in *Estudos...*, 643; Id., *A reserva de propriedade...*, 291.

[579] RLx 13-12-2007 (SALAZAR CASANOVA), Proc. 13-12-2007/ITIJ (reserva de propriedade – mútuo – nulidade – cláusula); STJ 10-07-2008 (SANTOS BERNARDINO), Proc. 08B1480/ITIJ (reserva de propriedade – mútuo – sub-rogação – nulidade). Ponderando a questão da admissibilidade da sub-rogação, mas sem resolver o problema, RPt 15-01-2007 (CURA MARIANO), Proc. 0651966/ITIJ (reserva de propriedade – contrato – embargos de terceiro – penhora), nota 6.

[580] RUI PINTO DUARTE, *Alguns aspectos jurídicos dos contratos não bancários de aquisição e uso de bens*, in *Revista da Banca*, 1992, 22, 53 e 54, nota 8. Mas o autor já parece deixar aberta a porta a essa possibilidade em *Curso de direitos reais*, 3.ª edição, 2013, 308, muito embora a refira, se bem vimos, não para aludir a verdadeiras hipóteses de alienação do direito, mas situações de reserva a favor do financiador. Ora essas, muitas vezes, não assentam em nenhuma alienação. É feita essa reserva sem mais.

Código Civil, não pareceria poder tal transmissibilidade existir. Este entendimento teve receção por parte de alguma Jurisprudência[581].

Em sentido substancialmente similar, mas dotado de fundamentação diversa, GRAVATO DE MORAIS[582] levanta dúvidas[583] a propósito da admissibilidade da cessão da reserva de propriedade a favor do financiador. Entende não ser utilizável nesta eventualidade o mecanismo da cessão de créditos, por não haver interesses relevantes a ponderar, mostrarem-se insuficientemente definidos os termos da união de contratos e existirem outros meios suscetíveis de ultrapassarem os prejuízos da intransmissibilidade da reserva de propriedade.

III – A ideia de a posição do credor com reserva de propriedade não poder ser transmitida não tem, a nosso ver, salvo melhor entendimento, nenhuma base defensável e parece-nos encerrar um erro de perspetiva. Dizer tratar-se de uma cláusula de um contrato e ser, por isso, insuscetível de se transmitir é ver apenas um lado do problema. Como efeito dessa cláusula resulta uma determinada posição jurídica para o alienante. Antes da compra e venda com reserva de propriedade o vendedor é proprietário. Depois da venda passa a ter uma propriedade limitada a fins de garantia. Esta situação jurídica não representa uma duplicação do direito de propriedade. Mas nem por isso deixa de ser uma posição concreta e juridicamente tutelada referente a um direito subjetivo do vendedor. E esse direito subjetivo é naturalmente transmissível. É, com a devida consideração, errada a afirmação no sentido de, não existindo disposição específica sobre a possibilidade de transmissão do direito subjetivo pertencente ao alienante com reserva de propriedade, ele não poder transmitir o seu direito subjetivo. A regra é a inversa. Os direitos subjetivos de natureza não pessoal são livremente transmissíveis. Por isso, na ausência de uma norma a proibir a alienação ou transmissibilidade do direito do vendedor com reserva de propriedade, a inferência deve ser precisamente

[581] V. RLx 29-04-2004 (SALAZAR CASANOVA), Proc. 1531/2004-8 (contrato de financiamento bancário – reserva de propriedade); RLx 05-07-2007 (SALAZAR CASANOVA), Proc. 5671/2007-8.

[582] GRAVATO DE MORAIS, *Contratos...*, 331 e 332.

[583] Dúvidas igualmente presentes no STJ 02-10-2007 (FONSECA RAMOS), Proc. 07A2680 (procedimento cautelar – apreensão de veículo – contrato de financiamento – cláusula de reserva de propriedade – resolução do contrato – requisitos – interpretação da lei), mas sem se tomar posição categórica.

a oposta: o direito subjetivo do alienante, que beneficia de uma reserva de propriedade, é perfeitamente transmissível[584].

A afirmação de GRAVATO DE MORAIS, segundo a qual não poderia funcionar nesta eventualidade a cessão de créditos, vale, apenas, para os cenários nos quais já tenha havido pagamento ao alienante por parte de terceiro. Em todos os outros cenários, onde se não assista a um acoplar instantâneo entre a venda com reserva de propriedade e financiamento, a cessão pode operar. Mas mesmo hipóteses nas quais os dois negócios surgem, de algum modo, associados a cessão de crédito pode ser justamente a contrapartida do financiamento a realizar, tendo como consequência a transmissão das garantias do crédito e, portanto, da propriedade do vendedor (artigo 582.º do Código Civil).

É igualmente possível a sub-rogação do *tertius* efetuada pelo vendedor. Só não basta a mera entrega do preço pelo financiador para ela ter lugar *ipso facto*, como parecem, se bem vimos, pressupor NUNO PINTO OLIVEIRA e MARIA ISABEL MENÉRES CAMPOS[585]. Mas nada impede, nos termos dos artigos 589.º e seguintes do Código Civil, o credor, que recebe a prestação de terceiro, de o sub-rogar expressamente, até ao momento do cumprimento da obrigação, nos seus direitos. E a sub-rogação opera, também, nos termos dos artigos 594.º e 582.º do Código Civil, a transmissão de garantias e acessórios.

Além disso, mesmo tendo havido pagamento pelo *tertius* financiador pode sempre o alienante doar, vender ou por outro modo, apto a ceder o direito de propriedade, transmitir o seu direito. Se se admite a transmissão da hipoteca e do penhor, por maioria de razão e com maior amplitude, se

[584] A propósito dos limites, extensão e sentido desta alienação v. MARIA ISABEL MENÉRES CAMPOS, *A reserva de propriedade...*, 145 e ss.. V., também, com interesse ANA MARIA PERALTA, *A posição...*, 53. V., igualmente, DIRK ZERANSKI, *Eigentümer und Vorbehaltskäufer im Widerstreit um die Vorbehaltsware*, in *Archiv für die civilistische Praxis*, 2003, 203, 4/5, 693-726, 693 e ss., que estuda nesse cenário os meios de proteção do direito do adquirente sob reserva de propriedade. E pode dizer-se manter-se, então, a expectativa real de aquisição por parte do comprador, não obstante a alienação. Mas isso não obsta a ela.

[585] Bem, portanto, RLx 17-07-2008 (ROSA RIBEIRO COELHO), Proc. 6158/2008-7/ITIJ (contrato de compra e venda – união de contratos – reserva de propriedade) ao considerar que: se, por acordo das partes, a quantia emprestada é entregue pelo mutuante, em pagamento do respetivo preço, ao fornecedor do bem que o mutuário se propõe adquirir, aquele não fica sub-rogado na posição jurídica do vendedor se não foi emitida declaração nesse sentido, nos termos dos artigos 589.º e 590.º do Código Civil.

deve aceitar a transferência da propriedade do alienante com reserva de propriedade a seu favor.

Também não parece depor no sentido da inadmissibilidade da viabilidade da transmissão a suposta indefinição dos termos da união de contratos. Uma vez mais, o argumento só valeria para as hipóteses de conjugação da venda com reserva de propriedade com um financiamento realizado por terceiro. Não tem provimento em todas as outras situações. Mas mesmo na eventualidade de os dois negócios surgirem unidos ou de forma combinada não se vê como pode a indefinição supostamente existente obstar à transmissão.

A propósito dos meios ou remédios tidos por suscetíveis de dispensarem a admissibilidade da transmissão do direito subjetivo do vendedor com reserva de propriedade a seu favor confessamos não vislumbrarmos quais sejam eles, assim como não topamos a razão para representarem um impedimento à aceitação de algo a todos os outros títulos legítimo[586].

§ 2.4 – A estipulação de reserva de propriedade a favor do alienante, mas sujeita ao pagamento a terceiro

I – O artigo 409.º do Código Civil prevê a possibilidade de, nos contratos de alienação, o alienante reservar para si a propriedade da coisa até ao pagamento total ou parcial das obrigações da outra parte ou até à produção de algum outro evento. Por isso mesmo, a validade de uma cláusula de reserva de propriedade a favor do vendedor, mas sujeita ao pagamento do financiador, pareceria não merecer impugnação séria. E em seu favor depõe efetivamente Nuno Pinto Oliveira[587] e Isabel Menéres Campos[588], numa linha igualmente seguida ao nível da Jurisprudência. Nesse sentido se manifestaram, designadamente:

[586] Bem, igualmente, portanto, o voto proferido pelo desembargador Arnaldo Silva em RLx 17-07-2008 (Rosa Ribeiro Coelho), Proc. 6158/2008-7/ITIJ (contrato de compra e venda – união de contratos – reserva de propriedade), na medida em que admite a possibilidade de transferência da posição do vendedor com reserva de propriedade.

[587] Nuno Pinto Oliveira, *Compra*..., 57, citando Jurisprudência no mesmo sentido, mas sem qualquer indicação do local da publicação dessa Jurisprudência.

[588] Maria Isabel Menéres Campos, *A reserva de propriedade*..., 328 e 329.

- RLx 13-02-2003 (Olindo Geraldes)[589]: é de decretar a apreensão de veículo automóvel, em providência cautelar requerida pelo titular da reserva de propriedade, nos termos previstos no Decreto-Lei n.º 54/75, de 12 de fevereiro, no caso de incumprimento de contrato de mútuo em que o mutuante não é o reservatário, e cujo produto serviu para o financiamento da aquisição do veículo.
- RLx 29-04-2004 (Salazar Casanova)[590]: do ponto de vista substancial não admite estipulação de reserva de propriedade a favor do financiador, mas julga-se não ter a reserva de propriedade de estar necessariamente condicionada ao pagamento do preço a favor do alienante. Ela pode ser sujeita a outro facto, em particular o pagamento a terceiro. E isso está totalmente dentro dos limites do regime da reserva de propriedade.
- RLx 28-03-2006 (Isabel Salgado)[591]: é de admitir a efetivação do direito de reserva de propriedade na esfera jurídica do titular do direito de crédito através da providência cautelar de apreensão de viatura, atenta a interdependência de interesses nos contratos de compra e venda e de mútuo e o princípio da autonomia privada. Vedando-se ao financiador o acionamento da cláusula de reserva de propriedade na situação do adquirente do veículo remisso, obter-se-ia o resultado indesejado de aquele não poder ser desapossado do veículo de que afinal não é proprietário. Na interpretação das normas não deve marginalizar-se a ponderação das consequências negativas que advêm de uma estrita conceção formalista, devendo viabilizar-se as expectativas prático-sociais presentes nas convenções das partes.
- RLx 27-06-2006 (Maria José Simões)[592]: o titular da reserva de propriedade tem direito a ver reconhecida a sua propriedade sobre um veículo e de o retomar, no caso de incumprimento de um contrato de mútuo a prestações em que o mutuante não é o reservatário e cujo produto serviu para o financiamento da aquisição do mesmo veículo.

[589] RLx 13-02-2003 (Olindo Geraldes), Proc. 00106926/ITIJ (reserva de propriedade – apreensão de veículo – mútuo – incumprimento, apenas com indicação de sumário).

[590] RLx 29-04-2004 (Salazar Casanova), Proc. 1531/2004-8/ITIJ (contrato de financiamento bancário – reserva de propriedade).

[591] RLx 28-03-2006 (Isabel Salgado), Proc. 447/2006-7/ITIJ (apreensão de veículo – reserva de propriedade), com voto de vencido.

[592] RLx 27-06-2006 (Maria José Simões), Proc. 937/2006-1/ITIJ (mútuo – venda com reserva de propriedade).

- RLx 01-02-2007 (Manuela Gomes)[593]: é na relação pagamento integral do preço da coisa vendida/transferência da sua propriedade que o pacto de *reservatio dominii* tem a sua razão de ser e daí afigurar-se perfeitamente admissível a estipulação da reserva de propriedade com vista a garantir os direitos de crédito emergentes de um contrato de mútuo cuja finalidade última é a de assegurar o pagamento do preço da coisa ao seu alienante. Isto, de resto, sempre teria proteção na própria lei, que permite, como condicionante à transferência da propriedade, algum outro evento futuro e não apenas o cumprimento das obrigações resultantes do contrato de compra e venda (artigo 409.º/1, *in fine*, do Código Civil). A aceitar-se a formal e redutora interpretação de que só o incumprimento e respetiva resolução do contrato de alienação leva à apreensão e entrega do veículo alienado, a cláusula da reserva de propriedade deixaria de ter todo o efeito prático, se a aquisição do veículo fosse feita através do financiamento de terceiro – e isso é hoje a regra face à evolução assistida nessa forma de aquisição.
- RLx 22-01-2008 (Rijo Ferreira)[594]: dispondo o artigo 409.º do Código Civil ser lícito ao alienante reservar para si a propriedade da coisa até à produção de algum outro evento, é admissível, em contrato de financiamento para a aquisição de veículo automóvel, estipular-se reserva de propriedade a favor do vendedor até que se mostre reembolsado aquele financiamento.
- RLx 17-07-2008 (Rosa Ribeiro Coelho)[595]: a celebração de dois contratos – um de compra e venda e outro de financiamento – pode representar, desde que demonstrado o circunstancialismo para o efeito indispensável, uma situação de união de contratos, cada um com individualidade própria, mas ligados por um nexo de interdependência suscetível de levar a que num se reflitam as vicissitudes sucedidas no âmbito do outro. E nessas hipóteses, e em face do princípio da liberdade contratual, parece ser de admitir o surgimento da constituição de reserva de propriedade do bem alienado, não a favor do vendedor por o mesmo

[593] RLx 01-02-2007 (Manuela Gomes), Proc. 733/2007-6/ITIJ (reserva de propriedade – apreensão de veículo).

[594] RLx 22-01-2008 (Rijo Ferreira), Proc. 7355/2007-1/ITIJ (união de contratos – compra e venda – mútuo – reserva de propriedade – nulidade).

[595] RLx 17-07-2008 (Rosa Ribeiro Coelho), Proc. 6158/2008-7/ITIJ (contrato de compra e venda – união de contratos – reserva de propriedade).

haver recebido já do financiador a totalidade do correspondente preço, mas sim em benefício deste último. Isto dado ser ele agora o único titular de crédito cuja satisfação aquela reserva pode efetivamente garantir. Mas dado, naturalmente, só poder reservar a propriedade de determinado bem quem é titular desse mesmo direito, na figurada união de contratos – cujos pressupostos no caso dos autos não vêm sequer alegados – a reserva de propriedade a favor do mutuante, para garantia do cumprimento das obrigações do mutuário, também adquirente do bem, apenas pode ser constituída pelo vendedor, pois só ele, e não o mutuário, era dono do bem e procedeu à sua alienação.

- STJ 14-12-2004 (Araújo Barros)[596]: admite-se a estipulação de reserva de propriedade a favor do vendedor sujeita a pagamento de terceiro. Mas apenas se atribui ao primeiro legitimidade processual para exigir, em processo cautelar, a apreensão do veículo vendido com reserva de propriedade. Mesmo assim se o vendedor não pode intentar ação de resolução do contrato, por já ter recebido o preço, não pode ser intentada providência cautelar de apreensão do veículo[597].

II – Em sentido adverso pronuncia-se, todavia, Gravato de Morais[598] alegando o cenário subjacente ao incumprimento:

- o financiador resolve o contrato de mútuo, mas não pode exigir a restituição da coisa;
- o vendedor não pode resolver o contrato de compra e venda, pois não houve incumprimento do adquirente relativamente a esse negócio (já recebeu a totalidade do preço), e muito menos tem legitimidade para resolver o contrato de empréstimo;

[596] STJ 14-12-2004 (Araújo Barros), Proc. 05B538/ITIJ (veículo automóvel – venda a prestações – apreensão de veículo – resolução de contrato), com voto de vencido.

[597] A favor da admissibilidade de estipulação de reserva de propriedade a favor do alienante não financiador podem, ainda, ver-se outras referências jurisprudenciais em Maria Isabel Menéres Campos, *A reserva de propriedade...*, 326 a 328.

[598] *Contratos de crédito...*, 325. Também a Jurisprudência documenta orientações na mesma linha. Cfr. STJ 02-10-2007 (Fonseca Ramos), Proc. 07A2680 (procedimento cautelar – apreensão de veículo – contrato de financiamento – cláusula de reserva de propriedade – resolução do contrato – requisitos – interpretação da lei), embora com outra fundamentação.

- o financiador não pode socorrer-se do procedimento cautelar de apreensão de veículo automóvel, pois não é titular do registo de reserva de propriedade[599];
- o vendedor também não parece poder fazê-lo, já que, apesar de ser titular do respetivo registo, não tem motivo para propor a ação de resolução do contrato de compra e venda, como determina o artigo 18.º/1 do Decreto-Lei n.º 54/75.

Mas não nos parece, com a devida consideração, ter razão. Em primeiro lugar, parte dos seus argumentos reporta-se, apenas, à compra e venda com reserva de propriedade de veículos automóveis[600]. Não valem para outras situações. Mas mesmo subtraindo agora este aspeto, existindo uma união interna voluntária entre o contrato de compra e venda e o contrato de mútuo as vicissitudes de ambos os negócios unidos refletem-se sobre as do outro[601-602]. Por isso, demonstrada a união, o incumprimento do contrato

[599] A respeito deste procedimento cfr. MOITINHO DE ALMEIDA, *O processo cautelar de apreensão de veículos automóveis*, 5.ª edição, 1999.

[600] A compra e venda de automóveis com reserva de propriedade está sujeita à Lei 30/2017, de 30 de maio. Nos termos deste diploma, faltando o comprador ao cumprimento das respetivas obrigações pode o vendedor exigir em juízo a apreensão do veículo e dos seus documentos devendo o juiz decretá-la (artigos 15.º e ss.). A este respeito v., por todos, PEDRO ROMANO MARTINEZ/PEDRO FUZETA DA PONTE, *Garantias...*, 243 e 244; e NUNO PINTO OLIVEIRA, *Compra...*, 69.

[601] A este propósito v., entre outros, INOCÊNCIO GALVÃO TELLES, *Manual dos contratos...*, 395 e ss.; MENEZES CORDEIRO, *Direito...*, I, 429 e ss.; ANTUNES VARELA, *Das obrigações...*, I, 281 e ss.; CALVÃO DA SILVA, *Anotação ao STJ 16-05-2000*, in *Revista de Legislação e de Jurisprudência*, 2000, 133, 81 e ss.; GRAVATO DE MORAIS, *União...*, 387 e ss..

[602] PEDRO MÚRIAS/MARIA DE LURDES PEREIRA, *Sobre o conceito e a extensão do sinalagma*, in *Estudos em Honra do Professor Doutor José de Oliveira Ascensão*, 2008, I, 404 e ss., propõem a utilização da ideia de sinalagma trilateral para as hipóteses de venda financiada por terceiro. Em seu entender seria insuficiente e, mais ainda, dúbio falar de união de contratos «*ainda que "intimamente interligados", porventura mediante uma "condição legal" recíproca*». A tese da união contratual seria vaga – há, dizem, uma dependência entre o contrato de crédito e a venda, mas qual seria concretamente o conteúdo dessa dependência? – e necessitaria, por isso, de ser concretizada a propósito de cada um dos remédios, não dispensando uma caraterização mais aprofundada do conteúdo das vinculações das partes. E seria, precisamente, neste ponto a surgir a identificação do nexo sinalagmático. A ideia de união contratual seria, além disso, incorreta por fazer corresponder, sem mais, a promessa do comprador de pagar a totalidade das frações do preço ao financiador à celebração, dependendo das hipóteses,

de um mútuo ou de uma abertura de crédito, com a única especialidade de estes negócios preverem uma condição em que a perturbação da compra e venda surge como um facto futuro e incerto. Os autores afirmam não ignorarem serem, na generalidade das situações, as próprias partes a qualificar o negócio como «mútuo» ou abertura de crédito. E referem, ainda, o facto de a própria lei seguir esse trilho. Porém, segundo, eles, comprador e financiador não decidiriam mutuamente a disponibilização de dinheiro contra o pagamento de juros como é próprio daquele tipo de negócios. Estipulariam, simplesmente, ser o preço pago a prestações, pelo primeiro ao segundo. E haveria reflexos disso insuscetíveis de serem ignorados pelos próprios defensores da tese da união de contratos. Na venda financiada por terceiro falhariam as tentativas de afirmar poderem os meios de defesa de um contrato ser acionados na base de uma perturbação do outro negócio que a ela está unido. Por exemplo, sustentam, o não-cumprimento definitivo da compra e venda, em termos que legitimam a sua resolução, não determinaria a resolução do suposto contrato de crédito, mas, tão-só, o direito de o comprador negar as prestações ainda em dívida ao financiador. Havendo mútuo, o mutuário estaria obrigado a restituir a totalidade do capital na eventualidade de extinção. Porém, segundo os autores em referência, não se poderia exigir ao comprador, de uma compra e venda financiada por terceiro, ter de pagar a parte restante do preço apesar de não receber o bem ou serviço. Em termos similares, a mora do vendedor dá ao comprador o direito de suspender o pagamento das prestações devidas ao financiador. Porém, ao fazê-lo o vendedor não está a usar um meio de defesa próprio de um contrato de mútuo ou de abertura de crédito, mesmo se alicerçada na perturbação situada ao nível da venda, pois a obrigação de restituir a coisa ou quantia emprestada não entra no sinalagma daquele tipo de contratos e, destarte, não pode ser suspensa em virtude do incumprimento da outra parte. Num mútuo ou abertura de crédito, a mora do dador do crédito, se fosse imaginável, apenas poderia tornar lícita a suspensão do pagamento dos juros. PEDRO MÚRIAS/MARIA DE LURDES PEREIRA escreviam em 2008. Mas o cenário legislativo foi, entretanto, alterado. Atualmente interessam os artigos 4.º/1 *o*) e 18.º do Decreto-Lei n.º 133/2009, de 2 de junho, alterado, por último, pelo Decreto-Lei n.º 42-A/2013, de 28 de março. Segundo o primeiro dos dois preceitos entende-se estar o «contrato de crédito coligado» a um contrato de compra e venda ou de prestação de serviços específico, se: *i*) o crédito concedido servir exclusivamente para financiar o pagamento do preço do contrato de fornecimento de bens ou de prestação de serviços específicos; e *ii*) ambos os contratos constituírem objetivamente uma unidade económica, designadamente se o crédito ao consumidor for financiado pelo fornecedor ou pelo prestador de serviços ou, na hipótese de financiamento por terceiro, se o credor recorrer ao fornecedor ou ao prestador de serviços para preparar ou celebrar o contrato de crédito ou se o bem ou o serviço específico estiverem expressamente previstos no contrato de crédito. Por sua vez, o artigo 18.º: 1 – A invalidade ou a ineficácia do contrato de crédito coligado repercute-se, na mesma medida, no contrato de compra e venda. 2 – A invalidade ou a revogação do contrato de compra e venda repercute-se, na mesma medida, no contrato de crédito coligado. 3 – No caso de incumprimento ou de desconformidade no cumprimento de contrato de compra e venda ou de prestação de serviços coligado com contrato de crédito, o consumidor que, após interpelação do vendedor, não tenha obtido deste a satisfação do seu direito ao exato cumprimento do contrato, pode interpelar o credor para exercer qualquer uma das seguintes pretensões: a) a exceção de não-cumprimento do contrato; b) a redução do montante do crédito em montante igual ao da redução do preço; c) a resolução do contrato de crédito. 4 – Nos cenários previstos nas alíneas *b*) ou *c*) do número anterior, o consumidor não está obrigado a pagar ao credor o montante correspondente àquele que foi recebido pelo vendedor. Portanto, o próprio critério para determinar a existência de coligação é, hoje, direta e expressamente, de base normativa (e de modo bem mais perentório do que o resultante do pretérito artigo 12.º do Decreto-Lei n.º 359/91, de 21 de setembro). Não parece, possível, manter a argumentação no sentido de se afirmar ser esse critério vago. Vago, ou não, é o assumido para *expressis verbis* fazer surgir uma união. Não entendemos, por outro lado, a afirmação no sentido de o comprador e financiador não decidirem mutuamente a disponibilização de dinheiro contra o pagamento de juros como é próprio daquele tipo de negócios. Estipulariam, simplesmente, ser o preço pago a prestações, pelo primeiro ao segundo. Não nos parece terem os autores em vista a exigência forçosa de juros. Não pode ser isso. Não ignoram a existência de contratos deste tipo gratuitos e, portanto, sem juros. Mas também não vislumbramos o sentido relativamente ao resto da afirmação: ao estipularem ser o preço pago a prestações, pelo primeiro ao segundo, o que as partes têm em vista é, justamente, a retribuição do dinheiro disponibilizado através de esquemas mais ou menos diretos ou indiretos. E se houver juros, ao preço soma-se o dever de pagar esses juros. A ideia no sentido de o não-cumprimento definitivo da compra e venda, em termos que legitimam a sua resolução, não determinar a resolução do suposto contrato de crédito, mas, tão-só, o direito de o comprador negar as prestações ainda em dívida ao financiador é, hoje, desmentida pelo artigo 18.º/3 *c*) do Decreto-Lei n.º 133/2009, de 2 de junho. A desnecessidade de restituição da quantia recebida pelo vendedor, na eventualidade de extinção do mútuo resultante da resolução da compra e venda, é, agora, permitida diretamente pelo artigo 18.º/4. E é associada à figura da coligação contratual, nos termos do artigo 18.º/4 e 4.º/1 *o*). Note-se, não prever o Decreto-Lei n.º 133/2009, de 2 de junho a hipótese inversa analisada no texto. A de ser a compra e venda a mostrar-se resolvida por incumprimento do contrato de financiamento. Mas demonstrada a possibilidade de haver resolução do crédito por incumprimento ao nível da venda parece não se poder duvidar da admissibilidade de resolução da venda por incumprimento, por parte do comprador, da sua obrigação de pagar o crédito. Não faria sentido. Seria, a nosso ver, levar longe demais a proteção do consumidor inadimplente. Se a razão subjacente ao regime legal é a valoração positiva da finalidade comum unitária dos diversos negócios, então, o incumprimento da obrigação de pagar o crédito deve levar à possibilidade de resolução da compra e venda. Tanto mais que, nos termos do artigo 18.º/1, a invalidade ou a ineficácia do contrato de compra e venda do contrato de crédito coligado se repercutem, na mesma medida, na compra e venda. E não há razões para se distinguir as hipóteses de resolução por

de mútuo acaba por ter incidência direta na compra e venda com reserva de propriedade, permitindo ao vendedor a possibilidade de exigir a entrega da coisa. Dir-se-á ser, então, necessário o preenchimento dos requisitos da coligação interna voluntária. É verdade. Mas esse preenchimento será feito segundo as regras do artigo 236.º do Código Civil e, tratando-se de crédito ao consumo, à luz do artigo 4.º/1 *o*) e 18.º do Decreto-Lei n.º 133/2009. Destarte, não será muitas vezes difícil de demonstrar, face às circunstâncias singulares em que o vendedor reserva, para si, a propriedade de forma a garantir o direito do financiador (que lhe paga o preço do bem vendido), elementos suficientemente ponderosos para julgar presentes os pressupostos de uma coligação funcional de contratos[603].

incumprimento de outras formas de supressão da fonte. Note-se, a fechar, ser sempre possível às partes convencionarem os pressupostos de que depende a resolução. Em oposição à ideia de um sinalagma trilateral pode, ainda, ver-se, por exemplo, GRAVATO DE MORAIS, *União de contratos...*, 356 e ss..

[603] Debatido se mostra o problema de saber quem tem legitimidade para requerer a apreensão de veículo objeto da reserva de propriedade, em processo cautelar, tendo sido convencionada reserva de propriedade em favor do alienante, mas para garantir o financiador. Apesar de dividida, a Jurisprudência parece pender no sentido segundo o qual apenas o vendedor terá essa legitimidade. Cfr. STJ 02-10-2007 (FONSECA RAMOS), Proc. 07A2680/ /ITIJ (procedimento cautelar – apreensão de veículo – contrato de financiamento – cláusula de reserva de propriedade – resolução do contrato – requisitos – interpretação da lei); RLx 16-12-2003 (ANTÓNIO GERALDES), Proc. 7023/2003-7/ITIJ (apreensão de veículo – compra e venda – reserva de propriedade); RLx 31-05-2007 (VAZ GOMES) Proc. 3901/2007-2/ /ITIJ (apreensão de veículo – reserva de propriedade). Existem também orientações no sentido segundo o qual a entidade financiadora teria possibilidade para requerer a providência. Nesse sentido: RLx 22-06-2006 (PEREIRA RODRIGUES), Proc. 4667/2006-6/ITIJ (reserva de propriedade – apreensão do veículo); RLx 01-02-2007 (MANUELA GOMES), Proc. 733/2007-6/ITIJ (reserva de propriedade – apreensão de veículo); RLx 06-03-2007 (GRAÇA AMARAL), Proc. 1187/2007-7/ITIJ (apreensão de veículo – mútuo – reserva de propriedade), com voto de vencido; RLx 28-03-2006 (ISABEL SALGADO), Proc. 447/2006-7/ /ITIJ (apreensão de veículo – reserva de propriedade), com voto de vencido. Finalmente, encontram-se, ainda, arestos defendendo carecerem ambos de legitimidade. Assim v., por exemplo, STJ 14-12-2004 (ARAÚJO BARROS), Proc. 05B538/ITIJ (veículo automóvel – venda a prestações – apreensão de veículo – resolução de contrato), com voto de vencido de SALVADOR DA COSTA no sentido, a nosso ver correto, segundo o qual perante uma coligação de contratos o vendedor pode, não obstante ter recebido o preço, requerer a apreensão com fundamento no incumprimento do contrato de mútuo: admite-se a estipulação de reserva de propriedade a favor do vendedor sujeita a pagamento de terceiro. Mas apenas se atribui ao primeiro legitimidade para exigir, em processo cautelar, a apreensão do veículo vendido

Por outro lado, num fenómeno que já fomos referindo em nota, nada impede as partes de preverem expressamente a possibilidade de resolução do contrato de compra e venda na eventualidade de incumprimento do mútuo. A menção a qualquer outro evento, no artigo 409.º/1 aponta normativamente nesse sentido. E na mesma direção depõe o artigo 432.º/1 ao dizer que a resolução se funda na lei ou em convenção. E na convenção as partes podem estabelecer, precisamente, estar a resolução do contrato de compra e venda associada ao incumprimento do financiamento. Além disso, podem prever mecanismos entre o alienante e o financiador por forma a que o primeiro, ao receber o bem de volta, em virtude da resolução motivada pelo inadimplemento do financiamento, tenha de ressarcir o financiador.

§ 2.5 – A nomeação para execução, pelo alienante, do bem objeto da reserva

I – Aspeto debatido traduz-se em saber se o alienante beneficiário da reserva de propriedade pode nomear o bem para execução[604]. A solução

com reserva de propriedade. Mesmo assim, se o vendedor não pode instaurar ação de resolução do contrato não pode ser intentada providência cautelar de apreensão do veículo. Pela nossa parte entendemos só poder essa legitimidade ser atribuída a quem tem o direito de propriedade. Ou seja: ao vendedor com reserva de propriedade, não ao financiador. A afirmação de que o alienante não pode exigir a apreensão por não lhe ser lícito resolver o contrato, em virtude de já ter recebido o preço, vacila sempre que se possa vislumbrar uma união ou coligação interna voluntária de contratos, como sucederá em regra existindo uma cláusula de reserva de propriedade a favor do alienante, mas como meio de garantir o cumprimento dos direitos do terceiro. Apenas faltando a união interna deixará o alienante de poder resolver o contrato com fundamento em incumprimento do contrato de mútuo. Bem, portanto, na nossa perspetiva, o STJ 12-09-2006 (Faria Antunes), Proc. 06A1901 (procedimento cautelar – apreensão de veículo – legitimidade – reserva de propriedade) ao afirmar não ser o recebimento do preço impeditivo de recurso à ação de apreensão do veículo.

[604] A respeito deste problema pode ver-se, *colorandi causa*, Vasco da Gama Lobo Xavier, *Venda a prestações – algumas notas sobre os artigos 934.º e 935.º do Código Civil*, in *Revista de Direito e de Estudos Sociais*, XXI, 1974, 1 a 4, 216 e ss.; Raúl Ventura, *O contrato de compra e venda no código civil. Efeitos essenciais do contrato de compra e venda...*, in *Revista...*, 1983, ano 43, III, dezembro, 613 e 614; Ana Maria Peralta, *A posição...*, 94 e ss.; Pires de Lima/Antunes Varela, *Código civil...*, II, comentário ao artigo 934.º, II, 230; Miguel Teixeira de Sousa, *Acção executiva singular*, 1998, 223; Miguel Pestana de Vasconcelos, *A cessão...*, 700 e

para o problema dir-se-ia, à primeira vista, óbvia: não parece aceitável a possibilidade de execução de coisa própria do exequente[605]. Sucede, porém, amiúde[606] que, instaurada execução pelo próprio titular da reserva de propriedade, vem este nomear à penhora o bem sobre o qual incide a reserva, alcançando sucesso na sua pretensão mesmo nas hipóteses em que o tribunal, ainda assim, se apercebe da situação. Entendeu-se em inúmeras decisões renunciar o exequente, ao requer a penhora do bem, tacitamente à reserva de propriedade. Admitida essa renúncia a interrogação suscitada é a de saber em que moldes pode prosseguir a ação face à existência de registo da reserva de propriedade. Impedirá ele o sucesso da execução? Tem o interessado de cancelar o registo? A resposta a todas estas interrogações depende, todavia, da resolução do problema prévio de saber se é admissível a mencionada renúncia.

II – A solução para o problema, de saber se o beneficiário da reserva de propriedade pode ou não executar o bem sujeito a essa reserva, mostra-se em larga medida ligada à natureza da reserva de propriedade. Na verdade, quem entenda estar-se diante de uma condição resolutiva a favor do alienante não parece existir, aqui, nenhum embaraço em virtude do facto de, por força dos artigos 601.º do Código Civil e 735.º do Código de Processo Civil, pelas dívidas de execução apenas responderem os bens abrangidos no património do executado. Na perspetiva da condição resolutiva a titularidade do bem transfere-se, imediatamente, com o negócio real, apenas voltando para o património do vendedor se não for pago o preço ou verificado o evento ao

701, nota 1334; ISABEL MENÉRES CAMPOS, *Algumas reflexões em torno da cláusula de reserva de propriedade...*, in *Estudos...*, 647 e ss.; Id., *Cancelamento do registo de reserva de propriedade, anotação ao STJ 02-02-2006*, in CDP, 2006, 15, 54 e ss. (onde a autora altera as posições anteriormente defendidas); Id., *A reserva de propriedade...*, 195 e ss., 331 e 332, 334 e ss., com menções ao nível da Jurisprudência; PEDRO MÚRIAS/MARIA DE LURDES PEREIRA, *Sobre o conceito e a extensão...*, in *Estudos...*, 2008, I, 385 e 386; PEDRO ROMANO MARTINEZ e PEDRO FUZETA DA PONTE, *Garantias...*, 244; GRAVATO DE MORAIS, *Contratos...*, 316 e ss., com indicações jurisprudenciais.

605 Ainda assim a penhora de coisa própria é admitida pela Doutrina tudesca maioritária. Cfr. a este respeito ROLAND MICHAEL BECKMANN, *Staudingers...*, 2004, §§ 433 a 487, comentário ao § 449, 452; Id., *Idem*, 2014, §§ 433 a 480, comentário ao § 449, 710.

606 V. o que se escreve a este respeito em RLx 05-07-2007 (SALAZAR CASANOVA), Proc. 5671/2007-8 (reserva de propriedade – renúncia – penhora).

qual se sujeitou a transferência definitiva da propriedade em virtude da reserva e o vendedor exigir a resolução do negócio[607]. Porém, outras molduras dogmáticas da cláusula de reserva de propriedade – especialmente a sua ponderação como uma condição suspensiva – suscitam efetivas objeções na medida em que pressupõem ou postulam ser o vendedor titular do bem vendido até se proceder ao pagamento integral ou evento a cuja produção se associou a reserva. Não vamos, porém, ainda, aprofundar a natureza da reserva de propriedade. Antecipando desenvolvimentos diremos, todavia, não nos parecer traduzir ela nenhum tipo de condição. Teremos oportunidade de explicitar isso mesmo mais adiante. Na compra e venda com reserva de propriedade o efeito translativo é diferido ao momento do pagamento, permanecendo, todavia, e desde logo o comprador investido, com a realização do contrato, numa posição jurídica específica traduzida numa expectativa real de aquisição. Nestes termos, parece haver uma efetiva contradição entre os artigos 601.º do Código Civil e 735.º do Código de Processo Civil e a indicação, pelo alienante, à penhora do bem reservado. A única saída possível traduz-se numa renúncia à reserva. Mas será ela efetivamente possível?

III – Vê-se, por vezes, referido não ser a renúncia à reserva de propriedade admissível, pois, se o proprietário dispusesse nesses moldes da coisa ela tornar-se-ia *nullius* com prejuízo para o comprador[608]. Não parece, todavia, ter o argumento procedência. Existindo uma expectativa de aquisição por parte do comprador com reserva de propriedade a renúncia ao direito do alienante determinaria a imediata aquisição pelo adquirente do bem vendido, independentemente do pagamento do preço.

Lê-se igualmente que se a renúncia fosse admissível isso permitiria ao vendedor, unilateralmente, fazer extinguir a expectativa de aquisição do comprador. E isso desdiria a proteção dispensada pela cláusula de reserva

[607] Cenário em que a interrogação a suscitar seria apenas a de saber em que medida a posição do vendedor, ao beneficiar da condição resolutiva, deveria ser tratada para efeitos de cancelamento do respetivo registo. Uma via possível é a seguida pelo STJ 02-02-2006 (Bettencourt de Faria), in CDP, 2006, 15, 53 e 54 (reserva de propriedade – nomeação de bens à penhora – registo predial – cancelamento da inscrição – renúncia), onde se equipara a reserva de propriedade a um direito real de garantia e se julga aplicável, ao menos por analogia, o artigo 824.º do Código Civil.

[608] Ana Maria Peralta, *A posição...*, 96.

de propriedade, permitindo-lhe a obtenção judicial de um resultado insuscetível de ser alcançado extrajudicialmente. Não se vê, porém, como isso sucederia. Insista-se: com a renúncia – a ser admissível – a coisa ou direito transfere-se para a titularidade do adquirente. Não há, pois, nenhum prejuízo efetivo. O bem passaria a ser suscetível de penhora para efeitos de obtenção do pagamento em processo de execução, mas já não poderia haver apreensão, reivindicação ou defesa através das ações possessórias ao alcance do vendedor[609].

Argumenta-se, ainda, no sentido da inviabilidade da renúncia, vir ela destruir a posse do comprador. Porém, uma vez mais, não se vê como pode isso suceder. Ao invés, com a renúncia o adquirente passa de detentor ou possuidor com uma posse reduzida a possuidor pleno e proprietário. A ofensa à posse do comprador, se ela existir, não é a renúncia, em si, mas os atos de apreensão, reivindicação, restituição ou penhora. Todavia, relativamente a esses – e ressalvada a penhora se o bem for do próprio exequente – não se vê como impedi-los. A verdade é a inversa: é a possibilidade da sua efetivação a dar consistência à reserva de propriedade.

Sustenta-se, finalmente, não ser a renúncia à cláusula de reserva de propriedade – se pudesse ser subentendida no processo executivo – um meio idóneo para a transmissão da propriedade; a reserva de propriedade poderia ter sido convencionada a favor do vendedor, mas foi estipulada contratualmente – não poderia ter sido aliás de outra forma – e, por outro lado, ela não representaria um direito a que o vendedor pudesse renunciar, apenas o diferimento contratual de um efeito do contrato. Por força da compra e venda o direito de propriedade mantém-se no vendedor, porém, ele não teria *«um direito a esse direito»*, suscetível de renúncia, nem a renúncia ao direito de propriedade seria meio idóneo para a transmitir a alguém[610].

Este entendimento tem merecido o sufrágio expresso por parte de alguma Jurisprudência. Assim foi, por exemplo, sustentado nos seguintes arestos:

[609] A respeito dos limites destas ações no confronto com o comprador, mesmo se este não tiver cumprido, v. Raúl Ventura, *O contrato de compra e venda no código civil. Efeitos essenciais do contrato de compra e venda...*, in *Revista...*, 1983, ano 43, III, dezembro, 613.

[610] Raúl Ventura, *O contrato de compra e venda no código civil. Efeitos essenciais do contrato de compra e venda...*, in *Revista...*, 1983, ano 43, III, dezembro, 613 e 614.

- RLx 21-02-2002 (Salvador da Costa)[611]: atenta a fonte contratual de onde a reserva de propriedade deriva, não é um direito suscetível de ser renunciado livremente pelo vendedor, pois, traduz-se no diferimento negocial de um dos efeitos do contrato de compra e venda acordado por ambas as partes. De outro modo, estar-se-ia perante a situação que significaria a extinção da expectativa do comprador de adquirir o direito de propriedade por sua mera vontade, o que se revela oposto ao princípio do consenso.
- RLx 13-02-2007 (Isabel Salgado)[612]: a renúncia à reserva de propriedade não está na disponibilidade do exequente. Permiti-la ao exequente seria aceitar uma alteração de estipulação contratual segundo a qual se estabeleceu a reserva de propriedade a favor do alienante (na hipótese, a favor do mutuante) unilateral e arbitrária. Ferir-se-ia, assim, a expectativa do adquirente obter o seu pleno direito de propriedade sem o titular do registo proceder à resolução do contrato.
- RLx 12-02-2008 (Luís Espírito Santo)[613]: impõe-se a suspensão dos termos do processo executivo de molde a permitir ao exequente obter o cancelamento do registo de reserva de propriedade, existente a seu favor, sobre o veículo por ele nomeado à penhora. A reserva de propriedade, revestindo a natureza de direito real de gozo, beneficia *in casu* de um registo anterior ao da penhora, pelo que subsistirá mesmo após a venda do respetivo veículo automóvel, não podendo ser cancelado nos termos do artigo 824.º/2 do Código Civil. Não faz sentido admitir a renúncia do exequente à reserva de propriedade, pois não está na disponibilidade deste a unilateral e arbitrária alteração dos termos contratuais firmados no momento da celebração do contrato de compra e venda.

Supomos provar o argumento demais. Fosse ele verdadeiro não seria possível renunciar a nenhum direito de fonte contratual. Por exemplo, o proprietário que tivesse adquirido por compra e venda não podia renunciar ao seu direito pois ele resulta de uma disposição e dos termos de um

[611] RLx 21-02-2002 (Salvador da Costa), in *Colectânea de Jurisprudência*, 2002, I, 112 e ss. (= *CDP*, 2004, 6, 43 e ss.).

[612] RLx 13-02-2007 (Isabel Salgado), Proc. 10441/2006-7/ITIJ (reserva de propriedade – renúncia – registo predial – cancelamento de inscrição – resolução – cláusula contratual).

[613] RLx 12-02-2008 (Luís Espírito Santo), Proc. 601/2008-7/ITIJ (ação executiva, registo automóvel – cancelamento de inscrição – reserva de propriedade – renúncia).

contrato. Deve, pois distinguir-se, de um lado, as cláusulas dos negócios – essas sim insuscetíveis de serem alteradas unilateralmente por uma das partes – e os direitos resultantes dessas cláusulas, do outro. É relativamente a estes a suscitar-se o problema. Nesta perspetiva facilmente se entende não haver nenhuma alteração do estipulado se o titular do direito dele dispuser. O problema está, todavia, em determinar se mesmo assim é possível uma renúncia a um direito se ela envolver um benefício para outrem – *in casu* a aquisição por parte do comprador, apenas detentor de uma posição real menor traduzida no direito de gozo da coisa e na expectativa de aquisição, da propriedade plena. Se se atentar no regime da remissão vê-se depender ela de acordo do devedor (artigo 863.º do Código Civil). A explicação liga-se ao facto de este poder ter interesse no cumprimento mesmo perante a vontade oposta do credor. Nada disto tem paralelo com a hipótese de renúncia ao direito resultante da cláusula de reserva de propriedade. Ao recorrer-se à execução é por se assistir a um inadimplemento do devedor. Este não pode incumprir e, depois, para evitar a execução, vir alegar um interesse no cumprimento. Não há, pois, nenhuma situação da outra parte digna de proteção. Não deixa mesmo de ser singular alegar a Jurisprudência, adversa à admissibilidade da renúncia à posição resultante da reserva de propriedade para o vendedor, espontaneamente este argumento quando, se fosse o comprador a suscitá-lo, se teria necessariamente de inferir existir um comportamento abusivo da parte deste ao fazê-lo. Perante o incumprimento do devedor, seria, no mínimo estranho, que o credor, beneficiário da reserva, possa renunciar ao crédito, possa dispor do bem, e não pudesse renunciar à reserva. Note-se envolver a disposição do bem, igualmente, a extinção do direito. Não se perceberia poder o credor provocar a extinção num cenário e não o pudesse fazer no outro.

Tudo analisado, a intensidade do debate em torno da questão da admissibilidade, ou não, da renúncia ao direito resultante da reserva de propriedade chega, a nosso ver, a ser surpreendente. Na verdade, pareceria estar-se aqui diante de um daqueles problemas, à primeira vista, absolutamente plácidos. E isso no sentido da respetiva possibilidade[614]. Não estamos perante um

[614] Bem, destarte, MENEZES LEITÃO, *Direito...*, III, 63, nota 142; ao entender envolver a opção de o vendedor nomear à penhora o bem objeto da reserva renúncia à mesma; e MARIA ISABEL MENÉRES CAMPOS, *A reserva de propriedade...*, 198 e 199. No mesmo sentido PEDRO MÚRIAS/MARIA DE LURDES PEREIRA, *Sobre o conceito e a extensão...*, in *Estudos...*, I, 385,

cenário diverso do existente, por exemplo, com o penhor, o usufruto, as servidões, o direito de superfície, o direito real de preferência, etc. (v., por exemplo, 651.º[615], os artigos 664.º, 730.º/*d*), 752.º, 761.º, 1476.º/1/*e*), 1567.º/2 e 1569.º/1/*d*), todos do Código Civil[616]) . Ninguém poderá impugnar poder-se em todas estas hipóteses renunciar-se aos direitos em referência, mesmo se eles tiverem origem contratual e mesmo ponderando ter a respetiva renúncia um impacto positivo sobre o devedor ou proprietário. Parece, destarte, andar bem a Jurisprudência favorável a essa renúncia em virtude da interposição pelo beneficiário da reserva de uma ação de execução sobre o bem reservado. De aplaudir designadamente:

- RÉv 25-05-2004 (Sénio Alves)[617]: optando pelo adimplemento coercivo da obrigação e, posteriormente, dando à penhora o bem sobre o qual tem inscrita a seu favor reserva de propriedade, o vendedor (ou, no caso, o mutuante) renuncia tacitamente a tal reserva.
- STJ 02-02-2006 (Bettencourt de Faria)[618]: a nomeação à penhora pelo beneficiário da reserva de propriedade do bem que é objeto dessa reserva envolve a renúncia à mesma. Nada obsta à aplicação à reserva de propriedade do regimento do cancelamento das garantias reais do artigo 824.º do Código Civil. Assim, efetuado o registo definitivo da penhora a execução deve prosseguir, sem ter de permanecer suspensa até o exequente obter o cancelamento da reserva de propriedade.

com base no alargamento do sinalagma, lembram poder em todo o contrato sinalagmático, perante o atraso no cumprimento, a parte fiel preferir sempre a execução do estipulado (aliás para resolver, como bem observam os autores, tem de converter a mora em incumprimento definitivo). Do mesmo modo, numa compra e venda com reserva de propriedade, o vendedor tem de continuar a poder optar pelo cumprimento integral, se necessário executando o património do devedor. Se nomear o bem à penhora estará a renunciar à reserva de domínio. De resto, adicionam, nem se entenderia ter uma disposição destinada a favorecer o alienante por, justamente, o efeito oposto.

615 Ao determinar que a fiança se extingue se se extinguir a obrigação principal, este preceito permite a extinção da fiança por renúncia ao crédito e, do mesmo passo, permite, também a renúncia à fiança.

616 Relativamente à extinção, por renúncia, do direito de propriedade e demais direitos reais de gozo v., por todos, José Alberto Vieira, *Direitos...*, 2.ª ed., 393 e ss..

617 RÉv 25-05-2004 (Sénio Alves), Proc. 473/04-1 (tráfico de estupefacientes – veículo apreendido – reserva de propriedade – renúncia – perda do veículo).

618 STJ 02-02-2006 (Bettencourt de Faria), in CDP, 2006, 15, 53 e 54.

Necessário é ter a entidade que procede à renúncia, tácita ou expressa, poderes para tal, facto, em muitas decisões nas quais se aceitou envolver a nomeação do bem à penhora um ato abdicativo do direito resultante da reserva de propriedade, indemonstrado.

Elucidado o facto de não haver nenhum impedimento à renúncia importa saber se se pode aplicar *in casu* o artigo 824.º do Código Civil e se a ação é suscetível de prosseguir, não obstante a existência de registo da reserva de propriedade em favor do exequente[619]. Dir-se-á não estar agora em jogo obviamente uma situação de caducidade de um direito em virtude da ação executiva. O que sucede, isso sim, é revelar a utilização do processo um comportamento abdicativo do direito resultante da reserva de propriedade. Normativamente, porém, o artigo 824.º do Código Civil abrange também estas situações. Do ponto de vista funcional a reserva de propriedade é um direito real de garantia[620], e o facto de a ação executiva gerar, indiretamente, a sua extinção, por revelar um comportamento tácito nesse sentido, faz com que o preceito em análise abranja, do ponto de vista normativo, também esta situação. Tanto mais quanto é certo o facto, aparentemente desapercebido de, mesmo a impugnar-se o exato emolduramento do direito do vendedor com reserva de propriedade como um direito real de garantia, o artigo 824.º apenas referir a garantia sem a qualificar[621]. Por tudo isto, parece-nos, portanto, não ser necessário, ao prosseguimento da ação, o cancelamento do

[619] Isto é, independentemente de o respetivo titular pedir o cancelamento do registo.

[620] Repare-se, antecipando desenvolvimentos, como na reserva de propriedade se assiste realmente à afetação de uma coisa corpórea ao beneficiário da reserva com vista a assegurar a satisfação de um crédito (ou direito ao cumprimento. Sobre a essência da reserva de propriedade v., em termos aproximados, ROLAND MICHAEL BECKMANN, *Staudingers...*, §§ 433 a 487, comentário ao § 449, 426; Id., *Idem*, 2014, §§ 433 a 480, comentário ao § 449, 675, mas sem qualificar expressamente a garantia como real) detido por essa pessoa ou a realização de outro evento. Estamos, pois, diante de uma permissão jurídica de aproveitamento de uma coisa corpórea, *i. e.* de um direito real. Por isso, aplicando *in casu* o critério funcional (o único operativo, como o demonstraram de forma absolutamente concludente MENEZES CORDEIRO, *Direitos reais*, reimpressão da edição de 1979, 1993, 353 e ss.; e OLIVEIRA ASCENSÃO, *Direito civil, Direitos reais*, reimpressão da 5.ª edição, 2000, 176 e 177), distintivo dos diferentes tipos ou categorias de direitos reais, deve qualificar-se a posição jurídica resultante, para o vendedor, da reserva de propriedade, como um direito real de garantia.

[621] Note-se que o Código Civil exclui todos os direitos reais de garantia do livro do Direito das Coisas e omite a própria expressão «direitos reais de garantia» ao disciplinar as garantias reais. Apenas episodicamente aparece menção à categoria. Sobre este aspeto v. OLIVEIRA ASCENSÃO, *Direito...*, 186.

registo da reserva de propriedade[622]. Vale, então, uma solução semelhante à imposta pelo artigo 827.º/1 e 2 do Código de Processo Civil[623].

IV – O STJ veio, todavia – elencando nove acórdãos do Supremo a favor da necessidade de o exequente, com reserva de propriedade a seu favor sobre o bem executado, proceder à extinção da reserva no registo e outros tantos dispensando essa diligência –, através de Acórdão uniformizador de Jurisprudência fixar a seguinte doutrina:

- STJ (Pleno) 09-10-2008 (Paulo Sá)[624]: a ação executiva na qual se penhorou um veículo automóvel, sobre o qual incide registo de reserva de propriedade a favor do exequente, não pode prosseguir para as fases de concurso de credores e da venda, sem que este promova e comprove a inscrição, no registo automóvel, da extinção da referida reserva[625].

A fundamentação do Acórdão uniformizador de Jurisprudência, proferido com onze votos de vencido, suscita-nos, com o devido respeito e consideração, sérias divergências[626]. Divergências relativamente ao emolduramento

[622] A respeito do modo como poderia, então, prosseguir a ação v. Maria Isabel Menéres Campos, *A reserva de propriedade...*, 203 e ss..

[623] Antes da entrada em vigor do atual Código de Processo Civil sustentava-se a aplicação do artigo 888.º (nesse sentido v. Maria Isabel Menéres Campos, *A reserva de propriedade...*, 205. O preceito já tinha, porém, sido revogado pelo Decreto-Lei n.º 116/2008, de 4 de julho. A alegação do artigo 888.º só podia, naturalmente, ser feita antes da sua revogação), entretanto revogado, e substituído por redação posterior do artigo 900.º do referido Código. Atualmente o artigo 900.º do anterior diploma corresponde ao 827.º do Código de Processo Civil.

[624] STJ (Pleno) 09-10-2008 (Paulo Sá), Proc. 07A3965 (ação executiva – veículo automóvel – reserva de propriedade – penhora – suspensão da instância – registo automóvel – cancelamento da inscrição), com voto de vencido de Sebastião Póvoas, Silva Salazar, Pires da Rosa, Bettencourt de Faria, Salreta Pereira, Pereira da Silva, Rodrigues dos Santos, Urbano Dias, Maria dos Prazeres Beleza, Cardoso de Albuquerque, Serra Baptista e declarações de voto de Salvador da Costa, Ferreira de Sousa, Santos Bernardino, Sousa Leite, João Bernardo e Oliveira Rocha.

[625] Note-se que este segmento uniformizador vale inclusivamente para os cenários de renúncia expressa à reserva de propriedade.

[626] Vejam-se, também, as observações proferidas por Maria Isabel Menéres Campos, *A reserva de propriedade...*, 201 e ss., assim como os votos de vencido apostos ao Acórdão.

da reserva de propriedade como uma condição suspensiva[627]; quanto à afirmação no sentido de se não estar aqui perante um direito real[628] (mas lembre-se: o artigo 824.º do Código Civil refere-se apenas a «garantia» sem a qualificar); a propósito da ideia segundo a qual se não poderia aproximar o direito, resultante para o vendedor da reserva de propriedade, de um direito real de garantia[629]; a respeito do entendimento feito do princípio da tipicidade de modo a verdadeiramente impedir o intérprete-aplicador de qualificar figuras tipificadas mas não assinaladas por lei como garantias reais ou mesmo direitos reais[630]; quanto à orientação segundo a qual as normas

[627] A este respeito v. *infra* as páginas que se seguem.

[628] Já atrás sublinhámos o facto de se assistir na reserva de propriedade a uma afetação, de uma coisa corpórea aos fins de um sujeito (o comprador) em moldes que configuram uma permissão jurídica de aproveitamento de um bem (corpóreo), *ergo* um direito subjetivo real. Bem, portanto, a declaração de voto de vencido dos Conselheiros Pires da Rosa e Bettencourt de Faria onde se afirma expressamente a natureza de direito real de garantia da posição jurídica do vendedor beneficiário de uma reserva de propriedade.

[629] O Acórdão adota o conceito de direito real de garantia proposto por Mota Pinto, *Direitos reais*, segundo as preleções ao 4.º ano jurídico de 1970-1971, por Álvaro Moreira/ /Carlos Fraga, 1971, 135 (os direitos reais de garantia seriam direitos que conferem o poder de, pelo valor de uma coisa ou pelo valor dos seus rendimentos, um indivíduo obter, com preferência sobre todos os outros credores, o pagamento de uma dívida de que é titular ativo), para afirmar não se ajustar o direito de reserva de propriedade nesse conceito. Apesar de se aceitar ser a sua função semelhante à dos direitos reais de garantia haveria diferença de estrutura entre estes e o direito emergente da cláusula de reserva de propriedade. Porém, há muito se afigura demonstrada a impossibilidade de a classificação dos direitos reais se fazer em função da respetiva estrutura – de outra maneira teria, por exemplo, que se julgar não ser o direito do proprietário onerado por um usufruto um direito real de gozo – devendo antes, e justamente, operar-se em função de um critério funcional ou de destinação global. Neste sentido v., designadamente, Menezes Cordeiro, *Direitos...*, 353 e ss.; e Oliveira Ascensão, *Direito...*, 176 e 177, autores estes que consideram direito real de garantia o que visa assegurar a realização de um crédito.

[630] Diz-se no Acórdão apenas serem direitos reais de garantia os como tal taxativamente previstos na lei substantiva. A afirmação estaria, com a devida vénia, certa se, como nos parece, não fosse entendida como proibindo não apenas a criação de direitos reais por vontade das partes, mas também a qualificação ou enumeração pelo intérprete-aplicador como reais de direitos não ligados por lei ao Direito das coisas. Mas não é isso a resultar do princípio da tipicidade previsto no artigo 1306.º do Código Civil. Este preceito prevê uma tipicidade aberta. Por força dela os privados não podem livremente estabelecer direitos reais, mas nada impede a qualificação como tal de figuras previstas e reguladas no Código Civil, ou em algum outro diploma, mesmo se não assinaladas como reais. Não fosse assim

relativas a direitos reais não serem suscetíveis de aplicação por analogia a figuras não reais[631]; quanto à afirmação, impugnada pela mais autorizada metodologia e ciência jurídicas, segundo a qual as normas excecionais não

era, aliás, quase toda a categoria dos direitos reais de garantia a ser atingida, pois essa qualificação raramente aparece, como nota, a propósito OLIVEIRA ASCENSÃO, *Direito...*, 186. No Acórdão chega a afirmar-se: «*Apesar da sua função de garantia de cumprimento de uma obrigação pecuniária, não assume a reserva de propriedade a estrutura de garantia real de cumprimento obrigacional, além do mais, por não fazer parte do respectivo elenco típico (artigo 1306.º, n.º 1, do C.C.). A exclusão da reserva de propriedade da caracterização dos direitos de garantia implica, não poder ser a mesma cancelada oficiosamente, nos termos das normas referidas. Mesmo reconhecendo-se à reserva de propriedade uma natureza próxima dos direitos reais de gozo, tal não permitiria sustentar, decorrentemente, uma posição contrária. Desde logo por, como já se referiu, a reserva de propriedade não pode ser aditada ao elenco dos direitos reais.*» Mas a verdade é que nem o artigo 824.º se refere a garantias reais nem existe algum elenco típico, de construção não doutrinal ou jurisprudencial, de direitos reais ou de direitos reais de garantia. Só um estudo dos regimes permite apurar a respetiva natureza (e esse aponta manifestamente no sentido de estarmos na presença de um direito real. Aliás se assim não fosse, como pretende o Acórdão, o que teríamos? Um direito de natureza obrigacional? Tentativas para o emoldurar entre os direitos reais de gozo parecem, com o devido respeito, forçar demasiado a realidade. Não há, na hipótese em jogo, a presença de nenhum fenómeno de gozo por parte do proprietário nem mesmo segundo o critério da destinação global). Para um estudo a respeito das razões do aparecimento, significado e alcance do princípio da tipicidade pode ver-se – além da obra de OLIVEIRA ASCENSÃO, *A tipicidade...*, *per totum*, e por exemplo 73 e ss. – PHILIP HECK, *Grundgriß des Sachenrechts*, 2.ª reimpressão da edição de 1930, 1970, 84 e ss.; WOLFGANG WIELAND, Numerus clausus *der dinglichen Rechte. Zur Entstehung und Bedeutung eines zentralen zivilrechtlichen Dogmas*, in *Wege europäischer Rechtsgeschichte. Karl Kroeschell zum 60. Geburtstag*, 1987, 623 e ss.; OLIVEIRA ASCENSÃO, *Direito...*, 153 e ss.; CARVALHO FERNANDES, *Lições de Direitos Reais*, 5.ª edição, 2007, 76 e ss.. Na Doutrina italiana v., expressamente no sentido segundo o qual o princípio da tipicidade não obsta à qualificação da reserva de propriedade como um direito real, BIANCA, *La vendita...*, 524; e LUMINOSO, *I contratti tipici e atipici*, 1995, 104, uma vez que a reserva de propriedade se encontra prevista na lei. Entre nós, no mesmo sentido, MARIA ISABEL MENÉRES CAMPOS, *A reserva de propriedade...*, 305. V., também, as referências feitas *supra*, nota 573.

[631] Basta ver, por exemplo, não só a inquestionável aplicação à locação – um direito pessoal de gozo – da regra do artigo 1346.º do Código Civil, mas também a todos os direitos reais de gozo além da propriedade. A este respeito v. ELSA SEQUEIRA SANTOS, *Analogia e tipicidade em Direitos Reais*, in *Estudos em Homenagem ao Professor Doutor Inocêncio Galvão Telles*, 2003, IV, 492 e ss.; e PEDRO DE ALBUQUERQUE, *Direitos...*, 556 e 557, onde se referem múltiplas situações de aplicação de normas jurídicas relativas aos direitos reais fora do âmbito da sua previsão literal: desde o regime da acessão, passando pelas relações de vizinhança até à *usucapio libertatis*.

poderiam ser aplicáveis analogicamente[632]; quanto à ideia, presente ao longo de todo o aresto, de que o registo de um determinado direito corresponde à respetiva substância[633].

[632] Deixando agora de lado o problema de saber se se pode aproximar a tipicidade da excecionalidade, sabe-se hoje, toda a aplicação e realização de qualquer norma sempre feita por analogia (v., por todos, José Bronze, *Lições...*, *passim* e, por exemplo, 951). A proibição de utilização analógica de normas excecionais, a valer, significaria assim, pura e simplesmente, impedir a sua aplicação a todo e qualquer caso. Além disso, o Direito só será, verdadeiramente, Direito se e na medida em que cumprir a ideia de justiça dando a cada um aquilo que é seu. Para isso deve tratar de modo igual aquilo que é igual e de modo desigual aquilo que é desigual. Submeter um caso a uma norma geral quando ele apresenta analogia não com os cenários intencionados pela regra, mas sim com os abrangidos pela norma excecional é tratar, justamente, de modo diverso aquilo que se mostra igual e, portanto, violentar a própria ideia de Direito. Numa palavra pode mesmo afirmar-se que a proibição analógica de normas excecionais é a autêntica negação do Direito. Sobre tudo isto v., designadamente, Canaris, *Die Feststellung von Lücken im Gesetz. Eine methodologische Studie über Voraussetzungen und Grenzen der richterlichen Rechtsfortbildung* praeter legem, 2.ª edição, 1983, 181 e ss., autor que lembra o facto de a proibição analógica das normas excecionais se mostrar hoje ultrapassada e de ela envolver uma infração ao mandamento supremo da ideia de Direito: o mandamento da igualdade de tratamento, tendo toda a proibição de analogia *prima facie* algo de chocante ou escandaloso; e subscrevendo estes pontos de vista, Castanheira Neves, *O princípio da legalidade*.., in *Digesta*..., I, 448 e ss.; Id., *Metodologia jurídica*..., 275 e ss.. Cfr., ainda, no sentido segundo o qual normas sobre interpretação não têm natureza percetiva, Baptista Machado, *Introdução ao direito*..., 173 e ss.; e José Bronze, *Lições de introdução*..., 961, ao defender que, se é verdade sustentarem a orientação tradicional e o artigo 11.º do Código Civil, a impossibilidade de aplicação analógica das normas excecionais, hoje em dia não se duvida da admissibilidade da respetiva analogia por bem se saber impossível a distinção interpretação/analogia e por ninguém contestar a necessidade de se interpretar as normas excecionais. V., ainda, quanto se sustenta, em desenvolvimento ao que é aqui dito, *infra* § 8.1, IX, a respeito da aplicação analógica das normas excecionais.

[633] Principia por se afirmar ser o registo da reserva de propriedade obrigatório (a obrigatoriedade de registo dos factos a ele sujeitos, imposta hoje como regra, não vigorava ao tempo do Acórdão, embora existisse já para os veículos automóveis. Não obstante a falta dele não colide, nem colidia, com a realidade substantiva. A não realização atempada do registo obrigatório submete as entidades obrigadas a sanções, mas não impede o surgimento do direito. O registo não tem, entre nós, natureza constitutiva a não ser nalguns cenários contados) para, depois, se concluir no sentido de a extinção da cláusula de reserva de propriedade depender, em virtude do princípio da equivalência das formas, do cancelamento do registo. Mas com a devida vénia não é assim. O cancelamento do registo não tem eficácia extintiva pela razão simples de que em regra, e *in casu*, também não tem eficácia constitutiva. Em jogo está apenas a oponibilidade a terceiros de boa fé que tenham confiado no registo. Feita, de

Seja como for, e apesar de a prática forense não deixar de atestar situações de não observância, por parte de diversos tribunais, da doutrina fixada em acórdãos uniformizadores, é agora mais difícil surgir uma decisão judicial que admita a execução de um bem sujeito a registo, sem o titular do direito à reserva de propriedade proceder ao cancelamento do registo. Na verdade, não obstante o facto de as sentenças uniformizadoras se não mostrarem vinculativas, os nossos tribunais superiores têm-se, mais de uma vez, julgado por elas autolimitados, afirmando apenas ser viável o afastamento da interpretação veiculada pelo Acórdão uniformizador em situações limitadas[634].

modo válido, a declaração de renúncia, no plano substantivo, extingue-se, de imediato, o direito de que se abdicou independentemente do que se mostre retratado pela realidade registal. Por isso não é, com o respeito que se consigna, de acompanhar a afirmação proferida no Acórdão segundo a qual, «*a manutenção dos dois registos em simultâneo gera incoerência, pois, no decorrer da execução, mantém-se na esfera do exequente a faculdade de, a todo o tempo, exigir a restituição do bem através da resolução do contrato*». O registo gera uma mera presunção de existência do direito que é afastada pela comprovada renúncia.

634 Assim, por exemplo, STJ 23-09-2007 (Cardona Ferreira), Proc. 97A463/ITIJ (uniformização de Jurisprudência – valor – má fé) [com mera indicação de sumário], aresto no qual se afirma de forma categórica ser a uniformização de Jurisprudência vinculativa para os tribunais judiciais até ser revista pelo Supremo; STJ 18-02-1999 (Lúcio Teixeira), in *Boletim do Ministério da Justiça*, 1999, 484, 325 e ss., decisão onde se julga que os acórdãos uniformizadores de Jurisprudência constituem parâmetro a aceitar internamente pelos tribunais com caráter tendencialmente obrigatório; STJ 27-04-2004 (Salvador da Costa), Proc. 04B2776/ITIJ (livrança – avalista – falsidade – falsificação – assinatura – nulidade – obrigação cambiária – assento – suspensão da instância – execução), afirmando apenas dever ser revista a interpretação que resulta dos assentos ou acórdãos de fixação de Jurisprudência quando para tal haja motivos ponderosos; RCb 26-06-2007 (Ferreira de Barros), Proc. 1061/06.4TBAGD.C1, decisão onde se sustenta que os acórdãos uniformizadores proferidos pelo STJ, quer em julgamento ampliado de revista, quer em julgamento ampliado de agravo, são vinculativos para os tribunais inferiores, enquanto a norma interpretada não for alterada pelo legislador ou a Jurisprudência não for modificada pelo STJ. Mas mesmo quando assim não fosse, tal força vinculativa impor-se-ia quando as partes não adiantam qualquer argumento jurídico diverso do considerado na Jurisprudência uniformizada; RGu 06-03-2008 (Espinheira Baltar), Proc. 2706/07-2/ITIJ (Jurisprudência obrigatória), onde se julga dever «*o juiz enquanto integrado no órgão de soberania tribunais* (...) *acatar a jurisprudência uniformizada* (...)» para se concluir no sentido segundo o qual a recusa de aplicação da doutrina uniformizada tem de se mostrar uma exceção. Para uma censura, que nos parece pertinente, a esta posição de alguns dos nossos tribunais v. Oliveira Ascensão, *O direito...*, 325 e ss.. Mais dúctil, RPt 02-07-2008 (Francisco Marcolino de Jesus), Proc. 0716987/ITIJ (nulidade de sentença), alegando o artigo 445.º/3 do Código de Processo

Por uma razão de prudência deve, pois, o alienante com benefício da reserva de propriedade que pretenda executar o bem renunciar à reserva e proceder ele próprio ao cancelamento do registo, embora não seja essa a solução que parece resultar do Direito positivo[635].

Uma via alternativa, e pesada, ao apelo à execução, com renúncia expressa e cancelamento do registo a cargo do alienante como sustenta o Acórdão uniformizador, é a ação de reivindicação da coisa subordinada a reserva e a sua posterior venda pelo titular da referida reserva.

§ 2.6 – A reserva de propriedade e a exigência de cumprimento do contrato

I – Alguma Doutrina e Jurisprudência nacionais têm entendido só poder o beneficiário da reserva de propriedade exigir a restituição da coisa se exercer o direito de resolução sem previamente ter exigido o cumprimento pontual do contrato[636].

Penal, julga não ser a Jurisprudência uniformizada obrigatória para os tribunais judiciais, mas deverem estes fundamentar as decisões quando divirjam da aludida Jurisprudência. Esta norma (que no dizer de José Bronze manifesta o reconhecimento da relevância *in casu* do princípio da inércia) não pode deixar de valer para todos os acórdãos uniformizadores de Jurisprudência e não apenas para os penais. Nenhum argumento plausível se vislumbra em sentido contrário. É, aliás, esta a chave para se compreender o mecanismo dos acórdãos uniformizadores. Eles não vinculam nem os tribunais inferiores nem o próprio Supremo, como facilmente se extrai do respetivo regime jurídico, mas criam uma presunção de acerto argumentativo e ao nível da fundamentação das decisões com eles conformes, desonerando, na medida da conformidade, o julgador e onerando-o, na fundamentação, na medida da desconformidade. De um modo geral, a respeito da problemática relativa à Jurisprudência uniformizada v., *colorandi causa*, Teixeira de Sousa, *Estudos sobre o novo processo civil*, 1997, 556 e ss., *maxime* 558; Lopes Rego, *A uniformização de jurisprudência no novo direito processual civil*, 1997, *per totum*; Abrantes Geraldes, *Valor da jurisprudência cível*, in *Colectânea de Jurisprudência/STJ*, 1999, VIII, II, 5 e ss.; Id., *Recursos em processo civil. Novo regime*, 2.ª edição, 2008, *passim*; Freitas do Amaral, *Manual de introdução ao direito*, com a colaboração de Ravi Afonso Pereira, 2004, I, 468 e ss.; José Bronze, *Lições...*, 709 e ss..

[635] Em sentido diverso, defendendo ser essa a solução imposta pelo nosso Direito, v., na Doutrina, entre outros, Pedro Romano Martinez e Pedro Fuzeta da Ponte, *Garantias...*, 244.

[636] V., designadamente, a este respeito, Inocêncio Galvão Telles, *Direito das obrigações*, 7.ª edição, 1997, 464; e, já em sentido manifestamente favorável ao *ius variandi*, Lobo

Assim se pronuncia, designadamente, STJ 27-09-2007 (Santos Bernardino)[637]: seria, na verdade, uma oblação excessiva dos interesses do comprador – e até um desvio da finalidade típica visada pelo contrato – admitir poder o comprador ser privado do gozo da coisa e, ao mesmo tempo, continuar obrigado ao pagamento integral do preço. Face ao incumprimento do adquirente sob reserva de propriedade, o contratante beneficiário da reserva tem de optar por uma de duas vias: ou exige o pagamento de todas as prestações em dívida ou resolve o contrato. Proposta a ação de cumprimento (o que a autora fez, dando à execução a livrança aludida), passa a estar afetada a possibilidade de obter a restituição da coisa objeto da reserva de propriedade[638].

II – Não se vislumbra, porém, com a devida consideração, salvo melhor entendimento[639], a razão ou fundamento suscetível de alicerçar semelhante

Xavier, *Venda a prestações ...*, in *Revista*, 1974, XXI, 1 a 4, 211 e ss., para quem selecionada uma das vias – exigência de restituição da coisa ou em alternativa do cumprimento do contrato – está eliminada a possibilidade de o vendedor optar pela outra (Lobo Xavier entende, ainda assim, não envolver a impossibilidade de fazer valer a reserva da propriedade em caso de exigência do cumprimento a extinção da reserva de propriedade. Privada do seu efeito principal – a possibilidade de o credor conseguir a restituição da coisa – ela continuaria a desempenhar uma função útil: a manutenção da reserva obsta a que tenha lugar uma válida alienação do objeto ou a sua execução por iniciativa de outrem que não o vendedor – garantindo assim a este que, no momento de lançar mão do processo executivo, o mesmo objeto não teria passado para o domínio de terceiro, conservando-se antes como elemento executável no património do devedor); Luís Lima Pinheiro, *A cláusula de reserva...*, 63. V., ainda, o que se escreve *infra* no § 8, III, a propósito da resolução do contrato na venda a prestações. Na literatura jurídica italiana cfr., por todos, Bianca, *La vendita...*, 546 e 547.

[637] STJ 27-09-2007 (Santos Bernardino), Proc. 07B2212/ITIJ (contrato de crédito ao consumo – incumprimento – resolução – reserva de propriedade), com voto de vencido de Pereira da Silva, não a respeito do sentido da decisão, mas relativamente a aspeto da sua fundamentação.

[638] E adita, *in casu*: o artigo 18.º do Decreto-Lei n.º 54/75, de 12 de fevereiro, apenas impõe que, dentro de 15 dias a contar da data da apreensão do veículo, efetuada no processo cautelar a que alude o artigo 15.º do mesmo diploma, o titular do registo de reserva de propriedade proponha ação de resolução do contrato de alienação.

[639] Aceitamos a posição segundo a qual se o vendedor exigir a restituição da coisa não pode em princípio exigir o pagamento integral. E dizemos em princípio, pois, nada impede, e na prática isso sucede até com frequência, as partes de estipularem uma cláusula penal que tenha efeito aproximado ou equivalente. Tratando-se de venda a prestações deverá, todavia, respeitar-se o disposto no artigo 935.º do Código Civil. Já não acompanhamos, porém, como se verá de seguida, o Acórdão do STJ na medida em que este afirma ter, face

posição. O vendedor pode ter interesse em exigir o cumprimento do contrato e manter a reserva de propriedade. Segundo sublinha a propósito BAPTISTA MACHADO, o facto de o credor ter optado por exigir o cumprimento, só por si, não faz caducar o direito de depois vir a declarar a resolução (*ius variandi*)[640]. A hipótese inversa é que é inadmissível, dado não se poder exigir o cumprimento de um contrato resolvido. Mas, como bem sublinha RAÚL VENTURA, nada existe, na venda com reserva de propriedade, a retirar ao vendedor a faculdade de exigir o adimplemento até ao limite[641]. Donde dever inferir-se: proposta a ação de cumprimento pelo vendedor mantém-se a reserva de propriedade até ao efetivo pagamento do preço, pois só este gera a transmissão da propriedade – não a exigência de pagamento[642]. Aliás, segundo veremos adiante, a simples mora no cumprimento de um contrato bilateral não gera imediatamente o direito de resolver o negócio. Para isso suceder mostra-se imprescindível transformar-se a mora em incumprimento definitivo. Transformação que sucederá, dado estar-se diante de uma obriga-

ao incumprimento do adquirente sob reserva de propriedade, o contratante beneficiário da reserva de optar por uma de duas vias: ou exige o pagamento de todas as prestações em dívida, ou resolve o contrato. Não é para nós evidente se a sentença sustenta essa posição pelo facto de o credor ter obtido a execução da livrança e assim recebido o pagamento de uma quantia de um pouco mais de 18 000 euros, quando o financiamento efetuado andava perto dos 20 000 euros mais juros ou se, independentemente dessa factualidade, entende não ser nunca possível exigir o pagamento e a manutenção da cláusula de reserva de propriedade na hipótese de este não ser efetuado.

640 BAPTISTA MACHADO, *Pressupostos da resolução por incumprimento*, in *João Baptista Machado. Obra dispersa*, 1991, I, 192 e 193 (mas v. *op. cit.* 161 e 162). V., também, VAZ SERRA, *Impossibilidade superveniente e cumprimento imperfeito imputáveis ao devedor*, in *Boletim do Ministério da Justiça*, 1955, 47, 40 e 41 e 93; BRANDÃO PROENÇA, *A resolução do contrato no direito civil*, 1996, 76 e ss., referindo os termos da polémica e admitindo, na situação que nos interessa, um *ius variandi* até na hipótese de o credor chegar a exigir judicialmente o cumprimento se o devedor não cumprir a sentença de condenação ou, embora sob a alegação de um outro facto de inadimplemento, se a ação tendente ao cumprimento coercivo vier a falhar; PEDRO ROMANO MARTINEZ, *Cessação...*, 141.

641 RAÚL VENTURA, *O contrato de compra e venda no código civil. Efeitos essenciais do contrato de compra e venda...*, in *Revista...*, 1983, ano 43, III, dezembro, 612. V., também, PIRES DE LIMA/ /ANTUNES VARELA, *Código...*, II, comentário ao artigo 934.º, 230; e ANTUNES VARELA, *Das obrigações...*, I, 305 e 306.

642 RAÚL VENTURA, *O contrato de compra e venda no código civil. Efeitos essenciais do contrato de compra e venda...*, in *Revista...*, 1983, ano 43, III, dezembro, 612; e MARIA ISABEL MENÉRES CAMPOS, *A reserva de propriedade...*, 192 e ss., com o limite da nomeação dos bens à penhora.

ção pecuniária, segundo o artigo 808.º/1 do Código Civil, através da fixação de um prazo para o devedor cumprir[643]. Ou seja: o nascimento do direito de resolução supõe exatamente uma interpelação dirigida ao devedor. De outra maneira: a exigência de cumprimento do contrato não afeta o direito de resolução, por ser precisamente através dessa exigência a constituir-se esse direito[644]. Nem pode julgar-se envolver a propositura da ação vontade diversa por parte do alienante. Ele não renuncia à propriedade que reservou; apenas procura a obtenção por via judicial do pagamento do preço, esse sim, produtor da transmissão da propriedade[645].

De aplaudir assim o STJ (Pleno) 09-10-2008 (PAULO SÁ)[646] ao afirmar: a cláusula de reserva de propriedade suspende o efeito translativo da propriedade, até à produção do cumprimento pelo comprador. O incumprimento definitivo, exigível para se valer da via executiva, não extingue o contrato e a exigência de adimplemento, mesmo coerciva, não representa ainda o cumprimento. A extinção da reserva só se produz, pois, ao obter-se o cumprimento do contrato[647].

[643] Sublinhando isso mesmo LOBO XAVIER, *Venda a prestações...*, in *Revista...*, 1974, XXI, 1 a 4, 212 e 213. Só não será assim, e, portanto, a resolução operará de modo automático, sem necessidade de interpelação admonitória, na hipótese de as partes terem estipulado uma cláusula resolutiva, uma condição resolutiva ou um termo essencial. Nesse sentido, reportando-se ao ensinamento de BAPTISTA MACHADO, MARIA ISABEL MENÉRES CAMPOS, *A reserva de propriedade...*, 191.

[644] LOBO XAVIER, *Venda a prestações...*, in *Revista...*, 1974, XXI, 1 a 4, 213.

[645] RAÚL VENTURA, *O contrato de compra e venda no código civil. Efeitos essenciais do contrato de compra e venda...*, in *Revista...*, 1983, ano 43, III, dezembro, 612.

[646] STJ (Pleno) 09-10-2008 (PAULO SÁ), Proc. 07A3965 (ação executiva – veículo automóvel – reserva de propriedade – penhora – suspensão da instância – registo automóvel – cancelamento da inscrição), com voto de vencido de SEBASTIÃO PÓVOAS, SILVA SALAZAR, PIRES DA ROSA, BETTENCOURT DE FARIA, SALRETA PEREIRA, PEREIRA DA SILVA, RODRIGUES DOS SANTOS, URBANO DIAS, MARIA DOS PRAZERES BELEZA, CARDOSO DE ALBUQUERQUE, SERRA BAPTISTA e declarações de voto de SALVADOR DA COSTA, FERREIRA DE SOUSA, SANTOS BERNARDINO, SOUSA LEITE, JOÃO BERNARDO e OLIVEIRA ROCHA.

[647] Note-se ser assunto diverso saber se a nomeação, pelo alienante, do bem para execução não envolve renúncia à reserva de propriedade, tendo nós já respondido no sentido positivo (cfr. *supra* 48 e ss.).

§ 2.7 – A transferência do risco na compra e venda com reserva de propriedade

I – O problema da transferência do risco na compra e venda com reserva de propriedade mostra-se debatido.

Alguns autores[648], partindo da afirmação de que na compra e venda com reserva de propriedade se não deu, ainda, a transferência do direito real, sustentam pertencer o risco da perda fortuita ao alienante. E trata-se de um entendimento suscetível de parecer, à primeira vista, receber abrigo do artigo 796.º do Código Civil. A solução não se afigura, porém, a melhor. A reserva da propriedade visa justamente garantir a posição do vendedor perante o risco de não pagamento do preço ou da não produção do evento a ela associado. Não se entende, a nosso ver, destarte, terminar um mecanismo destinado a reforçar a posição do vendedor afinal por a desguarnecer, sendo certo que a transferência do domínio material e do gozo sobre a coisa não deixou de passar para o comprador.

No sentido de o risco dever ser suportado pelo adquirente podem alegar-se diversos argumentos. Na defesa da solução de fazer pender o perigo de perecimento fortuito da coisa sobre o comprador, Pedro Romano Martinez[649] menciona, nesse sentido, quatro ordens de razões:

1) a reserva de propriedade tem essencialmente uma função de garantia com efeitos semelhantes, designadamente, aos da hipoteca, mas em

[648] É designadamente essa a posição defendida por Ribeiro de Faria, *Direito...*, I, 222 e 223; Galvão Telles, *Direito...*, 473; Calvão da Silva, *Compra e venda de coisas defeituosas, conformidade e segurança*, 4.ª edição, 2006, 24. Ao nível da Jurisprudência v., no sentido da Doutrina agora referida, STJ 22-02-1983 (Santos Silveira), Proc. 070540/ITIJ (responsabilidade civil – venda com reserva de propriedade – condição suspensiva – risco nas obrigações – culpa – indemnização – facto fortuito – matéria de facto – competência dos tribunais superiores). A alienação, quando realizada com a cláusula de reserva de propriedade ou domínio, apresenta-se encarada do lado do comprador, como de índole suspensiva, como condição suspensiva: desde que estejamos perante uma condição suspensiva, o risco do fornecimento ou deterioração das mercadorias corre por conta da alienante, por força do contido no artigo 796, n.º 3, do Código Civil (com mera indicação de sumário). Outras referências jurisprudenciais e doutrinais podem colher-se em Nuno Aureliano, *O risco...*, 348 e 349. Menções jurisprudenciais e ao nível da Doutrina podem, também, ser vistas em Maria Isabel Menéres Campos, *A reserva de propriedade...*, 164, nota 319 e 165 e 166.

[649] Pedro Romano Martinez, *Direito...*, 41 e 42.

que o comprador tem o gozo da coisa, legitimando-se, portanto, ser ele a assumir o inerente risco;

2) o artigo 796.º do Código Civil refere a transferência de domínio. Ora, seria possível entender que ao associar a transferência do risco à mudança do domínio sobre a coisa o preceito em análise tem em vista, também, a própria relação material com o objeto ou direito vendido. Pareceria, pois, que, não obstante a reserva de propriedade, a partir da entrega da coisa, o risco deve correr por conta do comprador não estando exonerado da obrigação de pagamento do preço na hipótese de deterioração ou perda fortuita da coisa;
3) a cláusula de reserva de propriedade seria em simultâneo uma condição suspensiva e uma condição resolutiva (nos termos do artigo 886.º do Código Civil); desta forma, sendo a condição resolutiva e tendo havido tradição da coisa, o risco corre pelo adquirente;
4) o artigo 796.º/3 do Código Civil, para a situação da condição resolutiva, determina correr, tendo a coisa sido entregue ao comprador, o risco por conta deste. Ora, com referência à condição suspensiva não se prevê a hipótese de ter existido entrega ao adquirente, por isso, nessa eventualidade, a solução deverá ser a oposta à estabelecida no preceito. *I. e.* mesmo quando se trate de condição suspensiva, a tradição da coisa importa a transferência do risco.

II – Segundo NUNO PINTO OLIVEIRA[650], os três primeiros fundamentos não deveriam ter provimento devendo o quarto ter-se por exato.

Em oposição à primeira razão, alegada por PEDRO ROMANO MARTINEZ, sustenta NUNO PINTO OLIVEIRA traduzir-se ela num mero argumento de ordem prática e, por isso, extrajurídico. Divergimos. Há muito se sabe representarem as exigências de justiça e de adequação às necessidades da vida um elemento fundamental na interpretação-compreensão-aplicação do Direito. O *prius* metodológico é hoje, sabidamente, o caso, não a lei. A consideração de que a ponderação dos efeitos ou do resultado interpretativo é um verdadeiro elemento do processo de compreensão e aplicação do Direito não pode sofrer hoje impugnação séria[651]. Soma-se a isso, como veremos

[650] NUNO PINTO OLIVEIRA, *Compra...*, 62 e ss..

[651] V. o referido a este respeito e a bibliografia citada *supra* na nota 276; *supra* Parte II, Capítulo I, § 3.1.4.3.1, XV, pp. 140 e ss.; e nas notas 448 e ss..

adiante, o facto de mais do que cumprir uma função de garantia a reserva de propriedade outorga ao vendedor uma verdadeira garantia.

III – A respeito do segundo argumento, NUNO PINTO OLIVEIRA julga dever a fórmula «*contratos que importem a transferência de domínio sobre certa coisa*» interpretar-se como equivalente a «*contratos que importem a transferência do direito de propriedade sobre certa coisa*». Mas não só não fundamenta a sua posição como a verdade é estarem tais negócios já abrigados pela menção do artigo aos contratos «*que constituam ou transfiram um direito real sobre ela*». Não faz, destarte, sentido aproximar a transferência do domínio da mudança da propriedade, sob pena de se dever ter a primeira parte do artigo 796.º/1 por tautológica. Mas também se não pode, sem mais, igualar a transmissão do domínio ao simples estabelecimento de um controlo material sobre a coisa[652]. De outro modo, o arrendatário ou comodatário suportariam sempre o risco da perda ou deterioração da coisa, independentemente mesmo do disposto nos artigos 1044.º e 1136.º ambos do Código Civil relativamente a este último contrato. O mesmo sucederia com o possuidor, ao arrepio do artigo 1269.º do Código Civil. A solução para uma boa interpretação do artigo 796.º/1 está, a nosso ver, em entender referir-se a transferência do domínio aí mencionada aos contratos que importem o estabelecimento de um controlo material, se especialmente qualificado. Qualificação especial essa resultante do facto de se estar perante negócios translativos da posse e gozo da coisa e que, em circunstâncias normais, não fora um facto em certa medida «*anómalo*» – a reserva de propriedade – relativamente ao tipo em causa, produziriam também a transferência do direito subordinado à reserva, mas *in casu* diferida – estando, todavia, já em movimento o *iter* conducente à produção definitiva da eficácia real transmissiva do direito.

Com um embaraço, porém. Na perspetiva por nós adotada, e tal como teremos oportunidade de desenvolver mais adiante, a compra e venda com

[652] PEDRO ROMANO MARTINEZ fala em relação material. Mas não nos parece possível o estabelecimento de uma relação entre pessoas e coisas. No sentido de o comprador com reserva de propriedade ter posse v., por todos, NUNO AURELIANO, *O risco*..., 347, com referências. Note-se, porém, entender este autor (*op. cit.*, 351, nota 1022), numa posição diversa da por nós sustentada dever, para efeitos do artigo 796.º do Código Civil, entender-se – sob pena de colapso do sistema normativo – serem domínio e propriedade semelhantes. Como se vê pelo texto propomos, para o artigo 796.º, uma diversidade de sentidos entre domínio e propriedade.

reserva de propriedade constitui ou transfere, desde logo, direitos reais a favor das partes envolvidas. O titular do direito alienado deixa, verdadeiramente, de o ser para, como já aqui se afirmou e se fundamentará de seguida, ter uma garantia real, ou se se preferir, uma propriedade limitada ao papel de garantia. O comprador, esse, passa a deter, como efeito do negócio sujeito à reserva, uma expectativa real de aquisição do bem. Parece, pois, não permitir afinal, a interpretação agora proposta, no sentido de ultrapassar a tautologia existente no artigo 796.º do Código Civil – se se entendesse a expressão «*contratos que importem a transferência do domínio*» como normativamente equivalente a contratos que «*constituam ou transfiram um direito real*» –, superar essa mesma tautologia. Ao invés ela padeceria também deste vício de raciocínio. A destrinça entre a *transferência do domínio*, de um lado, e a constituição ou transferência de propriedade, do outro, não se poderia fazer entendendo reportar-se, normativamente, o primeiro segmento aos negócios com reserva de propriedade e o segundo aos dotados de eficácia real translativa ou constitutiva imediata por uma razão muito simples: os contratos sujeitos a reserva de propriedade são também, tal como os emolduramos, negócios que constituem ou transferem direitos reais.

Não nos parece, todavia, mostrar-se uma argumentação do tipo da agora expendida pertinente. Julgamos poder argumentar-se na direção segundo a qual, justamente, o sentido normativo da distinção presente no artigo 796.º/1 do Código Civil, entre contratos translativos do domínio, de uma banda, e negócios geradores da constituição ou transferência de direitos reais, da outra, é o de deixar perfeitamente manifesto, desfazendo todas as dúvidas, que, independentemente da moldura dogmática defendida para a reserva de propriedade, se ela for estipulada, a simples transferência do domínio ou do controlo material sobre a coisa já importa a translação do risco. Dito de outra maneira: sem tomar posição a propósito da disputa a respeito da natureza da reserva de propriedade e dos direitos dela decorrentes – deixando, destarte, essa tarefa para a Jurisprudência doutrinal e judicial –, o sentido normativo do artigo 796.º/1 é o de elucidar como, independentemente da natureza assacada à reserva de propriedade, ela importa sempre a transferência do risco de perda ou destruição da coisa para o adquirente não o desonerando de pagar o preço mesmo se ela vier a desaparecer ou a perecer. Daí a necessidade de se autonomizar os contratos translativos do domínio – os sujeitos a reserva da propriedade com outorga do gozo sobre a coisa ao adquirente – relativamente aos restantes contratos produtores de efeitos reais. Não se vislumbra, pois, a esta luz, nenhuma redundância ou aspeto tautológico no artigo 796.º/1 do Código Civil.

IV – Já relativamente ao terceiro e quarto argumentos alegados por PEDRO ROMANO MARTINEZ, para fazer incidir o risco por conta do adquirente na compra e venda com reserva de propriedade, não os podemos seguir pela razão simples de, na nossa perspetiva, e segundo veremos, a cláusula de reserva de propriedade não representar nem uma condição suspensiva nem uma condição resolutiva.

Ainda assim a posição mantém-se: o perigo de perecimento fortuito da coisa incide sobre o comprador que não é desonerado do pagamento do preço[653-654]. O alienante esse suportará apenas o risco de perda da garantia consubstanciada pela reserva de propriedade.

653 No mesmo sentido, embora com fundamentação, ora completamente diversa, ora não totalmente coincidente com a por nós defendida, VAZ SERRA, *Impossibilidade superveniente...*, in *Boletim...*, 1955, 46, 106; LIMA PINHEIRO, *A cláusula...*, 46; Id., *A venda...*, 16 e 17; ANA MARIA PERALTA, *A posição...*, 138 e ss., nota 392; RAÚL VENTURA, *O contrato de compra e venda no código civil. Efeitos essenciais do contrato de compra e venda...*, in *Revista...*, 1983, ano 43, III, dezembro, 610; MARIA DE LURDES PEREIRA, *Conceito de prestação e destino da contraprestação*, 2001, 118 e 119 (segundo esta autora «*o âmbito de eficácia do princípio* res perit domino *fica (...) confinado às hipóteses em que, porque o adquirente tem nisso interesse e o alienante o aceita (...) o objeto permanece em poder deste último*»); PEDRO ROMANO MARTINEZ, *Direito...*, 41; NUNO PINTO OLIVEIRA, *Compra...*, 65 e 66; MENEZES LEITÃO, *Direito...*, III, 57 e 58; Id., *Garantias...*, 263; 5.ª ed., 254 e 255; MARIA ISABEL MENÉRES CAMPOS, *A reserva de propriedade...*, 168 e ss.. A posição de PIRES DE LIMA e ANTUNES VARELA, *Código...*, II, comentário ao artigo 796.º, 51 e 52, não é manifesta por sustentarem na mesma página duas soluções opostas: primeiro defendem que o risco deve recair sobre o alienante para terminarem a concluir, depois, pender ele sobre o adquirente. Na Doutrina italiana v., a título ilustrativo, BIANCA, *La vendita...*, 526; LUMINOSO, *I contratti...*, 103.

654 Bem, por isso, RLx 19-05-1992 (MACHADO SOARES), Proc. 0051241/ITIJ (compra e venda – boa fé – cláusula geral – nulidade – locação financeira – cláusula penal). V., também, entendendo que na venda a prestações com reserva de propriedade o risco corre por conta do adquirente (mesmo se *in casu* se considerou representar a cláusula de reserva uma condição suspensiva) STJ 05-03-1996 (PEREIRA DA GRAÇA), Proc. 088006/ITIJ (venda a prestações – reserva de propriedade – responsabilidade pelo risco – coisa defeituosa), com simples indicação do sumário. Também não é substancialmente diversa a solução proposta por NUNO AURELIANO, *O risco...*, 352 e ss.. O autor principia por negar a possibilidade de uma solução uniforme para todas as situações de reserva de propriedade pois julga prestar-se a figura a múltiplas aplicações e à inserção em diversos tipos contratuais, para além da situação correspondente à modalidade social típica de cláusula de reserva de propriedade,

V – Ligada à disputa anterior mostra-se o problema de saber como resolver a distribuição do risco contratual da compra e venda com reserva da propriedade, na hipótese de o bem perecer por facto imputável a terceiro. Na verdade, se um terceiro destruir culposamente o objeto vendido com reserva de propriedade pode pensar-se que o vendedor não poderá exigir do autor da lesão uma indemnização por danos sofridos, pois se conservar o respetivo direito de crédito sobre o comprador não teria sofrido nenhum prejuízo.

Lembrando o que já aqui dissemos e adiante expandiremos – dado, o vendedor e o comprador estarem, ambos, investidos numa posição jurídica própria em virtude do contrato de compra e venda com reserva de propriedade –, se se assistir a uma lesão da coisa deverá proceder-se à repartição do risco segundo o proveito próprio de cada um. Atendendo ao facto de o vendedor preservar a propriedade apenas com uma função de garantia, deve suportar o risco da perda da garantia. O comprador, que já estava a tirar todo o gozo da coisa, suportará o risco da perda ou deterioração dela[655].

coincidente com a sua aposição num contrato de compra e venda cujo pagamento do preço determina a produção do efeito real. Relativamente à hipótese paradigmática, Nuno Aureliano faz incidir o risco por conta do adquirente enunciativamente a partir do artigo 796.º/2 do Código Civil, por entender representar ela a hipótese justamente inversa da prevista diretamente nesse preceito. Com isso, afirma, daria substrato normativo, à posição de Moura Ramos/Maria Bento Soares, *Contratos internacionais, compra e venda, cláusulas penais, arbitragem*, 1986, 175, nota 323, no sentido de o risco incidir sobre o adquirente a partir do momento da entrega, em nome da ligação entre o poder de controlo sobre a coisa e a assunção de riscos pelo proprietário (note-se afirmar, bem, Nuno Aureliano autonomia relativamente à solução proposta por Ana Peralta, *A posição...*, 138, nota 392). Noutras hipóteses, em que a cláusula de reserva representasse uma condição em sentido técnico – mas note-se não admitirmos essa possibilidade – a solução não poderia ser dada aprioristicamente: teria de ser chamado a depor o interesse contratual prevalente associado à figura. Defendendo a inaplicabilidade do artigo 796.º/2 e 3, às situações de reserva de propriedade, com base na ideia de alargamento do sinalagma funcional v. Pedro Múrias/ /Maria de Lurdes Pereira, *Sobre o conceito...*, in *Estudos...*, I, 385.

655 Bianca, *La vendita...*, 526 e 527. No mesmo sentido material Menezes Cordeiro, *Tratado...*, XI, 177, falando numa bilateralização do artigo 796.º/2. V. também a este respeito Menezes Leitão, *Direito...*, III, 57 e 58. Afigura-se duvidoso se nesta situação pode valer, para a perda da garantia, uma solução semelhante à prevista no artigo 701.º do Código Civil.

§ 2.8 – Moldura dogmática da compra e venda com reserva de propriedade

I – Revela-se extremamente debatida a natureza da compra e venda com reserva de propriedade. São as seguintes as orientações centrais a este respeito[656]:

1) a teoria da condição suspensiva;
2) a teoria da condição resolutiva;
3) a teoria da venda obrigacional;
4) a teoria da dupla propriedade;
5) a teoria da venda com eficácia translativa imediata associada à atribuição, ao vendedor, de uma posição jurídica real que lhe garante a reaquisição do bem em caso de incumprimento;
6) a teoria da eficácia translativa diferida ao momento do pagamento do preço, com a concessão ao comprador, no período entre a celebração do contrato e o pagamento, de uma posição jurídica diversa da propriedade.

II – O que pensar de cada uma destas teorias ou teses?

A teoria da condição suspensiva representa a posição tradicional[657]. Ela não pode, porém, a nosso ver, ser aceite por em jogo não estar tecnicamente

[656] A respeito das diversas molduras possíveis da compra e venda com reserva de propriedade v., entre nós, por todos, Carlos da Gama Rose, *Compra e venda a prestações com e sem reserva...*, 27 e ss. (o autor refere as seguintes teses: venda pura e simples sujeita a facto retardativo da transmissão; condição legal resolutiva; condição suspensiva a termo; contrato a termo seguido de um contrato acessório de comodato; promessa de venda a que se alia um aluguer ou comodato; contrato de aluguer, contrato de depósito; cláusula penal; condição suspensiva; cláusula atípica); Pedro Romano Martinez, *Direito...*, 36 a 37 e nota 4; Catarina Monteiro Pires, *A alienação em garantia...*, 149 e ss.; Menezes Leitão, *Direito...*, III, 58 e 59; Maria Isabel Menéres Campos, *A reserva de propriedade...*, 241 e ss.. Na Doutrina italiana pode ver-se uma referência muito alargada às várias teses defendidas a este respeito, por exemplo, em Marco Lipari, *Vendita com riserva*, in *Enciclopedia del Diritto*, 1993, XLVI, 528 e ss.; e também, embora de forma mais sintética, em Luminoso, *I contratti...*, 102 e 103. Entre os autores alemães v., por exemplo, Serick, *Eigentumsvorbehalt und Sicherungsübertragung*, I, *Der einfache Eigentumsvorbehalt*, 1963, 206 e ss., 241 e ss..

[657] Na Doutrina alemã defendem essa posição, *colorandi causa*, Flume, *Die Rechtsstellung des Vorbehaltskäufers*, in *Archiv für die Civilistische Praxis*, 1962, 385 e ss., 389 e ss.; Fikenstcher/

um evento condicional. Na verdade, o dever de pagar o preço não traduz uma condição, um facto[658] futuro e incerto. Ele traduz, antes, a um efeito essencial do contrato de compra e venda cujo cumprimento pode ser exigido

/HEINEMANN, *Schuldrecht*, 10.ª ed., 2006, 477, especificam tratar-se de uma venda incondicional, mas de uma transmissão condicional, numa manifestação do princípio da abstração vigente no *BGB*. V., ainda, SERICK, *Eigentumsvorbehalt...*, I, 75 e ss., 206 e ss., e 241 e ss.. Entre os autores italianos pode ver-se, sempre a título ilustrativo, PIETRO RESCIGNO, *Condizione (dir. vig.)*, in *Enciclopedia del Diritto*, 1961, XI, 784; e MARCO LIPARI, *Vendita...*, in *Enciclopedia...*, 1993, XLVI, 533 e ss.. Em Portugal pronunciam-se nessa direção, designadamente, INOCÊNCIO GALVÃO TELLES, *Contratos civis (Projecto completo de um futuro Código Civil português e respectiva exposição de motivos)*, separata da *Revista da Faculdade da Universidade de Direito de Lisboa*, 1953-1954, IX-X 31; Id., *Direito...*, 83 (referindo ser apenas o efeito translativo a ser suspenso); RAÚL VENTURA, *O contrato de compra e venda no código civil. Efeitos essenciais do contrato de compra e venda...*, in *Revista...*, 1983, ano 43, III, dezembro, 614 e ss.; BAPTISTA LOPES, *Do contrato de compra e venda...*, 93 e ss., 102; PIRES DE LIMA/ANTUNES VARELA, *Código...*, I, comentário ao artigo 409.º, 376; LIMA PINHEIRO, *A cláusula...*, 108 e ss.; Id., *A venda...*, 22 e 23; RIBEIRO DE FARIA, *Direito...*, I, 223; ANTUNES VARELA, *Das obrigações...*, I, 305, embora entendendo atingir a condição apenas a transferência do domínio e não o contrato em si mesmo; HEINRICH HÖRSTER, *A parte geral do Código Civil português. Teoria geral do direito civil*, 1992, 493; PEDRO ROMANO MARTINEZ, *Direito...*, 36; Id., *Da cessação...*, 253, 254, nota 500; 2.ª ed., 527 e 528, nota 500; ALMEIDA COSTA, *Direito das Obrigações*, 11.ª edição, 2006, 297; GALVÃO DA SILVA, *Compra...*, 24; NUNO PINTO OLIVEIRA, *Compra...*, 51, em moldes semelhantes aos de INOCÊNCIO GALVÃO TELLES e ANTUNES VARELA. Na Jurisprudência v. a favor deste enquadramento, entre outros, RLx 05-07-2007 (SALAZAR CASANOVA), Proc. 5671/2007-8 (reserva de propriedade – renúncia – penhora); RPt 15-04-2008 (CÂNDIDO LEMOS), Proc. 0821988/ITIJ (compra e venda – reserva de propriedade – mútuo); RLx 17-07-2008 (ROSA RIBEIRO COELHO), Proc. 6158/2008-7//ITIJ (contrato de compra e venda – união de contratos – reserva de propriedade); STJ 10-07-2008 (SANTOS BERNARDINO), Proc. 08B1480/ITIJ (reserva de propriedade – mútuo – sub-rogação – nulidade); STJ 27-09-2007 (SANTOS BERNARDINO), Proc. 07B2212/ITIJ (contrato de crédito ao consumo – incumprimento – resolução – reserva de propriedade), com voto de vencido de PEREIRA DA SILVA, não a propósito do sentido da decisão mas relativamente a aspeto da sua fundamentação.

[658] MARIA ISABEL MENÉRES CAMPOS, *A reserva de propriedade...*, 250 e 251, refere, ainda, ser a condição exterior ao negócio. Não é verdadeiramente assim. O conteúdo do negócio é, na verdade, incindível. Prevalecem, hoje, as teorias unitárias, conforme refere MENEZES CORDEIRO, *Tratado...*, II, 624 e ss., 644 e 645. Mas a condição não deixa de ser uma cláusula atípica relativamente ao conteúdo típico da compra e venda. A afirmação da teoria unitária não apaga, como refere MENEZES CORDEIRO, a existência histórica, cultural e científica da condição como realidade autónoma.

judicialmente e sujeito a execução coativa[659-660]. O pagamento do preço não é uma condição, mas uma contraprestação ou contra-atribuição[661]. Dir-se-á admitir o artigo 409.º/1 do Código Civil situações de reserva de propriedade não ligadas ao pagamento do preço. Seria, pois, pelo menos a propósito destas situações pertinente o emolduramento nos termos de uma condição suspensiva. Por outro lado, a aquisição da propriedade só se dá no momento do pagamento ou da verificação de outro evento, e não retroage à data da celebração do contrato como sucederia se em questão estivesse uma condição suspensiva[662]. Já atrás referimos estar-se diante de hipóteses senão meramente teóricas, pelo menos raras[663]. Ponderando estas situações CUNHA GONÇALVES, afirma não atingir a condição todos os efeitos do contrato enquanto a reserva de propriedade apenas afeta a transmissão da propriedade. Na linha de CUNHA GONÇALVES/ASSUNÇÃO CRISTAS/

[659] Assim, por exemplo, ANA MARIA PERALTA, *A posição...*, 144 e ss.; GABRIELA FIGUEIREDO DIAS, *Reserva...*, in *Comemorações...*, 2007, III, 428. Na Doutrina italiana v., por exemplo, BIANCA, *Il contratto...*, 523 e 524, mas com matizes; e LUMINOSO, *I conttrati...*, 80. Em sentido oposto PEDRO MÚRIAS/MARIA DE LURDES PEREIRA, *Sobre o conceito e a extensão...*, in *Estudos...*, I, 417 e 418, e notas 74 e 77, admitem a possibilidade de uma condição obrigatória.

[660] Ainda assim, GABRIELA FIGUEIREDO DIAS, *Reserva...*, in *Comemorações...*, 2007, III, 428, entende que se é debatível se o pagamento do preço pode ser visto como incerto dado poder ser exigível, ainda assim, essa exigibilidade não o torna num facto certo, mas apenas mais provável. O ponto não nos parece, todavia, ser esse. Dado ser exigível, estamos perante um dever. Não perante um facto futuro e incerto exterior ao negócio, mesmo se há uma probabilidade de haver incumprimento. A não produção não traduz apenas a não verificação de um evento. Representa uma situação de inadimplemento do facto devido, não de um facto futuro e incerto em sentido técnico-jurídico. A condição representa uma previsão meramente hipotética. Não é essa a situação de um facto devido. Por ser devido ele não é visto como meramente hipotético. Mesmo se não tiver lugar voluntariamente o credor pode exigir judicialmente a sua realização e a condenação do devedor.

[661] Nesse sentido PEDRO MÚRIAS/MARIA DE LURDES PEREIRA, *Sobre o conceito e a extensão...*, in *Estudos...*, I, 418.

[662] MARIA ISABEL MENÉRES CAMPOS, *A reserva de propriedade...*, 254. Em sentido divergente v., porém, PEDRO MÚRIAS/MARIA DE LURDES PEREIRA, *Sobre o conceito e a extensão...*, in *Estudos...*, I, 418.

[663] Assim, também, MENEZES LEITÃO, *Garantias...*, 257, nota 580; 5.ª ed., 249, nota 593. Ulteriores censuras à teoria da condição suspensiva v. ANA MARIA PERALTA, *A posição...*, 22 e ss., 135 e ss..

/França Gouveia e Menezes Leitão[664]. Dizer-se estar-se perante uma condição, mas não suspender todo o negócio de compra e venda, apenas prejudicando a transmissão imediata da coisa, seria, assim, dar ao conceito um alcance por ele não possuído. Mas não é assim. A condição pode ser meramente parcial. O que já poderia, eventualmente, parecer estranho será a condição cindir efeitos essenciais. O que, isso sim, parece verdadeiramente decisivo é o facto de o inadimplemento da obrigação de pagar o preço não produzir o mesmo efeito da não verificação da condição. Num cenário, o efeito não se produz se não se der a condição. No outro, se não houver adimplemento segue-se o regime da mora e do incumprimento, com todos os seus efeitos incluindo a possibilidade de se vir a resolver o contrato e de existência de responsabilidade civil. Da mesma forma, não havendo pagamento definitivo do preço não se segue, não pode seguir, o regime do artigo 275.º, mas, sim, o dos artigos 798.º e seguintes[665]. Portanto, a qualificação só poderia valer para os cenários nos quais a reserva de propriedade não é associada ao cumprimento de obrigações das partes, mas, antes, a algum outro evento. Ela envolveria, destarte, a quebra da unidade dogmática da figura da reserva de propriedade[666] sem se vislumbrar nenhuma razão ou fundamento para se entender ter ela uma natureza dual.

As observações agora mesmo tecidas valem igualmente para a teoria de que na compra e venda com reserva de propriedade se estaria diante de um negócio sujeito à condição resolutiva[667] de se assistir ao não pagamento ou ao incumprimento. Além disso, parece depor frontalmente de forma oposta a ela o artigo 409.º do Código Civil, ao estabelecer conservar, na eventualidade de reserva, o vendedor a propriedade da coisa ou direito. Não há, na reserva de propriedade dois direitos alternativos, como é próprio da condição.

[664] Assunção Cristas/França Gouveia, *Transmissão da propriedade de coisas...*, in *Transmissão...*, 2001, 60; e Menezes Leitão, *Direito...*, III, 60.

[665] Na mesma direção Ana Maria Peralta, *A posição...*, 146.

[666] Como sublinhámos, a condição não pode corresponder a um elemento essencial do contrato, mas sim a algo de acidental ficando, portanto, prejudicada a possibilidade de se apelar para ela em todas as situações nas quais se faça depender a transferência da propriedade do pagamento do preço.

[667] Era essa a posição defendida por Cunha Gonçalves, *Tratado de direito civil...*, VIII, 349; Id., *Dos contratos...*, 260; e Gabriela Figueiredo Dias, *Reserva...*, in *Comemorações...*, 2007, III, 434, muito embora depois a autora refira a função e estrutura de garantia da reserva de propriedade.

Relativamente à tese da venda com eficácia obrigacional[668-669] afastámos já a admissibilidade da compra e venda obrigacional no nosso Direito. Podemos, por isso, rejeitar agora essa possibilidade sem necessidade de se adicionar mais nada a respeito do que já dissemos antes. O afirmado, então, afigura-se mais do que suficiente para compreender a inviabilidade de semelhante posição[670].

Em oposição à teoria da dupla propriedade alega-se o facto de o direito de propriedade ser um direito exclusivo. Isso mesmo decorre, aliás, entre nós, com clareza do artigo 1305.º do Código Civil. Na verdade, este preceito

[668] Defendida, entre nós, por Assunção Cristas/França Gouveia, *Transmissão...*, in *Transmissão...*, 52 e ss. (na verdade a tese da admissibilidade, entre nós, da compra e venda obrigacional postulada pelas autoras assenta justamente no regime da compra e venda com reserva de propriedade); e Ferreira de Almeida, *Transmissão contratual da propriedade*, in *Themis*, 2005, VI, 11, 5 e ss., *maxime* 13; e em Itália, por exemplo, por Galgano, *Vendita...*, in *Enciclopedia...*, XLVI, 500. Maria Isabel Menéres Campos, *A reserva de propriedade...*, 256, diz não ter encontrado em Portugal partidários desta orientação. E nesse mesmo sentido refere Ana Maria Peralta, *A posição...*, 12. Mas, Ana Maria Peralta escrevia em 1991. Além disso, Maria Isabel Menéres Campos, noutro passo (*op. cit.*, 79), alude a Assunção Cristas/França Gouveia para dizer defenderem as autoras a disposição convencional do momento da transferência da propriedade e a natureza supletiva do artigo 408.º do Código Civil.

[669] V. *supra* Parte II, Capítulo I, § 3.1.4.2, V. Mas em oposição à viabilidade de se explorar essa hipótese refere-se, ainda, agora, Ana Maria Peralta, *A posição...*, 12; Gabriela Figueiredo Dias, *Reserva...*, in *Comemorações...*, 2007, III, 429 e ss., *maxime* 431 (apenas uma nota para dizer que, se bem lemos, Gabriela Figueiredo Dias parece situar no mesmo plano a posição, a respeito do sentido subsidiário, ou não, do artigo 408.º/1 à luz do disposto no artigo 408.º/2 e do 409.º, de Assunção Cristas/França Gouveia, de um lado, Raúl Ventura, do outro. Mas não há paralelismo possível entre a posição das primeiras e do segundo. Assunção Cristas/França Gouveia admitem a possibilidade de uma compra e venda obrigacional por força do disposto no artigo 409.º. Raúl Ventura, *O contrato de compra e venda no código civil. Efeitos essenciais do contrato de compra e venda...*, in *Revista...*, 1983, ano 43, III, 618, rejeita expressamente essa possibilidade). Cfr., igualmente, Bianca, *Il contratto...*, 524, onde o autor afirma ser a fórmula da venda obrigatória ou obrigacional manifestamente insuficiente para explicitar a posição do comprador sob reserva de propriedade. Este não se apresenta como um simples titular de uma pretensão obrigatória à futura transferência do direito. Ele é, antes, um titular de um poder sobre a coisa valendo perante terceiros.

[670] Ainda assim v., o referido a este respeito, Marco Lipari, *Vendita...*, in *Enciclopedia...*, 1993, XLVI, 528 e ss.; e Maria Isabel Menéres Campos, *A reserva de propriedade...*, 256 e ss., rejeitando esta autora igualmente a orientação agora em referência.

estabelece gozar o proprietário de modo pleno e exclusivo dos direitos de uso, fruição e disposição das coisas a ele pertencentes, dentro dos limites da lei e com observância das restrições por ela impostas, tornando difícil admitir duas propriedades sobre o mesmo bem[671]. Mas não nos parece suficiente para afastar a tese da dupla propriedade, na hipótese de compra e venda com reserva de propriedade, a menção à plenitude do direito de propriedade ou a referência ao artigo 1305.º. Basta lembrar agora as hipóteses de compropriedade ou de existência de direitos reais menores limitativos do direito de propriedade. Parece mesmo haver, salvo melhor entendimento, uma certa petição de princípio na afirmação de que o artigo 1305.º afetaria a tese da dupla propriedade. O preceito limita-se a estabelecer ser o direito de propriedade, dentro dos limites da lei e com observância das restrições por ela impostas, pleno e exclusivo. Ora, se se chegasse à inferência de que a compra e venda com cláusula de reserva nos punha diante de uma hipótese de dupla propriedade tratar-se-ia de um limite ou restrição admitido e imposto por lei, no artigo 409.º do Código Civil, e, destarte, perfeitamente harmonizável com o disposto no artigo 1305.º do Código Civil. Isto vale também para o argumento por vezes esgrimido no sentido de a tese da dupla propriedade ser afastada pelo princípio da tipicidade dos direitos reais[672].

A razão pela qual a tese da dupla propriedade deve ser afastada é, pois, outra. Não a plenitude do direito de propriedade, argumento aliás puramente conceptual. Mas quais serão, então, os argumentos suscetíveis de afastarem a tese da dupla propriedade?

Em primeiro lugar, ela ajusta-se mal ao artigo 409.º do Código Civil. Em segundo lugar, ela mostra-se desnecessária e supérflua não trazendo nada consigo, pois é possível vislumbrar uma elucidação mais simples e mais apropriada à realidade jurídica e material subjacente à compra e venda com reserva de propriedade[673].

Finalmente, a tese da eficácia translativa imediata associada à atribuição, ao vendedor, de uma posição jurídica real que lhe garante a reaquisição do

[671] Assim MENEZES LEITÃO, *Direito...*, III, 61 e 62.

[672] O argumento da tipicidade é referido, por exemplo, por MARIA ISABEL MENÉRES CAMPOS, *A reserva de propriedade...*, 266. Mais adiante a autora rejeita, porém, bem, poder apelar-se a este elemento para afastar o entendimento da reserva da propriedade como um direito real de garantia (*op. cit.*, 305).

[673] Assim sendo, parece ajustado usar aqui o princípio subjacente à navalha de OCCAM.

bem na hipótese de incumprimento envolve, aliás, à semelhança do sucedido com a teoria da condição resolutiva, uma alteração estrutural da compra e venda da reserva de propriedade face ao regime estabelecido no artigo 409.º do Código Civil onde apenas se admite ser lícito ao alienante reservar para si a propriedade da coisa. É possível, é certo, ao abrigo do artigo 886.º do Código Civil, estipular-se poder, na eventualidade de incumprimento do preço, o vendedor resolver o contrato com fundamento no inadimplemento. Mas isso nada tem a ver com o esquema do artigo 409.º do Código Civil, como bem o atesta a própria existência do artigo 886.º. Além disso, a resolução do artigo 886.º segue, do ponto de vista dos efeitos, o regime geral da resolução por incumprimento não havendo a atribuição – ao invés do sucedido na reserva de propriedade – de nenhuma posição jurídica real. Essa, para se não assistir à mencionada alteração de estrutura da reserva[674], só é admissível, nos termos do artigo 409.º, mantendo a propriedade na esfera do alienante.

III – Resta-nos a posição favorável ao entendimento da compra e venda com reserva de propriedade como um contrato onde o efeito translativo é diferido ao momento do pagamento, permanecendo, todavia, e desde logo o comprador investido, numa posição jurídica específica traduzida numa expectativa real de aquisição[675]. Ao mesmo tempo, o vendedor detém uma garantia real destinada a assegurar o pagamento do preço[676]. Na compra e venda com reserva de propriedade o comprador mantém a propriedade. Sucede, porém, passar o seu direito a estar restringido ou limitado pela posição jurídica do comprador. Deixa de se poder julgar estar-se perante uma propriedade plena. Na verdade, o direito do vendedor traduz-se, *in casu*, numa propriedade para efeitos, exclusivos, de assegurar o pagamento

[674] Aqui, sim, em conflito com o princípio da tipicidade dos direitos reais.

[675] No mesmo sentido Gabriela Figueiredo Dias, *Reserva...*, in *Comemorações...*, 2007, III, 429 e ss., se bem vimos; Menezes Leitão, *Direito...*, III, 62 e ss.; Id., *Garantias...*, 5.ª ed., 258; Luís Miguel Pestana de Vasconcelos, *A cessão...*, 694, nota 1328; e Maria Isabel Menéres Campos, *A reserva de propriedade...*, 271 e ss.. Expectativa à qual se terá de aceitar estar ainda associado um direito de gozo do comprador. V. Bianca, *La vendita...*, 524 e 525; Marco Lipari, *Vendita...*, in *Enciclopedia...*, 1993, XLVI, 530.

[676] Note-se não se extinguir esta garantia mesmo na eventualidade de o direito ao preço prescrever. Cfr. o artigo 304.º/3 do Código Civil.

do preço ou outro evento consubstanciando um autêntico direito real de garantia.

A aproximação da reserva de propriedade, vista pela perspetiva do alienante, à ideia de garantia é geralmente aceite, sem merecer impugnação séria. A maior parte da Doutrina e Jurisprudência limita-se, porém, a afirmar uma vizinhança meramente funcional sem admitir estar-se diante de um autêntico direito real de garantia. Afirma-se, designadamente, não poder ter-se, do ponto de vista estrutural, a posição do vendedor como um autêntico direito real de garantia[677]. Já sublinhámos, porém, atrás[678] o facto de na reserva de propriedade se assistir realmente à afetação de uma coisa corpórea ao beneficiário da reserva de modo a assegurar a satisfação do crédito (ou direito ao cumprimento)[679] detido por essa pessoa. Estamos, pois, diante de uma permissão jurídica de aproveitamento de uma coisa corpórea, *i. e.*, de um direito real. O problema está em saber como emoldurar este singular *ius in re*.

É vulgar a afirmação segundo a qual o transmitente, em caso de reserva da propriedade, mantém a propriedade. Diz-se, destarte, ser ele proprietário[680]. Teria, portanto, a esta luz de se lhe atribuir um direito real de gozo. Mas pode ainda, *in casu*, falar-se de gozo do proprietário? Pode falar-se aqui ainda de uma propriedade plena ou sequer de uma propriedade que não seja apenas para efeitos de garantia? A resposta é manifestamente negativa. Vejamos.

IV – Face ao regime vigente para a reserva de propriedade nenhuma dúvida há relativamente ao facto de a posição do alienante ser diversa da situação vulgar e típica do proprietário, tendo o primeiro de respeitar a posição do segundo. Perguntar-se-á, todavia, se a necessidade de o alienante transferir o gozo da coisa para o adquirente resulta de vínculos de natureza,

[677] Assim, expressamente, PEDRO ROMANO MARTINEZ, *Direito...*, 41, nota 2.

[678] V. *supra*, nota 620.

[679] Assim, a título exemplificativo v., novamente, MICHAEL BECKMANN, *Staudingers...*, §§ 433 a 487, comentário ao § 449, 426; Id., *Idem*, 2014, §§ 433 a 480, comentário ao § 449, 675, referindo ser essa a opinião dominante na Alemanha, embora sem sublinhar expressamente o aspeto real.

[680] V., a título meramente ilustrativo do afirmado no texto na Doutrina tudesca, ECKERT, *Sachenrecht*, 4.ª edição, 2005, 160; e FIKENTSCHER/HEINEMANN, *Schuldrecht*, 10.ª ed., 2006, 478; e MENEZES CORDEIRO, *Anotação ao STJ (Pleno)...*, in *Revista...*, 1996, 56, I, 320; MENEZES LEITÃO, *Direito...*, III, 63.

tão-só, meramente obrigacional ou se já há também, pelo facto de haver reserva, alteração do conteúdo[681] da *propriedade* – da posição real – que lhe assiste[682]?

No primeiro sentido parece, à primeira vista, pronunciar-se Menezes Cordeiro[683]: o alienante embora proprietário permaneceria, obrigacionalmente, adstrito a não embaraçar o aproveitamento da coisa por parte do adquirente ainda não proprietário. Mas a verdade está no facto de a própria amplitude do conteúdo dos direitos inerentes à propriedade em jogo surgir cerceada em si mesma, não em virtude de uma obrigação existente perante terceiro. Basta ver os enormes constrangimentos com que se depararia uma ação de reivindicação por parte do proprietário da coisa se se não tivesse assistido ao incumprimento definitivo e alegado a resolução do contrato ou um outro comportamento por parte do adquirente suscetível de fazer perigar a coisa. É manifesto não poder uma ação desta natureza prosseguir[684]. E não pode prosseguir pela razão simples de o alienante não ter a posição jurídica real que lhe permita o recurso a essa ação. Não se trata de um mero incumprimento de deveres obrigacionais. Fosse essa a hipótese, o ainda proprietário poderia reivindicar a coisa respondendo, apenas, pelos efeitos da sua atitude ou comportamento. Quando muito a ação poderia ser paralisada se se demonstrassem os pressupostos do abuso de direito ou de um ilícito grave que obrigasse a uma restauração natural. Mas os fundamentos e as consequências da decisão são diversos dos existentes e em jogo se se entender, como parece, ser o próprio direito de propriedade, do beneficiário da reserva, a estar, do ponto de vista do seu próprio conteúdo, intrinsecamente limitado – e não apenas cerceado, a partir do exterior, por um vínculo de natureza creditícia. Veja-se como na eventualidade de o vendedor, ainda proprietário, transmitir a respetiva posição (ou *propriedade*) a um terceiro, este

[681] Ou se se preferir da estrutura.

[682] Relativamente à obrigação de entrega ela existe apenas nos moldes estipulados. E tem natureza obrigacional. Mas, isso não envolve nenhuma alteração relativamente aos negócios constitutivos de direitos reais. O que se pretende debater é se a simples consagração da reserva de propriedade já envolve uma alteração do ponto de vista real do direito do vendedor. De resto, não havendo tradição da coisa, os meios de defesa do comprador, perante terceiros que ponham em jogo a respetiva posição, já demonstram não se estar diante de uma simples situação obrigacional.

[683] Menezes Cordeiro, *Anotação ao STJ (Pleno)...*, in *Revista...*, 1996, 56, I, 320.

[684] Em sentido próximo, Menezes Leitão, *Direito...*, III, 63.

permanecer impedido de reivindicar a coisa, independentemente do facto de não ter assumido nenhuns vínculos obrigacionais perante o adquirente sob reserva de propriedade. A este, numa posição típica do titular real, basta demonstrar perante quem quer que seja que lhe reivindica a coisa, ser titular de uma reserva de propriedade válida e em vigor. Isto demonstra manifestamente não ter já o beneficiário da reserva uma propriedade plena.

Poderá, todavia, o *ius* aqui em jogo ser aproximado ao de um proprietário onerado, à semelhança, por exemplo, da nua propriedade em caso de usufruto, continuando a falar-se de um direito real de gozo como sucede a propósito da posição do titular do bem de raiz? A resposta a esta interrogação só poderá ser dada tendo-se presente o critério de distinção dos vários direitos reais entre si.

V – Num passo devidamente evidenciado por MENEZES CORDEIRO[685] não é possível recorrer-se a um critério estrutural ou que atenda ao respetivo conteúdo para distinguir os direitos reais de gozo, garantia e aquisição. Bastam alguns exemplos para demonstrar isso mesmo[686]:

- o direito do proprietário, onerado por usufruto é, em regra, um direito real de gozo, em que não há aproveitamento direto de quaisquer utilidades da coisa;
- o direito do fundeiro, na superfície, é um direito real de gozo, estruturalmente resultante de poderes de gozo (propriedade do solo) e de poderes de aquisição (preferência em relação ao edifício);
- o direito do credor pignoratício é um direito real de garantia integrado num direito de crédito, consistente, de uma banda, na garantia de realização pecuniária, e, da outra, no gozo (limitado) da coisa, dado ter a posse da coisa.

A simples comprovação de direitos reais complexos afeta a possibilidade de hipóteses de distinção simplistas baseadas em critérios estruturais ou de conteúdo[687]. Na verdade, os vários termos da classificação não se mostram absolutamente enxutos, não sendo o gozo, a garantia e a aquisição entre si

[685] MENEZES CORDEIRO, *Direitos...*, 353 e ss..

[686] MENEZES CORDEIRO, *Direitos...*, 355 e 356.

[687] MENEZES CORDEIRO, *Direitos...*, 356.

incompatíveis. Podem, destarte, surgir direitos suscetíveis de permitirem mais de uma destas vantagens[688]. Torna-se, então, necessário indagar a qual dos termos eles devem ser atribuídos[689].

O critério terá de ser, pois, como sublinha MENEZES CORDEIRO, de destinação global: um direito será de gozo, de garantia ou de aquisição quando vise na sua globalidade ou conjunto proporcionar ao seu titular um desfrute de uma coisa, a garantia de um crédito ou a aquisição de um direito[690]. No fundo – e num passo igualmente evidenciado por MENEZES CORDEIRO – é também esta a norma usada por OLIVEIRA ASCENSÃO[691] ao afirmar ser o verdadeiro critério, meramente implícito na classificação fundamental dos direitos reais, sem os autores se aperceberem dele, o da função que o direito é chamado a desempenhar[692]: a solução, afirma, está em ter-se presente o aspeto predominante – o direito pertencerá a cada uma das categorias dependendo do facto de ter essencialmente uma finalidade de gozo, de garantia ou de aquisição. Assim, o penhor ou a consignação de rendimentos, muito embora outorguem poderes de gozo, têm essencialmente uma função de garantia[693].

VI – É o facto de a maior parte da Jurisprudência, doutrinal e judicial, não se ter apercebido destes aspetos e de usar critérios não uniformes na

[688] OLIVEIRA ASCENSÃO, *Direito...*, 177, sublinhando suscitar-se o problema diante dos direitos reais compostos.

[689] OLIVEIRA ASCENSÃO, *Direito...*, 177.

[690] MENEZES CORDEIRO, *Direitos...*, 356.

[691] OLIVEIRA ASCENSÃO, *Direito...*, 175 a 177, autor que afirma: «*classicamente distinguiam-se os direitos consoante atribuíam o gozo de uma coisa, ou forneciam uma garantia. Mas o critério não era uniforme, o que facilita que se omitam certas realidades, e que outras sejam ou possam ser consideradas mais de uma vez. Quando se fala em direito de gozo acentua-se uma característica* estrutural, *fundada na observação do conteúdo do direito. Quando se fala em direito de garantia acentua-se uma característica* funcional: *o direito tem por função garantir uma prestação* (...). *Por outro lado, nem todos os direitos de gozo permitem o* exercício de poderes de facto *sobre a coisa. Assim a servidão sempre tem sido considerada um direito de gozo, mas na servidão negativa falha qualquer exercício de poderes sobre o prédio que é objecto desta.*»

[692] OLIVEIRA ASCENSÃO, *Direito...*, 176, sublinhando como, se se assentar nessa base, se verifica que todo o direito real tem por função permitir ao seu titular: o desfrute de uma coisa; a garantia de um crédito; a aquisição de um direito real de gozo, ou de um crédito relativo ao gozo de uma coisa, nos ónus reais que forem direitos reais.

[693] OLIVEIRA ASCENSÃO, *Direito...*, 177.

distinção dos diversos tipos de direitos reais a levar a omitir realidades que deviam ser ponderadas[694]. Se *in casu* usarmos o critério funcional, o único operativo, para distinguir os diferentes tipos ou categorias de direitos reais, então, parece-nos evidente, dever qualificar-se a posição jurídica resultante, para o vendedor, da reserva de propriedade, como um direito real de garantia (ou se se preferir como uma propriedade para fins de garantia). É que, apesar de numa perspetiva estrutural, a sua posição se poder aproximar à da do nu proprietário ou titular de um bem de raiz onerado por um usufruto, funcionalmente quanto se mostra em jogo é a garantia de pagamento do preço ou de cumprimento de uma outra prestação[695]. É, pois, nesta moldura

[694] Continua, por exemplo, a utilizar critérios não uniformes José Alberto Vieira, *Direitos reais*, 2008, 321 e ss., autor que tenta delimitar os direitos reais de gozo e aquisição em função dos poderes neles contidos e os direitos reais de garantia pela respetiva finalidade.

[695] Com uma observação adicional. É vulgar ver-se a afirmação segundo a qual a reserva de propriedade não seria um direito real de garantia pois esta categoria seria representada por direitos destinados a assegurar que, em caso de incumprimento do devedor, o credor beneficiário possa ser pago através da coisa objeto do direito real de garantia e com prioridade relativamente aos demais credores do devedor. Esta definição não é de hoje, encontrando-se, por exemplo em Carlos Mota Pinto, mas prolonga-se até aos nossos dias como o atestam, por exemplo, José Alberto Vieira, *Direitos...*, 324; ou STJ (Pleno) 09-10-2008 (Paulo Sá), Proc. 07A3965 (ação executiva – veículo automóvel – reserva de propriedade – penhora – suspensão da instância – registo automóvel – cancelamento da inscrição, com voto de vencido de Sebastião Póvoas, Silva Salazar, Pires Rosa, Bettencourt de Faria, Salreta Pereira, Pereira da Silva, Rodrigues dos Santos, Urbano Dias, Maria dos Prazeres Beleza, Cardoso de Albuquerque, Serra Baptista e declarações de voto de Salvador da Costa, Ferreira de Sousa, Santos Bernardino, Sousa Leite, João Bernardo e Oliveira Rocha), que justamente com base nesta definição afasta a qualificação da posição do beneficiário da reserva de propriedade como um direito real de garantia. A interrogação que parece não ser jamais suscitada é a de saber por que razão, em regra, os direitos reais de garantia, apenas permitem ao respetivo titular fazer-se pagar pelo valor da coisa e não ficar também com a própria coisa. Não será, pois, um direito real de garantia aquele em que a garantia do crédito permite ao respetivo titular não apenas obter o valor da coisa, mas ficar com ela própria? Haverá algum *minus* do segundo direito relativamente ao primeiro? A resposta parece-nos óbvia. Não há. Ao invés, quando muito haverá um *plus* insuscetível de afetar a caraterização do direito como sendo de garantia. Repare-se como a razão pela qual em regra o garantido não pode fazer sua a coisa dada em garantia se prende com a proibição do pacto comissório, estabelecida no artigo 694.º do Código Civil. Ora, justamente, a reserva de propriedade traduz um desvio a essa proibição, consentindo que a garantia neste caso se traduza no próprio diferimento da transferência da propriedade de modo a permitir ao

que se deve inserir o direito do beneficiário da reserva de propriedade: como um direito real de garantia[696].

credor, se assim o entender, em caso de incumprimento, fazer seu o bem dado em garantia. Nessa eventualidade, atendendo ao facto de o bem dado em garantia é e sempre ter sido do credor. Por isso, não se justifica a proibição. No mesmo sentido v. MARIA ISABEL MENÉRES CAMPOS, *A reserva de propriedade...*, 316.

[696] A favor do entendimento segundo o qual se está aqui diante de um direito real podem mencionar-se todos quantos qualifiquem o alienante, sob reserva, como um proprietário. Concretamente entendendo estar-se aqui perante uma garantia real pode ver-se, designadamente, LIMA PINHEIRO, *A cláusula...*, 23 e ss., 103 e ss., 115 e ss., 120; Id., *A venda...*, 22, se bem vimos; RUI PINTO DUARTE, *Curso...*, 308; MENEZES LEITÃO, *Direito...*, III, 63 e 64, também se bem interpretamos; Id., *Garantias...*, 257, 5.ª ed., 249, agora de forma absolutamente indubitável ao escrever: «*a reserva de propriedade apresenta-se como uma garantia típica do contrato de compra e venda relativamente à obrigação de pagamento do preço pelo comprador, constituindo uma garantia não acessória dessa obrigação*»; MENEZES CORDEIRO, *Tratado de direito civil*, X, *Direito das obrigações. Garantias*, 2015, 36 e 37, nota 4, 853 e ss.. No mesmo sentido pode ver-se, na Doutrina alemã, HANSJÖRG WEBER, *Kreditscherheiten. Recht der Sicherungsgeschäfte*, 8.ª edição, 2006, 193. Finalmente, na literatura jurídica italiana cfr. BIANCA, *La vendita...*, 530 e ss.. Ao nível da nossa Jurisprudência pode ver-se, a favor do emoldurar da posição do alienante sob reserva de propriedade como um direito real de garantia, as declarações de voto de BETTENCOURT DE FARIA e SEBASTIÃO PÓVOAS ao STJ (Pleno) 09-10-2008 (PAULO SÁ), Proc. 07A3965 (ação executiva – veículo automóvel – reserva de propriedade – penhora – suspensão da instância – registo automóvel – cancelamento da inscrição), já anteriormente aqui citadas. Cfr., também, na mesma direção RLx 03-05-2005 (RIJO FERREIRA), Proc. 927/2005-1/ITIJ (reserva de propriedade – execução – penhora); RLx 03-07-2007 (ISABEL SALGADO), Proc. 4638/2007-7/ITIJ (direito de retenção – embargos de terceiro – reserva de propriedade – apreensão de veículo – locação financeira – propriedade). Equacionando os vários enquadramentos possíveis da posição do alienante sob reserva de propriedade e admitindo poder tratar-se de um direito real de garantia, mas sem tomar posição definitiva, RLx 19-10-2003 (GRANJA DA FONSECA), Proc. 7341-2003-6 (reserva de propriedade – penhora – renúncia). Entendendo tratar-se de um direito real de gozo v., porém, STJ 18-05-2006 (JOÃO CAMILO), Proc. 06A880 (ação executiva – reserva de propriedade). Negando a qualidade de direito real de garantia, por defender estar-se diante de uma condição suspensiva, entre outros, STJ 12-05-2005 (ARAÚJO BARROS), Proc. 05B933/ITIJ (penhora – reserva de propriedade – venda – cancelamento da inscrição), num argumento que aparece repetido em diversas decisões. Mas mesmo quando se estivesse perante uma condição e não está, como vimos, uma coisa não impede necessariamente a outra. Noutros cenários, a Jurisprudência alega não se tratar de um direito real de garantia por se não estar diante do elenco típico desses direitos. A verdade, porém, é que em lugar algum existe esse elenco típico, causando por isso, com a devida vénia e consideração, surpresa a frequência com que este hipotético argumento aparece referido de forma absolutamente translatícia e apodítica nas decisões dos nossos tribunais, para mais afirmando-se sempre, ou quase

Também a expectativa do comprador, por ser inerente à coisa vendida, deve qualificar-se como um direito real[697]. Além disso o comprador é

sempre, não existir qualquer dúvida a este respeito (quando na verdade aquilo que não deveria suscitar dúvidas é o facto de não haver nenhum elenco ou enumeração legal dos direitos reais de garantia). Surpreendente é também, sempre com o respeito que se consigna, a vulgar alegação do princípio da tipicidade, em oposição a este emolduramento (como garantia real) da posição do vendedor sob reserva de propriedade. Veja-se, a título ilustrativo das decisões que agora se referem, por exemplo, chamando, simultaneamente, ao debate a suposta (mas, com a devida vénia, na realidade inexistente) enumeração legal dos direitos reais de garantia e o princípio da tipicidade com um alcance por ele não possuído RLx 14-11-2006 (Ana Resende), Proc. 7988/2006-7/ITIJ (reserva de propriedade – direito real de garantia – registo predial – cancelamento de inscrição). O princípio da tipicidade, como é sabido e já aqui o sublinhámos, impede as partes de criarem direitos reais não típicos, mas não impede o intérprete-aplicador de proceder ao exato enquadramento das figuras e regimes jurídicos.

[697] Para uma referência às várias soluções possíveis no que diz respeito à qualificação do direito do comprador sob reserva v., *colorandi causa*, na Doutrina tudesca, Serick, *Eigentumsvorbehalt...*, I, 241 e ss.; Lübtow, *Der Grundpfandrecht am Vorbehaltseigentum – BGHZ 35, 85*, in *Juristische Schulung*, 1963, 171 e ss.; Flume, *Die Rechtsstellung...*, in *Archiv...*, 1962, 385 e ss., 389 e ss.; Roland Michael Beckmann, *Staudingers...*, 2004, §§ 433 a 487, comentário ao § 449, 445 e 446; ; Id., *Idem*, 2014, §§ 433 a 480, comentário ao § 449, 699 e 700; e, entre nós, Ana Maria Peralta, *A posição...*, designadamente 7 e ss. e 20 e ss.. Em especial a favor da ideia de se estar perante um direito real pode ver-se, como manifestação da *communis opinio* germânica, Bauknecht, *Eigentumsvorbehalt und Anwartschaftsrecht*, in *Neue juristische Wochenschrift*, 1955, 1251 e ss.; Raiser, *Dinglichen Anwartschaftrechten*,1961, 63; Schapp/Schur, *Sachenrecht*, 3.ª edição, 2002, 131; Eckert, *Sachenrecht*, *op. cit.*, 160; Hans-Werner Eckert/Jan Maifeld/Michael Matthiessen, *Handbuch des Kaufrechts...*, 117. Outras menções podem ser vistas em Serick, *Eigentumsvorbehalt...*, I, 248, nota 39; e Roland Michael Beckmann, *Staudingers...*, 2004, §§ 433 a 487, comentário ao § 449, 445; Id., *Idem*, 2014, §§ 433 a 480, comentário ao § 449, 699 e 700. Na Doutrina nacional a favor do enquadramento da posição jurídica do comprador sob reserva de propriedade como um direito real de aquisição ou uma expectativa jurídica real v. Lima Pinheiro, *A cláusula...*, 40 e 41, 54 e ss., 101 e ss., e 115 e ss.; Id., *A venda...*, 17; Ana Maria Peralta, *A posição...*, 162 e ss.; Pedro Romano Martinez, *Direito...*, 37, em nota; Menezes Leitão, *Direito...*, III, 64; Maria Isabel Menéres Campos, *A reserva de propriedade...*, 290 e 291 e *passim* (a autora rejeita a possibilidade de se estar perante um direito real de aquisição, mas aceita tratar-se de uma expectativa real. Afirma depois ser o direito do comprador uma posição mista obrigacional e real). Em Itália cfr. Luminoso, *I contratti...*, 104.

possuidor. O que quer dizer que ele pode lançar mão das ações possessórias e da ação de reivindicação para defesa do seu direito[698-699].

§ 3 – Venda de bens futuros, frutos pendentes e de partes componentes ou integrantes de uma coisa

§ 3.1 – Aspetos gerais e regime

I – A compra e venda de bens futuros, de frutos pendentes e de partes componentes ou integrantes de uma coisa está prevista no artigo 880.º do Código Civil[700]. Há, também, uma referência à venda de coisa incerta ou de esperanças no 467.º/1 do Código Comercial, embora na forma de mera remissão para o Código Civil.

A venda de bens futuros, *stricto sensu*, produz-se se o vendedor alienar bens inexistentes ao tempo da celebração do contrato de compra e venda[701],

[698] LIMA PINHEIRO, *A venda...*, 17; MENEZES LEITÃO, *Direito...*, III, 64. Em sentido oposto, baseada num entendimento subjetivista da posse, a nosso ver de rejeitar, pode ver-se MARIA ISABEL MENÉRES CAMPOS, *A reserva de propriedade...*, 279 e ss..

[699] Em sentido inverso a esta solução não se objete que, ao emoldurarmos a posição do beneficiário da reserva como um direito real de garantia, de um lado, e a do adquirente sob reserva como uma expectativa real ou direito real de aquisição, do outro, estamos a admitir a existência de uma coisa sobre a qual não recai nenhum direito de propriedade. Não: o alienante é de facto proprietário. Mas trata-se de uma propriedade limitada a finalidades de garantia.

[700] A respeito das razões justificativas da admissibilidade desta modalidade de compra e venda cfr. BAPTISTA LOPES, *Do contrato...*, 93 e ss.. Para uma referência à problemática da compra e venda de coisa futura no Direito italiano v., *colorandi causa*, LUZZATTO, *La compravendita*, cit., 8 e ss.; SALVATORE ROMANO, *Vendita...*, 72 e ss. e 185 e ss.; BIANCA, *La vendita...*, 330 e ss..

[701] V. por exemplo, SANTOS JUSTO, *Manual de contratos...*, 42. Estas hipóteses de compra e venda de bens futuros podem, como nota a propósito PEDRO ROMANO MARTINEZ, *Direito...*, 61, confundir-se com as situações de empreitada com fornecimento de materiais pelo empreiteiro ou com a alienação de um bem com a obrigação de o alienante nele realizar uma obra. Para uma distinção entre estas figuras v., por ora, VAZ SERRA, *Anotação ao STJ 16-03-1973*, in *Revista de Legislação e de Jurisprudência*, 1974-1975, 107, 107 e ss.; PIRES DE LIMA/ /ANTUNES VARELA, *Código...*, II, comentário ao artigo 874.º, 162, e comentário ao artigo 1207.º, 865 e ss.; PEDRO ROMANO MARTINEZ, *Direito...*, 333 e ss.; e, na Doutrina italiana, GALGANO, *Vendita...*, in *Enciclopedia...*, LVI, 499, nota 66. Na Jurisprudência remetendo para o critério da vontade das partes cfr. RPt 15-05-1997 (ALVES VELHO), Proc. 9631559/ITIJ

que não estejam em seu poder ou a que não tem direito (artigo 211.º do Código Civil)[702-703]. Mas pode igualmente ter-se por compra e venda de

(compra e venda – empreitada – distinção [apenas com indicação do sumário]). Cfr., também, com interesse STJ 29-06-2006 (SALVADOR DA COSTA), Proc. 06B2078/ITIJ (compra e venda – empreitada – preço – mora – revista).

[702] PIRES DE LIMA/ANTUNES VARELA, *Código...*, II, comentário ao artigo 880.º, 169 e 170; RAÚL VENTURA, *O contrato de compra e venda no código civil. Proibições...*, in *Revista da Ordem dos Advogados*, 1983, ano 43, II, maio, 283 e ss.; e PEDRO ROMANO MARTINEZ, *Direito...*, 60 e ss.; MENEZES LEITÃO, *Direito...*, III, 46; JORGE MORAIS DE CARVALHO, *Código civil...*, I, comentário ao artigo 800.º, 1095.

[703] São por exemplo contratos de compra e venda de coisa futura (objetivamente comercial) aqueles em que um estabelecimento comercial de venda de lotaria se obrigou a fornecer a um cliente, em todas e cada uma das extrações da lotaria da Santa Casa da Misericórdia de Lisboa, uma fração de determinado bilhete. Por isso o STJ 18-02-1970 (LUDOVICO DA COSTA), Proc. 063213/ITIJ (incumprimento de contrato – dano – venda de coisa futura – compra e venda comercial – obrigação de indemnizar [com indicação de sumário]) julgou uma vez: «*provado que, ao longo de trinta anos, o cliente sempre pagou o preço da fracção, ainda quando não a levantava antes da extracção, e que, tendo, a certa altura, sido premiado o bilhete, o dono do estabelecimento se recusou a entregar-lhe a fracção vendida, existe para ele (ou seus sucessores) a obrigação de indemnizar os danos resultantes do incumprimento do contrato.*» V., igualmente, STJ 29-04-2002 (NORONHA DO NASCIMENTO), Proc. 04B4380/ITIJ (compra e venda – venda de coisa futura – condição suspensiva – responsabilidade contratual) onde se julga que: o acordo entre um mediador-vendedor da Lotaria Nacional e uma outra pessoa segundo o qual este comprava todas as semanas a mesma fração de um bilhete enumerado da lotaria reservado por aquele, sendo o preço pago aquando do levantamento do bilhete mesmo que o levantamento ocorresse depois do sorteio semanal, integra um contrato de compra e venda de bens futuros; tal contrato é válido desde o início, ocorrendo a transferência de propriedade da fração para o comprador logo que o mediador-vendedor recebe o bilhete a que respeita a fração, já que este recebimento constitui a ocorrência da condição suspensiva que torna eficaz o contrato; sendo premiado o bilhete e não entregando o mediador-vendedor o prémio correspondente à fração, o comprador pode exigir o pagamento do montante correspondente através do exercício da ação de cumprimento (artigo 817.º do Código Civil). Cfr., ainda, no mesmo sentido RPt 29-09-2004 (FERNANDO BAPTISTA), Proc. 0432168//ITIJ (jogos de fortuna e azar – compra e venda). Na Doutrina v., a propósito desta questão da compra e venda de bilhete de lotaria, VAZ SERRA, *Anotação ao STJ 18-12-1970*, in *Revista de Legislação e de Jurisprudência*, 1971-1972, 104, 279 e ss.. Já referimos o debate em torno do problema de saber se o fornecimento de energia elétrica, gás, água, etc., corresponde, ou não, a uma compra e venda. Quem emoldure estas situações na compra e venda tenderá a entender estarmos diante de um contrato relativo a coisa futura (v. PIRES DE LIMA//ANTUNES VARELA, *Código...*, II, comentário ao artigo 874.º, 162; e PEDRO ROMANO MARTINEZ, *Direito...*, 62). Para uma distinção entre a compra e venda de bem futuro e o contrato-promessa de compra e venda v. STJ 24-01-1984 (LICURGO DOS SANTOS),

coisa futura os outros contratos de compra e venda referidos no artigo 880.º do Código Civil (venda de frutos pendentes, partes componentes ou integrantes[704]). Isto dado eles se referirem a coisas desprovidas, ainda, de existência autónoma[705]. A diferenciação entre as duas situações resulta, porém, do facto de a transferência da propriedade se dar em momentos distintos dependendo de se tratar de compra e venda de coisa futura *stricto sensu* (a transferência dá-se com a aquisição pelo alienante da coisa), ou das outras hipóteses (a transmissão da propriedade dá-se com a respetiva colheita ou separação[706-707]).

A compra e venda de coisa futura distingue-se da compra e venda de coisa alheia (artigo 892.º do Código Civil), pois na primeira hipótese ninguém ignora não pertencer o bem ao devedor mesmo se existe a expectativa de ela vir a ser do alienante[708].

Proc. 071255/ITIJ (compra e venda – frutos naturais – frutos pendentes – incumprimento do contrato [com mera indicação do sumário]); e RAÚL VENTURA, *O contrato de compra e venda no código civil. Proibições...*, in *Revista...*, 1983, ano 43, II, maio, 285.

704 Do ponto de vista da forma não é aplicável ao contrato de compra e venda de partes integrantes de bens imóveis (partes que sendo destacadas adquirem a sua primitiva natureza de coisas móveis) o disposto no artigo 875.º do Código Civil. Assim, STJ 23-11-1976 (BRUTO DA COSTA), Proc. 065879/ITIJ (compra e venda – parte integrante – propriedade – transferência [com simples indicação do sumário]), com um voto de vencido.

705 MENEZES LEITÃO, *Direito...*, III, 46.

706 MENEZES LEITÃO, *Direito...*, III, 47. Na Jurisprudência cfr. STJ 23-11-1976 (BRUTO DA COSTA), Proc. 065879/ITIJ (compra e venda – parte integrante – propriedade – transferência [com simples indicação do sumário]), com um voto de vencido: a transferência da propriedade de uma parte integrante de bem imóvel, vendida sem que simultaneamente tenha sido vendido o imóvel, só se verifica com a sua separação, nos termos do artigo 408.º/2 do Código Civil. O adquirente de uma parte integrante de bem imóvel, ainda não separada, tem apenas um direito de crédito sobre o vendedor, não podendo socorrer-se do artigo 1311.º do Código Civil. Improcede a ação em que o adquirente de uma parte integrante de bem imóvel pede a um ulterior comprador deste bem, do qual a parte integrante ainda não fora separada, a entrega dela, se o comprador do imóvel desconhecia, a data da celebração da escritura que a parte integrante já fora vendida.

707 Cfr. artigo 408.º/2 do Código Civil.

708 A respeito da distinção v., na Jurisprudência, STJ 24-04-2006 (URBANO DIAS), Proc. 06A833/ITIJ (atribuição de reserva – validade – partilha). Na Doutrina cfr. RAÚL VENTURA, *O contrato de compra e venda no código civil. Proibições...*, in *Revista...*, 1983, ano 43, II, maio, 282 e 283; PIRES DE LIMA/ANTUNES VARELA, *Código...*, II, comentário ao artigo 880.º, 169; PEDRO ROMANO MARTINEZ, *Direito...*, 61.

II – Tendo sido realizada uma compra e venda de bens futuros, frutos pendentes, partes componentes ou integrantes de um bem, o vendedor é obrigado a exercer as diligências necessárias para o comprador adquirir os bens vendidos, segundo o estipulado ou resultante das circunstâncias do contrato[709]. Isto exprime estar o vendedor obrigado a adquirir, para si, o bem alienado[710], dando-se a transferência da propriedade de forma automática com essa aquisição nos termos do artigo 408.º do Código Civil[711]. Se não o fizer, por facto imputável, responderá por inadimplemento[712]. Suscita-se, então, o problema de saber se responde pelo interesse contratual negativo ou pelo interesse contratual positivo. RAÚL VENTURA, entendendo a venda de bens futuros como um negócio incompleto, antes de se operar a transferência da propriedade, entende dever ficar a indemnização limitada ao interesse negativo[713]. MENEZES LEITÃO defende estar-se diante de um contrato validamente celebrado. Por isso, a indemnização não poderia ser limitada pelo interesse contratual negativo[714].

[709] O que significa poder em certos cenários faltar essa obrigação. Assim sucede, por exemplo, se a especificação depender de um ato de terceiro ou do próprio comprador como, por hipótese, na eventualidade de competir a este o corte das árvores compradas. V. RAÚL VENTURA, *O contrato de compra e venda no código civil. Proibições...*, in *Revista...*, 1983, ano 43, II, maio, 284.

[710] Esta obrigação tem conteúdo positivo, não se confundindo com o dever das partes de nada fazerem suscetível de impedir a especificação. Assim, também, RAÚL VENTURA, *O contrato de compra e venda no código civil. Proibições...*, in *Revista...*, 1983, ano 43, II, maio, 284.

[711] Isto significa que até se dar a concretização do bem o comprador não tem a ele direito. Cfr. RPt 16-11-2006 (PINTO DE ALMEIDA), Proc. 0634479/ITIJ (venda de coisa futura – árvore): na alienação de árvores para serem separadas do prédio, bem como na alienação de frutos pendentes, os contratantes consideram as coisas alienadas não no seu estado atual de coisas imóveis, mas antes no seu estado de coisas móveis, resultante da separação; incidindo a alienação sobre bens futuros, não poderá o adquirente arrogar-se, em relação a eles, um direito de propriedade antes da sua existência, antes da separação material, pois só neste momento a coisa adquire a configuração tida em vista pelas partes.

[712] MENEZES LEITÃO, *Direito...*, III, 47.

[713] RAÚL VENTURA, *O contrato de compra e venda no código civil. Proibições...*, in *Revista...*, 1983, ano 43, II, maio, 289. Embora sem entender estar-se diante de um negócio incompleto defende a indemnização apenas pelo interesse negativo PEDRO ROMANO MARTINEZ, *Direito...*, 62 e 63.

[714] MENEZES LEITÃO, *Direito...*, III, 47. No sentido de uma indemnização pelo interesse contratual positivo se parecem pronunciar, igualmente, BAPTISTA LOPES, *Do contrato...*, 97; PIRES DE LIMA/ANTUNES VARELA, *Código...*, II, comentário ao artigo 880.º, 170 e 171.

Tem razão RAÚL VENTURA ao afirmar estar-se diante de um negócio incompleto. Mas tem-na também MENEZES LEITÃO ao sustentar tratar-se de um negócio validamente celebrado, se com isso pretender expressar não haver aqui nenhuma forma de ilicitude. O desvalor jurídico dos negócios incompletos afigura-se debatido. Não entraremos agora na análise do tema[715]. Diremos apenas não estar impedida a produção de alguns dos efeitos a que tendem os negócios incompletos. Afastada estará, isso sim, tão-só, a produção da totalidade dos respetivos efeitos. Parece-nos, destarte, e atendendo ao facto de logo com a compra e venda de bens futuros, frutos pendentes e partes componentes, surgir para o vendedor a obrigação de adquirir a coisa, determinar o respetivo incumprimento culposo o dever de indemnizar pelo interesse contratual positivo[716].

Tratando-se, porém, de uma impossibilidade, total ou parcial, não culposa ou imputável ao vendedor, o efeito será o da extinção do contrato ou o cumprimento parcial, hipóteses em que ou o vendedor perde o direito à prestação (artigo 795.º/1) ou a redução na medida da impossibilidade (artigo 793.º/1)[717].

III – Nos termos do artigo 880.º/2 do Código Civil, as partes podem atribuir natureza aleatória ao contrato de compra e venda de bens futuros. Nessa hipótese o objeto da venda é inicialmente uma mera esperança e, destarte, o preço será devido mesmo se a efetiva transmissão da coisa ou bem futuro se não efetivar[718]. A venda de coisa futura distingue-se, pois,

[715] A este respeito v. FLUME, *Allgemeiner Teil*..., II, 550; RAÚL VENTURA, *O contrato de compra e venda no código civil. Proibições*..., in *Revista*..., 1983, ano 43, II, maio, 285 e ss.; OLIVEIRA ASCENSÃO, *Direito civil. Teoria*..., II, 382 e 383; e o nosso *A representação voluntária*..., *passim*, e 1189 e 1190. Cfr., também, MÜLLER-FREINFELS, *Die Vertretung*..., 191 e ss.; THIELE, *Die Zustimmungen*..., 8 e ss.; CANARIS, *Die Vertrauenshaftung*..., 1971, *passim*, e 34, 35, 55, 67 e 427.

[716] Afirmando a necessidade de indemnizar pelo interesse contratual positivo pode ver-se, também, o STJ 08-11-2005 (LOPES PINTO), Proc. 05A3384/ITIJ (compropriedade – ato de administração – ato de disposição – frutos pendentes – indemnização): até ser separada da árvore a cortiça a extrair dela, o comprador apenas tem um direito de crédito, o de exigir ao vendedor o poder extraí-la; recusando-se os vendedores a cumprir o contrato e, ainda, inviabilizando o cumprimento alienando a terceiro a cortiça vendida àquele, há incumprimento culposo do contrato e tornam-se responsáveis pela indemnização do interesse contratual positivo.

[717] MENEZES LEITÃO, *Direito*..., III, 47.

[718] Cfr., *colorandi causa*, MENEZES LEITÃO, *Direito*..., III, 48.

da compra e venda de uma simples esperança pelo facto de na primeira o preço só ser devido se a coisa vier realmente a existir. O que significa pertencer, na segunda, o risco da não concretização da esperança ao comprador[719].

Alguma Doutrina entende dever essa cláusula ser expressamente pactuada por estar em jogo uma alteração das regras gerais da distribuição do risco[720]. Não vimos, porém, razões para alterar a regra geral em matéria de relevância da vontade das partes[721]. Saber se a compra e venda é de coisa futura ou de mera esperança é simples problema de interpretação da vontade das partes. Interpretação sujeita naturalmente ao disposto nos artigos 236.º a 238.º do Código Civil. Aceita-se ser, por vezes, difícil distinguir a compra e venda de coisa futura (*emptio rei speratae*) da compra e venda com caráter aleatório (*emptio spei*). Na dúvida, deve presumir-se estar-se diante de uma compra e venda de coisa futura[722], mas não mais.

O facto de, na compra e venda de uma esperança, o preço ser devido, mesmo se o bem futuro não se efetivar, não obsta à sua qualificação como compra e venda. Independentemente de o bem futuro vir, ou não, a ter existência há sempre algo efetivamente vendido: a própria esperança ou expectativa de aquisição. MENEZES CORDEIRO refere os tipos sociais admitidos para se distinguir este contrato do jogo e aposta[723].

IV – A obrigação de entrega, a cargo do vendedor, segue os termos gerais[724]. Independentemente de se trater de *emptio rei speratae* ou de *emptio spei*, deve ser entregue pelo vendedor a coisa estipulada. Se, na segunda modalidade, o comprador preferir receber bem diferente, em vez de nada,

[719] MENEZES LEITÃO, *Direito...*, III, 48.

[720] MENEZES LEITÃO, *Direito...*, III, 48.

[721] No mesmo sentido NUNO PINTO OLIVEIRA, *Compra...*, 20 e 21.

[722] STJ 07-11-2002 (ARÁUJO BARROS), Proc. 02B2977/ITIJ. V., também, RAÚL VENTURA, *O contrato de compra e venda no código civil. Proibições...*, in *Revista...*, 1983, ano 43, II, maio, 287, onde o autor julga dever provar-se o caráter aleatório (sem afirmar a necessidade da sua estipulação expressa) e afirma existir uma presunção, face ao artigo 880.º/2 do Código Civil, de que a venda é realizada na modalidade de *emptio rei speratae*.

[723] MENEZES CORDEIRO, *Tratado...*, XI, 120.

[724] RAÚL VENTURA, *O contrato de compra e venda no código civil. Proibições...*, in *Revista...*, 1983, ano 43, II, maio, 290.

pagando mesmo assim o preço, há uma alteração voluntária do objeto do contrato[725]. Mostra-se, todavia, debatido saber se na compra e venda de bens futuros há lugar a garantia pelos vícios ou falta de qualidades da coisa[726] ou se, o facto de a coisa ser futura, a afasta implicitamente. Na *emptio spei* o problema reside em saber se a natureza aleatória do negócio abrange os defeitos da coisa. A resposta parece dever ser no sentido do afastamento, pois o comprador admite o pagamento do preço mesmo se a coisa não chegar a existir[727]. Na *emptio rei speratae* admite-se a subsistência, em regra, da garantia, sem prejuízo de poder ser retirada por estipulação expressa ou implícita das partes, pela natureza da coisa, ou pelas circunstâncias previstas para a respetiva produção[728]. O artigo 918.º do Código Civil ao estabelecer valerem, se a venda respeitar a coisa futura ou a coisa indeterminada de certo género, as regras gerais do incumprimento mostra existir, em princípio, a garantia.

§ 3.2 – Natureza e moldura dogmática da venda de bens futuros, frutos pendentes e de partes componentes ou integrantes de uma coisa

I – Tem-se debatido a qualificação jurídico-dogmática do contrato de compra e venda de coisas futuras. É possível identificar quatro orientações principais:

1) a teoria da condição[729];

[725] Raúl Ventura, *O contrato de compra e venda no código civil. Proibições...*, in *Revista...*, 1983, ano 43, II, maio, 290 e 291.

[726] Raúl Ventura, *O contrato de compra e venda no código civil. Proibições...*, in *Revista...*, 1983, ano 43, II, maio, 291, sublinhando não tornar a entrega de *aliud pro alio* a venda completa se a coisa não chegou a existir.

[727] No mesmo sentido Raúl Ventura, *O contrato de compra e venda no código civil. Proibições...*, in *Revista...*, 1983, ano 43, II, maio, 291.

[728] Raúl Ventura, *O contrato de compra e venda no código civil. Proibições...*, in *Revista...*, 1983, ano 43, II, maio, 291.

[729] Defendida por Vaz Serra, *Anotação...*, in *Revista de Legislação...*, 104, 284; e Pedro Romano Martinez, *Direito...*, 60. Na Jurisprudência a mesma posição é, designadamente, defendida pelo STJ 29-04-2002 (Noronha do Nascimento), Proc. 04B4380/ITIJ

2) a teoria do negócio incompleto[730];
3) a teoria do negócio obrigacional[731] ou da prestação de serviços[732];
4) a teoria do negócio aleatório[733].

Em oposição à teoria da condição pode alegar-se o facto de na compra e venda de bens futuros o vendedor estar, como se viu já, em regra, obrigado a diligenciar para que o comprador adquira os bens vendidos. Essa obrigação é inerente ao próprio contrato. O seu adimplemento pode ser exigido em juízo. Como nota a propósito Raúl Ventura, se alguém estipula: «*vendo uma coisa se ela vier a existir*», não está a realizar um negócio sujeito a condição. Está sim a fazer uma venda com espera de existência da coisa, uma venda desprovida, ainda, de um elemento essencial[734]. Não se trata, pois, de uma condição em sentido técnico: não estamos diante de um evento futuro e incerto na verdadeira aceção.

Menezes Leitão defende não se poder falar em negócio incompleto. Isto por a qualificação não abranger simultaneamente a venda de esperanças, enquanto tais, e a venda de bens futuros[735]. Além disso, estando o consenso integralmente formado, também se não poderia falar em negócio incompleto. Restaria, assim, apenas a terceira orientação: por, da venda, resultar uma obrigação para o vendedor – da qual depende a aquisição da propriedade da coisa – estar-se-ia perante uma compra e venda obrigacional – embora não no sentido com que a expressão é utilizada no sistema do título e do modo, dado a celebração do contrato já integrar o esquema negocial

(compra e venda – venda de coisa futura – condição suspensiva – responsabilidade contratual).

730 Raúl Ventura, *O contrato de compra e venda no código civil. Efeitos essenciais do contrato de compra e venda...*, in *Revista...*, 1983, ano 43, II, maio, 285 e ss.; Id., *Reflexões sobre direitos dos sócios*, in *Colectânea de Jurisprudência*, 1984, IX, 2, 7; Pedro de Albuquerque, *Direito de preferência...*, 395; e, também, de forma implícita Pires de Lima/Antunes Varela, *Código...*, II, comentário ao artigo 880.º, 170.

731 Menezes Leitão, *Direito...*, III, 48 e ss..

732 Menezes Cordeiro, *Tratado...*, XI, 122 e ss..

733 Menezes Cordeiro, *Tratado...*, XI, 121 e ss., 124.

734 Raúl Ventura, *O contrato de compra e venda no código civil. Proibições...*, in *Revista...*, 1983, ano 43, II, maio, 285.

735 Menezes Leitão, *Direito...*, III, 49.

translativo, sem dependência da tradição pelo vendedor, mas ainda assim de uma venda obrigacional. MENEZES CORDEIRO[736] vai na mesma direção. Isto, pois, na prática o resultado do negócio incompleto seria o vendedor só responder pelo interesse negativo, na eventualidade de não realizar as diligências necessárias à transmissão. Ora, neste cenário a indemnização deve ser pelo interesse contratual positivo. Se as partes pretenderem negociar a dois tempos realizarão um contrato-promessa. Este autor advoga, assim, nas hipóteses do artigo 880.º/1, a natureza aleatória do negócio, temperada pelo dever de diligenciar. No cenário do artigo 880.º/2 (e também, do artigo 881.º) estar-se-ia na presença de um negócio aleatório, muito embora, à semelhança do sucedido com a venda do artigo 881.º/1, haver igualmente um dever acessório de diligenciar. Com a devida vénia, a posição não nos parece, salvo melhor entendimento, de aceitar a posição destes dois autores.

II – Tivesse a venda de bens futuros e a venda de esperanças de se sujeitarem à mesma moldura, ou qualificação dogmática, a possibilidade de se apelar para a ideia de compra e venda obrigacional ficava, na nossa perspetiva, desde logo afetada[737]. A venda de esperanças não pode ser jamais um negócio meramente obrigacional, pois, ele transfere imediatamente a esperança[738]. Dito de outra maneira: a compra e venda de bens futuros com caráter aleatório é um negócio com eficácia transmissiva imediata de uma esperança, podendo vir a operar também a transmissão de outros direitos. Ou seja, é um negócio com uma dupla virtualidade, mas não um negócio só obrigacional.

[736] MENEZES CORDEIRO, *Tratado...*, XI, 123 e 124.

[737] Em sentido diverso v., porém, MENEZES LEITÃO, *Direito...*, III, 49.

[738] No sentido, porém, segundo o qual a *emptio spei* não é de facto uma compra e venda cfr. RAÚL VENTURA, *O contrato de compra e venda no código civil. Proibições...*, in *Revista...*, 1983, ano 43, II, maio, 292 e ss., entendendo que a álea em si mesma não pode ser considerada como contrapartida do preço. Em direção divergente PIRES DE LIMA/ANTUNES VARELA, *Código...*, II, comentário ao artigo 880.º, 170, afirmam ser na *emptio spei* o objeto da compra e venda, logo na primeira fase da relação contratual, a própria *spes* ou «*chance*».

A verdade, porém, reside no facto de nos parecer não se vislumbrar nenhuma razão para submeter à mesma moldura dogmática a venda de bens futuros e a venda de esperanças[739-740].

Poder-se-á, então, entender como obrigacional ou como uma prestação de serviço a venda de coisas futuras sem caráter aleatório? Não nos parece.

Desde logo pelo facto, já atrás sublinhado, de a obrigação do vendedor, no sentido de fazer o comprador adquirir a propriedade, não ser inelutável. Ela não existe no caso de a especificação pertencer a terceiro ou ao próprio comprador[741].

Além disso, toda a venda produz, como regra, sempre um ou mais efeitos obrigacionais na esfera jurídica do vendedor. Mas, nem por isso se poderá julgar o tipo compra e venda como um contrato obrigacional.

O facto de o consenso se mostrar integralmente formado em nada obsta à qualificação do negócio como incompleto pois ele não produz, ainda, nem pode produzir, todos os efeitos a que se destina. E se não produz nem pode produzir todos os seus efeitos essenciais, estando, todavia, já prestado o assentimento, isso deve-se ao facto de lhe faltar, ainda, um dos seus elementos essenciais: o objeto do negócio. É por não se achar presente esse elemento estando, justamente, já prestado o consenso a dever falar-se em negócio incompleto.

Também não parece possível dizer-se ser a prestação de serviço ou de diligenciar um dever acessório. Trata-se, na hipótese do artigo 880.º/1 de uma das obrigações expressas do vendedor. E não é meramente acessória. Não obsta, além disso, à teoria do negócio incompleto o dever de indemnizar

[739] É também essa a posição de RAÚL VENTURA, *O contrato de compra e venda no código civil. Proibições...*, in *Revista...*, 1983, ano 43, II, maio, 292 e ss., para quem apropriado parece, isso sim, deixar de se forçar o enquadramento da *emptio spei* na compra e venda e aceitar tratar-se de um contrato de natureza distinta, atendendo ao seu elemento aleatório. Não acompanhamos o autor, todavia, neste ponto. A nosso ver não parece que a natureza comutativa seja caraterística imprescindível da compra e venda (na mesma direção da agora por nós expressa PEDRO ROMANO MARTINEZ, *Direito...*, 66). As razões da falta de unidade dogmática entre a *emptio rei speratae* e a *emptio spei* são, como se verá de seguida, outras.

[740] RAÚL VENTURA, *O contrato de compra e venda no código civil. Proibições...*, in *Revista...*, 1983, ano 43, II, maio, 293, evidenciando como sob o ponto de vista prático as consequências não são significativas, pois o regime desse contrato será talhado segundo o disposto no artigo 939.º do Código Civil.

[741] RAÚL VENTURA, *O contrato de compra e venda no código civil. Proibições...*, in *Revista...*, 1983, ano 43, II, maio, 285.

pelo interesse contratual positivo. O negócio incompleto, não produz a totalidade dos seus efeitos, mas não é inconciliável com a existência de efeitos parcelares. Na hipótese do artigo 880.º/1 o negócio não produz, ainda, a transferência da propriedade, mas já produz a obrigação de diligenciar. Se ela não for observada, existindo, haverá inadimplemento de uma obrigação. E o resultado da violação da violação desse dever é o de indemnizar o interesse assegurado pelo respetivo dever de cumprimento: ou seja, o interesse contratual positivo no adimplemento da obrigação em falta.

Parece, pois, depararmos na verdade, como defendia RAÚL VENTURA, uma realidade incompleta. A aceitação de uma margem de álea temperada pelo dever de diligenciar não obsta a essa moldura[742]. Só não parecerá apropriada a utilização do termo negócio incompleto se se entender não poder este produzir nenhum tipo de efeitos, pois na compra e venda de bens futuros se produz um efeito obrigacional. Mas embora se entenda normalmente sofrerem os negócios incompletos, dependendo das orientações, de algum tipo de nulidade ou inexistência, nada envolve não poderem ter eles, conforme referimos, certo tipo de relevância parcelar. Ao invés, é precisamente neste género de situações parecer ajustar-se melhor a ideia de incompletude: assiste-se já à produção de alguns efeitos do negócio, mas não à respetiva plenitude. Parece, por isso, possível entender a compra e venda de coisa futura como um negócio jurídico de formação complexa. A situação jurídica do vendedor e comprador varia em função da concretização, ou não, da existência da coisa. Mas o comprador é, desde logo, e como simples efeito do contrato investido, numa expectativa e o vendedor obrigado a fazer o necessário para o comprador adquirir os bens vendidos.

Relativamente à *emptio spei*, atendendo à respetiva natureza aleatória, ela traduz um negócio completo e não em via de formação. A existência da coisa deixa de ser necessária e o preço é um efeito definitivo do contrato[743].

[742] Aliás, álea haverá em muitos cenários de compra e venda, mesmo de coisas, presentes e certas. Pense-se na hipótese de compra e venda de um cavalo jovem que se julga ser promissor. Atingida a idade adulta o cavalo não confirma as expectativas. Não haverá aqui algum grau de álea? Ou na eventualidade de uma compra e venda com garantia de bom funcionamento de uma coisa que se vem a revelar defeituosa, contra todas as previsões? Não há, igualmente, uma certa álea? Há. Mas ela é insuficiente para afastar a qualificação típica destes negócios. Só quando a álea, seja relevante e ultrapasse o conteúdo típico do negócio deverá ela ser relevante para qualificar como tal o contrato em jogo.

[743] RAÚL VENTURA, *O contrato de compra e venda no código civil. Proibições...*, in *Revista...*, 1983, ano 43, II, maio, 294.

§ 4 – Compra e venda de bens de existência ou titularidade incerta

I – Modalidade específica de compra e venda, prevista nos artigos 881.º do Código Civil e 467.º/1 do Código Comercial[744] é a venda de coisa de titularidade incerta[745].

A regra vigente no nosso Direito é no sentido de apenas poderem ser alienados bens existentes e pertencentes ao vendedor. Os atos de disposição de coisas inexistentes são, segundo o artigo 280.º do Código Civil, nulos por impossibilidade legal do objeto. A mesma solução vale para as realidades não pertencentes ao vendedor (artigo 892.º do Código Civil)[746].

O artigo 881.º admite, porém, a venda de bens de existência[747] ou titularidade incerta. Basta fazer-se menção[748] dessa incerteza no contrato[749]. Nessa hipótese presume-se terem as partes pretendido atribuir ao contrato natureza aleatória devendo o preço ser pago mesmo se os bens não existirem ou não pertencerem ao vendedor. As partes podem, porém, recusar ao contrato natureza aleatória, eventualidade na qual o preço só terá de ser pago se a coisa existir e pertencer ao devedor. Na dúvida, deve entender-se haver recusa (artigo 237.º do Código Civil).

II – Esta modalidade de compra e venda diferencia-se da venda de bens alheios[750], pois o alienante não realiza o contrato como se fosse proprietário.

[744] Embora este se limite a remeter para o Código Civil.

[745] A respeito desta figura cfr., entre outros, Cunha Gonçalves, *Tratado...*, VIII, 445 e ss.; Raúl Ventura, *O contrato de compra e venda no código civil. Proibições...*, in *Revista...*, 1983, ano 43, II, maio, 293 e ss.; Pires de Lima/Antunes Varela, *Código...*, II, comentário ao artigo 881.º, 171; Pedro Romano Martinez, *Direito...*, 65; Menezes Leitão, *Direito...*, III, 50 e 51; Jorge Morais Carvalho, *Código civil...*, I, comentário ao artigo 881.º, 1096; Santos Justo, *Manual de contratos civis...*, 45 e 46.

[746] Sublinhando estes mesmos aspetos no exato âmbito em que agora nos movemos Menezes Leitão, *Direito...*, III, 50.

[747] A falta de certeza relativamente à existência tanto pode dizer respeito a ela nunca ter existido *in rerum natura* como ter perecido.

[748] Pode debater-se se essa menção tem de ser expressa ou meramente tácita. Parece que a razão de ser da exigência, no sentido de suprimir as dúvidas a propósito da prova de um estado subjetivo de difícil demonstração, aponta para a necessidade de uma declaração expressa.

[749] Segundo refere a propósito Raúl Ventura, *O contrato de compra e venda no código civil. Proibições...*, in *Revista...*, 1983, ano 43, II, maio, 295, a incerteza é um estado subjetivo. Objetivamente ou existe ou não existe. Da mesma forma objetivamente um bem ou tem ou não tem uma determinada pessoa por titular.

[750] Prevista no artigo 892.º do Código Civil.

Ao invés, a situação de incerteza é expressamente assumida pelas partes. Pode, todavia, aplicar-se o regime da compra e venda de bens alheios quando o vendedor tenha a certeza da inexistência ou falta de titularidade e não assuma essa circunstância[751-752].

A venda de bens de existência ou titularidade incerta distingue-se, também, da venda de bens futuros, analisada no parágrafo anterior. Ela não assenta na expectativa da futura aquisição do bem ou sua concretização ou autonomização na esfera do alienante, mas, sim, sublinhe-se novamente, no próprio estado de incerteza assumido pelas partes no negócio[753].

Atentas estas diferenças bem se entende não ser o vendedor obrigado a exercer as diligências necessárias para o comprador adquirir o bem nem ter de sanar o contrato, ao invés do imposto pelos artigos 880.º/1 e 897.º do Código Civil. O vendedor não tem, nem mesmo, o dever de promover alguma atividade para dissipar o estado de incerteza[754-755].

[751] RAÚL VENTURA, *O contrato de compra e venda no código civil. Proibições...*, in *Revista...*, 1983, ano 43, II, maio, 295, julga apenas dever em tal circunstância ter-se o contrato por nulo por falta de um elemento essencial. Não vemos, porém, razão para se não aplicar o regime da compra e venda de bens alheios.

[752] Se o vendedor e o comprador conhecem a inexistência do bem, das duas umas: ou o negócio é celebrado como uma compra e venda de coisa futura ou há simulação. À hipótese de conhecimento apenas pelo vendedor já fizemos referência. Se a ciência for só do comprador o negócio é nulo por falta de um elemento essencial. Se uma das partes conhece a situação dos bens, mas a outra parte manifesta incerteza e ainda assim contrata manifestando a incerteza, parece haver no plano factual uma comunicação da incerteza, passando a haver dois graus, um menor e outro maior, em ambos os contraentes. Em sentido muito próximo v. RAÚL VENTURA, *O contrato de compra e venda no código civil. Proibições...*, in *Revista...*, 1983, ano 43, II, maio, 295.

[753] Em termos aproximados MENEZES LEITÃO, *Direito...*, III, 50.

[754] RAÚL VENTURA, *O contrato de compra e venda no código civil. Proibições...*, in *Revista...*, 1983, ano 43, II, maio, 296.

[755] Relativamente à questão da natureza da compra e venda de bens de titularidade ou existência incerta v. RAÚL VENTURA, *O contrato de compra e venda no código civil. Proibições...*, in *Revista...*, 1983, ano 43, II, maio, 297 e 298, mas em termos que se não acompanham por este autor considerar não se estar aqui perante uma autêntica compra e venda, aliás, de forma coerente com a posição que assumiu a propósito da compra e venda de bens futuros de caráter aleatório. Pela nossa parte entendemos representar a venda de coisas de existência ou titularidade incerta um autêntico contrato de compra e venda a risco do comprador, com um elemento de aleatoriedade.

§ 5 – Compra e venda de coisas sujeitas a pesagem, contagem e medição

I – A compra e venda de coisas sujeitas a pesagem, contagem e medição representa uma compra e venda de coisas determinadas, sujeitas a uma subsequente operação: precisamente de contagem, pesagem ou medição[756]. Não vale, deste modo, o regime desta modalidade de compra e venda às situações nas quais as partes apenas se limitam a comprar certa quantidade de um determinado fruto[757] ou tantos quilovátios de eletricidade[758].

[756] A este respeito v., na nossa literatura jurídica, CUNHA GONÇALVES, *Tratado...*, VIII, 429 e ss.; Id., *Da compra e venda...*, I, 474 e ss.; BAPTISTA LOPES, *Do contrato...*, 123 e ss.; RAÚL VENTURA, *O contrato de compra e venda no código civil. Proibições...*, in *Revista...*, 1983, ano 43, II, maio, 298 e ss.; PIRES DE LIMA/ANTUNES VARELA, *Código...*, II, comentário aos artigos 887.º e ss., 178 e ss.; VAZ SERRA, *Anotação...*, in *Revista...*, 1974, 106, 86 e 87; PEDRO ROMANO MARTINEZ, *Direito...*, 67 e ss.; Id., *Da cessação...*, 269 e 270; 2.ª ed., 273 e 274; MENEZES LEITÃO, *Direito...*, III, 75 e ss.; JORGE MORAIS CARVALHO, *Código civil...*, I, comentário aos artigos 887.º e ss.; SANTOS JUSTO, *Manual de contratos civis...*, 46 e ss..

[757] PEDRO ROMANO MARTINEZ sublinha a necessidade de se distinguir duas situações em que, numa compra e venda, tendo-se determinado a fixação global do preço dos bens, procedendo-se a uma multiplicação entre, designadamente, o peso da coisa vendida e valor da unidade (por ex. kg), se deteta uma divergência: as resultantes de um erro de cálculo na operação aritmética de fixação do preço, das que são consequência de uma realidade diversa. Assim: alguém vende 1000 kg de trigo (obrigação genérica) a 1 euro por quilo, constando do contrato ser o preço de 1500 euros. Nesta situação há, como observa PEDRO ROMANO MARTINEZ, uma divergência que se resolve nos termos do artigo 249.º do Código Civil. De modo diverso, se tiver sido contratada a venda de 1000 kg de trigo que se encontram em determinado silo (obrigação específica) a 1 euro o quilo, se na verdade apenas lá se encontrarem 900 kg o comprador apenas terá de pagar, por aplicação do artigo 887.º do Código Civil, 900 euros (note-se mesmo assim como as soluções do artigo 249.º e do artigo 887.º acabam, na prática, por se aproximar). Assim, também, STJ 07-04-2005 (LUCAS COELHO), Proc. 03B2741/ITIJ (venda de coisa sujeita a contagem – preço – ónus da prova – audiência de julgamento – reclamação de especificação – reclamação de questionário). Note-se, ainda, num passo sublinhado sempre por PEDRO ROMANO MARTINEZ, como a correção só se justifica se não se assistir a uma divergência essencial conducente, nos termos do regime do erro (artigos 247.º e seguintes), à anulação do negócio (a respeito de tudo isto v. PEDRO ROMANO MARTINEZ, *Direito...*, 68 e 69. Cfr., igualmente, MENEZES LEITÃO, *Direito...*, III, 80).

[758] Assim, também, MENEZES LEITÃO, *Direito...*, III, 76. V., ainda, PEDRO ROMANO MARTINEZ, *Direito...*, 68 e 69, nota 1, não conseguimos decifrar o sentido defendido pelo autor a este respeito, pois, por um lado, parece defender a aplicação do artigo 887.º e seguintes a cenários de contratos de fornecimento de energia elétrica, água, gás e eletricidade,

A aplicação do regime dos artigos 887.º e seguintes do Código Civil a contratos de fornecimento de energia elétrica é assunto atormentado na Jurisprudência nacional. Defendendo essa aplicação pode ver-se:

- STJ 14-03-1972[759]: o fornecimento de energia elétrica emoldura-se na disposição do artigo 887.º do Código Civil.
- STJ 22-02-2000 (Lopes Pinto)[760]: para o contrato de compra e venda de coisa determinada no qual a quantidade seja declarada por modo a que cada prestação singular (do vendedor e do comprador) fique concretizada pela forma (operação material) nele mesmo estipulada, vale, a preencherem-se os demais elementos da venda *ad mensuram* ou da venda *ad corpus*, o disposto nos artigos 887.º e seguintes do Código Civil. O contrato de fornecimento de energia elétrica concretamente individualizada, no negócio, por elementos diferenciadores e que a definem – «em baixa tensão» e «potência contratada 300 kVA». Esta é coisa (móvel) e coisa determinada. *In casu*, a quantidade da coisa vendida ficou desde logo, no próprio contrato, determinável – sendo determinada e faturada segundo a leitura mensal de aparelhos instalados e controlados pelo vendedor.

Em sentido oposto e a nosso ver correto pronunciaram-se, entre outros:

- STJ 15-10-1998 (Roger Lopes)[761]: o contrato de fornecimento de energia elétrica é um contrato de compra e venda, unitário, duradouro, de coisa determinada no género, mas indeterminada relativamente à

mas por outro, se bem vimos, aparenta criticar a Jurisprudência que entende estar-se nestes cenários diante de coisas determinadas. Tudo isto depois de, se bem interpretamos, limitar, de forma a nosso ver acertada, a aplicação do regime da compra e venda sujeita a contagem, pesagem e medição às situações de coisa determinada. Em sentido inverso ao advogado no texto v. Menezes Cordeiro, *Tratado...*, XI, 160 e 161

759 Objeto de anotação crítica por Vaz Serra, *Anotação...*, in *Revista de Legislação...*, 1974, 106, 75 e ss., 86 e 87.

760 STJ 22-02-2000 (Lopes Pinto), Proc. 99A1125/ITIJ (contrato duradouro – contrato de fornecimento – energia elétrica – prestações periódicas – caducidade).

761 STJ 15-10-1998 (Roger Lopes), Proc. 98B638/ITIJ (prescrição – caducidade – compra e venda – energia elétrica – contrato duradouro).

sua medida ou quantidade. É inaplicável àquele contrato o disposto nos artigos 887.º e seguintes do Código Civil cuja previsão é a de venda tendo por objeto coisas determinadas, com preço fixado por unidade (venda por medida).

- STJ 21-01-2003 (Garcia Marques)[762]: os artigos 887.º e 890.º são inaplicáveis ao fornecimento de energia elétrica. Na verdade, o contrato de compra e venda subjacente a este artigo 887.º tem implícita a entrega, pelo vendedor, de coisas concretas e não definidas em relação a certo tipo (como no caso dos autos, energia elétrica em baixa tensão especial). Supõe também a menção contratual da quantidade da coisa vendida, o que não se produz relativamente à energia elétrica, dependendo tal quantidade do consumidor. Além disso, o preço varia no tempo e é determinado pelo fornecedor. Refere-se, enfim, à entrega do objeto da venda por uma só vez e a divergência entre a quantidade declarada e a quantidade real, o que também não se produz, no presente cenário.
- STJ 02-10-2003 (Ferreira Girão)[763]: o contrato de compra e venda, referido no artigo 887.º do Código Civil, pressupõe a entrega, pelo vendedor, de coisas concretas e não definidas em relação a certo tipo. Supõe, ainda, a menção contratual da quantidade da coisa vendida. E isso, não se produz relativamente à energia elétrica, pois a quantidade adquirida depende tão-só do consumidor, e um preço fixado por unidade, o que não sucede no fornecimento de energia elétrica. Nele o preço varia no tempo e é determinado pelo fornecedor. Enfim, supõe a entrega do objeto da venda por uma só vez, e a divergência entre a quantidade declarada e a quantidade real, o que também aqui se sucede.
- RPt 07-12-2006 (Amaral Ferreira)[764]: o fornecimento de energia elétrica não representa coisa determinada. Não lhe é, pois, aplicável o regime dos artigos 887.º e seguintes.

[762] STJ 21-01-2003 (Garcia Marques), Proc. 02A3900/ITIJ.

[763] STJ 02-10-2003 (Ferreira Girão), Proc. 03B2268/ITIJ (nulidade do Acórdão – omissão de pronúncia – poderes do Supremo – energia elétrica – contrato de fornecimento – prescrição).

[764] RPt 07-12-2006 (Amaral Ferreira), Proc. 0635954/ITIJ (energia elétrica – prescrição).

Já vale, ao invés, e por exemplo, o regime dos artigos 887.º e seguintes se os contraentes estipulam a compra e venda de um saco de batatas mencionando ter dez quilos, mas só possui nove. Isto, dado nesta eventualidade, se estar perante coisa específica, mesmo se sujeita a uma atividade de pesagem[765].

As hipóteses tratadas nos artigos 887.º e seguintes não se reportam à situação de o vendedor ter entregue coisa quantitativamente diferente da do objeto do contrato, pois, nessa hipótese, haverá cumprimento defeituoso[766]. Trata-se, isso sim, é de o objeto do contrato, que foi inteiramente entregue, não se adaptar à menção, ao juízo ou cálculo sobre ele feito pelas partes ou uma delas[767].

II – Tratando-se da venda de coisa determinada, e não de coisa genérica, a compra e venda fica ajustada com a celebração do contrato, antes da pesagem, contagem ou medição. Ou seja, o comprador adquire, segundo a regra do artigo 408.º/1do Código Civil, imediatamente a propriedade dos bens alienados, transferindo-se para ele o risco pela respetiva perda ou deterioração[768]. De outra maneira: nesta hipótese, a haver uma divergência entre as quantidades ou medidas referidas e o resultado da medição, pesagem

[765] MENEZES LEITÃO, *Direito...*, III, 76.

[766] PIRES DE LIMA/ANTUNES VARELA, *Código...*, II, comentário ao artigo 888.º, 179.

[767] PIRES DE LIMA/ANTUNES VARELA, *Código...*, II, comentário ao artigo 888.º, 179.

[768] Note-se estabelecer o artigo 472.º do Código Comercial: «*As cousas não vendidas a esmo ou por partida inteira, mas por conta, peso ou medida, são a risco do vendedor até que sejam contadas, pesadas ou medidas, salvo se a contagem, pesagem ou medição se não fez por culpa do comprador.*» O artigo 472.º/§ 1, esclarece haver-se «(...) *por feita a esmo ou por partida inteira, quando as cousas forem vendidas por um só preço determinado, sem atenção à conta, peso ou medida dos objectos ou quando se atender a qualquer destes elementos unicamente para determinar a quantia do preço*» (v., ainda, a respeito desta noção CUNHA GONÇALVES, *Da compra...*, I, 474, 475, 479 e ss.; e RAÚL VENTURA, *O contrato de compra e venda no código civil. Proibições...*, in *Revista...*, 1983, ano 43, II, maio, 313 e ss.). Este preceito estabelece um regime de risco diverso na compra e venda a conta, peso ou medida, por um lado, e da compra e venda a esmo ou por partida inteira, do outro. Na primeira hipótese esse risco é suportado pelo vendedor o que leva à suposição de a norma em referência ter em vista as coisas genéricas, mas não as coisas determinadas sujeitas a contagem, pesagem ou medição. Parece assim não existir nenhum regime específico no contexto do Direito comercial para esta eventualidade valendo, então, igualmente, o regime do Direito civil. Nesta mesma direção pode ver-se RAÚL VENTURA, *O contrato de compra e venda no código civil. Proibições...*, in *Revista...*, 1983, ano 43, II, maio, 313 e ss.; PEDRO ROMANO MARTINEZ, *Direito...*, 67 e 68; MENEZES LEITÃO, *Direito...*, III, 76.

ou contagem, os efeitos apenas se fazem sentir ao nível do preço devido, segundo os artigos 887.º e seguintes do Código Civil.

Mas os resultados são diversos segundo o preço tenha sido estipulado em razão de tanto por cada unidade comprada (compra *ad mensuram* ou por medida) ou tenha, ao invés, sido determinado para a totalidade ou conjunto de coisas vendidas (compra *ad corpus* ou a corpo).

A compra e venda *ad mensuram* vem prevista no artigo 887.º do Código Civil: aí é devido o preço proporcional ao número, peso ou medida real da coisa vendida, sem embargo de no contrato se afirmar quantidade diferente.

Relativamente à compra e venda *ad corpus* dispõe o artigo 888.º do Código Civil que, se na venda de coisas determinadas o preço não for estabelecido à razão de tanto por unidade, o comprador deve o preço estipulado mesmo se no contrato se mencionar número, peso ou medida das coisas vendidas e a referência não traduzir a realidade[769-770-771]. Note-se, todavia, que se a

[769] Imagine-se, por exemplo, vender-se um imóvel afirmando-se ter 2000 m2, por 50 000 euros. Mas depois, observa-se ter ele apenas 1950 m2. O problema é solucionado segundo o artigo 888.º do Código Civil. Prevalece o preço declarado, não obstante a multiplicação entre o preço por m2 e a área efetiva levarem a outro resultado. Outros exemplos podem ser vistos em PIRES DE LIMA/ANTUNES VARELA, *Código...*, II, comentário ao artigo 888.º, 179 e 180.

[770] A razão de ser para esta solução reside no facto de, na venda *ad corpus*, os contraentes não terem indicado um preço unitário, mas antes global, levando a supor que a respetiva vontade se formou essencialmente em relação a esse preço global, sendo incidental a menção à quantidade, peso ou medida da coisa vendida. Assim, também, PIRES DE LIMA/ANTUNES VARELA, *Código...*, II, comentário ao artigo 888.º, 180; BAPTISTA LOPES, *Do contrato...*, 127 e 128; MENEZES LEITÃO, *Direito...*, III, 77.

[771] Nem sempre é fácil distinguir na prática entre venda a corpo e venda por medida. A este respeito pode ver-se, na nossa Jurisprudência STJ 26-04-2007 (GIL ROQUE), Proc. 07B698//ITIJ (contrato de compra e venda – venda de imóvel); STJ 16-09-2008 (FONSECA RAMOS), Proc. 08A2265/ITIJ (contrato de compra e venda – venda *ad corpus* – erro – essencial). RAÚL VENTURA, *O contrato de compra e venda no código civil. Proibições...*, in *Revista...*, 1983, ano 43, II, maio, 302, refere as seguintes situações: 1) vendo um prédio a 100 euros o m2; 2) vendo o prédio que mede 1 ha, a 100 euros o m2; 3) vendo o prédio por 1 000 000 euros; 4) vendo o prédio que mede 1 ha por 1 000 000 euros; 5) vendo o prédio que mede 1 ha por 10 000 euros à razão de 100 euros o m2. Segundo o autor, as duas primeiras hipóteses enquadram-se no artigo 887.º; as duas seguintes no artigo 888.º; mas a quinta satisfaz os requisitos de ambos os preceitos, embora não possam ser-lhe aplicados em simultâneo. Em tese tanto se poderá encontrar nesta uma hipótese de preço global explicado pela indicação do valor

quantidade efetiva divergir da declarada em mais de um vigésimo desta, o preço sofrerá redução ou aumento proporcional (artigo 888.º/2 do Código Civil). A correção do preço só é, pois, nestes termos, de fazer em relação à parte que exceda um vigésimo, pois, a diferença até ao vigésimo da quantidade declarada é como uma espécie de carência imposta supletivamente às partes[772-773].

III – Se se vender por um só preço uma pluralidade de coisas determinadas e homogéneas, com estipulação do peso ou medida de cada uma delas, e se declare quantidade inferior à real relativamente a alguma ou algumas e superior a propósito da outra ou outras, far-se-á a compensação entre as faltas e excessos até ao limite da sua ocorrência (artigo 889.º do Código Civil). Pressuposto da aplicação desta solução é a existência de um só contrato, pois não se entenderia a compensação entre contratos distintos[774]. Por outro lado, se estiver previsto um preço separado para cada categoria de coisas vendidas, também não é possível sopesar as perdas com os excessos. Lembre-se exigir o artigo 889.º um preço único.

Um só preço não exprime, porém, um único preço global, podendo o preço ser estabelecido por unidade de número, peso ou medida[775].

Assunto a ponderar é a de saber se a compensação está ela própria sujeita aos limites do artigo 888.º/2.

Em sentido afirmativo pronunciaram-se PIRES DE LIMA/ANTUNES VARELA[776], autores para os quais se, efetuado o encontro, se provar exceder a diferença, entre o preço global e o resultante dos preços unitários que os contraentes tiveram ou deveriam ter em vista, um vigésimo daquele,

unitário, como um preço unitário acompanhado do resultado da multiplicação. Haverá que indagar qual das intenções possíveis foi, *in casu*, a correspondente à vontade das partes.

772 PIRES DE LIMA/ANTUNES VARELA, *Código*..., II, comentário ao artigo 888.º, 180.

773 O ónus da prova da divergência cabe naturalmente a quem pedir a correção do preço. Nesse sentido STJ 07-04-2005 (LUCAS COELHO), Proc. 03B2741/ITIJ (venda de coisa sujeita a contagem – preço – ónus da prova – audiência de julgamento – reclamação de especificação – reclamação de questionário).

774 RAÚL VENTURA, *O contrato de compra e venda no código civil. Proibições*..., in *Revista*..., 1983, ano 43, II, maio, 303.

775 RAÚL VENTURA, *O contrato de compra e venda no código civil. Proibições*..., in *Revista*..., 1983, ano 43, II, maio, 304.

776 PIRES DE LIMA/ANTUNES VARELA, *Código*..., II, comentário ao artigo 889.º, 181.

deve permitir-se o aumento ou redução proporcional do preço. Em sentido adverso depuseram BAPTISTA LOPES[777] e MENEZES LEITÃO[778], em termos que não se seguem[779]. Mas não parece aceitável adotar, nesta hipótese, imediatamente a solução do artigo 888.º/2. Isto, dado a vontade das partes se formar, na venda *ad corpus*, relativamente ao preço global e não haver prejuízo, dado o preço ser um só e único. O perdido de um lado é ganho no outro. A norma do artigo 889.º vem limitar a aplicação do artigo 888.º/2, justamente na medida da compensação entre as duas categorias. Este último preceito só será, destarte, chamado a depor se, após a compensação, subsistir uma diferença de um vigésimo entre a quantidade declarada e a efetivamente vendida.

Importante é, pois, o facto de a ponderação do resultado da compensação se dever fazer em função do valor e não apenas em razão da diferença entre o peso, quantidade ou medida das coisas. Mas não por, não obstante a fixação de um só preço global, os contraentes terem, por regra, em vista o preço unitário de cada coisa[780]. Se fosse assim valia, não o artigo 888.º/2, mas sim o artigo 887.º.

Finalmente, devem ter-se por homogéneas as coisas do mesmo género (parcelas do mesmo ou de diferentes prédios rústicos, apartamentos do mesmo ou diferentes edifícios, cereais diversos existentes no mesmo celeiro, etc.), mas não necessariamente da mesma espécie[781].

IV – O artigo 890.º/1 estabelece um prazo reduzido para exercício do direito ao recebimento do preço. Isto, ao determinar a respetiva caducidade dentro de seis meses ou um ano após a entrega da coisa, segundo esta seja móvel ou imóvel. Na eventualidade de a diferença só se tornar exigível em

[777] BAPTISTA LOPES, *Do contrato...*, 130.

[778] MENEZES LEITÃO, *Direito...*, III, 77 e 78, nota 162.

[779] RAÚL VENTURA, *O contrato de compra e venda no código civil. Proibições...*, in *Revista...*, 1983, ano 43, II, maio, 305, julga ambas as posições deslocadas. Mas o autor defende um entendimento do requisito da homogeneidade que não subscrevemos e com influência na compreensão e solução do problema agora em análise.

[780] PIRES DE LIMA/ANTUNES VARELA, *Código...*, II, comentário ao artigo 889.º, 181.

[781] PIRES DE LIMA/ANTUNES VARELA, *Código...*, II, comentário ao artigo 889.º, 181. Em sentido contrário RAÚL VENTURA, *O contrato de compra e venda no código civil. Proibições...*, in *Revista...*, 1983, ano 43, II, maio, 304. Dubitativo PEDRO ROMANO MARTINEZ, *Direito...*, 72 e 73.

momento posterior à entrega, o prazo inicia-se a partir desse momento. Na venda de coisas a serem transportadas de um lugar para outro, o prazo reportado à data da entrega só principia no dia em que o comprador as receber (artigo 890.º/2). São, pois, três os momentos de contagem do prazo. O primeiro traduz a situação normal. Exemplos do segundo sucedem na eventualidade de a contagem, pesagem ou medição ser feita depois da entrega ou se se convencionar um prazo para o cumprimento da obrigação[782]. O terceiro momento possível para a contagem do prazo é o resultante do artigo 890.º/2. Este verte uma solução baseada em critérios divergentes relativamente aos subjacentes à transferência do risco segundo o artigo 797.º do Código Civil. Mas, entende-se apenas principiar a contagem do prazo para se exigir a diferença do preço se o comprador tiver a possibilidade real de determinar a quantidade entregue[783].

À primeira vista pode parecer corresponder o direito ao recebimento do preço, agora em jogo, apenas à diferença de preço favorável ao vendedor. Não há, todavia, nenhuma razão para se não entender abrangido pelo artigo 890.º, tanto o excesso favorável ao vendedor como a redução em benefício do comprador. Acresce ligar-se o preceito ao artigo 887.º e ao artigo 888.º/2. Ora, ambos podem criar, quer um direito a bem do vendedor, quer a favor do comprador[784].

V – A aplicação dos regimes presentes nos artigos 887.º e 888.º/2 pode levar a uma lesão do comprador se o preço a pagar for muito superior ao referido no contrato, pois este tem de pagar mais do inicialmente pretendido e pensado. Para atenuar este efeito, o artigo 891.º do Código Civil atribui ao comprador o direito de resolver o contrato se o preço devido, ao abrigo dos artigos 887.º ou 888.º/2, exceder o proporcional à quantidade mencionada em mais de um vigésimo deste e o vendedor exigir esse preço, salvo se tiver

[782] RAÚL VENTURA, *O contrato de compra e venda no código civil. Proibições...*, in *Revista...*, 1983, ano 43, II, maio, 306; PIRES DE LIMA/ANTUNES VARELA, *Código...*, II, comentário ao artigo 890.º, 182.

[783] RAÚL VENTURA, *O contrato de compra e venda no código civil. Proibições...*, in *Revista...*, 1983, ano 43, II, maio, 307; PIRES DE LIMA/ANTUNES VARELA, *Código...*, II, comentário ao artigo 890.º, 182.

[784] RAÚL VENTURA, *O contrato de compra e venda no código civil. Proibições...*, in *Revista...*, 1983, ano 43, II, maio, 306.

procedido com dolo[785]. Está fora do âmbito da previsão normativa a faculdade de resolução pelo vendedor em virtude da redução do preço[786].

O direito de resolução está sujeito a caducidade, devendo ser exercido no prazo de três meses a contar da data em que o vendedor fizer por escrito a exigência do excesso (artigo 891.º/2). Também existe um prazo para a atuação do direito à diferença de preço mencionado no artigo 890.º. A declaração de exigência do excesso tem um destinatário. Dessa forma, está sujeita às regras do artigo 224.º do Código Civil. Portanto, em rigor, a contagem do prazo de caducidade não se dá no preciso momento da emissão da declaração, mas, sim, na altura em que ela se torne eficaz por ter sido recebida pelo comprador ou se tenha assistido a facto equivalente[787].

O exercício da resolução tem, ainda, de se harmonizar com a caducidade do prazo para exigir o excesso de preço. Operada esta, a exigência da diferença é ineficaz. Por isso, ela não pode servir de fundamento à resolução[788-789].

Pode, porém, suceder que nenhuma das partes tivesse pretendido celebrar o contrato se se apercebesse da divergência. Vale, então, o regime geral do erro[790].

[785] Não importa, pois, que o erro do comprador se revele culposo. Para mais pormenores V., entre outros, PEDRO ROMANO MARTINEZ, *Da cessação...*, 269 e 270; 2.ª ed., 273 e 274.

[786] RAÚL VENTURA, *O contrato de compra e venda no código civil. Proibições...*, in *Revista...*, 1983, ano 43, II, maio, 307 e 308.

[787] RAÚL VENTURA, *O contrato de compra e venda no código civil. Proibições...*, in *Revista...*, 1983, ano 43, II, maio, 308 e 309.

[788] RAÚL VENTURA, *O contrato de compra e venda no código civil. Proibições...*, in *Revista...*, 1983, ano 43, II, maio, 309.

[789] Note-se serem os preceitos relativos à caducidade, seja do direito a exigir a diferença de preço, seja do direito de resolver o contrato, dispositivos. Assim, também, RAÚL VENTURA, *O contrato de compra e venda no código civil. Proibições...*, in *Revista...*, 1983, ano 43, II, maio, 309, lembrando os artigos 330.º e 432.º do Código Civil. Aliás, e tal como este autor sublinha, não se vê razão para a própria disciplina estabelecida nos artigos 887.º e 888.º do Código Civil não ser também suscetível de afastamento pela vontade das partes.

[790] V. na Jurisprudência STJ 16-09-2008 (FONSECA RAMOS), Proc. 08A2265/ITIJ (contrato de compra e venda – venda *ad corpus* – erro – essencial); STJ 26-04-2007 (GIL ROQUE), Proc. 07B698/ITIJ (contrato de compra e venda – venda de imóvel); STJ 28-02-2001 (GARCIA MARQUES), Proc. 02A713/ITIJ (negócio jurídico – erro).

§ 6 – Venda a contento e sujeita a prova

§ 6.1 – Caraterização

I – Os artigos 923.º e seguintes do Código Civil reportam-se a modalidades de compra e venda, normalmente referentes a bens móveis, realizadas por fases, como sucede com a venda a contento e a venda sujeita a prova[791]. Em ambas se assiste à subordinação do contrato à aprovação da coisa vendida por parte do comprador. A diferença entre estas duas modalidades de compra e venda está no facto de na primeira – a venda a contento – o comprador se reservar o direito de contratar ou de resolver o negócio, segundo entender. Já na segunda – na venda sujeita a prova – o contrato está dependente de uma avaliação objetiva do comprador relativamente às qualidades da coisa, em conformidade com uma averiguação a que será submetida[792].

[791] A respeito destas figuras cfr. na nossa Doutrina COELHO DA ROCHA, *Instituições de direito civil portuguez*, 2.ª edição, 1848, I, § 824, 642 e 643; CUNHA GONÇALVES, *Da compra...*, I, 428 e ss., 446 e ss., 455 e ss.; Id., *Tratado...*, VIII, 409 e ss.; GALVÃO TELLES, *Contratos...*, 24 e ss.; BAPTISTA LOPES, *Do contrato...*, 193 e ss.; PIRES DE LIMA/ANTUNES VARELA, *Código...*, II, comentário aos artigos 923.º e ss., 218 e ss.; PEDRO ROMANO MARTINEZ, *Direito...*, 75 e ss.; Id., *Da cessação...*, 270 e ss.; 2.ª ed., 274 e ss.; NUNO AURELIANO, *O risco...*, 362 e ss.; MENEZES LEITÃO, *Direito...*, III, 85 e ss.; JORGE MORAIS CARVALHO, *Código civil...*, I, comentário aos artigos 923 e ss.; SANTOS JUSTO, *Manual de contratos civis...*, 81 e ss.; MENEZES CORDEIRO, *Tratado...*, XI, 297 e ss.. Na literatura jurídica tudesca v., *colorandi causa*, LARENZ, *Lehrbuch...*, II, I, 142 e ss.; PETER MADER, *Staudingers...*, §§ 433 a 487, comentário prévio aos §§ 454 e 455, e comentários aos §§ 454 e 455, 506 e ss.; PETER MADER/MARTIN JOSEF SCHERMAIER, *Staudingers Kommentar...*, 2014, §§ 433 a 480, comentário prévio aos §§ 454 e 455, 835 e ss.; FIKENSTCHER/HEINEMANN, *Schuldrecht...*, 457 e ss.; e HANS-WERNER ECKERT/JAN MAIFELD/MICHAEL MATTHIESSEN, *Handbuch des Kaufrechts...*, 31 e 32, 179 (uma nota para sublinhar o facto de no Direito alemão a *Kauf auf Probe* ser semelhante à nossa venda a contento e a decisão do comprador não necessitar de fundamentação. Diferente é a *Prufungskauf* ou *Erprobungskauf*. Nesta última o comprador deve fundamentar a razão da rejeição. A este respeito v., por todos, PETER MADER/MARTIN JOSEF SCHERMAIER, *Staudingers Kommentar...*, 2014, §§ 433 a 480, comentário ao § 454, 836 e 837, 841 e 842). Entre os autores italianos cfr., por exemplo, LUZZATTO, *La compravendita...*, 491 e ss.; e BIANCA, *La vendita...*, 294 e ss..

[792] Em termos similares MENEZES LEITÃO, *Direito...*, III, 85.

§ 6.2 – Modalidades de venda a contento

I – São duas as modalidades de compra e venda a contento[793]. Na primeira (*ad gustum*) é estipulado ter a coisa de agradar ao comprador. Os efeitos típicos da compra e venda não se produzirão enquanto isso não suceder (artigo 923.º do Código Civil)[794]. Na segunda concede-se ao comprador o direito de resolver o contrato se a coisa não agradar ao comprador (artigo 924.º do Código Civil). Analisaremos de seguida as duas formas de venda[795].

Na primeira modalidade o nosso Direito atribui valor jurídico ao silêncio, desviando-se, assim, da regra geral[796] (vale, pois, nesta hipótese o aforismo *qui tacet consentire videtur*)[797]. Na verdade, o artigo 923.º/2 dispõe julgar-se a

[793] Relativamente à compra e venda comercial cfr. o disposto nos artigos 469.º a 471.º do Código Comercial. Na Doutrina v. por todos, Cunha Gonçalves, *Da compra...*, 428 e ss., 413 e ss., 455 e ss., 468 e ss.; Id., *Comentário ao Código Comercial português*, 1918, III, 1 e ss.; Adriano Antero, *Comentário ao Código Commercial portuguez*, 1913, II, 227 e ss.; Baptista Lopes, *Do contrato...*, 385 e ss.; Pedro Romano Martinez, *Direito...*, 75, 79 e 80.

[794] O STJ 05-06-85 (Magalhães Baião), Proc. 072692/ITIJ (venda a contento – proposta de contrato – integração do negócio – direito de propriedade – vontade negocial – boa fé – restituição – direito de regresso), com mera indicação do sumário, considerou não constituir venda a contento aquela em que se diz no contrato relativamente às condições de pagamento «*a pronto pagamento com o desconto de 3% ou outras a combinar*» e se confiadas as máquinas ao comprador à experiência, pelo prazo de três dias, ele dentro desse prazo não fez nenhuma comunicação nem restituiu as máquinas.

[795] Figura próxima, mas não tipificada pelo nosso Direito, é a venda com direito de troca (conhecida no Direito alemão, onde aliás também não está tipificada, como *Kauf mit Umtauschvorbehalt*), em que uma das partes, ou eventualmente um terceiro a que a coisa seja destinada, tem o direito de pedir a troca, da coisa vendida, por outra. A este respeito v. Peter Mader, *Staudingers...*, 2004, §§ 433 a 487, comentário prévio ao § 454, 508 e ss.; Peter Mader/Martin Josef Schermaier, *Staudingers Kommentar...*, 2014, §§ 433 a 480, comentário prévio ao § 837 e ss..

[796] Não se vislumbra nenhum impedimento a que a venda a contento resulte de disposição tácita. V. Mader, *Staudingers...*, 2004, §§ 433 a 487, comentário ao § 454, 515; Peter Mader/Martin Josef Schermaier, *Staudingers Kommentar...*, 2014, §§ 433 a 480, comentário ao § 454, 838; Fikenstcher/Heinemann, *Schuldrecht...*, 458.

[797] Mas não há nenhuma razão para entender tratar-se de uma solução imperativa. Esta primeira modalidade de venda a contento é, também, harmonizável com a disposição das partes no sentido de a aceitação de agrado dever ser, expressa ou tacitamente, transmitida dentro de certo prazo não valendo o silêncio. Cfr., perante o Direito alemão, Mader,

coisa aceite se o comprador se não manifestar dentro do prazo de aceitação, nos termos do artigo 228.º/1 do Código Civil[798]. O ónus da prova do silêncio do comprador já foi julgado pertencer ao vendedor. Isto por se tratar de facto imprescindível à perfeição do negócio, e ser ele próprio elemento respetivo[799].

Dado o artigo 923.º/3 estabelecer a obrigatoriedade de a coisa ser porporcionada ao comprador para exame, o prazo para aceitação não se pode iniciar antes de ela ser entregue[800].

II – A entrega do bem para ser apreciado representa uma obrigação autónoma do vendedor. O seu cumprimento é suscetível de ser exigido judicialmente pelo comprador[801]. O vendedor não se pode eximir ao adim-

Staudingers..., 2004, §§ 433 a 487, comentário ao § 454, 520; PETER MADER/MARTIN JOSEF SCHERMAIER, *Staudingers Kommentar...*, 2014, §§ 433 a 480, comentário ao § 454, 843 e 844.

[798] Mas note-se poder a aceitação dar-se antes do prazo em virtude de declaração expressa ou tácita do comprador. O mesmo pode suceder com a rejeição. Também ela é suscetível de ser tácita, embora seja receptícia. Assim, também, MADER, *Staudingers...*, 2004, §§ 433 a 487, comentário ao § 454, 518 e 520; e PETER MADER/MARTIN JOSEF SCHERMAIER, *Staudingers Kommentar...*, 2014, §§ 433 a 480, comentário ao § 454, 840 e 841, 843 e 844, ao referirem uma orientação de alguma Jurisprudência no sentido de para a rejeição bastar um comportamento do comprador no sentido de se entender que, segundo as regras da boa fé, o seu silêncio não deve ser tomado como aceitação.

[799] RLx 30-06-1994 (FREITAS DE CARVALHO), Proc. 0085702/ITIJ (venda – venda a contento – ónus da prova – caução), apenas com indicação do sumário. MADER, *Staudingers...*, §§ 433 a 487, comentário ao § 454, 519 e 521; PETER MADER/MARTIN JOSEF SCHERMAIER, *Staudingers Kommentar...*, 2014, §§ 433 a 480, comentário ao § 454, 845, sublinham ser igualmente assim, em regra, para a demonstração de existência de aceitação. Mas ressalvam nem sempre ser assim, dependendo de quem pretende daí extrair direitos, o que, de resto, vai ao encontro do disposto, entre nós, pelo artigo 342.º do Código Civil. Referem, também, a admissibilidade de prova de que o silêncio não teve o sentido de assentimento.

[800] PAULO MOTA PINTO, *Declaração tácita e comportamento concludente*, 1995, 664, nota 533, abordando ainda o problema de saber se se está aqui perante uma hipótese de valor declarativo do silêncio; PIRES DE LIMA/ANTUNES VARELA, *Código...*, II, comentário ao artigo 923.º, 219; MENEZES LEITÃO, *Direito...*, III,

[801] Nesse sentido BAPTISTA LOPES, *Do contrato...*, 195; PIRES DE LIMA/ANTUNES VARELA, *Código...*, II, comentário ao artigo 923.º, 219; MENEZES LEITÃO, *Direito...*, III, 85. Na Doutrina alemã referência, a título ilustrativo, para MADER, *Staudingers...*, 2004, §§ 433 a 487, comentário ao § 454, 516 e 517; PETER MADER/MARTIN JOSEF SCHERMAIER, *Staudingers*

plemento deste dever afirmando serem as coisas tão más que certamente o comprador as teria rejeitado[802]. Na eventualidade de algum defeito impedir a apreciação da coisa tem o vendedor de proceder à sua substituição ou reparação[803].

Por sua vez, o comprador deve atuar de forma prudente durante o exame[804]. Ainda assim, se a apreciação da coisa supuser uma utilização parcial da mesma ela deve ter-se por admissível. Em certas hipóteses a boa fé leva a admitir poder o exame ser feito por terceiro encarregado pelo comprador de o fazer[805]. O vendedor não tem nenhum direito a uma indemnização em virtude de um uso razoável, pelo comprador ou *tertius* por ele incumbido, do objeto do contrato[806]. Os custos da avaliação devem, todavia, na dúvida, incidir sobre o adquirente[807]. O mesmo valerá, em princípio, para os encargos com a devolução, na eventualidade de rejeição[808].

Kommentar..., 2014, §§ 433 a 480, comentário ao § 454, FIKENSTCHER/HEINEMANN, *Schuldrecht...*, 458.

802 MADER, *Staudingers...*, §§ 433 a 487, comentário ao § 454, 516; PETER MADER/ /MARTIN JOSEF SCHERMAIER, *Staudingers Kommentar...*, 2014, §§ 433 a 480, comentário ao § 454, 839.

803 Em termos não muito distantes MADER, *Staudingers...*, 2004, §§ 433 a 487, comentário ao § 454, 516; PETER MADER/MARTIN JOSEF SCHERMAIER, *Staudingers Kommentar...*, 2014, §§ 433 a 480, comentário ao § 454, 840.

804 Assim, também, por exemplo, MADER, *Staudingers...*, 2004, §§ 433 a 487, comentário ao § 454, 516; PETER MADER/MARTIN JOSEF SCHERMAIER, *Staudingers Kommentar...*, 2014, §§ 433 a 480, comentário ao § 454, 839 e 840.

805 MADER, *Staudingers...*, 2004, §§ 433 a 487, comentário ao § 454, 517; PETER MADER/ /MARTIN JOSEF SCHERMAIER, *Staudingers Kommentar...*, 2014, §§ 433 a 480, comentário ao § 454, 839.

806 MADER, *Staudingers...*, 2004, §§ 433 a 487, comentário ao § 454, 517; PETER MADER/ /MARTIN JOSEF SCHERMAIER, *Staudingers Kommentar...*, 2014, §§ 433 a 480, comentário ao § 454, 840.

807 MADER, *Staudingers...*, 2004, §§ 433 a 487, comentário ao § 454, 517; PETER MADER/ /MARTIN JOSEF SCHERMAIER, *Staudingers Kommentar...*, 2014, §§ 433 a 480, comentário ao § 454, 840.

808 V. novamente, MADER, *Staudingers...*, 2004, §§ 433 a 487, comentário ao § 454, 519; PETER MADER/MARTIN JOSEF SCHERMAIER, *Staudingers Kommentar...*, 2014, §§ 433 a 480, comentário ao § 454, 842 e 843, mencionando, além disso, dever a devolução ser tão rápida quanto possível.

III – Se dentro do termo, o comprador se manifestar no sentido da rejeição, a venda julga-se como não celebrada. Até à aceitação ou vencimento do respetivo prazo os efeitos típicos do contrato não se produzem.

A manifestação de rejeição não depende de nenhuma fundamentação. O comprador reservou-se a liberdade de dizer a última palavra e vincular-se-á, ou não, se lhe aprouver de forma absolutamente livre, não sendo a sua decisão sindicável judicialmente[809-810]. Não é, nem mesmo, exigível proceder ele ao exame da coisa para formular a respetiva decisão. Ele pode, se assim o entender, dispensar toda a observação[811]. Da mesma forma uma aceitação sem exame da coisa é perfeitamente eficaz[812].

IV – Não exprime isto ser lícito, ao comprador, toda e qualquer atitude. Já atrás se sublinhou a necessidade de o adquirente atuar com prudência, segundo a boa fé, no exame da coisa. Mas não é isso que agora se pretende frisar. A própria recusa de aceitação pode em certos cenários, e embora isso seja raro, dada a amplitude do direito conferido ao comprador, mostrar-se ilícita ou abusiva. Isso mesmo sucederá se, por hipótese, se vier a demonstrar ter no momento da celebração do contrato o adquirente já o

[809] No mesmo sentido GALVÃO TELLES, *Contratos...*, 25; BAPTISTA LOPES, *Do contrato...*, 193; PIRES DE LIMA/ANTUNES VARELA, *Código...*, II, comentário ao artigo 923.º, 218; MENEZES LEITÃO, *Direito...*, III, 85 e nota 190. Na literatura jurídica tudesca v., na mesma direção, *colorandi causa*, LARENZ, *Lehrbuch...*, II, I, 143; MADER, *Staudingers...*, II, 2004, §§ 433 a 487, comentário ao § 454, 518; PETER MADER/MARTIN JOSEF SCHERMAIER, *Staudingers Kommentar...*, 2014, §§ 433 a 480, comentário ao § 454, 836 e 837, 841 e 842; e FIKENSTCHER/HEINEMANN, *Schuldrecht...*, 458.

[810] Uma mera manifestação de gosto ou de desejo não vale necessariamente como aceitação impeditiva de posterior rejeição dentro do prazo. Assim MADER, *Staudingers...*, 2004, §§ 433 a 487, comentário ao § 454, 518; PETER MADER/MARTIN JOSEF SCHERMAIER, *Staudingers Kommentar...*, 2014, §§ 433 a 480, comentário ao § 454, 841.

[811] Alertando para este mesmo aspeto cfr., MADER, *Staudingers...*, §§ 433 a 480, comentário ao § 454, 518; PETER MADER/MARTIN JOSEF SCHERMAIER, *Staudingers Kommentar...*, 2014, §§ 433 a 480, comentário ao § 454, 841; PETER MADER/MARTIN JOSEF SCHERMAIER, *Staudingers Kommentar...*, 2014, §§ 433 a 480, comentário ao § 454, 841.

[812] MADER, *Staudingers...*, 2004, §§ 433 a 487, comentário ao § 454, 518; PETER MADER/ /MARTIN JOSEF SCHERMAIER, *Staudingers Kommentar...*, 2014, §§ 433 a 480, comentário ao § 454, 841.

propósito de recusar e ocultado esse facto ao vendedor causando-lhe com isso danos[813]. Não parece, todavia, admissível pretender-se uma venda a contento e estipular-se, concomitantemente, um dever de fundamentação[814]. Um acordo desse tipo corresponderá já a uma venda sujeita a prova.

Na eventualidade de o comprador manifestar uma aceitação, mas sujeita a condições ou impondo novos termos contratuais, na realidade, a sua declaração é uma não aceitação[815]. Debatido mostra-se o pedido de prolongamento do prazo. Uma orientação, merecedora de alguma aceitação, tem entendido estar-se diante de uma rejeição e nova proposta de negócio. Mas, a nosso ver, sem razão. Não obstante a solicitação de alargamento do termo, pode o adquirente a todo o momento manifestar anuência assim se tornando perfeito, de forma definitiva, o contrato de compra e venda[816]. O pedido de adiamento equivale apenas a uma proposta de alteração do negócio já celebrado.

Dado a compra ainda não produzir os respetivos efeitos típicos antes da aceitação, a atribuição do risco ao comprador só se dará com o vencimento do prazo estabelecido no artigo 923.º/2 ou com a aceitação expressa ou tácita[817]. Note-se, porém, não libertar a aceitação o vendedor dos efeitos que,

[813] V., no mesmo sentido, MADER, *Staudingers...*, 2004, §§ 433 a 487, comentário ao § 454, 518; PETER MADER/MARTIN JOSEF SCHERMAIER, *Staudingers Kommentar...*, 2014, §§ 433 a 480, comentário ao § 454, 841.

[814] MADER, *Staudingers...*, 2004, §§ 433 a 487, comentário ao § 454, 518 e 519; PETER MADER/MARTIN JOSEF SCHERMAIER, *Staudingers Kommentar...*, 2014, §§ 433 a 480, comentário ao § 454, 836 ee 837, 841 e 842, referindo ser também essa a posição da *communis opinio* doutrinal e judicial tudesca.

[815] Assim, também, MADER, *Staudingers...*, 2004, §§ 433 a 487, comentário ao § 454, 521; PETER MADER/MARTIN JOSEF SCHERMAIER, *Staudingers Kommentar...*, 2014, §§ 433 a 480, comentário ao § 454.

[816] MADER, *Staudingers...*, 2004, §§ 433 a 487, comentário ao § 454, 521; PETER MADER/ /MARTIN JOSEF SCHERMAIER, *Staudingers Kommentar...*, 2014, §§ 433 a 480, comentário ao § 455, 844.

[817] Sublinhando este mesmo aspeto v. NUNO AURELIANO, *O risco...*, 364 e 365; e MENEZES LEITÃO, *Direito...*, III, 85. Na Doutrina germânica v., por todos, MADER, *Staudingers...*, 2004, §§ 433 a 487, comentário ao § 454, 519; PETER MADER/MARTIN JOSEF SCHERMAIER, *Staudingers Kommentar...*, 2014, §§ 433 a 480, comentário ao § 454, 842.

nos termos gerais, se dão na hipótese de compra e venda de coisa defeituosa ou onerada[818].

V – Na segunda modalidade de venda a contento, ao invés do sucedido na primeira, a venda torna-se imediatamente eficaz. O comprador adquire o objeto e contrai a obrigação de o pagar, mas tem o direito de desfazer o negócio, dando os efeitos por não produzidos se o objeto o não satisfizer[819]. Valem nessa hipótese as regras presentes nos artigos 432.º e seguintes do Código Civil (artigo 924.º/1). A supressão do contrato não é impedida pela entrega da coisa (artigo 924.º/2) e deverá ser exercida dentro do prazo estabelecido ou resultante dos usos. Se nenhum for estabelecido pode o vendedor fixar um limite razoável para o exercício do direito de resolução (artigo 924.º/3)[820]. Nesta modalidade de compra e venda a contento produzem-se, *ab initio*, todos os efeitos do contrato. Nomeadamente, a transferência do risco de perda ou deterioração da coisa na pendência do prazo para o exercício do direito de resolução. Na verdade, se esta se danificar ou destruir em termos de o comprador já não poder proceder à respetiva devolução ao vendedor, o comprador já não poderá exercer o direito de resolução (artigo 432.º/2 do Código Civil)[821]. Problema suscitado é o de saber se a transferência do risco depende da entrega da coisa, nos moldes definidos no artigo 796.º/3 do Código Civil[822]. A aplicação deste preceito pressupõe, todavia, estar-se, na segunda modalidade de venda a contento, perante uma condição resolutiva[823]. Veremos, porém, de seguida não ser essa a situação.

[818] A este respeito v., MADER, *Staudingers...*, 2004, §§ 433 a 487, comentário ao § 454, 519; PETER MADER/MARTIN JOSEF SCHERMAIER, *Staudingers Kommentar...*, 2014, §§ 433 a 480, comentário ao § 454, 842. Na nossa Jurisprudência, com relevância, v. RLx 23-01-1981 (MARTINS DA FONSECA), Proc. 0014565/ITIJ (venda a contento – defeitos – reclamação – prazo), com simples indicação do sumário.

[819] GALVÃO TELLES, *Contratos...*, 25.

[820] A não resolução, dentro do prazo fixado, obriga ao pagamento do preço devido.

[821] MENEZES LEITÃO, *Direito...*, III, 87. V., também, NUNO AURELIANO, *O risco...*, 365 e 366. Já sustentando que, por força do artigo 432.º/2 do Código Civil o risco da destruição total ou perda corre por conta do comprador, mas a deterioração por facto não imputável ao adquirente por conta do vendedor, por ser ele um possuidor de boa fé (artigo 1269.º) cfr. PEDRO ROMANO MARTINEZ, *Da cessação...*, 275; 2.ª ed., 279.

[822] É essa a solução propugnada por PEDRO ROMANO MARTINEZ, *Direito...*, 79.

[823] Entendendo que a segunda modalidade de venda a contento não está sujeita ao regime da condição resolutiva v. GALVÃO TELLES, *Contratos...*, 25.

§ 6.3 – Venda sujeita a prova

I – A venda sujeita a prova está disciplinada no artigo 925.º do Código Civil[824]. Diversamente do sucedido com a venda a contento, onde não são relevantes para a produção dos respetivos efeitos aspetos de natureza objetiva, mas tão-só a *voluntas* do comprador, na compra sujeita a prova plena, a produção dos efeitos do contrato depende de aspetos positivos suscetíveis de apreciação judicial[825]. No fundo, por estipulação das partes, a eficiência do contrato é subordinada à objetiva idoneidade da coisa para satisfação do fim ou fins a que se destina e à existência nela, das qualidades asseguradas pelo vendedor[826]. Se se preferir, ela é sujeita ao resultado de um exame a fazer, cujo fim é o de apurar a aptidão do objeto[827].

II – Tal como na venda a contento, representa obrigação negocial resultante da compra sujeita a prova o dever de o vendedor proporcionar a coisa, ao comprador. Mas agora para prova e não apenas apreciação (artigo 925.º/4 do Código Civil). Vale, com as necessárias adaptações, o já dito a propósito da obrigação de entrega do bem na compra a contento.

A prova deverá ser feita dentro do prazo, segundo a modalidade estabelecida pelo contrato ou pelos usos. Se ambos forem omissos, observar-se-ão o prazo fixado pelo vendedor e a modalidade escolhida pelo comprador, segundo critérios de razoabilidade (artigo 925.º/2).

Em virtude do artigo 925.º/3 o comprador tem o encargo[828] de transmitir ao vendedor o resultado da prova antes de expirar o prazo, sob pena de o negócio produzir definitivamente todos os seus efeitos.

[824] Para uma análise histórica da compra e venda sujeita a prova, desde a glosa, v. FITTING, *Zur Lehre vom Kauf auf Probe oder auf Besicht*, in *Zeitschrift für das gesammte Handelsrecht*, 1862, V, 79 e ss.. Para a evolução histórica desta figura v., ainda, MENEZES CORDEIRO, *Tratado...*, XI, 297 e ss..

[825] Assim, também, PIRES DE LIMA/ANTUNES VARELA, *Código...*, II, comentário ao artigo 925.º, 220. Sublinhando a possibilidade de controlo judicial v., também, GALVÃO TELLES, *Contratos...*, 25.

[826] GALVÃO TELLES, *Contratos...*, 25.

[827] GALVÃO TELLES, *Contratos...*, 25.

[828] PEDRO ROMANO MARTINEZ, *Direito...*, 81, fala a este respeito em ónus do vendedor. A terminologia não é, porém, com o devido respeito, a nosso ver, a preferível. Segundo MENEZES CORDEIRO, *Tratado...*, I, 918 e 919, na Doutrina comum, o ónus traduziria a

situação na qual alguém deva adotar certa atitude, se pretender obter certo efeito. Por exemplo, se alguém desejar ganhar uma ação em juízo, tem o ónus de provar factos alegados. O ónus não é um dever: por via dele, não tem de se adotar uma certa conduta, porque o resultado por ele propiciado é facultativo. Em última instância, poder-se-ia, assim, considerar basear-se o ónus numa permissão: permissão que, a não ser ativada num certo sentido, leva a consequências desagradáveis para o destinatário da mesma, ainda que não assimiláveis a sanções. Esta construção mostra-se, porém, em revisão: continuando com MENEZES CORDEIRO, na base da compreensão tradicional do ónus está a ideia de que as sanções coativas devem presidir sempre a quaisquer deveres jurídicos. Precisamente o ónus seria uma «permissão» – a expressão falta, mas a ideia está lá – por, a não ser acatado, provocar consequências desagradáveis diferentes. Mas a coercibilidade não é caraterística da norma jurídica; resta, destarte, no plano dogmático, retirar as devidas consequências dessa afirmação. A figura do ónus deve ser remetida para o domínio processual: traduz, aí, deveres no processo com a particular índole de terem consequências substantivas. No Direito civil devemos lidar com uma outra figura, a do encargo ou ónus material (a expressão é proposta por MENEZES CORDEIRO para referir a ideia de *Obligenheit* introduzida como figura geral no Direito civil por REIMER SCHMIDT, *Die Obliegenheiten. Studien auf dem Gebiet des Rechtszwanges im Zivilrecht unter besonderer Berücksichtigung des Privatsversicherungsrechts*, 1953). O encargo traduz estruturalmente um dever, segue, no entanto, um regime particular: é um dever de comportamento que fundado embora também no interesse de outras pessoas, não pode, por estas, ser exigido no seu cumprimento. No exemplo de MENEZES CORDEIRO: – o comprador de uma coisa verifica que ela tem determinado defeito; beneficia do regime estabelecido nos artigos 913.º e seguintes do Código Civil; – segundo o artigo 916.º/1, ele deve denunciar ao vendedor o vício da coisa, salvo se este tiver usado dolo; – seria, porém, perturbador para a ordem jurídica e o tráfego negocial que, a todo o tempo, os compradores se apresentassem perante os vendedores, denunciando vícios; por isso, e no interesse dos próprios vendedores, os compradores deverão efetuar tais denúncias num prazo curto: trinta dias depois de conhecido o defeito e dentro de seis meses após a entrega da coisa – artigo 916.º/2. E se não o fizerem? Caducam determinados remédios destinados a enfrentar os vícios – artigo 917.º. Repare-se que o «dever» de denunciar vícios ou falta de qualidades da coisa vendida, dentro de certo prazo, é instituído no interesse do vendedor que, desta forma, não fica indefinidamente sujeito a que por tais falhas, lhe sejam pedidas contas; ele não pode, porém, exigir o cumprimento desse «dever», uma vez que a sanção estabelecida tem natureza diversa. Repare-se, pois, distinguir-se o encargo do dever propriamente dito, por traduzir uma adstrição que não pode ser exigida, na sua efetivação; mas é diferente, também, do ónus: neste, falta uma adstrição, surgindo, tão-só, um comportamento necessário para a obtenção de um resultado facultativo, *i.e.*, na total disponibilidade do interessado. Para uma distinção entre as noções de ónus material ou encargo, de um lado, e simples ónus, nos precisos termos aqui expressos v., ainda, MENEZES CORDEIRO, *Da boa fé no direito civil*, 1984, II, 766 e 767. Cfr., e em termos menos impressivos,

III – Na eventualidade de dúvida sobre a modalidade de venda que as partes elegeram, de entre as previstas nos artigos 923.º a 925.º do Código Civil, presume-se terem adotado a primeira (artigo 926.º do Código Civil): isto é, a venda sob reserva de a coisa agradar ao comprador, prevista no artigo 923.º[829].

§ 6.4 – Natureza da venda a contento e da venda sujeita a prova

I – Na medida, na primeira modalidade de venda a contento, da não vinculação, pelo comprador, tem sido defendido não existir, propriamente, uma *venda*, mas antes mera proposta de *venda*. O destinatário não se prende: falta a sua manifestação de vontade, traduzida na exteriorização do seu juízo sobre a *res*[830]. Se o comprador disser – e quando disser – ao vendedor convir-lhe esta aderirá à oferta. O contrato formar-se-ia como resultado do encontro da proposta e da aceitação[831]. Nesse sentido aponta aliás o artigo 923.º, *in fine*, do Código Civil ao estabelecer valer a compra e venda feita sob reserva de a coisa agradar ao comprador como proposta.

Guichard Alves, *Da relevância jurídica do conhecimento no Direito Civil*, 1996, 40, nota 42, o qual julga o termo ónus frequente nas línguas latinas enquanto os autores alemães preferem falar em encargos ou incumbências, reservando a expressão ónus para o campo processual.

[829] Menezes Cordeiro, *Tratado...*, XI, 303, afirma, porém, a necessidade de se temperar esta presunção com a boa fé, sob pena de a solução ser demasiado penalizadora para o comprador.

[830] Galvão Telles, *Contratos...*, 25. Cfr., também, Baptista Lopes, *Do contrato...*, 194.

[831] Galvão Telles, *Contratos...*, 26; Pedro Romano Martinez, *Direito...*, 76; Id., *Da cessação...*, 272; 2.ª ed., 276; e Menezes Leitão, *Direito...*, III, 85 e 86. Nos nossos tribunais defendem essa construção, por exemplo, STJ 09-01-1996 (Ramiro Vidigal), Proc. 087681/ITIJ (compra e venda – venda a contento – pressupostos – efeitos), com simples indicação do sumário; RCb 25-01-2005 (Hélder Roque), Proc. 3694704 (comodato – venda a contento), apenas com indicação do sumário. Parecem, também, aderir, à primeira vista, a esta construção Pires de Lima/Antunes Varela, *Código...*, II, comentário ao artigo 923.º, 218. Como se verá, porém, em nota, um pouco mais adiante, Pires de Lima e Antunes Varela acabam, no entanto, bem, por qualificar a primeira modalidade de compra e venda a contento como um contrato criador de um direito de opção, embora logo no comentário ao artigo 924.º, 220, voltem a afirmar estar-se diante de uma mera proposta contratual.

Não nos parece, todavia, rigoroso afirmar-se estarmos aqui diante de uma mera proposta contratual[832].

Por um lado, a venda a contento pressupõe já um assentimento das partes para a sua própria formação[833]. De outro modo, esta forma de compra e venda a contento não teria nenhuma razão de ser, ou autonomia relativamente à mera proposta, valendo relativamente a ela a regra geral em matéria de silêncio[834].

Por outro, segundo vimos, mesmo antes da aceitação pelo comprador, este negócio já produz obrigações concretas a cargo do vendedor: a de a coisa ser facultada para exame do comprador (artigo 923.º/3). Por isso, na eventualidade de o vendedor transmitir a terceiro a coisa que devia submeter a prova, está-se já diante de um cenário de incumprimento contratual.

II – Uma alternativa possível seria a de entender assistir-se à condição[835] de a coisa agradar ao comprador. Estar-se-ia, assim, perante um negócio

[832] Vimos advogando essa posição no nosso ensino e nas lições policopiadas disponibilizadas no passado aos alunos desde 2008. No mesmo sentido do texto pode ver-se Menezes Cordeiro, *Tratado...*, XI, 303.

[833] Por isso mesmo que se trate de negócio sujeito a forma, designadamente por ter sido essa a via escolhida, a confirmação do contrato não necessita de a observar. Para uma distinção entre a proposta e a venda a contento v., resumidamente, Mader, *Staudingers...*, 2004, §§ 433 a 487, comentário ao § 454, 518; Peter Mader/Martin Josef Schermaier, *Staudingers Kommentar...*, 2014, §§ 433 a 480, comentário ao § 454, 841.

[834] Mera proposta contratual parece haver, isso sim, na hipótese apreciada no já antes referido STJ 05-06-1985 (Magalhães Baião), Proc. 072692/ITIJ (venda a contento – proposta de contrato – integração do negócio – direito de propriedade – vontade negocial – boa fé – restituição – direito de regresso), com mera indicação do sumário, onde se considerou não constituir venda a contento o contrato em que se diz relativamente às condições de pagamento «*a pronto pagamento com o desconto de 3% ou outras a combinar*» e se confiadas as máquinas ao comprador à experiência, pelo prazo de três dias, ele dentro desse prazo não fez nenhuma comunicação nem restituiu as máquinas.

[835] Nesse sentido já Coelho da Rocha, *Instituições...*, I, § 824, 642 e 643. Em geral na direção segundo a qual a *Kauf auf Probe* do Direito alemão (equivalente à nossa venda a contento) se deve entender, na dúvida, sujeita a condição suspensiva, seguindo aliás disposição expressa nesse sentido pelo § 454 do *BGB*, embora as partes também possam convencionar uma condição resolutiva, cfr. Fikenstcher/Heinemann, *Schuldrecht...*, 458. Mader, *Staudingers...*, 2004, I, §§ 433 a 487, comentário ao § 454, 513; Peter Mader/Martin Josef Schermaier, *Staudingers Kommentar...*, 2014, §§ 433 a 480, comentário ao § 454, 835, sublinham, porém, o facto de a compra e venda a contento se apresentar no tráfego

condicional. Mas não parece estar o negócio sujeito a uma condição[836]. Não é, desde logo, possível julgarmos estar-se perante uma condição resolutiva. Isto dado o negócio não produzir efeitos enquanto se não der a aceitação. Também não parece poder falar-se de uma condição suspensiva[837], pois a venda a contento já produz a obrigação de fornecer a coisa para exame. Além disso, na medida em que o critério condicionante está situado na dependência da vontade de uma das partes não se poderia aludir jamais a uma verdadeira condição. No máximo assistir-se-ia a uma condição imprópria por ser potestativa[838]. Julgamos, porém, impedirem, por um lado, o facto de se não estar aqui diante de uma hipótese de resolução e, por outro, a circunstância de o negócio já produzir efeitos mesmo antes da aceitação, de se falar também em condição potestativa. A isto soma-se ainda uma outra razão: referência à condição imprópria ou potestativa pouco ou nada diz. Ela traduz apenas uma forma de designar ou referir o pressuposto de facto do surgimento ou desenvolvimento de uma determinada situação jurídica[839]. Noutros termos, a condição potestativa não é uma verdadeira condição. Ela traduz o simples exercício de um direito. Não é apropriado afirmar que tudo

jurídico como um negócio efetivamente realizado. Quando muito não seria o negócio a ser suspenso, mas sim, e apenas, a vinculação do comprador. Mas mesmo esta posição é, segundo o autor, de rejeitar.

836 Assim, também, BAPTISTA LOPES, *Do contrato...*, 194; MENEZES LEITÃO, *Direito...*, III, 85.

837 Nesse sentido, também, BAPTISTA LOPES, *Do contrato...*, 194.

838 É esse o entendimento de CARLOS MOTA PINTO, *Teoria geral do direito civil*, 4.ª edição por PINTO MONTEIRO/PAULO MOTA PINTO, 2005, 566; e PEDRO ROMANO MARTINEZ, *Direito...*, 75. V., também, GALVÃO TELLES, *Contratos...*, 26. Na Jurisprudência apelando para a ideia de condição pode ver-se: STJ 17-10-1992 (AMÂNCIO FERREIRA), Proc. 081944/ITIJ (compra e venda – venda a contento – venda sujeita a prova – venda de coisa futura – ónus da prova), com simples indicação do sumário; RPt 15-04-1993 (OLIVEIRA BARROS), Proc. 9230780/ITIJ (compra e venda – venda a contento), com simples indicação do sumário. Falando de condição potestativa de natureza suspensiva pode ver-se BAPTISTA MACHADO, *Anotação ao STJ 16-02-1984*, in *Revista de Legislação e de Jurisprudência*, 1984-1985, 117, 179, nota 1, mas agora a propósito do artigo 923.º/2. O comprador que pretende evitar a vinculação pelo decurso do prazo teria de se pronunciar para evitar a verificação da condição suspensiva.

839 Cfr. PEDRO DE ALBUQUERQUE, *Direito de preferência dos sócios em aumentos de capital nas sociedades anónimas...*, 394; MENEZES CORDEIRO, *Tratado...*, II, 640, XI, 313. Não espanta por isso entender GALVÃO TELLES, *Contratos...*, 25, não ser aproveitável a menção à condição potestativa para elucidar o funcionamento da primeira modalidade de venda a contento.

o que resulte de uma atuação jurídica é condicional por depender do facto de incerto do exercício de um direito[840]. Nenhuma atuação jurídica dependente da vontade de uma parte deixaria de ser condição. Toda a atuação dependente dessa mesma vontade passaria a ser condição.

A nosso ver, a venda a contento, na sua primeira modalidade, representa um contrato preliminar[841] constitutivo de um direito típico de opção: do negócio resulta a vinculação definitiva de uma das partes (o vendedor) associada à obrigação de fornecer o exame da coisa. Isto enquanto a outra se reserva a faculdade de aceitar ou rejeitar[842].

III – Menos árdua pode parecer a qualificação da segunda modalidade de venda a contento. O próprio artigo 924.º/1 fala a este respeito em resolução. Pode, então, julgar-se estarmos perante uma condição resolutiva? A resposta por nós dada ao problema do emolduramento dogmático da primeira modalidade de venda a contento já permite antever uma resposta negativa. Também aqui a condição, a existir, seria meramente imprópria, por potestativa[843], e, por isso, insuficiente, por si só, para elucidar a realidade em jogo.

840 Assim, também, Menezes Cordeiro, *Tratado...*, II, 640, XI, 313.

841 Na Doutrina alemã, apesar de o § 454 do *BGB* julgar a venda a contento como sujeita a condição, uma parte significativa da Doutrina afirma estar-se diante de um negócio de formação sucessiva. Assim Larenz, *Lehrbuch...*, II, I, notas 144; Flume, *Allgemeiner...*, II, 685 e 686; Mader, *Staudingers...*, 2004, §§ 433 a 487, comentário ao § 454, 513; Peter Mader/ /Martin Josef Schermaier, *Staudingers Kommentar...*, 2014, §§ 433 a 480, comentário ao § 454 (embora tentando não se afastarem da disposição do *BGB*); Fikenstcher/ /Heinemann, *Schuldrecht...*, 84 e 458, que fala de um contrato preliminar.

842 Neste mesmo sentido, apesar de num primeiro momento parecerem aderir ao entendimento da primeira modalidade de venda a contento como uma mera proposta, Pires de Lima/Antunes Varela, *Código...*, II, comentário ao artigo 923.º, 219, e de, depois (comentário ao artigo 924.º, 220), voltarem a defender estar-se diante de mera proposta contratual. V., também, Baptista Lopes, *Do contrato...*, 194; Nuno Aureliano, *O risco...*, 363, retirando daí inferências ao nível do risco. Na Doutrina tudesca referência para Flume, *Allgemeiner...*, II, 685 e 686. Sobre o pacto de opção v., por exemplo, Calvão da Silva, *Sinal e contrato-promessa*, 11.ª edição, 2006, 26; 14.ª ed., 2016, 23.

843 Pedro Romano Martinez, *Direito...*, 77; Id., *Da cessação...*, 272 e 273; 2.ª ed., 276 e 277, afirma de facto estar-se diante de uma condição resolutiva de natureza potestativa. V., ainda, Mota Pinto, *Teoria...*, 566; e, também, Januário Gomes, *Em tema de revogação do mandato civil*, 1989, 70; Antunes Varela, *Das obrigações...*, II, 278; e Brandão Proença, *A resolução...*, 75, nota 197, 91 e 92.

Partindo do entendimento da decisão do comprador, na segunda modalidade de venda a contento, como uma condição potestativa, alguns autores julgam estar-se diante de um contrato de formação imediata, mas sujeito à revogação unilateral do comprador[844]. Em sentido inverso alega-se, porém, o facto de na eventualidade de a coisa não agradar ao comprador a extinção do vínculo contratual se dar com eficácia retroativa[845]. E, na verdade, assim sucede por remissão expressa do artigo 924.º/1 para o regime dos artigos 432.º e seguintes do Código Civil. Significa isto traduzir a segunda modalidade de venda a contento uma compra em que o adquirente tem um direito de resolução do contrato a exercer, também, de forma discricionária e sem possibilidade de sindicância judicial[846] (mas não a uma condição).

IV – A compra e venda sujeita a prova está qualificada pelo artigo 925.º/1 do Código Civil como uma venda sujeita a condição suspensiva, exceto se as partes a tiverem por resolutiva. Sucede, todavia, mostrar-se esta classificação debatível. Entre nós aceitam o entendimento da compra e venda sujeita a prova como um negócio condicional, designadamente, Galvão Telles[847], Baptista Lopes[848], Pires de Lima/Antunes Varela[849] e Pedro Romano Martinez[850-851].

Em sentido inverso a essa orientação pronuncia-se Menezes Leitão. Segundo este autor, os requisitos da compra e venda sujeita a prova, referidos no artigo 925.º do Código Civil, não se distinguem dos requisitos de conformidade da coisa estabelecidos no artigo 913.º para o contrato de compra e venda em geral. Por isso, não haveria que defender estar-se perante uma

[844] Assim Galvão Telles, *Contratos...*, 26; e Pedro Nunes de Carvalho, *Direito Privado II, contratos em especial*, I, *Compra e venda e doação*, 1990, 144.

[845] Pedro Romano Martinez, *Direito...*, 77, nota 3.

[846] Pires de Lima/Antunes Varela, *Código...*, II, comentário ao artigo 924.º, 220. Quanto ao risco V. Nuno Aureliano, *O risco...*, 365 e 366.

[847] Galvão Telles, *Contratos...*, 26.

[848] Baptista Lopes, *Do contrato...*, 197 e 198.

[849] Pires de Lima/Antunes Varela, *Código...*, II, comentário ao artigo 925.º, 221.

[850] Pedro Romano Martinez, *Direito...*, 81; Id., *Da cessação...*, 275 e ss.; 2.ª ed, 279 e ss.. V., ainda, Nuno Aureliano, *O risco...*, 366 e ss..

[851] Relativamente à forma como o assunto tem sido analisado na Doutrina italiana do século XX v. Luzzatto, *La compravendita...*, 503; e Bianca, *La vendita...*, 296.

compra e venda sujeita a uma condição, mas antes diante de uma modalidade de compra específica cujos efeitos estariam dependentes da averiguação positiva de uma qualidade da coisa que a torna adequada à sua utilização pelo adquirente. No confronto com a compra e venda sem mais ter-se-ia apenas de adicionar um teste de conformidade.

V – Não podemos, com a devida vénia, acompanhar nenhuma das orientações. Principiando pela orientação proposta por Menezes Leitão diremos haver, de facto, uma diferença importante entre a compra e venda em geral, de um lado, e a compra e venda sujeita a prova, do outro. Mesmo se os requisitos específicos do artigo 925.º do Código Civil se não distinguem dos pressupostos gerais de conformidade da coisa, o modo como eles funcionam é diverso. Num cenário, os efeitos da sua não produção são os mencionados nos artigos 913.º e seguintes. No outro, os efeitos típicos da compra e venda não se chegam a produzir ou são suprimidos. Dizer-se estar-se, na compra subordinada a prova, diante de uma venda específica sujeita a uma averiguação de uma qualidade da coisa é fazer uma afirmação verdadeira, mas, salvo melhor entendimento, meramente descritiva e muda relativamente ao emolduramento dogmático da figura em jogo.

O apelo à condição também não nos parece vingar por se não estar diante de um acontecimento futuro. Na verdade, na venda sujeita a prova quanto sucede é a mera averiguação, no futuro, de um estado de facto presente[852]. Além disso, a realização da prova corresponde a um dever. A sua não realização dá lugar ao regime do incumprimento. Não ao do artigo 275.º do Código Civil.

Na realidade está-se perante um negócio incompleto[853], de formação sucessiva, cujo *Tatbestand* só ficará perfeito com a observação ou constatação do funcionamento do condicionalismo a que as partes subordinaram o negócio.

[852] Gorla, *La compravendita e la permuta*, 1937, 288.

[853] A respeito da noção de negócio incompleto v. a bibliografia citada no nosso *Direito das obrigações...*, I, I, 97, nota 284.

§ 7 – Venda a retro

7.1 – Noção e regime

I – Na venda a retro o vendedor reserva para si o direito de reaver a propriedade da coisa ou direito vendido mediante a restituição do preço[854-855].

[854] De um modo geral, sobre a venda a retro pode ver-se, na literatura jurídica nacional, Galvão Telles, *Contratos*..., 27 e ss.; Raúl Ventura, *O contrato de compra e venda no código civil. Efeitos essenciais do contrato de compra e venda*..., in *Revista*..., 1980, ano 40, III, dezembro, 643 e ss.; Pedro de Albuquerque, *Compra*..., in *Direito*..., III, 39 e ss.; Pires de Lima/ /Antunes Varela, *Código*..., II, comentário aos artigos 927.º e ss., 222 e ss.; Calvão da Silva, *Anotação*..., in *Revista de Legislação*..., 2000, 133, 88; Id., *Sinal*..., 26; 14.ª ed., 2016, 23; Pedro Romano Martinez, *Direito*..., 81 e ss.; Id., *Da cessação*..., 277 e ss.; 2.ª ed., 281 e ss.; Pedro Romano Martinez e Pedro Fuzeta da Ponte, *Garantias*..., 244; Luís Miguel Pestana de Vasconcelos, *A cessão*..., 297 e ss.; Ana Filipa Antunes, *Os novos desafios da venda a retro*, in *Estudos dedicados ao Professor Doutor Carvalho Fernandes*, 2011, I, 137 e ss., com ulteriores referências bibliográficas nacionais; Menezes Leitão, *Direito*..., III, 80 e ss.; Jorge Morais Carvalho, *Código civil*..., I, comentário aos artigos 927.º e ss., 144 e ss.; Santos Justo, *Manual de contratos*..., 86 e ss.; Menezes Cordeiro, *Tratado*..., XI, 306 e ss.. Na Doutrina espanhola v., de modo meramente ilustrativo, M. Casals Colldecara, *El pacto de retro y la carta de gracia*, 1943, *per totum*. Entre os autores italianos cfr., *colorandi causa*, Luzzatto, *La compravendita*..., 416 e ss.; Salvatore Romano, *Vendita*..., 199 e ss.; Bianca, *La vendita*..., 569 e ss.; Angelo Carlo Pelosi, *Vendita com patto di riscatto*, in *Enciclopedia del Diritto Italiano*, 1993, XLI, 525 e ss.; Luminoso, *I contratti*..., 108 e ss.. Na literatura alemã v., sempre a título ilustrativo, Wilhelm Endemann, *Das Kaufgeschäft*, in *Studien in der romanisch-Kanonistischen Wirtschafts- und Rechtslehre bis gegen Ende des Siebenzehnten Jahrhunderts*, 1883, II, 94 e ss.; Mader, *Staudingers*..., 2004, §§ 433 a 487, comentário prévio ao § 456 e comentários aos §§ 456 e ss., 532 e ss.; Peter Mader/Martin Josef Schermaier, *Staudingers Kommentar*..., 2014, §§ 433 a 480, comentário ao § 454, 846 e ss.; Fikenstcher/ /Heinemann, *Schuldrecht*..., 458 e 459; Hans-Werner Eckert/Jan Maifeld/Michael/ /Matthiessen, *Handbuch des Kaufrechts*..., 32 e 33, e 179 e 180, onde se regula uma *Wiederkauf* (expressão que se pode traduzir por recompra) e se admite também uma *Wiederverkauf* (que dir-se-ia uma revenda, não no sentido com que a expressão é usada no nosso Direito, mas para significar um negócio no qual se confere ao comprador o direito de, mediante a restituição do preço, vender novamente ao alienante primitivo). Existe uma obra de natureza histórica com um título sugestivo. Trata-se de Busse, *Der Wiederkauf in der Rechtsliteratur des 12. Bis 18. Jahrhunderts*, 1965. Mas não tivemos acesso a ela em tempo útil. Observações históricas sobre esta modalidade de compra e venda podem ser vistas também em José Carlos Moreira Alves, *A retrovenda*, 1967. Mas mais uma vez não acedemos a este estudo em tempo. Pode, porém, ver-se as obras devotadas ao estudo da venda a retro citadas *infra*, nota 860.

[855] A cláusula a retro não tem de ser expressa. Bem, portanto, a RPt 23-01-2006 (Caimoto Jácome), Proc. 0556754/ITIJ (contrato de compra e venda – legado – venda a retro

Por outras palavras, na venda a retro o vendedor tem a possibilidade de resolver o contrato de compra e venda (v. artigo 927.º do Código Civil)[856].

O exercício deste direito do vendedor tem como efeito a aplicação do disposto nos artigos 432.º e seguintes, em tudo o não afastado pelo regime específico da venda a retro[857].

Deste modo, os efeitos da resolução do contrato de compra e venda serão semelhantes aos efeitos da anulação ou declaração de nulidade. O comprador, tido por possuidor de boa fé na pendência do negócio, deverá restituir a coisa comprada[858]. O vendedor terá de entregar o preço recebido (artigo 298.º do CC). Se por algum motivo não imputável ao comprador o vendedor não puder ou não estiver em condições de reembolsar o preço, o contrato não pode ser resolvido[859].

– interpretação negocial – direito de preferência – arrendamento – abuso de direito), decisão onde, perante um negócio formal se julga que, tendo-se demonstrado servir uma compra e venda como garantia de um mútuo, se deve considerar consistir ela vista, segundo a vontade real das partes, como uma venda a retro ao abrigo do artigo 238.º/2 do Código Civil.

[856] A faculdade de resolução apenas depende da vontade do titular do direito. Sublinhando isso mesmo cfr. STJ 09-10-2008 (Santos Bernardino), Proc. 08B1926/ITIJ (cessão de exploração comercial – resolução – denúncia – extinção do contrato – encerramento de estabelecimento comercial); RPt 11-07-1994 (Reis Figueira), Proc. 9340640/ITIJ (resolução de contrato – venda a retro), com mera indicação do sumário.

[857] Pires de Lima/Antunes Varela, *Código...*, II, comentário ao artigo 927.º, 222 e 223; e Pedro de Albuquerque, *Compra...*, in *Direito...*, III, 39.

[858] Menezes Leitão, *Direito...*, III, 83, entende não ter o comprador de restituir os frutos produzidos pela coisa entre o momento da venda e o da resolução dado esta última não possuir, nesta hipótese, caráter retroativo. De facto, o comprador não tem de restituir os frutos. Mas isso deve-se ao facto de ser um possuidor de boa fé (assim, também, Pires de Lima/Antunes Varela, *Código...*, II, comentário ao artigo 927.º, 223; e, ao menos em parte, Luís Miguel Pestana de Vasconcelos, *A cessão...*, 300 e 301, nota 625), não à circunstância de, supostamente, a resolução não ter efeito retroativo. Com o devido respeito, nada no regime vigente permite sustentar este desvio à configuração da resolução e aos artigos 433.º e 434.º/1 do Código Civil. Segundo nota Raúl Ventura, *O contrato de compra e venda no código civil. Preço...*, in *Revista...*, 1980, ano 43, III, dezembro, 655, neste cenário vale efetivamente a retroatividade conforme a regra presente no artigo 434.º/1.

[859] Pires de Lima/Antunes Varela, *Código...*, II, comentário ao artigo 927.º, 223; Pedro de Albuquerque, *Compra...*, in *Direito...*, III, 39.

O agora referido permite distinguir a venda a retro, de um lado, do pacto de revenda (por vezes também designado retrovenda), do outro[860].

[860] V., *colorandi causa*, GALVÃO TELLES, *Contratos...*, 27; BAPTISTA LOPES, *Do contrato...*, 203; RAÚL VENTURA, *O contrato de compra e venda no código civil. Preço...*, in *Revista...*, 1980, ano 43, III, dezembro, 643 e 660; LUÍS MIGUEL PESTANA DE VASCONCELOS, *A cessão...*, 298 e 299; ANA FILIPA ANTUNES, *Os novos desafios da venda...*, in *Estudos...*, I, 140, nota 12, com menções bibliográficas adicionais; e na Doutrina italiana SALVATORE ROMANO, *Vendita...*, 201 e ss.. Mas a confusão em torno destas figuras e respetiva terminologia é muita. Como se observou (cfr. *supra*, 28, 33, 48, 52, 56), a história atesta vários modelos correspondentes a estes figurinos. No Direito romano aparece-nos, como vimos, um acordo designado, ora como *pactum de retrovendendo* (assim v., *supra*, Parte, § 2.1, VI; MONIER, *Manuel...*, II, 166; e SANTOS JUSTO, *Direito privado...*, II, 63), ora como *pactum de retroemendo* (usando essa designação cfr. RAÚL VENTURA, *Direito romano...*, 278 e 279; ARANGIO-RUIZ, *Istituzioni...*, 245; KASER/KNÜTEL, *Römisches...*, 219. Já FUENTESECA, *Derecho privadoi...*, 269; e EDUARDO VERA-CRUZ PINTO, *O direito das obrigações...*, I, 341 e 342; e PEDRO CARIDADE DE FREITAS, *A compra e venda no direito romano...*, in *Estudos...*, II, 490 e 491, ambos sem referência às fontes, distinguem os dois pactos consoante a parte que tinha direito de dar o contrato sem efeito. No *pactum de retrovendendo* esse direito pertenceria ao vendedor; no *pactum de retroemendo* ao comprador. Usando indiscriminadamente as duas designações pode ver-se CASALS COLLDECARRERA, *El pacto de retro y la carta de gracia*, 1943, 6. VOLTERRA, *Istituzioni di diritto privato...*, 509, julga, todavia, tratar-se de uma designação inexata dos comentadores. Procedendo a uma distinção entre o *pactum de retroemendo* e o *pactum de retrovendendo*, mas entendendo tratar-se de pactos, ou pelo menos de terminologia, do *ius commune* e aproximando, além do mais, o *pactum de retrovendendo* do direito do comprador [e não do do vendedor de voltar a comprar, como fazem FUENTESECA e CARIDADE DE FREITAS] de voltar a vender ao alienante; e o *pactum de retroemendo* da faculdade do vendedor [não do comprador] de reaver o objeto transmitido v. MADER, *Staudingers...*, 2004, §§ 433 a 487, comentário prévio ao § 456, 524 e 529; PETER MADER/MARTIN JOSEF SCHERMAIER, *Staudingers Kommentar...*, 2014, §§ 433 a 480, comentário prévio ao § 456, 847 e 852. Utilizando indiscriminadamente as duas expressões VOLTERRA, *Istituzioni...*, 509, julga, todavia, tratar-se de uma designação inexata dos comentadores. A verdade é que PUFENDORF, *De jure naturae et gentium...*, Lib. V, Cap. V, § 4 [Vol. I, 499], refere já exemplos, em Roma, destes dois tipos de contratos. O primeiro, a que chama *pactum de retrovertendo*, é, no dizer de PUFENDORF, relatado por *JULIUS CAPITULINUS* a propósito de uma hipótese em que o imperador *MARCUS AURELIUS* teve de vender a mobília real para realizar dinheiro podendo, todavia, recuperá-la mais tarde devolvendo o preço. O outro, afirma PUFENDORF, aparece mencionado por *LIVIUS* para se reportar a cenários nos quais, por obséquio ao vendedor, é realizada uma compra conservando, porém, o comprador o direito de restituir a coisa e tendo o vendedor de restituir o preço). Os poucos textos do *Corpus Iuris Civilis* que nos falam deste pacto (D., 19, 5, 12; C., 4, 54, 2 e 7, todos estes dando o direito apenas ao alienante), mostram-nos figurarem os romanos esta figura como um pacto por força do qual o comprador não tinha de revender a coisa ao vendedor, mas restituí-la, entendendo-se como se não tivesse sido vendida (v. VOLTERRA,

Na primeira há uma única convenção ou venda, onde se insere como disposição acessória a faculdade, para o vendedor, de chamar de novo a si o objeto, devolvendo o preço. Diversamente, na segunda *A* vende a *B* e *B*, no mesmo instante ou ulteriormente, volta a vender a *A*, permanecendo a venda posterior, como simples proposta, sujeita à aceitação de *A*, ou, como venda completa, subordinada à condição da anuência posterior[861]. Por isso, não vale, na retrovenda, para o negócio de *B* para *A*, o regime dos artigos 432.º e seguintes do Código Civil. Vale, isso sim, para este negócio, tal

Istituzioni..., 509 e 510). Relativamente ao *ius commune* Bussi, *La formazioni...*, II, 24 e ss., propõe uma distinção entre, de um lado, aquilo a que em italiano chama *patto di riscatto* (figura prevista atualmente no artigo 1500.º do *Codice Civile* e semelhante ao figurino da chamada venda a retro), que aproxima do *pactum de recuperanda re*, e, do outro, o *pactum de retrovendendo*. No primeiro, segundo Bussi, o alienante poderia tornar-se proprietário independentemente da vontade do adquirente; já no *pactum de retrovendendo* o vendedor tornava-se, sempre no entender do autor italiano, proprietário na medida em que o comprador manifestasse um consentimento, a que estava obrigado, nesse sentido. Isto, embora o próprio Bussi nos dê nota do facto de no Direito comum, não parecer ser a eventual distinção bem assumida, como resulta, por exemplo do facto de Paulus de Castro, *Comentarii in digestum et codicem*, ad. l. 13. D. 13., 7, dar ao vendedor, no *pactum de retrovendendo* uma ação real para recuperação da coisa. A esta distinção haveria que juntar, neste período, a fazer fé em Mader, *Staudingers...*, 2004, §§ 433 a 487, comentário prévio ao § 456, 524 e 529; e Peter Mader/Martin Josef Schermaier, *Staudingers Kommentar...*, 2014, §§ 433 a 480, comentário prévio ao § 456, 847 e 852, a distinção entre o *pactum de retrovendendo* e o *pactum de retroemendo* já antes referido e que, como se viu, surge documentada, por exemplo, em Pufendorf, *De jure...*, Lib. V, Cap. V, § 4 [499], embora sem usar exatamente essa nomenclatura, reportando-a ao próprio Direito romano. Entre nós, Mello Freire, *Instituições de Direito Civil...*, in *Boletim...*, 1967, 168, 67, usava a expressão pacto de retrovendendo para aludir à figura prevista nas Ordenações Afonsinas, Liv. 4, Tit. 40; Ordenações Manuelinas, Liv. 4, Tit. 27 pr.; Ordenações Filipinas, Liv. 4, Tit. 4, pr. Por sua vez Coelho da Rocha, *Instituições...*, I, § 822, 641, utilizava indiscriminadamente a expressão cláusula de retrovendendo e cláusula a retro. E de facto a configuração das Ordenações era, do ponto de vista do funcionamento da figura nelas prevista, em tudo semelhante à designada venda a retro. A exata elucidação destas oscilações terminológicas e confronto de figuras obrigaria a um estudo histórico aprofundado da venda a retro, trabalho, como notava já Bussi, *La formazioni...*, II, 25, apesar de interessante, insuscetível de permitir obter um proveito proporcional à quantidade de esforço e espaço requeridos. Para mais referências a esta figura no Direito intermédio v., por exemplo, Pertile, *Storia del diritto...*, IV, 1893, 533 e ss.; Besta, *Le obbligazioni nella storia del diritto...*, 210 e 211; Enrique Álvarez Cora, *La teoria de los contratos em Castilla (siglos XIII-XVIII)*, 2005, 352 e ss..

[861] Galvão Telles, *Contratos...*, 27.

como para o primeiro, o regime da compra e venda – cabendo a *A* todos os normais direitos de um comprador – e nomeadamente a disciplina das respetivas perturbações típicas[862]. Ainda assim o esquema contratual complexo representado pela retrovenda não estará, a nosso ver, totalmente isento das regras relativas à venda a retro. Na verdade, as limitações existentes a propósito da venda a retro relativamente a prazos e preços devem ter-se por extensíveis à retrovenda. É a identidade de situações, a este nível, a legitimá-lo, não obstante a nova transmissão de propriedade apenas operar *ex nunc*.

II – A venda a retro foi, em tempos, largamente censurada. Entendia-se disfarçar, na generalidade das situações, um contrato de usura ou um pacto comissório. Segundo Inocêncio Galvão Telles, na prática, a venda a retro pode equivaler «(...) *a um empréstimo pignoratício ou hipotecário com pacto comissário, em que preço funcionará como capital mutuado, a coisa vendida como objecto da garantia, e a transmissão da propriedade como cláusula comissória, que em caso de não restituição do capital, pelo resgate, permitirá ao mutuante (comprador) reter como seu o objecto, sem avaliação*»[863].

Este perigo pode, porém, ser afastado estabelecendo-se, como faz o nosso Código Civil (artigo 928.º/2), uma proibição de o comprador exigir o reembolso de uma quantia superior à paga por ele próprio[864-865]. No excesso

[862] Cfr. Mader, *Staudingers...*, 2004, §§ 433 a 487, comentário ao § 457, 540; Peter Mader/Martin Josef Schermaier, *Staudingers Kommentar...*, 2014, §§ 433 a 480, comentário ao § 457, 866.

[863] Galvão Telles, *Contratos...*, 29.

[864] Galvão Telles, *Contratos...*, 29; Pedro de Albuquerque, *Compra...*, in *Direito...*, III, 40. Mas nada impede os contraentes de estabelecerem ser o preço a restituir inferior ao recebido (cfr. Raúl Ventura, *O contrato de compra e venda no código civil. Preço...*, in *Revista...*, 1980, ano 43, III, dezembro, 656; Pires de Lima/Antunes Varela, *Código...*, II, comentário ao artigo 928.º, 223).

[865] Note-se que a nulidade do pagamento de dinheiro ao comprador ou alguma outra vantagem como contrapartida da resolução ou, ainda, de preço superior ao recebido não traz em si a nulidade da venda a remir ou das demais cláusulas do contrato como bem sublinham Raúl Ventura, *O contrato de compra e venda no código civil. Preço...*, in *Revista...*, 1980, ano 43, III, dezembro, 652; e Pires de Lima/Antunes Varela, *Código...*, II, comentário ao artigo 928.º, 223.

é que poderiam dissimular-se juros usurários, deste modo proibidos[866]. Além disso, a venda a retro é, em muitos cenários, o único meio de atingir e servir interesses sérios e perfeitamente legítimos[867]. Pense-se na situação de quem, necessitando de dinheiro, não pretenda, todavia, valer-se do crédito – por não desejar suportar os respetivos encargos – nem se desfazer definitivamente dos seus bens. Em hipóteses como esta a venda a retro permite ao vendedor a obtenção do dinheiro, conservando o direito e a esperança de recuperar os bens vendidos[868-869]. Tanto parece bastar para a estipulação legislativa desta modalidade de venda[870-871].

[866] GALVÃO TELLES, *Contratos...*, 29; PEDRO DE ALBUQUERQUE, *Compra...*, in *Direito...*, III, 40.

[867] GALVÃO TELLES, *Contratos...*, 29; PEDRO DE ALBUQUERQUE, *Compra...*, in *Direito...*, III, 40.

[868] GALVÃO TELLES, *Contratos...*, 30; PEDRO DE ALBUQUERQUE, *Compra...*, in *Direito...*, III, 40 e 41.

[869] Segundo refere a propósito RAÚL VENTURA, *O contrato de compra e venda no código civil. Preço...*, in *Revista...*, 1980, ano 43, III, dezembro, 648, a venda a retro só pode ser convencionada no momento da celebração do contrato (no mesmo sentido v., ainda, ANGELO CARLO PELOSI, *Vendita com patto...*, in *Enciclopedia...*, 1993, XLI, 521). Uma disposição posterior apenas poderá surgir com a configuração de uma retrovenda.

[870] GALVÃO TELLES, *Contratos...*, 30; PEDRO DE ALBUQUERQUE, *Compra...*, in *Direito...*, III, 41.

[871] MENEZES LEITÃO, *Direito...*, III, 80 e 81, suscita, porém, a admissibilidade da venda a retro, face à proibição de pacto comissório, se não houver nenhuma intenção de efetivamente transmitir a propriedade contra o pagamento de um preço, mas apenas a de constituir uma garantia, como na hipótese da obrigação de pagamento do preço ser declarada compensada com um crédito já existente do comprador sobre o vendedor. Nessa eventualidade estar-se-ia perante uma verdadeira alienação fiduciária em garantia que não seria compatível com a proibição do pacto comissório (v., também, as referências de JANUÁRIO GOMES, *Assunção fidejussória de dívida...*, 90 e ss., 92; e ANA FILIPA ANTUNES, *Os novos desafios da venda...*, in *Estudos...*, I, 142 e ss., 147 e ss., *maxime* 151 e ss.). Importa, porém, elucidar o alcance da situação. Que a compensação da obrigação de pagar o preço numa venda a retro é possível, prova-o a própria disciplina da dação em cumprimento. Se é, às partes, legítimo entregar determinada coisa, distinta da prestação devida, com a finalidade de extinguir um determinado crédito, também deve ser possível realizar uma venda (mesmo não a retro), sendo a obrigação de pagamento do preço compensada com um crédito detido pelo comprador. Admitindo não representar a venda a retro uma exceção à proibição do pacto comissório – posição longe de se poder dizer, sem demonstração, ser inaceitável – o impedimento só existirá se tudo for feito com intuito de fraude à lei como no exemplo proposto por RAÚL VENTURA, *O contrato de compra e venda no código civil. Preço...*, in *Revista...*, 1980, ano 43, III,

III – Como forma de evitar ser a eficácia real da cláusula de venda a retro, por tempo excessivo e indeterminado, um entrave ao giro e transmissão de bens fixou-se, no artigo 929.º do Código Civil, um prazo improrrogável para o exercício do direito de resolução[872]: dois ou cinco anos a contar da data da venda[873], consoante esta seja de bens móveis ou imóveis, salvo estipulação de prazo mais breve[874]. Vencido o prazo deixa de ser possível proceder à resolução da venda, mesmo se o comprador der o seu assentimento a essa resolução.

dezembro, 644; e Ana Filipa Antunes, *Os novos desafios da venda...*, in *Estudos...*, I, 143 e 144 (esta autora refere uma série de indícios para a elaboração de um juízo de censura da venda a retro: *i*) a preexistência de uma obrigação cujo cumprimento se pretenda garantir; *ii*) o facto de o vendedor estar numa situação de desconforto do ponto de vista económico-financeiro; *iii*) a desproporção entre o valor do bem alienado e dado em garantia e o montante do débito; *iiii*) operar a reaquisição da propriedade de modo automático em razão do cumprimento das obrigações pendentes sobre o vendedor alienante). Defendendo a admissibilidade da venda a retro com finalidade de garantia v. Pedro Romano Martinez e Pedro Fuzeta da Ponte, *Garantias...*, 244, numa orientação já presente em Raúl Ventura, *op. cit.*, 645 e ss.. Na nossa Jurisprudência v., sempre a favor da utilização da venda a retro como forma de garantia, STJ 19-09-2006 (João Camilo), Proc. 06A2092/ITIJ (caso julgado – requisitos – venda a retro – conceito jurídico – Supremo Tribunal de Justiça – matéria de facto – poderes de cognição – negócio formal, interpretação – litigância de má fé); RPt 23-01-2006 (Caimoto Jácome), Proc. 0556754/ITIJ (contrato de compra e venda – legado – venda a retro – interpretação negocial – direito de preferência – arrendamento – abuso de direito). Mais referências a decisões jurisprudenciais onde se debate a admissibilidade da venda a retro à luz da proibição de pacto comissório podem ser vistas em Ana Filipa Antunes, *Os novos desafios da venda...*, in *Estudos...*, I, 138, nota 7, 151 e 152, nota 44, 158, nota 62, 166 e ss., 173 e ss.. Perante o Direito alemão a respeito das diversas finalidades da *Wiederkauf* v. Mader, *Staudingers...*, 2004, §§ 433 a 487, comentário prévio ao § 456, 525 e 526; Peter Mader/Martin Josef Schermaier, *Staudingers Kommentar...*, 2014, §§ 433 a 480, comentário prévio ao § 456, 848 e 849; enquanto no Direito italiano se pode cfr., por exemplo, Angelo Carlo Pelosi, *Vendita com patto...*, in *Enciclopedia...*, 1993, XLI, 518, 524 e 525; Luminoso, *I contratti...*, 113.

872 Pedro de Albuquerque, *Compra...*, in *Direito...*, III, 41; Pires de Lima/Antunes Varela, *Código...*, II, comentário ao artigo 929.º, 224.

873 Na hipótese de a transmissão da propriedade ser diferida para momento posterior ao da celebração do contrato é a transferência a relevar. Assim Raúl Ventura, *O contrato de compra e venda no código civil. Preço...*, in *Revista...*, 1980, ano 43, III, dezembro, 651; e Menezes Leitão, *Direito...*, III, 82.

874 Note-se estarmos aqui diante de um prazo de caducidade (cfr. Raúl Ventura, *O contrato de compra e venda no código civil. Preço...*, in *Revista...*, 1980, ano 43, III, dezembro, 651).

A existência de um limite imperativo para o exercício do direito de resolução não impede as partes de, dentro desse prazo resolutivo, fixarem outro suspensivo, de modo a apenas se permitir a resolução do contrato passado certo período[875].

Em todas as hipóteses – com ou sem termo inicial – a resolução não poderá exceder as fronteiras temporais fixadas no artigo 929.º do Código Civil e deverá ser feita por meio de notificação judicial. Se a venda a retro respeitar a coisas imóveis, a resolução terá ainda de ser reduzida a escritura pública ou documento particular autenticado nos quinze dias imediatos, com ou sem intervenção do comprador, à notificação do comprador ou seus herdeiros, sob pena de caducidade (artigo 930.º do Código Civil).

No silêncio do contrato, a resolução fica igualmente sem efeito se, dentro do mesmo prazo de quinze dias, o vendedor não fizer ao comprador oferta real das importâncias líquidas que haja de pagar-lhe a título de reembolso do preço e das despesas e outras acessórias (artigo 931.º do Código Civil)[876-877].

Se for vendida coisa ou direito comum com a cláusula de venda a retro, só em conjunto os vendedores podem exercer o direito de resolução (artigo 933.º do Código Civil)[878]. A regra aplica-se, pois, a hipóteses de venda, por todos os comproprietários, da coisa em conjunto e por inteiro. De fora ficam, por exemplo, os cenários em que vários comproprietários vendem as suas quotas[879].

[875] Pedro de Albuquerque, *Compra...*, in *Direito...*, III, 41; Pires de Lima/Antunes Varela, *Código...*, II, comentário ao artigo 929.º, 224. Porém, como sublinha Raúl Ventura, *O contrato de compra e venda no código civil. Preço...*, in *Revista...*, 1980, ano 43, III, dezembro, 652, a estipulação deste prazo inicial não permite alterar o limite máximo fixado pelo Código Civil.

[876] As despesas do contrato e outras acessórias são aquelas colocadas pelo artigo 878.º do Código Civil a cargo do comprador. V. Pires de Lima/Antunes Varela, *Código...*, II, comentário ao artigo 928.º, 223.

[877] Mas a regra só se aplica relativamente a importâncias ilíquidas. V. Raúl Ventura, *O contrato de compra e venda no código civil. Preço...*, in *Revista...*, 1980, ano 43, III, dezembro, 655 e 658.

[878] Esta regra deve valer também, com as necessárias adaptações, para o caso de serem vários os compradores. Em termos não muito distantes, perante o Direito alemão, Mader, *Staudingers...*, 2004, §§ 433 a 487, comentário ao § 461, 549; Peter Mader/Martin Josef Schermaier, *Staudingers Kommentar...*, 2014, §§ 433 a 480, comentário ao § 461, 875.

[879] Neste sentido Raúl Ventura, *O contrato de compra e venda no código civil. Preço...*, in *Revista...*, 1980, ano 43, III, dezembro, 659. Em sentido inverso, sem razão, Pires de Lima/ /Antunes Varela, *Código...*, II, comentário ao artigo 932.º, 227.

Observados os requisitos da resolução tem o comprador a obrigação de entregar a coisa ao vendedor.

IV – Em regra a resolução dos contratos ou negócios jurídicos não atinge os direitos adquiridos por terceiros (artigo 435.º/1). Assim, se a coisa ou direito objeto de um contrato forem alienados ou onerados antes de uma eventual resolução do referido contrato não são, pelo facto dessa resolução, afetados os direitos do terceiro subadquirente ou do titular do direito novo[880].

A este princípio faz exceção o artigo 932.º: se a venda a retro tiver por objeto coisas imóveis ou móveis sujeitas a registo, e a cláusula a retro tiver sido devidamente registada, a resolução já é oponível a terceiro[881]. Parece assim só ter a cláusula de venda a retro eficácia real tratando-se de bens imóveis ou móveis sujeitos a registo. Nos restantes cenários possuirá, apenas, eficácia *inter partes*[882], segundo o disposto no artigo 435.º/1 do Código Civil[883].

Tratando-se de cláusula oponível a terceiros, os bens regressarão livres de ónus ou encargos sobre eles estabelecidos[884] se, obviamente, tiver sido efetuado o registo.

V – Relativamente ao risco de perda ou deterioração da coisa entende Pedro Romano Martinez[885] incidir ele sobre o comprador, nos termos do artigo 796.º/3 do Código Civil. Porém, antecipando desenvolvimentos,

[880] Pedro de Albuquerque, *Compra...*, in *Direito...*, III, 42; Pires de Lima/Antunes Varela, *Código...*, II, comentário ao artigo 932.º, 226.

[881] Pedro de Albuquerque, *Compra...*, in *Direito...*, III, 42; Pires de Lima/Antunes Varela, *Código...*, II, comentário ao artigo 932.º, 224. Para uma referência a outras especialidades da resolução na venda a retro v. Pedro Romano Martinez, *Da cessação...*, 280 e 281; 2.ª ed., 283 e 284.

[882] Em sentido semelhante Menezes Leitão, *Direito...*, III, 83, afirmando ter, então, a venda a retro eficácia obrigacional. Da eficácia real ou obrigacional, consoante os cenários, da venda a retro se deve distinguir o modo como funciona, no confronto com o adquirente, o direito de resolução do contrato. Sublinhando, justamente, o facto de a resolução ser potestativa e não real ou obrigacional v. Raúl Ventura, *O contrato de compra e venda no código civil. Preço...*, in *Revista...*, 1980, ano 43, III, dezembro, 649.

[883] Tenha-se, porém, presente a regra do artigo 435.º/2 do Código Civil.

[884] Menezes Leitão, *Direito...*, III, 83.

[885] Pedro Romano Martinez, *Direito...*, 85.

e sublinhando o que já noutro momento dissemos, a resolução do contrato é situada na dependência da vontade de uma das partes: logo não estamos diante de uma verdadeira condição resolutiva[886]. Dissemos já, atrás, ser, na venda a retro, o comprador possuidor de boa fé. Por isso, responde apenas pela perda ou deterioração da coisa se tiver procedido com culpa (artigo 1269.º do Código Civil). Havendo, pois, negligência ou dolo, se o vendedor pretender exercer o direito de resolução do contrato pode demandar o comprador pelos prejuízos produzidos (note-se não resolver o artigo 432.º/2 do Código Civil, estas hipóteses). Tratando-se de perda fortuita o que sucederá, normalmente, é o vendedor não exercer o direito de resolução, por não ter nisso nenhum interesse, terminando a propriedade por se firmar na esfera jurídica do comprador que, destarte, tem de suportar o risco de perda da coisa, mas por motivo totalmente diverso do artigo 796.º/3 do Código Civil. Se por algum motivo estranho o vendedor pretender, ainda assim, resolver o contrato então pertencer-lhe-á suportar os efeitos da perda ou destruição[887]. Note-se não se prever aqui a situação de o alienante, ignorando o desapa-

[886] No mesmo sentido entendendo que a venda a retro não pode ser vista como um contrato sujeito a uma condição, mesmo se potestativa, por não parecer adequado reconduzir a uma «condição» uma cláusula ou convenção que permita à vontade de uma das partes influir futuramente no conteúdo, manutenção ou desenvolvimento de um negócio jurídico (por exemplo, a faculdade de amortização de uma quota de uma sociedade, a faculdade de dissolução de uma sociedade, etc.).

[887] Raúl Ventura, *O contrato de compra e venda no código civil. Preço...*, in *Revista...*, 1980, ano 43, III, dezembro, 658, sustenta, que perdendo-se ou destruindo-se a coisa, não é possível a resolução do contrato. Julgamos, porém, poder a resolução operar sempre, mesmo na eventualidade de a coisa ter sido vendida a um *tertius* de boa fé. Sucede, apenas, nessa hipótese, não ser a resolução oponível ao terceiro. Ainda assim, o vendedor pode ter interesse em resolver o contrato para responsabilizar o comprador ou na expectativa de o direito real natural, em que fica investido por força da resolução, poder acabar por evoluir para um direito real civil (a respeito da noção de direito real natural v., Pedro de Albuquerque, *Direitos reais...*, 562 e 563, e as indicações aí fornecidas). Note-se ser, segundo o artigo 927.º do Código Civil, a venda a retro aquela em que o vendedor tem a possibilidade de resolver o contrato; não um negócio em que se concede apenas a faculdade de recuperar a coisa. E embora a primeira tenha por fim alcançar a segunda, a simples destruição ou perda da coisa não obsta ao seu exercício. Aproximando a venda a retro, para efeitos de distribuição do risco, à alienação fiduciária em garantia pode ver-se Nuno Aureliano, *O risco...*, 370, para quem haveria nestas situações uma titularidade meramente formal insuscetível de fazer desencadear o funcionamento da regra presente no artigo 796.º/1. Pelas razões práticas por nós referidas no texto não acompanhamos o autor.

recimento da coisa, notificar o comprador da resolução. Desde logo, num caso destes a boa fé impõe ao adquirente a comunicação ao comprador da ruína ou eliminação do bem vendido. Por outro lado, sendo a notificação resolutória uma declaração negocial recetícia[888] podia ela, ainda, na falta de outro remédio ser impugnada com base em erro.

VI – No Direito alemão, onde se admite e disciplina a *Wiederkauf* (recompra), com a configuração de uma retrovenda[889], tem-se posto também o problema da admissibilidade de uma *Wiederverkauf* (nova venda). A diferença dos *Tabestände* não apresenta, em si mesma, especiais embaraços. Na recompra o direito de celebrar nova venda é dado ao vendedor, na *Wiederverkauf* é o comprador quem pode forçar o alienante a adquirir de novo. Já nos manifestámos no sentido de as limitações para a venda a retro valerem também, a nosso ver, para a retrovenda. Mas será admissível o *pactum de retroemendo* (seja com a configuração de uma compra a retro seja com a configuração de uma retrocompra) em que é o comprador a chamar a si o preço devolvendo a coisa? SEUFFERT[890] e alguma Jurisprudência, seja do *Reichsgericht*, seja do *Bundesgerichtshofes* afirmaram a aplicação do regime relativo à *Wiederkauf* à *Wiederverkauf*. CROME[891] e KLEMP[892] manifestaram-se em sentido inverso, dando origem a desenvolvimentos posteriores no sentido da inadequação

[888] Assim, também, RAÚL VENTURA, *O contrato de compra e venda no código civil. Preço...*, in *Revista...*, 1980, ano 43, III, dezembro, 653; e perante a *Wiederkauf* do Direito alemão MADER, *Staudingers...*, 2004, §§ 433 a 487, comentário prévio ao § 456, 524; PETER MADER/ /MARTIN JOSEF SCHERMAIER, *Staudingers Kommentar...*, 2014, §§ 433 a 480, comentário prévio ao § 456, 847.

[889] Já atrás distinguimos a retrovenda da venda a retro. Lembramos, todavia, aqui a distinção. Na retrovenda *A* vende a *B* e *B*, no mesmo instante ou ulteriormente, volta a vender a *A* ficando a segunda venda, como simples proposta, sujeita à aceitação de *A*, ou, como venda completa, subordinada à condição da concordância posterior. Na venda a retro há uma só convenção, uma venda única, na qual se insere como cláusula acessória a faculdade de o vendedor resolver o contrato (v. GALVÃO TELLES, *Contratos...*, 27; BAPTISTA LOPES, *Do contrato...*, 203; RAÚL VENTURA, *O contrato de compra e venda no código civil. Preço...*, in *Revista...*, 1980, ano 43, III, dezembro, 643 e 660; LUÍS MIGUEL PESTANA DE VASCONCELOS, *A cessão...*, 298 e 299).

[890] SEUFFERT, *Wiederkaufsrecht und Wiederverkaufsrecht während Konkurs*, in *Leipziger Zeitschrift für Deutches Recht für Handels-, Konkurs-, und Versicherungsrecht*, 1907, I, 20 e 21.

[891] CROME, *System des Deutschen Bürgerlichen Rechts*, 1902, 493.

[892] KLEMP, *Der Kauf auf wiederkauf*, 1925, 10 e ss..

da irrestrita transposição da disciplina da *Wiederkauf* para a *Wiederverkauf*[893]. Sublinha-se o facto de os interesses e situações em jogo não serem totalmente similares, até pela diversidade das partes envolvidas. Nestes termos, surge a defesa de uma muito prudente ponderação no sentido de averiguar se a estrutura e ensejos de uma *Wiederkauf* correspondem ou não aos de uma *Wiederverkauf* ou compra a retro, parecendo de afastar generalizações[894]. Este raciocínio é válido também para o Direito português. O Código Civil disciplina apenas a venda a retro. Mas as partes podem celebrar um contrato, seja com a configuração de uma compra a retro, seja segundo o modelo de uma retrocompra. Nessa eventualidade, valerá o regime da venda a retro, com as necessárias ponderações e adaptações. Em todo o caso, parece deverem as limitações em matéria de preço e de prazos para exercício do direito por parte do comprador valer também para a retrocompra ou para a compra a retro. As razões são as mesmas. Evitar situações de usura e de incerteza prolongada. Já relativamente à retrocompra dir-se-á – à semelhança do afirmado a propósito da retrovenda – não serem os direitos e obrigações das partes, exercida a faculdade do comprador de dar vida a um novo negócio, diversos dos pertencentes aos contraentes envolvidos numa normal compra e venda.

§ 7.2 – Natureza da venda a retro

I – Tem-se debatido a natureza jurídica do contrato de compra e venda a retro.

Segundo uma orientação, com alguns adeptos, na venda a retro estaríamos diante de uma condição resolutiva potestativa[895].

[893] Mader, *Staudingers...*, 2004, §§ 433 a 487, comentário prévio § 456, 529; Peter Mader/Martin Josef Schermaier, *Staudingers Kommentar...*, 2014, §§ 433 a 480, comentário prévio ao § 456, 853.

[894] Assim, também, Mader, *Staudingers...*, 2004, §§ 433 a 487, comentário prévio § 456, 529 e 530; Peter Mader/Martin Josef Schermaier, *Staudingers Kommentar...*, 2014, §§ 433 a 480, comentário prévio ao § 456, 853.

[895] Assim Pedro Romano Martinez, *Direito...*, 84 e 85, numa orientação já presente, por exemplo, em Antunes Varela, *Das obrigações...*, I, 377; e, mais remotamente, em Coelho da Rocha, *Instituições...*, I, § 822, 641. Outras referências podem ainda ser colhidas em Nuno Aureliano, *O risco...*, 369. Na nossa Jurisprudência v., no mesmo sentido, STJ 19-09-2006 (João Camilo), Proc. 06A2092/ITIJ (caso julgado – requisitos – venda

Não falta também quem entenda estar-se diante de um simples direito de resolução do contrato pelo vendedor, mas sem eficácia retroativa[896]. Finalmente, outros[897-898] entendem estarmos perante uma propriedade temporária, revogável ou resolúvel por força de um direito potestativo conferido ao vendedor[899-900].

a retro – conceito jurídico – Supremo Tribunal de Justiça – matéria de facto – poderes de cognição – negócio formal, interpretação – litigância de má fé). Na Doutrina italiana é essa a posição defendida, entre outros, por ANGELO CARLO PELOSI, *Vendita com patto...*, in *Enciclopedia...*, 1993, XLI, 519.

[896] É o caso de MENEZES LEITÃO, *Direito...*, III, 82 e 83. Para mais referências v. NUNO AURELIANO, *O risco...*, 369. Em Itália pode ver-se em sentido aproximado LUZZATTO, *La compravendita...*, 419.

[897] Veja-se, nesse sentido, GORLA, *La compravendita...*, 304.

[898] MENEZES LEITÃO, *Direito...*, III, 83, refere, ainda, uma orientação segundo a qual se estaria diante de uma transmissão da propriedade associada a uma opção potestativa de compra ou promessa unilateral de venda. Cita nesse sentido RASI, GABRIELLI e CARPINO, todos como cuida de esclarecer, *Apud* LUMINOSO, *I contratti...*, 109; e LARENZ, *Lehrbuch...*, II, I, 146 e ss.. Mas relativamente à posição destes autores italianos tem sido sublinhada a incompatibilidade da posição por eles defendida com a estrutura e disciplina do *patto di riscatto* (assim, por exemplo, ANGELO CARLO PELOSI, *Vendita com patto...*, in *Enciclopedia...*, 1993, XLI, 520). Quanto à *Wiederkauf* do Direito alemão, configurada como uma recompra – e tendo presente a pouco nítida distinção referida em nota logo no início do § 7.1, entre venda a retro e retrovenda – corresponde melhor a uma retrovenda, adequando-se-lhe o modelo proposto por LARENZ. Já não tem, porém, nenhuma conexão com uma venda a retro. Perante a *Wiederkauf* entendida, como nos parece como uma retrocompra, têm sido defendidas também várias outras possibilidades: condição resolutiva da primeira venda; contrato preliminar; contrato coercivo; contrato de compra e venda acompanhado de recompra, mas sujeita a condição suspensiva (assim, por exemplo, FIKENSTCHER/HEINEMANN, *Schuldrecht...*, 458); contrato de compra e venda unido a outra compra, mas sujeita a condição suspensiva, e atributivo de um direito potestativo de opção (MADER, *Staudingers...*, §§ 433 a 480, comentário prévio ao § 456, 527; PETER MADER/MARTIN JOSEF SCHERMAIER, *Staudingers Kommentar...*, 2014, §§ 433 a 480, comentário prévio ao § 456, 851) – embora atualmente apenas as duas últimas e a posição de LARENZ (aliás fundada por SCHOLLMEYER) tenham defensores (cfr., a respeito das várias construções ensaiadas, por todos, CASALS COLLDECARERA, *El pacto...*, 16 e ss.; MADER, *Staudingers...*, §§ 433 a 480, comentário prévio ao § 456, 527; PETER MADER/MARTIN JOSEF SCHERMAIER, *Staudingers Kommentar...*, 2014, §§ 433 a 480, comentário prévio ao § 456, 850 e 851).

[899] MENEZES CORDEIRO, *Tratado...*, XI, 313, que fala em revogação.

[900] Se em jogo estiver uma função de garantia há também quem fale em negócio fiduciário. A este respeito v. as observações de ANA FILIPA ANTUNES, *Os novos desafios da venda...*, in *Estudos...*, I, 147 e 148, 179.

II – Depois do dito já a propósito do regime da venda a retro não gerará surpresa se dissermos que, na nossa perspetiva, não vislumbramos nenhumas razões para nos distanciarmos da qualificação do artigo 927.º. Trata-se, de facto, de um contrato atributivo e direito de resolução[901] a exercer *ad nutum* pelo comprador e dotado de eficácia retroativa[902], segundo o disposto nos artigos 432.º e seguintes do Código Civil[903-904]. MENEZES CORDEIRO[905], entende não ser esta posição defensável, havendo uma confusão terminológica no regime da compra e venda a retro. Em vez de revogação a locução acertada seria a revogação. Tivesse ela sido, como devia, usada e evitar-se-ia o mal-entendido de se falar aqui em resolução. Além disso, enquanto a claúsula a retro não for exercida o comprador seria legítimo proprietário. Poderia usar e fruir a coisa, poderia efetuar benfeitorias e suportar o risco do perecimento. Com o devido respeito, não acompanhamos o autor. O termo resolução aparece oito vezes em sete artigos (artigo 927.º a 933.º).

[901] Como nota a propósito RAÚL VENTURA, *O contrato de compra e venda no código civil. Preço...*, in *Revista...*, 1980, ano 43, III, dezembro, 649, as opiniões dividem-se quanto a saber se se está perante um direito livremente transmissível ou se, ao invés, apenas pode ser transferido para os sucessores. Pela nossa parte não vislumbramos razões para sustentar a limitação da transmissibilidade, num sentido, aliás, já proposto, por exemplo, por CORRÊA TELLES, *Digesto...*, III, § 362, 61, que citava na mesma direção o nome de AGOSTINHO BARBOSA. Manifesto parece ser o facto de a faculdade de resolução não se extinguir por morte do vendedor passando para os seus herdeiros. No Direito alemão a favor da transmissibilidade do direito de recompra v. MADER, *Staudingers...*, §§ 433 a 480, comentário ao § 456, 535; PETER MADER/MARTIN JOSEF SCHERMAIER, *Staudingers Kommentar...*, 2014, §§ 433 a 480, comentário ao § 456, 869 e 860, referindo ser essa a opinião dominante.

[902] Cfr. SALVATORE ROMANO, *Vendita...*, 202, que fala de um poder resolutivo.

[903] Não obsta isto que na venda a retro se possa estar, de facto, perante uma propriedade resolúvel. Já a ideia de que haveria uma resolução sem eficácia retroativa fica afastada (o que não significa terem os frutos produzidos pela coisa até à data da resolução de ser devolvidos, pois o artigo 1270.º do Código Civil permite ao possuidor de boa fé fazer seus os frutos naturais. Quanto aos frutos civis tudo depende do que tiver sido convencionado pelas partes. No silêncio destas aplicam-se as regras gerais), como afastada fica a consideração da venda a retro como um contrato associado a uma opção ou promessa de compra que mais corresponde à retrovenda.

[904] Na mesma direção RAÚL VENTURA, *O contrato de compra e venda no código civil. Preço...*, in *Revista...*, 1980, ano 43, III, dezembro, 647, 648, e 655; e PIRES DE LIMA/ANTUNES VARELA, *Código...*, II, comentário ao artigo 927.º, 222 e 223.

[905] MENEZES CORDEIRO, *Tratado...*, XI, 313.

Parece-nos, salvo melhor opinião, demasiadas vezes para uma confusão se, normativamente, se não pretendesse remeter para o regime da resolução. Este argumento não se mostra, é verdade, suficiente, depois de tudo quanto temos dito a respeito dos limites da letra da lei. Mas materialmente não há, a nosso ver, razões para defender outra solução. O comprador suporta, é certo, em grande medida o risco da coisa, mesmo se não tiver agido sem culpa. Mas isso deve-se a razões práticas anteriormente referidas ao abordarmos o problema do risco na compra e venda a retro. Além disso, ele pode usar e fruir da coisa e é proprietário se e enquanto não houver resolução. Mas, a partir do momento desta tem de a devolver: deixa de ser proprietário e com eficácia resolutiva. Ele tem também direito aos frutos e pode realizar benfeitorias. Isso, não é, porém, na nossa perspetiva, por não haver resolução (ou se se preferir, não é por apenas haver revogação), mas, antes, por ser possuidor de boa fé (artigos 1270.º e seguintes, todos do Código Civil). Ele é obrigado a suportar os encargos com a coisa, mas isso resulta do facto de ser possuidor de boa fé e, portanto, ter direito a fazer seus os frutos. Houvesse mera revogação, o comprador não só não ficava onerado com um risco do perecimento acidental da coisa como, ao invés, nem sequer respondia, perante o vendedor, por culpa sua no perecimento ou deterioração da coisa se, não obstante a revogação, o vendedor, apesar dos estragos gerados pelo comprador, pretender exercer o seu direito. O bem era seu e como proprietário, qualidade que se manteria, podia danificar ou estragar a coisa, sem poder ser responsabilizado pelo exercício normal do seu direito. A solução só poderia ser, eventualmente, paralisada ou atenuada através da construção de um dever de custódia e de não prejudicar o bem, resultante do apelo a deveres acessórios de boa fé, cuja consistência e exatos termos teria de ir talvez discutir para tribunal. A haver mera revogação poderia fazer seus os frutos, mas já não poderia pedir, nos termos dos artigos 1273.º e 1275.º, indemnização por benfeitorias ou proceder ao respetivo levantamento. Teria de suportar o risco absoluto e total da sua perda, na eventualidade de o vendedor exercer o seu direito de reaver o bem. Isto, por elas serem, simples despesas do proprietário.

§ 8 – Venda a prestações

§ 8.1 – Noção, exigibilidade antecipada e resolução

I – Como forma de tornar mais ativa a circulação de bens e de permitir o gozo dos benefícios por eles proporcionados ao maior número possível de pessoas, o nosso Código Civil admitiu e regulou a chamada venda a prestações (artigos 934.º e seguintes)[906]. Chamada, pois a expressão venda a prestações não retrata de modo rigoroso esta modalidade de compra e venda. A prestação é uma só como uma só é a dívida[907]. A realidade a que se dá o nome de prestações traduz antes parcelas de uma prestação[908]; a única existente. Deste modo, as vendas a prestações não passam de negócios dotados de prestação dividida ou fracionada[909].

Apesar disso, o nosso Código Civil adotou a designação de «*venda a prestações*». Semelhante terminologia, além de divulgada na prática, mereceu ainda a aceitação da Doutrina. Por razões de facilidade não nos iremos, destarte, afastar dela.

[906] De entre a inúmera bibliografia existente a este respeito pode referir-se, *colorandi causa*, Humberto Pelágio, *Da venda a prestações. Ensaio sobre a venda de cousas móveis para uso ou consumo*, 1941; Galvão Telles, *Contratos*..., 31 e 32; Id., *Direito*..., 270 e ss.; Baptista Lopes, *Do contrato*..., 213 e ss.; Lobo Xavier, *Venda a prestações*..., in *Revista*..., 1974, XXI, 1 a 4, 199 e ss.; Pedro de Albuquerque, *Compra*..., in *Direito*..., III, 42 e ss.; Pinto Monteiro, *Sobre o não cumprimento na venda a prestações (algumas notas)*, in *O Direito*, 1990, 122, III e IV, 555 e ss.; Armando Braga, *Contrato de compra*, 3.ª edição, 1994, 148 e ss.; Teresa Anselmo Vaz, *Alguns aspectos do contrato de compra e venda a prestações*, 1995; Pires de Lima/Antunes Varela, *Código*..., II, comentário ao artigo 934.º e ss., 227 e ss.; Antunes Varela, *Das obrigações*..., II, 52 e ss.; Pedro Romano Martinez, *Direito*..., 86 e ss.; Nuno Pinto Oliveira, *Compra*..., 73 e ss.; Menezes Leitão, *Direito*..., III, 65 e ss.; Jorge Morais de Carvalho, *Código*..., I, comentário aos artigos 932 e ss. I, 1148 e ss.; Santos Justo, *Manual de contratos civis*..., 91 e ss.; Menezes Cordeiro, *Tratado*..., XI, 315 e ss.

[907] Baptista Lopes, *Do contrato*..., 213; Pedro de Albuquerque, *Compra*..., in *Direito*..., III, 42 e 43.

[908] Baptista Lopes, *Do contrato*..., 213; Pedro de Albuquerque, *Compra*..., in *Direito*..., III, 43.

[909] Baptista Lopes, *Do contrato*..., 213; Pedro de Albuquerque, *Compra*..., in *Direito*..., III, 43; Pedro Romano Martinez, *Direito*..., 87; e Nuno Pinto Oliveira, *Compra*..., 74.

II – O princípio geral regulador das dívidas cuja liquidação pode ser fracionada – ou noutros termos, das dívidas liquidáveis em prestações – está presente no artigo 781.º. Por força desse preceito, se uma obrigação puder ser liquidada em duas ou mais prestações a não realização de uma delas importa o vencimento de todas. Existem, porém, regras especiais para a compra e venda. Trata-se dos artigos 886.º, 934.º e 935.º do Código Civil[910]. O artigo 886.º vale, de uma forma geral, para todos os cenários de não pagamento de preço pelo comprador. Estabelece, em desvio ao artigo 801.º do Código Civil, não poder o vendedor, transmitida a propriedade da coisa, e feita a sua entrega, via de regra, resolver o contrato por falta de pagamento. O artigo 934.º do Código Civil, afastando-se da solução vertida no artigo 781.º[911], vale especificamente para as hipóteses de falta de pagamento de uma das prestações relativas ao preço em contratos de compra e venda a prestações[912]. São, aparentemente, as seguintes as regras e soluções aí previstas:

– vendida a coisa a prestações com reserva da propriedade, e feita a sua entrega ao comprador, a omissão de uma prestação cujo valor exceda a oitava parte do preço, ou de duas ou mais prestações independentemente do seu valor[913], dá ao vendedor o direito de resolver o contrato

[910] Sublinhando a necessidade de na hipótese de incumprimento imputável ao devedor de uma dívida liquidável em prestações o intérprete-aplicador coordenar as regras gerais dos artigos 798.º – e nomeadamente os artigos 801.º e 802.º, e 804.º e 806.º – com as normas especiais relativas ao não-cumprimento das obrigações de prestação fracionada (artigo 781.º e artigos 934.º e 935.º), v. PINTO MONTEIRO, *Sobre o não cumprimento na venda a prestações...*, in *O Direito*, 1990, 122, III e IV, 557 e 558, onde se sublinha, além disso, o facto de o regime dos artigos 934.º e 935.º se cingir aos direitos do vendedor em caso de incumprimento imputável ao comprador, se ao invés o incumprimento for imputável ao vendedor aplica-se o regime geral; e NUNO PINTO OLIVEIRA, *Compra...*, 75.

[911] O artigo 781.º vale para todas as obrigações de prestação fracionada ou repartida; o artigo 934.º apenas para a obrigação de pagamento do preço constituída por contrato de compra e venda. Assim NUNO PINTO OLIVEIRA, *Compra...*, 85.

[912] PEDRO DE ALBUQUERQUE, *Compra...*, in *Direito...*, III, 43 e 44.

[913] No sentido de que faltando duas prestações acumuladas é indiferente o seu valor LOBO XAVIER, *Venda a prestações...*, in *Revista...*, 1974, XXI, 1 a 4, 208, nota 20, 244 e ss.; BAPTISTA MACHADO, *Pressupostos...*, in *João Baptista Machado. Obra...*, I, 167, nota 47; ARMANDO BRAGA, *Contrato de compra...*, 149; TERESA ANSELMO VAZ, *Alguns...*, 19; PIRES DE LIMA/ /ANTUNES VARELA, *Código...*, II, comentário ao artigo 934.º, 228; PEDRO ROMANO MARTINEZ, *Direito...*, 91; Id., *Da cessação...*, 259; 2.ª ed., 263 e 264; e MENEZES LEITÃO, *Direito...*, III, 66, nota 148. Em sentido oposto manifesta-se, no entanto, a nosso ver sem

de compra e venda[914]; – em qualquer dos cenários – com ou sem reserva de propriedade – a falta de pagamento de uma prestação de montante inferior a um oitavo do preço não determina a perda do benefício do prazo.

III – As soluções agora enunciadas necessitam de algumas explanações adicionais.

Em primeiro lugar, importa sublinhar o facto de no preço estarem normativamente abrangidas todas as quantias a pagar pelo comprador ao vendedor como efeito da alienação, mesmo se se tratar apenas de despesas, juros ou outras importâncias[915].

Em segundo lugar, o artigo 934.º parece absolutamente perentório no sentido de a limitação, seja da resolução, pelo vendedor, seja da perda do benefício do prazo, dado ao adquirente, depender da entrega da coisa. Mas a solução não pode ser acriticamente aceite[916]. Tal como demonstrado por Vasco da Gama Lobo Xavier[917] – depois seguido por Nuno Pinto

razão, Baptista Lopes, *Do contrato...*, 216. Note-se a fechar que as duas prestações em falta devem verificar-se em simultâneo, não valendo como tal uma reiteração de falha, mas em que uma das obrigações já foi cumprida apenas se encontrando por pagar outra. Para os cenários em que não houve entrega da coisa ou em que não foi convencionada a reserva de propriedade cfr. Pedro Romano Martinez, *Da cessação...*, 260 e 261; 2.ª ed., 264 e 265, chamando ainda a atenção para o facto de nas hipóteses em que o bem é entregue ao adquirente pode haver uma desvalorização a ponderar.

914 Em sentido diverso Baptista Lopes, *Do contrato...*, 215 e 216, sustenta a necessidade de, na hipótese de existirem várias prestações em falta, a sua soma ser igual ou superior à oitava parte do preço devido. Esta doutrina não tem, no entanto, merecido o sufrágio dos nossos civilistas. De facto, a *communis opinio* julga que a falta reiterada e simultânea do pagamento de mais de uma prestação deixa, independentemente do valor das prestações não cumpridas, de justificar o tratamento favorável do artigo 934.º do Código Civil. Cfr., *colorandi causa*, Pedro de Albuquerque, *Compra...*, in *Direito...*, III, 44; Pires de Lima/ /Antunes Varela, *Código...*, II, comentário ao artigo 934.º, 228; e Pedro Romano Martinez, *Direito...*, 91.

915 No mesmo sentido v. Lobo Xavier, *Venda a prestações...*, in *Revista...*, 1974, XXI, 1 a 4, 241 e ss.; Pedro Romano Martinez, *Direito...*, 90; Id., *Da cessação...*, 258; 2.ª ed., 262; Nuno Pinto Oliveira, *Compra...*, 77 e 78.

916 Ainda assim fazendo depender a restrição do vencimento antecipado presente no artigo 934.º do Código Civil da entrega da coisa pode ver-se Inocêncio Galvão Telles, *Direito...*, 271 e 272; Antunes Varela, *Das obrigações...*, II, 55.

917 Lobo Xavier, *Venda a prestações...*, in *Revista...*, 1974, XXI, 1 a 4, 240 e 241.

Oliveira[918] – faz sentido a restrição do artigo 934.º do Código Civil tratando-se de resolução. Numa situação dessa natureza o desapossamento do comprador poderia trazer para ele resultados especialmente penosos e mesmo vexatórios[919]. Mas a distinção de regime em razão de a coisa ter sido, ou não, entregue parece mostrar-se pouco apropriada se em jogo estiver apenas o vencimento antecipado[920]. Uma interpretação literal, neste ponto, do artigo 934.º desprotegeria, sem se vislumbrar razão para a diversidade de tratamento, o comprador – na eventualidade de não ter beneficiado da tradição da coisa – no confronto com o adquirente favorecido pela *traditio*. Este seria, na verdade, tutelado de forma mais eficaz. Isto apesar de a sua omissão, por estar já avantajado pela entrega, ter, nesta perspetiva, uma natureza mais censurável. Ao mesmo tempo uma interpretação deste teor estabeleceria, de forma arbitrária e sem fundamento plausível, uma proteção diversa para o vendedor segundo ele tivesse procedido, ou não, à entrega da coisa ao comprador. Pela nossa parte já nos manifestámos diversas vezes a favor do entendimento do problema metodológico da interpretação como um problema normativo e não cognitivo ou mesmo hermenêutico-cognitivo[921]. Não vimos, destarte, e ponderados os argumentos alegados por Vasco da Gama Lobo Xavier, e subscritos por Nuno Pinto Oliveira, nenhum impedimento em aplicar também a restrição imposta pelo artigo 934.º, no respeitante ao vencimento antecipado, aos cenários nos quais se não assistiu à tradição da coisa[922].

[918] Nuno Pinto Oliveira, *Compra...*, 85 e ss., defendendo, na esteira de Vasco da Gama Lobo Xavier, uma interpretação extensiva ou teleológica da norma quanto ao ponto em referência, embora não relativamente à resolução (cfr., relativamente a este último ponto, *op. cit.*, 100).

[919] Veja-se, também, Lobo Xavier, *Venda a prestações...*, in *Revista...*, 1974, XXI, 1 a 4, 241 e 242, 257; Pedro Romano Martinez, *Direito...*, 90; Id., *Da cessação...*, 257; e Nuno Pinto Oliveira, *Compra...*, 100.

[920] Lobo Xavier, *Venda a prestações...*, in *Revista...*, 1974, XXI, 1 a 4, 257 e 258.

[921] V. *supra*, designadamente as referências feitas nas nota 276 e pp. 140 e ss. e a bibliografia ai citada.

[922] Mas note-se com Lobo Xavier, *Venda a prestações...*, in *Revista...*, 1974, XXI, 1 a 4, 207, nota 18, apenas valerem as restrições do artigo 934.º para o vencimento antecipado por falta de pagamento de uma prestação. Já não são aplicáveis para os cenários previstos no artigo 780.º do Código Civil.

IV – Tem-se debatido o problema de saber se apurados os pressupostos do artigo 781.º se está perante uma verdadeira situação de vencimento antecipado ou, ao invés, perante uma simples situação de exigibilidade antecipada. Em nosso entender deve preferir-se o segundo termo da alternativa. De outro modo, poder-se-ia chegar a resultados desrazoáveis na perspetiva do credor: impor-se-lhe-ia a aceitação de todas as prestações em falta, atribuindo-lhe um «benefício» porventura por ele não pretendido. O credor deve dispor da faculdade de exigir ou de não exigir o pagamento imediato. Enquanto o não fizer o devedor não está constituído em mora[923].

O mesmo princípio vale para o artigo 934.º do Código Civil[924]. Ou seja: faltando o comprador a uma prestação superior a um oitavo do preço, ou a duas prestações, independentemente do seu valor, o vendedor pode interpelá-lo, exigindo o pagamento das prestações vincendas. A partir desse momento, o comprador estará em mora relativamente a todas as prestações não pagas, podendo ela transformar-se em incumprimento definitivo nos termos do artigo 808.º do Código Civil[925].

[923] Lobo Xavier, *Venda a prestações...*, in *Revista...*, 1974, XXI, 1 a 4, 201 e 202, nota 4; Ribeiro de Faria, *Direito...*, II, 325, nota 1; Antunes Varela, *Das obrigações...*, II, 52 e ss.; Nuno Pinto Oliveira, *Compra...*, 90; Maria Isabel Menéres Campos, *A reserva de propriedade...*, 189, referindo ser essa a posição sedimentada entre nós; e, se bem vimos, Ana Prata, *Código civil...*, I, comentário ao artigo 781.º, 980; Menezes Cordeiro, *Tratado...*, XI, 316 e ss.. Em sentido diverso, entendendo que se está diante de um vencimento antecipado, Galvão Telles, *Direito...*, 271. Na Jurisprudência pode ver-se, ainda, neste último sentido STJ 12-09-2006 (Faria Antunes), Proc. 06A1901 (procedimentos cautelares – apreensão de veículo – legitimidade – reserva de propriedade – contrato de compra e venda – crédito ao consumo – coligação de contratos). Na direção, porém, que se subscreve, segundo a qual, ao abrigo do artigo 781.º do Código Civil, é válida a disposição das partes estabelecendo que vencida uma das obrigações se vencem todas as outras independentemente de interpelação: STJ 21-11-2006 (Borges Soeiro), Proc. 06A3420/ ITIJ (contrato de crédito ao consumo – contrato de mútuo – pagamento em prestações – cláusula contratual geral – falta de contestação – defesa por exceção – vencimento – interpelação – conhecimento oficioso, proveito comum do casal – ónus de alegação – ónus da prova).

[924] Assim, também, se bem vimos, Pinto Monteiro, *Sobre o não cumprimento na venda a prestações...*, in *O Direito*, 1990, 122, III e IV, 560; e Menezes Leitão, *Direito...*, III, 66, nota (147).

[925] Lobo Xavier, *Venda a prestações...*, in *Revista...*, 1974, XXI, 1 a 4, 203; Pires de Lima/Antunes Varela, *Código...*, II, comentário ao artigo 934.º, 229; Pedro Romano Martinez, *Direito...*, 91; Nuno Pinto Oliveira, *Compra...*, 102, sublinhando o facto de,

V – O artigo 934.º refere-se apenas à falta de pagamento. Não obstante, deve entender-se ter a expressão normativamente dois sentidos[926]. Tratando-se da exigência do cumprimento da totalidade das prestações basta a mora[927]. Estando, porém, em jogo o exercício do direito de resolução apenas após o incumprimento definitivo, operado nos termos do artigo 808.º, pode ele ser atuado[928].

Debatido é o problema de saber se a exigência de um oitavo do preço ou de duas ou mais prestações acumuladas (independentemente do respetivo valor) parece representar sempre um incumprimento grave, para efeitos dos artigos 802.º/2. Se o for, mostrando-se definitivo, não tem de passar por nenhum outro crivo[929]. Em certa perspetiva dir-se-ia estar a chave para

sendo o preço devido uma obrigação pecuniária, se considerar afastada a perda do interesse do vendedor. Resta, destarte, o decurso do prazo aludido no artigo 808.º do Código Civil. Na Jurisprudência cfr. no sentido segundo o qual o exercício do direito à resolução não surge automaticamente como resultado da falta de uma prestação superior a uma oitava parte do preço (ou duas acumuladas): STJ 05-02-1991 (Cura Mariano), Proc. 079916//ITIJ (compra e venda – venda a prestações – reserva de propriedade – incumprimento do contrato – mora – resolução do contrato); STJ 24-04-2002 (Nascimento Costa), Proc. 02B3961/ITIJ (venda a prestações – reserva de propriedade – resolução de contrato); STJ 28-06-2007 (Pereira da Silva), Proc. 07B117/ITIJ (venda a prestações – reserva de propriedade – resolução do contrato).

926 Em sentido aproximado Nuno Pinto Oliveira, *Compra...*, 101.

927 Nuno Pinto Oliveira, *Compra...*, 101.

928 Baptista Machado, *Pressupostos...*, in *João Baptista Machado. Obra...*, I, 167, embora acrescente em nota só ser assim se não se dever entender o prazo fixado para as prestações como um prazo perentório ou prazo-limite que inclua o prazo suplementar referido no artigo 808.º/1 ou que seja igual a este. Não seguimos, a propósito deste ponto, o autor, por estar em jogo, como se viu, apenas a perda do benefício do prazo. Em sentido próximo, relativamente à desnecessidade de interpelação, pode ver-se STJ 26-01-1984 (Flamino Martins), Proc. 078043/ITIJ (compra e venda – reserva de propriedade – venda a prestações – resolução do contrato); Lobo Xavier, *Venda a prestações...*, in *Revista...*, 1974, XXI, 1 a 4, 203 e 204; Pires de Lima/Antunes Varela, *Código...*, II, comentário ao artigo 934.º, 229; Pedro Romano Martinez, *Direito...*, 91; e Nuno Pinto Oliveira, *Compra...*, 101. Ao nível da Jurisprudência v. STJ 19-04-1988 (Eliseu Figueira), Proc. 073601/ITIJ (venda a prestações – resolução – mora – perda do interesse), apenas com indicação do sumário (para o texto integral STJ 19-04-1988 [Eliseu Figueira], in *Boletim do Ministério da Justiça*, 1988, 376, 598 e ss.).

929 Entendendo a falta de pagamento de uma prestação que exceda a oitava parte do preço ou de duas ou mais prestações acumuladas representa sempre um incumprimento grave Pires de Lima/Antunes VarelA, *Código...*, II, comentário ao artigo 934.º, 229.

a resolução deste assunto no exato entendimento da relação entre o artigo 934.º, de um lado, e os artigos 801.º/2 e 802.º, do outro. Ora, afirma-se, o artigo 934.º é restritivo dos dois primeiros[930]. Na verdade, da conjugação destes dois preceitos resulta não ter, na eventualidade de o comprador faltar ao cumprimento de uma só prestação não superior a uma oitava parte do preço, o vendedor o direito de resolver o contrato. Isto é: a possibilidade de resolução fica liminarmente afastada, não havendo lugar a nenhuma indagação sobre a importância do incumprimento para efeitos do artigo 802.º/2. Na eventualidade de o comprador faltar ao pagamento de uma prestação superior à oitava parte do preço ou duas ou mais prestações acumuladas, independentemente do seu valor, deixa de funcionar a restrição do artigo 934.º, passando a valer o regime geral do artigo 801.º/1 e 802.º. Deveria, então, dir-se-ia, averiguar-se se o cumprimento assume, ou não, para efeitos do artigo 802.º/2, importância suficiente[931].

Todo este debate terá, porém, de ser relativizado, para não se dizer mostrar-se ele despropositado. Dado, perante a falta de pagamento de uma prestação superior a um oitavo do preço ou duas ou mais acumuladas, independentemente do seu montante, o credor ter o direito de exigir antecipadamente o valor de todas as prestações (artigos 781.º e 934.º). Se pretender resolver o contrato fixa um prazo para o comprador pagar a totalidade da dívida. Se este não cumprir passa a existir um inadimplemento que não é parcial, mas sim total e, destarte, não sujeito à regra do artigo 802.º/2 do Código Civil.

Ainda a propósito da resolução já atrás analisámos, no âmbito da compra e venda com reserva de propriedade, o assunto de saber em que moldes deve o vendedor, numa situação de inadimplemento por parte do comprador, harmonizar o seu direito de exigir o cumprimento do contrato com a possibilidade de resolução[932]. Manifestámo-nos, então, no sentido de resolvido o contrato não ser mais possível exigir-se o inadimplemento, mas não obstar

V., também, Lobo Xavier, *Venda a prestações...*, in *Revista...*, 1974, XXI, 1 a 4, 204 e ss.; e Pedro Romano Martinez, *Direito...*, 90; Id., *Da cessação...*, 258; 2.ª ed., 262. Entendendo necessário apurar sempre a gravidade do não-cumprimento Pinto Monteiro, *Sobre o não cumprimento na venda a prestações...*, in *O Direito*, 1990, 122, III e IV, 562; e Nuno Pinto Oliveira, *Compra...*, 103 e 104.

930 Sublinhando esse mesmo aspeto Nuno Pinto Oliveira, *Compra...*, 104.

931 Nesse sentido Nuno Pinto Oliveira, *Compra...*, 103.

932 Cfr., também, o que se escreveu *supra* Parte II, Capítulo II, § 2. 6, 62.

o pedido de execução pontual à resolução. Não vemos agora razão para nos afastarmos desta posição a propósito da venda a prestações[933].

VI – Debate-se a natureza supletiva ou imperativa do artigo 934.º do Código Civil, atento o facto de na parte final do preceito se estatuir, de forma ambígua, ser a regra aí definida aplicável sem embargo de convenção em sentido oposto. Expressará isto ser possível estipulação a afastar a regra do artigo 934.º do Código Civil ou, ao invés, vale esta norma e a regra aí presente mesmo na eventualidade de as partes terem acordado afastá-la?

A imperatividade do preceito tem sido defendida, de forma esmagadora a nível doutrinal. Nesse sentido depuseram, para além de nós próprios[934], Vasco Lobo Xavier[935], Menezes Cordeiro[936], Pires de Lima/ /Antunes Varela[937], Pinto Monteiro[938], Teresa Anselmo Vaz[939], Pedro Romano Martinez[940], Menezes Leitão[941], e Nuno Pinto Oliveira[942]. O mesmo entendimento tem sido maioritariamente sufragado pela nossa Jurisprudência. Assim pode ver-se, designadamente:

- STJ 05-02-1991 (Cura Mariano)[943]: o artigo 934.º dispõe não dar a falta de pagamento de uma só prestação, que não exceda a oitava parte do preço, lugar à resolução do contrato, nem mesmo, haja ou não reserva de propriedade, importa a perda do benefício do prazo relativamente às

933 Para além da bibliografia já citada Parte II, Capítulo II, § 2. 6, veja-se, ainda, e concretamente no âmbito da compra e venda a prestações, no sentido do texto, Pires de Lima/Antunes Varela, *Código*..., II, comentário ao artigo 934.º, 230; e Nuno Pinto Oliveira, *Compra*..., 80 e 81. Em sentido parcialmente limitativo v., porém, Pedro Romano Martinez, *Direito*..., 91; Id., *Da cessação*..., 258 e 259; 2.ª ed., 263.

934 Pedro de Albuquerque, *Compra*..., in *Direito*..., III, 44 e 45, nota 23.

935 Lobo Xavier, *Venda a prestações*..., in *Revista*..., 1974, XXI, 1 a 4, 209, 225 e ss., 233 e ss..

936 Menezes Cordeiro, *Anotação*..., in *Revista*..., 1996, 56, I, 321; Id., *Tratado*..., XI, 323.

937 Pires de Lima/Antunes Varela, *Código*..., II, comentário ao artigo 934.º, 230.

938 Pinto Monteiro, *Sobre*..., in *O Direito*..., 1990, 122, III e IV, 558 e 559.

939 Teresa Anselmo Vaz, *Alguns aspectos*..., 7 e ss., 23 e 24.

940 Pedro Romano Martinez, *Direito*..., 90 nota 2, e 93; Id., *Da cessação*..., 256; 2.ª ed., 260.

941 Menezes Leitão, *Direito*..., III, 67.

942 Nuno Pinto Oliveira, *Compra*..., 107 e ss..

943 STJ 05-02-1991 (Cura Mariano), Proc. 079916/ITIJ (compra e venda – venda a prestações – reserva de propriedade – incumprimento do contrato – mora – resolução do contrato).

prestações seguintes, sem embargo de convenção em contrário. Com o esclarecimento de que a expressão «sem embargo» tem o significado de «não obstante» e não o de «salvo se».

- STJ 01-10-2002 (Pinto Monteiro)[944]: o artigo 934.º do Código Civil estipula que vendida a coisa a prestações, com reserva de propriedade, e feita a sua entrega ao comprador, a falta de pagamento de uma só prestação não superior à oitava parte do preço não dá lugar à resolução do contrato, nem sequer, haja ou não reserva de propriedade, importa a perda do benefício do prazo relativamente às prestações seguintes, sem embargo de convenção em contrário. Tal norma é de caráter imperativo, não podendo assim ser afastada por estipulação das partes. A expressão «sem embargo» tem sido interpretada no sentido de «apesar de».
- STJ 24-04-2002 (Nascimento Costa)[945]: vendida a coisa a prestações, com reserva de propriedade, e feita a sua entrega ao comprador, o vendedor pode resolver o contrato se o comprador deixar de pagar uma só prestação superior a um oitavo do preço. Tem sido entendido ser esta norma imperativa, não obstante poder parecer o contrário, face à expressão final «sem embargo de convenção em contrário», a interpretar-se no sentido de o preceito dever cumprir-se nos seus exatos termos, mesmo se as partes tiverem convencionado de modo diferente.
- STJ 21-11-2006 (Borges Soeiro)[946]: o artigo 781.º é limitado relativamente à venda a prestações, já que o legislador optou por sancionar uma solução diversa, baseada na ideia de proteção dos consumidores que utilizem esse contrato, nos termos do que se dispõe no artigo 934.º do mesmo Código. Este normativo é imperativo.

[944] STJ 01-10-2002 (Pinto Monteiro), Proc. 02A2059/ITIJ.

[945] STJ 24-04-2002 (Nascimento Costa), Proc. 02B3961/ITIJ (venda a prestações – reserva de propriedade – resolução de contrato).

[946] STJ 21-11-2006 (Borges Soeiro), Proc. 06A3420/ITIJ (contrato de crédito ao consumo – contrato de mútuo – pagamento em prestações – cláusula contratual geral – falta de contestação – defesa por exceção – vencimento – interpelação – conhecimento oficioso, proveito comum do casal – ónus de alegação – ónus da prova).

- STJ 24-05-2007 (SILVA SALAZAR)[947]: o artigo 781.º sofre uma limitação através do normativo imperativo do artigo 934.º, baseado na ideia de proteção dos consumidores que utilizem este contrato.
- STJ 28-06-2007 (PEREIRA DA SILVA)[948]: o direito à resolução do contrato a prestações repousa na norma imperativa do artigo 934.º.

Em sentido inverso pode, todavia, ver-se:

- STJ 04-02-2003 (PONCE DE LEÃO)[949]: a falta de pagamento de uma só prestação que não exceda a oitava parte do preço não dá lugar à resolução do contrato, nem sequer, haja ou não reserva de propriedade, importa a perda do benefício do prazo relativamente às prestações seguintes, sem embargo de convenção em contrário. Tudo está em saber se estamos perante um preceito de caráter imperativo ou se podem as partes convencionar o contrário, o que passa naturalmente pela interpretação da parte final da disposição «sem embargo de convenção em contrário». É orientação dominante estar-se perante disposição de caráter imperativo, significando aquela expressão final «não obstante convenção em contrário» e não «salvo convenção em contrário». Mas propugna-se solução diferente. Na verdade, se estivéssemos perante disposição imperativa seria perfeitamente despropositada a expressão final, no sentido de o regime previsto se impor apesar da convenção em contrário, porquanto é claro não poder a lei, quando imperativa, ser afastada por convenção em contrário. Não seria necessária, então, nenhuma referência à ineficácia de convenção contrária. Daí que, o sentido natural da ressalva final seja exatamente o de permitir às partes disporem diferentemente. Sendo assim é obvio ser válida a já mencionada cláusula contratual.

Não obstante a natureza ambígua da expressão «sem embargo» entendida esta literalmente, do ponto de vista normativo não parece existir, a nosso ver, nenhuma dúvida no sentido da imperatividade do preceito. Lembre-se

[947] STJ 24-05-2007 (SILVA SALAZAR), Proc. 07A930/ITIJ (mútuo – juros remuneratórios – vencimento imediato das prestações).

[948] STJ 28-06-2007 (PEREIRA DA SILVA), Proc. 07B117/ITIJ (venda a prestações – reserva de propriedade – resolução do contrato).

[949] STJ 04-02-2003 (PONCE DE LEÃO), Proc. 02A4608/ITIJ.

o facto de o artigo 934.º ter um sentido restritivo do regime geral e de visar defender o comprador perante o vendedor dos perigos e seduções da venda a prestações. Por isso, e para atingir o seu objetivo, a norma necessita de se impor ao próprio contraente protegido[950].

VII – Assunto de algum modo relacionado com a imperatividade do artigo 934.º do Código Civil é o problema de saber se vendida a coisa sem reserva de propriedade a falta de pagamento de uma das prestações pode permitir ao vendedor a possibilidade de resolver o contrato, nos termos do artigo 886.º do Código Civil.

Não havendo reserva de propriedade, mesmo perante a entrega da coisa, julgam nada obstar a que os contraentes insiram no acordo negocial uma cláusula resolutiva para a hipótese de o comprador faltar ao pagamento de alguma prestação, mesmo se de valor igual ou inferior a uma oitava parte do preço, Vasco Lobo Xavier[951], Baptista Lopes[952], Pires de Lima/ /Antunes Varela[953] e Teresa Anselmo Vaz[954].

Pedro Romano Martinez[955] manifesta-se em sentido inverso por entender, dada a imperatividade do artigo 934.º do Código Civil, não parecer poder ser ajustada uma compra e venda sem reserva de propriedade, mas com entrega da coisa, com cláusula de resolução para a hipótese de falta de pagamento pelo comprador.

VIII – A fundamentação de Romano Martinez, embora não o resultado, é, porém, censurada por Nuno Pinto Oliveira[956]. Segundo este

[950] Exatamente nestes termos Pires de Lima/Antunes Varela, *Código...*, II, comentário ao artigo 934.º, 230.

[951] Lobo Xavier, *Venda a prestações...*, in *Revista...*, 1974, XXI, 1 a 4, 237 e ss., 239 e 240.

[952] Batista Lopes, *Do contrato...*, 214 e 215.

[953] Pires de Lima/Antunes Varela, *Código...*, II, comentário ao artigo 934.º, 230. Nuno Pinto Oliveira, *Compra...*, 95, cita estes autores como sendo contrários à admissibilidade de resolução, na hipótese de falta de reserva de propriedade. Nuno Pinto Oliveira cita, porém, a 3.ª ed. de 1986, não a 4.ª ed. de 1997, onde a posição expressa no comentário ao Código Civil é favorável à possibilidade de estipulação da resolução se não existir reserva de propriedade.

[954] Teresa Anselmo Vaz, *Alguns...*, 17 e 18.

[955] Pedro Romano Martinez, *Direito...*, 90, nota 2.

[956] Nuno Pinto Oliveira, *Compra...*, 97.

último só poderia alegar-se a imperatividade do artigo 934.º do Código Civil se se entendesse dispor este só ter o vendedor o direito potestativo de resolução do contrato de compra e venda a prestações:

- se tivesse reservado para si a propriedade da coisa;
- se, além disso, tivesse entregue o bem ao comprador;
- e se o comprador faltar ao cumprimento de uma obrigação superior à oitava parte do preço ou duas ou mais prestações, independentemente do seu valor.

Porém, segundo NUNO PINTO OLIVEIRA, *o texto da lei* (*sic*) diria algo de bem diferente: o alienante (vendedor) *só não* tem o direito potestativo de resolução do contrato de compra e venda a prestações:

- se tiver entregue a coisa ao comprador;
- e se o comprador faltar ao pagamento de uma só fração do preço (de uma só prestação), que não exceda a oitava parte do preço.

PEDRO ROMANO MARTINEZ desvalorizaria esta diferença: e desvalorizando-a, faria uma interpretação errada da lei (*sic*)[957].

IX – Pela nossa parte já várias vezes nos pronunciámos sobre a falta de valia dos argumentos destinados a amarrar o intérprete-aplicador a aspetos meramente literais ou textuais[958]. Não voltaremos a insistir, pois, neste ponto remetendo para o por nós antes dito.

Ainda assim, mesmo numa perspetiva imediatista de entendimento do artigo 934.º do Código Civil, não tem, com a devida vénia, PINTO OLIVEIRA total razão. Mesmo à mão desarmada parece extrair-se do artigo 934.º do Código Civil mais do que faz este autor. Em primeiro lugar, para o comprador ter o direito potestativo de resolução é necessário, segundo o artigo 886.º, não ter entregue a coisa ou, tendo-o feito, a estipulação da possibilidade de resolução. Não é, destarte, apropriado dizer-se só não ter o vendedor direito de resolução:

[957] NUNO PINTO OLIVEIRA, *Compra...*, 97.

[958] V., designadamente, o que escrevemos a este propósito no nosso *Direito das obrigações...*, I, I, 151 e ss..

- se tiver entregue a coisa ao comprador;
- e se o comprador faltar ao pagamento de uma só fração do preço (de uma só prestação), que não exceda a oitava parte do preço.

A isto soma-se o facto de fazer o artigo 934.º, de forma direta, menção a um outro requisito de aplicação não aludido por NUNO PINTO OLIVEIRA, no seu reparo a PEDRO ROMANO MARTINEZ. Na verdade, o preceito abre com a referência a «*vendida a coisa a prestações, com reserva de propriedade*». O cerne todo do problema está, pois, em apurar o sentido normativo dessa referência.

NUNO PINTO OLIVEIRA, apelando para pistas fornecidas por VASCO LOBO XAVIER[959], afirma não se vislumbrar nenhuma razão atendível para se tratar diversamente a possibilidade de resolução da venda a prestações segundo tenha havido, ou não, reserva de propriedade. Por isso, sustenta, o artigo 934.º do Código Civil deveria valer analogicamente para as hipóteses de ausência de *reservatio dominii*.

X – Julgamos não fazer realmente sentido não aplicar a limitação do artigo 934.º do Código Civil às situações de ausência de reserva de propriedade. Pode, porém, convocar-se por analogia a regra nele presente para resolver as hipóteses de resolução de uma compra e venda a prestações em que não é estipulada a reserva de propriedade?

A pergunta legitima-se pelo facto de a norma surgir como uma limitação, *i. e.*, com caráter restritivo, dos artigos 801.º, 802.º e 886.º. Donde dizer-se representar ela uma norma excecional[960]. Tudo, num passo suscetível de levar à afirmação da impossibilidade de haver analogia para sujeitar a resolução da venda a prestações, sem reserva de propriedade, às limitações do artigo 934.º. Isto, pois, nos termos do artigo 11.º do Código Civil as normas excecionais não permitiriam aplicação analógica. NUNO PINTO OLIVEIRA ultrapassa o impedimento lembrando não poderem os problemas de realização do

959 LOBO XAVIER, *Venda a prestações...*, in *Revista...*, 1974, XXI, 1 a 4, 237 e ss., mas que este acaba por julgar não serem suficientes para levar a afastar a possibilidade de resolução, nos termos do artigo 886.º, da compra e venda a prestações sem reserva de propriedade, mesmo se em causa estiver o incumprimento de apenas uma prestação de valor inferior ou igual a uma oitava parte do preço.

960 LOBO XAVIER, *Venda a prestações...*, in *Revista...*, 1974, XXI, 1 a 4, 199 e ss., *passim*.

Direito ser resolvidos por uma prescrição do legislador e, mesmo se isso fosse viável, *in casu* as razões de excecionalidade não erguem um estorvo à aplicação analógica do artigo 934.º à resolução do contrato de compra e venda a prestações sem reserva de propriedade.

Não podemos deixar de seguir, neste ponto, a posição do autor. Na verdade, temos vindo a manifestar-nos de modo sistemático de forma adversa à, a nosso ver, ultrapassada orientação no sentido de vedar (liminarmente) a analogia perante normas excecionais[961]. Haverá, porém, verdadeira

[961] V., por exemplo, PEDRO DE ALBUQUERQUE/MIGUEL ASSIS RAIMUNDO, *Direito das Obrigações. Contratos em especial,* 2.ª edição, 2013, II, 176 e ss., e nota 731. V., ainda, o nosso *A representação*..., 996, nota 1669, onde se lembra como mesmo um autor conservador, nesta matéria, como OLIVEIRA ASCENSÃO, *O direito*..., 450, chama a atenção para o facto de certos cenários, embora não diretamente emolduráveis na exceção, poderem apresentar maiores afinidades com ela do que com o preceito geral sendo princípio inerente a toda a lei, porque e na medida em que pretende ser «Direito» o tratamento igual daquilo que é igual. Ou seja, nestas hipóteses a analogia ou identidade de valoração funda-se, devido à sua semelhança, na exigência de justiça de tratar igualmente as situações iguais (cfr., a este respeito, LARENZ, *Metodologia da ciência do Direito,* 3.ª edição, tradução de JOSÉ LAMEGO, 1997, 500 e ss., 531 e 541. Para uma análise pormenorizada a respeito da noção de igualdade e designadamente a respeito da sua ligação ao conceito de justiça e à figura da analogia v., entre nós, MARTIM DE ALBUQUERQUE, *Da igualdade, Introdução à jurisprudência,* com a colaboração de EDUARDO VERA-CRUZ, 1993, *per totum, maxime,* 332 e ss.). Nessas situações não só não se vê motivo para rejeitar a analogia como ao invés ela impõe-se por via de um princípio ínsito na própria lei. Por isso mesmo já a Doutrina anterior ao Código Civil em vigor (cfr., por exemplo, CABRAL DE MONCADA, *Lições de direito civil, parte geral,* 3.ª edição, 1959 [existe 4.ª ed. de 1962 e publicada em 1995], I, 43 e 44, para quem: «(...) *definido o direito excepcional absurdo seria querer aplicar às suas disposições o princípio do artigo 11.º do Código Civil, que estabelece que as leis excepcionais não podem ser aplicadas por analogia a nenhuns casos que não estejam especificados nessas mesmas leis. A verdade é, pelo contrário, como ensina Coviello, que as próprias normas de direito excepcional quando formem um sistema orgânico são tão susceptíveis de aplicação por analogia como as de direito comum, uma vez que se apliquem a casos não contemplados nelas mas que entram na esfera de relações que esse direito excepcional regula que foram subtraídas ao direito comum*») tentava demarcar uma esfera mais restrita dentro da qual a regra excepcional pudesse ser analogicamente aplicada. Com base nessas tentativas, e como notou a propósito OLIVEIRA ASCENSÃO, o artigo 11.º do Projeto do Código Civil determinava que as normas excecionais «*não comportam aplicação analógica se as normas gerais correlativas contiverem princípios essenciais de ordem pública*». Esta restrição haveria de ser suprimida da versão definitiva, com a justificação de se julgar não haver sido alcançada uma fórmula satisfatória para o princípio a estabelecer. Com base na evolução verificada, OLIVEIRA ASCENSÃO considerava ter ficado campo aberto para a Doutrina resolver o assunto. Nesses termos, seriam de

necessidade de se ponderar a existência de uma lacuna a preencher com recurso a processos integrativos[962] como defende NUNO PINTO OLIVEIRA? Julgamos não haver.

Poder-se-ia dizer estar-se, na hipótese em presença, diante de uma lacuna a preencher segundo os critérios de integração. *In casu*, a analogia revelada pelo reconhecimento da falta de um preceito onde se enuncie um regime de exceção exigido normativamente pela hipótese singular[963]. Mas superado o estrito formalismo interpretativo a favor da intenção prático-normativa do pensamento jurídico e da sua metodologia a distinção entre interpretação e analogia, no sentido tradicional, mostra-se afetada[964]. Na verdade, a analogia – a tradicionalmente designada analogia jurídica –

afastar da aplicação analógica as regras contrárias a princípios fundamentais, informadores da ordem jurídica ou de um ramo de Direito em particular. Parece-nos, todavia, e com o devido respeito, que as razões subjacentes à não consagração definitiva do teor do artigo 11.º do Projeto de Código Civil impedem, também, qualquer tentativa para se estabelecer uma fórmula de amplitude genérica destinada a resolver o problema da aplicação analógica das normas excecionais (para mais pormenores a propósito da aplicação analógica v. PEDRO DE ALBUQUERQUE, *A aplicação do prazo prescricional do artigo 498.º do Código Civil à responsabilidade contratual*, separata da *Revista da Ordem dos Advogados*, 1989, 49, III, 826 e ss., com indicações. V. também o referido, a propósito da possibilidade de interpretação analógica do artigo 23.º do diploma no qual se disciplina o contrato de agência, CARNEIRO DA FRADA, *Teoria da confiança e responsabilidade civil*, 2004, 58 e 59, nota 41).

962 A propósito do problema da integração de lacunas e seus desenvolvimentos pode ver-se, *colorandi causa*, e de entre a multidão de autores que se têm ocupado desta matéria, com diferentes enquadramentos, e centrando a nossa atenção apenas na literatura jurídica alemã e portuguesa, ENGISCH, *Der Begriff der Rechtslücke. Eine analytische Studie zu Wilhelm Sauers Methodenlehre*, in *Festschrift für Wilhelm Sauer zum seinem 70. Geburtstag*, 1949, 85 e ss.; Id., *Introdução ao pensamento jurídico*, tradução e prefácio de BAPTISTA MACHADO, 1965, 222 e ss.; RENÉ A. RHINOW, *Rechtsetzung und Methodik*, 1979, 37 e ss.; CANARIS, *Die Feststellung von Lücken im Gesetz...*, *per totum*; CASTANHEIRA NEVES, *Metodologia...*, 207 e ss., insistindo numa perspetiva metodológica – por nós sufragada – em função da qual se alarga o espaço que o seu preenchimento representa na autónoma constituição do Direito; JOÃO PEDRO MARCHANTE, *Das lacunas da lei* de iure constituto..., *per totum*; Id., *Da detecção de lacunas...*, *per totum*; Id., *Das lacunas da lei, no Direito português...*, *per totum*, mas afastamo-nos manifestamente da orientação deste autor que julgamos ultrapassadas; e, finalmente, JOSÉ BRONZE, *Lições...*, 919 e ss.; 953 e ss., numa perspetiva tida novamente por apropriada – todos com indicações.

963 Mencionado ser esta uma hipótese típica de lacuna referida pelos autores v. CASTANHEIRA NEVES, *Metodologia...*, 219. Múltiplos exemplos podem-se cfr. em CANARIS, *Die Feststellung...*, 108 e ss..

964 CASTANHEIRA NEVES, *Metodologia...*, 264 e ss..

não é senão a explicitação normativa ou o decisivo modo de explicitação do autêntico sentido normativo-jurídico da norma[965]. A própria validade da distinção da interpretação em declarativa, restritiva ou extensiva está hoje posta em causa pela metodologia de ponta[966]. Alude-se, isso sim, entre outras, a uma assimilação normativa da relevância do caso por concretização, por adaptação extensiva e por adaptação restritiva[967], e a uma especificação teleológica da problemática da normatividade da norma[968]. Pela via da adaptação extensiva, entendendo, destarte, a intencionalidade ou relevância problemático-normativa da norma – o âmbito da previsão que ela hipoteticamente assume – e o mérito análogo do caso decidendo – e da especificante determinação das normas é possível mobilizar justificadamente uma norma e solucionar, por sua mediação, cenários concretos para os quais o pensamento tradicional colocava já o intérprete-aplicador perante uma lacuna.

XI – Na situação em apreço, o artigo 934.º do Código Civil limita o direito de resolução do vendedor a prestações, se existir reserva de propriedade, no confronto com o determinado pelos artigos 801.º, 802.º e 886.º. Isto é: não obstante o vendedor reservar para si a propriedade ou titularidade da coisa, ele está impedido de pôr termo ao contrato, resolvendo-o. Não pode, pois, nessa medida, fazer valer a propriedade por ele mantida, a não ser se se assistir a um incumprimento de uma prestação de valor superior a um

965 Castanheira Neves, *Metodologia...*, 269. Cfr., também, Santos Justo, *Nótulas de história do pensamento jurídico*, 2005, 83 e ss..

966 Castanheira Neves, *Metodologia...*, 266.

967 Castanheira Neves, *Metodologia...*, 177 e ss., onde se concretiza a noção de adaptação restritiva e extensiva e se pode ler a propósito desta última: «*O juízo analógico de juridicidade, referido às relevâncias em confronto, vem a apurar que a relevância material do caso tem um sentido intencional nuclearmente assimilável à relevância material da norma, muito embora as circunstâncias juridicamente relevantes daquele excedam o tipo de relevância nesta previsto – ou seja, a relevância material do caso é mais ampla do que a norma, mas o seu sentido é análogo*»; e José Bronze, *Lições...*, 919, que escreve: «*Nesta linha, alude-se, no nosso tempo, e* inter alia, *à adaptação extensiva e restritiva, respectivamente quando "a relevância material do caso [for] mais [ou menos] ampla" do que a "pressuposição hipotético-material da norma", mas ainda se deva reconhecer uma normativo--juridicamente suficiente analogia entre os dois pólos. Uma e outra radicam (...) na comparação do mérito autonomamente reconhecido ao caso decidendo e da "intencionalidade problemático-normativa da norma*».

968 Castanheira Neves, *Metodologia...*, 177 e ss.; e José Bronze, *Lições...*, 919 e ss..

oitavo do preço ou duas ou mais de qualquer valor. Mas se o vendedor, dotado da propriedade de um bem, não pode resolver, por força do artigo 934.º, o contrato, a não ser perante as situações de inadimplemento qualificadas por este preceito, então, a aceitação da possibilidade de o alienante, já desprovido da propriedade, proceder à resolução do contrato em razão de falhas de menor relevância envolveria uma profunda contradição valorativa[969]. Na verdade, observados certos pressupostos, estaria em melhor situação para resolver o contrato e reaver o objeto vendido quem já não é proprietário do que quem reservou para si a propriedade justamente de forma a poder reaver o bem vendido na hipótese de não-cumprimento. Dir-se-á, destarte, ter a relevância material do caso, da venda a prestações sem reserva de propriedade, um sentido intencional nuclearmente assimilável à relevância material da norma. Parece-nos mesmo poder falar-se em assimilação por concretização. Na realidade, afigura-se não ser o sentido normativo da referência, no artigo 934.º, à reserva de propriedade, o de tornar a resolução da venda a prestações sem *reservatio dominii* isenta das restrições nele impostas. Trata-se, antes, de dizer estar, mesmo a venda com reserva de propriedade, sujeita às condicionantes por ele impostas, numa ideia depois repisada e sublinhada na segunda parte do artigo. De facto, normativamente entendido o sentido do artigo 934.º é o de estipular que:

[969] A respeito das várias contradições ou incoerências possíveis das quais pode sofrer certo ordenamento jurídico pode ver-se, ENGISCH, *Introdução ao pensamento...*, 253 e ss., o qual aponta as seguintes espécies: contradições técnicas; contradições normativas; contradições valorativas; contradições teleológicas; e contradições de princípios. As incoerências de valoração poderão ter de ser aceites pelo intérprete. Todavia, cada contradição valorativa imanente deve constituir um estímulo a uma prudente verificação sobre se ela não poderá ser eliminada através da interpretação e assim alcançada a devida coerência valorativa. Já HORST HAGEN, *Funktionale und dogmatische Zusammenhänge zwischen Schadens und Bereicherungsrecht*, *Festschrift für Karl Larenz zum 70. Geburtstag*, 1973, 868, fala de uma regra de interpretação no sentido de uma suposição ou presunção de conformidade das valorações jurídicas para a solução dogmática de problemas que se correspondam entre si. Também KARL LARENZ, *Metodologia...*, 406 e ss., 471 e 472, 534, 535 e 541, julga as contradições valorativas como não compagináveis com a ideia de justiça, no sentido de igual medida. Por isso, e embora nem sempre seja possível evitá-las, o esforço para a sua erradicação corresponde a uma exigência, tanto para o intérprete como para o legislador. Entre nós, pode ver-se, a título meramente exemplificativo, no sentido de se dever promover à remoção das contradições de valoração, BAPTISTA MACHADO, *Introdução...*, 171.

> *«vendida uma coisa a prestações, mesmo*[970] *se com reserva de propriedade, e feita a sua entrega ao comprador, a falta de pagamento de uma só prestação que não exceda a oitava parte do preço não dá lugar à resolução do contrato»*;

e depois adita-se repetindo-se e elucidando o já resultante da primeira parte no sentido de a norma abranger, quer as hipóteses de reserva, quer as de falta dela[971]:

> *«nem sequer, haja ou não reserva de propriedade, importa a perda do benefício do prazo relativamente às prestações seguintes, sem embargo de convenção em contrário.»*

Mas, mesmo se assim não fosse, mesmo se não se pudesse entender existir uma assimilação por concretização, sempre se deveria afirmar, o que de resto se refere por simples facilidade, dar-se uma assimilação por adaptação extensiva.

Chegamos, pois, com fundamentação diversa, a resultados iguais aos propostos por PEDRO ROMANO MARTINEZ e NUNO PINTO OLIVEIRA, no sentido da inadmissibilidade da convenção de uma cláusula de resolução na compra e venda a prestações, com entrega da coisa, mas sem reserva de propriedade, para a hipótese de se não se assistir a um incumprimento de uma prestação superior à oitava parte do preço ou à falta de duas independentemente do seu valor.

§ 8.2 – Cláusula penal

I – O artigo 935.º define o regime da cláusula penal na eventualidade de o comprador não cumprir. A estipulação de uma cláusula penal é admitida

[970] Este «mesmo» subentende-se, de modo manifesto, está obviamente implícito numa apropriada compreensão do sentido normativo do preceito.

[971] É pois perfeitamente deslocado e errado fazer-se uma interpretação *a contrario*. A falta de valia do argumento *a contrario* é sabida dos cultores da filosofia e metodologia jurídicas (sublinhando isso mesmo v. os nossos *A aplicação do prazo prescricional do n.º 1 do artigo 498.º...*, 815; e *Os limites à pluriocupação...*, 26 e 27, 67. Cfr. também, com desenvolvimento, CASTANHEIRA NEVES, *Questão-de-facto...*, I, 263 e ss.; Id., *Metodologia...*, 264 e 265. Lembrando não permitir a contemplação de preceitos legais, num círculo vicioso próprio da Jurisprudência dos conceitos, por si só, optar entre a analogia e o argumento *a contrario* pode ver-se MENEZES CORDEIRO, *Da boa fé...*, I, 543 e 544. Finalmente, cfr. OLIVEIRA ASCENSÃO, *O direito...*, 470 e ss..

para os diversos contratos, e de forma geral, no artigo 810.º do Código Civil, como meio prévio de fixação de uma indemnização pelo não-cumprimento de obrigações. Existem, porém, espalhadas pelo Código, algumas disposições destinadas a reagir perante cláusulas penais usurárias. Uma dessas disposições é precisamente o artigo 935.º. Por força do disposto neste artigo a indemnização estabelecida em cláusula penal, por o comprador não cumprir, não pode exceder metade do preço – salvo a faculdade de as partes ajustarem a ressarcibilidade de todos os prejuízos sofridos. Se o referido limite for ultrapassado, a indemnização estipulada em montante superior a metade do preço será reduzida a essa metade (artigo 935.º, n.º 2).

Se se tiver estipulado perder o comprador, na eventualidade de incumprimento, as prestações já pagas e estas excederem metade do preço não poderá o vendedor fazer seu o excedente.

Se os prejuízos forem superiores a metade do preço e as partes não tiverem estipulado a ressarcibilidade de todos os danos o vendedor será compensado até ao limite da indemnização pactuada pelos contraentes, mesmo se ultrapassar metade do preço. Isto exprime passar a cláusula penal superior a metade do preço, depois de reduzida, a funcionar como um teto ou limite máximo de indemnização de todos os prejuízos sofridos pelo vendedor.

II – Assunto debatido é o de saber se a limitação estabelecida no artigo 935.º do Código Civil vale para toda a situação de incumprimento ou apenas para as situações de resolução pelo vendedor. Dito de outra maneira: debate-se o problema de saber se o regime do artigo 935.º vale para aqueles cenários onde o alienante, não obstante o incumprimento, exige do comprador o adimplemento da prestação ou se, ao invés, apenas rege se o vendedor resolver o contrato.

A favor da ideia de o artigo 935.º do Código Civil limitar tão-só a cláusula penal na eventualidade de se resolver o contrato pronunciou-se, em termos impressivos, Vasco da Gama Lobo Xavier[972]. Sublinha este autor, em primeiro lugar, o facto de estarmos agora diante de obrigações pecuniárias. Ora, para estas, o artigo 806.º – que ninguém duvidaria ter natureza imperativa – preceitua corresponder a indemnização aos juros devidos. E se é certo dizer esta norma diretamente respeito à mora, ela valeria, também, e de forma igualmente imperativa, para o inadimplemento definitivo.

[972] Lobo Xavier, *Venda a prestações...*, in *Revista...*, 1974, XXI, 1 a 4, 260 e ss..

A interrogação estaria, apenas, em saber se o artigo 935.º do Código Civil viria derrogar, para a venda a prestações, o regime geral do artigo 806.º. E a esta interrogação responde VASCO LOBO XAVIER negativamente. Alega, para tanto, em primeiro lugar, o facto de não parecer aceitável ser, o vedado na venda comum – a sujeição, do contraente em falta na obrigação de satisfazer o preço, a pagar uma indemnização diversa da traduzida na remuneração dos juros respetivos –, admitido na venda a prestações, exatamente onde se legitima uma especial proteção do comprador. Em segundo lugar, o autor lembra o facto de o artigo 935.º/2 do Código Civil mostrar, pelo seu contexto, como ao invés do *prima facie* sugerido, o subjacente à norma é apenas a indemnização na eventualidade de resolução do contrato. Na verdade, o artigo 935.º/2 do Código Civil alude à hipótese de a indemnização fixada na cláusula penal se traduzir na não restituição das prestações pagas. Ora, pareceria óbvio só poder falar-se de não reembolso como pena se o vendedor insatisfeito resolver o contrato, em vez de efetivar o respetivo direito ao preço em dívida e a competente indemnização.

III – Sucede, porém, com a devida vénia, não ser, diversamente do sustentado por VASCO DA GAMA LOBO XAVIER, a norma do artigo 806.º do Código Civil imperativa. Na verdade, ela é supletiva como manifestamente resulta do facto de este preceito permitir às partes estipularem um juro moratório diferente do legal[973]. Donde, a possibilidade de a cláusula penal levar, eventualmente, a uma indemnização superior à resultante da aplicação da taxa legal de juros, a que supletivamente apela o artigo 806.º para o comum das obrigações pecuniárias, não sentencia a solução. Além de outras razões porque também no artigo 806.º se prevê a possibilidade de os contraentes, nos moldes do artigo 810.º e seguintes do Código Civil, terem estabelecido um juro moratório mais elevado[974].

O segundo argumento citado por VASCO LOBO XAVIER é pertinente. Mas, por si só, mostra-se insuficiente para resolver o assunto de saber se o artigo 935.º apenas é aplicável às situações de resolução do contrato ou se, ao invés, também abrange as hipóteses de exigência de cumprimento.

[973] Afirmando expressamente a supletividade do artigo 806.º pode ver-se ALMEIDA COSTA, *Direito...*, 738. Cfr., também, PIRES DE LIMA/ANTUNES VARELA, *Código...*, II, comentário aos artigos 806.º e 935.º, 67 e 232.

[974] PIRES DE LIMA/ANTUNES VARELA, *Código...*, II, comentário ao artigo 935.º, 232.

IV – Ainda no sentido de os limites do artigo 935.º do Código Civil apenas se aplicarem a situações de resolução e não já a hipóteses de exigência do preço se pronunciam TERESA ANSELMO VAZ[975] e MENEZES LEITÃO[976].

Segundo MENEZES LEITÃO, o artigo 935.º deveria ser objeto de uma interpretação restritiva por a respetiva letra ir além do seu espírito. Na realidade, afirma, a indemnização em virtude de o comprador incumprir, nos termos dos artigos 798.º e 801.º/2 do Código Civil, poderia respeitar tanto ao interesse contratual negativo como ao interesse contratual positivo, segundo o vendedor proceda, ou não, à resolução do contrato. Estando em jogo o interesse contratual positivo, por não se ter optado pela resolução do contrato, não haveria motivo para limitar a indemnização a metade do preço. Essa baliza só poderia valer se o vendedor resolver o contrato fundado na falta de cumprimento do comprador. Isto permitir-lhe-ia exigir a devolução da coisa entregue cumulativamente com a indemnização do interesse contratual negativo (artigo 801.º/2). Deveria, por isso, inferir-se no sentido de o artigo 935.º apenas valer para as cláusulas penais relativas à indemnização a pedir na hipótese de resolução do contrato.

Depois de quanto referimos já em vários momentos não é agora necessário mencionar não seguirmos, com a devida vénia, exatamente a visão defendida, neste ponto, por MENEZES LEITÃO para o problema metodológico da interpretação-aplicação-compreensão do Direito. Nem isso se mostra agora de fundamental importância. Quanto se afigura, isso sim, relevante é o facto de, sem prejuízo de ser essa a opinião sufragada por largo setor, termos dúvidas relativamente à efetiva limitação da responsabilidade, na hipótese de o credor optar pela resolução do contrato, ao interesse contratual negativo[977].

975 TERESA ANSELMO VAZ, *Alguns aspectos...*, 28 e 29, nota 48.

976 MENEZES LEITÃO, *Direito...*, III, 68.

977 No sentido da limitação nessa hipótese da indemnização ao interesse contratual negativo pode ver-se: PESSOA JORGE, *Ensaio sobre os pressupostos da responsabilidade civil*, 1968, 380; CARLOS MOTA PINTO, *Cessão...*, 412 e ss.; LOBO XAVIER, *Venda a prestações...*, in *Revista...*, 1974, XXI, 1 a 4, 262; PEDRO ROMANO MARTINEZ, *Cumprimento defeituoso em especial na compra e venda e na empreitada*, 1994, 348 e ss.; BRANDÃO PROENÇA, *A resolução...*, 183 e ss., muito embora remeta para o tribunal a ponderação dos interesses em presença; PIRES DE LIMA/ANTUNES VARELA, *Código...*, II, comentário ao artigo 801.º, 58; CALVÃO DA SILVA, *Responsabilidade civil do produtor*, 1990, 248; GALVÃO TELLES, *Direito...*, 463; ANTUNES VARELA, *Das obrigações...*, II, 109; ALMEIDA COSTA, *Direito...*, 1045; MENEZES LEITÃO, *Direito...*, II, 260 e ss., III, mas admite a indemnização de lucros cessantes. Em sentido algo

Parece-nos, por isso, ter a averiguação a respeito da aplicabilidade, ou não, do artigo 935.º, e seus limites, às situações de exigência do cumprimento por parte do vendedor de ser mais aprofundada.

V – PEDRO ROMANO MARTINEZ posiciona-se a nível intermédio[978]. Numa primeira linha, pugna por uma orientação semelhante à defendida por VASCO DA GAMA LOBO XAVIER. A aplicação do artigo 935.º do Código Civil só se legitimaria perante a resolução do contrato. A propósito do dano positivo estaria em jogo a aplicação do artigo 806.º, sendo devidos juros e não a indemnização do artigo 935.º do Código Civil. Mas levanta duas salvaguardas. Desde logo, o dano positivo pode, nalguns cenários, não ser ressarcido pelos juros de mora, como sucede havendo danos morais. Além disso, por outro lado, os juros de mora podem ser suscetíveis de excederem metade do preço e nessa hipótese voltaria a ter sentido apelar o artigo 935.º para o dano positivo.

O argumento alegado em oposição à posição de VASCO LOBO XAVIER permite, com o devido respeito, afastar também a orientação de PEDRO

diverso pode ver-se PESSOA JORGE, *Direito das obrigações*, 1975-1976, I, 72 e ss., autor que distingue a resolução com eficácia retroativa cumulável apenas com a indemnização dos danos negativos e a resolução sem eficácia retroativa cumulável com a indemnização dos danos positivos. Já abertamente em favor da indemnização do dano positivo pode ver-se, *colorandi causa*, VAZ SERRA, *Impossibilidade superveniente...*, in *Boletim...*, 1955, 47, 21 e ss.; Id., *Anotação ao STJ 30-06-1970*, in *Revista de Legislação e de Jurisprudência*, 1971-1972, 104, 207; MOURA RAMOS/MARIA BENTO SOARES, *Contratos internacionais...*, 202 e ss.; ANA PRATA, *Cláusulas de exclusão e limitação da responsabilidade contratual*, 1985, 479 e ss.; BAPTISTA MACHADO, *Pressupostos...*, in *João Baptista Machado. Obra...*, I, 125 e ss., 175 e ss.; Id., *A resolução por incumprimento e a indemnização*, in *Idem*, I, 195 e ss.; ANA RIBEIRO DE FARIA, *A natureza do direito de indemnização cumulável com o direito de resolução dos artigos 801.º e 802.º do Código Civil*, in *Direito e Justiça*, 1994, VIII, 1, 53 e ss.; Id., *A natureza da indemnização no caso de resolução do contrato – novamente a questão*, in *Estudos em comemoração dos cinco anos (1995-2000) da Faculdade de Direito da Universidade do Porto*, 2001, 11 e ss., *maxime* 46 e 47 e ss.; PEDRO ROMANO MARTINEZ, *Da cessação...*, 203 e ss.; 2.ª ed., 207 e ss., que assim parece rever posições anteriores; LUÍS MIGUEL PESTANA DE VASCONCELOS, *A cessão...*, 322 e ss., 692; NUNO PINTO OLIVEIRA, *Compra...*, 120 e 121; PAULO MOTA PINTO, *Interesse contratual negativo e interesse contratual positivo*, 2009, II, 1604 e ss., 1654 e 1655; MENEZES CORDEIRO, *Tratado...*, II, 285; Id., *Tratado de direito civil*, IX, *Direito das obrigações. Cumprimento e não-cumprimento. Transmissão. Modificação e extinção*, 3. ª edição, 2017, 945 e ss.. Neste último sentido parece ir, também, se bem vimos, CARNEIRO DA FRADA, *Teoria da confiança...*, 662 e ss..

[978] PEDRO ROMANO MARTINEZ, *Direito...*, 94, nota 1.

ROMANO MARTINEZ. Não é possível entender-se delimitar o artigo 806.º negativamente o artigo 935.º, afastando a respetiva aplicação, por o primeiro destes dois preceitos ter natureza supletiva e poder ser alheado por disposição das partes, segundo o regime dos artigos 810.º e seguintes.

VI – Atendendo ao aspeto agora mesmo enunciado – a supletividade do artigo 806.º do Código Civil – PIRES DE LIMA/ANTUNES VARELA[979] propugnam a aplicação do artigo 935.º tanto para a hipótese de o vendedor pedir a resolução do contrato como para as situações em que exige o cumprimento. Julgamos, porém, não poder o problema ser resolvido de forma tão simples.

NUNO PINTO OLIVEIRA nota a propósito parecer, de algum modo, subjacente a estas orientações a ideia de a cláusula penal ter sempre uma mesma natureza, mas isso não sucede[980]. Deve em primeiro lugar distinguir-se cláusulas penais moratórias e cláusulas penais compensatórias[981], segundo elas se destinem a funcionar em situação de mora ou na eventualidade de incumprimento. Deve, depois, diferenciar-se as cláusulas penais segundo elas sejam meramente indemnizatórias, compulsórias ou penais *stricto sensu*[982]. Nesta última classificação:

[979] PIRES DE LIMA/ANTUNES VARELA, *Código*..., II, comentário ao artigo 935.º, 232.

[980] NUNO PINTO OLIVEIRA, *Compra*..., 119.

[981] Veja-se GALVÃO TELLES, Direito..., 444; MENEZES LEITÃO, *Direito*..., II, 290.

[982] Cfr., sobretudo, PINTO MONTEIRO, *Cláusula penal e indemnização*, 1990, *passim*, e 282, 419 e ss.; e 577 e ss.. V., ainda, FERRER CORREIA/HENRIQUE MESQUITA, *Anotação ao STJ 03-11-1983*, in *Revista da Ordem dos Advogados*, 1985, 45, I, 130 e ss.; 154; ANTUNES VARELA, *Parecer*, in *Revista da Ordem dos Advogados*, 1985, 45, I, 159 e ss.; 185 e 186; JOSÉ MARQUES ESTACA, *A cláusula penal e a responsabilidade civil*, in *Estudos em homenagem ao Professor Doutor Inocêncio Galvão Telles*, IV, *Novos estudos de direito privado*, 2003, 300 e ss.; CALVÃO DA SILVA, *Cumprimento e sanção pecuniária*..., 247 e ss.; MENEZES LEITÃO, *Direito*..., II, 285 e 286; NUNO PINTO OLIVEIRA, *Cláusulas acessórias ao contrato. Cláusulas de exclusão e de limitação do dever de indemnizar. Cláusulas penais*, 3.ª edição, 2008, 73 e ss.; Id., *Compra*..., 119 e ss.; MENEZES CORDEIRO, *Tratado*..., IX, 477, muito embora o autor assinale, bem, haver nestas classificações uma sobreposição de critérios. Ao nível da Jurisprudência cfr., por exemplo, STJ 03-11-1983 (SANTOS SILVEIRA), in *Revista da Ordem dos Advogados*, 1985, 45, I, 114 e ss.; STJ 18-11-1997 (CARDONA FERREIRA), Proc. 97A721/ITIJ (venda a prestações – incumprimento do contrato – cláusula penal – interpretação do negócio jurídico – redução – matéria de facto), com mera indicação do sumário; STJ 09-02-1999 (LOPES PINTO), Proc. 99A001/ITIJ (contrato de locação financeira – cláusula penal – cláusula leonina – sanção pecuniária compulsória); STJ 22-10-2008 (BRAVO SERRA), Proc. 08S2056/ITIJ (processo executivo – transação – cláusula penal).

- a primeira visa, apenas, facilitar a reparação do dano, nos moldes previamente previstos pelas partes, sem especiais intuitos compulsórios, tendo antes a finalidade de evitar dúvidas e litígios a respeito do eventual montante da indemnização. Porém, poderá vir a ter, mesmo se incidental ou obliquamente, um efeito coercitivo. É esta a espécie diretamente contemplada no artigo 810.º/1 do Código Civil[983];
- a cláusula penal puramente compulsória não tem nenhuma influência sobre o montante da indemnização. As partes acordam numa pena que acresce ao cumprimento da obrigação e à indemnização[984];
- finalmente, a terceira, a cláusula penal *stricto sensu*, visa compelir o devedor ao cumprimento legitimando o credor, perante o inadimplemento, a exigir a título sancionatório, uma outra prestação – a pena – em alternativa à inicialmente prevista e de maior importância do que esta[985].

VII – Estas classificações podem intersetar-se, no sentido de, seja as cláusulas moratórias, seja as compensatórias, serem suscetíveis de se assumir como indemnizatórias, compulsórias ou penais *stricto sensu*. Quais são, porém, aquelas onde vale, na venda a prestações, o limite do artigo 935.º?

Vejamos em primeiro lugar a hipótese de o vendedor não pretender a resolução do contrato, optando antes pela sua manutenção.

Neste cenário deve-se, desde logo, sublinhar o facto de a proibição de cumulação, estabelecida no artigo 811.º/1, entre a exigência de cumprimento coercivo da obrigação principal e o pagamento da cláusula penal, não ter lugar se, mesmo sendo ela compensatória, tiver natureza puramente compulsória[986]. Mas não valendo a proibição de cúmulo vale, isso sim, o limite fixado no artigo 935.º. Ou seja: o vendedor pode pedir o cumprimento da prestação e a indemnização pelos prejuízos sofridos, a que se soma a pena. Mas esta ficará limitada pelo artigo 935.º. Não se segue, assim, NUNO PINTO OLIVEIRA[987] ao dizer este levar a aplicação do artigo 935.º às cláu-

983 PINTO MONTEIRO, *Cláusula penal...*, 282.
984 PINTO MONTEIRO, *Cláusula penal...*, 282.
985 PINTO MONTEIRO, *Cláusula penal...*, 282.
986 PINTO MONTEIRO, *Cláusula...*, 443 e 444.
987 NUNO PINTO OLIVEIRA, *Compra...*, 126.

sulas penais compensatórias, na eventualidade de o vendedor optar pela exigência do cumprimento, a resultados insustentáveis. O vendedor, diz, seria desprovido da coisa e receberia uma indemnização (*in casu* o valor resultante da cláusula penal). Porém, o artigo 935.º proibiria a indemnização de ultrapassar metade do preço, donde o alienante ficaria sem o objeto vendido e só receberia metade do valor negociado. Mas o autor só chega a este resultado por, a nosso ver, ao invés do por ele defendido ser necessário fazer, não distinguir os vários tipos de cláusulas compensatórias em função da sua natureza indemnizatória, compulsória ou penal *stricto sensu*. Se a cláusula compensatória tiver natureza compulsória, o vendedor pode pedir o preço e o pagamento da cláusula que, insista-se, terá de respeitar os limites do artigo 935.º.

VIII – Tratando-se de uma cláusula penal indemnizatória ou penal *stricto sensu* já poderia parecer o raciocínio de Pinto Oliveira pertinente. Não faria sentido aplicar o artigo 935.º às situações nas quais o vendedor optasse pela manutenção do contrato e pelo funcionamento da cláusula penal, pois, ficaria sem a coisa e receberia metade do preço. Mas uma vez mais a solução não se mostra tão simples, importando fazer distinções.

Parece implícito na construção de Nuno Pinto Oliveira que as cláusulas penais compensatórias de natureza indemnizatória ou penal *stricto sensu* apenas se destinariam a acautelar o incumprimento definitivo da prestação principal. Mas não é assim. Estas, como aliás também as puramente compulsórias, podem ter, entre outros, por fim acautelar[988]:

- qualquer forma de incumprimento;
- o incumprimento total e definitivo da prestação principal;
- o incumprimento parcial;
- o cumprimento defeituoso;
- violação de deveres acessórios;
- o custo de recorrer à execução específica, etc..

Ora, a aplicação do limite do artigo 935.º à cláusula penal compensatória, de natureza indemnizatória ou penal em sentido estrito, só poderia

[988] Veja-se, para estes e outros exemplos, Pinto Monteiro, *Cláusula...*, 424 e ss.; e José Marques Estaca, *A cláusula...*, in *Estudos...*, IV, 310.

conduzir ao resultado qualificado, por NUNO PINTO OLIVEIRA, como insustentável no caso de se assistir a um incumprimento total e definitivo e de o vendedor pretender manter o contrato e ao mesmo tempo invocar essa mesma cláusula. Não, assim, nas outras hipóteses. Se, por exemplo, as partes fixaram a cláusula penal para ressarcir o alienante dos custos do recurso à execução específica é óbvio poder este pedir o pagamento da totalidade do preço a par do funcionamento da cláusula penal para acautelar o interesse por ela protegido seja qual for a sua natureza. Porém, ela ficará sujeita aos condicionamentos do artigo 935.º do Código Civil.

Parece, portanto, apenas não se dever aceitar a sujeição das cláusulas penais compensatórias indemnizatórias e penais *stricto sensu* no artigo 935.º se elas se destinarem a acautelar um incumprimento definitivo e total e o comprador desejar manter o contrato. Nessa hipótese, mas só nessa eventualidade, pode dizer-se, com NUNO PINTO OLIVEIRA, dever afastar-se a aplicação do artigo 935.º pois, por razões teleológicas, o seu sentido normativo não assimila estas hipóteses. De outro modo, ao exigir, numa situação destas, o pagamento da cláusula penal o alienante ficava privado da coisa e só receberia metade do preço[989]. Isso não invalidará, todavia, a sujeição dessa cláusula ao disposto no artigo 812.º do Código Civil. Aliás, seja qual for a natureza da cláusula e o dano por ele acautelado e mesmo se estiver sujeita aos limites do artigo 935.º do Código Civil poderá sempre aplicar-se o preceituado no artigo 812.º do Código Civil.

IX – Quanto dissemos para as hipóteses das cláusulas compensatórias, na eventualidade de o vendedor pretender manter o contrato, permite antecipar alguns dos resultados a que se deve chegar perante cláusulas

[989] Não se acompanha, assim, com a devida vénia, PINTO MONTEIRO, *Sobre...*, in *O Direito*, 1990, 122, III e IV, 565, quando este, sem distinguir as hipóteses de manutenção do contrato e de resolução, diz valer o artigo 935.º independentemente da modalidade de cláusula penal acordada. Seria a *ratio* do artigo 812.º a legitimar essa solução para melhor proteção do comprador. Só que a *ratio* da norma não pode levar a uma solução que permita ao adquirente ficar com a coisa e apenas ter de pagar metade do preço. A aceitar-se a possibilidade de um tal resultado a possibilidade de funcionamento de uma cláusula penal e da manutenção do contrato tornar-se-ia, a nosso ver, meramente virtual ou platónica. Nenhum vendedor recorreria a esse esquema escolhendo sempre a via da resolução acompanhada do valor a pagar ao abrigo da cláusula penal.

penais moratórias. Também aqui se a natureza da cláusula for simplesmente compulsória deverá ela ser sujeita aos limites do artigo 935.º[990].

E o mesmo se dirá tratando-se de cláusulas penais moratórias de natureza indemnizatória ou penal em sentido estrito, se a sua finalidade for a de acautelar, por exemplo, a violação de deveres acessórios.

Maiores dúvidas nos suscita o problema se as cláusulas penais se destinarem a acautelar a mora na realização da prestação principal.

Convocar, tal como fazem VASCO LOBO XAVIER e PEDRO ROMANO MARTINEZ, relativamente às cláusulas moratórias, o artigo 806.º para afastar as restrições do artigo 935.º e aplicar, em vez disso, a solução resultante do primeiro dos dois preceitos às situações de mora numa venda a prestações, a nosso ver, nada resolve dado este ser meramente supletivo. Isto é: se as partes convencionarem uma cláusula penal para a mora deixa de se aplicar o artigo 806.º, que não se sobrepõe, portanto, ao regime dos artigos 810.º e seguintes do Código Civil. A questão está em saber se se deve, então, aplicar também o artigo 935.º à cláusula penal, indemnizatória ou estritamente penal, eventualmente estipulada?

Para responder a esta interrogação NUNO PINTO OLIVEIRA lembra, além do apelo por ele feito ao artigo 806.º e cuja procedência acabámos de afastar, um critério de racionalidade: se, por exemplo, os contraentes estipulassem sujeitar-se o comprador a uma pena de 1000 por cada mês de atraso no pagamento do preço de 10 000, o adquirente só teria de pagar durante cinco meses, os atrasos mais breves – inferiores ou iguais a cinco meses – seriam punidos; os atrasos mais longos não o seriam. Haveria, assim, um desfavorecimento injustificado do devedor e um favorecimento igualmente sem justificação do comprador. Apesar de impressionante, a argumentação acaba por não nos persuadir. Uma vez mais, e com a devida vénia, NUNO PINTO OLIVEIRA não faz distinções que importa realizar. Parte do princípio de a cláusula moratória, a ser estipulada, ter de o ser para todo o período da mora. Mas não é assim. As partes podem perfeitamente definir uma cláusula penal para valer apenas a partir de um determinado tempo ou só até certo momento. Numa situação do tipo da exposta pelo autor, se as partes definiram o montante de cada pena de forma a ela abranger apenas cinco meses

[990] Diverge-se, portanto, uma vez mais, de NUNO PINTO OLIVEIRA, *Compra...*, 126, que julga em bloco, e sem distinguir a respetiva natureza ou finalidade, não ser de aplicar às cláusulas penais moratórias os limites do artigo 935.º do Código Civil.

de mora, então, parece dever depreender-se no sentido de as situações ou danos prevenidos pela cláusula penal serem apenas os resultantes de atrasos situados dentro dos cinco meses. Ultrapassado esse prazo estamos já fora do respetivo âmbito de aplicação: passaria, por isso, a funcionar novamente o regime do artigo 806.º[991]. Se, por alguma circunstância, se chegasse, por via interpretativa do contrato, à conclusão segundo a qual as partes quiseram, excecionalmente, não uma cláusula penal para atingir, apenas, os primeiros meses de mora, mas toda ela, nessa eventualidade se o comprador não quiser sujeitar-se à consequência apontada por Nuno Pinto Oliveira deverá assegurar a possibilidade de indemnização do dano excedente segundo o disposto no artigo 811.º do Código Civil, a realizar nos termos do artigo 806.º/1 e 2. Se aceitar fixar uma cláusula não só para os atrasos abrangidos pela pena, mas para todo o atraso, e não ressalvar a possibilidade de ressarcibilidade do dano excedente resta-lhe provocar o vencimento antecipado no dia em que a pena deixar de o proteger perante mora. Se não fizer nada disto, então, apenas se poderá queixar de si próprio não havendo nenhuma razão para não aplicar, *in casu*, os limites do artigo 935.º.

X – Diversa será a solução na eventualidade de o vendedor pretender resolver o contrato e de isso lhe ser consentido pelo funcionamento conjugado dos artigos 886.º e 934.º do Código Civil. Aí, na medida em que pode exigir a devolução da coisa, parece deverem aplicar-se, independentemente da natureza da cláusula, sempre os condicionamentos constantes do artigo 935.º[992].

Em todos estes cenários, independentemente da finalidade ou natureza da cláusula penal e, quer o vendedor deseje optar pela manutenção, quer prefira a resolução, podem as partes convencionar a ressarcibilidade do dano excedente, mesmo se ele ultrapassar os limites do artigo 935.º. Da mesma forma pode recorrer o comprador ao artigo 812.º com vista a obter

[991] Note-se que se não trata de entender ser agora aplicável o artigo 811.º/2 do Código Civil e admitir a reparação do dano excedente à pena. Quanto está neste cenário em jogo é algo de bem diverso. Numa situação dessas quanto se sustenta é valer a pena, tão-só, para cinco situações de não pagamento pontual. Fora desses cenários não há que falar em dano excedente por esse prejuízo ser um *aliud* relativamente aos aspetos abrangidos pela cláusula penal.

[992] Acompanha-se, pois, neste ponto a *communis opinio* com realce para Pinto Monteiro, *Sobre...*, in *O Direito...*, 565; e Nuno Pinto Oliveira, *Compra...*, 128 e 129.

uma redução equitativa do montante da pena, seja qual for a via seguida pelo alienante e a função e natureza da cláusula penal, e mesmo se a pena se situar dentro dos parâmetros do artigo 935.º.

Observe-se, ainda, só valer o regime do artigo 935.º para a cláusula penal destinada a acautelar falhas do comprador. As falhas do vendedor ficarão sujeitas aos artigos 810.º e seguintes.

§ 8.3 – A aplicação do regime da compra e venda a prestações a outros contratos

I – Segundo o artigo 936.º, o regime da compra e venda a prestações vale para todos os contratos pelos quais se pretende obter um resultado semelhante. Note-se ir esta disposição para além da presente no artigo 939.º do Código Civil. Isto traduz valer também o regime da venda a prestações em relação a contratos donde não resulte a transmissão onerosa de bens, como sucede na empreitada[993].

II – Não isenta de embaraços é a aplicação do regime da venda a prestações a negócios que visam finalidades idênticas, como o aluguer de longa duração e a locação financeira[994]. Ainda assim parece-nos de sujeitar esses negócios também ao disposto nos artigos 934.º e 935.º[995].

993 Assim, também, PEDRO ROMANO MARTINEZ, *Direito...*, 95.

994 Para a alocação financeira v. o Decreto-Lei n.º 30/2012, artigo 17.º, que estabelece uma resolução nos termos gerais, não sendo aplicável as normas do Código Civil referentes à locação.

995 Em sentido meramente dubitativo MARCO LIPARI, *Vendita...*, in *Enciclopedia...*, XLVI, 550; PEDRO ROMANO MARTINEZ, *Direito...*, 95. Desenvolvimentos podem ver-se em TERESA ANSELMO VAZ, *Alguns...*, 77 e ss., negando a aplicação à locação financeira dos artigos 934.º e 935.º do Código Civil. Também a Jurisprudência tem recusado a aplicação do regime dos artigos 934.º e 935.º a estes contratos. V. RPt 06-07-1995 (DIOGO FERNANDES), Proc. 9430903/ITIJ (contrato de locação financeira – natureza jurídica – prazo – juros convencionais – usura), com simples indicação do sumário; RLx 19-05-1992 (MACHADO SOARES), Proc. 0051241/ITIJ (compra e venda – boa fé – cláusula geral – nulidade – contrato de locação financeira – cláusula penal). Para mais aprofundamentos v. DE NOVA, *La cassazione e il leasing: atto secondo*, in *Foro Italiano*, 1990, I, 462 e ss.. Cfr., também, PARDOLESI, *Leasing finanziario: si recomincia da due*, in *Idem*, 471 e ss..

§ 8.4 – A venda a prestações efetuada no âmbito de relações de consumo

I – A venda a prestações efetuada no âmbito de relações de consumo mostra-se sujeita a um regime jurídico especial traduzido sobretudo numa maior proteção do consumidor. Inicialmente este contrato foi regulado pelo Decreto-Lei n.º 359/91, de 21 de setembro (este diploma operou a transposição das Diretrizes 87/102/CEE, de 22 de dezembro de 1986 e 80/88/CEE, de 22 de fevereiro de 1990), posteriormente alterado pelo Decreto-Lei n.º 101/2000, de 2 de junho (para transposição da Diretriz 98/7/CE, de 16 de fevereiro de 1998) e pelo Decreto-Lei n.º 82/2006, de 3 de maio. Presentemente o regime desta compra e venda é estabelecido pelo Decreto-Lei n.º 133/2009, de 2 de junho (diploma destinado a proceder à transposição da Diretriz 2008/48/CE, de 23 de abril de 2008), mais tarde alterado pelo Decreto-Lei n.º 72-A/2010, de 2 de junho, depois modificado e republicado pelo Decreto-Lei n.º 42/A/2013 de 28 de março (para se proceder à transposição da Diretriz 2011/90/EU, da Comissão, de 14 de novembro. Dado este diploma cingir no âmbito dos contratos de crédito hipóteses de concessão ou promessa de concessão, por um credor, a um consumidor de crédito, sob a forma de diferimento do pagamento, ele abrange a compra e venda a prestações no âmbito das relações de consumo[996].

Semelhante proteção passa, nomeadamente, pelo estabelecimento, sob pena de nulidade ou anulabilidade consoante os deveres violados, de determinadas obrigações de informação e pela sujeição à forma escrita de certas menções ou aspetos. Além disso, é concedido um prazo de reflexão ao comprador dentro do qual este poderá revogar a declaração negocial de celebração do contrato de compra e venda (artigo 17.º Decreto-Lei n.º 133/2009, de 2 de junho republicado pelo Decreto-Lei n.º 42/A/2013 de 28 de março)[997-998].

[996] No mesmo sentido, com referências, Menezes Leitão, *Direito...*, III, 70, com indicações. V., ainda, Gravato de Morais, *Contratos de crédito...*, 47 e 48; Jorge Morais de Carvalho, *Manual de direito do consumo*, 2.ª edição, 2014; 4.ª ed., 2017, 236 e ss..

[997] V., Gravato de Morais, *O direito de revogação nos contratos de crédito ao consumo: confronto entre os regimes jurídicos português e alemão*, in *Scientia Iuridica*, 2006, LV, 307, julho-setembro, 457 e ss.; Menezes Leitão, *Direito...*, III, 70.

[998] Sobre o regime das cláusulas de perda ou de preclusão nos contratos não negociados cfr. Nuno Pinto Oliveira, *Compra...*, 114.

II – Existe igualmente um regime jurídico específico em matéria de cumprimento do contrato de compra e venda a prestações no âmbito das relações de consumo traduzido na faculdade de o comprador realizar antecipadamente o cumprimento. A forma como esse cumprimento deve ser realizado e as consequências ao nível do preço e dos juros mostram-se reguladas no artigo 19.º do Decreto-Lei n.º 133/2009, de 2 de junho republicado pelo Decreto-Lei n.º 42/A/2013 de 28 de março.

Prevê-se ainda, no artigo 20.º do referido diploma, um regime próprio para a eventualidade de não-cumprimento pelo consumidor e onde se afasta o regime presente no artigo 934.º do Código Civil.

Segundo o artigo 20.º, na eventualidade de incumprimento pelo consumidor do contrato de crédito, o credor só pode alegar a perda do benefício do prazo ou resolver o contrato se, simultaneamente, se tiver assistido:

- à falta de pagamento de duas prestações sucessivas que ultrapasse 10% do montante total do crédito;
- ter o credor, sem êxito, dado ao consumidor um prazo adicional mínimo de 15 dias para realizar o pagamento das prestações em falta, acrescidas da indemnização devida, com advertência expressa dos efeitos da perda do benefício do prazo ou da resolução do contrato[999].

§ 9 – Locação-venda

I – A locação-venda surge mencionada no artigo 936.º/2 do Código Civil[1000]. Trata-se de um contrato em que as partes afirmam estipular uma

[999] Para mais desenvolvimentos a respeito da compra e venda a prestações de bens de consumo e da concessão de crédito neste âmbito v. JORGE PEGADO LIZ, *Crédito ao consumo: análise crítica da proposta de directiva da Comissão*, in *Revista portuguesa de direito do consumo*, 2003, 34, 71 e ss.; NUNO MIGUEL PEREIRA RIBEIRO COELHO, *O consumidor e a tutela do consumo no âmbito do crédito ao consumo: algumas questões*, in *Revista do Ministério Público*, 2005, ano 26, número 103, julho-setembro, 79 e ss.; MENEZES LEITÃO, *Direito...*, III, 69 e ss..

[1000] A respeito desta figura cfr. LIMA PINHEIRO, *A cláusula...*, 35 e 36; TERESA ANSELMO VAZ, *Alguns...*, 65 e ss.; PIRES DE LIMA/ANTUNES VARELA, *Código...*, II, comentário ao artigo 936.º, 233; PEDRO ROMANO MARTINEZ, *Direito...*, 96; ANA PRATA, *Os contratos em volta (da compra e venda)*, in *Estudos em Homenagem ao Professor Doutor Inocêncio Galvão Telles*, 2003, IV, 378 e 379; LUÍS MIGUEL PESTANA DE VASCONCELOS, *A cessão...*, 730 e ss.;

locação, mas aceitam passar a propriedade da coisa locada para o locatário de forma automática, terminado o pagamento de todas as rendas ou alugueres acordados. Bem-vistas as coisas, apura-se, atenta esta transferência da propriedade, acabarem as prestações por não traduzir, ou não corresponder, apenas, ao pagamento do gozo temporário, mas antes ao pagamento da própria transmissão. Por isso mesmo, entende-se que, apesar de apelidada pelas partes como um contrato de locação, se esteja perante uma compra e venda. Do ponto de vista da função económica pode dizer-se desempenhar este contrato a mesma função do contrato de compra e venda com reserva de propriedade[1001].

II – Atenta a realidade substancial à qual este contrato se reporta compreende-se ter sido expressamente contemplada e regulada a hipótese de resolução do contrato com fundamento em incumprimento do locatário. Na verdade, por força do artigo 936.º, havendo incumprimento do locador, não se aplicará o artigo 434.º/2 do Código Civil em vigor para a generalidade das prestações periódicas. A resolução da locação-venda terá necessariamente efeito resolutivo e o vendedor-locador deverá proceder ao reembolso ou devolução das prestações recebidas, apenas podendo exigir uma indemnização nos termos gerais ou fixar cláusula penal segundo o artigo 935.º do Código Civil, para onde o artigo 936.º/2 remete[1002]. Note-se, porém, não estar o locador-vendedor naturalmente obrigado, numa situação de incumprimento, a resolver o contrato, podendo optar pela sua manutenção.

III – Da locação-venda distingue-se a locação com opção de compra. Nesta existe uma efetiva relação de locação estabelecendo-se, apenas, o direito potestativo de o comprador, no final do negócio, dar vida a um contrato de compra e venda.

A venda convertível realizada com consumidores finais está sujeita ao regime das vendas a prestações celebradas com consumidores.

MENEZES LEITÃO, *Direito...*, III, 73 e ss.; JORGE MORAIS DE CARVALHO, *Código...*, I, comentário 936.º, 1152 e 1153. Na Doutrina italiana refere-se, *colorandi causa*, MARCO LIPARI, *Vendita...*, in *Enciclopedia...*, XLVI, 550.

[1001] MENEZES LEITÃO, *Direito...*, III, 74.

[1002] Assim, também, MENEZES LEITÃO, *Direito...*, III,74.

IV – Não há unanimidade relativamente à natureza jurídica da locação-venda. São três as orientações principais a este respeito[1003].

Uma primeira orientação leva a qualificá-la como uma compra e venda sujeita a reserva de propriedade[1004]. Mas não parece ser efetivamente assim. Na venda com reserva de propriedade se o comprador não pagar a totalidade do preço há naturalmente incumprimento da compra e venda. Na locação-venda não sendo pago todo o preço mantém-se o contrato como uma «locação» se o locador-vendedor assim o entender.

Uma outra tese sustenta estar-se diante de uma união alternativa de contratos[1005]. Mas também esta orientação não parece poder ser aceite por a própria locação já compreender aspetos ligados à venda como se constata pelo facto de o valor das prestações estipuladas tomar em conta a futura transmissão da coisa e não apenas o seu gozo[1006].

Parece, pois, com MENEZES LEITÃO[1007] dever entender-se estar-se diante de uma modalidade específica e típica de compra e venda onde, sendo dife-

[1003] Mas v. MARCO LIPARI, *Vendita...*, in *Enciclopedia...*, XLVI, 550, referindo, perante o artigo 1256.º do *Codice Civile* a existência de autores menos recentes que entendiam prever a disposição uma situação de simulação objetiva.

[1004] CUNHA GONÇALVES, *Tratado de direito civil em comentário ao Código Civil português*, 1942, XIV, 746; e TERESA ANSELMO VAZ, *Alguns...*, 76. Singularmente uma das tentativas de emolduramento da reserva de propriedade defendidas em Itália, embora hoje superada, tentava explicá-la como uma locação-venda. Cfr. MARCO LIPARI, *Vendita...*, in *Enciclopedia...*, XLVI, 528.

[1005] Assim GALVÃO TELLES, *Manual dos contratos...*, 398, nota 2; e PEDRO ROMANO MARTINEZ, *Direito...*, 96.

[1006] Em termos semelhantes MENEZES LEITÃO, *Direito...*, III, 73. De resto já GALVÃO TELLES, *Manual dos contratos...*, 398, nota (2), previa este argumento dizendo que o obstáculo à ideia de uma união alternativa estaria no facto de em espaço relativamente curto as prestações a realizar pelo locador-comprador atingirem o valor da coisa. Procura, todavia, afastar a respetiva pertinência dizendo que se compreende a fixação de alugueres altos, porque as coisas móveis, em geral, deterioram-se e desvalorizam-se grandemente com o uso. Mas a objeção não convence. Em primeiro lugar, por a locação-venda não ser exclusiva das coisas móveis. Em segundo lugar, por mesmo entendendo a desvalorização na locação-venda de coisas móveis se ter em conta, nos alugueres, mais do que o mero valor de utilização. Se não fosse assim teríamos não uma locação-venda, mas uma locação seguida de doação. Para uma referência ao problema da distribuição do risco no contrato de locação-venda cfr. NUNO AURELIANO, *O risco...*, 372 e 373.

[1007] V., também, MARCO LIPARI, *Vendita...*, in *Enciclopedia...*, XLVI, 550, autor que julga estar-se perante um contrato *sui generis* que combina elementos da venda e da locação,

rida a transmissão da propriedade até ao pagamento do preço, o vendedor se obriga a proporcionar ao comprador o gozo da coisa, como locatário desta.

§ 10 – Compra e venda sobre documentos

I – A compra e venda sobre documentos mostra-se prevista nos artigos 937.º e seguintes do Código Civil, e tem por objeto bens representados por títulos[1008]. Nesta modalidade específica de compra e venda o vendedor não está obrigado a proceder à entrega da coisa vendida mas apenas dos títulos representativos do bem em causa (artigo 937.º do Código Civil). Em qualquer caso, o objeto vendido não corresponde aos documentos, mas às coisas aos quais eles se reportam.

II – As regras gerais em matéria de transferência do risco são aplicáveis à compra e venda sobre documentos. Existe, no entanto, uma regra especial quando a compra e venda sobre documentos se reportar a uma coisa em viagem. Se bem se atentar no artigo 938.º/1/*c* do Código Civil[1009], observa-se estabelecer-se aí ser o risco do comprador desde a data da compra, se em jogo estiver a compra e venda de coisa em viagem, e mencionado este facto, figurar entre os documentos entregues a apólice de seguro perante os riscos do transporte. Todavia, as alíneas *a*) e *b*) do mesmo preceito atribuem ao comprador o risco de deterioração ou perecimento desde a data da entrega da coisa ao transportador mesmo se em momento anterior ao da data da compra. A *ratio* de uma tal solução está ligada ao facto de a transmissão do seguro por o comprador ao abrigo das consequências nefastas de danos,

sem prejuízo de considerar que o problema da distribuição do risco se resolve em moldes semelhantes ao da reserva de propriedade.

[1008] A respeito da compra e venda sobre documentos v. PIRES DE LIMA/ANTUNES VARELA, *Código...*, II, comentário aos artigos 937.º e 938.º, 233 e ss.; PEDRO ROMANO MARTINEZ, *Direito...*, 97 e ss.; MENEZES LEITÃO, *Direito...*, III, 88 e 89; JORGE MORAIS DE CARVALHO, *Código...*, I, comentário aos artigos 937.º e 938.º, 1153 e ss.. Entre os autores italianos referência, nomeadamente, para LUZZATTO, *La compravendita...*, 548 e ss.; BIANCA, *La vendita...*, 401 e ss..

[1009] Como nota a propósito PEDRO ROMANO MARTINEZ, *Direito...*, 98, a aplicação do regime da venda em viagem depende do conhecimento, por ambos os contraentes, do facto de ela estar em trânsito.

não sendo por isso considerado adequado fazer depender a transferência do risco de prejuízos ocorridos durante o transporte da realização do contrato. As regras constantes das duas primeiras alíneas do artigo 938.º, não serão, porém, aplicáveis se ao tempo do contrato o vendedor já sabia encontrar-se a coisa perdida ou deteriorada e dolosamente o não revelou ao comprador de boa fé (artigo 938.º/2 do Código Civil).

Além disso, quando o seguro apenas abranger parte dos riscos, o disposto no artigo 938.º vale, tão-só, relativamente à parte segurada (artigo 938.º/3 do Código Civil).

Capítulo III
Perturbações Típicas da Compra e Venda

§ 1 – A compra e venda de bens alheios[1010]

§ 1.1 – Introdução, generalidades

I – O Código Civil em vigor estabelece como regra a nulidade da compra e venda de bens alheios[1011], à semelhança, aliás, do que fazia o artigo 1555.º

[1010] O presente § 1, referente à compra e venda de bens alheios, corresponde ao texto que enviámos para fazer parte dos Estudos em homenagem e memória de João Soares da Silva.

[1011] É múltipla a bibliografia sobre a problemática da compra e venda de bens alheios. Refere-se na nossa Doutrina, para um quadro das diferentes abordagens, entre outros, Cunha Gonçalves, *Tratado de direito civil...*, 463 e ss.; Id., *Dos contratos...*, 277; Galvão Telles, *Contratos civis...*, 17 e ss.; Baptista Lopes, *Do contrato de compra e venda no direito civil, comercial e fiscal*, 1971, 132 e ss.; Vaz Serra, *Anotação ao STJ 29-07-1966*, in *Revista de Legislação e de Jurisprudência*, 1967-1968, 100, 56 e ss. (para o Acórdão), 69 e ss. (para a anotação); Pessoa Jorge, *Direito...*, I, 72 e ss.; Raúl Ventura, *O contrato de compra e venda no código civil. Venda de bens alheios...*, in *Revista...*, 1980, ano 40, II, agosto, 305 e ss.; Paulo Olavo Cunha, *Venda de bens alheios*, in *Revista da Ordem dos Advogados*, 1987, 47, II, setembro, 419 e ss.; Carneiro da Frada, *Perturbações típicas do contrato de compra e venda*, in *Direito das Obrigações*, 2.ª edição, sob coordenação de Menezes Cordeiro, 1991, III, 49 e ss.; Pires de Lima/Antunes Varela, *Código civil...*, II, comentários aos artigos 892.º e ss., 183 e ss.; Pedro Romano Martinez, *Direito das obrigações...*, 110 e ss.; Diogo Bártolo, *Venda de bens alheios*, in *Estudos em homenagem ao Professor Doutor Inocêncio Galvão Telles*, 2003, IV, 383 e ss.; Calvão da Silva, *Compra e venda de coisas defeituosas, conformidade e segurança*, 4.ª edição,

do Código de Seabra[1012-1013]. Em sentido diverso, porém, o Código Comercial permite, no seu artigo 467.º/2, em comércio a venda que seja propriedade de outrem[1014-1015].

Relativamente ao proprietário da coisa o contrato de compra e venda de coisa alheia surge como *res inter alios acta*, não modificando ou atingindo em nada, e por si[1016], a sua posição jurídica.

2006, 13 e ss.; YARA MIRANDA, *Venda de coisa alheia*, in *Themis*, 2005, VI, 11, 111 e ss., que de resto impugna *de jure condito* a solução da nulidade; NUNO PINTO OLIVEIRA, *Contrato de compra e venda...*, 133 e ss.; PAULO MOTA PINTO, *Interesse contratual...*, II, 864, 871, 1009 e ss., 1090 e ss., 1198, 1199, 1201, 1210 e 1211, 218 e ss.; MENEZES LEITÃO, *Direito...*, III, 94 e ss.; JORGE MORAIS DE CARVALHO, *Código civil...*, I, comentário aos artigos 892.º e ss., 1107 e ss.; SANTOS JUSTO, *Contratos civis...*, 50 e ss.; MENEZES CORDEIRO, *Tratado ...*, XI, 197 e ss.. Na literatura jurídica italiana o realce vai, *colorandi causa*, para BIANCA, *Vendita ...*, in *Novissimo...*, XX, 624 e ss.; Id., *La vendita...*, 644 e ss.; LUZZATTO, *La compravendita*, cit., 179 e ss.; LUMINOSO, *I contratti...*, 121 e ss.. No Direito alemão, num passo devidamente assinalado por MENEZES CORDEIRO, *Tratado...*, XI, 196, 542, a venda de bens alheios não levanta especiais problemas. O vendedor obriga-se a tomar as medidas necessárias para que no momento do cumprimento possa proporcionar a propriedade ao vendedor. Se o não fizer sujeita-se às regras do não-cumprimento ou da impossibilidade subjetiva. A este respeito v., por exemplo, na Doutrina HOLGER SUTCHET, *Haftung für anfängliches Unvermögen*, in *Neue juristische Wochenschrift*, 2005, 1404 e ss. (o autor comenta uma sentença do OLG Karlsruhe 14-09-2004, onde se decidiu o problema suscitado pela venda de um automóvel roubado e, depois, reivindicado pelo proprietário); KARINA MARHENKE, *Vergleich der Gewährleistungsrechte im Kaufrecht (§§ 437 ff BGB) und im Werkvertragsrecht (§§ 634 ff BGB) und der Schulrechtsreform*, 2007, 5; HANS-WERNER ECKERT/JAN MAIFELD/ /MICHAEL MATTHIESSEN, *Handbuch des Kaufrechts...*, 108 e ss., 125 e ss.; ROLAND MICHAEL BECKMANN, *Kauf*, cit., in *Staudingers...*, *Eckpfeiler...*, 921, 935 e ss.; WESTERMANN, *Münchener Kommentar...* 7.ª ed., comentário ao § 433, anotação 47 e ss., *maxime* 49; HARTMUT OETKER/ /FELIX MAULTZSCH, *Vertragliche Schuldverhältnisse*, 2018, 39 e ss.; e além disso, na Jurisprudência BGH 19-10-2007, in *Neue juristische Wochenschrift*, 2007, 3777 e ss..

[1012] Cfr. *supra*, Parte I, § 2.3.2, IV.

[1013] Note-se, porém, que nos trabalhos preparatórios a solução não é apresentada como um corolário necessário da eficácia real da compra e venda. Cfr. *supra*, Parte I, § 2.3.2, III.

[1014] Isto não significa obviamente produzir essa venda efeitos no confronto com o verdadeiro titular, mas, apenas, não ser ela nula entre as partes.

[1015] Note-se poder do ponto de vista penal a compra e venda de bens alheios representar uma burla.

[1016] Porém, pode já não ser assim se a compra e venda de coisa alheia se conjugar com o registo por parte do adquirente de boa fé. Mas não iremos abordar os requisitos da aquisição tabular. A esse respeito pode ver-se, designadamente, as opiniões não coincidentes, OLIVEIRA ASCENSÃO, *Direito civil...*, 366 e ss.; MENEZES CORDEIRO, *Direitos reais, sumários,*

II – O Código Civil não nos diz diretamente em que consiste a venda de bens alheios. Todavia, do seu regime, verifica-se traduzir ela a situação de alienação, por alguém, como própria, de coisa cuja titularidade pertence a terceiro, não tendo o vendedor legitimidade para realizar a venda[1017]. Igualmente emoldurável no regime da compra e venda de bens alheios se mostra a oneração, mediante contrapartida, de bens alheios. Mas não são hipóteses de venda de bens alheios as hipóteses nas quais as partes julgam os objetos alienados como efetivamente alheios, seguindo-se, então, o regime da venda de bens futuros (artigos 904.º e 893.º do Código Civil). Pode, pois, afirmar-se pressupor a compra e venda de bens alheios sempre a ignorância de uma das partes a respeito da titularidade do sujeito em cuja esfera se deveria repercutir o ato de alienação[1018].

2000, 90 e ss.; Carvalho Fernandes, *Lições* ..., 132 e ss.; José Alberto González, *Direitos reais e direito registal*..., 453 e ss.; Id., *A realidade registal*..., 313 e ss., 429 e ss.; José Alberto Vieira, *Direitos reais*, 2008, 289 e ss.; Id., *Idem*, 2.ª ed., 2018, 267 e ss.; Id., Pedro de Albuquerque, *Direitos reais*..., 569 e 570, em nota; Luís Menezes Leitão, *Direitos reais*..., 262 e ss.; José Luís Bonifácio Ramos, *Manual*..., 246 e ss.; Henrique Sousa Antunes, *Direitos*..., 89 e ss..

[1017] Adiante se explicitará, a propósito do tratamento dos pressupostos da compra e venda de bens alheios, o sentido desta exigência nem sempre bem entendida como o ilustram, por exemplo, as considerações tecidas a este respeito por Carneiro da Frada, *Perturbações*..., in *Direito*..., III, 51.

[1018] Assim Galvão Telles, *Contratos*..., 20; Raúl Ventura, *O contrato de compra e venda no código civil. Venda de bens alheios*..., in *Revista*..., 1980, ano 40, II, agosto, 311 e 312; Paulo Olavo Cunha, *Venda*..., in *Revista*..., 1987, 47, II, setembro, 425; Carneiro da Frada, *Perturbações*..., in *Direito*..., 52; Pires de Lima/Antunes Varela, *Código*..., II, comentário ao artigo 904.º, 196; Menezes Cordeiro, *Tratado*..., XI, 199 e ss., implicitamente. Ao nível da Jurisprudência v., por exemplo, STJ 03-10-2013 (Nuno Cameira), Proc. 6690/07.6TBALM.L1.S1/ITIJ (contrato de compra e venda – venda de bens alheios – representação sem poderes – procuração – falsidade – ineficácia do negócio); RLx 17-02-2018 (António Valente), Proc. 138/14.7T8SCR.L1-8/ITIJ (escritura de justificação judicial – impugnação – ónus de prova – venda de coisa alheia). Nessa hipótese aplica-se o regime geral da nulidade. Em sentido inverso Diogo Bártolo, *Venda*..., in *Estudos*..., IV, 389 e 390, entendendo haver, ainda assim, a possibilidade de convalidação do negócio. Julgamos, porém, se ambos os contraentes estavam cientes do facto de a coisa ser alheia, não haver especiais razões para os proteger. Até por ser certo poderem sujeitar os bens à disciplina do artigo 893.º do Código Civil.

§ 1.2 – Pressupostos da venda de bens alheios

§ 1.2.1 – Venda como própria de uma coisa alheia

I – O Código Civil entende, tal como referimos, ser venda de coisa alheia, com a resultante nulidade, a transmissão onerosa, como próprios, de bens não pertencentes ao alienante. Mas esta ideia necessita de ser complementada e explicitada. Como se mencionou já:

- na eventualidade de as partes entenderem os bens, não pertencentes ao vendedor, como alheios, o negócio é sujeito ao regime da compra e venda de coisa futura (artigo 893.º do Código Civil);
- tratando-se de compra e venda comercial a venda de bem alheio é válida;
- a venda de coisa genérica não pertencente ao vendedor não é tida por nula, pois, para a sua estipulação não é necessária a qualidade de proprietário ao tempo da estipulação do contrato (artigos 539.º e seguintes do Código Civil)[1019].

Em todas estas hipóteses incide sobre o vendedor a obrigação de aquisição e entrega ao comprador das coisas que prometeu vender não valendo, em virtude disso, o regime da venda de bens alheios. Com a especialidade, ainda, de na primeira das três hipóteses agora mencionadas assumir características aleatórias.

Finalmente:

- não se aplica o regime da compra e venda de bens alheios aos negócios relativos a coisas fora do comércio[1020].

O regime da compra e venda de bens alheios, previsto nos artigos 892.º e seguintes do Código Civil, vale, assim, apenas para as hipóteses de alienação como própria de uma coisa, que se não mostre fora do comércio, específica

[1019] Menezes Leitão, *Direito...*, III, 95 e 96.

[1020] Paulo Olavo Cunha, *Venda...*, in *Revista...*, 1987, 47, II, setembro, 425; Pedro Romano Martinez, *Direito...*, 112.

e considerada como presente, fora do âmbito das relações comerciais[1021]. Note-se, ainda, só valer o regime da compra e venda de bens alheios se existir realmente vontade de vender como própria coisa alheia (mesmo se se ignorar a sua alienabilidade). Havendo simples erro na declaração em que se indicam no contrato coisas alheias, o erro afeta o negócio nos termos gerais[1022].

II – Além das hipóteses agora referidas afirma-se não valer, ainda, o regime da compra e venda de bens alheios em situações em que o Direito excecionalmente assim o estabeleça[1023]. Estão, designadamente, sustenta-se, nesta situação, os cenários dos artigos 2076.º/2 do Código Civil, onde se estipula a eficácia da alienação onerosa de bens da herança por herdeiro aparente a terceiro de boa fé[1024]. Outras hipóteses por vezes apontadas seriam as previstas no artigo 291.º do Código Civil[1025] e as situações resultantes das regras próprias do registo (cfr. os artigos 5.º, 17.º e 122.º do Código de Registo Predial)[1026]. Mas a posição referida não é, a nosso ver, rigorosa. Todos os cenários enunciados são, ainda, situações de venda de bens alheios. Sucede, porém, em virtude da produção de determinados pressupostos, o Direito tutelar o adquirente *a non domino* em detrimento do verdadeiro titular. Mas isso não altera a qualificação do negócio como uma autêntica situação de compra e venda de bens alheios. Apenas, na medida[1027] da

[1021] Em sentido não muito distante MENEZES LEITÃO, *Direito...*, III, 96.

[1022] RAÚL VENTURA, *O contrato de compra e venda no código civil. Venda de bens alheios...*, in *Revista...*, 1980, ano 40, II, agosto, 311; PAULO OLAVO CUNHA, *Venda...*, in *Revista...*, 1987, 47, II, setembro, 426; DIOGO BÁRTOLO, *Venda...*, in *Estudos...*, IV, 392 e 393.

[1023] No sentido do que agora se diz CARNEIRO DA FRADA, *Perturbações...*, in *Direito...*, III, 52.

[1024] A este respeito cfr., por todos, DIOGO BÁRTOLO, *Venda...*, in *Estudos...*, IV, 433 e ss..

[1025] Venda de bem sujeito a registo, resultante de negócio nulo ou anulado, eficaz em relação a terceiro de boa fé que tenha registado o ato antes do registo da ação de nulidade ou anulação, ou do registo do acordo das partes a respeito da invalidade do negócio, conquanto tenham decorrido três anos sobre a conclusão do negócio.

[1026] Cfr. RAÚL VENTURA, *O contrato de compra e venda no código civil. Venda de bens alheios...*, in *Revista...*, 1980, ano 40, II, agosto, 310; CARNEIRO DA FRADA, *Perturbações...*, in *Direito...*, III, 52, embora apenas com alusão ao primeiro dos três preceitos; PEDRO ROMANO MARTINEZ, *Direito...*, 114. V., também, BAPTISTA LOPES, *Do contrato de compra e venda...*, 140, entendendo não haver, então, nulidade. Mas não nos parece. Pressuposto da aplicação das regras relativas à aquisição tabular é justamente a nulidade.

[1027] Note-se que esta proteção está na sua disponibilidade podendo abrir mão dela. Nessa hipótese já vale inteiramente o regime da compra e venda de bens alheios.

proteção do terceiro adquirente, não se pode aplicar a ele a totalidade do regime da compra de bens alheios[1028]. Ainda assim, outros aspetos do regime poderão ser chamados a depor com as necessárias adaptações[1029]. Desde logo, não se vê razão para se não manter a obrigação de o vendedor convalidar o negócio. O comprador *a non domino*, não obstante a proteção dispensada pelo Direito à sua boa fé, pode ter todo o interesse nessa convalidação por diversas razões. Lembre-se, designadamente, o facto de o Direito canónico ter obrigado[1030] aquele que adquiriu uma coisa *a non domino* a proceder à sua restituição para não cometer pecado mortal em virtude da violação do sétimo mandamento[1031]. Por outro lado, pode perfeitamente, e por não se sentir confortável, com a posição de adquirente a *non domino* (por não pretender desfrutar de uma coisa que afinal pertence a outrem) o beneficiário da tutela registal abrir mão da proteção dispensada à confiança por ele depositada na aparência proporcionada pelo registo (deixando prevalecer, destarte, a posição do verdadeiro proprietário), preferindo obter do alienante o ressarcimento dos prejuízos que este lhe causou, tudo segundo os artigos 898.º a 900.º do Código Civil.

[1028] Lembre-se o facto de o sujeito prejudicado pela aquisição tabular não ver desaparecer o seu direito ficando antes investido na posição de titular de um mero direito real natural. A respeito desta figura v., com indicações, o nosso *Direitos...*, 562 e 563.

[1029] MENEZES LEITÃO, *Direito...*, III, 96, entende dever, então, valer o regime da garantia contra evicção por analogia. Esta orientação parece-nos manifestamente preferível àquela outra que postula não se estar aqui diante de uma hipótese sujeita ao regime da compra e venda de bens alheios. Mesmo assim julgamos não se estar diante de um cenário suscetível de levar àquilo a que a doutrina tradicional da interpretação apelida de aplicação analógica. Nos cenários referidos no texto estamos, ainda, perante uma compra e venda de bens alheios a que se não aplicam, ou podem não aplicar, na medida de proteção dispensada ao terceiro de boa fé, todos os efeitos do regime previsto para a venda a *non domino*. Só isso.

[1030] Cfr. *supra*, Parte I, § 2.2, IV.

[1031] O sétimo mandamento proíbe tomar ou reter injustamente os bens do próximo ou lesá-lo, de qualquer modo, nesses mesmos bens. Ordena a justiça e a caridade na gestão dos bens terrenos. Exige, tendo em vista o bem comum, o respeito à destinação universal dos bens e ao direito de propriedade privada. Toda a maneira de tomar e de reter injustamente o bem de outro, mesmo que não desrespeite as disposições da lei civil, é contrária ao sétimo mandamento.

§ 1.2.2 – A admissibilidade, ou não, do contrato-promessa de compra e venda de coisa alheia

A posição maioritária[1032] vai no sentido da admissibilidade do contrato--promessa de compra e venda de coisa alheia. Em direção diversa depôs, porém, RAÚL VENTURA[1033] – depois seguido por PAULO OLAVO CUNHA – ao admitir apenas a validade deste contrato incidente sobre coisa alheia se tiver sido afastada a execução específica.

A favor da primeira orientação alega-se que no contrato-promessa de compra e venda de coisa alheia o objeto não é legalmente impossível, uma vez que o comprador pode adquirir a coisa até ao momento da celebração do contrato definitivo. De resto, e caso não adquirisse o objeto prometido vender haveria mero incumprimento do contrato, não nulidade.

RAÚL VENTURA contrapõe lembrando o facto de o artigo 830.º do Código Civil permitir a execução específica do contrato-promessa, desde que não haja convenção em contrário e a isso se não oponha a natureza da obrigação assumida. Ora, não havendo convenção em contrário a natureza da obrigação não se opõe à execução, uma vez que a coisa foi prometida vender como própria. É, porém, manifesto, como nota RAÚL VENTURA, não poder nesta hipótese ter lugar uma sentença que produza os efeitos negociais da declaração do faltoso, pois nessa eventualidade a decisão do tribunal teria a força de uma compra e venda nula, o que equivaleria a compelir o tribunal a

[1032] Nesse sentido pode ver-se, por exemplo, CARNEIRO DA FRADA, *Perturbações...*, in *Direito...*, III, 53, nota (6); DIOGO BÁRTOLO, *Venda...*, in *Estudos...*, IV, 422; PAULO MOTA PINTO, *Interesse contratual...*, II, 1211. Na Jurisprudência cfr., sempre *colorandi causa*, STJ 23-09-2004 (ARAÚJO BARROS), Proc. 04B2296/ITIJ (contrato-promessa de compra e venda – coisa alheia); STJ 25-02-2003 (AFONSO CORREIA), Proc. 02A200/ITIJ; STJ 10/02/2004 (SILVA SALAZAR), Proc. 04A4458/ITIJ (contrato-promessa de compra e venda – mandato); STJ 04-07-1996 (FIGUEIREDO DE SOUSA), 96B101/ITIJ (venda de coisa alheia – contrato--promessa – execução específica).

[1033] RAÚL VENTURA, *O contrato de compra e venda no código civil. Venda de bens alheios...*, in *Revista...*, 1980, ano 40, II, agosto, 308 e ss.. A mesma posição seria sufragada, também, com base nos mesmos argumentos, por PAULO OLAVO CUNHA, *Venda...*, in *Revista...*, 1987, 47, II, setembro, 450 e 451, embora sem nunca a imputar diretamente a RAÚL VENTURA. Cfr., ao nível dos nossos tribunais, porém, RPt 16-05-1991 (AUGUSTO ALVES), in *Colectânea de Jurisprudência*, 1991, 3, 231 e ss. (contrato-promessa de venda de bens alheios – falta de poderes para vender – reserva mental – nulidade do contrato – interesse contratual negativo), *maxime* 233.

proferir uma decisão que não poderia provocar os efeitos essenciais a que se destina. Por isso, o contrato-promessa de compra e venda de coisa alheia deve entender-se nulo, exceto se existir convenção contrária à execução específica (com a equiparação operada pelo artigo 830.º/2 do Código Civil)[1034-1035].

§ 1.2.3 – A falta de legitimidade para a venda

I – O artigo 892.º do Código Civil refere ser nula a compra e venda de bens alheios quando o vendedor, para além de vender como própria coisa alheia, careça de legitimidade para o fazer. A generalidade da Doutrina afirma, destarte, ser pressuposto do regime da compra e venda de bens alheios a falta de legitimidade do alienante; isto é, não dispor ele de poderes para a prática do ato[1036]. Por isso, diz-se, não haveria compra e venda de bens alheios se o alienante dispusesse de poderes para realizar o ato de disposição, como sucederia com o representante dotado de faculdades representativas[1037]. Outras hipóteses em que não se estaria diante uma

[1034] RAÚL VENTURA, *O contrato de compra e venda no código civil. Venda de bens alheios...*, in *Revista...*, 1980, ano 40, II, agosto, 308 e ss..

[1035] Com uma observação mais. Segundo se verá adiante tem-se visto no artigo 898.º, relativo à indemnização devida na venda de bens alheios, pelo contraente doloso ao estipulante de boa fé, uma hipótese de responsabilidade pelo interesse contratual negativo. A admitir-se a validade da promessa de venda de bens alheios, havendo incumprimento desta, o promitente-comprador teria direito a uma indemnização pelo interesse positivo – isto é, pelo interesse pela conclusão da compra e venda – (nesse sentido CARLOS MOTA PINTO, *Cessão...*, 461; PAULO MOTA PINTO, *Interesse contratual...*, II, 1211). Sucede, porém, que se à promessa se seguir a efetiva venda, a segunda «consome» a primeira (sublinhando isso mesmo CARLOS MOTA PINTO, *Cessão...*, 461; e PAULO MOTA PINTO, *Interesse contratual...*, II, 1220. Mas a respeito das relações entre contrato-promessa e contrato definitivo v., por todos, MENEZES CORDEIRO, *Direito...*, 477 e ss.; Id., *Tratado de direito civil português*, 2010, II, II, 455 e ss.). E, então, a indemnização seria a presente no artigo 898.º: isto é, pelo interesse negativo quando na hipótese da promessa seria pelo interesse positivo (admitindo esta solução PAULO MOTA PINTO, *Interesse contratual...*, II, 1219-1220)!

[1036] A título ilustrativo disso mesmo pode ver-se PAULO OLAVO CUNHA, *Venda...*, in *Revista...*, 1987, 47, II, setembro, 451; PIRES DE LIMA/ANTUNES VARELA, *Código...*, II, comentário ao artigo 892.º, 184 e 185; DIOGO BÁRTOLO, *Venda...*, in *Estudos...*, IV, 387 e 398; e MENEZES LEITÃO, *Direito...*, III, 96 e ss.; MENEZES CORDEIRO, *Tratado...*, XI, 199 e ss..

[1037] Cfr., a título exemplificativo, PIRES DE LIMA/ANTUNES VARELA, *Código...*, II, comentário ao artigo 892.º, 184 e 185; MENEZES LEITÃO, *Direito...*, III, 96 e 97.

venda de bem alheio seriam as da venda pelo credor pignoratício, mediante prévia autorização judicial (artigo 674.º do Código Civil[1038]), ou pelo Estado no caso de venda executiva dos bens do executado (artigo 824.º do Código Civil). Mas parece, com a devida vénia, haver aqui um mal-entendido generalizado ou, pelo menos, uma explicação pouco límpida, ou não absoluta, do fenómeno em jogo. Em todas estas situações não deixaria de existir compra e venda de bens alheios se o sujeito legitimado para atuar em determinados moldes, e apenas esses, os vendesse como sendo próprios. Sempre que alguém vende bens de terceiro como próprios, se isso não resultar de um erro na declaração, vale o regime da venda de bens alheios. As hipóteses referidas pelo artigo 892.º de venda de bens alheios por sujeito legitimado para o efeito insuscetíveis de desencadearem a aplicação do regime estabelecido nos artigos 892.º e seguintes do Código Civil são aqueles, e apenas esses, em que o sujeito legitimado para vender bens alheios os vende enquanto tais, fazendo uso das faculdades ou prerrogativas que lhe foram conferidas.

II – Aspeto debatido é o de saber se se aplica, ou não, o regime da compra e venda de bens alheios às situações nas quais o alienante declara atuar como representante de outrem, mas sem possuir a legitimidade necessária. Alguns autores alegam não ter lugar a aplicação do regime dos artigos 982.º e seguintes aos cenários nos quais se vende algo pertencente a outrem no âmbito da representação sem poderes (artigos 268.º e 269.º), designadamente, no domínio da gestão de negócios representativa (artigos 464.º e 471.º), tendo o comprador a possibilidade de revogar ou rejeitar o negócio, enquanto o proprietário o não revogar, salvo se no momento da celebração conhecia a falta de poderes do representante[1039]. Julgamos, porém,

[1038] Um equívoco vulgar apurado amiúde na prática do Direito traduz-se em entender que, por ser admissível a venda extrajudicial do bem dado em penhor, a proibição de pacto comissório não abrangeria este tipo de garantias. Mas não é assim. A venda extrajudicial é realizada fora do tribunal, mas deve ser, ainda, ordenada por este. Apenas em cenários limitados a que se aplica o regime do artigo 11.º do Decreto-Lei n.º 105/2004, de 8 de maio, se admite expressamente a validade do pacto comissório nos contratos de garantia financeira. Não obstante, do que se trata na realidade não é da admissibilidade de um pacto comissório, mas, tão-só, de um pacto marciano.

[1039] Assim v. Raúl Ventura, *O contrato de compra e venda no código civil. Venda de bens alheios...*, in *Revista...*, 1980, ano 40, II, agosto, 311; Paulo Olavo Cunha, *Venda...*, in *Revista...*,

apesar de os artigos 892.º e seguintes se reportarem à compra e venda de coisa alheia como própria, abrangem eles também as hipóteses em que o vendedor admite não ser titular do bem, mas se arroga a legitimidade para alienar[1040]. Na verdade, como observa PEDRO ROMANO MARTINEZ[1041], o regime da representação sem poderes, com a possibilidade de rejeição do negócio, não pode conduzir a solução diversa da estabelecida em sede de compra e venda de bens alheios. Não se afigura aceitável dever o comprador de um bem, em termos indemnizatórios, ficar em situação diversa segundo tenha negociado com quem indevidamente se arvora como titular de um direito sobre a coisa alienada ou com um falso representante do legítimo titular. Nestes termos, quando o artigo 268.º/4 se reporta à possibilidade de ratificação está-se diante de um direito de exercício transitório, enquanto o negócio não for ratificado[1042]. Depois de negada a ratificação aplica-se o regime da compra e venda de bens alheios[1043].

Sujeitas ao regime da compra e venda de bens alheios estão, também, as situações nas quais o vendedor atua em gestão não representativa, sem revelar a sua qualidade, exceto se o dono do negócio vier a regularizar posteriormente os atos praticados[1044]. Note-se, porém, não haver já motivo para

1987, 47, II, setembro, 425; e MENEZES LEITÃO, *Direito...*, III, 97; MENEZES CORDEIRO, *Tratado...*, XI, 199 e ss..

1040 Assim PIRES DE LIMA/ANTUNES VARELA, *Código...*, II, comentário ao artigo 904.º, 196; DIOGO BÁRTOLO, *Venda...*, in *Estudos...*, IV, 388. Cfr. também PEDRO ROMANO MARTINEZ, *Direito...*, 110 e 111 e nota 3.

1041 PEDRO ROMANO MARTINEZ, *Direito...*, 110 e 111 e nota 3. Em sentido adverso v., porém, na jurisprudência STJ 03-10-2013 (NUNO CAMEIRA), Proc. 6690/07.6TBALM.L1.S1/ITIJ (contrato de compra e venda – venda de bens alheios – representação sem poderes – procuração – falsidade – ineficácia do negócio).

1042 PEDRO ROMANO MARTINEZ, *Direito...*, 110 e 111 e nota 3.

1043 PEDRO ROMANO MARTINEZ, *Direito...*, 110 e 111 e nota 3. Em sentido inverso MENEZES LEITÃO, *Direito...*, III, 97, nota 225, entende valer esta orientação a fazer uma interpretação ab-rogante do artigo 904.º do Código Civil, pois o representante sem poderes não vende a coisa alheia como própria. Com a devia vénia não nos parece ser assim. Apenas numa perspetiva literal pura se poderia chegar a semelhante resultado. Tal como sublinhado por PIRES DE LIMA/ANTUNES VARELA, *Código...*, II, comentário ao artigo 904.º, 196; e DIOGO BÁRTOLO, *Venda...*, in *Estudos...*, IV, 388, pelo seu espírito, e em bom rigor, o artigo 904.º tanto abrange as situações em que o vendedor se arroga ser titular dos bens como as hipóteses nas quais alega uma legitimidade que não tem.

1044 Cfr. DIOGO BÁRTOLO, *Venda...*, in *Estudos...*, IV, 390 e 391; MENEZES LEITÃO, *Direito...*, III, 97. Contra parece ir PESSOA JORGE, *Direito...*, I, 74 e 76.

a aplicação dos artigos 892.º e seguintes se o gestor revelar à contraparte a sua qualidade de gestor de negócios. Na verdade, numa situação desta natureza o artigo 904.º leva ao afastamento da disciplina da venda de bens alheios[1045]. O vendedor não alega a titularidade do bem nem a legitimidade para o transmitir. Está-se, assim, diante de uma compra e venda de coisa alheia como alheia, feita em nome próprio e sem legitimidade. Revelando o gestor a sua qualidade ao terceiro o negócio não será nulo por as partes não pretenderem a produção imediata do efeito real, permanecendo este, tácita ou expressamente, subordinado à condição suspensiva de o *dominus* vir a aprovar a gestão, nos moldes previstos nos artigos 471.º e 1182.º do Código Civil[1046]. O mesmo nos parece valer para aqueles cenários nos quais o vendedor atua como mandatário sem poderes de representação do titular do bem revelando essa sua qualidade. Mas já não nos parece poder afirmar-se não valer o regime da compra e venda de bens alheios nas hipóteses nos quais existe mandato sem representação e o mandatário alega poderes de representação que não possui, por não nos parecer aceitável a tese da eficácia direta dos atos dispositivos do mandatário[1047].

[1045] PAULO OLAVO CUNHA, *Venda...*, in *Revista...*, 1987, 47, II, setembro, 425; e DIOGO BÁRTOLO, *Venda...*, in *Estudos...*, IV, 388.

[1046] DIOGO BÁRTOLO, *Venda...*, in *Estudos...*, IV, 388. Será, porventura, outra a posição de MENEZES LEITÃO, *Direito...*, III, 97. Mas não estamos seguros.

[1047] Ainda assim v. a favor dessa orientação PESSOA JORGE, *Mandato sem representação*, 1961, 356 e 357, 363 e ss., 367 e 368, na hipótese de o mandato ter sido reduzido a escritura pública (v., também, do autor *Direito...*, I, 76); PAULO OLAVO CUNHA, *Venda...*, in *Revista...*, 1987, 47, II, setembro, 425; JANUÁRIO GOMES, *Em tema de revogação do mandato...*, 123 e ss.; CARNEIRO DA FRADA, *Perturbações...*, in *Direito...*, III, 51; MARIA HELENA BRITO, *O contrato de concessão comercial. Descrição, qualificação e regime jurídico de um contrato socialmente típico*, 1990, 109, nota 53; PIRES DE LIMA/ANTUNES VARELA, *Código...*, II, comentário ao artigo 1181.º, 827 e 828; DIOGO BÁRTOLO, *Venda...*, in *Estudos...*, IV, 390 e 424 e ss.. No sentido segundo o qual o mandatário sem representação, para poder transferir o bem, tem de o adquirir v. SEQUEIRA RIBEIRO, *Acerca da forma no contrato de mandato*, in *Revista da Faculdade de Direito de Lisboa*, 1997, 2, 388 e ss., 389 e ss., se bem que mesmo assim mantenha a não aplicação do regime da compra e venda de bens alheios; PEDRO ROMANO MARTINEZ, *Direito...*, 111, nota 3, implicitamente; MENEZES LEITÃO, *Direito...*, III, 457.

§ 1.3 – Efeitos da venda de bens alheios

§ 1.3.1 – Nulidade

I – Tal como se viu, segundo o artigo 892.º do Código Civil a compra e venda de bens alheios é sancionada com a nulidade do negócio[1048].

Trata-se, porém, de uma nulidade distinta do regime geral em diversos aspetos: relativamente à legitimidade para a arguição v. o artigo 286.º; a propósito da obrigação de restituição (v. o artigo 289.º) e na possibilidade de convalidação.

II – Atendendo à importância e ao número das especialidades da invalidade aqui em jogo RAÚL VENTURA julga vão o propósito de a fazer coincidir com a nulidade ou anulabilidade. Ainda assim, essas especialidades representam, no dizer do autor, desvios de um tipo básico: a nulidade, cujo regime valerá no que não for afastado[1049]. PEDRO ROMANO MARTINEZ afirma estar-se aqui diante de uma invalidade atípica[1050]. O facto foi suficiente para NUNO PINTO OLIVEIRA entender existir uma disputa a este respeito e encetar uma análise a propósito dos diversos tipos de invalidade para terminar no sentido de que a venda de bens alheios se funda no regime da nulidade, mas não coincide plenamente com o regime geral da nulidade, devendo o aplicador do Direito atender a desvios em relação ao tipo. Em bom rigor não parece, porém, haver nenhuma divergência de fundo entre os dois autores exprimindo ambos, através de fórmulas diferentes, uma mesma ideia: a de que se está perante uma nulidade com especialidades

[1048] A solução pode ser, e é, vulgarmente censurada. Mas não se pode chegar ao ponto de se colocar, como faz YARA MIRANDA, *Venda...*, in *Temis...*, 2005, VI, 11, 140 e ss., em jogo a solução da nulidade mesmo *de jure condito*.

[1049] RAÚL VENTURA, *O contrato de compra e venda no código civil. Venda de bens alheios...*, in *Revista...*, 1980, ano 40, II, agosto, 312.

[1050] PEDRO ROMANO MARTINEZ, *Cumprimento defeituoso, em especial na compra e venda e empreitada*, 1994, 147, e nota 2; Id., *Direito...*, 115. V., também, BAPTISTA LOPES, *Do contrato...*, 149; MENEZES CORDEIRO, *Da boa fé no direito civil*, 1984, I, 501, afirmando estar-se diante de uma nulidade específica; e MENEZES LEITÃO, *Direito...*, III, 103, nota 239, entendendo, face à da convalidação, adiante analisada, ser dispensável o regime da nulidade.

próprias[1051]. Já MENEZES CORDEIRO, depois de julgar ser o Direito civil demasiado diferenciado, especialmente na área das invalidades, para se poder reduzir a exíguas categorias, pensa ser possível ir para além da aceitação de uma simples nulidade *sui generis*. A teoria das invalidades deveria ser reformulada. O regime da compra e venda de bens alheios é, precisamente, no entender do autor, um dos motores da reforma. Propõe, nestes termos, uma distinção entre nulidades plenas ou absolutas, de um lado, e nulidades relativas, do outro. Nestas últimas a invalidade só poderia ser alegada por um dos sujeitos do negócio.

§ 1.3.1.1. – Legitimidade para arguir a nulidade

I – A legitimidade para a invocação da nulidade da compra e venda de bens alheios está fortemente limitada: o vendedor não pode opor a nulidade ao comprador de boa fé; o comprador doloso não pode opor a nulidade ao vendedor de boa fé. O termo dolo, devido a razões de ordem histórica, deve aproximar-se da boa fé em sentido ético[1052]: há boa fé se se ignora sem culpa a alienabilidade do bem, má fé se esse facto for sabido ou ignorado de modo culposo[1053].

[1051] A respeito da figura das invalidades mistas ou atípicas, absolutas e relativas, comuns e privilegiadas v., *colorandi causa*, MENEZES CORDEIRO, *Tratado...*, II, 923 e ss.; Id., *Tratado...*, XI, 207 e ss.. O autor propõe-se ir além de uma mera categoria informe de invalidades atípicas.

[1052] Assim GALVÃO TELLES, *Contratos...*, 20, no âmbito dos trabalhos preparatórios; RAÚL VENTURA, *O contrato de compra e venda no código civil. Venda de bens alheios...*, in *Revista...*, 1980, ano 40, II, agosto, 312, de forma implícita; MENEZES CORDEIRO, *Da boa fé...*, I, 498 e ss.; Id., *Tratado...*, XI, 203 e ss.; CARNEIRO DA FRADA, *Perturbações...*, in *Direito...*, 54; PEDRO ROMANO MARTINEZ, *Direito...*, 115; NUNO PINTO OLIVEIRA, *Compra...*, 148 e ss.; MENEZES LEITÃO, *Direito...*, III, 99 e ss., igualmente de forma subentendida, e 104 (muito embora, depois, não faça essa aproximação no âmbito da compra e venda de bens onerados o que suscita dúvidas sobre a posição do autor a este respeito). Não têm, pois, razão, com a devida consideração, PIRES DE LIMA/ANTUNES VARELA, *Código...*, II, comentário ao artigo 892.º, 185, ao proporem um entendimento literal da expressão dolo (v., ainda, CALVÃO DA SILVA, *Compra...*, 36, se bem entendemos). Também se não segue a posição de DIOGO BÁRTOLO, *Venda...*, in *Estudos...*, IV, 400, segundo o qual dolo na hipótese da venda de bens alheios teria o mesmo significado que no artigo 483.º do Código Civil.

[1053] Cfr. MENEZES CORDEIRO, *Da boa fé...*, I, 511 e ss.; Id., *Tratado...*, I, 2012, 965 e ss.; PEDRO DE ALBUQUERQUE, *A representação...*, 958 e ss., nota 1548.

Seguindo a sistematização de RAÚL VENTURA[1054] é possível distinguir as seguintes situações[1055]:

- vendedor e comprador de boa fé: o vendedor não pode opor a nulidade ao comprador mas este pode invocá-la perante aquele;
- vendedor de má fé e comprador de boa fé: só o comprador pode suscitar a nulidade;
- vendedor de boa fé e comprador de má fé: só o vendedor poder arguir a nulidade;
- vendedor de má fé e comprador de má fé[1056-1057]: a nulidade pode ser suscitada por qualquer um.

II – Tem-se debatido na Doutrina e Jurisprudência se o proprietário que pretenda clarificar a situação resultante da venda de um bem, por terceiro, que lhe pertence deve servir-se de uma ação de declaração da nulidade do negócio[1058] ou a uma ação declarativa de ineficácia[1059] relativamente a ele.

[1054] Cfr., também, MENEZES CORDEIRO, *Da boa fé...*, I, 501.

[1055] RAÚL VENTURA, *O contrato de compra e venda no código civil. Venda de bens alheios...*, in *Revista...*, 1980, ano 40, II, agosto, 312.

[1056] Assim GALVÃO TELLES, *Contratos...*, 21; RAÚL VENTURA, *O contrato de compra e venda no código civil. Venda de bens alheios...*, in *Revista...*, 1980, ano 40, II, agosto, 312 e 313; e, na Jurisprudência, RCb 20-05-1997 (SILVA FREITAS), in *Colectânea de Jurisprudência*, 1997, XXII, III, 17 e ss., embora admitindo a possibilidade de a posição de uma das partes ser paralisada por abuso de direito, se reunidos os respetivos pressupostos.

[1057] Se se admitir estarmos ainda perante uma situação de venda de bens alheios e não antes de uma situação a enquadrar na compra e venda de bens futuros.

[1058] Nessa direção v. RAÚL VENTURA, *O contrato de compra e venda no código civil. Venda de bens alheios...*, in *Revista...*, 1980, ano 40, II, agosto, 308 e ss.; PEDRO ROMANO MARTINEZ, *Direito...*, 113; e DIOGO BÁRTOLO, *Venda...*, in *Estudos...*, IV, 399 e ss.. Ao nível da Jurisprudência cfr., por exemplo, STJ 13-12-1984 (LIMA CLUNY), in *Revista de Legislação e de Jurisprudência*, 1989-1990, 122, 233 e ss., 241 (com voto de vencido de LOPES NEVES e de ALMEIDA RIBEIRO); STJ 25-11-1992 (DIONÍSIO PINHO), Proc. 082056/ITIJ (venda de coisa alheia – nulidade do contrato – conhecimento oficioso), apenas com indicação do sumário; RPt 27-09-1995 (TEIXEIRA PINTO), Proc. 9310139/ITIJ (venda de coisa alheia – nulidade), com mera indicação do sumário.

[1059] Neste sentido v. BAPTISTA LOPES, *Do contrato...*, 141 e 142; ANTUNES VARELA, *Anotação ao STJ 13-12-1984*, in *Revista de Legislação e de Jurisprudência*, 1989-1990, 122, 243 e ss., *maxime* 245, 246, 252 e ss.; CARNEIRO DA FRADA, *Perturbações...*, in *Direito...*, 53; MENEZES LEITÃO, *Direito...*, III, 99, referindo a possibilidade de ação de reivindicação por parte do

RAÚL VENTURA[1060] afirma a prioridade da nulidade sobre a ineficácia. A falta de produção dos efeitos relativamente ao proprietário seria consequência da nulidade e não da ineficácia. Além disso é indubitável o facto de o proprietário ter legitimidade para interpor uma ação declarativa do seu próprio direito, apesar do contrato celebrado entre outras pessoas. Ora, nesta ação teria que se debater necessariamente a nulidade do contrato de compra e venda de coisa alheia. Nessa perspetiva mostrar-se-ia especioso julgar o proprietário parte legítima para interpor aquela ação, mas não para a outra em que, procurando a mesma solução real, pedisse a declaração de nulidade do contrato.

Os argumentos de RAÚL VENTURA são ponderosos, mas não seguimos o autor. Desde logo, a prova de que a ineficácia não resulta da nulidade é suscetível de ser extraída do regime da compra e venda de bens alheios em comércio. Como se sublinhou, nessa eventualidade, o contrato não é nulo, mas nem por isso deixa de ser ineficaz relativamente ao proprietário. Por outro lado, sendo o direito do proprietário titular de um direito absoluto, de um direito alicerçado em razões absolutas, na ação declarativa do seu próprio direito o autor fundar-se-á em razões meramente absolutas[1061] e não em argumentos relativos: apenas terá que demonstrar a respetiva titularidade.

proprietário sem necessidade de discutir a validade do contrato. No sentido da ineficácia v., também, STJ 29-07-1966, in *Revista de Legislação e de Jurisprudência*, 1967-1968, 100, 57 e 58; RLx 17-02-2018 (ANTÓNIO VALENTE), Proc. 138/14.7T8SCR.L1-8/ITIJ (escritura de justificação judicial – impugnação – ónus de prova – venda de coisa alheia); e VAZ SERRA, *Anotação...*, in *Revista de Legislação...*, 1967-1968, 100, 69 e ss..

[1060] RAÚL VENTURA, *O contrato de compra e venda no código civil. Venda de bens alheios...*, in *Revista...*, 1980, ano 40, II, agosto, 308; NUNO PINTO OLIVEIRA, *Compra...*, 156 e ss.. No plano jurisprudencial cfr. RÉv 06-11-1974, in *Boletim do Ministério da Justiça*, 1975, 242, 372 (venda de coisa alheia – legitimidade) com simples indicação de sumário e sem menção do relator; STJ 13-02-1979 (OLIVEIRA CARVALHO), in *Boletim do Ministério da Justiça*, 1979, 284, 176 e ss. (venda de coisa alheia – nulidade e ineficácia); RCb 08-11-1983 (MANUEL PEREIRA DA SILVA), in *Colectânea de Jurisprudência*, 1983, V, 52 e ss., *maxime* 55 e 56 (ação ordinária – arrendamento é conceito de facto – respostas deficientes e obscuras – simulação processual – abuso de direito – caso julgado – nulidade prevista no artigo 892.º do Código Civil).

[1061] Note-se que se menciona a absolutidade dos direitos reais no sentido com que OLIVEIRA ASCENSÃO, *Direito...*, 45 e ss., 613 e ss., alude a ela; não na perspetiva da relação passiva universal, que se rejeita, ou da oponibilidade *erga omnes*. A este respeito v. o nosso *Direitos...*, 563 e ss., em nota.

Tudo o mais, inclusive o negócio de compra e venda de coisa alheia passa, feita essa demonstração, a ser irrelevante no seu confronto.

III – Problema associado ao anterior é o de saber se o tribunal deve entender improcedente uma ação de declaração de nulidade do contrato de compra e venda proposta pelo proprietário da coisa. Segundo refere ANTUNES VARELA[1062] – depois seguido por NUNO PINTO OLIVEIRA[1063] – o juiz tem o poder-dever de corrigir o erro na qualificação jurídica do efeito prático pretendido e declarar a ineficácia do contrato[1064].

[1062] ANTUNES VARELA, *Anotação...*, in *Revista...*, 1989-1990, 122, 233 e ss..

[1063] NUNO PINTO OLIVEIRA, *Compra...*, 159. V., ainda, STJ 10-12-2015 (LOPES DO REGO), Proc. 1990/07.8TBAGD.C1.S1/ITIJ (cessão de quotas – autorização da sociedade – ineficácia do negócio – consentimento tácito – facto superveniente – participação do cessionário em deliberação social – venda de bens alheios – invocação da nulidade), onde se afirma: «*A circunstância de o titular de um direito, alienado por negócio* a non domino, *se poder prevalecer do regime de ineficácia, no seu confronto, do acto de alienação, sem necessidade de invocar a respectiva nulidade por ilegitimidade do alienante, não obsta a que, com base no interesse sério em obter a declaração judicial do vício e ver operadas as respectivas consequências (nomeadamente ao nível do cancelamento de registo), possa formular um pedido de declaração de nulidade do negócio.*» Sobre a possibilidade de o tribunal qualificar livremente o efeito da compra e venda de bens alheios v. RCb 12-12-2006 (HÉLDER ROQUE), Proc. 195/04.4TBSBG.C1/ITIJ (venda de coisa alheia – efeitos – legitimidade) ao afirmar: «*A questão de saber se o acto de compra e venda celebrado pelos que nela participaram, com inobservância das regras sobre a legitimidade substantiva, impostas pelo artigo 892º, do CC, quanto ao titular do património sobre o qual deveriam vir a verificar-se os efeitos do acto, deve configurar-se como, simplesmente, ineficaz ou antes como inválido, envolve um problema de direito positivo que o Tribunal é livre de qualificar, desde que se mantenha dentro do limite fundamental que lhe é dado pela causa de pedir, podendo optar pelo enquadramento jurídico que se lhe afigure mais adequado.*»

[1064] Sendo o ato de venda de um bem alheio ineficaz relativamente ao dono da coisa um assunto debatido é o de saber se o artigo 291.º vale, também, para as hipóteses de ineficácia resultante do facto de a compra e venda ter sido realizada *a non domino*. Alguma Jurisprudência tem entendido não valer o artigo 291.º e a tutela por este preceito dispensada aos terceiros de boa fé na eventualidade de se estar perante uma situação de ineficácia e, destarte, em cenários de invocação da propriedade pelo dono da coisa em situações de venda de coisa alheia. Nesse sentido v., por exemplo, RCb 12-12-2006 (HÉLDER ROQUE), Proc. 195/04.4TBSBG.C1/ITIJ (venda de coisa alheia – efeitos – legitimidade), onde se pode ler, nas respetivas conclusões finais: «*É inoponível a terceiros de boa-fé, adquirentes, a título oneroso, de direitos sobre os mesmos bens, a acção de declaração de nulidade ou de anulação do negócio, se não for proposta e registada, nos três anos posteriores à sua conclusão, desde que o registo da aquisição seja anterior ao registo da acção. II – Não se aplicando quanto ao dono da coisa, perante o qual o contrato é ineficaz, a nulidade resultante da venda de bens alheios, mas, tão-só, nas relações entre o alienante*

IV – Igualmente debatido é se a nulidade agora em jogo pode ser arguida por qualquer interessado. A favor da possibilidade de arguição por todo o interessado depõem designadamente INOCÊNCIO GALVÃO TELLES[1065], MENEZES CORDEIRO[1066], CARNEIRO DA FRADA[1067], PIRES DE LIMA/ANTUNES VARELA[1068], PEDRO ROMANO MARTINEZ[1069], DIOGO BÁRTOLO[1070] e NUNO PINTO OLIVEIRA[1071]. Em sentido inverso pronuncia-se MENEZES LEITÃO[1072] por entender ser a nulidade da venda de bens alheios estabelecida no interesse apenas das partes nos termos definidos pelo regime da compra e venda de bens alheios.

Finalmente, debate-se se a nulidade pode ser conhecida oficiosamente. A favor do conhecimento oficioso depuseram INOCÊNCIO GALVÃO TELLES[1073], RAÚL VENTURA[1074], PIRES DE LIMA/ANTUNES VARELA[1075] e CARNEIRO DA FRADA[1076]. Há posições no mesmo sentido na nossa Jurisprudência:

> Assim STJ 25-11-1992 (DIONÍSIO PINHO)[1077]: o facto de o artigo 892.º do Código Civil fazer referência específica ao vendedor e ao comprador (alienante e adquirente nos outros contratos onerosos) não significa que, ao abrigo do artigo 286.º do mesmo Código, a nulidade não possa ser invocada por algum

e o adquirente, por força do disposto no artigo 892º, não seria de observar o preceituado pelo artigo 291º, ambos do CC, o que, desde logo, afastaria, quanto à pessoa daquele, os efeitos emergentes de uma pretensa e invocada aquisição tabular.» Em direção oposta, com argumentação a que aderimos, v., porém, MENEZES CORDEIRO, *Tratado...*, XI, 221 e ss..

1065 INOCÊNCIO GALVÃO TELLES, *Contratos...*, 20.

1066 MENEZES CORDEIRO, *Da boa fé...*, I, 501.

1067 CARNEIRO DA FRADA, *Perturbações...*, in *Direito...*, 55.

1068 PIRES DE LIMA/ANTUNES VARELA, *Código...*, II, comentário ao artigo 892.º, 185.

1069 PEDRO ROMANO MARTINEZ, *Direito...*, 113.

1070 DIOGO BÁRTOLO, *Venda...*, in *Estudos...*, IV, 401.

1071 NUNO PINTO OLIVEIRA, *Compra...*, 159 e ss..

1072 MENEZES LEITÃO, *Direito...*, III, 99.

1073 INOCÊNCIO GALVÃO TELLES, *Contratos...*, 20.

1074 RAÚL VENTURA, *O contrato de compra e venda no código civil. Venda de bens alheios...*, in *Revista...*, 1980, ano 40, II, agosto, 314.

1075 PIRES DE LIMA/ANTUNES VARELA, *Código...*, II, comentário ao artigo 892.º, 185.

1076 CARNEIRO DA FRADA, *Perturbações...*, in *Direito...*, 55.

1077 STJ 25-11-1992 (DIONÍSIO PINHO), Proc. 082056/ITIJ (venda de coisa alheia – nulidade do contrato – conhecimento oficioso).

interessado, designadamente, pelo titular do bem ou direito alienado, ou não possa ser mesmo declarada oficiosamente.

RPt 27-09-1995 (TEIXEIRA PINTO)[1078]: o artigo 892.º do Código Civil não estabelece a nulidade da venda de coisa alheia em relação ao dono desta, apenas se aplicando na relação entre alienante e adquirente; em relação ao proprietário a venda é ineficaz, assume o cariz de *inter alios acta*, operando-se a ineficácia *ipso jure*. Tal nulidade pode ser invocada por qualquer interessado, designadamente pelo titular do bem ou direito alienado, ou ser mesmo declarada oficiosamente.

Em oposição à admissibilidade do conhecimento oficioso pronunciam-se, porém, MENEZES CORDEIRO[1079], PAULO OLAVO CUNHA[1080], PEDRO ROMANO MARTINEZ[1081], MENEZES LEITÃO[1082] e NUNO PINTO OLIVEIRA[1083]. Esta orientação mostra-se manifestamente preferível, pois, de outro modo estar-se-ia a afastar, por via indireta, as proibições de invocação da referida nulidade.

1078 RPt 27-09-1995 (TEIXEIRA PINTO): Proc. 9310139/ITIJ (venda de coisa alheia – nulidade), com mera indicação do sumário. No mesmo sentido pode ver-se, ainda, e por exemplo, RCb 20-05-1997 (SILVA FREITAS), in *Colectânea de Jurisprudência*, 1997, XXII, III, 17 e ss..

1079 MENEZES CORDEIRO, *Da boa fé...*, I, 501.

1080 PAULO OLAVO CUNHA, *Venda...*, in *Revista...*, 1987, 47, II, setembro, embora este autor afirme, a par com a ideia de que o tribunal não pode conhecer oficiosamente a nulidade, não ser lícito, também, ao julgador obrigar o vendedor a entregar coisa que lhe não pertence. MENEZES LEITÃO, *Direito...*, III, 99 e 100, nota 232, seguido por NUNO PINTO OLIVEIRA, *Compra...*, 168, nota 233, afirma que não se veria, então, como o tribunal decidiria nessa hipótese. Na verdade, em última instância, há quem considere como PEDRO ROMANO MARTINEZ, *Direito...*, 115, que não havendo conhecimento oficioso pode o tribunal impor o cumprimento de um contrato nulo. DIOGO BÁRTOLO, *Venda...*, in *Estudos...*, IV, 404, distingue, porém, entre invalidade do negócio e invalidade do cumprimento. O tribunal não deve conhecer da invalidade do negócio, mas já se pode pronunciar sobre a nulidade, que *in casu* se verifica, do ato de adimplemento.

1081 Este de forma hesitante. Cfr. PEDRO ROMANO MARTINEZ, *Direito...*, 115.

1082 MENEZES LEITÃO, *Direito...*, III, 99.

1083 NUNO PINTO OLIVEIRA, *Compra...*, 169.

§ 1.3.2.1 – O efeito da nulidade: a obrigação de restituição do preço e da coisa vendida

I – Em resultado da sanção da nulidade a coisa deve ser restituída, pelo comprador, ao vendedor esteja este de boa ou de má fé.

A restituição é feita a quem procedeu à sua entrega, com base no contrato, e não ao verdadeiro proprietário[1084], exceto se tiver sido intentada ação possessória ou de reivindicação por este[1085].

O artigo 289.º/1 do Código Civil estabelece ter a declaração de nulidade ou anulabilidade efeito retroativo, devendo ser restituído tudo quanto houver sido prestado ou, se a restituição em espécie não for possível, o valor correspondente. Por seu turno, o artigo 290.º do Código Civil determina deverem as obrigações recíprocas de restituição, pendentes sobre as partes por força da nulidade do negócio, ser cumpridas simultaneamente, sendo extensíveis ao caso, na parte aplicável, as normas relativas à exceção de cumprimento do contrato.

Ou seja: havendo nulidade o vendedor deve restituir o preço; o comprador tem de devolver a coisa recebida. Na eventualidade de isso não ser possível fica obrigado a entregar o valor correspondente.

A obrigação de restituir o preço, em caso de nulidade resultante de uma compra e venda de bens alheios, obedece, porém, a um regime algo distinto do imposto pelo artigo 289.º do Código Civil[1086], dado variar segundo exista ou não boa fé do obrigado. Na verdade, o artigo 894.º/1 do Código Civil determina ter o comprador de boa fé, diante da nulidade da venda de bens

[1084] Raúl Ventura, *O contrato de compra e venda no código civil. Venda de bens alheios...*, in *Revista...*, 1980, ano 40, II, agosto, 319. O mesmo vale para as indemnizações devidas por factos culposos do comprador posteriores ao conhecimento da nulidade (assim para além de Raúl Ventura, *op. loc. cit.*; Diogo Bártolo, *Venda...*, in *Estudos...*, IV, 412). Porém, apenas nos termos adiante referidos.

[1085] Diogo Bártolo, *Venda...*, in *Estudos...*, IV, 412. V., também, Menezes Cordeiro, *Tratado...*, XI, 216 e ss., sublinhando, todavia, o facto de o verdadeiro titular dever ser avisado pelo comprador e/ou pelo vendedor, por via dos deveres acessórios impostos pela boa fé, que funcionam, nesta situação, com proteção de terceiros.

[1086] Raúl Ventura, *O contrato de compra e venda no código civil. Venda de bens alheios...*, in *Revista...*, 1980, ano 40, II, agosto, 318 e ss.; Carneiro da Frada, *Perturbações...*, in *Direito...*, 55; Pires de Lima/Antunes Varela, *Código...*, II, comentário ao artigo 894.º, 186 e 187; Diogo Bártolo, *Venda...*, in *Estudos...*, IV, 409 e ss.; Nuno Pinto Oliveira, *Compra...*, 170 e ss.; Menezes Leitão, *Direito...*, III, 100 e 101.

alheios, o direito de exigir a restituição integral do preço, mesmo se os bens se hajam perdido, estejam deteriorados ou tenham diminuído de valor. Trata-se de um preceito complexo e gerador de interpretações díspares.

A grande maioria dos autores[1087] defende, alegando o argumento *a contrario*, não poder o comprador de má fé, face a este preceito, pedir a restituição integral do preço, ao invés do resultante do regime geral da invalidade. Apenas poderia exigir o locupletamento do vendedor. Em sentido divergente manifestou-se, porém, DIOGO BÁRTOLO[1088]. Deve-se isso a dois fatores. O primeiro prende-se com a debilidade do argumento *a contrario sensu*[1089]. O segundo tem a ver com a interpretação do artigo 894.º/1 donde se retira a inferência *a contrario*. Diversamente do aparentemente subentendido, o artigo em referência não visa dar ao comprador de boa fé o direito à restituição integral do preço. Esse direito já resulta do artigo 289.º/1 do Código Civil, onde se não distingue, de resto, entre sujeitos de boa ou de má fé. O interesse e sentido do artigo 894.º/1 do Código Civil é, como bem assinala RAÚL VENTURA[1090], depois seguido por DIOGO BÁRTOLO[1091], o de desligar a restituição integral do preço das vicissitudes sofridas pela coisa, enquanto esta estiver em poder do comprador de boa fé, e da consequente impossibilidade de o comprador a restituir ou de a devolver tal como a recebeu. Por isso, não pode inferir-se, do artigo 894.º/1 do Código Civil, não ter o comprador de má fé jamais direito à restituição integral do preço, mas tão-só não possuir o direito à devolução da totalidade da importância paga naquelas situações de perda do bem, deterioração ou diminuição de valor, dado ter então de se abater, do montante entregue para pagamento,

[1087] Assim BAPTISTA LOPES, *Do contrato...*, 145; MENEZES CORDEIRO, *Da boa fé...*, I, 501; CARNEIRO DA FRADA, *Perturbações...*, in *Direito...*, 55; PAULO OLAVO CUNHA, *Venda...*, in *Revista...*, 1987, 47, II, setembro, 453; PIRES DE LIMA/ANTUNES VARELA, *Código...*, II, comentário ao artigo 894.º, 186; NUNO PINTO DE OLIVEIRA, *Compra...*, 170; PAULO MOTA PINTO, *Interesse...*, II, 977 e 978, nota 2738; MENEZES LEITÃO, *Direito...*, III, 100 (Id., *O enriquecimento sem causa...*, 6, 466 e 467, nota 19); e JORGE MORAIS DE CARVALHO, *Código...*, I, comentário 894.º, 1109. Esta orientação mostra-se, aliás, tão generalizada ao ponto de MENEZES LEITÃO, *Direito...*, III, 100, afirmar ser ela unânime.

[1088] DIOGO BÁRTOLO, *Venda...*, in *Estudos...*, IV, 410.

[1089] Mas em bom rigor, subjacente a esta posição, parece estar mais uma ideia de bilateralização da regra do artigo 894.º/1, do que verdadeiramente, um argumento *a contrario sensu*.

[1090] RAÚL VENTURA, *O contrato de compra e venda no código civil. Venda de bens alheios...*, in *Revista...*, 1980, ano 40, II, agosto, 318.

[1091] DIOGO BÁRTOLO, *Venda...*, in *Estudos...*, IV, 410.

a quantia correspondente à compressão da valia do objeto[1092]. Ou seja: se o comprador está de má fé vale, sem mais, o regime geral previsto nos artigos 289.º e 290.º do Código Civil, sem haver nenhum lugar para uma interpretação *a contrario sensu* do artigo 894.º/1[1093]. Se o Código Civil prevê no artigo 894.º/1 uma regra especial apenas para a compra e venda de boa fé, essa regra não se aplicará à compra e venda de má fé. Vale, então, a regra geral e não o falível argumento *a contrario sensu*[1094].

A *ratio* do artigo 894.º/1 do Código Civil alicerça-se na ideia segundo a qual nas situações de boa fé do comprador e, destarte, de convencimento na validade do contrato, não se lhe pode exigir uma prudência com o bem similar ao devido se ele fosse alheio[1095].

[1092] Diogo Bártolo, *Venda...*, in *Estudos...*, IV, 410.

[1093] Diogo Bártolo, *Venda...*, in *Estudos...*, IV, 410. Não nos parece ter razão Paulo Mota Pinto, *Interesse...*, II, 978, nota 2739, ao afirmar negar Diogo Bártolo o argumento *a contrario* por, à semelhança de Pires de Lima/Antunes Varela, *Código...*, II, comentário ao artigo 894.º, 186 e 187, se basear num entendimento do regime geral que ignora a remissão do artigo 289.º/3. Ora, a remissão do artigo 289.º/3 faz depender o risco pela perda da boa ou má fé do possuidor. Mas pode o comprador estar de má fé e não se assistir a nenhuma destruição ou perda do bem. Nessa eventualidade, deve valer a regra geral do artigo 289.º/1. Ou seja: não há nenhuma razão para aplicar, nesse cenário, o artigo 894.º/1 *a contrario*, nem o artigo 289.º/3, na parte em que remete para o artigo 1269.º. Por outro lado, mesmo havendo perda, o comprador de má fé pode não ter posse. Porém, a aplicação direta dos artigos 1269.º e ss. depende de posse. Nesse sentido v. Pires de Lima/Antunes Varela, *Código civil anotado*, 4.ª edição, 1987, I, comentário ao artigo 289.º, 265, para as situações de posse. Poderá eventualmente debater-se a aplicação analógica do artigo 1269.º ao comprador de má fé, em certos cenários, na eventualidade de ele não ter posse. V., por exemplo, Menezes Cordeiro, *Tratado...*, II, 937. Mas não vamos proceder a essa análise agora. Imagine-se, porém, não ter havido nem entrega da coisa, nem perda ou destruição, ou não ter havido uma ou outra? Repare-se, de resto, no facto de o artigo 289.º/3 representar um aligeiramento da severa regra presente no artigo 289.º/1 do Código Civil. Por força desta deve ser restituído tudo o que for prestado. Ora, segundo o primeiro, procede-se a uma alteração expressiva, sobretudo em relação ao contraente de boa fé, dos pesados efeitos da retroatividade. Em vista estão principalmente a restituição de frutos e as benfeitorias. Nesse sentido v., novamente, Pires de Lima/Antunes Varela, *Código civil...*, I, 265. Acresce o facto de, como explicitaremos de seguida, a remissão do artigo 289.º/3 dizer respeito às situações em que uma das partes no negócio inválido tem legitimidade para alienar o bem objeto do negócio inválido. Porém, o artigo 894.º/1 reporta-se a hipóteses de falta de legitimidade por parte do alienante.

[1094] Diogo Bártolo, *Venda...*, in *Estudos...*, IV, 410.

[1095] Diogo Bártolo, *Venda...*, in *Estudos...*, IV, 410.

II – Menezes Cordeiro[1096], depois seguido por Carneiro da Frada[1097] e Paulo Mota Pinto[1098], afirma, ainda, a necessidade de se harmonizar o disposto no artigo 894.º/1 do Código Civil com a regra estabelecida no artigo 1269.º relativa à perda ou deterioração da coisa por parte do possuidor de boa fé. Segundo este preceito o possuidor de boa fé responde pela perda ou deterioração da coisa se tiver procedido com culpa. Donde o comprador de boa fé de bem alheio só beneficiaria do regime estabelecido no artigo 894.º/1 do Código Civil se a afetação do valor do objeto do contrato não se dever a culpa sua.

Menezes Leitão[1099], alegando a ideia, já presente em Pires de Lima/ /Antunes Varela,no sentido de o adquirente de boa fé beneficiar, por força do artigo 894.º/1 do Código Civil, de uma proteção superior à do possuidor, afirma não terem Menezes Cordeiro, Carneiro da Frada e Paulo Mota Pinto razão. O comprador de boa fé julgando ser seu o bem não deveria mostrar-se sujeito a um grau de exigência semelhante ao imposto na guarda e conservação de coisa alheia. Mais: como se viu, na hipótese de o comprador se encontrar de boa fé, o artigo 894.º/1 desvia-se do regime dos artigos 289.º e 290.º. Por força destes, havendo impossibilidade de restituição da coisa, tal como ela se encontrava, deveria ser entregue um valor destinado a ressarcir a perda. Segundo o artigo 894.º/1, na hipótese de o comprador estar de boa fé, ele tem o direito de exigir a restituição integral do preço, mesmo se os bens se hajam perdido, estejam deteriorados ou tenham diminuído de valor por alguma razão. Isto é: nestas situações o adquirente não tem de devolver o valor referente à diminuição gerada pela vicissitude. Estaríamos, pois, diante de uma hipótese de aplicação do limite do enriquecimento estabelecido no artigo 479.º/2 do Código Civil. Ora, no âmbito do enriquecimento, ao invés do sucedido na posse (artigo 1269.º), o devedor de boa fé não responde pela perda ou deterioração culposa do objeto a restituir, mas apenas pelo seu enriquecimento (artigo 479.º/2), só se lhe aplicando essa responsabilidade em situação de má fé (artigo 480.º).

1096 Menezes Cordeiro, *Da boa fé...*, I, 501 e 502; Id., *Tratado...*, XI, 216.

1097 Carneiro da Frada, *Perturbações...*, in *Direito...*, 55 e 56.

1098 Paulo Mota Pinto, *Interesse...*, II, 977 e 978, nota 2738.

1099 Menezes Leitão, *Direito...*, III, 100 e 101.

III – NUNO PINTO OLIVEIRA[1100] julga, porém, ser meramente aparente a diferença de posições entre MENEZES CORDEIRO, CARNEIRO DA FRADA, (e também PAULO MOTA PINTO), de um lado, e MENEZES LEITÃO, do outro. Segundo PINTO OLIVEIRA, embora a boa fé se aprecie no momento da celebração do contrato, a ciência superveniente da alienabilidade da coisa é juridicamente relevante: enquanto o comprador ignorar o facto de o bem ser alheio não responde – afirma – pela perda, deterioração ou diminuição de valor. A partir do conhecimento ou dever de conhecer, se a coisa se encontrar em seu poder, tem o dever de a guardar e conservar como se fosse seu depositário. Nesta perspetiva a afirmação de MENEZES CORDEIRO segundo a qual o comprador de boa fé responde pela deterioração culposa da coisa iluminar-se-ia confrontando-a com o conceito de culpa: se o comprador de boa fé não conhece, nem deve conhecer, a alienabilidade da coisa, não haveria, nem poderia haver, culpa sua na lesão do direito de outrem e, por isso, não haveria responsabilidade do comprador de boa fé pela perda ou deterioração da coisa. Se o comprador de boa fé conhecer, ou dever conhecer, a alienabilidade da coisa, ele responderá nos termos gerais. Os argumentos extraídos da conexão sistemática com o regime do enriquecimento sem causa e com o regime da posse levariam assim a resultados em tudo semelhantes[1101].

Não nos parece, porém, poder seguir-se esta tentativa de harmonização das duas posições. A ideia de culpa na posse não tem o sentido pretendido por NUNO PINTO OLIVEIRA. Basta lembrar o exemplo proposto por PIRES DE LIMA/ANTUNES VARELA[1102]: perante o artigo 1269.º do Código Civil o possuidor de boa fé de um automóvel que o inutilize ou danifique num acidente de viação não responderá perante o dono do veículo, se tiver agido sem culpa do ponto de vista das regras do Código da Estrada, mesmo se em virtude do risco responder perante as vítimas do acidente. Ao invés, o possuidor de boa fé que tenha agido com culpa, por ter violado as regras de condução *in casu* observáveis, já responderá nos termos do artigo 1269.º: há culpa para efeitos deste preceito. Isto é assim independentemente de ele saber, ou não, estar a lesar a posse de outrem naquele momento, ou de ter ou dever ter, ou não, conhecimento da alienabilidade do bem em causa. E as hipóteses poderiam multiplicar-se até ao infinito. Pense-se, por

[1100] NUNO PINTO OLIVEIRA, *Compra...*, 173 e ss..

[1101] NUNO PINTO OLIVEIRA, *Compra...*, 175.

[1102] PIRES DE LIMA/ANTUNES VARELA, *Código...*, III, comentário ao artigo 1269.º, 36.

exemplo, para referir só mais um exemplo, na compra e venda de um cão alheio. Se o adquirente se encontrar de boa fé e matar o animal em virtude de maus-tratos ou o deixar morrer à fome não deixará de responder, se se julgar aplicável o artigo 1269.º, mesmo se no momento da morte continuar a pensar ser seu o canídeo: há culpa do possuidor. Na verdade, num passo devidamente sublinhado por MENEZES CORDEIRO[1103], a noção de culpa e de boa fé são heterogéneas a diversos títulos não dependendo, acrescentamos nós, a primeira do conhecimento da lesão de um direito alheio.

Diversamente, na orientação proposta por MENEZES LEITÃO, por força do artigo 480.º do Código Civil, enquanto o adquirente não tiver ciência da falta de causa do seu enriquecimento ou sido judicialmente citado para a restituição ele não responde em nenhum dos exemplos anteriormente referidos. Tem, pois, inteira razão este autor[1104] ao afirmar ser diferente a solução por ele propugnada relativamente à defendida por MENEZES CORDEIRO e CARNEIRO DA FRADA.

IV – Qual, então, a posição a adotar face à divergência de posições anteriormente detetada? A resposta não se afigura fácil ou isenta de dúvidas.

Como ponto de partida parece realmente de se aceitar remeter-nos o artigo 894.º, na verdade, para o enriquecimento sem causa. Isso mesmo é demonstrado pelo facto de o artigo 894.º/2 estipular dever, se houver proveito para o comprador em virtude da perda ou deterioração dos bens, ser o ganho abatido no montante da restituição ou indemnização a pagar pelo vendedor. Isto é: havendo perda, deterioração ou diminuição do valor da coisa, o artigo 894.º impõe, destarte, para o comprador de boa fé apenas a restituição do enriquecimento; obrigando o adquirente de má fé a restituir o obtido à custa de outrem, tudo em harmonia com o regime do enriquecimento sem causa[1105]. Significará isso um imediato afastamento do artigo 1269.º?

Uma leitura possível seria a de entender apenas se assistir à remissão para o regime do enriquecimento sem causa se o próprio comprador de boa fé

[1103] MENEZES CORDEIRO, *Da boa fé...*, I, 502.

[1104] MENEZES LEITÃO, *Direito...*, III, 101.

[1105] MENEZES LEITÃO, *Direito...*, III, 101.

não desse origem com culpa aos danos[1106]. Desta forma a referência para a disciplina do enriquecimento sem causa não seria integral, mas meramente parcial. O disposto no artigo 480.º, ao fazer depender a responsabilidade da ciência, seria afastado pelo facto de o comprador ter dado origem ao prejuízo. Mas pergunta-se qual a razão de semelhante entendimento? A resposta só poderia estar no paralelismo com a situação do possuidor de boa fé[1107]. Alegar-se-á[1108] não existir semelhante similitude devido ao facto de o comprador de boa fé de um bem alheio estar persuadido de o bem lhe pertencer. O mesmo não sucedendo com o possuidor de boa fé que, atendendo ao artigo 1260.º do Código Civil, apenas tem de ignorar estar a lesar um direito de outrem. Mas, justamente, na maior parte das hipóteses, a ignorância de se estar a afetar uma posição de outrem resulta da convicção de se estar a exercer um direito próprio[1109].

Face a tudo antes dito, e durante bastante tempo, pendemos, no nosso ensino e nas folhas policopiadas dispensadas aos nossos alunos, embora sem uma posição definitiva ou fechada, para a aplicação do regime do enriquecimento sem causa em detrimento da regra estabelecida no artigo 1269.º

[1106] Parece, se bem vimos, ser essa a posição expressamente advogada por PAULO MOTA PINTO, *Interesse...*, II, 978, nota 2739 ao afirmar: «*A solução do art. 894.º, n.º 1 parte final é, assim, semelhante à do regime geral que resulta dos arts. 289.º, n.º 3, e 1269.º (...). Como o sentido da disposição não pode ser o de fazer depender o risco da boa ou má fé das partes (pois tb. é esse o regime geral, diversamente do que* dizem F. PIRES DE LIMA/J. ANTUNES VARELA, *(...), para explicar a parte final do art. 894.º. n.º 1, só parece restar, na verdade, colocá-lo sob o "pano de fundo" de uma obrigação limitada ao enriquecimento sem causa. Mas note-se que se trata, então, da restituição prevista no art. 894.º, n.º 1, isto é, da restituição* ao comprador de boa fé, *esteja o vendedor ou não de má fé, e não da restituição da coisa exigida por este vendedor de má fé, ou sequer, da restituição do preço, reclamada pelo* comprador de má fé.» Porém, com a devida vénia, o regime geral é o do artigo 289.º/1. O artigo 289.º/3 representa uma alteração para as hipóteses de haver posse, com uma especial atenuação se houver posse de boa fé. E, além disso, como sublinhámos já antes e veremos de seguida, a remissão do artigo 289.º/3 diz respeito às situações em que uma das partes no negócio inválido tem legitimidade para alienar o bem objeto do negócio inválido. Já o artigo 894.º/1 reporta-se a hipóteses de falta de legitimidade por parte do alienante.

[1107] Note-se, tal como observado por MENEZES CORDEIRO, *Da boa fé...*, I, 502, só se apresentar o problema se tiver havido tradição da coisa para o adquirente de coisa alheia. Não sendo essa a situação, seguem-se as regras gerais.

[1108] Cfr. MENEZES LEITÃO, *Direito...*, III, 101.

[1109] Sublinhando isso mesmo PIRES DE LIMA/ANTUNES VARELA, *Código...*, III, comentário ao artigo 1260.º, 21.

do Código Civil[1110]. Entretanto, afigurou-se-nos ponderoso o argumento de PAULO MOTA PINTO[1111] no sentido de não se mostrar razoável entender-se poder o comprador de coisa alheia, mesmo o de boa fé, exigir do vendedor a restituição integral do preço se, por exemplo, pegou fogo ou deitou fora a coisa, apenas pelo facto de mais tarde saber ser ela alheia e, portanto, nula a compra. Isso seria transformar em irrelevante o facto de o comprador, enquanto estava de boa fé, dever, por isso mesmo, ter noção de que, ao destruir ou danificar o bem, sofreria uma dupla perda (do bem e do preço por ele pago), não podendo beneficiar de um inesperado prémio resultante do caráter alheio da coisa. Por isso, a solução da parte final do artigo 894.º/1 seria semelhante à dos artigos 289.º/3 e 1269.º. Mas os exemplos de PAULO MOTA PINTO referem-se a situações de destruição deliberada. O argumento já não parece vingar nas hipóteses de simples negligência na destruição por parte do comprador de boa fé. A esta luz subsistiriam, por isso, da nossa parte, as dúvidas a propósito da melhor solução. Mas há um aspeto a nosso ver decisivo na resolução do assunto e, salvo melhor entendimento, até agora não devidamente sublinhado. O regime do artigo 1269.º estabelece uma responsabilidade, ou não, do possuidor perante o proprietário. Disciplina, além disso, o direito aos frutos e às benfeitorias, igualmente, nas relações entre possuidor e proprietário. A generalidade das hipóteses previstas no artigo 289.º/1 e 3 são situações em que as partes têm legitimidade para realizar o negócio. Não a tendo, os atos por elas realizados são, em princípio, ineficazes (em sentido estrito) e não inválidos. Na venda de bens alheios, não obstante as hesitações sentidas durante os trabalhos preparatórios[1112],

[1110] Para uma tentativa de fundamentação da aplicação do enriquecimento sem causa em situações deste tipo cfr. LUZZATTO, *La compravendita...*, 192 e 193.

[1111] PAULO MOTA PINTO, *Interesse...*, II, 978, nota 2739.

[1112] V. as indicações fornecidas por INOCÊNCIO GALVÃO TELLES, *Contratos civis...*, 19. Em todo o caso, v. VAZ SERRA, *Anotação...*, in *Revista de Legislação...*, 1967-1968, 100, 56 e ss. (para o Acórdão), 69 e ss. (para a anotação), chamando, bem, a atenção, perante o Código de Seabra, de resto na mesma linha do Acórdão por ele comentado (STJ 29-07-1966, in *Revista de Legislação e de Jurisprudência*, 1967-1968, 100, 57 e 58), para o facto de a solução do artigo 1555.º nada ter a ver com a relevância ou irrelevância do negócio de venda de bens alheios em relação ao *verus dominus* (perante ele o negócio é ineficaz por ser *res inter alios acta*), mas somente em relação aos contraentes. O verdadeiro proprietário, esse, preserva a sua propriedade como se o bem não tivesse sido vendido. No mesmo sentido ANTUNES VARELA, *Anotação...*, in *Revista de Legislação...*, 1989-1990, 122, 243 e ss., *maxime* 245, 246, 252.

optou-se, relativamente ao desvalor deste negócio, por uma solução singular para esta falta de legitimidade e previu-se uma nulidade. Mas, trata-se de uma nulidade atípica diferente do regime geral dos artigos 285.º e seguintes. O artigo 894.º/1 só pode, a nosso ver, ser entendido a esta luz. Ele vem regular a obrigação de restituição do preço pago a (e perante) alguém que não tem legitimidade para o negócio. Destarte, para quem não vigoram nem podem vigorar, portanto (por não ser proprietário do bem), exceção feita ao disposto no artigo 901.º, as regras dos artigos 1269.º e seguintes, para onde remete o artigo 289.º/3. Nessa medida, nas relações entre o vendedor e o comprador vale, como defende Menezes Leitão, a solução do artigo 894.º independentemente do disposto nos artigos 1269.º e seguintes. Mas nas relações entre o verdadeiro proprietário e o comprador de boa fé regem os artigos 1269.º e seguintes. Portanto, se o comprador de boa fé destruir com culpa o bem comprado ele responde perante o dono do bem pela perda ou deterioração. Exatamente da mesma maneira que o comprador de boa fé tem, por exemplo, diante do verdadeiro proprietário, o direito a fazer seus os frutos naturais e civis percebidos até ao dia em que souber estar a lesar com a sua posse o direito de outrem. Ou seja:

- na eventualidade de perda ou destruição da coisa alheia vendida, nas relações entre vendedor e comprador rege o disposto no artigo 894.º, não valendo, então, o disposto no artigo 1269.º. No âmbito destas relações, a existência de culpa do comprador de boa fé na perda ou destruição do bem é irrelevante e não influencia o direito à restituição integral do preço. Até porque não sendo o bem do vendedor ele não tem qualquer direito a receber dele nenhuma contrapartida;
- nesse mesmo cenário, mas tratando-se das relações entre o verdadeiro dono e o comprador, já vale o disposto no artigo 1269.º. O comprador de boa fé responde assim se tiver com culpa destruído ou deteriorado o bem.

V – Ainda assim parece evidente que a partir do eventual momento do conhecimento, pelo comprador de boa fé, da nulidade da venda ele passa a responder pela perda, deterioração ou diminuição de valor da coisa devido a culpa sua. Ele receberá, então, do vendedor, nos termos gerais, o preço diminuído do montante correspondente ao valor dos danos causados, podendo inclusivamente nada receber se a coisa tiver perecido[1113]. A partir do momento em que tenha ciência do vício da compra é de exigir ao suposto adquirente uma atitude semelhante ao de um detentor em nome alheio diligente[1114]. Mas se o adquirente de boa fé não tiver culpa na perda ou deterioração do bem terá direito à restituição integral do preço mesmo se posteriormente à compra ele tiver sabido da nulidade[1115].

Já atrás se referiu o facto de o artigo 894.º/2 prever uma limitação ao favorecimento resultante do artigo 894.º/1, para o comprador, em matéria de restituição. Se este tiver tirado proveito da perda ou diminuição do valor da coisa (por exemplo em virtude de contrato de seguro), será esse benefício abatido ao montante do preço e indemnização a pagar pelo vendedor. Se, eventualmente, o montante correspondente ao ganho tiver um valor diferente da importância da diminuição deve atender-se ao menor dos dois para efeitos de apuramento da importância a abater ao preço[1116]. A redução imposta ao comprador de boa fé pelo artigo 894.º/2 não depende de nenhuma culpa dele[1117]. O fundamento dela está em evitar-se um enriquecimento injusto do comprador à custa do vendedor[1118].

Note-se como segundo o artigo 903.º/1 do Código Civil o disposto no artigo 894.º tem natureza supletiva: ele cede perante convenção em contrário, exceto se o contraente a quem a convenção aproveitaria houver agido com dolo, e de boa fé o outro estipulante. Mas, em função do artigo 903.º/2, a declaração segundo a qual o vendedor não garante a respetiva legitimidade ou não responde pela evicção não envolve derrogação do artigo 894.º do Código Civil.

[1113] Diogo Bártolo, *Venda...*, in *Estudos...*, IV, 411.

[1114] Raúl Ventura, *O contrato de compra e venda no código civil. Venda de bens alheios...*, in *Revista...*, 1980, ano 40, II, agosto, 318; Pires de Lima/Antunes Varela, *Código...*, II, comentário ao artigo 894.º, 187; Diogo Bártolo, *Venda...*, in *Estudos...*, IV, 411.

[1115] Diogo Bártolo, *Venda...*, in *Estudos...*, IV, 411, nota 62.

[1116] Raúl Ventura, *O contrato de compra e venda no código civil. Venda de bens alheios...*, in *Revista...*, 1980, ano 40, II, agosto, 319; Diogo Bártolo, *Venda...*, in *Estudos...*, IV, 411, nota 66.

[1117] Pires de Lima/Antunes Varela, *Código...*, II, comentário ao artigo 894.º, 187; Diogo Bártolo, *Venda...*, in *Estudos...*, IV, 411.

[1118] Raúl Ventura, *O contrato de compra e venda no código civil. Venda de bens alheios...*, in *Revista...*, 1980, ano 40, II, agosto, 319; Diogo Bártolo, *Venda...*, in *Estudos...*, IV, 411; Menezes Leitão, *Direito...*, III, 101.

§ 1.3.3. – A eventual convalidação do contrato de compra e venda de bens alheios e a obrigação de convalescença

I – Por força do artigo 895.º do Código Civil logo que o vendedor adquira a propriedade da coisa ou do direito vendido, o contrato torna-se válido e a dita propriedade ou direito transfere-se para o comprador. Esta regra representa um desvio mais ao regime geral da anulabilidade, mas compreende-se: dado o efeito translativo, resultante do artigo 897.º do Código Civil, não se poder produzir atendendo à circunstância de o bem não pertencer ao devedor, tornado este proprietário, não se vislumbra razão para se não conceder ao negócio os efeitos de uma compra e venda válida.

O artigo 896.º do Código Civil estabelece, porém, algumas limitações à possibilidade de convalescença da venda de bens alheios. Segundo sublinha a propósito RAÚL VENTURA a hipótese mais importante é a prevista no artigo 896.º/1/*d*): o negócio não se convalesce se for feita declaração redigida, por um dos contraentes ao outro, na qual se reconhece a nulidade do contrato[1119]. As demais alíneas do artigo 896.º parecem representar apenas uma concretização da mesma ideia presente naquele preceito: a justificação do impedimento da convalidação baseia-se na vontade implícita ou expressa em todos esses cenários, de uma ou ambas as partes, de fazerem prevalecer a nulidade do contrato[1120].

II – Os factos impeditivos da convalescença do contrato constantes do artigo 896.º/1/*a*) e *d*) não prejudicam, segundo cuida de esclarecer o artigo 896.º/2, o disposto na segunda parte do artigo 892.º. Como o alienante não pode opor a nulidade ao comprador de boa fé e o adquirente de má fé não a pode invocar perante o vendedor de boa fé, não tem nenhum deles, por sua própria vontade, a faculdade de consolidar a invalidade do contrato. Nas outras hipóteses há acordo expresso ou tácito de ambos os intervenientes a respeito da nulidade[1121].

[1119] RAÚL VENTURA, *O contrato de compra e venda no código civil. Venda de bens alheios...*, in *Revista...*, 1980, ano 40, II, agosto, 314. V., também, NUNO PINTO OLIVEIRA, *Compra...*, 104.

[1120] RAÚL VENTURA, *O contrato de compra e venda no código civil. Venda de bens alheios...*, in *Revista...*, 1980, ano 40, II, agosto, 314 e 315; e NUNO PINTO OLIVEIRA, *Compra...*, 163.

[1121] Cfr., *colorandi causa*, RAÚL VENTURA, *O contrato de compra e venda no código civil. Venda de bens alheios...*, in *Revista...*, 1980, ano 40, II, agosto, 315.

III – Além da validação automática estabelecida no artigo 895.º, o artigo 897.º/1 do Código Civil consagra um dever jurídico de validação do contrato de compra e venda de coisa alheia em caso de boa fé do comprador.

Segundo uma opinião defendida por RAÚL VENTURA[1122], PAULO OLAVO CUNHA[1123] e PIRES DE LIMA/ANTUNES VARELA[1124] estaríamos aqui diante de uma obrigação de resultado, não uma obrigação de meios. A distinção entre estes dois tipos de obrigações é sobejamente sabida. Nas obrigações de meios o devedor não estaria adstrito à obtenção de um resultado, mas, apenas, a atuar com a diligência necessária. Nas de resultado o devedor vincular-se-ia, efetivamente, a obter um desfecho determinado, respondendo por incumprimento se esse resultado não fosse alcançado. Sublinhe-se, porém, como, ao invés do por vezes suposto, na prestação de resultado o devedor não garante a consecução do efeito suceda o que suceder. Na verdade, as obrigações de resultado não alteram as regras e pressupostos da responsabilidade civil. Aliás, este facto não será alheio à crise da distinção entre obrigação de meios e de resultados, como o demonstram e defendem, por exemplo, GOMES DA SILVA[1125], MENEZES CORDEIRO[1126], CALVÃO DA SILVA[1127], MENEZES LEITÃO[1128], para quem não há base no nosso Direito para a diferenciação[1129]. De facto, em todas elas se visa a satisfação do credor, sendo que nuns cenários isso é obtido através da satisfação final ou primária, noutros de forma instrumental. Só nas obrigações de garantia, e apenas nestas, o devedor garante o resultado suceda o que suceder[1130]. Assiste-se assim, se elas forem previstas, a uma situação de responsabilidade objetiva. Nas demais, como observa MENEZES LEITÃO, na esteira de GOMES DA

[1122] RAÚL VENTURA, *O contrato de compra e venda no código civil. Venda de bens alheios...*, in *Revista...*, 1980, ano 40, II, agosto, 317.

[1123] PAULO OLAVO CUNHA, *Venda...*, in *Revista...*, 1987, 47, II, setembro, 458.

[1124] PIRES DE LIMA/ANTUNES VARELA, *Código...*, II, comentário ao artigo 897.º, 190. Substancialmente também YARA MIRANDA, *Venda...*, in *Temis...*, 2005, VI, 11, 136.

[1125] GOMES DA SILVA, *O dever de prestar e do dever de indemnizar*, 1944, I, 363 e ss..

[1126] MENEZES CORDEIRO, *Direito...*, I, 358 e 359; Id., *Tratado de direito civil*, VI, *Direito das obrigações, introdução – Sistemas e direito europeu – dogmática geral*, 2.ª edição, 2012, 477 e ss..

[1127] CALVÃO DA SILVA, *Cumprimento...*, 80 e 81, em nota.

[1128] MENEZES LEITÃO, *Direito...*, I, 137 e 138.

[1129] Sublinhando o valor meramente relativo da distinção v., também, PINTO MONTEIRO, *Cláusula...*, 266, nota 548.

[1130] A respeito da cláusula ou convenção de garantia com o sentido referido no texto v., por todos, PINTO MONTEIRO, *Cláusula...*, 266 e ss..

SILVA, existe sempre a vinculação a um fim correspondente ao interesse do credor. Se o fim não é atingido presume-se sempre a culpa do devedor (artigo 799.º). A ideia de que o vendedor permaneceria obrigado mesmo que tivesse feito, sem sucesso, tudo ao seu alcance para assegurar a validação adequa-se, aliás, especialmente mal às situações nas quais ele esteja de boa fé. Deve, pois, entender-se nestas situações a obrigação do alienante como qualquer outra[1131]: são-lhe aplicáveis os artigos 798.º e seguintes do Código Civil, existindo, na eventualidade de incumprimento, uma presunção de culpa nos termos do artigo 799.º do Código Civil[1132].

O comprador de boa fé pode exigir ao tribunal[1133] a fixação de um prazo para cumprimento da obrigação de convalidação. Por força do artigo 897.º/2

[1131] V. CARLOS MOTA PINTO, *Cessão...*, 461, falando de obrigação de meios; CARNEIRO DA FRADA, *Perturbações...*, in *Direito...*, 60; DIOGO BÁRTOLO, *Venda...*, in *Estudos...*, IV, 415; PAULO MOTA PINTO, *Interesse contratual...*, II, 1219, nota 3401, sublinhando o facto de, por não se estar diante de uma obrigação de garantia, a responsabilidade do vendedor de bens alheios pelo não-cumprimento do dever de convalidação depender de culpa; e, ainda, em moldes muito próximos do mesmo autor, *Interesse contratual...*, II, 1013 e nota 2840.

[1132] Segundo NUNO PINTO OLIVEIRA, *Compra...*, 188 e 189; e PAULO MOTA PINTO, *Interesse contratual...*, II, 1219 e 1220, nota 3401, seria assim mesmo na hipótese de o vendedor se achar, no momento da venda, de má fé. É outro o entendimento defendido por CARNEIRO DA FRADA, *Perturbações...*, in *Direito...*, III, 59 e 60; e DIOGO BÁRTOLO, *Venda...*, in *Estudos...*, IV, 416. Têm razão estes últimos. Havendo má fé na conclusão do contrato deve considerar-se haver culpa no incumprimento da obrigação de convalidação. Segundo refere CARNEIRO DA FRADA, em caso de má fé, o incumprimento da obrigação de convalidação é imputável ao vendedor por radicar na sua autoapresentação como titular no momento da venda. Ou numa outra perspetiva, e retomando um argumento avançado oralmente por MARIA DE LURDES PEREIRA, havendo má fé do alienante no momento da celebração do contrato, mesmo se o incumprimento da obrigação de sanação não lhe for direta e imediatamente imputável, dir-se-á haver culpa na causa. O vendedor não consegue convalidar, mas colocou-se voluntariamente na situação de não conseguir essa validação. Temos uma situação análoga à de quem voluntariamente se encontra em situação de inimputabilidade, cometendo uma violação nessa condição. Não obstante a falta de vontade na prática do ilícito, devido à circunstância de o agente se ter colocado a si mesmo nesse estado, não lhe aproveitará a falta de discernimento. Como refere DIOGO BÁRTOLO, *Venda...*, in *Estudos...*, IV, 416, na má fé do vendedor na celebração do contrato, só em cenários excecionais – como os de destruição da coisa sem qualquer ligação à compra e venda de bem alheio – se pode considerar não incumprido o dever de sanar o negócio.

[1133] Mas v. as observações feitas por MENEZES CORDEIRO, *Tratado...*, XI, 219 e 220, no sentido da desnecessidade de este prazo ser sempre imposto pelo tribunal. Devem na verdade valer as regras gerais da constituição do devedor em mora.

do Código Civil o comprador pode também pedir na própria ação[1134] de declaração de nulidade a determinação de um prazo para o vendedor sanar o vício, não prosseguindo a ação enquanto ele não se esgotar e não se produzindo também o efeito normal do pedido judicial de declaração de nulidade traduzido, segundo o artigo 897.º/2, no impedimento da convalidação[1135].

IV – A obrigação de convalidação suscita o problema do seu emolduramento dogmático. Tendo ela origem contratual põe-se a interrogação no sentido de saber como pode ser retirada de um negócio nulo? Duas saídas são em tese possíveis[1136]. Uma passa pela restrição do regime da nulidade[1137]. A outra afirma tratar-se de uma obrigação legal.

Segundo INOCÊNCIO GALVÃO TELLES[1138] a obrigação de convalidação filia-se diretamente na lei: não decorre de uma compra e venda válida, resulta de uma compra e venda nula, como mero facto legal, a que por razões de justiça se atribui essa consequência ou efeito. Tem razão GALVÃO TELLES ao afirmar que a obrigação não resulta de uma compra e venda válida. O problema reside no facto de o dever imposto, ao vendedor, de convalidar o contrato – em caso de boa fé do comprador – ter natureza supletiva (artigo 903.º) se não houver dolo do contraente a quem aproveitaria essa supletividade e boa fé do outro estipulante.

MENEZES CORDEIRO[1139] entende ser esta obrigação de convalidação da mesma natureza da prevista no artigo 880.º/1, para a hipótese de venda de bens futuros. Seria, portanto, uma obrigação derivada do tipo contratual «venda de bens futuros». Não haveria nenhuma vantagem, por via de uma interpretação sistemática mínima, em diferenciar situações similares: a

[1134] Assim, também, RAÚL VENTURA, *O contrato de compra e venda no código civil. Venda de bens alheios...*, in *Revista...*, 1980, ano 40, II, agosto, 317; DIOGO BÁRTOLO, *Venda...*, in *Estudos...*, IV, 416; NUNO PINTO OLIVEIRA, *Compra...*, 164 e ss.; MENEZES LEITÃO, *Direito...*, III, 103. Em sentido inverso PIRES DE LIMA/ANTUNES VARELA, *Código...*, II, comentário ao artigo 896.º, 189, que, a nosso ver, sem razão plausível, oneram o comprador com a necessidade de interpor duas ações: uma para a fixação do prazo e outra, caso a convalidação não sucedesse, para obter a declaração de nulidade.

[1135] DIOGO BÁRTOLO, *Venda...*, in *Estudos...*, IV, 416.

[1136] Sublinha-o, por exemplo, MENEZES CORDEIRO, *Tratado...*, XI, 218.

[1137] MENEZES LEITÃO, *Direito...*, III, 102, refere estar-se diante de uma nulidade provisória.

[1138] GALVÃO TELLES, *Contratos...*, 19.

[1139] Também MENEZES CORDEIRO, *Tratado...*, XI, 218 e 219.

obrigação de diligenciar uma aquisição dos bens futuros não teria natureza diversa da dessa mesma obrigação no caso de bens alheios. Estar-se-ia, assim, diante de uma situação de conversão legal: a obrigação de convalidação prevista no artigo 897.º/1 redundaria na transformação da venda de bens alheios, a um comprador, de boa fé, numa venda de bens futuros. Não seguimos, porém, o autor por nos parecer dever, justamente, diferenciar-se a obrigação de convalidação, no caso da compra e venda de bens alheios, da obrigação de diligenciar a aquisição na compra e venda de bens futuros. Isto, desde logo, em razão do por nós defendido, antes[1140], relativamente à apreciação da culpa do vendedor inadimplente, na hipótese de compra e venda de bens alheios. Nesta, havendo má fé na conclusão do contrato deve julgar-se haver, sempre, culpa no incumprimento da obrigação de convalidação (mesmo se, depois da venda, o vendedor *a non domino* tiver feito tudo ao seu alcance para adquirir o bem por ele indevidamente vendido), num fenómeno sem paralelo nas hipóteses de compra e venda de bens futuros. Nesta última hipótese, só haverá responsabilidade do vendedor se ele, com culpa efetiva (mesmo se presumida), não tiver feito tudo o possível para a coisa se tornar presente e atual. Além disso, a indemnização pelo não-cumprimento da obrigação de convalidação, no contrato de compra e venda de bens alheios, acresce, nos termos do artigo 900.º do Código Civil, às previstas nos artigos anteriores. E isso, a nosso ver, mostra não se poder falar, sem mais, numa conversão legal. Pode, em nosso entender, em termos mais amplos, afirmar-se não permitir o regime da responsabilidade, da invalidade e da obrigação de restituição do preço (v. o artigo 894.º/1 do Código civil), transportar-nos a obrigação de convalidação, presente na compra e venda de bens alheios, para o âmbito de uma conversão legal numa compra e venda de bens futuros. Nos termos do artigo 893.º isso só sucederá se as partes tomarem os bens nessa qualidade.

Carneiro da Frada[1141] julga representar a obrigação de convalidação uma forma de sobrevivência modificada da obrigação de garantia de produção do efeito translativo da venda dada pelo vendedor ao comprador de boa fé. Todavia, naqueles cenários nos quais há dolo da parte a quem o afastamento da obrigação de validação aproveita e boa fé do outro estipulante esse dever não pode ser afastado. Não parece, pois, restar alternativa senão entender que a obrigação de convalidação termina por ser recondu-

[1140] Cfr. *supra* nota 1133.

[1141] Carneiro da Frada, *Perturbações...*, in *Direito...*, 57 e 63 e 64.

tível, ainda, à vontade, seja nos cenários de supletividade, seja nos casos de imperatividade, pois o dever surge sempre por referência ao contrato enquanto tal. Não andam, pois, longe da verdade PIRES DE LIMA/ANTUNES VARELA[1142], ao entenderem estar-se aqui diante de uma obrigação legal embora de raiz contratual[1143]. Pela nossa parte, e em coerência com quanto defendemos já noutra altura, parece-nos de reconduzir sempre o dever de convalidação à autonomia privada[1144].

§ 1.3.4 – Indemnização fundada na nulidade do contrato

I – A matéria da responsabilidade civil na compra e venda de bens alheios apresenta alguma complexidade[1145] e, nalguns cenários, difícil justificação. Os artigos 898.º e 899.º impõem um dever de indemnizar em virtude da nulidade do contrato. Para essa obrigação surgir mostra-se, nos cenários do artigo 898.º, necessário ter um dos contraentes atuado com dolo e o outro de boa fé. Porém, o artigo 899.º só será aplicável se o comprador se encontrar de boa fé. Vejamos em separado cada uma das situações.

[1142] PIRES DE LIMA/ANTUNES VARELA, *Código...*, II, comentário ao artigo 900.º, 192 e 913.

[1143] Independentemente do respetivo enquadramento parece, como diz, PAULO MOTA PINTO, *Interesse contratual...*, II, 1013, claro o facto de o incumprimento desta obrigação gerar uma situação de responsabilidade contratual.

[1144] V. PEDRO DE ALBUQUERQUE, *Autonomia da vontade...*, *per totum*. V. a distinção de BAPTISTA MACHADO, *Acordo negocial e erro na venda de coisas defeituosas*, in *João Baptista Machado. Obra dispersa*, 1991, I, 37 e ss., entre relevância negocial direta e relevância legal, entre normas diretas ou materiais e normas indiretas.

[1145] Nesse sentido pode ver-se, MENEZES LEITÃO, *Direito...*, III, 104; e quanto a aspetos singulares dessa responsabilidade; RAÚL VENTURA, *O contrato de compra e venda no código civil. Venda de bens alheios...*, in *Revista...*, 1980, ano 40, II, agosto, 324; PAULO MOTA PINTO, *Interesse contratual...*, II, 1010. Sobre esta matéria v., para além dos autores citados *supra*, nota 1; CARLOS MOTA PINTO, *Cessão...*, 460 e 461, 466; Id., *Nulidade do contrato-promessa de compra e venda e responsabilidade por culpa na formação dos contratos*, in *Revista de Direito e Estudos Sociais*, 1970, 1, 91; ALMEIDA COSTA, *Responsabilidade civil pela ruptura das negociações preparatórias de um contrato*, separata da *Revista de Legislação e de Jurisprudência*, 1984, 74 e 75 (252-253, na Revista); MENEZES CORDEIRO, *Da boa fé...*, I, 498 e ss.; 585, nota 192; Id., *Dolo na conclusão do negócio: culpa in contrahendo. Anotação ao STJ 13-01-1993*, in *O Direito*, 1993, 125, 1-2, 166, nota 12; ANA PRATA, *Notas sobre a responsabilidade pré-contratual*, in *Revista da Banca*, outubro-dezembro, 1990; DÁRIO MOURA VICENTE, *Da responsabilidade pré-contratual em direito internacional privado*, 2001, 266, 323; CARNEIRO DA FRADA, *Teoria da confiança...*, 496 e 497, nota 527, 835; MENEZES LEITÃO, *Cessão de créditos*, 2005, 352 e 353.

Segundo o artigo 898.º, o contraente de boa fé, para além de poder suscitar a nulidade do contrato, pode exigir da parte dolosa o ressarcimento pelos prejuízos sofridos se o contrato fosse válido desde o início[1146], ou não houvesse sido celebrado, segundo venha ou não a ser sanada a nulidade. Isto é: se houve validação os prejuízos reparáveis são a totalidade de quantos resultam de o negócio não ser válido. Se não houve convalidação os danos reparáveis são todos quantos resultam da realização do negócio nulo, isto é, os que não teriam sucedido se o contrato não se tivesse celebrado, situação em que parece se indemniza apenas o interesse contratual negativo[1147-1148].

A expressão dolo referida no artigo 898.º deve ser estendida à má fé e não com o exclusivo sentido do artigo 483.º/1 do Código Civil[1149]. Isso

[1146] Segundo refere a propósito PAULO MOTA PINTO, *Interesse contratual...*, II, 1014, nota 2844, esta responsabilidade, em que o contrato não é convalidado, pode não resultar de falta de cumprimento da obrigação de validar o contrato. Lembre-se aqui, com o autor, a hipótese de o paradeiro do autêntico proprietário da coisa (cujo caráter alheio o vendedor devia conhecer no momento do contrato) se mostrar incerto, mas logo que sabido, o alienante lha comprar, não tendo havido nenhuma mora no cumprimento da obrigação de convalidação. Ainda assim o transmitente será responsável nos termos do artigo 898.º, se tiver atuado com culpa no momento da venda de bem alheio.

[1147] Assim v. CARLOS MOTA PINTO, *Cessão...*, 460 e 461; MENEZES CORDEIRO, *Da boa fé...*, I, 498 (mas v. do autor *Dolo na conclusão do negócio...*, in *O Direito*, cit., 1993, 125, 1-2, 166, nota 12; e mais recentemente, *Tratado...*, XI, 221 e ss.); CARNEIRO DA FRADA, *Perturbações...*, in *Direito...*, III, 58; DIOGO BÁRTOLO, *Venda...*, in *Estudos...*, IV, 418; MENEZES LEITÃO, *Direito...*, III, 104; PAULO MOTA PINTO, *Interesse contratual...*, II, 864, 1198 e 1199, com ulteriores e abundantes indicações, embora grande parte delas referentes à hipótese de compra e venda de bens onerados. Cfr., ainda, NUNO PINTO OLIVEIRA, *Compra...*, 181. Na hipótese prevista na primeira parte do artigo 898.º, julga-se estar, porém, em jogo o interesse positivo. Assim PIRES DE LIMA/ANTUNES VARELA, *Código...*, II, comentário ao artigo 898.º, 191; DIOGO BÁRTOLO, *Venda...*, in *Estudos...*, IV, 418; MENEZES LEITÃO, *Cessão...*, 353; Id., *Direito...*, III, 107; PAULO MOTA PINTO, *Interesse contratual...*, II, 1014. No sentido de o artigo 898.º não limitar a indemnização ao interesse negativo v. as pertinentes observações de VAZ SERRA, *Anotação ao STJ 30-06-1970*, in *Revista de Legislação e de Jurisprudência*, 1971, 104, 205 e 206, nota 4.

[1148] Para uma distinção entre o interesse contratual negativo e o interesse contratual positivo v., por último, PAULO MOTA PINTO, *Interesse contratual...*, II, 849 e ss..

[1149] V., embora nem sempre com o mesmo tipo de argumentos ou raciocínio, aproximando este «dolo» da má fé e/ou da culpa GALVÃO TELLES, *Parecer de Direito*, in *A privatização da sociedade financeira portuguesa. Regras sobre reprivatizações, responsabilidade pelo prospecto*, culpa in contrahendo, *vícios ocultos das empresas reprivatizadas*, 1995, 191 e 192, 197 e 198; para quem a responsabilidade do vendedor não doloso resulta das regras gerais do artigo 227.º;

mesmo resulta do facto de, seja no artigo 898.º, seja no 899.º (que se articula com o artigo 898.º[1150]), se opor o dolo e a culpa à boa fé[1151]. Donde se dever entender, normativamente, face ao artigo 898.º, haver indemnização na hipótese de mera má fé ética[1152]. De outro modo, chegar-se-ia, segundo

Carlos Mota Pinto, *Cessão...*, 466 (julgando estar-se aqui diante de uma culpa, por analogia, como, sem grande limpidez, sugeriria o confronto com o artigo 899.º do Código Civil); Menezes Cordeiro, *Da boa fé...*, I, 498 e 499, 503 e 504 (este autor principia por aproximar o dolo do artigo 898.º da má fé do artigo 253.º. O que pareceria pressupor a ideia de a culpa inconsciente não estar abrangida pelo primeiro dos dois preceitos. Por isso mesmo são vários os autores a imputarem essa posição a Menezes Cordeiro [v., Paulo Mota Pinto, *Interesse contratual...*, II, 1203, e nota 3369, para quem segundo o autor em referência a má fé deixaria de fora a negligência inconsciente. Cfr., igualmente, se vimos acertadamente, pelo contexto, Menezes Leitão, *Direito...*, III, 104 e nota 240]. Porém, o autor termina [*op. cit.*, 503], bem, por vir dizer que essa má fé é ética. Por isso compreende também, necessariamente, a culpa inconsciente na responsabilidade prevista pelo artigo 898.º [acertada, pois, a interpretação do pensamento de Menezes Cordeiro feita por Diogo Bártolo, *Venda...*, in *Estudos...*, IV, 419]); Id., *Tratado...*, XI, 205 e 206; Carneiro da Frada, *Perturbações...*, in *Direito...*, 58, nota 16, com hesitações; Pedro Romano Martinez, *Direito...*, 117 (falando em culpa); Nuno Pinto de Oliveira, *Compra...*, 178 e ss., e 181; Menezes Leitão, *Direito...*, III, 104 (tal como Menezes Cordeiro, este autor aproxima o dolo da má fé do artigo 253.º. Mas como em Menezes Leitão se está perante uma dissimulação através do emprego de sugestões ou artifícios com o fim de enganar ou manter em erro a outra parte, abrangido estaria apenas o dolo-culpa e a negligência consciente. Porém, Menezes Leitão [*op. cit.*, 105 e nota 244] entende estar o vendedor negligente [mas apenas este] ainda abrangido no artigo 899.º e sem a restrição da indemnização aos lucros cessantes da parte final o que – como observa Paulo Mota Pinto, *Interesse contratual...*, II, 1203 e ss., nota 3369 – substancialmente significa submetê-lo, tenha ou não tido consciência da atuação culposa, a um regime similar ao do artigo 898.º); Paulo Mota Pinto, *Interesse contratual...*, II, 1203 e ss. (para quem se deve rejeitar uma orientação no sentido de se autonomizar o tratamento do responsável doloso em relação ao regime do meramente culposo [com negligência consciente ou inconsciente]); Eva Silva, *As relações entre a responsabilidade pré-contratual por informações e os vícios da vontade (erro e dolo). O caso da indução negligente em erro*, 2010, 344 e ss..

1150 Menezes Leitão, *Direito...*, III, 105 e nota 244, defende ter a expressão «dolo ou culpa» do artigo 899.º um sentido diferente do «dolo» do artigo 898.º. Ela expressaria que, havendo dolo ou culpa, se deveria indemnizar os lucros cessantes.

1151 O paralelismo entre os artigos 898.º e 899.º por forma a fazer abranger no primeiro a culpa é também usado por Carlos Mota Pinto, *Cessão...*, 466.

1152 Menezes Cordeiro, *Da boa fé...*, I, 503 e 504. Não se segue, pois, neste ponto Menezes Leitão, *Direito...*, III, 104, ao exigir a negligência consciente; e menos ainda Diogo Bártolo, *Venda...*, in *Estudos...*, IV, 419 e 420, para quem dolo não abrangeria sequer

refere a propósito PEDRO ROMANO MARTINEZ[1153], à solução bizarra de no artigo 898.º se prever uma indemnização por dolo e no artigo 899.º, tal como veremos, uma responsabilidade objetiva, não se visionando nenhum ressarcimento na hipótese de mera culpa. Bem-vistas as coisas, não se vislumbra nenhuma razão para avantajar a parte que atua com culpa inconsciente – desprotegendo o outro estipulante – relativamente às regras gerais da *culpa in contrahendo*[1154-1155-1156].

a negligência, embora depois termine por abrir as portas, por outra via, à possibilidade de o comprador de boa fé ser indemnizado em caso de mera culpa do vendedor.

1153 PEDRO ROMANO MARTINEZ, *Direito...*, 117, embora depois pareça cingir a desnecessidade de intenção ao vendedor.

1154 No mesmo sentido e com ampla fundamentação PAULO MOTA PINTO, *Interesse contratual...*, II, 1205 e ss., e nota 3378.

1155 Note-se afirmar também MENEZES CORDEIRO, *Da boa fé...*, I, 499, que se ao «dolo» do artigo 898.º se juntar o dolo-culpa dos artigos 483.º/1 e 798.º do Código Civil a indemnização será total. NUNO PINTO OLIVEIRA, *Compra...*, 181, julga esse dolo também abrangido pelo artigo 898.º, por isso mesmo nessa hipótese a indemnização seria pelo interesse negativo. No mesmo sentido parecia ir já CARNEIRO DA FRADA, *Perturbações...*, in *Direito...*, 58, sublinhando, todavia, a inadequação da solução por favorecer injustificadamente quem atuou com dolo. O Código Civil teria sido sensível a uma preocupação de natureza formal: de um contrato nulo não poderia fazer-se derivar nunca uma pretensão de indemnização pelo interesse positivo, com isso esquecendo-se a posição de quem julgou justificadamente adquirir o direito. Mas o assunto de saber se a *culpa in contrahendo* é apenas harmonizável com o interesse negativo ou se é ainda compatível com uma indemnização pelo interesse contratual positivo é problema longe de se mostrar decidido num sentido ou noutro. A inexistência de motivo para limitar a responsabilidade por *culpa in contrahendo* ao interesse negativo tem sido, todavia, sublinhada por parte de alguma Doutrina portuguesa, com início em RUY DE ALBUQUERQUE, *Da* culpa in contrahendo *no Direito luso-brasileiro*, pol., 1961, 82 e ss.; e posteriormente defendida, entre muitos outros, por VAZ SERRA, *Anotação ao Acórdão do Supremo Tribunal de Justiça de 07-10-1976*, in *Revista de Legislação e de Jurisprudência*, 1977--1978, ano 90, 275 e ss.; MENEZES CORDEIRO, *Da boa fé...*, I, 521 e 585, o qual refere como nos termos do artigo 227.º, n.º 1, do Código Civil o infrator responde por todos os danos produzidos, nos termos gerais; Id., *Tratado...*, II, 282 e ss., com indicações e sublinhando o facto de tanto a Jurisprudência alemã como a portuguesa vir a abandonar a limitação da *culpa in contrahendo* ao chamado interesse negativo; Id., *Tratado...*, IX, 940 e ss.; PIRES DE LIMA/ /ANTUNES VARELA, *Código...*, I, comentário ao artigo 227.º, 215 e ss.; JORGE RIBEIRO DE FARIA, *Direito das obrigações*, 1990, I, 130, nota 2; HEINRICH HÖRSTER, *A parte geral...*, 474; GOMES DA SILVA/RITA CABRAL, *Parecer de direito*, in *A privatização da sociedade financeira portuguesa. Regras sobre reprivatizações, responsabilidade pelo prospecto,* culpa in contrahendo, *vícios ocultos das empresas reprivatizadas*, 1995, 316 e ss.; RITA CABRAL, *A responsabilidade por prospecto e a responsabilidade pré-contratual. Anotação ao Acórdão do Tribunal Arbitral, de 31 de*

Março de 1993 (Acção proposta pelo Banco Mello contra o Banco Pinto e Sotto Mayor), in *Revista da Ordem dos Advogados*, 1995, 55, 220 e ss., com amplas referências nacionais (inclusive ao nível da Jurisprudência) e estrangeiras no mesmo sentido; Sousa Ribeiro, *O problema do contrato. As cláusulas contratuais gerais e o princípio da liberdade contratual*, 1999, 246, nota 606. Tudo ao ponto de se poder considerar existir uma forte corrente na *sententia juris* mais recente no sentido da aplicação do regime geral da obrigação de indemnizar ao dever nascido da responsabilidade pré-contratual. A orientação de cariz tradicional essa, ora apenas admite algumas exceções à ideia de que a responsabilidade por *culpa in contrahendo* se deve limitar ao interesse negativo, ora admite, tão-só, de forma genérica, esta última possibilidade. Cfr., nesse sentido, por exemplo, Castro Mendes, *Teoria geral do direito civil*, 1979 (mas revista em 1985), II, 173 e 174, nota 418; Baptista Machado, *Tutela da confiança e* venire contra factum proprium, in *João Baptista Machado. Obra Dispersa*, 1991, I, 409; Galvão Telles, *Parecer...*, in *A privatização...*, 193, embora sublinhe expressamente que a indemnização pelo interesse negativo pode abranger lucros cessantes; Marcelo Rebelo de Sousa, *Parecer de direito*, in *Idem*, 243 e 244, e nota (31), apesar de o autor não adotar uma posição evidente a este respeito e deixar, destarte, uma legítima dúvida relativamente à sua posição; Guichard Alves, *O instituto da procuração aparente – algumas reflexões à luz do direito alemão*, in Juris et de jure. *Nos vinte anos da Faculdade de Direito da UCP – Porto*, 1998, 242 e ss.; Oliveira Ascensão, *Direito Civil. Teoria...*, II, 448 e 449; Carneiro da Frada, *Teoria da confiança...*, 494, nota 527, com indicações; Paulo Mota Pinto, *Interesse contratual...*, II, 1121 e ss. e 1463 e ss., igualmente com indicações várias, alegando justamente a extensão por argumento *a pari* ou *a fortiori* do regime da compra e venda de bens alheios a outros cenários de ineficácia e invalidade e mesmo à responsabilidade em caso de não conclusão de contrato, encontrando, pois, aqui um alicerce para a limitação da indemnização na *cic* ao interesse contratual negativo, para a qual apenas algumas exceções (como a referida *op. cit.*, 1467). Mas note-se, em bom rigor, não ser a regra para o caso da compra e venda de bens alheios a da exclusiva limitação pelo interesse contratual negativo dado, como se viu já, o artigo 897.º/1 estabelecer uma obrigação de convalidação, a cargo do vendedor em caso de boa fé do comprador, e o artigo 900.º do Código Civil sancionar o incumprimento dessa obrigação com o dever de indemnizar o interesse contratual positivo. Na verdade, esta obrigação altera profundamente o sentido do regime da compra e venda de bens alheios podendo dizer-se transportá-lo, na realidade, para latitudes bem distantes da indemnização pelo interesse contratual negativo. Não nos parece, por isso, ao invés do preconizado por Menezes Cordeiro, e entendendo ainda, como se verá, o regime de cumulação entre as várias indemnizações previstas nos artigos 898.º a 901.º, necessário autonomizar o dolo-culpa relativamente à má fé do regime da compra e venda de bens alheios.

[1156] Não se acompanha assim a posição daqueles que procuram limitar a responsabilidade do vendedor culposo aos danos emergentes, deixando além disso completamente isento – contra as regras gerais – o comprador igualmente culposo, como sucede com Baptista

II – O artigo 899.º estabelece, em relação ao vendedor, uma responsabilidade objetiva[1157] pelos danos causados ao comprador, mas que não institui uma reparação integral. Na verdade, o preceito em referência determina ser o vendedor obrigado a indemnizar o comprador de boa fé, mesmo se tiver agido sem dolo nem culpa; mas nesta hipótese a indemnização abrange apenas os danos emergentes não resultantes de despesas voluptuárias. Ou seja: a responsabilidade objetiva não alcança os lucros cessantes[1158].

§ 1.3.5 – Indemnização fundada na obrigação de convalidar o contrato

I – Segundo se referiu já, em caso de boa fé do comprador, o vendedor é obrigado a sanar a nulidade da venda. O inadimplemento desta obrigação, num passo que não nos parece devidamente sublinhado, altera, de

Lopes, *Do contrato...*, 151; Pires de Lima/Antunes Varela, *Código...*, II, comentário ao artigo 898.º, 191; e na Jurisprudência RCb 20-05-1997 (Silva Freitas), in *Colectânea de Jurisprudência*, 1997, XXII, III, 17 e ss.. V., também, Diogo Bártolo, *Venda...*, in *Estudos...*, IV, 419 e ss., segundo o qual não se pode considerar abrangida a mera culpa no artigo 898.º, mas deve, mesmo assim, manter-se a responsabilidade para o vendedor com culpa por interpretação enunciativa com base num argumento de maioria de razão. Se o alienante responde nos termos do artigo 899.º objetivamente, então, *a fortiori*, teria de responder se atuasse negligentemente. Além disso (*op. cit.*, 421), havendo culpa do vendedor ele não responderia pelos lucros cessantes do comprador, mas só pelos danos emergentes, incluindo os resultantes de despesas voluptuárias. Não concordamos. Quanto ao primeiro argumento, na perspetiva por nós adotada a respeito do problema metodológico da interpretação-aplicação do Direito, não se deve autonomizar a interpretação enunciativa dentro do contexto da compreensão das soluções jurídico-normativas. A tradicionalmente designada interpretação enunciativa é, ainda e sempre, interpretação, e concorre decididamente para a fixação do sentido normativo a atribuir ao artigo 898.º – fazendo-o compreender a má fé ética (e como nota Paulo Mota Pinto, *Interesse contratual...*, II, 1208, nota 3381, o contraente de má fé comporta-se com culpa na formação dos contratos). Relativamente ao segundo argumento ou posição defendida por Diogo Bártolo, a distinção por ele proposta, entre a responsabilidade do vendedor por danos emergentes e lucros cessantes, não possui nenhum apoio no Código Civil (no mesmo sentido do agora aqui referido Paulo Mota Pinto, *Interesse contratual...*, II, 1203, nota 3371).

[1157] Sublinhando isso mesmo pode ver-se Carneiro da Frada, *Perturbações...*, in *Direito...*, 59; Diogo Bártolo, *Venda...*, in *Estudos...*, IV, 420; Nuno Pinto Oliveira, *Compra...*, 178; Menezes Leitão, *Direito...*, III, 105.

[1158] Assinala este aspeto, por exemplo, Menezes Leitão, *Direito...*, III, 105.

modo relevante, a fisionomia do regime da compra e venda de bens alheios, transportando-o para campos bem longínquos de quantos parecem à primeira vista ser-lhe definidos pelos artigos 898.º e 899.º. Na verdade, se estes apontam primordialmente[1159] no sentido segundo o qual o regime regra em matéria de compra e venda de bens alheios é o da indemnização pelo interesse contratual negativo – num aparente desejo de simetria formal com a ideia segundo a qual em jogo estaria a *cic* e esta apenas daria lugar a uma indemnização pelo interesse negativo[1160] – surge no artigo 900.º, uma indemnização pela mora ou não-cumprimento da obrigação de convalidar na qual em jogo está o interesse positivo[1161].

Esta indemnização é, nos termos do artigo 900.º/1 do Código Civil, tratando-se de danos emergentes, cumulável com as indemnizações dos artigos anteriores exceto na parte em que o prejuízo seja comum. Estando em jogo lucros cessantes por falta ou retardamento da obrigação de convalidar o comprador optará entre a indemnização pela celebração do contrato nulo e a indemnização pela ausência ou atraso na sanação.

II – Conjugados os artigos 898.º, 899.º e 900.º, observa-se assim que, não se assistindo à convalidação:

- havendo boa fé de ambos os contraentes o vendedor não pode opor a nulidade do contrato à outra parte[1162]; responde pelo risco e pelo interesse contratual negativo nos termos do artigo 899.º[1163-1164], e pelo interesse contratual positivo segundo o artigo 900.º;

[1159] E dizemos primordialmente pelo facto de a primeira parte do artigo 898.º se reportar, segundo se viu, ao interesse contratual positivo.

[1160] Mas v. o dito a respeito do problema de saber se a *cic* não é harmonizável com uma indemnização pelo interesse positivo, *supra* nota 1155.

[1161] Assim, *colorandi causa*, Carneiro da Frada, *Perturbações...*, in *Direito...*, III, 59; Menezes Leitão, *Direito...*, III, 106; Paulo Mota Pinto, *Interesse contratual...*, II, 1013.

[1162] *Supra*, § 1. 3. 1. 1, 203 e ss..

[1163] Diogo Bártolo, *Venda...*, in *Estudos...*, IV, 416, julga que, na hipótese de lucros cessantes por falta ou retardamento da obrigação de convalidar, não poderá haver um concurso de pretensões, dado o disposto no artigo 899.º, *in fine*. Mas este preceito apenas se aplica à responsabilidade objetiva pelo interesse contratual negativo, não há hipótese de incumprimento ou mora na obrigação de validar.

[1164] Mas v. Vaz Serra, *Anotação...*, in *Revista...*, 1971, 104, 205 e 206, nota 4, onde este autor demonstra de forma persuasiva não se dever limitar a indemnização ao interesse contratual

- se o vendedor estiver de má fé no momento da celebração do contrato e o comprador de boa fé só o comprador pode suscitar a nulidade; o alienante responde de acordo com o artigo 898.º, pelo interesse contratual negativo, e por força do artigo 900.º pelo interesse contratual positivo;
- se ambos estiverem de má fé, qualquer um pode suscitar a nulidade do contrato, mas não se aplica nem a obrigação de convalidação (artigo 897.º), nem qualquer das indemnizações constantes dos artigos 898.º a 900.º[1165]. O regime aplicável será o geral, com relevo para o artigo 570.º do Código Civil;
- Se o alienante se encontrar de boa fé e o comprador de má fé só o primeiro pode suscitar a nulidade; aplica-se apenas o regime do artigo 898.º - indemnização pelo interesse contratual negativo a cargo do comprador.

Tudo visto, o único caso expresso de mera indemnização pelo interesse contratual negativo é, pois, o de o vendedor estar de boa fé e o comprador de má fé, pertencendo então a este ressarcir o dano apenas pelo interesse contratual negativo. Mas a verdade é que o Código Civil aceitou a ideia de uma desvalorização da posição do vendedor[1166], como resulta do facto de responder pelo risco se ambos os contraentes estiverem de boa fé, de ter também nessa eventualidade feito surgir uma obrigação de convalidação

positivo na eventualidade de haver dolo do vendedor. E atendendo ao facto de dolo se dever aproximar da má fé a solução proposta por VAZ SERRA será extensível à má fé ética.

[1165] GALVÃO TELLES, *Contratos...*, 20; RAÚL VENTURA, *O contrato de compra e venda no código civil. Venda de bens alheios...*, in *Revista...*, 1980, ano 40, II, agosto, 311 e 312; PAULO OLAVO CUNHA, *Venda...*, in *Revista...*, 1987, 47, II, setembro, 425; CARNEIRO DA FRADA, *Perturbações...*, in *Direito...*, III, 52; PIRES DE LIMA/ANTUNES VARELA, *Código...*, II, comentário ao artigo 904.º, 196. Nessa hipótese aplica-se o regime geral da nulidade. Em sentido inverso DIOGO BÁRTOLO, *Venda...*, in *Estudos...*, IV, 389 e 390, entendendo haver ainda assim a possibilidade de convalidação do negócio.

[1166] Ideia de algum modo já presente em JHERING, Culpa in contrahendo *oder Schadenersatz bei nichtigen oder nicht zur Perfection gelangten Verträge*, in *Gesammelte Aufsätze aus den Jahrbüchern fur die Dogmatik des heutigen römischen und deutschen Privatrechts*, 1969, reimpressão da edição de 1881, I, 355 e ss., *maxime* 357, que o autor faz remontar ao Direito romano. Mencionando o facto de o desconhecimento do vendedor ser perfeitamente desculpável, ainda assim, JHERING responde: quem não tem conhecimento completo da sua coisa, então, não a deve vender: «*non debet esse facilis ad temerariam indicationem (venditionem).*»

e ter estabelecido uma obrigação de restituição do preço manifestamente vantajosa para o comprador (artigo 894.º)[1167].

À luz das observações anteriormente produzidas percebe-se como os exemplos usados por MENEZES CORDEIRO[1168] – para impugnar um entendimento do artigo 898.º como um preceito onde se prevê a simples indemnização pelo interesse contratual negativo (exceção feita à primeira parte do preceito) e defender a necessidade de na compra e venda de bens alheios deverem ser indemnizados todos os prejuízos, mesmo o interesse contratual positivo – são, de facto, hipóteses abrangidas pelo dever de indemnizar pelo interesse contratual positivo. Mas, a nosso ver e salvo melhor entendimento, não por força de uma interpretação do artigo 898.º a isso favorável. Essa necessidade de indemnização resulta, antes, na nossa perspetiva, do artigo 900.º.

Na verdade, MENEZES CORDEIRO refere para fundar a necessidade de indemnização pelo interesse contratual positivo, à luz do artigo 898.º, uma situação de boa fé do comprador e má fé do vendedor. Ora, se o comprador estiver de boa fé há sempre obrigação de convalidação a cargo do vendedor (artigo 897.º). E se o vendedor estiver de má fé ele não pode mesmo deixar de convalidar em cenário algum. Nem mesmo alegando ter feito tudo ao seu dispor. Destarte, se não houver convalidação o vendedor responde pelo interesse contratual positivo. Mas responde, por força do artigo 900.º. Não, salvo melhor opinião, em resultado de uma interpretação do artigo 898.º de modo a abranger todos os danos causados: negativos e positivos.

III – Resta apenas apurar em que moldes se pode, efetiva e singularmente, dar a cumulação. É esta uma matéria onde, como refere PAULO MOTA PINTO[1169], a complexidade do regime para a compra e venda de bens alheios atingiu ponto alto e cujo sentido e fundamentação, não obstante a aparente harmonia doutrinal a este respeito[1170], merece alguma reflexão.

[1167] Cfr. quanto se afirmou *supra* a este respeito.

[1168] MENEZES CORDEIRO, *Tratado...*, XI, 221 e ss..

[1169] PAULO MOTA PINTO, *Interesse contratual...*, II, 1010.

[1170] Em jogo está a fundamentação apresentada por PIRES DE LIMA/ANTUNES VARELA, *Código...*, II, comentário ao artigo 900.º, 193, depois aceite por NUNO PINTO OLIVEIRA, *Compra...*, 189; e YARA MIRANDA, *Venda...*, in *Themis...*, 2005, VI, 11, 136 e 137. V., também, BAPTISTA LOPES, *Do contrato...*, 152; CARNEIRO DA FRADA, *Perturbações...*, in *Direito...*, III, 59 e 60; PAULO OLAVO CUNHA, *Venda...*, in *Revista...*, 1987, 47, II, setembro, 459; PEDRO

Há uma situação manifesta em que não se mostra possível nenhuma cumulação de indemnizações. Trata-se da hipótese de má fé do comprador, pois nesses cenários não há obrigação de convalidação.

Nos outros cenários coloca-se, realmente, o problema de saber quais os moldes da cumulação. A justificação, até há pouco, unânime para a disciplina do artigo 900.º[1171], residia, como já foi observado[1172], no facto de, relativamente à cumulação, por este permitida, ao vício originário se juntar o não-cumprimento da obrigação resultante da necessidade de reparar esse vício, ou da necessidade de convalidar o contrato e – relativamente à parte final do artigo 900.º/1 do Código Civil – na indispensabilidade de se afastar duplicações de indemnização[1173]. Por isso mesmo se determina, sendo o prejuízo comum, não poder ser reclamado duas vezes e, relativamente aos lucros cessantes, ter o comprador de optar entre reclamar os lucros deixados de obter por ter celebrado o contrato e os perdidos no caso de cumprimento da obrigação de convalidar.

A indemnização pela falta ou mora na obrigação de convalidar tem, sublinhe-se de novo, como medida o interesse no cumprimento dessa obrigação. Este interesse é idêntico ao interesse positivo na validade do contrato e coincidirá, normalmente, com o interesse no cumprimento do contrato[1174]. Em jogo está o interesse na aquisição da propriedade ou titularidade do direito pelo comparador[1175].

A indemnização regulada nos preceitos anteriores ao artigo 900.º/1 é – com exceção da prevista na primeira parte do artigo 898.º para os cenários de convalidação, pelos prejuízos que o comprador não teria sofrido se o

ROMANO MARTINEZ, *Direito*..., 116 e 117; DIOGO BÁRTOLO, *Venda*..., in *Estudos*..., IV, 416 e 417; MENEZES LEITÃO, *Direito*..., III, 106. Em sentido crítico cfr., porém, RAÚL VENTURA, *O contrato de compra e venda no código civil. Venda de bens alheios*..., in *Revista*..., 1980, ano 40, II, agosto, 324 e 325; e PAULO MOTA PINTO, *Interesse contratual*..., II, 1010 e ss..

1171 Não constante, aliás, como nota PAULO MOTA PINTO, *Interesse contratual*..., II, 1011, do próprio anteprojeto de GALVÃO TELLES (cfr., do autor *Contratos*..., 18 e ss.). Em sentido divergente à opinião unânime pronunciou-se, porém, recentemente PAULO MOTA PINTO, *Interesse contratual*..., II, 1011.

1172 PAULO MOTA PINTO, *Interesse contratual*..., II, 1011.

1173 Assim designadamente PIRES DE LIMA/ANTUNES VARELA, *Código*..., II, comentário ao artigo 900.º, 193; NUNO PINTO OLIVEIRA, *Compra*..., 189.

1174 PAULO MOTA PINTO, *Interesse contratual*..., II, 1013 e s..

1175 PAULO MOTA PINTO, *Interesse contratual*..., II, 1014.

contrato fosse válido desde o começo[1176] – pelo interesse negativo. Ora, segundo o entendimento tradicional[1177] do artigo 900.º, esta norma admite a cumulação destas várias indemnizações pelo interesse positivo e pelo interesse negativo, apenas afastando, relativamente ao dano emergente (artigo 900.º/1) a parte em que o prejuízo seja comum. A propósito dos lucros cessantes (artigo 900.º/2) deverá o comprador optar pela indemnização do lucro cessante pela celebração do contrato inválido e do lucro cessante pela mora ou falta de convalidação.

IV – O primeiro exercício imposto por este regime parece ser, assim, o de destrinçar ou comparar os diversos elementos ou rubricas do prejuízo em concreto para não duplicar a exigência dos prejuízos comuns[1178]. Desta forma, e apelando a situações exemplificativas, propostas por PAULO MOTA PINTO[1179], dir-se-á ser o prejuízo resultante da mora no cumprimento da

[1176] Nessa hipótese estará em causa uma cumulação de indemnizações pelo interesse contratual positivo – por o contrato não ser válido desde o início e por não ter sido logo convalidado – em que, como refere a propósito PAULO MOTA PINTO, *Interesse contratual...*, II, 1014 e 1015, nota 2846, os prejuízos deverão ser quase todos comuns, sem prejuízo de pode haver diversidades. Veja-se o exemplo, sugerido por PAULO MOTA PINTO e já atrás referido, de o paradeiro do autêntico proprietário da coisa (cujo caráter alheio o vendedor devia conhecer no momento do contrato) se mostrar incerto, mas logo que conhecido, o alienante lha comprar, não tendo ocorrido qualquer mora no cumprimento da obrigação de convalidação. Ainda assim, o transmitente será responsável nos termos do artigo 898.º, se tiver atuado com culpa no momento da venda de bem alheio.

[1177] V., por exemplo, PIRES DE LIMA/ANTUNES VARELA, *Código...*, II, comentário ao artigo 900.º, 192 e s.; BAPTISTA LOPES, *Do contrato...*, 152; CARNEIRO DA FRADA, *Perturbações...*, in *Direito...*, III, 60; DIOGO BÁRTOLO, *Venda...*, in *Estudos...*, IV, 416 e 417; CALVÃO DA SILVA, *Compra...*, 14 e 15; NUNO PINTO OLIVEIRA, *Compra...*, 189; MENEZES LEITÃO, *Direito...*, III, 106. MENEZES CORDEIRO, *Da boa fé...*, I, ainda admite a cumulação de todas estas regras com uma responsabilidade resultante das regras gerais havendo culpa-dolo dos artigos 483.º/1 e 798.º. Mas, depois de tudo quanto fomos dizendo, não parece haver espaço para autonomizar esta última.

[1178] PAULO MOTA PINTO, *Interesse contratual...*, II, 1016. Sublinhando o facto de praticamente as duas obrigações se sobreporem dado os prejuízos resultarem, em grande parte, simultaneamente dos dois factos: o contrato ser nulo e continuar nulo v. RAÚL VENTURA, *O contrato de compra e venda no código civil. Venda de bens alheios...*, in *Revista...*, 1980, ano 40, II, agosto, 322.

[1179] PAULO MOTA PINTO, *Interesse contratual...*, II, 1016, nota 2850.

obrigação de sanação (artigo 900.º)[1180] em regra[1181] comum ao prejuízo devido à circunstância de o contrato não ser válido desde o início. Nos danos emergentes, as despesas tornadas inúteis (deslocações, comunicações, custos legais, etc.) realizadas pelo adquirente para a celebração do contrato, a preparação da receção da prestação ou o cumprimento da sua contraprestação são comuns tanto ao prejuízo que o comprador não sofreria se a compra não tivesse sido realizada (pois não as teria realizado) como à falta de sanação do negócio (se o contrato fosse válido o comprador teria incorrido nelas, mas não se teriam tornado inúteis). Da mesma forma, os gastos com a averiguação e avaliação do dano, as despesas judiciais verificadas na ação contra o vendedor também são coincidentes.

A propósito dos lucros cessantes o artigo 900.º/2 é, como se viu, mais restritivo. Apenas se aplicando às indemnizações previstas no artigo 898.º – dado no artigo 899.º se afastar qualquer indemnização por este tipo de prejuízo[1182] – ele afasta totalmente a cumulação e impõe ao comprador a opção entre a indemnização pelo lucro cessante pela celebração do contrato inválido e a do lucro cessante pelo retardamento ou ausência da convalidação[1183]. Os lucros cessantes pela celebração do contrato e pela falta ou retardamento da convalidação podem não ser, e não são muitas vezes, comuns, razão pela qual o artigo 900.º/2, limita efetivamente as possibilidades do comprador[1184]. Esta solução foi justificada com a dificuldade prática de distinção entre os lucros cessantes *in casu*, segundo digam respeito a uma situação ou outra, tendo por isso o Código Civil optado por cortar o mal pela raiz para evitar a duplicação[1185].

1180 Como sublinha PAULO MOTA PINTO, *Interesse contratual...*, II, 1013, a responsabilidade pelo não-cumprimento da obrigação não parece ser sempre afastada pela verificação de qualquer das hipóteses contempladas no artigo 896.º/1, de exclusão do efeito convalidatório.

1181 Mas não necessariamente como se evidenciou já mais de uma vez.

1182 Assim, também, PAULO MOTA PINTO, *Interesse contratual...*, II, 1016.

1183 Cfr. no mesmo sentido PAULO MOTA PINTO, *Interesse contratual...*, II, 1017.

1184 Assim também PAULO MOTA PINTO, *Interesse contratual...*, II, 1017, nota 2854.

1185 A explicação é avançada por PIRES DE LIMA/ANTUNES VARELA, *Código...*, II, comentário ao artigo 900.º, 193. V. também, CARNEIRO DA FRADA, *Perturbações...*, in *Direito...*, III, 71, para a situação paralela do artigo 908.º/2; ALMEIDA COSTA, *Direito...*, 597, nota 2; YARA MIRANDA, *Venda...*, in *Themis...*, 2005, VI, 11, 136 e 137; NUNO PINTO OLIVEIRA, *Compra...*, 189.

Mas não falta quem julgue necessitar a elucidação de caráter decisivo[1186]. Sem se sobrevalorizar o facto de ela não estar sequer presente na exposição de motivos, assinala-se o facto de não ser assim tão difícil distinguir, na prática, entre lucros cessantes pela própria celebração do contrato (integrados no interesse contratual negativo, e no qual se inserem designadamente as oportunidades perdidas) e lucros cessantes pela falta ou retardamento da convalidação (compreendidos no interesse contratual positivo, incluindo em particular as vantagens ou lucros específicos do contrato de compra e venda)[1187]. Aliás, não haveria mesmo embaraços mais significativos do que os existentes em geral para os danos emergentes, para os quais, porém, o Código Civil não obriga a uma opção, por parte do comprador, limitando-se a proibir a indemnização do prejuízo comum[1188]. Ao invés até se poderia dizer o contrário: a dificuldade de identificação da origem dos prejuízos é maior para os danos emergentes do que para os lucros cessantes[1189]. Afinal, a justificação apresentada significaria impor, o artigo 900.º/2 do Código Civil, uma opção do fundamento da indemnização sem vantagem prática e com possível desvantagem, se a eleição for irrevogável e a propósito do fundamento escolhido o vendedor poder alegar uma causa liberatória inexistente para o outro fundamento[1190].

V – A explicação teria, pois, de ser diversa[1191]. O seu emolduramento passaria, então, e antes de se analisar o problema dos lucros cessantes, por se colocar o problema de saber se o artigo 900.º/1 permite, de facto, a acumulação entre as indemnizações correspondentes ao contratual negativo e ao interesse contratual positivo[1192]. Nesse sentido aparenta estatuir o dispositivo do preceito em análise, numa solução, como se sublinhou já, até muito

[1186] Assim v. PAULO MOTA PINTO, *Interesse contratual...*, II, 1017 e ss.. Cfr., igualmente, a censura de RAÚL VENTURA, *O contrato de compra e venda no código civil. Venda de bens alheios...*, in *Revista...*, 1980, ano 40, II, agosto, 322.

[1187] PAULO MOTA PINTO, *Interesse contratual...*, II, 1017.

[1188] PAULO MOTA PINTO, *Interesse contratual...*, II, 1017.

[1189] PAULO MOTA PINTO, *Interesse contratual...*, II, 1017, nota 2858.

[1190] RAÚL VENTURA, *O contrato de compra e venda no código civil. Venda de bens alheios...*, in *Revista...*, 1980, ano 40, II, agosto, 232 e s.; e, depois, seguido, se bem vimos, por PAULO MOTA PINTO, *Interesse contratual...*, II, 1017, nota 2857.

[1191] PAULO MOTA PINTO, *Interesse contratual...*, II, 1017.

[1192] Cfr. PAULO MOTA PINTO, *Interesse contratual...*, II, 1017 e ss..

recentemente inquestionada. Ultimamente, porém, PAULO MOTA PINTO[1193] veio afirmar que, se se prosseguisse a indagação, perguntando-se quais as situações hipotéticas cobertas por estas indemnizações deveria concluir-se no sentido de a exigência simultânea de indemnizações pressupor uma posição contraditória do demandante: por um lado, exige a convalidação como fundamento da indemnização pelo não-cumprimento da respetiva obrigação; por outro, alega a nulidade, ou baseia-se nela, para efeitos da indemnização resultante da nulidade.

Além disso, e mesmo descontando a contradição anterior, a possibilidade de exigir as duas indemnizações deixaria o comprador em melhor posição do que aquele em que estaria, quer se o contrato não tivesse sido celebrado, quer se tivesse sido convalidado[1194].

Assim, por hipótese, o artigo 900.º/1 permitiria ao comprador privado da coisa alheia por ele adquirida, mas jamais entregue, pedir uma indemnização tanto pelos juros[1195] de empréstimo eventualmente celebrado para adquirir a coisa – correspondentes aos danos emergentes do interesse contratual negativo (danos não sofridos se a compra não tivesse sido celebrada) – como, cumulativamente, pelas rendas ou alugueres por ele pagos para obter o gozo de coisa semelhante (apartamento, automóvel, etc.) e que não teria suportado se o bem lhe tivesse sido entregue – danos emergentes integrantes do interesse contratual positivo ou, se se preferir, danos emergentes não sofridos se o vendedor tivesse cumprido a obrigação de convalidação. Porém, se o bem tivesse sido entregue ao comprador, por o contrato se ter convalidado, ele ter-se-ia visto obrigado a pagar os juros do empréstimo contraído[1196] e,

[1193] PAULO MOTA PINTO, *Interesse contratual...*, II, 1018 e ss..

[1194] PAULO MOTA PINTO, *Interesse contratual...*, II, 1018.

[1195] PAULO MOTA PINTO, *Interesse contratual...*, II, 1018, refere também as prestações. Mas estas estarão necessariamente fora. Perante a nulidade elas são devolvidas não a título indemnizatório, mas de restituição do preço pago.

[1196] Este facto referido por PAULO MOTA PINTO é verdadeiro. Mas há, se bem vimos, um aspeto não suficientemente enfatizado pelo autor e a nosso ver de acentuar. O comprador tinha, na realidade, se houvesse convalidação, de pagar os juros do empréstimo contraído. Mas nesse cenário, ao invés do sucedido na hipótese de nulidade (portanto de não convalidação), o comprador recebe a coisa e torna-se seu proprietário. Ou seja, há nessa situação uma «*contrapartida*» para os juros pagos. Essa «*contrapartida*» ou «*contrapeso*» não existe na eventualidade de haver (no sentido de se manter a) nulidade. Neste último cenário (diversamente do sucedido no primeiro) o pagamento dos juros, a não serem compensados

igualmente, se não tivesse celebrado a compra e venda teria continuado a pagar as rendas ou alugueres[1197]. Tudo sem se poder dizer serem os prejuízos em referência comuns, pois referem-se a duas hipóteses diversas (comparação entre a nulidade e convalidação, por um lado, e comparação entre celebração e não celebração do negócio, por outro)[1198].

Teria, pois, de se concluir, aplicando os princípios gerais, não permitir o artigo 900.º/1 a cumulação entre a indemnização pelo interesse contratual e pelo interesse contratual positivo, mesmo só para os danos emergentes. O sentido do artigo 900.º/1 não seria, pois, o de permitir a cumulação entre indemnizações, mas apenas o de permitir ao comprador optar pela indemnização de valor superior, além da parte em que os prejuízos são comuns, sem porém se poder somar rubricas do prejuízo correspondentes às hipóteses mutuamente excludentes[1199]. Seria neste sentido que a indemnização resultante do não-cumprimento da obrigação poderia «acrescer». Dessa forma se evitariam as contradições anteriormente assinaladas.

VI – A proposta de Paulo Mota Pinto para a interpretação do artigo 900.º do Código Civil representa um esforço sério de entendimento do sentido da norma em referência e merece prudente reflexão. Ainda assim, com a consideração devida, não seguimos, neste ponto, a posição do ilustre autor.

É mérito de Paulo Mota Pinto o ter demonstrado não poder, face ao artigo 900.º, continuar a sufragar-se o entendimento tradicional a respeito do verdadeiro alcance das indemnizações nele previstas. Todavia, a orientação ensaiada pelo autor suscita alguns embaraços. Por um lado, parece deixar por elucidar a referência, do artigo 900.º/1, *in fine*, à parte em que o prejuízo seja comum. Poder-se-ia, ainda, assim dizer-se ser, na interpretação de Paulo

através da indemnização, representam uma perda total, para o obrigado, sem nenhum *lenitivo* resultante da titularidade do bem.

[1197] Mas, a nosso ver, se este argumento fosse de aceitar ele não sentenciaria, apenas, o cúmulo indemnizatório referido no artigo 900.º/1. Proibiria, parece-nos, e salvo melhor entendimento, totalmente (e, portanto, mesmo sem soma) a indemnização pelo interesse contratual positivo pela não convalidação. Pois sempre se poderia dizer como, a não haver convalidação, só poder o comprador dispor de um bem semelhante pagando rendas, alugueres ou alguma outra prestação a troco da coisa. Logo, não deveria jamais ser indemnizado pelo interesse positivo. Mas isso só poderia ser ao arrepio do artigo 897.º/1 e 900.º/1.

[1198] Paulo Mota Pinto, *Interesse contratual...*, II, 1019.

[1199] Paulo Mota Pinto, *Interesse contratual...*, II, 1019 e 1020.

Mota Pinto, o sentido da menção ao prejuízo comum o de afastar, a este propósito, a necessidade de uma seleção do fundamento da indemnização, de modo a não lesar o credor, evitando assim a faculdade do vendedor de, relativamente ao fundamento elegido, alegar uma causa liberatória não existente relativamente ao outro[1200]. Mas permaneceria, então, por elucidar a razão de o artigo 900.º/2 impor, relativamente ao lucro cessante, a opção entre o interesse contratual negativo e o interesse contratual positivo. Entendido nesse sentido, o artigo 900.º/1 verteria uma possibilidade desde sempre existente, tornando-se de algum modo tautológico. Mesmo no silêncio do artigo 900.º/1, o comprador poderia afinal optar entre a indemnização pela não convalidação e a indemnização dos artigos anteriores. E ao fazer a escolha por determinado interesse poderia, ainda, pedir o ressarcimento do outro, na eventualidade de o primeiro não poder ser satisfeito. Ao invés, o artigo 900.º/2, a ser aceite a tese de Paulo Mota Pinto, imporia, ao comprador, a necessidade de irrevogavelmente – portanto sem a possibilidade de formular sequer um pedido subsidiário[1201] – decidir pela indemnização pelo interesse positivo ou pelo interesse negativo – com manifesto prejuízo para ele e benefício para o alienante[1202].

VII – A solução passa, justamente, por admitir a possibilidade de cumulação das indemnizações referidas no artigo 900.º/1. A explicação para essa acumulação reside no facto de ao vício originário do contrato se juntar o não-cumprimento da obrigação de reparação do vício[1203]. Ora, a falta de cumprimento dessa obrigação revela, como observam Pires de Lima/

[1200] A possibilidade de alegação de uma causa liberatória quanto a determinado fundamento escolhido pelo comprador, mas inexistente relativamente ao outro, leva justamente Raúl Ventura, *O contrato de compra e venda no código civil. Venda de bens alheios...*, in *Revista...*, 1980, ano 40, II, agosto, 324, a criticar o entendimento comum ou tradicional do artigo 900.º/2.

[1201] Pois só desta forma ele teria autonomia relativamente ao artigo 900.º/1. A alternativa seria a de se aceitar consagrar o artigo 900.º/1 uma repetição da regra geral e, por sua vez, o artigo 900.º/2 uma réplica da regra do artigo 900.º/1, numa sucessão de estranhas tautologias, cuja aceitação só poderia ser equacionada se não se encontrasse outra saída normativamente adequada para as normas em referência.

[1202] Pois, segundo se referiu já, e observava Raúl Ventura, *O contrato de compra e venda no código civil. Venda de bens alheios...*, in *Revista...*, 1980, ano 40, II, agosto, 324, uma interpretação desta natureza levaria a permitir, eventualmente, invocar, o vendedor, uma causa liberatória quanto a determinado fundamento, porventura inexistente relativamente ao outro.

[1203] Pires de Lima/Antunes Varela, *Código...*, II, comentário ao artigo 910.º, 202.

/Antunes Varela[1204] para o caso paralelo da compra e venda de bens onerados, uma contumácia do vendedor inadimplente, justificativa do rigor da sanção estabelecida. Isto é: embora com recurso a técnicas aparentemente indemnizatórias a solução do artigo 900.º/1 tem um claro sentido sancionatório[1205] e explica-se justamente pelo propósito de sancionar o vendedor[1206]. A esta luz a restrição do artigo 900.º/2 deve ser vista, apenas, como uma limitação da penalidade imposta ao vendedor que não se estende aos lucros cessantes. Mas nada obsta a que o comprador peça a indemnização por lucros cessantes relativos a um determinado interesse e subsidiariamente requeira, também, a satisfação dos referentes ao outro interesse[1207].

§ 1.3.6 – Garantia de restituição por benfeitorias

I – Segundo o artigo 901.º do Código Civil o vendedor é garante solidário do pagamento das benfeitorias a reembolsar pelo dono da coisa ao comprador de boa fé. De acordo com o artigo 1273.º, quer o possuidor de boa fé, quer o de má fé têm o direito de ser indemnizados das benfeitorias necessárias por eles feitas e, bem assim, levantar as úteis realizadas na coisa

[1204] Pires de Lima/Antunes Varela, *Código...*, II, comentário ao artigo 910.º, 202.

[1205] V., também, Menezes Cordeiro, *Da boa fé...*, I, 500 e ss.; Pessoa Jorge, *Parecer de Direito*, in *A privatização da sociedade financeira portuguesa. Regras sobre reprivatizações, responsabilidade pelo prospecto*, culpa in contrahendo, *vícios ocultos das empresas reprivatizadas*, 1995, 174 e 175, este para a compra e venda de bens onerados; e Calvão da Silva, *Compra...*, 38. Cfr., também, Antunes Varela, *Anotação. Tribunal arbitral. Acórdão de 31 de Março de 1993*, in *Revista de Legislação e de Jurisprudência*, 1993-1994, 126, 285 e ss., 313, onde o autor considera a tutela civil, de raiz edilícia, punitiva da venda de coisas defeituosas ou da venda de bens onerados. V., ainda, Paulo Mota Pinto, *Interesse contratual...*, II, 1018, nota 2860, e 1020, nota 2863, embora descartando o enquadramento.

[1206] É certo poder esta solução levar a um benefício importante para o comprador que pode, como Paulo Mota Pinto evidenciou, ficar, de certo modo, e em parte, a «viver à custa do vendedor». Mas não se passa, nesta sede, nada de substancialmente diverso relativamente ao sucedido por exemplo com a sanções pecuniárias compulsórias ou com as cláusulas penais exclusivamente compulsórias ou com as cláusulas penais *stricto sensu*, não obstante a possibilidade de redução equitativa nos termos do artigo 812.º.

[1207] Lembre-se aqui o facto já atrás assinalado de, nos termos do artigo 894.º/2, dever ser abatido, no montante da indemnização, o proveito ou benefício tirado pelo comprador da eventual perda, deterioração ou diminuição do valor do bem.

conquanto o possam fazer sem detrimento dela. Se, para evitar a deterioração do bem, não houver lugar ao levantamento das benfeitorias, pagará o titular ao possuidor o valor delas de acordo com as regras do enriquecimento sem causa (artigo 1273.º/2).

O regime acabado de descrever significa tanto poder o comprador reclamar a devolução ou reembolso do proprietário como do vendedor. Note-se responder, segundo o artigo 901.º, o vendedor como garante solidário, por isso, fica sub-rogado em todos os direitos do comprador em relação ao dono da coisa (artigo 592.º/1 do Código Civil)[1208].

II – Se o comprador tiver atuado com má fé continua a poder exigir do proprietário da coisa a devolução ou reembolso das benfeitorias, nos termos do artigo 1273.º do Código Civil. Porém, já não beneficiará, face ao vendedor, da garantia contemplada no artigo 901.º do Código Civil[1209].

A disposição do artigo 901.º tem natureza parcialmente supletiva, cedendo, perante convenção em sentido contrário, se reunidos os requisitos do artigo 903.º/1.

§ 1.4 – Casos singulares de compra e venda de bens alheios: venda de bens parcialmente alheios e de quota indivisa

I – Se os bens vendidos só parcialmente forem alheios manda o artigo 902.º aplicar o disposto no artigo 292.º do Código Civil. Por isso, se se

[1208] Assim, expressamente, PIRES DE LIMA/ANTUNES VARELA, *Código...*, II, comentário ao artigo 901.º, 194; PEDRO ROMANO MARTINEZ, *Direito...*, 118; e DIOGO BÁRTOLO, *Venda...*, in *Estudos...*, IV, 421. Em sentido inverso, embora de forma não categórica, NUNO PINTO OLIVEIRA, *Compra...*, 190 e 191, alegando uma aparente posição em sentido diverso de MENEZES LEITÃO, *Direito...*, III, 106 e 107, que francamente não vislumbramos, julga não haver uma garantia (solidária) mas apenas uma obrigação solidária. Alega para tanto não se vislumbrarem razões para se entender haver uma simples garantia. Porém, o artigo 901.º refere manifestamente ser o vendedor garante solidário. Por outro lado, em rigor, o vendedor é estranho à relação proprietário/possuidor pelo que, isso sim, quanto não se vislumbra é razão para considerar a existência de uma obrigação solidária com dois devedores. Até por não poder o proprietário exigir nada do vendedor caso seja o primeiro a satisfazer o reembolso.

[1209] Sublinhando isso mesmo DIOGO BÁRTOLO, *Venda...*, in *Estudos...*, IV, 421.

mostrar que o negócio não teria sido realizado sem a parte alheia, o contrato é totalmente nulo, valendo as regras constantes dos artigos 892.º e seguintes. Se o acordo tivesse sido celebrado, não obstante o caráter parcelarmente falho, reduz-se, sempre segundo o artigo 902.º, proporcionalmente ao preço estipulado e observam-se as disposições antecedentes a propósito à parte nula.

II – O regime da compra e venda de bens alheios aplica-se, ainda, relativamente a coisa indivisa, quando um dos cotitulares vende uma parte especificada ou a totalidade da coisa sem consentimento dos restantes[1210]. Isto, dado o Código Civil exigir a unanimidade dos cotitulares para os atos de disposição sobre a coisa indevida (artigos 1408.º/1 e 2091.º/1), apenas autorizando a disposição isolada da própria quota (cfr. os artigos 1408.º/1 e 2124.º e seguintes, com a ressalva do artigo 2127.º)[1211].

Concretamente no contexto da compropriedade o artigo 1408.º/2 determina ser o comproprietário, se vier a alienar ou onerar parte especificada da coisa comum sem consentimento dos outros consortes, considerado como estando a alienar ou onerar coisa alheia. Esta disposição vale, como observa corretamente Menezes Leitão[1212], pelo seu alcance normativo, também para as hipóteses de alienação por parte do comproprietário de toda a coisa comum. Isso não impede, porém, tal como defendido inicialmente por Manuel Rodrigues[1213], Vaz Serra[1214], Manuel de Andrade[1215], e depois sufragado por vários outros autores[1216], a admissibilidade, nesta hipótese, de uma conversão e redução simultânea do negócio, transformando-se

[1210] Menezes Leitão, *Direito...*, III, 108 e 109.

[1211] Menezes Leitão, *Direito...*, III, 108 e 109.

[1212] Menezes Leitão, *Direito...*, III, 108.

[1213] Manuel Rodrigues, *A compropriedade*, in *Revista de Legislação e de Jurisprudência*, 1925-1926, 58, 67.

[1214] Vaz Serra, *Anotação ao STJ 03-12-1968*, in *Revista de Legislação e de Jurisprudência*, 1970-1971, 103, 58 a 60.

[1215] Manuel de Andrade, *Teoria geral da relação jurídica*, 8.ª reimpressão, II, 1998, 433 e ss..

[1216] Cfr., também, Pires de Lima/Antunes Varela, *Código...*, II, comentário ao artigo 1408.º, 366; Carvalho Fernandes, *A conversão dos negócios jurídicos civis*, 1993, 857 e 858; Nuno Pinto Oliveira, *Compra...*, 143 e ss.; e Ribeiro de Faria, *Direito...*, 79, nota 1, embora este último autor não tome posição clara.

a venda de coisa comum na venda de uma quota ideal com a consequente limitação do contrato de compra à venda dessa quota-parte. Em sentido inverso pode alegar-se, como faz MENEZES LEITÃO, envolver a manutenção do contrato com estas modificações uma alteração substancial da posição do adquirente[1217]. Mas a verdade reside no facto de os critérios de conversão e redução do negócio jurídico, presentes nos artigos 292.º e 293.º do Código Civil, se fundarem na vontade hipotética ou conjuntural dos contraentes. Por isso: ou essa vontade é favorável à conversão e redução, ou não é – e se não é não há redução e conversão[1218].

§ 1.5 – Supletividade e declaração contratual de que o vendedor não garante a sua legitimidade ou estipulação de não responder pela evicção

I – Deu-se já nota, atrás, do caráter parcialmente supletivo de algumas das disposições do regime da compra e venda de bens alheios. Na verdade, sublinhe-se de novo, o artigo 903.º do Código Civil determina ceder o disposto nos artigos 894.º, 897.º/1, 899.º e 900.º/1 perante convenção em contrário. Mas isso, apenas, se o contraente a quem a convenção aproveita não tiver agido de má fé[1219] e de boa fé o outro estipulante. As cláusulas derrogadoras das disposições supletivas mencionadas são válidas, não obstante a nulidade do contrato onde se encontram inseridas, se a nulidade proceder da ilegitimidade do vendedor (artigo 903.º/2).

II – A declaração contratual do vendedor no sentido de não garantir a sua legitimidade ou de não responder pela evicção envolve derrogação de todas as disposições mencionadas no artigo 903.º, com exceção do preceituado no artigo 894.º (artigo 903.º/2). Naturalmente isso será assim, segundo o artigo 903.º/1, *in fine*, apenas se o alienante não estiver de má fé e o comprador de boa fé.

[1217] MENEZES LEITÃO, *Direito...*, III, 109.

[1218] Assim, também, NUNO PINTO OLIVEIRA, *Compra...*, 144.

[1219] Lembre-se aqui o facto atrás referido de o dolo aludido a propósito da compra e venda de bens alheios pelo Código Civil dever ser entendido como má fé ética.

§ 1.6 – Caraterização do instituto da venda de bens alheios

I – Num passo sublinhado por Carneiro da Frada[1220] o regime do instituto da venda de bens alheios não facilita a sua redução dogmática em termos unitários. Várias são, em tese, as figuras suscetíveis de disputarem o terreiro em presença: vícios da vontade[1221], *cic*, tutela da confiança, garantia do vendedor a propósito da produção do efeito translativo, incumprimento, proteção da ordem pública relativamente à consequência da nulidade[1222-1223].

Numa mera aproximação ao problema dir-se-á poder dizer-se estarmos bem distantes da tradicional garantia de evicção associada, durante séculos, ao fenómeno da compra e venda de bens alheios e mencionada a propósito da evolução histórica deste contrato[1224]. Isso mesmo pode ser comprovado pelo facto de na abonação por evição o vendedor responder pelo *habere licere* do comprador, pela posse e utilização pacífica da coisa, não possuindo este nenhuma pretensão perante o alienante, mesmo se este carecesse de legitimidade relativamente ao bem, enquanto o respetivo gozo e fruição não fosse perturbado pelo autêntico titular.

1220 Carneiro da Frada, *Perturbações...*, in *Direito...*, III, 61;

1221 V., a aparente menção ao dolo, mas que vimos corresponder à má fé.

1222 Carneiro da Frada, *Perturbações...*, in *Direito...*, III, 61.

1223 Ferreira de Almeida, *Transmissão...*, in *Themis*, 2005, VI, 11, 5 e ss., *maxime* 13, sustenta ser a compra e venda de bens alheios uma compra e venda obrigacional. Nesse sentido parece ir, igualmente, Yara Miranda, *Venda...*, in *Themis...*, 2005, VI, 11, 140 e ss., de resto certamente por inspiração do primeiro. Mas tal como defendemos no nosso *Direito das obrigações...*, I, I, 91 e ss., julgamos não haver margem no nosso Direito para a compra e venda obrigacional.

1224 Galvão Telles, *Contratos...*, 18 e ss.; Raúl Ventura, *O contrato de compra e venda no código civil. Venda de bens alheios...*, in *Revista...*, 1980, ano 40, II, agosto, 328 e 329; Carneiro da Frada, *Perturbações...*, in *Direito...*, III, 64; Pires de Lima/Antunes Varela, *Código...*, II, comentário ao artigo 892.º, 184; Calvão da Silva, *Responsabilidade civil...*, 182 e s., em nota; Id., *Compra...*, 16 e 17. Em algo diverso v. Menezes Leitão, *Direito...*, III, 97, mas o paralelismo referido pelo autor entre o atual regime, de um lado, e a garantia de evicção, do outro, assenta apenas no facto de o vendedor, segundo o Código Civil, de algum modo, parecer garantir ao comprador a propriedade da coisa vendida. Porém, isso é algo, como se refere no texto, de bem diverso da garantia de evicção. A respeito da garantia de evicção e do problema da dupla venda ao longo da história v. o que escrevemos em *Direito...*, I, I, 24 e s., e *passim* e as referências aí existentes. Agora acrescenta-se apenas Larenz, *Lehrbuch...*, II, I, 31.

II – A referência aos vícios da vontade não é, porém, de aceitar[1225]: pelo facto de em vez da anulabilidade se ter estabelecido a nulidade da compra e venda de bens alheios; pelo facto de o dolo referido em vários preceitos ser na realidade a má fé ética; e pela consagração de uma obrigação de convalidação.

A hipótese de *cic* foi, entre nós, proposta por INOCÊNCIO GALVÃO TELLES[1226]. Mas a verdade é que o emolduramento, para além de não justificar a nulidade, não é harmonizável com a obrigação de convalidação[1227]. E no próprio âmbito das pretensões indemnizatórias ela parece não alicerçar por natureza a responsabilidade do vendedor de boa fé diante do comprador nas situações do artigo 899.º[1228-1229].

Uma via alternativa seria a de entender os resultados da venda de bens alheios como efeitos *ex lege* que tomariam o negócio celebrado como pressuposto fáctico de aplicação e, portanto, como facto jurídico não negocial[1230]. Dir-se-ia, então, ter-se materialmente pretendido proteger a confiança e distribuir adequadamente os riscos do caráter alheio da coisa[1231].

Em sentido inverso alega-se[1232], porém, não ser a confiança necessária para justificar a obrigação específica de validação pendente sobre o vendedor. Haveria antes, pelo simples facto de celebrar o negócio, uma garantia

[1225] CARNEIRO DA FRADA, *Perturbações...*, in *Direito...*, III, 61 e 62.

[1226] GALVÃO TELLES, *Contratos...*, 22.

[1227] CARNEIRO DA FRADA, *Perturbações...*, in *Direito...*, III, 62.

[1228] Assim CARNEIRO DA FRADA, *Perturbações...*, in *Direito...*, III, 62, autor para quem esta disposição protegeria pura e simplesmente a confiança social típica dos compradores (cfr., também do autor, *Teoria da confiança...*, 835); depois seguido por NUNO PINTO OLIVEIRA, *Compra...*, 184 e ss.. Mas não nos parece ser assim. Face ao regime do artigo 903.º/1 não pode deixar de se considerar assentar a indemnização prevista no artigo 899.º, ainda, na vontade das partes que não tenham afastado (lembre-se aqui quanto sustentamos a respeito da recondução dos chamados efeitos legais dos negócios familiares à vontade dos outorgantes no nosso *Autonomia...*, *per totum*).

[1229] Ainda assim, numa referência já atrás feita, cfr. JHERING, Culpa in contrahendo *oder Schadenersatz bei nichtigen oder nicht zur Perfection gelangten...*, in *Gesammelte...*, I, 355 e ss., *maxime* 357, mencionando o facto de o desconhecimento do vendedor ser perfeitamente desculpável, ainda assim, o autor responde: quem não tem conhecimento completo da sua coisa, então, não a deve vender: «*non debet esse facilis ad temerariam indicationem (venditionem)*».

[1230] V. CARNEIRO DA FRADA, *Perturbações...*, in *Direito...*, III, 63, embora rejeitando a solução.

[1231] CARNEIRO DA FRADA, *Perturbações...*, in *Direito...*, III, 63.

[1232] CARNEIRO DA FRADA, *Perturbações...*, in *Direito...*, III, 63 e 64.

dada pelo alienante de produção do efeito translativo, em termos tais que responde por incumprimento se esse efeito não se produz[1233]. A garantia é negocial e a responsabilidade pela sua não produção contratual[1234]. Não há, nessa medida, nenhuma necessidade de apelo autónomo à tutela da confiança[1235].

III – O apelo à vontade ou mesmo à ideia de incumprimento revela-se, todavia, insuficiente para elucidar a totalidade do regime da compra e venda de bens alheios. A análise de regime desta figura, por nós agora realizada, permite observar estar-se diante de um mecanismo destinado, ora a avantajar a boa fé, ora a penalizar a má fé, com predomínio dos aspetos sancionatórios da má fé[1236]. Repare-se como a haver má fé da parte beneficiada não se pode afastar o disposto nos artigos 894.º/1, 899.º e 900.º/1 e 901.º. Ora, em especial, face ao regime de cumulação das indemnizações resultantes dos artigos 899.º, 900.º e 901.º/1, atrás analisado, vê-se como sob aparente estrutura indemnizatória estes preceitos contêm uma verdadeira sanção da má fé.

§ 2 – Compra e venda de bens onerados

§ 2.1 – Introdução

I – A venda de bens onerados encontra-se prevista no artigo 905.º do Código Civil[1237] onde, aparentemente, se determina a anulabilidade por

[1233] Aproximando, do ponto de vista dogmático, a compra e venda de bens alheios do incumprimento pode ver-se, por exemplo, na Doutrina italiana, BIANCA, *Vendita...*, in, *Novissimo...*, XX, 624.

[1234] CARNEIRO DA FRADA, *Perturbações...*, in *Direito...*, III, 64.

[1235] CARNEIRO DA FRADA, *Perturbações...*, in *Direito...*, III, 64.

[1236] Em sentido semelhante quanto a esta inferência, mas não relativamente ao entendimento do regime cfr. MENEZES CORDEIRO, *Da boa fé...*, I, 500 e ss..

[1237] Para uma referência à forma como a compra e venda de bens onerados foi encarada pelo Direito romano v. *supra* § 2.1, IV. Agora acrescenta-se apenas PEDRO ROMANO MARTINEZ, *Cumprimento...*, 216, nota 3 (e *passim* para o Direito romano), referindo que no Código Civil de Seabra as limitações de Direito eram tratadas como um caso de evicção parcial; MENEZES CORDEIRO, *Tratado...*, XI, 180 e ss., 236 e ss., e, do mesmo, para o período do *ius commune*, 55 e 56, e 236 e 237. Já para o Direito português v. *op. cit.*, 189 e ss.. Na Doutrina alemã referimos agora, por todos, COING, *Europäisches...*, I, 452, II, 478 e ss..

erro ou dolo – na hipótese de se verificarem no caso os requisitos legais da anulabilidade – do contrato de compra e venda, se o direito transmitido estiver sujeito a alguns ónus ou limitações que excedam os limites normais inerentes aos direitos da mesma categoria[1238].

[1238] É inúmera a bibliografia sobre a compra e venda de bens onerados. Refere-se *colorandi causa*, na nossa Doutrina, BAPTISTA LOPES, *Do contrato...*, 161 e ss.; PIRES DE LIMA/ /ANTUNES VARELA, *Código...*, II, comentário aos artigos 905 e ss., 196 e ss.; BAPTISTA MACHADO, *Acordo negocial e erro...*, in *João Baptista Machado...*, I, 31 e ss.; CARNEIRO DA FRADA, *Perturbações...*, in *Direito...*, III, 65 e ss.; CALVÃO DA SILVA, *Responsabilidade...*, 181 e ss., embora com referência direta à compra e venda de coisas defeituosas; Id., *Parecer de Direito*, in *A privatização da Sociedade Financeira Portuguesa. Regras sobre reprivatizações. Responsabilidade pelo prospecto.* Culpa in contrahendo. *Vícios ocultos das empresas reprivatizadas*, 1995, 211 e ss.; Id., *Compra...*, *passim*, e 28 e ss.; PEDRO ROMANO MARTINEZ, *Cumprimento...*, *per totum*, em especial 291 e ss.; Id., *Direito...*, 120 e ss.; Id., *Da cessação...*, 261 e ss.; MENEZES CORDEIRO, *Vícios ocultos nos bens privatizados: subsídios para a análise da privatização da Sociedade Financeira Portuguesa – Banco de Investimento, S. A. e suas consequências*, in *A privatização da Sociedade Financeira Portuguesa. Regras sobre reprivatizações. Responsabilidade pelo prospecto.* Culpa in contrahendo. *Vícios ocultos das empresas reprivatizadas*, 1995, 123 e ss.; Id., *Privatização da Sociedade Financeira e vícios ocultos: das pretensões de reparação*, in *Idem*, 154 e ss.; Id., MENEZES CORDEIRO, *Tratado...*, XI, , 226 e ss.; PESSOA JORGE, *Parecer...*, in *Idem*, 170 e ss.; INOCÊNCIO GALVÃO TELLES, *Parecer...*, in *Idem*, 191 e ss., 195 e ss.; MARCELO REBELO DE SOUSA, *Parecer...*, in *Idem*, 227 e ss., 231 e ss.; FERRER CORREIA/ /ALMENO DE SÁ, *Parecer de Direito*, in *Idem*, 283 e ss.; MIGUEL TEIXEIRA DE SOUSA, *O cumprimento defeituoso e a venda de coisas defeituosas*, in *Ab uno ad omnes. 75 anos da Coimbra editora*, 1998, 567 e ss.; DIRKE HARKE, *Das Irrtumsrecht des portuguiesischen* Código Civil: *Gegenmodell zum Nebeneinander von Erklärungs- und Sachverhaltsirrtum*, in *Zeitschrift für Europäisches Privatrecht*, 2003, 11, 540; CALVÃO DA SILVA, *Compra e venda...*, 28 e ss.; NUNO PINTO DE OLIVEIRA, *Compra...*, 197 e ss.; PAULO MOTA PINTO, *Interesse contratual...*, II, 864, 1009 e ss., 1198 e ss., 1427, 1434, 1452 e 1453; MENEZES LEITÃO, *Direito...*, III, 110 e ss.; SANTOS JUSTO, *Manual...*, 63 e ss.; JORGE MORAIS DE CARVALHO, *Código civil...*, I, comentário aos artigos 905.º e ss., 1117 e ss.. Na literatura jurídica italiana destaca-se, entre outros, BIANCA, *Vendita...*, in *Novissimo...*, XX, 626 e ss.; Id., *La vendita...*, 715 e ss., 795 e ss.; SALVATORE ROMANO, *Vendita...*, 253 e ss.; LUZZATTO, *La compravendita...*, 244 e ss.; GALGANO, *Vendita...*, in *Enciclopedia...*, XLVI, 493 e ss.; LUMINOSO, *I contratti...*, 116 e ss., 132 e ss.. Entre as obras em língua alemã menciona-se, sempre a título ilustrativo, LARENZ, *Lehrbuch...*, II, I, 27 e ss.; ANNEMARIE MATUSCHE-BECKMANN, *Staudingers...* II, comentário aos §§ 434 e ss., 434 e ss.; JAN DIRKE HARKE, *Das Irrtumsrecht...*, in *Zeitschrift...*, 2003, 11, 540 e ss., em especial 550 e ss.; FIKENTSCHER/HEINEMANN, *Schuldrecht...*, 404 e ss, 444 e ss.; WESTERMANN, *Münchener Kommentar...*, comentário ao § 435 e ss., anotações 1 e ss..

Com a referência final da norma procura-se afastar do âmbito da respetiva tutela as situações em que as "onerações" do direito transmitido acompanham, como por inerência, quaisquer direitos do mesmo tipo ou categoria[1239]. Trata-se de limitações que atingem, de forma geral e abstrata, os titulares de direitos sobre determinados bens[1240]. Isso mesmo verifica-se, por exemplo, com as limitações gerais ao direito de propriedade em matéria de relações de vizinhança[1241].

II – A noção de ónus surge normativamente com um alcance amplissímo[1242]. A *ratio* da norma consiste em proteger o adquirente contra o risco de adquirir um bem que, por não estar livre de uma intromissão limitadora, não corresponde à representação que, de acordo com o contrato dele se teve[1243]. Destarte, nada legitima a restrição dos ónus ou limitações a situações de determinado tipo ou natureza[1244]. Abrangidos ficam tanto os direitos reais de gozo menores[1245], como as garantias reais, como, ainda, os direitos de crédito ou quaisquer outras posições jurídicas as quais, independentemente da sua precisa qualificação, se revelem eficazes relativamente ao adquirente,

[1239] Ferrer Correia/Almeno de Sá, *Parecer...*, *Privatização...*, 283, numa expressão da *communis opinio*.

[1240] Ferrer Correia/Almeno de Sá, *Parecer...*, *Privatização...*, 283.

[1241] Ferrer Correia/Almeno de Sá, *Parecer...*, *Privatização...*, 284, sempre como manifestação da *communis opinio*.

[1242] Assim, também, Henrique Mesquita, *Obrigações e ónus reais*, 1990, 411; Nuno Pinto de Oliveira, *Compra...*, 240.

[1243] Ferrer Correia/Almeno de Sá, *Parecer...*, *Privatização...*, 284.

[1244] Ferrer Correia/Almeno de Sá, *Parecer...*, *Privatização...*, 284; Nuno Pinto de Oliveira, *Compra...*, 241 e 242.

[1245] Alguma Doutrina – entre a qual se contam os nomes de Baptista Lopes, *Do contrato...*, 161; Pires De Lima/Antunes Varela, *Código...*, II, comentário ao artigo 905.º, 197; Nuno Pinto de Oliveira, *Compra...*, 243; Menezes Leitão, *Direito...*, III, 111 e 112; entende não serem ónus, para efeitos do artigo 905.º e seguintes, as servidões legais. Isso parece ser assim para as servidões legais aparentes. Mas nada justifica o mesmo entendimento relativamente às não aparentes. Cfr. Pedro Romano Martinez, *Cumprimento...*, 217, nota 3, com referência à Jurisprudência francesa; Id., *Direito...*, 122; e Calvão da Silva, *Compra...*, 31.

ignorando-as este ao tempo da compra[1246-1247]. Noutros termos, importa em cada situação apurar se a limitação existente se pode impor ao comprador, gerando uma diminuição do direito transmitido, e, desse modo, uma falta de correspondência entre o valor do bem proposto no contrato e o valor efetivamente transmitido[1248].

Pode, pois, dizer-se, com FERRER CORREIA/ALMENO DE SÁ[1249], existir um vício de Direito se o vendedor põe à disposição do comprador o objeto da compra, mas não lhe proporciona simultaneamente a situação que, segundo o contrato, o adquirente podia legitimamente esperar[1250]. Ou seja: o comprador recebe menos, em direito, de quanto o vendedor estava obrigado a proporcionar-lhe. Nessa perspetiva pode acentuar-se a ideia de o vício de direito não ser, em rigor, um vício do objeto da compra, mas antes um «vício no direito» proporcionado pelo vendedor[1251]. Quanto o comprador recebe é, afinal, uma posição diminuída em relação ao resultante do negócio[1252]. O decisivo não é a natureza jurídica do ónus, mas a sua eficácia perante o comprador[1253]. Note-se, embora isso não seja de fácil figuração prática, poder, como observa CALVÃO DA SILVA, o ónus ser até uma posição jurídica do próprio comprador a gravar o bem adquirido[1254]. Por outro lado, estão abrangidos pelo âmbito do artigo 905.º do Código Civil toda a espécie de objetos de compra, e, embora se não possa aprofundar o tema neste âmbito

1246 FERRER CORREIA/ALMENO DE SÁ, *Parecer...*, *Privatização...*, 284; NUNO PINTO DE OLIVEIRA, *Compra...*, 242.

1247 Uma exemplificação de várias situações de oneração relevante pode ver-se em MENEZES CORDEIRO, *Tratado...*, XI, 228 e ss..

1248 FERRER CORREIA/ALMENO DE SÁ, *Parecer...*, *Privatização...*, 284; NUNO PINTO DE OLIVEIRA, *Compra...*, 242. Este aspeto é decisivo, como se verá adiante, para o enquadramento dogmático da compra e venda de bens onerados. Outras referências e exemplos podem, por exemplo, ser confrontadas em PEDRO ROMANO MARTINEZ, *Cumprimento...*, 215 e ss.; PEDRO ROMANO MARTINEZ, *Direito...*, 122 e 123; NUNO PINTO DE OLIVEIRA, *Compra...*, 241 e ss.; MENEZES LEITÃO, *Direito...*, III, 110 a 113.

1249 FERRER CORREIA/ALMENO DE SÁ, *Parecer...*, *Privatização...*, 285.

1250 FERRER CORREIA/ALMENO DE SÁ, *Parecer...*, *Privatização...*, 285. V., também, FIKENTSCHER/HEINEMANN, *Schuldrecht...*, 405, 444 e s..

1251 FERRER CORREIA/ALMENO DE SÁ, *Parecer...*, *Privatização...*, 285; e na literatura jurídica tudesca LARENZ, *Lehrbuch...*, II, I, 29.

1252 FERRER CORREIA/ALMENO DE SÁ, *Parecer...*, *Privatização...*, 285.

1253 CALVÃO DA SILVA, *Compra...*, 30.

1254 CALVÃO DA SILVA, *Compra...*, 30 e 31; MENEZES CORDEIRO, *Tratado...*, XI, 227.

por exigir uma investigação própria que nos levaria demasiado longe[1255], designadamente as patentes, marcas, licenças, direitos de autor, a compra de ações de uma sociedade, a empresa e títulos de valor mobiliário[1256]. Trata-se de uma solução, apesar da disparidade de opiniões manifestadas no passado a

[1255] Alegando o mesmo argumento para não tomar posição definitiva a propósito desta matéria PAULO MOTA PINTO, *Interesse contratual...*, II, 1452. Ainda assim v. as observações feitas por MENEZES CORDEIRO, *Tratado....*, XI, 229 e ss..

[1256] Assim, também, CALVÃO DA SILVA, *Compra...*, 30. V., também, MIGUEL TEIXEIRA DE SOUSA, *O cumprimento defeituoso...*, in *Ab uno ad omnes...*, 575 e ss.. O tema tem, todavia, sido objeto de debate, entre nós, e noutras latitudes. Grande parte da bibliografia nacional produzida a este respeito centrou-se a propósito da privatização da sociedade financeira portuguesa. Cfr. MENEZES CORDEIRO, *Vícios ocultos*, in *Privatização...*, 123 e ss.; Id., *Privatização da Sociedade Financeira e vícios ocultos...*, in *Idem*, 154 e ss.; PESSOA JORGE, *Parecer...*, in *A privatização...*, 170 e ss.; INOCÊNCIO GALVÃO TELLES, *Parecer...*, *Idem*, 191 e ss., 195 e ss.; MARCELO REBELO DE SOUSA, *Parecer...*, 231 e ss.; FERRER CORREIA/ALMENO DE SÁ, *Parecer...*, in *Idem*, 263 e ss., 283 e ss; CALVÃO DA SILVA, *Parecer...*, in *Idem*, 211 e ss.. V., ainda, GOMES DA SILVA/RITA CABRAL, *Parecer...*, in *Idem*, 305 e ss., sem proporem a recondução do tema à compra e venda de bens onerados; e agora sem qualquer ligação ao problema da sociedade financeira portuguesa, ORLANDO DE CARVALHO, *Critério e estrutura do estabelecimento comercial*, 1967, 207, em nota; PEDRO ROMANO MARTINEZ, *Direito...*, 122 e ss., propugnando o enquadramento do problema no âmbito da *cic*; embora em *Cumprimento...*, 217, pareça apelar para o regime da compra e venda de bens onerados; COUTINHO DE ABREU, *Da empresarialidade. As empresas no direito*, 1999, 342 e ss., 353 e ss., apesar de, quanto às ações cotadas em bolsa, considerar inaplicável a venda de bens onerados, por considerar ser outra a disciplina específica para estas hipóteses (curiosamente CALVÃO DA SILVA, *Compra...*, 30, alega essa mesma disciplina para considerar não se poder duvidar hoje da sujeição da venda de participações sociais aos artigos 905.º e ss.); SOVERAL MARTINS, *Da personalidade e capacidade jurídicas das sociedades comerciais*, in *Estudos de direito das sociedades*, 7.ª edição, 2005, 79 e 80, nitidamente a favor da aplicação dos artigos 905.º e 913.º e seguintes do Código Civil; GRAVATO DE MORAIS, *Alienação e oneração de estabelecimento comercial*, 2005, 124, apenas aceitando a transmissão de estabelecimento através da cessão da participação social nas hipóteses de transmissão total, ou larga maioria, das participações; PAULO MOTA PINTO, *Interesse contratual...*, II, 1447 e ss., onde o autor aventa a hipótese de se poder suscitar a aplicabilidade do regime da compra e venda de bens onerados à compra e venda de empresas (diretamente ou mediante participações sociais), embora termine por dizer importar aplicar à compra e venda os resultados alcançados pelo autor a propósito da culpa *in contrahendo*. Quanto a saber se se pode aplicar o regime dos vícios na venda de bens onerados ou coisa defeituosa o autor afirma não ir aprofundar o tema pois isso levá-lo-ia a desviar-se do seu tema de investigação. Na Jurisprudência v. *Acordão do Tribunal Arbitral, constituído pela convenção de arbitragem celebrada entre o Banco Pinto*

este respeito, hoje plácida[1257]. A matéria dos vícios da coisa esteve aferretada

& Sotto Mayor, S. A., e o Banco Mello, S.A., e um grupo de accionistas em 2 de Junho de 1992, in *A privatização da Sociedade Financeira Portuguesa. Regras sobre reprivatizações. Responsabilidade pelo prospecto.* Culpa in contrahendo. *Vícios ocultos das empresas reprivatizadas*, 1995, 54 e 55, onde, considerando desnecessário entrar no debate relativo à questão de saber se a disciplina da compra e venda de coisas defeituosas e oneradas é ou não aplicável à venda de participações sociais, se acaba por aceitar a respetiva aplicação, quanto mais não seja por analogia; e ainda RPt 17-02-2000 (PINTO DE ALMEIDA), ITIJ/9930197 (apenas com indicação do sumário = mas agora com o texto integral *Colectânea de Jurisprudência*, 2000, XXV, I, 220). V., também, o *Acórdão Arbitral 31-03-1995*, in *Revista da Ordem dos Advogados*, 1995, I, 87 e ss. (vícios da coisa na empresa privatizada – responsabilidade pelo prospeto). Este acórdão foi proferido com votos de FAÚSTO QUADRO (que presidiu) e RUY DE ALBUQUERQUE e com voto de vencido de ALMEIDA COISA. Foi, além disso, objeto de Pareceres de mais dez jurisconsultos e objeto de algumas anotações. Em sentido adverso à ideia de transmissão da empresa (e de aplicação do regime da venda de bens onerados) – posição insista-se hoje insustentável – na hipótese de transmissão de participações sociais pode ver-se ANTUNES VARELA, *Anotação...*, in *Revista...*, 1993-1994, 126, 285 e ss., 311 e ss., em tom crispado já deslocado à época e hoje mais ainda (no mesmo sentido agora referido salientando este aspeto do debate MENEZES CORDEIRO, *Tratado...*, XI, 230); e HENRIQUE MESQUITA, *Acção proposta pelo Banco Mello contra o Banco Pinto & Sotto Mayor e decidida por Acórdão de 31 de Março de 1991*, in *Revista de Legislação e de Jurisprudência*, 1994-1995, 127, 217 e ss., alegando ainda que se a compra e venda de participações sociais pudesse dar – e não daria – lugar ao regime da compra e venda de coisa defeituosa se teria de aplicar o disposto no artigo 471.º do Código Comercial e o comprador teria de exigir no prazo de oito dias dos defeitos. Mas a verdade é que a disciplina do artigo 471.º apenas tem a ver com as condições previstas nos artigos 469.º e 470.º do Código Comercial e não com a problemática da compra e venda de bens onerados. Na Doutrina alemã é praticamente infindável a bibliografia sobre o tema (país onde, aliás, conforme refere PAULO MOTA PINTO, *Interesse contratual...*, II, 1449, em nota, terem os contratos de compra de empresas sido a causa próxima da primeira revisão do *BGB* posterior à «Lei de modernização do Direito das Obrigações» alemã de 2004, para elucidar o exato alcance do novo § 444). Limitamo-nos por isso, para além das remissões para as referências bibliográficas referentes à Doutrina tudesca feitas, entre nós, a este respeito por PEDRO ROMANO MARTINEZ, *Cumprimento...*, 174, nota 2, 217, nota 4; COUTINHO DE ABREU, *Da empresarialidade...*, 347 e ss.; e PAULO MOTA PINTO, *Interesse contratual...*, II, 1449 e 1450, em nota, a referir, com caráter meramente, ilustrativo para LARENZ, *Lehrbuch...*, II, I, 164 e ss.; ANNEMARIE MATUSCHE-BECKMANN, *Staudingers...*, comentário ao § 434, 182 e ss., comentário ao § 437, 239 e 240; ROLAND MICHAEL BECKMANN, *Stuadingers...*, comentário ao § 453, 490 e ss., com amplas referências bibliográficas; FIKENTSCHER/ /HEINEMANN, *Schuldrecht...*, 451 e ss..

[1257] Na verdade, as ações valem pelo que representam. Nessa medida o negócio não tem, por objeto, as ações em si mesmas, mas, antes, a empresa. No mesmo sentido MENEZES CORDEIRO, *Tratado...*, XI, 229 e ss..

às coisas corpóreas, sobretudo o prédio[1258]. Apesar disso, a riqueza tem-se movido para os móveis. Ao Direito civil interessa não a forma, mas, sim a materialidade e o substancialismo.

III – Não são, porém, amiúde, de aplicar a situações como a compra e venda de automóveis em que se assiste à viciação ou alteração dos respetivos documentos, por se estar diante de uma situação de incumprimento da obrigação de entrega (artigo 882.º/2 do Código Civil). De facto, o artigo 882.º/2 do Código Civil faz a obrigação de entrega da coisa abranger os documentos a ela relativos. Por isso, se eles não forem devidamente entregues há, em princípio, incumprimento dessa obrigação[1259]. Note-se, porém, que em inúmeros casos de viciação dos documentos se está diante de compra e venda de bens alheios, cujo regime é diverso do da compra e venda de bens onerados. Noutras hipóteses, se a viciação se destinar a ocultar caraterísticas que o veículo não possui dir-se-á haver mesmo uma situação de compra e venda de bens onerados. Isto, pois o comprador recebe uma posição diminuída em relação ao resultante do contrato. Em jogo não está, pois, o mero incumprimento da obrigação de entrega nos termos do artigo 882.º/2 do Código Civil.

Já a compra e venda de bens onerados pode valer perante a existência de irregularidades no bem vendido, geradoras de impedimento do gozo ou disposição deste pelo comprador[1260], como sucede com a compra e

[1258] Menezes Cordeiro, *Tratado...*, XI, 229.

[1259] Menezes Leitão, *Direito...*, III, 112, defendendo, se bem vimos, ser sempre assim. Cfr., ainda, RLx 10-04-2008 (José Eduardo Sapateiro), in *Colectânea de Jurisprudência*, 2008, 33, 2, 106 e ss., onde sem deixar de se apelar para o artigo 882.º, se considerou que, não tendo o fornecedor de uma viatura automóvel entregue ao comprador a necessária documentação, se está diante de uma compra e venda de bem defeituoso prevista no artigo 913.º do Código Civil, pois, apesar de o carro funcionar perfeitamente não possuía as qualidades necessárias para a realização daquele fim. Nesse cenário, tal como defende Menezes Leitão, *Direito...*, III, 114, nota 266, está-se, porém, perante um incumprimento da obrigação de entrega.

[1260] Cfr., no mesmo sentido, Menezes Leitão, *Direito...*, III, 112. V., também, a este propósito, na literatura jurídica italiana, com mero caráter ilustrativo Bianca, *La vendita...*, 732 e ss.; Luminoso, *I contratti...*, 138 e ss..

venda de imóveis construídos sem a respetiva licença de habitação ou de construção[1261-1262].

O nosso Código Civil não prevê diretamente a hipótese de o vendedor assegurar ao comprador a existência de especiais vantagens jurídicas em relação à coisa, que excedam o normal nos direitos da mesma categoria (refere-se a título de exemplo uma servidão de passagem por prédio vizinho ou, por hipótese, a edificabilidade com determinadas caraterísticas)[1263]. Pires de Lima/Antunes Varela[1264] propõem a aplicação a esta situação do regime da compra e venda de coisas defeituosas, por falta de qualidades da coisa. Mas isso envolveria transformar o regime num instituto mais geral suscetível de contemplar, além das materiais, a falta de qualidades provenientes de relações jurídicas pertinentes à coisa[1265]. Uma via alternativa passaria por aplicar o regime do incumprimento com as especialidades impostas pela proximidade com a compra e venda de bens onerados[1266].

[1261] Carneiro da Frada, *Perturbações...*, in *Direito...*, III, 67; Pedro Romano Martinez, *Cumprimento...*, 198 (mas v. *op. cit.*, 51, em sentido aparentemente diverso, ao julgar englobar-se o erro relativamente à possibilidade de edificação de um terreno no erro sobre a matéria e não no cumprimento defeituoso. Mas a contradição é mesmo só aparente, pois num cenário em jogo está uma construção sem licença para o fim a que se destina, no outro um prédio rústico); Id., *Direito...*, 123; Menezes Leitão, *Direito...*, III, 112. Em sentido diverso pode ver-se o STJ 06-04-2000 (Dionísio Correia), Proc. 00B103/ITIJ (cumprimento imperfeito – obrigação de indemnizar – propriedade horizontal – licença de utilização – venda de coisa defeituosa), entendendo tratar-se aqui de cumprimento defeituoso da obrigação de entrega da coisa. Mas, com a devida vénia, não se acompanha a decisão. Em jogo não está apenas a não entrega de um documento. É o próprio gozo da coisa a ser afetado. Na literatura jurídica estrangeira v., com caráter exemplificativo, Larenz, *Lehrbuch...*, 29; Bianca, *La vendita...*, 730 e ss..

[1262] Menezes Cordeiro, *Tratado...*, XI, 258, admite, porém, a aplicação do regime da compra e venda de coisa defeituosa a aspetos jurídicos envolventes como, por exemplo, a compra e venda de uma fração de um imóvel destinado ao comércio sem licença para o efeito ou de um automóvel sem a documentação habilitadora para andar na via pública.

[1263] Mas v., em sentido diverso, no caso da compra e venda de coisa defeituosa Menezes Cordeiro, *Tratado...*, XI, 253, reportando as qualidades materiais referidas pelo 913.º como um *plus* relativamente ao padrão médio normal.

[1264] Pires de Lima/Antunes Varela, *Código...*, II, comentário ao artigo 905.º, 198.

[1265] Carneiro da Frada, *Perturbações...*, in *Direito...*, III, 68.

[1266] É essa a solução advogada por Carneiro da Frada, *Perturbações...*, in *Direito...*, III, 68.

Finalmente uma outra solução residiria na aplicação analógica do regime da venda de coisa onerada[1267]. Pela nossa parte, depois de quanto temos vindo a dizer a respeito do processo de interpretação-compreensão-aplicação do Direito, apenas podemos voltar a sublinhar a falta de especificidade do tradicional processo de aplicação de uma norma ou regime por analogia. Toda a aplicação jurídica é necessariamente analógica. Não insistiremos neste ponto. A interrogação a pôr será então outra: a de saber se normativamente as situações nas quais a coisa vendida se mostra privada de vantagens adicionais específicas prometidas ainda se afiguram abrangidas pelo regime dos artigos 905.º e seguintes. A resposta é afirmativa. O problema não é, então, de compra e venda de coisa defeituosa, pois, isso envolveria, como se referiu, um alargamento dos artigos 913.º e seguintes para além das situações de vício da própria coisa por forma a abranger também as suas qualidades jurídicas. Não parece haver margem para a possibilidade de se falar imediatamente, de forma pura e simples, em incumprimento[1268]. Há, todavia, aqui uma perturbação do compromisso translativo assumido pelos contraentes, à semelhança de sucedido com a compra e venda de bens onerados. Nenhuma dúvida pode, pois, permanecer a respeito da aplicabilidade dos artigos 905.º e seguintes a estas situações[1269].

[1267] Nessa linha pode ver-se, entre outros, BIANCA, La *vendita*..., 739 e ss.; LUMINOSO, *I contratti*..., 138; MENEZES LEITÃO, *Direito*..., III, 112 e 113.

[1268] Mas veja-se o que já de seguida se escreve a propósito da moldura dogmática a dar à compra e venda de bens onerados. Trata-se na verdade de uma forma de incumprimento: mas com especialidades de regime.

[1269] No mesmo sentido para a compra e venda de coisa defeituosa MENEZES CORDEIRO, *Tratado*..., XI, 253, reportando-se às qualidades materiais. Para o estudo de quais os direitos do vendedor num outro cenário, representado pela compra e venda de uma coisa vendida com qualidades muito superiores ao devido, pode ver-se BAPTISTA MACHADO, *Acordo negocial e erro*..., in *João Baptista Machado*..., I, 109 e ss..

§ 2.2 – Efeitos da compra e venda de bens onerados

§ 2.2.1 – A chamada anulabilidade da compra e venda

I – A disciplina da compra e venda de bens onerados assenta na atribuição ao adquirente de uma série de remédios. O primeiro de entre eles passa, aparentemente, pela anulação do contrato por erro ou dolo. De facto, tal como se viu já, no artigo 905.º do Código Civil estabelece-se: se o direito transmitido estiver sujeito a alguns ónus ou limitações que excedam os limites normais inerentes aos direitos da mesma categoria, o contrato é anulável por erro ou dolo, se no caso se derem os requisitos da anulabilidade.

Face a este preceito, parte da nossa Doutrina entende ser, na hipótese de compra e venda de bem onerado, o contrato anulável a pedido do comprador se ele tiver agido com desconhecimento da limitação do direito. Ter-se-ia pretendido remeter a tutela do comprador à doutrina geral do erro e do dolo[1270]. Vão nesse sentido PIRES DE LIMA/ANTUNES VARELA[1271], MIGUEL TEIXEIRA DE SOUSA[1272], NUNO PINTO DE OLIVEIRA[1273], SANTOS

[1270] GALVÃO TELLES, *Contratos...*, 22; SANTOS JUSTO, *Manual...*, 64 e ss.. Na Jurisprudência v., por exemplo, STJ 12-10-2006 (OLIVEIRA BARROS), Proc. 06B2240/ITIJ (contrato de compra e venda – venda de bens onerados – erro).

[1271] INOCÊNCIO GALVÃO TELLES, *Parecer...*, in *A privatização...*, 191 e ss., 195 e ss. (além da obra do autor citada na nota anterior); PIRES DE LIMA/ANTUNES VARELA, *Código...*, II, comentário aos artigos 905.º e 913.º, 197, 205 e ss.; ANTUNES VARELA, *Cumprimento imperfeito do contrato de compra e venda. A exceção do contrato não cumprido*, in *Colectânea de Jurisprudência*, 1987, XII, 4, 28 e ss.. É, todavia, de notar o facto de PIRES DE LIMA/ANTUNES VARELA aceitarem a existência de aspetos do regime de bens onerados tributários do regime do incumprimento como sucede com a redução do preço. Assim v. PIRES DE LIMA/ /ANTUNES VARELA, *Código...*, II, comentário ao artigo 911.º, 203.

[1272] MIGUEL TEIXEIRA DE SOUSA, *O cumprimento defeituoso...*, in *Ab uno ad omnes...*, 567 e ss..

[1273] NUNO PINTO DE OLIVEIRA, *Contrato...*, 195 e ss., 232 e ss., 241 e ss.. Deve, porém, observar-se o facto de NUNO PINTO DE OLIVEIRA admitir a possibilidade de resolução, mesmo não estando observados os requisitos do erro, se houver inadimplemento da obrigação de convalidação prevista no artigo 910.º do Código Civil.

JUSTO[1274] e MENEZES LEITÃO[1275]. O direito de anulação só surgiria se estivessem presentes os requisitos da anulabilidade: a essencialidade do erro e a cognoscibilidade da mesma pelo vendedor (artigo 247.º do Código Civil)[1276]. Estes factos seriam constitutivos do direito, pertencendo a respetiva prova, segundo as regras gerais, ao comprador[1277]. Ressalva-se naturalmente a hipótese de dolo, pois, nesse cenário basta ser ele determinante da vontade do declarante (artigo 254.º/1 do Código Civil) salvo se provier de terceiro, hipótese na qual se exige também o conhecimento ou dever de conhecimento do destinatário (artigo 254.º/2 do Código Civil)[1278].

Ao nível jurisprudencial a tese do erro é defendida, por exemplo, por:

- RPt 04-12-2001 (AFONSO CORREIA)[1279]: na venda de bens onerados, o direito do comprador à anulação da venda não depende apenas da existência desse ónus. É ainda necessário que se verifiquem os requisitos legais da anulabilidade por erro, ou seja, a prova de o comprador ter descoberto, depois da aquisição, que o direito adquirido está viciado de tal forma que, nessas circunstâncias, não teria sequer celebrado o negócio. Ou seja, dito de outra forma, para haver anulação exige-se, além dos requisitos previstos no artigo 905.º do Código Civil, a presença dos requisitos gerais do erro.

Mas trata-se de uma orientação inapropriada[1280].

[1274] SANTOS JUSTO, *Manual dos contratos...*, 64 e 65.

[1275] MENEZES LEITÃO, *Direito...*, III, 113, 119 e 120.

[1276] PIRES DE LIMA/ANTUNES VARELA, *Código...*, II, comentário ao artigo 905.º, 197; CARNEIRO DA FRADA, *Perturbações...*, in *Direito...*, III, 68; FERRER CORREIA/ALMENO DE SÁ, *Parecer...*, in *Privatização...*, 288; CALVÃO DA SILVA, *Compra...*, 55 e 56; NUNO PINTO DE OLIVEIRA, *Compra...*, 245 e ss..

[1277] CARNEIRO DA FRADA, *Perturbações...*, in *Direito...*, III, 68.

[1278] V., por todos, MENEZES CORDEIRO, *Tratado...*, XI, 234.

[1279] RPt 04-12-2001 (AFONSO CORREIA) Proc. 0121626/ITIJ (compra e venda – coisa defeituosa – anulação – requisitos).

[1280] No mesmo sentido, por exemplo, MENEZES CORDEIRO, *Tratado...*, XI, 234.

II – Numa linha diversa manifestam-se BAPTISTA MACHADO[1281], CALVÃO DA SILVA[1282], FERREIRA DE ALMEIDA[1283], CARNEIRO DA FRADA[1284], PEDRO ROMANO MARTINEZ[1285], MIGUEL BRITO BASTOS[1286] e MENEZES CORDEIRO[1287-1288]. Estes autores defendem ser o regime da compra e venda de bens onerados tributário do regime do incumprimento.

1281 BAPTISTA MACHADO, *Acordo negocial e erro...*, in *João Baptista Machado...*, I, 31 e ss., 104 e ss.. O autor sustenta estar-se diante de um regime misto, no cenário de compra e venda de coisa defeituosa: o direito conferido ao comprador na garantia edilícia há de ser um direito fundado no contrato. Portanto, não pode ser um direito fundado no erro que é exterior ao conteúdo do negócio. E isso, por si só, já permite distinguir o âmbito de aplicação dos artigos 247.º e 251.º, de um lado, e dos artigos 905.º e ss. do outro (mas o autor reporta-se não aos artigos 905.º e ss., ou não apenas aos artigos 905.º e ss., mas, sim, aos preceitos em grande medida paralelos dos artigos 913.º e ss.). Isso orienta-nos, também, na resolução de algumas dificuldades. Se se pretender manter o fenómeno no âmbito do erro ter-se-ia de reportar a um erro referente à base do acordo relativo à especificação do objeto, verificado no momento em que simultaneamente se conclui e se faz aplicação do negócio. Está-se, assim, diante de um regime *sui generis* que pode ser tido por uma adaptação ou especialização do regime do cumprimento defeituoso. O nosso Direito preveria, uma solução mista: ao lado de uma consequência própria do regime do erro, a anulação (mas sem se dever entender que o contrato é anulável – como se diz no artigo 905.º por erro, antes, ele só seria anulável por erro), aparecem efeitos próprios do incumprimento.

1282 CALVÃO DA SILVA, *Responsabilidade...*, 181 e ss., 213 e ss., 257 e ss. (para a compra e venda de coisas defeituosas); Id., *Compra e venda...*, 28 e ss., 219; e sobretudo (ou de forma mais enfática) *Parecer...*, in *A privatização...*, 220, ao dizer ser o erro sobre as qualidades acordadas uma antinomia. Se as qualidades exigidas do objeto foram convencionadas – diz – e não estão presentes no bem vendido não se trata de um erro ou vício do consentimento, mas de inexecução.

1283 FERREIRA DE ALMEIDA, *Texto e enunciado do texto na teoria do negócio jurídico*, 1990, II, 639 e ss. (muito embora o autor se reporte à compra e venda de coisa defeituosa).

1284 CARNEIRO DA FRADA, *Perturbações...*, in *Direito...*, III, 75 e ss.; Id., *Erro e incumprimento na não conformidade da coisa com o interesse do comprador*, in *O Direito*, 1989, 121, 461 e ss., 470 e ss..

1285 PEDRO ROMANO MARTINEZ, *Cumprimento...*, 293 e ss.; Id., *Direito...*, 125 e ss..

1286 MIGUEL BRITO BASTOS, *A compra e venda de coisas defeituosas no Código Civil, ensaio sobre o seu enquadramento dogmático*, sem data, mas de 2008, 30 e ss., 46 e 47, 74 e ss., 85 e ss..

1287 MENEZES CORDEIRO, *Tratado...*, XI, 238 e ss., 280 e ss..

1288 Ficamos com dúvidas relativamente à posição defendida por JORGE MORAIS DE CARVALHO, *Código civil...*, I, comentário aos artigos 905.º e 913.º, 1117 e 1125. Por um lado, o autor afirma centrar-se o regime da compra e venda de bens onerados ou coisa defeituosa na teoria do erro e não na teoria do cumprimento. Todavia, por outro lado, diz ser a solução censurável por na generalidade dos cenários haver, não erro, mas, sim, cumprimento imperfeito.

E é essa a melhor solução. O erro a que se reporta o artigo 913.º não é o erro em sentido técnico-jurídico[1289-1290]. O erro a que este regime dos artigos 905.º e ss., se refere, assim como o da compra e venda de coisa defeituosa, diz respeito, não à fase de formação do negócio, mas, sim, à da execução do contrato. No erro, dado o vício na vontade, o comprador não conseguiu dar expressão adequada ao seu interesse. O negócio não representa o interesse pretendido obter pelo declarante. Na compra e venda de bens onerados o problema não reside na falsa representação da realidade ou manifestação errónea da vontade. Está sim na má execução: o vendedor diz transmitir *a*) e transmite *b*)[1291].

> O comprador pretende adquirir *a*), manifesta, de forma adequada e isenta de vícios, a vontade de adquirir *a*) (pois, ao selecionar o bem o comprador exprimiu a sua vontade de adquirir um bem ou direito dotado do conteúdo normal inerente a direitos da mesma categoria), mas identifica um bem que apenas possui as caraterísticas de *b*), na convicção errónea de ela servir para cumprir o programa obrigacional. Ou seja, o erro apenas infirma a fase de execução ou «atuação» do negócio. Ele reporta-se, tão-só, à realidade em que se vai realizar o programa obrigacional delineado pelas partes[1292]. Na venda de bens onerados o comprador forma e exprime em termos apropriados a sua vontade de adquirir um direito de conteúdo normal. Desse modo o cumprimento pontual do negócio permite-lhe atingir esse objetivo. Por isso, se entende a obrigação, imposta ao vendedor pelo artigo 907.º do Código Civil, de expurgar as limitações do direito[1293]. Para usar um exemplo proposto por MENEZES CORDEIRO[1294] há erro se o comprador disser que compra branco e, na verdade,

[1289] Assim, designadamente, de entre os autores favoráveis a este entendimento dogmático, BAPTISTA MACHADO, *Acordo negocial e erro...*, in *João Baptista Machado...*, I, 75 e ss..

[1290] V. os exemplos referidos *infra*.

[1291] MENEZES CORDEIRO, *Tratado...*, XI, 238 e 239.

[1292] Sobre tudo isto v. a bibliografia que vimos citando favorável a este emolduramento dogmático sobretudo BAPTISTA MACHADO, *Acordo negocial e erro...*, in *João Baptista Machado...*, I,31 e ss., 41 e ss., 57 e ss., 75 e ss.; e, ainda, de forma mais abreviada, CARNEIRO DA FRADA, *Perturbações...*, in *Direito...*, III, 74 e 75, 92 e ss..

[1293] Na mesma direção v., por exemplo, CARNEIRO DA FRADA, *Perturbações...*, in *Direito...*, III, 74.

[1294] MENEZES CORDEIRO, *Tratado...*, XI, 239.

pretendia comprar preto. Há inadimplemento se se pactuar comprar branco e o vendedor entregar preto.

Não obstante a remissão do artigo 905.º do Código Civil para o regime do erro e do dolo e para a anulabilidade, a situação deve ser emoldurada numa hipótese de resolução[1295]. Em primeiro lugar o regime do erro e do dolo (artigos 247.º e seguintes do Código Civil), não vale para os restantes efeitos previstos nos artigos 905.º e seguintes. Não tem lugar relativamente à expurgação de ónus ou limitações (artigo 907.º), à redução do preço (artigo 911.º do Código Civil)[1296] e ao pedido de indemnização (artigo 908.º e seguintes, *maxime* o artigo 910.º)[1297]. Todos estes efeitos mostram-se na dependência do regime do incumprimento dos contratos e não das regras relativas aos vícios na formação dos negócios jurídicos, não se entendendo afigurarem-se as várias consequências da compra e venda de bens onerados fundamentos distintos[1298]. Na verdade, o regime do cumprimento defeituoso, estabelecido para a compra e venda, tem por propósito estabelecer o equilíbrio entre prestações. Não se revelando isso viável pode pôr-se termo ao contrato. Na eventualidade de erro, parte-se justamente da situação oposta. O contrato é inválido, mas pode ser confirmado. Ora, esta diversidade de pontos de vista não se harmoniza, como observa PEDRO ROMANO MARTINEZ, com uma contemporização de regimes. Não se pode, destarte, apelar em parte às regras do erro e às regras do incumprimento[1299].

Em segundo lugar, nas hipóteses de erro-vício, como sucede nas situações de erro e dolo, há uma falsa representação da realidade no momento da formação do negócio jurídico. Mas essa solução não se sintoniza com a

1295 PEDRO ROMANO MARTINEZ, *Cumprimento*..., 293 e ss.; Id., *Direito*..., 125 e ss.. Cfr. também o excelente estudo de MIGUEL BRITO BASTOS, *A compra e venda de coisas defeituosas no Código Civil*..., 30 e ss., 46 e 47, 74 e ss., 85 e ss..

1296 Relativamente a este aspeto do regime de bens onerados, refira-se de novo, mesmo autores defensores da tese do erro aceitam estar-se na presença de uma solução tributária do cumprimento defeituoso. Nesse sentido v. PIRES DE LIMA/ANTUNES VARELA, *Código*..., II, comentário ao artigo 911.º, 203.

1297 PEDRO ROMANO MARTINEZ, *Direito*..., 126. V., também, BAPTISTA MACHADO, *Acordo negocial e erro*..., in *João Baptista Machado*..., I, 35, perante o lugar paralelo representado pela compra e venda de coisa defeituosa e respetivos remédios.

1298 PEDRO ROMANO MARTINEZ, *Direito*..., 126.

1299 PEDRO ROMANO MARTINEZ, *Direito*..., 126.

convalescença do contrato em virtude de iniciativa do vendedor. Não por não ser possível a convalidação do negócio anulável, mas por esse meio estar na dependência da vontade do errante (o comprador), segundo o artigo 288.º do Código Civil, não daquele que, de algum modo, esteve na origem do erro (ou seja, o vendedor no cenário da venda de bens onerados[1300-1301]).

III – Perante este cenário, a referência do artigo 905.º do Código Civil aos pressupostos legais da anulabilidade tem de ser devidamente interpretada[1302]. Por um lado, na direção de o comprador não poder pôr termo ao contrato com base em defeito do qual tenha conhecimento efetivo, no momento da celebração do contrato (e isto já nos situa perante uma outra diferença: se no âmbito do erro a indesculpabilidade não afasta a anulação do negócio, a desculpabilidade da ignorância do comprador parece ser requisito da responsabilidade do vendedor na hipótese de compra e venda

[1300] Pedro Romano Martinez, *Direito...*, 126. O autor alega, de resto, ainda, outros argumentos em favor da ideia segundo a qual se estaria aqui diante de uma situação de resolução e não de erro. Na verdade, Pedro Romano Martinez afirma, na linha do que referimos, igualmente, no texto estar-se, sempre que sobre o bem alienado impenda um ónus não declarado, perante um contrato não cumprido, mas não perante um problema de invalidade. Ora, a invalidade dos contratos respeita à sua formação, não ao cumprimento defeituoso, como é o caso da venda de bens onerados. Mas já não acompanhamos a afirmação feita pelo autor segundo a qual, se o Código Civil sentiu necessidade de estabelecer, no artigo 912.º/2, não ser a validade das cláusulas derrogadoras dos artigos 907.º/ 1 e 3, 909 e 910.º/1, afetada pela anulação por erro ou dolo isso significa não se estar perante uma situação de anulação. Isto, sustenta, pelo facto de depois do negócio anulado não subsistirem cláusulas do mesmo. Mas só seria assim se fosse impossível estabelecer legislativamente uma derrogação a esse princípio. E não se vê existir semelhante impossibilidade. Por outro lado, o problema, a existir, continuaria a pôr-se perante os cenários de resolução. Mais convincente, embora, a nosso ver não decisivo, se mostra uma outra razão mencionada por Pedro Romano Martinez, relativa à circunstância, aludida, de resto, por nós, também, no texto, de na compra e venda de coisa genérica não haver erro, mas apenas cumprimento defeituoso (artigo 918.º do Código Civil), não parecendo haver justificação para uma dualidade de regimes na venda de coisa genérica e específica, em caso de vício de direito.

[1301] Isto é tanto mais assim como de acordo com o artigo 906.º/1 do Código Civil se entre a celebração do contrato e o respetivo cumprimento desaparecer o ónus ou limitação fica sanada a anulabilidade do contrato, numa orientação completamente descompassada do regime do erro em que o comprador não perde o direito de anular o contrato.

[1302] Cfr. Pedro Romano Martinez, *Cumprimento...*, 295 e ss.; Id., *Direito...*, 127.

de bens onerados[1303]). Por outro, julgando só se legitimar a cessação do vínculo contratual – em virtude da oneração – se o dever obrigacional, por parte do vendedor, for de tal forma grave que não permita a manutenção do negócio jurídico, segundo o artigo 802.º/2 do Código Civil (assim surgindo visivelmente outra diferenciação entre o regime da compra e venda de bens onerados e o regime do erro: a essencialidade é facto constitutivo do direito de anulação dos artigos 247.º, 251.º e 252.º. A falta de gravidade do ónus é um facto impeditivo do direito de resolução nos termos dos artigos 801.º e 802.º do Código Civil)[1304]. O artigo 905.º funcionará como uma regra que materialmente desonera o comprador da prova de que se pretendeu transmitir e adquirir um direito livre de ónus ou limitações anormais[1305].

[1303] Menção para PEDRO ROMANO MARTINEZ, *Cumprimento...*, 37, sublinhando quanto se alude no texto, e 490, a propósito das razões atinentes à necessidade de desculpabilidade por parte do comprador para existir responsabilidade do alienante. Mas o vício não tem de estar oculto. Basta ser ignorado. Nesse sentido, também, MENEZES CORDEIRO, *Tratado...*, XI, 257, lembrando ainda que se o comprador conhecia, ou devia conhecer, não há cumprimento defeituoso.

[1304] Como nota a propósito NUNO PINTO DE OLIVEIRA, *Compra...*, 231, e nota 346, não nos parece, com a devida vénia e consideração, de seguir PEDRO ROMANO MARTINEZ, *Cumprimento...*, 296, quando afirma que ao comprador, em caso de inadimplemento, pertenceria, para poder resolver o negócio, provar a violação do contrato e a falta de interesse na prestação, tal como ela foi efetuada. O cumprimento defeituoso é facto potestativo da resolução. A invocação de que o incumprimento não tem gravidade suficiente (artigo 802.º/2) é facto impeditivo e a sua alegação compete ao alienante. Bem, pois, a nosso ver, a afirmação proferida pelo próprio PEDRO ROMANO MARTINEZ, *Cumprimento...*, 296 e 297, segundo a qual a alusão, prevista no artigo 905.º do Código Civil, aos requisitos da anulabilidade, tem de ser interpretada no sentido de o comprador não poder invocar a «anulação» (*vide* resolução) com base em defeito desprovido de especial gravidade, permitindo a manutenção do negócio jurídico, não sendo aceitável que, se pretender o comprador pôr termo ao contrato com fundamento em incumprimento (artigo 905.º do Código Civil), tivesse de fazer prova de requisitos próprios de outros institutos.

[1305] Nesse sentido CARNEIRO DA FRADA, *Perturbações...*, in *Direito...*, III, 75 (muito embora o autor noutro local – *op. cit.*, 76 – defenda, que se em vez de se tratar de fazer valer o incumprimento e os remédios deste, em geral ou previstos para a compra e venda de coisa onerada, o comprador pretender obter a anulação do negócio pertence ao comprador o ónus da prova da essencialidade do erro e da recognoscibilidade por parte do vendedor). V., também, no sentido de o comprador, para se valer dos direitos outorgados pelos artigos 914.º e 915.º do Código Civil, só ter de provar a existência da limitação pertencendo ao vendedor o ónus da prova da inexistência de erro (que apenas funciona como limite negativo e não como pressuposto positivo) BAPTISTA MACHADO, *Acordo negocial e erro...*, in *João Baptista Machado...*,

Na preparação do Código Civil, INOCÊNCIO GALVÃO TELLES[1306] formulou a regra hoje presente no Código Civil. Deu, todavia, num fenómeno acentuado por MENEZES CORDEIRO[1307], um salto no vazio. Na altura, não estavam presentes as soluções relativas ao erro e seus pressupostos. Elas só apareceriam mais de dez anos depois. Pressuponha-se, para continuarmos a falar com MENEZES CORDEIRO, uma revisão geral. Todavia, esta não teve lugar pois as revisões ministeriais deixaram, na prática, o texto de GALVÃO TELLES intocado[1308].

A «anulabilidade» prevista no artigo 905.º traduz um regime específico destinado a fazer face ao cumprimento defeituoso do contrato de compra e venda[1309].

Na Jurisprudência, bem, destarte, por exemplo:

- STJ 31-05-2011 (MOREIRA CAMILO)[1310]: consubstancia uma situação de cumprimento defeituoso do contrato a venda de um bem onerado, à qual terá de ser aplicado o regime da responsabilidade civil por incumprimento do contrato.

Refira-se, ainda, o facto de a solução do cumprimento defeituoso ser, também, a que resulta do Direito alemão[1311] e do italiano[1312]. O mesmo

I, 116 e ss.. No sentido de perante a compra e venda de coisa defeituosa se presumirem a essencialidade e a ignorância do erro por parte do comprador assim como a respetiva culpa v. MENEZES CORDEIRO, *Tratado...*, XI, 257 e 262.

[1306] INOCÊNCIO GALVÃO TELLES, *Dos contratos civis*, in *Boletim do ministério da justiça*, 1949, 13, 16; Id., *Contratos civis...*, 22 e 23.

[1307] MENEZES CORDEIRO, *Tratado...*, XI, 194 e ss., 234 e 235.

[1308] No mesmo sentido MENEZES CORDEIRO, *Tratado...*, XI, 235.

[1309] Assim, também, de entre os autores favoráveis, ao emolduramento da compra e venda de bens onerados no cumprimento defeituoso MENEZES CORDEIRO, *Tratado...*, XI, 241.

[1310] STJ 31-05-2011 (MOREIRA CAMILO), Proc. 16368/09.0T2SNT.L1.S1/ITIJ (contrato de compra e venda – bem imóvel – venda de bens onerados – venda de coisa defeituosa – prazo de caducidade – prazo de prescrição).

[1311] Cfr., designadamente, LARENZ, *Lehrbuch...*, II, I, 25 e ss.; e ROLAND MICHAEL BECKMANN, *Staudingers...*, (*Eckpfeiler...*), 922 e ss., 931 e ss.; HANS-WERNER ECKERT/JAN MAIFELD/MICHAEL MATTHIESSEN, *Handbuch des Kaufrechts...*, 130 e ss.. Entre nós vejam-se as observações proferidas, a propósito do modo como o Direito alemão e a Doutrina tudesca tratam esta matéria, por MENEZES CORDEIRO, *Tratado...*, XI, 227, 228, 236 e 237.

[1312] LUMINOSO, *I contratti..*, 142 e ss.. Na Doutrina portuguesa vejam-se as observações a este respeito proferidas por MENEZES CORDEIRO, *Tratado...*, XI, 225 e 226.

sucede com a Convenção de Viena e o regime da compra e venda por consumidores[1313].

IV – A fechar tão-só uma nota para referir o facto de a disputa entre as teses do erro e as do incumprimento apenas dizer respeito à compra e venda de coisa específica. Tratando-se de compra e venda de coisa genérica ou indeterminada ninguém impugna haver, então, aplicação da figura do incumprimento. Na verdade, é essa a solução imposta pelo artigo 918.º do Código Civil. Além disso, e antes da entrega da coisa, vale, igualmente, de forma pacífica, o regime do incumprimento[1314].

E isso significa poder, portanto, nos termos do artigo 918.º, o comprador alegar a exceção de não-cumprimento do contrato, negar-se a aceitar a entrega da coisa, dar o negócio por definitivamente não cumprido e pedir uma indemnização por inadimplemento nos termos gerais[1315]. Trata-se, na verdade, de um efeito do artigo 918.º do Código Civil. A desavença entre as teorias do erro, de um lado, e as do incumprimento, do outro, apenas diz respeito à venda de coisa determinada ou específica.

[1313] Analisaremos adiante a compra e venda de bens para consumo. Já relativamente à Convenção de Viena v., por todos, Rui Manuel Moura Ramos, *A convenção de Viena sobre o contrato de compra e venda internacional de mercadorias trinta e cinco anos depois*, in *Boletim da Faculdade de Direito*, 2016, XCII, I, 1 e ss.; Menezes Cordeiro, *Tratado...*, XI, 72 e ss., 187 e 188.

[1314] Na hipótese de aparelhos, máquinas e produtos similares que pela sua complexidade requeiram instalação ou montagem a fazer pelo vendedor, deve entender-se que a entrega só ocorre verdadeiramente quando os mesmos ficam aptos a funcionar, pois apenas nesse momento começa realmente prova em que se consubstancia o prazo de garantia. Assim Calvão da Silva, *Responsabilidade...*, 209, nota 2; e STJ 04-10-2016 (Nuno Cameira), Proc. 2679/13.4TBVCD.P1.S1/ITIJ (compra e venda – veículo automóvel – defeitos –consumidor – denúncia caducidade garantia de bom funcionamento – produtor – resolução do negócio – pressupostos – perda de interesse do credor – reconhecimento do direito – direitos do consumidor – dupla conforme – erro na apreciação das provas – documento particular – interpretação de documento – princípio da livre apreciação da prova – poderes do Supremo Tribunal de Justiça).

[1315] Assim, por exemplo, Carneiro da Frada, *Erro e incumprimento na não conformidade da coisa...*, in *O Direito*, cit., 121, 1989, 472, 478 e ss.; Id., *Perturbações...*, in *Direito...*, III, 75 e 76; Menezes Cordeiro, *Tratado...*, XI, 277 e ss., 283 e 284.

Pode, todavia, debater-se se, tratando-se de uma compra e venda com eficácia real imediata[1316], apenas o vício manifestado antes da entrega da coisa, mas depois da celebração do contrato está abrangido pelo artigo 918.º – como parece resultar de uma interpretação literal do preceito e é defendido por NUNO PINTO DE OLIVEIRA[1317] ou, implicitamente, salvo erro nosso de análise, MENEZES LEITÃO[1318] – ou se, ao invés, também o vício anterior à celebração do negócio e à entrega, se deve ter por cingido pelo regime geral do incumprimento, como parece sustentar, por exemplo, MENEZES CORDEIRO[1319]. Voltaremos adiante a este tema ao estudarmos o regime da compra e venda de coisa defeituosa e, não apenas os remédios gerais nela sempre existentes, como, igualmente, as soluções impostas pelo artigo 918.º em especial.

§ 2.2.2. – A convalescença do contrato mediante a expurgação dos ónus

I – À semelhança do sucedido com a compra e venda de bens alheios[1320], o Código Civil previu expressamente, no artigo 906.º, a sanação da «anulabilidade» do contrato desaparecidos por qualquer modo os ónus ou limitações a que o direito estava sujeito. Não será, todavia, assim, subsistindo a anulabilidade se a existência de ónus ou limitações já houver gerado prejuízo

[1316] Ou seja, uma situação não referida nos artigos 918.º e 408.º/2 do Código Civil.

[1317] NUNO PINTO DE OLIVEIRA, *Contrato...*, 300.

[1318] MENEZES LEITÃO, *Direito...*, III, 119, ao defender que se o comprador eleger um anel de diamantes e posteriormente achar nele um risco teria de se servir dos remédios específicos da compra e venda de coisa defeituosa só lhe sendo aberta a porta do artigo 918.º se se tivesse limitado a encomendar um anel de diamantes e lhe fosse entregue um anel riscado. Portanto, parece fazer depender a aplicação do preceito do duplo facto de se ter comprado uma coisa genérica – ou seja, de se estar diante de um negócio sem eficácia real imediata – e de não ter havido entrega. Também MENEZES CORDEIRO, *Tratado...*, XI, 284, pareceria apontar nesse sentido. Todavia, noutros passos da obra o autor indicia de forma patente o entendimento no sentido de antes da entrega da coisa valer, segundo parece, sempre o regime geral, não o especial da compra e venda de coisa defeituosa. E mesmo depois da entrega o autor não afasta a possibilidade de se alegar a exceção de não-cumprimento, pelo menos em determinados cenários, v. MENEZES CORDEIRO, *Violação positiva do contrato (acórdão do Supremo Tribunal de Justiça, de 31-1-80). Anotação*, in *Revista da Ordem dos Advogados*, 1981, 41, I, 148 e ss..

[1319] MENEZES CORDEIRO, *Tratado...*, XI, 278 e 282.

[1320] Cfr. o artigo 895.º do Código Civil.

ao comprador, ou se este já tiver pedido em juízo a anulação da compra e venda (artigo 906.º/2).

Para além da sanação automática, o artigo 907.º do Código Civil impõe ao alienante a obrigação de expurgar o direito dos ónus ou limitações existentes, podendo ser-lhe fixado um prazo para o efeito (artigo 907.º/2 do Código Civil, em termos paralelos aos do artigo 897.º). Em jogo está a satisfação do interesse do adquirente no cumprimento ou se se preferir a tutela do interesse contratual positivo do comprador[1321]. Note-se dever o vendedor promover à, sua custa, o cancelamento de qualquer ónus ou limitação constante de registo, mas na realidade inexistente (artigo 907.º/3 do Código Civil).

O pedido de resolução do contrato não está dependente do incumprimento do dever de eliminar o defeito[1322]. O adquirente pode desejar exercer os direitos de forma condicionada: solicitando a eliminação dos defeitos e, como pedido condicionado, a resolução do contrato[1323]. Mas nada impede o comprador de optar por qualquer das pretensões sem nenhuma dependência entre elas[1324]. Da mesma forma, se o comprador optar pela solicitação da eliminação do defeito e este não for expurgado atempadamente pode o comprador pôr termo ao contrato, não já pelo vício inicial, mas resolvê-lo por incumprimento definitivo da obrigação de expurgar os ónus[1325].

Uma observação, ainda, para o facto de à semelhança do sucedido perante o lugar paralelo representado pelo artigo 897.º/2 o apelo ao tribunal, para

[1321] Na mesma direção CARNEIRO DA FRADA, *Perturbações...*, in *Direito...*, III, 69; FERRER CORREIA/ALMENO DE SÁ, *Parecer...*, *Privatização...*, 288, 291 e 292. Na mesma direção pode ver-se, perante o Direito alemão, LARENZ, *Lehrbuch...*, II, I, 25 e 30.

[1322] PEDRO ROMANO MARTINEZ, *Direito...*, 127; MENEZES LEITÃO, *Direito...*, III, 116, ambos considerando que o pedido de «anulação» pode ser subsidiário relativamente à pretensão de expurgação dos ónus. Em bom rigor, como nota NUNO PINTO DE OLIVEIRA, *Compra...*, 264, trata-se, porém, de um pedido condicionado.

[1323] PEDRO ROMANO MARTINEZ, *Direito...*, 127; MENEZES LEITÃO, *Direito...*, III, 116; NUNO PINTO DE OLIVEIRA, *Compra...*, 264. Em sentido oposto v., porém, MARCELO REBELO DE SOUSA, *Parecer...*, in *Privatização...*, 237, ao julgar não serem as duas vias cumuláveis, mas, sim, alternativas.

[1324] PEDRO ROMANO MARTINEZ, *Direito...*, 127. No sentido de a opção por um dos remédios pertencer ao comprador na hipótese de compra e venda de coisa defeituosa v., por exemplo, MENEZES CORDEIRO, *Tratado...*, XI, 271 e ss..

[1325] Nesse sentido, também, CALVÃO DA SILVA, *Responsabilidade...*, 247; e NUNO PINTO DE OLIVEIRA, *Contrato...*, 277 e ss..

fixação de prazo para o cumprimento da obrigação de convalidação, poder ser uma via seguida pelo comprador, mas, se não afigurar obrigatória. O comprador pode, pura e simplesmente, optar pela via geral de constituição do devedor em mora. Ele tem assim a possibilidade de exigir, assim que saiba do sucedido, a satisfação da obrigação de convalescença do negócio. Desta forma o vendedor entra em mora. Não se dando o adimplemento dessa obrigação, pode o comprador impor um prazo razoável, nos termos do artigo 808.º/1 do Código Civil, terminado o qual o incumprimento se transforma em definitivo[1326].

- Bem, portanto, ao nível jurisprudencial, perante o lugar paralelo representado pela compra e venda de coisa defeituosa, a decisão da RPt 07-10-2010 (DEOLINDA VARÃO)[1327]: nas situações em que a reparação ou a substituição é possível e razoável e o vendedor, depois de denunciados os defeitos, retarda uma ou outra, pode o comprador solicitar judicialmente que a prestação, sendo fungível, seja efetuada por terceiro à custa do vendedor (artigo 828.º). Na hipótese de mora, pode também o comprador a convertê-la em incumprimento definitivo – seja pela perda de interesse do comprador na prestação, seja pelo desrespeito do prazo suplementar razoável fixado para o cumprimento (interpelação admonitória) – artigo 808.º/1. Do incumprimento dos deveres de eliminação dos defeitos ou de substituição da coisa deriva para o vendedor responsabilidade contratual determinada nos termos do artigo 910.º, *ex vi* artigo 913.º.

II – Problema que se pode debater é o de saber se o direito de exigir a convalescença do contrato ou a expurgação dos ónus depende dos mesmos requisitos definidos pelo artigo 905.º para a resolução ou «anulação». Em sentido negativo pronunciam-se CARNEIRO DA FRADA[1328], PEDRO ROMANO MARTINEZ[1329], MARCELO REBELO DE SOUSA[1330], FERRER

[1326] Cfr. MENEZES CORDEIRO, *Tratado...*, XI, 219 e 220, para o lugar paralelo representado pela obrigação de convalidação da compra e venda de bens alheios.

[1327] RPt 07-10-2010 (DEOLINDA VARÃO), Proc. 363/03.6TBVNG.P1/ITIJ (venda de coisa defeituosa – direitos do comprador – indemnização).

[1328] CARNEIRO DA FRADA, *Perturbações...*, in *Direito...*, III, 75.

[1329] PEDRO ROMANO MARTINEZ, *Cumprimento...*, 356 e ss..

[1330] *Parecer...*, in *A privatização...*, 237.

CORREIA/ALMENO DE SÁ[1331] e NUNO PINTO OLIVEIRA[1332], embora com fundamentação diversa. Em direção oposta, e, portanto, na defesa da ideia segundo a qual o direito de exigir o expurgar dos ónus depende da "anulabilidade", manifestam-se PIRES DE LIMA/ANTUNES VARELA[1333-1334].

Na mesma direção de PIRES DE LIMA/ANTUNES VARELA manifesta-se alguma Jurisprudência restritiva no emoldurar da compra e venda de bens onerados no erro. Assim:

- STJ 12-10-2006 (OLIVEIRA BARROS)[1335]: o regime da venda de bens onerados estabelecido nos artigos 905.º e seguintes do Código Civil supõe erro do comprador. A obrigação de expurgar os ónus ou limitações impostas pelo artigo 907.º/1 do Código Civil ao vendedor pressupõe a anulabilidade do contrato, e esta só existe quando tenha havido erro do comprador.

A melhor solução é a de não fazer depender o direito à expurgação dos pressupostos do erro. O direito à expurgação do ónus está na dependência estreita do regime do cumprimento defeituoso. A obrigação de fazer convalescer pressupõe estar o vendedor obrigado, pelo acordo negocial,

1331 *Parecer...*, in *A privatização...*, 288.

1332 NUNO PINTO DE OLIVEIRA, *Compra...*, 265 e ss..

1333 PIRES DE LIMA/ANTUNES VARELA, *Código...*, II, comentário ao artigo 907.º, 199. Na mesma linha parece ir MENEZES LEITÃO, *Direito...*, III, 113.

1334 Posição contraditória é a expressa por PESSOA JORGE, *Parecer...*, in *A Privatização...*, 172 e 173, pois (embora NUNO PINTO DE OLIVEIRA, *Compra...*, 267, aponte PESSOA JORGE como sendo favorável à possibilidade de se exigir a convalescença em caso de existência de ónus independentemente de se darem ou não os requisitos da anulabilidade), o autor tanto entender não se chegar no cenário, por ele analisado da privatização da Sociedade Financeira Portuguesa ao ponto de justificar a anulação da venda tendo, todavia, os compradores o direito de exigir a sanação como, logo de seguida, afirma que a redução do negócio (remédio tido por equivalente à convalescença) pressupõe a verificação dos pressupostos legais da anulabilidade. Já temos dúvidas relativamente à posição expressa por MENEZES CORDEIRO, *Tratado...*, XI, 243 e 244, pois se o autor principia por dizer não ser «(...) *necessária a boa fé do comprador: se ele souber já não há erro*», depois, sustenta pressupor a obrigação de expurgar os ónus ou limitações referida no artigo 907.º do Código Civil a anulabilidade do negócio.

1335 STJ 12-10-2006 (OLIVEIRA BARROS), Proc. 06B2240/ITIJ (contrato de compra e venda – venda de bens onerados – erro).

a transmitir o direito livre de quaisquer ónus[1336]. Na verdade, se o vendedor é, segundo o artigo 907.º, obrigado a fazer convalescer o contrato e, além disso, responde nos termos do artigo 910.º (pelo interesse contratual positivo) pela falta de convalescença, então, isso indicia estar o alienante negocialmente adstrito a transmitir um direito de conteúdo normal. Por isso, mesmo perante o erro meramente incidental, não impeditivo da celebração do negócio, poderá exigir-se a expurgação[1337]. Trata-se de proteger o interesse do comprador na aquisição de um direito isento de limitações ou se se preferir de tutelar o interesse no cumprimento[1338].

§ 2.2.3 - Redução do preço

I – O artigo 911.º admite ainda a possibilidade de redução do preço. Para isso é necessário mostrarem as circunstâncias ter o comprador adquirido o bem mesmo sem erro ou dolo, mas por um preço inferior em harmonia com a desvalorização dos ónus ou limitações. Trata-se da antiga *actio quanti minoris*[1339]. O ónus da prova dos pressupostos da redução pertence ao alienante interessado em paralisar a ação de anulação.

Muito embora não seja dada a possibilidade ao comprador de optar entre «a anulação» ou a redução do preço, se se provarem as circunstâncias, nada o impede de solicitar subsidiariamente uma ou outra[1340]. Também nada

[1336] Assim, também, por exemplo CARNEIRO DA FRADA, *Perturbações...*, in *Direito...*, III, 73; e ALMENO.

[1337] Nesse sentido também nos parece ir, implicitamente, se bem vimos, e salvo erro de análise da nossa parte, PEDRO ROMANO MARTINEZ, *Direito...*, 126.

[1338] Na mesma direção a propósito do sentido da obrigação de fazer convalescer o contrato CARNEIRO DA FRADA, *Perturbações...*, in *Direito...*, III, 69.

[1339] A este respeito v., por exemplo, ERNST CHRISTIAN WESTPHALS, *Lehre des gemeinen Rechts vom Kauf, Pacht, Mieth und Erbzinskontract, der Cession, auch der Gewähr des Eigenthums und der Mängel* [Francoforte, Lípsia, 1791, 409 e ss.]; ANDREA SANDROCK, *Vertragswidrigkeit der Sachleistung*, 2003, 209 e 210; HELGE DEDEK, *Negative Haftung aus Vertrag*, 2007, 183 e ss.; JAN HALLEBEEK, *The ignorant seller's liability for latent defects: one* regula *or various sets of rules*, in *Creation of the* ius commune. *From* casus *to* regula, org. JOHN W. CAIRNS/PAUL J. DU PLESSIS, 2010, 175 e ss..

[1340] No mesmo sentido, ilustrativamente, PEDRO ROMANO MARTINEZ, *Cumprimento...*, 403; PIRES DE LIMA/ANTUNES VARELA, *Código...*, II, comentário ao artigo 911.º, 203;

obsta a que o comprador, se não estiver interessado na «anulação», formule o pedido imediato de redução[1341].

O circunlóquio «sem erro nem dolo» deve ser entendido como expressão do conhecimento por parte do adquirente das onerações[1342].

II – O regime do artigo 911.º suscita a dúvida de saber se o preceito deve ser lido em associação com o artigo 292.º do Código Civil. Nesse sentido depõe, de facto, alguma Doutrina. A solução não se afigura, todavia, a melhor. A redução funciona pelo cumprimento defeituoso da compra e venda[1343]. Havendo dúvidas relativamente ao valor da redução opera o disposto no artigo 884.º/2 do Código Civil[1344]. Além disso, e atendendo ao facto de a redução se filiar no inadimplemento e não no erro, o vendedor não poderá opor-se à redução do preço com o argumento de que não venderia por aquele preço[1345-1346].

Calvão da Silva, *Compra...*, 34; Menezes Leitão, *Direito...*, III, 117, referindo tratar-se de um pedido subsidiário; e Menezes Cordeiro, *Tratado...*, XI, 248.

[1341] Assim, também, Miguel Teixeira de Sousa, *O cumprimento defeituoso...*, in *Ab uno ad omnes...*, 568; Calvão da Silva, *Compra...*, 34; Nuno Pinto de Oliveira, *Contrato...*, 290 e 291; Menezes Leitão, *Direito...*, III, 117.

[1342] No mesmo sentido Menezes Cordeiro, *Tratado...*, XI, 248.

[1343] No mesmo sentido Baptista Machado, *Acordo negocial e erro...*, in *João Baptista Machado...*, I, 112 e 113; Carneiro da Frada, *Erro e incumprimento na não conformidade da coisa...*, in *O Direito*, cit., 121, 1989, 483 e 484; Ferrer Correia/Almeno de Sá, *Parecer...*, *Privatização...*, 290, 291 e 293; Pedro Romano Martinez, *Cumprimento...*, 406; Carlos Mota Pinto, *Teoria geral...*, 508, nota 688; Pires de Lima/Antunes Varela, *Código...*, II, comentário ao artigo 911.º, 203; Menezes Cordeiro, *Tratado...*, XI, 248. Diferente é a posição de Nuno Pinto de Oliveira, *Contrato...*, 291. O autor afirma a autonomia do regime da redução do preço relativamente ao regime geral da redução dos negócios jurídicos. Mas aceita a possibilidade de o vendedor se opor a isso alegando e provando não ter jamais celebrado o contrato por preço inferior.

[1344] Pires de Lima/Antunes Varela, *Código...*, II, comentário ao artigo 911.º, 203; Pedro Romano Martinez, *Direito...*, 128; e Menezes Cordeiro, *Tratado...*, XI, 248.

[1345] Assim, também, Baptista Machado, *Acordo negocial e erro...*, in *João Baptista Machado...*, I, 112 e 113; Carneiro da Frada, *Perturbações...*, in *Direito...*, III, 76; Pires de Lima/ /Antunes Varela, *Código...*, II, comentário ao artigo 911.º, 203; Ferrer Correia/ /Almeno de Sá, *Parecer...*, *Privatização...*, 290, 291 e 293; Pedro Romano Martinez, *Cumprimento...*, 406; Menezes Cordeiro, *Tratado...*, XI, 248.

[1346] Em sentido oposto v., porém, Nuno Pinto de Oliveira, *Contrato...*, 286 e ss..

§ 2.2.4 – A indemnização

I – O Código Civil estabelece um subsistema[1347] indemnizatório em matéria de compra e venda de bens onerados nos artigos 908.º, 909.º, 910.º e 911.º/1 (na parte onde se refere a indemnização cumulável com a redução do preço).

O artigo 908.º, tem uma redação um tanto estranha, dada a dupla negativa:

> «Em caso de dolo, o vendedor deve indemnizar o comprador do prejuízo que este não sofreria se a compra não tivesse sido celebrada.»

Esta repetição sugere estar-se perante uma indemnização apenas pelo interesse contratual negativo[1348]. Vaz Serra[1349] defende, no entanto, dever a indemnização ser pelo interesse contratual positivo, se este for superior ao negativo, na eventualidade de haver dolo do vendedor.

No entender de Vaz Serra a solução de limitar a indemnização ao interesse contratual negativo seria, na eventualidade de o interesse positivo ser superior ao negativo, oposta à equidade e injusta havendo dolo do vendedor. Isto, dado não se entender a restrição ou moderação do dever de indemnizar, tendo o vendedor levado o comprador a celebrar o contrato viciado, de modo a não se reparar o dano gerado ao comprador, por não obter o benefício patrimonial de outra forma realizado não fora o ónus.

Por isso, se o interesse positivo for superior ao negativo, o vendedor deve, segundo Vaz Serra, ser obrigado a indemnizar o primeiro e se for inferior deverá indemnizar o negativo como sanção para o seu dolo. Destarte, a menção do artigo 908.º ao prejuízo que o comprador não sofreria se a compra e venda não tivesse sido celebrada deveria ser entendida de forma a obrigar o vendedor a indemnizar o interesse negativo se este for superior ao positivo.

[1347] Para uma referência às razões da existência deste subsistema, relativamente às regras gerais da responsabilidade civil, cfr. Menezes Cordeiro, *Tratado...*, XI, 244 e 245.

[1348] Nesse sentido se pronunciam, por exemplo, Pires de Lima/Antunes Varela, *Código...*, II, comentário ao artigo 908.º, 200; Calvão da Silva, *Compra...*, 35; Carneiro da Frada, *Teoria da confiança....* 835; Nuno Pinto de Oliveira, *Contrato...*, 250; Menezes Leitão, *Direito...*, III, 116; Santos Justo, *Manual...*, 67.

[1349] Vaz Serra, *Anotação ao STJ 30-06-1970*, in *Revista de Legislação e de Jurisprudência*, 1971-1972, 104, 205 e 206, nota 4.

Menezes Cordeiro[1350] defende dever a indemnização ser sempre pelo interesse contratual positivo. Para tanto, onde está «*se a compra e venda não tivesse sido celebrada*» o autor propõe que se leia «*se não tivesse havido onerações*». Isto, dado na compra e venda de bens onerados o aspeto essencial se traduzir no inadimplemento do negócio. A diferença entre a posição de Vaz Serra e Menezes Cordeiro não será, porém, significativa se se tiver presente a noção de dolo no artigo 908.º do Código Civil.

II – A expressão dolo deve ser aproximada, não do artigo 253.º do Código Civil, mas, sim, dos artigos 892.º, 898.º e 903.º[1351]. Ela exprime, por isso, a má fé e não a existência de subterfúgios ou silêncios intencionais do vendedor para enganar o comprador[1352]. Portanto haverá dolo (má fé) se o vendedor souber ou dever saber da existência do ónus. A negligência está assim, igualmente, abrangida pelo artigo 908.º[1353].

Julgamos ser na verdade, a melhor solução a de incluir a negligência no dolo do artigo 908.º. Merce, atentar, porém, nalgumas posições adversas a este entendimento. Referimo-nos agora às posições de Carneiro da Frada e Eva Silva.

Carneiro da Frada[1354] principia por afirmar levar a simetria desejável com o artigo 899.º a fazer responder o vendedor negligente nos termos do artigo 908.º, mas termina, com a devida vénia, de forma algo surpreendente, a dizer preferir, à coerência sistemática e valorativa, uma interpretação gramatical supostamente indiciadora do facto de o artigo 908.º só abranger o dolo-vício.

1350 Menezes Cordeiro, *Tratado...*, XI, 245 e 246.

1351 Sobre o sentido da expressão «dolo» nestes preceitos v. *supra* Cap. III, § 1. 3. 1. 1 e bibliografia aí referida.

1352 Nesta direção, também, Menezes Cordeiro, *Tratado...*, XI, 246.

1353 Assim v. Inocêncio Galvão Telles, *Parecer...*, in *A privatização...*, 196 e 197; Pedro Romano Martinez, *Direito...*, 129; Nuno Pinto de Oliveira, *Contrato...*, 256 e ss.; Menezes Cordeiro, *Tratado...*, XI, 246. Em sentido adverso a este entendimento Dirk Harke, *Das Irrtumsrecht...*, in *Zeitschrift...*, 2003, 11, 553, nota 82; Calvão da Silva, *Compra...*, 35; Santos Justo, *Manual...*, 67, aproximando o dolo do artigo 908.º do artigo 253.º do Código Civil. Menezes Leitão, *Direito...*, III, 115, aproxima também o dolo do preceito agora em análise do dolo do artigo 253.º, mas, ainda assim, postula, expressamente, estar abrangida pelo artigo 908.º a negligência consciente.

1354 Carneiro da Frada, *Perturbações...*, in *Direito...*, III, 70 e 71.

A este elemento gramatical junta[1355] outro argumento tirado dos trabalhos preparatórios. Tudo a legitimar, supostamente, a referida incoerência valorativa. Mas parece, com o respeito que se consigna, absolutamente inviável sustentar-se, como faz CARNEIRO DA FRADA, ser o dolo do artigo 892.º má fé e o do artigo 908.º dolo-vício. A (indesejável) assimetria valorativa assim gerada é insuscetível de se harmonizar com a ideia de justiça, ela própria a base de toda a ideia de Direito e onde este haverá, naturalmente, de assentar[1356].

De resto, o próprio autor material dos trabalhos preparatórios, alegados por CARNEIRO DA FRADA, afasta-se de forma muito evidente da proposta deste último autor. Na verdade, INOCÊNCIO GALVÃO TELLES[1357] pronuncia-se no sentido de o dolo, referido no artigo 908.º, ser, não o dolo-vício, mas, sim, a má fé. Não deixa aliás de se afigurar digno de nota, atendendo aos motivos usados por CARNEIRO DA FRADA, o facto de o autor material dos trabalhos preparatórios alegar, para afastar uma solução do tipo da advogada por FRADA, um argumento tirado precisamente da letra, ou se se preferir, atinente ao elemento gramatical do subsistema de responsabilidade civil em matéria de compra e venda de bens onerados. E, depois de usar esse fundamento, INOCÊNCIO GALVÃO TELLES junta-lhe, ainda, uma outra razão: a da necessidade de coerência valorativa com o artigo 894.º – a que CARNEIRO DA FRADA não foi sensível por julgar haver elementos gramaticais e históricos que levariam a uma interpretação tida pelo próprio autor material do regime jurídico referente à compra e venda de bens onerados (e também dos trabalhos preparatórios) como insuscetível de ser compaginável com a letra das normas em jogo.

Também EVA SILVA[1358] defende, à semelhança de CARNEIRO DA FRADA, ser o dolo do artigo 898.º má fé (abrangendo, por isso, também a culpa), mas, depois, à igualmente semelhança daquele autor, defende ser o dolo do artigo 908.º apenas isso mesmo (ou seja, dolo em sentido estrito). Postula, portanto, uma interpretação restritiva da noção de dolo, em vez de a aproximar da má fé/boa fé ética.

[1355] CARNEIRO DA FRADA, *Perturbações...*, in *Direito...*, III, 71, nota 31.

[1356] A propósito das contradições valorativas v. o referido *supra* Cap. II, § 8, XI, nota 970 e bibliografia ali referida.

[1357] INOCÊNCIO GALVÃO TELLES, *Parecer...*, in *A privatização...*, 198 e 198.

[1358] EVA SILVA, *As relações entre a responsabilidade pré-contratual por informações e os vícios da vontade...*, 344 e ss., 355 e ss..

Em seu abono a autora advoga, primeiro, um suposto argumento tirado da (suposta) letra da lei[1359] a que soma, depois, por afinal não ter (bem) esse argumento literal só por si decisivo[1360], um (alegado) argumento sistemático. A autora afasta, ainda, a mais do que pertinente observação de NUNO PINTO DE OLIVEIRA no sentido de a tese favorável ao entendimento do dolo mencionado no artigo 908.º, não como má fé ética, mas antes como como dolo em sentido restrito, levar a uma contradição valorativa. Na verdade, NUNO PINTO DE OLIVEIRA diz, acertadamente, haver uma contradição teleológica-valorativa se se interpretasse o artigo 908.º de modo a restringir o direito a indemnização resultante do artigo 227.º do Código Civil. Por um lado, o Direito protegeria, através do artigo 909.º, o comprador de bens onerados na hipótese de ausência de culpa, através da imposição de uma responsabilidade objetiva. E protegia, aumentando assim, a tutela dispensada pelas regras gerais uma vez que estas pressupõem a culpa. Ao invés, desprotegeria, relativamente ao regime geral, o comprador de bens onerados, na eventualidade de mera culpa, pois limitaria a indemnização a receber aos danos emergentes, quando a aplicação do artigo 227.º do Código Civil atribui, nas demais situações, uma indemnização também dos lucros cessantes. A forma de evitar esta aporia valorativa é, assim, a de não restringir a noção de dolo do artigo 908.º do Código Civil abrindo-o à má fé.

Contra isto a autora alega, porém, uma afirmação de MANUEL DE ANDRADE[1361] de que *a lei tudo pode* (!) pode impor, igualmente, contradições valorativas. Ao elemento literal e ao argumento da alegada omnipotência legal, EVA SILVA, junta, já o referimos, por fim, um outro, supostamente de natureza sistemática. Segundo a autora, o artigo 915.º do Código Civil, em matéria de compra e venda de coisa defeituosa, deveria ser entendido de forma a impor, no

[1359] Na esteira de DIRK HARKE, *Das Irrtumsrecht des portuguiesischen* Código Civil..., in *Zeitschrift...*, 2003, 11, 553, nota 82.

[1360] Muito embora ao longo do seu estudo EVA SILVA parecer, salvo erro de análise da nossa parte, indiciar ainda ser tributária do, há muito, mais do que ultrapassado pela Doutrina de ponta, entendimento de que o *prius* metodológico e ponto de partida do processo metodológico de interpretação do Direito se afiguraria a Procusta letra da lei. Isto quando se sabe, hoje, da insuficiência da letra da enquanto fator predeterminante da interpretação jurídica e como critério dos respetivos limites, e não se afigura impugnável o facto de, não ser a letra, mas, antes, o caso ou problema a representar o *prius* metodológico e de o processo de interpretação/aplicação realização da juridicidade não se poder revelar alheio à própria ideia de Direito.

[1361] MANUEL DE ANDRADE, *Teoria geral...*, II, 416.

âmbito desta última perturbação da compra e venda, para a eventualidade de haver culpa do vendedor, uma responsabilidade por força e nos termos do artigo 909.º. Entendimento diverso deixaria, no dizer de EVA SILVA, por elucidar a menção feita pelo artigo 915.º para o artigo 909.º: tudo caberia já no artigo 908.º e o artigo 909.º não necessitaria de ser trazido à colação. Isto a não ser, senão, para dizer que esta norma não era aplicável às hipóteses de coisas defeituosas. Ora, sustenta, o artigo 915.º do Código Civil não se limitaria a estabelecer não ser ele de aplicar aos cenários de bens defeituosos. Diz-se nele, antes, e segundo EVA SILVA, que a indemnização prevista no artigo 909.º também não é devida *se* o vendedor não tem culpa na ignorância do vício ou falta de qualidade. Donde, se o artigo refere não ser devida a indemnização do artigo 909.º, se o vendedor não tiver culpa, se não responde nesses cenários, então, nos outros já responderia e responderia nos exatos termos do artigo 909.º. Ou seja, e segundo a autora, se a indemnização prevista no artigo 909.º. não é devida na hipótese de não haver culpa, nos restantes cenários abrangidos pelo artigo 909.º, o preceito já teria aplicação. Portanto, nos casos em que há culpa, mas não há dolo.

E se é assim para a compra e venda de coisa defeituosa, e nela vale uma noção restrita de dolo, então, também na compra e venda de bens onerados deveria entender-se o mesmo. E com isto, já não se estaria diante de um argumento meramente literal. Ter-se-ia descoberto um argumento de simetria sistemática. Tudo isto, levaria à inviabilidade do afastamento da interpretação favorável ao entendimento no sentido de a negligência estar abrangida pelo artigo 908.º, mas, não pelo artigo 909.º, não sendo, portanto, este apenas referente à responsabilidade objetiva. E de tal forma assim seria que a autora se chega a interrogar se a tese oposta não é derrogatória.

A posição de EVA SILVA não tem, todavia, com a consideração devida, nenhuma viabilidade. Por várias razões.

Surpreende em primeiro lugar não se aperceber a autora do facto de, ao invés do por ela sustentado, não ser apresentado nenhum real argumento sistemático que se possa somar à interpretação exegético-literal e de cariz positivista[1362] do artigo 908.º, de forma a apenas o aplicar ao dolo. Na verdade, esse alegado argumento sistemático adicional, que desvelaria uma simetria entre este entendimento do artigo 908.º e o do artigo 915.º, só é ele próprio obtido através de um exercício exegético-literal, para mais, a nosso ver errado, mesmo do ponto de vista da sua própria lógica interna, realizado sobre este preceito.

[1362] E, portanto, já por si a nosso ver inadmissível.

Portanto, a única diferença está no facto de a uma interpretação-exegético literal, a do artigo 908.º, Eva Silva somar uma outra, a do artigo 915.º e, depois, apresentar tudo isto sob a aparência de um trabalho dogmático de valoração sistemático-científica.

Voltaremos de seguida a este aspeto respeitante à interpretação do artigo 915.º do Código Civil. Em todo o caso, mesmo se este argumento sistemático, fosse verdadeiro, e não é, sempre se haveria de perguntar por que razão é que ele se deveria fazer valer por forma a, para efeitos indemnizatórios, se aproximar a noção de dolo do artigo 908.º à do supostamente prevista no artigo 915.º; e não da mesma noção prevista no âmbito da compra e venda de bens alheios nos artigos 892.º, 898.º e 903.º. Pois, sempre a coerência sistemática obtida de um lado se traduziria numa incoerência sistemática do outro.

Há, depois, uma evidente petição de princípio na posição de Eva Silva. Na verdade, a autora para demonstrar valer o artigo 909.º para os cenários de culpa e o artigo 908.º apenas para os de dolo que o artigo 909.º dá por demonstrado isso mesmo, ou seja, valer o artigo 909.º para os cenários de culpa e o artigo 908.º apenas para os de dolo! Pois, é isso que ela faz ao dizer que se o artigo 915.º se limita a dizer não valer a indemnização do artigo 909.º, na eventualidade de não haver culpa, então, em todos os outros cenários do artigo 909.º vale a indemnização prevista nesse mesmo preceito. Mas quais são esses cenários? Se o artigo 908.º dizer respeito à culpa e ao dolo, para o artigo 909.º só sobra um cenário: o da responsabilidade objetiva. Eva Silva extrai um sentido para o artigo 909.º de uma remissão para ele, feita por outro preceito, o artigo 915.º, que pressupõe, para determinação do próprio sentido da remissão, uma prévia determinação do sentido do preceito (o artigo 909.º) que essa suposta remissão viria iluminar. De outra forma: Eva Silva diz que o sentido do artigo 909.º, abrange a culpa – e por isso ela permanece de fora do artigo 908.º – e não apenas a responsabilidade objetiva, pois, isso resulta da remissão do artigo 915.º e o sentido da remissão é esse, pois o artigo 909.º abrange a culpa e não apenas o dolo. Não pode ser!

A isto soma-se, ainda, salvo melhor entendimento, a absoluta improcedência da posição de Eva Silva, mesmo à luz dos pressupostos metodológicos por ela defendidos. Tivesse na verdade, de se fazer um exercício exegético-literal, e não tem, nem deve, como a autora faz, sobre o artigo 915.º, então, o resultado seria absolutamente oposto ao por ela obtido.

Em primeiro lugar, o artigo 915.º não diz que a indemnização do artigo 909.º também não é devida *se* o vendedor não tem culpa na ignorância do vício ou falta de qualidade. Diz uma coisa distinta. Na verdade, o que o preceito estipula é: «*a indemnização prevista no artigo 909.º também não é devida se o vendedor se encontrava nas condições a que se refere a parte final do artigo anterior.*» Haverá ausência de culpa, nos termos do artigo 914.º se o devedor ignorar sem culpa, sem distinção do seu grau conforme haja dolo ou culpa, o vício. Será, então, poupado ao dever de a substituir. Mas se tiver culpa, independentemente de ela assumir a forma de negligência ou dolo, esse dever já existe. Ou seja, se houver culpa ou dolo a solução imposta pelo artigo 914.º é a mesma. O preceito não distingue a mera culpa do dolo. Em ambas as hipóteses, há dever de proceder à substituição do bem. Perante o funcionamento dos artigos 914.º e 915.º resulta que, se o vendedor estiver desprovido de culpa, não tem de proceder à substituição da coisa[1363] e, além disso, não tem de indemnizar nos termos do artigo 909.º. Fosse, pois, legítimo proceder a este tipo de interpretações ou exercícios exegético-literais e exegético gramaticais, nos moldes dos realizados por EVA SILVA, como se jurista, intérprete literário e estudiosos da semântica ou gramática fossem o mesmo, com total alheamento dos aspetos teleológicos, valorativos, axiológicos e dogmáticos, daqui não se seguiria, nem segue, que o *se*, empregue na letra do artigo 915.º traduza, na eventualidade de haver negligência, mas não dolo, valer, então, a regra prevista no artigo 909.º – para mais com o sentido de impor uma indemnização limitada aos danos emergentes – e não já a do artigo 908.º. Semelhantes exercícios, não exprimiriam que, se a indemnização do artigo 909.º não for devida por não houver culpa de nenhum tipo, então, ela será imposta nos restantes cenários (sendo esses outros cenários os de existência de negligência[1364]). Na verdade, a alternativa ou disjuntiva que este *se* indicia, nada tem que ver com a alegada por EVA SILVA, ao sustentar esta que ao estabelecer-se não valer, se não houver culpa, o artigo 909.º isso é igual a dizer-se que se houver culpa (sem haver dolo) vale o artigo 909.º. E, portanto, o dolo do artigo 908.º não deveria abranger a má fé, sendo esta remetida para o artigo 909.º. Na verdade, o *se* do artigo 915.º, não se reporta a nada que tenha a ver com o artigo 909.º, mas sim, como é manifesto, com a remissão nele prevista para o artigo antecedente. Insista-se: o preceito estipula que: *a indemnização prevista no artigo 909.º* também

[1363] E segundo alguns também à reparação devendo, então, apenas indemnizar.

[1364] Perguntar-se-á, porém, como é que a autora chega a este resultado a propósito de existência de outros cenários, no âmbito do artigo 909.º, para além dos de ausência de culpa, sem com isso incorrer em petição de princípio e dar por demonstrado aquilo que pretende provar. Mas já abordámos este aspeto atrás no texto.

não é devida se o vendedor se encontrava nas condições a que se refere a parte final do artigo anterior. Logo, o que o se significa é que *se* o vendedor estiver *nas condições a que se refere a parte final do artigo anterior* (e, portanto, não houver nenhum grau de culpa[1365], seja ele dolo ou negligência pois a presença de qualquer um deles leva à solução oposta à prevista seja no artigo 914.º, seja no artigo 915.º), além de não ter de proceder à substituição da coisa (mos termos do artigo 914.º), *também* não terá de indemnizar por força do artigo 909.º, objetivamente.

Dito de outra forma: tendo o vendedor culpa – e a ter este tipo de exercício, exegético-literal e gramatical, algum tipo de valimento para obter um Direito justo, dogmática e cientificamente apropriado, e a nosso ver não tem –, ainda assim, se perceberia que o *se*, usado no artigo 915.º, ele não exprime, mesmo na perspetiva metodológico-interpretativa adotada por EVA SILVA, uma alternativa entre a aplicação e a não aplicação do artigo 909.º, no sentido de haver aplicação havendo culpa (com o afastamento daí resultante da indemnização dos lucros cessantes) e não aplicação não havendo culpa. O que o artigo 914.º, nos diria, neste tipo de desempenho, é algo de diferente. Dir-nos-ia haver, associada à disjuntiva presente no artigo 914.º, conforme haja ou não culpa, também, uma outra, ligada à responsabilidade. Se se assistir a culpa há obrigação de substituir a coisa, não havendo culpa, esse dever desaparece (artigo 914.º). Se houver obrigação de substituir o bem defeituoso há também responsabilidade, nos termos do artigo 908.º, mas se for afastada a necessidade de permutar a coisa afetada também não há dever de indemnizar objetivamente. O estabelecimento de diferenças, entre dolo ou negligência, e a abertura para a aplicação do artigo 909.º a hipóteses de culpa na forma de negligência tem, pois, a mesma viabilidade da defesa da existência de distinções a propósito do dever de substituir previsto no artigo 914.º, conforme houvesse dolo ou mera culpa. Ou seja, nenhuma.

Se o artigo 915.º se refere, na verdade, ao artigo 909.º, ele fá-lo, insista-se, usando para esse efeito, também, uma remissão para o artigo 914.º. Segundo o artigo 914.º, se houver culpa, já o vimos, há dever de substituir o bem. Isto, acentue-se novamente, sem se dever distinguir entre o dolo e a culpa. Se não houver culpa não existe dever de substituir. Se houver culpa, independentemente do seu grau, há dever de substituir, sem nenhum agravamento ou

[1365] Só que esta menção ou referência à falta de culpa se faz por remissão para o artigo 914.º e não diretamente para o artigo 909.º, como parece dar como adquirido EVA SILVA. É, pois, à disjuntiva dever de reparar/falta dele que o *se* se reporta. Num caso, haverá dever de reparar e *também* dever de indemnizar, no outro não haverá nem um nem outro.

atenuação em função do grau de culpabilidade do vendedor. O mesmo deveria, à luz dos pressupostos metodológicos adotados por EVA SILVA, ser entendido, por força do artigo 915.º e da remissão nele prevista para o 914.º, relativamente à obrigação de indemnizar. Se não houver culpa, sem distinção do respetivo grau, não há dever de indemnizar (artigos 909.º e 915.º). Se houver culpa, sem distinção de grau, haverá, por força da remissão para o regime da compra e venda de bens onerados, responsabilidade nos termos do artigo 908.º do Código Civil. Isto é objetivamente. Não se vê, nem vislumbra, na verdade, nenhuma razão atendível para uma norma, que funciona em par e em conexão sistemática com o artigo 914.º e remete direta e imediatamente para este, precisamente na parte em que alude à culpa, pressupusesse ou determinasse um conceito de culpa, na norma remissiva, distinto da noção de culpa da norma para onde se remete, justamente, para determinar qual deve ser o estado subjetivo do agente que afasta, ou determina, a aplicação da norma sancionatória. Nem se vê que a norma remissiva pretendesse associar aos diferentes graus de culpa diferenciações não previstas na norma objeto de remissão. Remissão essa, insista-se, feita precisamente para aludir ao estado subjetivo do agente. Por isso, não se deve, no artigo 915.º, proceder a distinções em razão do diferente grau de culpabilidade do vendedor. Exatamente, da mesma forma que essa distinção não pode ser feita no artigo 914.º. E, portanto, não pode aceitar-se que este preceito não estabeleça nenhuma distinção em razão do grau de culpa, relativamente à obrigação de indemnizar e aquele outro, ao dizer que se o *vendedor se encontrava nas condições previstas no preceito anterior* pretendesse fazer essa diferenciação e, destarte, afinal expressasse precisamente o oposto: isto, pois, as condições do artigo 914.º reportam-se à inexistência de culpa sem mais, sem proceder a qualquer diferença de regime ou atenuação de efeitos entre o dolo e a negligência,. Só que, afinal na interpretação agora impugnada dos artigos 915.º e 919.º, já se teria de proceder a estas distinções distinguindo, dentro da culpa, o dolo (sujeito ao artigo 908.º) e a negligência (sujeita ao artigo 909.º). O agente podia não estar, portanto, nas condições do artigo anterior, por não estar isento de culpa na modalidade de negligência, e podia haver aplicação do artigo 909.º. *Culpa* é *culpa* e tanto abrange o dolo como a negligência. Só assim se poderá dizer que o agente do artigo 915.º é posto nas mesmas condições do artigo 914.º para onde remete mencionando justamente a *igualdade de condições* de ambos os vendedores – se o *vendedor se encontrava nas condições previstas no preceito anterior* (artigo 915.º).

Portanto, tudo visto, ambas as hipóteses são patentemente postas no mesmo plano pelo artigo 914.º que as não distingue, nem lhes associa nenhuma diferença de regime. Ao invés, dolo e culpa levam, no artigo 914.º ao mesmo resultado: ao surgimento do dever de substituir o bem. A falta de dolo e de culpa levam também ao mesmo efeito: ausência do dever de substituir.

Finalmente, fossem os pressupostos metodológicos assumidos por EVA SILVA verdadeiros e se pudesse fazer semelhante exercício sobre a letra da lei[1366] sempre se teria de dizer – muito embora pela nossa parte, atenta a posição por nós reiteradamente defendida a propósito do processo metodológico de interpretação/compreensão/aplicação/realização do Direito não defendamos esse entendimento[1367] – ser essa posição ab-rogante ou pelo menos sem apoio na letra da lei (em que EVA SILVA se louva em exclusivo). Isto, por transformar uma norma – o artigo 915.º, que diz não valer o artigo 909.º numa norma que diria valer o artigo 909.º. Na verdade, o artigo 915.º limita-se, precisamente, a estabelecer aquilo que a autora em referência diz que não faz: ou seja, diz-nos, apenas, não valer o artigo 909.º se não houver culpa. E não determina o pretendido por EVA SILVA: ou seja, ser o preceito aplicável se se assistir a culpa.

Aliás, se bem se atentar, no raciocínio desenvolvido por EVA SILVA percebe-se, bem, como afinal sobre um exercício de exegese gramatical está, na realidade presente, sob a forma velada, um argumento *a contrario*. Da determinação do artigo 915.º, no sentido de se não dever aplicar o artigo 909.º se se estiver perante uma situação de culpa teria, forçosamente, de se inferir dever aplicar-se esse preceito se essa culpa estivesse presente. Pela nossa parte entendemos só poder decidir-se entre o argumento *a contrario* ao invés a analogia (sendo de resto toda a aplicação analógica) em razão de aspetos axiológico-valorativos. E à luz desses pressupostos axiológico-valorativos e sistemáticos o artigo 980.º deve abranger a culpa. Aponta nesse sentido, já o referimos, entre outros aspetos a simetria com o regime da compra e venda de bens alheios[1368]. Percebe-se não ser, even-

[1366] De resto, na situação em apreço, agravado pela total falta de alegação de qualquer outro argumento, de tipo valorativo, axiológico, teleológico ou dogmático suscetível de dar alguma guarida por ténue que fosse, à interpretação exegético-literal e gramatical ensaiada, salvo o devido respeito, pela autora, e apenas em associação a um criptoargumento sistemático, mas na realidade tradutor apenas de novo desempenho exegético literal assente numa petição de princípio, e ele próprio desprovido de todo o tipo de alicerces de outra natureza.

[1367] Pelo que a nossa divergência com EVA SILVA se prende com os outros argumentos referidos no texto.

[1368] Mas também a basilar regra de justiça e de Direito por força da qual se alguém provocar com culpa, mesmo se na forma de negligência, deve indemnizar o lesado dos prejuízos gerados pela atitude danosa.

tualmente essa a posição de EVA SILVA. Mas se não for, e a autora advogar o entendimento tradicional a respeito do funcionamento *a contrario* então ele só se torna legítimo perante normas excecionais. Ora, não há nada de excecional numa interpretação do artigo 915.º que apenas afasta a obrigação de indemnização se não houver, nem culpa, nem dolo e ela se mantenha se essa culpa ou esse dolo estiverem presentes. Ao invés essa solução é a regra. Excecional serão, sim, as regras determinantes da ausência do dever de indemnizar em hipóteses de culpa. Na verdade, o dever de indemnizar os danos sofridos pelo lesado em virtude de uma atitude danosa assente em culpa, mesmo se na forma simples forma de negligência, representa uma regra basilar de Direito e de justiça e não se vislumbra em nome de que valores e de que fins ela deveria ser, na compra e venda de bens onerados ou de coisa defeituosa, afastada. O que legitimaria esse prémio para o vendedor negligente e essa penalização do comprador de boa fé? Está bem de ver que, na nossa opinião, nada o permite sustentar!

Além disso, se o bem vendido apresenta um ónus há incumprimento. Logo presunção de culpa (e também de dolo, mesmo entendido este em sentido próprio no âmbito da culpa)[1369]. Tudo nos termos do artigo 799.º/1[1370].

III – No artigo 909.º prevê-se uma situação de responsabilidade na ausência de culpa do vendedor. Trata-se, pois, de uma situação de responsabilidade objetiva[1371]. A indemnização será, nessa eventualidade, mais limitada. Apenas abrangerá os danos emergentes do contrato. Está-se, porém, perante uma evidente responsabilidade contratual[1372]. Muito embora restringido, tão-só, aos danos emergentes, alguma Doutrina entende abranger o ressarcimento o interesse contratual positivo[1373]. Além disso, o afastamento da indemnização pelos danos laterais ou lucros cessantes depende da elisão da presunção de culpa existente nos termos do artigo 799.º/1 do Código Civil.

1369 Na verdade, se dolo é culpa a presunção de culpa prevista no artigo 799.º/1 do Código Civil envolve, também, uma presunção de dolo, nas hipóteses em que este é necessário (mas não é essa a situação neste cenário dado o facto de o dolo do artigo 908.º representar má fé).

1370 No mesmo sentido MENEZES CORDEIRO, *Tratado...*, XI, 246.

1371 Assim, também, PEDRO ROMANO MARTINEZ, *Direito...*, 129.

1372 Na mesma direção MENEZES CORDEIRO, *Tratado...*, XI, 246.

1373 Assim, uma vez mais, MENEZES CORDEIRO, *Tratado...*, XI, 246. V., também, do mesmo MENEZES CORDEIRO, *Vícios ocultos nos bens privatizados...*, in *A privatização...*, 125 e ss.; Id., *Privatização da Sociedade Financeira e vícios ocultos...*, in *Idem*, 157.

O estabelecimento desta responsabilidade pelo risco afigura-se perfeitamente apropriada dado o vendedor receber a devida contraprestação: o preço[1374].

IV – Além das indemnizações previstas nos artigos 908.º e 909.º o artigo 910.º estabelece uma indemnização pela falta de convalescença do contrato. Trata-se de uma situação paralela à resultante do artigo 900.º para a compra e venda de bens alheios. Não está, porém, ao invés do sucedido neste último preceito, expressamente prevista a indemnização na eventualidade de mora na obrigação de fazer convalescer o contrato. Todavia, se ela suceder existirá o dever de indemnizar nos termos do artigo 804.º[1375]. A outorga do direito de exigir uma indemnização envolve necessariamente a aplicação à situação das normais gerais sobre o inadimplemento[1376]. Na verdade, a obrigação de fazer convalescer o contrato pressupõe estar o vendedor adstrito, pelo acordo negocial, a transmitir um direito livre de quaisquer ónus ou encargos[1377]. Vale, portanto, o disposto nos artigos 798.º e seguintes[1378]. Haverá, desta forma, de se ter em vista todos os danos emergentes e lucros cessantes advindos até à sanação[1379] e, designadamente, os resultantes da mora na convalescença.

Portanto, o direito potestativo de pôr termo ao contrato é cumulável com dois direitos de indemnização, em termos semelhantes ao sucedido na compra e venda de bens alheios. Estas indemnizações são elas próprias cumuláveis entre si, exceto na parte em que o prejuízo for comum.

– Se houver má fé em sentido ético, ao direito de indemnização dos danos resultantes da celebração de um contrato de compra e venda

[1374] Na mesma direção Menezes Cordeiro, *Tratado...*, XI, 246 e 247.

[1375] Menezes Cordeiro, *Tratado...*, XI, 247.

[1376] Carneiro da Frada, *Perturbações...*, in *Direito...*, III, 69; Ferrer Correia/Almeno de Sá, *Parecer...*, *Privatização...*, 288, 291 e 292. Na mesma direção pode ver-se, perante o Direito alemão, Larenz, *Lehrbuch...*, II, I, 25 e 30.

[1377] Na mesma linha Carneiro da Frada, *Perturbações...*, in *Direito...*, III, 69; Ferrer Correia/Almeno de Sá, *Parecer...*, *Privatização...*, 284, 291 e 292. Na mesma linha v., diante do Ordenamento alemão, Larenz, *Lehrbuch...*, II, I, 25 e 30.

[1378] Assim, também, Ferrer Correia/Almeno de Sá, *Parecer...*, *Privatização...*, 284, 291 e 292. V., também, na Doutrina alemã Larenz, *Lehrbuch...*, II, I, 25 e 30.

[1379] Ferrer Correia/Almeno de Sá, *Parecer...*, *Privatização...*, 284, 291 e 292.

de coisa onerada (artigo 908.º) acresce a indemnização, pelo interesse contratual positivo, pela não convalescença ou atraso nela, exceto na parte em que os prejuízos forem comuns (artigos 910.º/1, 907.º, 798.º e ss.[1380]);

- nas hipóteses de inexistência de culpa do vendedor, e portanto de boa fé sua, à indemnização prevista no artigo 909.º soma-se a indemnização, pelo interesse no cumprimento, prevista no artigo 910.º, em ligação com o artigo 907.º e 798.º e seguintes, sempre ressalvados os prejuízos comuns.

Uma vez mais, a regra do somatório ou junção das indemnizações pode suscitar problemas de interpretação dos normativos em jogo e de emolduramento dogmático das soluções propostas em termos semelhantes ou análogos ao sucedido na compra e venda de bens alheios. Também, neste domínio da compra e venda de bens onerados, em simetria relativamente à solução do artigo 900.º, o regime em análise, sob a manto de uma aparente técnica indemnizatória, reveste-se, na verdade, de uma natureza sancionatória. Em ambos os cenários se entende a cumulação das duas indemnizações pelo facto de ao vício originário do negócio se juntar o inadimplemento do dever de proceder à respetiva reparação[1381]. A ausência de cumprimento do dever de convalescença revela, assim, uma contumácia do devedor inadimplente justificativa do rigor da solução[1382].

A fechar, apenas uma nota para referir o facto de na eventualidade de cúmulo entre as indemnizações do artigo 908.º e do artigo 910.º o comprador ter, todavia, de optar entre a indemnização pelos lucros cessantes pela celebração do contrato nulo e os lucros cessantes pelo facto de não ter sido sanado o vício em devido tempo (artigo 910.º/2).

[1380] Vejam-se as observações de FERRER CORREIA/ALMENO DE SÁ, *Parecer...*, *Privatização...*, 288, 291 e 292; e NUNO PINTO DE OLIVEIRA, *Contrato...*, 281.

[1381] No mesmo sentido PIRES DE LIMA/ANTUNES VARELA, *Código...*, II, comentário ao artigo 910.º 202.

[1382] Uma vez mais na mesma direção PIRES DE LIMA/ANTUNES VARELA, *Código...*, II, comentário ao artigo 910.º, 202.

§ 2.2.5 – Imperatividade e restrições convencionais ao regime da compra e venda de bens onerados

I – À semelhança do sucedido com o artigo 903.º/1 do Código Civil, para a compra e venda de bens alheios, também o artigo 912.º vem estabelecer um regime de imperatividade para as hipóteses previstas nos artigos 907.º/1 e 3, no artigo 909.º e no artigo 910.º/1 se o vendedor houver procedido com dolo e as cláusulas contrárias a essas normas o visem beneficiar. Visto numa outra perspetiva, o artigo 903.º/1 determina uma solução de supletividade das normas nele referidas se não houver dolo do vendedor. Sublinhe-se, porém, o facto já atrás referido de por dolo se dever entender a má fé. A isso soma-se, ainda, o facto de valer a presunção de culpa do devedor. Mesmo assim, o artigo 909.º será sempre supletivo por depender da inexistência de culpa do alienante. Da mesma forma, o artigo 908.º será imperativo sem possibilidade de afastamento, dado pressupor o dolo.

II – As normas não mencionadas no artigo 912.º/1 possuem natureza imperativa[1383]. Dessa forma se devem, portanto, entender, para além do artigo 908.º, os artigos 905.º, 906.º, 910.º/2 e 911.º. Já a norma do artigo 907.º/2, não obstante não vir mencionada no artigo 912.º, como uma norma suscetível de ser afastada pelas partes não pode ser tida por imperativa dada ela não poder ser tomada como uma norma de onde resulte o afastamento do regime geral da conversão da mora em incumprimento definitivo. Seria um intolerável e inaceitável prémio para o devedor inadimplente[1384].

[1383] No mesmo sentido PIRES DE LIMA/ANTUNES VARELA, *Código...*, II, comentário ao artigo 912.º, 204.

[1384] Relativamente ao prazo de exercício dos direitos/remédios do comprador associados à compra e venda de bens onerados pode ver-se: PEDRO ROMANO MARTINEZ, *Cumprimento...*, 417 e ss.; CALVÃO DA SILVA, *Compra...*, 40; NUNO PINTO DE OLIVEIRA, *Contrato...*, 275 e 276. Na Jurisprudência v. STJ 31-05-2011 (MOREIRA CAMILO): incumbe ao devedor provar que a falta de cumprimento ou o cumprimento defeituoso da obrigação não procede de culpa sua, sendo que a culpa é apreciada nos termos aplicáveis à responsabilidade civil (799.º/ 1 e 2 do mesmo diploma). Estamos, assim, perante uma responsabilidade civil contratual, pelo que não se suscita a questão da caducidade do direito de ação – como erradamente decidiram as instâncias –, mas a aplicação do prazo ordinário de prescrição de vinte anos, nos termos do artigo 309.º do Código Civil. Isto é afirmado no aresto em análise para fundamentar a decisão tomada. Antes, porém, e salvo erro de análise ou entendimento da nossa parte, sustenta-se, imediatamente antes, de forma contraditória, solução oposta à advogada no final

§ 3 – Compra e venda de coisa defeituosa

§ 3.1 – Introdução. Noções gerais

I – A compra e venda de coisa defeituosa vem regulada nos artigos 913.º a 922.º, na secção VI do Capítulo I, do Título II do Código Civil[1385]. O artigo

da decisão. Pela nossa parte, numa situação de simetria com a posição por nós defendida a propósito da compra e venda de coisa defeituosa, entendemos não valer o prazo de um ano do artigo 287.º/1 do Código Civil senão para a chamada anulabilidade. Denunciado o ónus ou vício, não há razão para, designadamente, as pretensões indemnizatórias estarem sujeitas a esse mesmo prazo curto.

[1385] É infindável a bibliografia referente à compra e venda de coisa defeituosa. A título exemplificativo pode ver-se, entre outros, COELHO DA ROCHA, *Direito...*, 636 e ss.; LOPES PRAÇA, *Estudos sobre o Código Civil*, I, *Sobre a rescisão do contracto de compra e venda por lesão e vícios redhibitórios, segundo o artigo 1582.º do Código Civil Portuguez*, 1870; DIAS FERREIRA, *Código civil...*, III, 1898, comentário ao artigo 1582.º, 181 e ss.; GUILHERME MOREIRA, *Instituições do direito civil português*, II, *Direito das obrigações*, 2.ª edição, 1925, 607 e ss.; JOSÉ TAVARES, *Os princípios...*, II, 502 e ss.; JAIME DE GOUVEIA, *Da responsabilidade...*, 385 e ss.; CUNHA GONÇALVES, *Tratado...*, VIII, 558 e ss.; Id., *Dos contratos...*, 285 e ss.; CABRAL DE MONCADA, *Lições de direito civil*, II, 309, nota 1; MANUEL DE ANDRADE, *Teoria...*, II, 230 e ss.; INOCÊNCIO GALVÃO TELLES, *Contratos...*, 23 e 24; Id., *Parecer...*, in *A privatização da Sociedade Financeira Portuguesa...*, 191 e ss., 195 e ss.; MENEZES CORDEIRO, *Violação positiva...*, in *Revista...*, 1981, 41, I, 123 e ss., 128 e ss.; Id., *Vícios ocultos nos bens privatizados...*, in *A privatização da Sociedade Financeira Portuguesa...*, 123 e ss.; Id., *Privatização da Sociedade Financeira...*, in *Idem*, 147 e ss.; Id., *Tratado...*, XI, 226 e ss.; MIGUEL TEIXEIRA DE SOUSA, *O cumprimento defeituoso...*, in *Ab uno ad omnes...*, 567 e ss.; PESSOA JORGE, *Parecer...*, in *A privatização da Sociedade Financeira Portuguesa...*, 161 e ss., 170 e ss.; MARCELO REBELO DE SOUSA, *Parecer...*, in *Idem*, 227 e ss., 231 e ss.; PIRES DE LIMA/ANTUNES VARELA, *Código...*, II, comentário aos artigos 913.º e ss., 204 e ss.; BAPTISTA MACHADO, *Acordo negocial e erro...*, in *João Baptista Machado...*, I, 31 e ss.; CARNEIRO DA FRADA, *Erro e incumprimento na não conformidade da coisa...*, in *O Direito*, cit., 1989, 121, 461 e ss.; Id., *Perturbações...*, in *Direito...*, III, 77 e ss.; CALVÃO DA SILVA, *Responsabilidade...*, 181 e ss.; Id., *Parecer...*, in *A privatização da Sociedade Financeira Portuguesa...*, 211 e ss.; Id., *Compra...*, *per totum*, e 28 e ss.; FERREIRA DE ALMEIDA, *Texto e enunciado do texto...*, II, 639 e ss.; PEDRO ROMANO MARTINEZ, *Cumprimento...*, em especial 291 e ss.; Id., *Cumprimento...*, *passim*; Id., *Direito...*, 130 e ss.; NUNO PINTO DE OLIVEIRA, *Contrato...*, 195 e ss.; 293 e ss.; PAULO MOTA PINTO, *Interesse contratual...*, II, 103, 864, 906 e 907, 1009 e ss., 1198 e 1199, 1201 e ss., 1212 e ss., 1218, 1220; MIGUEL BRITO BASTOS, *A compra e venda de coisas defeituosas no Código Civil...*, *per totum*; MENEZES LEITÃO, *Direito...*, III,118 e ss.; JORGE MORAIS DE CARVALHO, *Código civil...*, I, comentário aos artigos 913.º e ss., 1125 e ss.; SANTOS JUSTO, *Manual...*, 69 e ss.; MENEZES CORDEIRO, *Tratado...*, XI, 249 e ss.. Na Doutrina alemã v. a propósito da evolução histórica desta matéria COING, *Europäisches...*, I,

913.º/1, parte final, faz uma remissão genérica para o regime da compra e venda de bens onerados temperada pelo regime próprio da venda de bem defeituoso:

> «Se a coisa vendida sofrer de vício que a desvalorize ou impeça a realização do fim a que é destinada, ou não tiver as qualidades asseguradas pelo vendedor ou necessárias para a realização daquele fim, observar-se-á, com as devidas adaptações, o prescrito na secção precedente, em tudo o que não seja modificado pelas disposições dos artigos seguintes.»

II – A compra e venda de coisas defeituosas alicerça-se na antiga tradição dos vícios redibitórios e das ações edilícias[1386]. No atual regime da compra e venda de coisas defeituosas um dos aspetos essenciais, atinente ao desvalor do negócio, resulta, porém, da remissão antes referida para a compra e venda de bens onerados. Trata-se de uma disciplina, no fundamental, resultante do anteprojeto de INOCÊNCIO GALVÃO TELLES[1387]. Na sua fisionomia, a regulamentação da compra e venda de coisa defeituosa, parece ter por detrás a situação emergente após a Segunda Guerra Mundial e a necessidade de proteção do tecido económico então vigente[1388]. Trata-se, todavia, de um cenário hoje superado. Atualmente, o propósito dominante é o de proteção dos consumidores e em geral dos adquirentes, mesmo se produtores[1389]. Daí o aparecimento, entretanto, em legislação avulsa adiante analisada, de uma disciplina específica referente à compra e venda de bens de consumo.

452, II, 478 e ss.. Já para aspetos do Direito positivo v., por exemplo, LARENZ, *Lehrbuch...*, II, I, 35 e ss.; e ROLAND MICHAEL BECKMANN, *Staudingers...*, (*Eckpfeiler...*), 922 e ss., 931 e ss.; HANS-WERNER ECKERT/JAN MAIFELD/MICHAEL MATTHIESSEN, *Handbuch des Kaufrechts...*, 130 e ss.; WESTERMANN, *Münchener Kommentar...*, comentário aos §§ 434 e ss., anotações 1 e ss..

1386 A este respeito v., designadamente, CALVÃO DA SILVA, *Responsabilidade...*, 183; Id., PIRES DE LIMA/ANTUNES VARELA, *Código...*, II, comentário ao artigo 913.º, 206; MENEZES CORDEIRO, *Tratado...*, XI, 249.

1387 INOCÊNCIO GALVÃO TELLES, *Contratos...*, 23 e 24.

1388 Em termos similares v MENEZES CORDEIRO, *Tratado...*, XI, 250 e 251.

1389 No mesmo sentido MENEZES CORDEIRO, *Tratado...*, XI, 250 e 251.

III – O artigo 913.º, atrás reproduzido, diferencia quatro cenários distintos[1390]:

1) vícios determinantes de uma diminuição do valor da coisa;
2) vícios impeditivos da realização do fim a que o bem é destinado;
3) falha de qualidades asseguradas pelo vendedor;
4) falta das qualidades necessárias para realização do fim a que se destina.

Surge-nos, desta forma, uma diferenciação entre vícios e falta de qualidades. A contraposição provém dos artigos 1490.º e 1497.º do *Codice Civile* italiano, onde suscita embaraços[1391]. A Doutrina e a Jurisprudência nacionais têm procedido a uma delimitação destas duas noções, não obstante algumas variações ligeiras e, por vezes também, o protesto, de escolhos na distinção dos conceitos, aproximando, de uma forma mais ou menos direta ou mais ou menos óbvia, os vícios de um *minus*[1392].

IV – O bem sofrerá de um vício gerador de uma perda de valor se possuir uma imperfeição determinante do seu posicionamento abaixo do habitual valor de troca ou de mercado[1393]. Está-se, desta forma, diante de uma situação objetiva[1394].

[1390] Para uma ilustração nos mesmos moldes agora referidos v., por exemplo, CARNEIRO DA FRADA, *Perturbações...*, in *Direito...*, III, 77; PIRES DE LIMA/ANTUNES VARELA, *Código...*, II, comentário ao artigo 905.º, 205; NUNO PINTO DE OLIVEIRA, *Contrato...*, 293; MENEZES LEITÃO, *Direito...*, III, 120; JORGE MORAIS DE CARVALHO, *Código civil...*, I, comentário ao artigo 913.º, 1129; SANTOS JUSTO, *Manual...*, 73; e MENEZES CORDEIRO, *Tratado...*, XI, 251.

[1391] V., por exemplo, GALGANO, *Vendita...*, in *Novissimo...*, XLVI, 493; LUMINOSO, *I contratti..*, 143. Entre nós, vejam-se as referências feitas, a respeito da aludida distinção no Direito italiano, por MENEZES CORDEIRO, *Tratado...*, XI, 252 e 253.

[1392] V., a este propósito, PEDRO ROMANO MARTINEZ, *Cumprimento...*, 181 e ss.; Id., *Direito...*, 130 e ss.; MENEZES LEITÃO, *Direito...*, III, 120 e ss.; MENEZES CORDEIRO, *Tratado...*, XI, 252 e 253.

[1393] Na mesma linha MENEZES LEITÃO, *Direito...*, III, 121; MENEZES CORDEIRO, *Tratado...*, XI, 252. De forma menos evidente, mas, mesmo assim, se bem lemos, na mesma direção PEDRO ROMANO MARTINEZ, Cumprimento..., 181 e ss.; Id., *Direito...*, 130 e 131.

[1394] V., a este propósito, PEDRO ROMANO MARTINEZ, *Cumprimento...*, 181 e ss.; Id., *Direito...*, 130 e ss.; PIRES DE LIMA/ANTUNES VARELA, *Código...*, II, comentário ao artigo 913.º, 205

Diversamente, se a coisa objeto de venda padecer de um vício impeditivo da realização do fim a que se destina está-se perante situações de tipo funcional[1395]. Mesmo sem ser atingida por uma perda de valor – por poder ser, por hipótese, suscetível de ser vendida pelo mesmo preço – o bem não é de molde a desempenhar a função padrão no cenário em apreço[1396]. Um automóvel é feito para circular, uma casa para habitar, um celeiro para guardar cereais, uma adega para armazenar vinho, uma instalação elétrica para dar luz elétrica, etc.[1397]. O critério é uma vez mais objetivo. Pode, porém, suceder não ser um celeiro apropriado para guardar cereais ou uma adega para lá pôr vinho. Ainda assim, ambos os bens podem não sofrer de desvalorização por servirem, mesmo nesse cenário, por hipótese, como garagem ou, então, como armazém para outros objetos. E nessa medida (poderem satisfazer outros fins que não os seus normais) apresentarão igual valor, mas não servirão o seu propósito normal.

V – A qualidade é um aumento ou ampliação relativamente ao padrão médio normal. Trata-se de um *plus*[1398]. A sua falta gera uma situação de desconformidade com o contrato[1399]. O vendedor, na celebração do negócio, assegura determinadas qualidades. Na verdade, a qualidade terá de ser expressa ou tacitamente aceite também pelo vendedor[1400] e, nessa medida, ela integra o fim da compra e venda. Não estando elas efetivamente presentes na coisa vendida e entregue há compra e venda de coisa defeituosa[1401]. Pode,

e 206; Calvão da Silva, *Compra...*, 42 e ss.; Menezes Leitão, *Direito...*, III, 120 e ss.; Menezes Cordeiro, *Tratado...*, XI, 252 e 253.

[1395] Assim, também, Menezes Cordeiro, *Tratado...*, XI, 252. Cfr., também, Pires de Lima/Antunes Varela, *Código...*, II, comentário ao artigo 913.º, 205; Menezes Leitão, *Direito...*, III, 121 e 122; e Santos Justo, *Manual...*, 73.

[1396] Menezes Cordeiro, *Tratado...*, XI, 252.

[1397] Estes exemplos estão igualmente presentes em Pires de Lima/Antunes Varela, *Código...*, II, comentário ao artigo 913.º, 205; e Santos Justo, *Manual...*, 73.

[1398] A respeito da noção de falta de qualidade v. Pedro Romano Martinez, *Cumprimento...*, 181 e ss.; Id., *Direito...*, 130 e ss.; Menezes Leitão, *Direito...*, III, 120 e ss.; Menezes Cordeiro, *Tratado...*, XI, 253.

[1399] Assim, também, Pedro Romano Martinez, *Cumprimento...*, 181 e ss.; Id., *Direito...*, 130 e ss.; Menezes Leitão, *Direito...*, III, 121; Menezes Cordeiro, *Tratado...*, XI, 253.

[1400] Na mesma direção acentuando este aspeto Menezes Leitão, *Direito...*, III, 121 e 122; e Menezes Cordeiro, *Tratado...*, XI, 253.

[1401] No mesmo sentido Menezes Cordeiro, *Tratado...*, XI, 253.

no entanto, o devedor nada ter prometido, mas, ainda assim, pode resultar da contratação ou das circunstâncias que a rodeiam destinar-se o bem a uma finalidade que exija um aumento das qualidades normais da coisa. Se isso não suceder estar-se-á perante a última situação mencionada no artigo 913.º/1[1402]. Está-se agora diante de uma conceção subjetiva ou concreta de defeito[1403].

Ainda assim, assiste-se, não obstante as diferenciações antes referidas, entre vícios, de um lado, e falta de qualidades, do outro, a uma assimilação do tratamento dado a uns e a outras[1404]. Disparidades de regime far-se-ão, apenas, sentir ao nível da prova a fazer pelo comprador para poder beneficiar dos remédios estabelecidos nos artigos 913.º e seguintes[1405]. Tratando-se de simples vícios será suficiente, ao adquirente, demonstrar o estado do bem e evidenciar os padrões de valor ou funcionalidade das coisas do mesmo tipo[1406]. Se, em vez disso, se estiver diante de faltas de qualidade, o comprador terá de tornar manifesto ter o vendedor assegurado essas mesmas qualidades ou serem elas pressupostas pelo fim a que, com ciência do alienante, se destinam[1407]. Seja como for, uma vez provado o defeito (na forma de vício ou, ao invés, de falta de qualidade), presume-se, como se verá já de seguida, a essencialidade do erro e a ciência dele por parte do alienante.

Note-se, o facto de, segundo o artigo 913.º/2 do Código Civil, se não resultar do contrato o fim a que o bem vendido se destina atender-se-á à função normal das coisas da mesma categoria.

[1402] A este respeito v., entre outros, MENEZES LEITÃO, *Direito...*, III, 121 e 122; MENEZES CORDEIRO, *Tratado...*, XI, 253.

[1403] V. a este propósito MENEZES LEITÃO, *Direito...*, III, 122; e ainda, para um entendimento da noção objetiva e subjetiva de defeito CARNEIRO DA FRADA, *Perturbações...*, in *Direito...*, III, 78 e 79; PIRES DE LIMA/ANTUNES VARELA, *Código...*, II, comentário ao artigo 913.º, 206; CALVÃO DA SILVA, *Compra...*, 42 e 43; PEDRO ROMANO MARTINEZ, *Cumprimento...*, 181 e ss.; Id., *Direito...*, 130 e 131. Entre os autores alemães pode ver-se, por exemplo, LARENZ, *Lehrbuch...*, II, I, 38 e 43.

[1404] Acentuam-no, por exemplo, CARNEIRO DA FRADA, *Perturbações...*, in *Direito...*, III, 77 e 78; PIRES DE LIMA/ANTUNES VARELA, *Código...*, II, comentário ao artigo 905.º., 205; CALVÃO DA SILVA, *Responsabilidade...*, 188 e ss.; Id., *Compra...*, 40 e ss.; NUNO PINTO DE OLIVEIRA, *Contrato...*, 293 e 294. Também PEDRO ROMANO MARTINEZ, *Direito...*, 130 e 131, sublinha o facto de o vício e a falta de qualidades representarem o defeito.

[1405] No mesmo sentido v. MENEZES CORDEIRO, *Tratado...*, XI, 253.

[1406] Cfr., igualmente, MENEZES CORDEIRO, *Tratado...*, XI, 254.

[1407] V., uma vez mais, MENEZES CORDEIRO, *Tratado...*, XI, 254.

VI – O nosso Código Civil não faz nenhuma menção à necessidade de os vícios serem ocultos. Esse aspeto não tem, assim, relevância autónoma para a determinação da aplicação, ou não, do regime da compra e venda de coisa defeituosa[1408]. É, pois, bem diferente a solução do nosso Direito relativamente ao Ordenamento jurídico francês[1409]. Mas isso não traduz necessária e imediatamente a irrelevância do conhecimento do vício. Na verdade, a ciência, no momento da celebração do negócio da falha escondida, sem afirmação da necessidade de se proceder à respetiva eliminação, afasta a garantia ou responsabilidade do vendedor[1410].

De um modo geral, diante da existência de vícios patentes suscita-se a interrogação sobre se as partes não terão pretendido negociar a coisa no estado em que se acha[1411]. O vendedor deverá prestar todas as informações necessárias e úteis, designadamente, a propósito do estado do bem. O comprador deve, porém, tomar alguma atenção à ambiência negocial. A aquisição por um baixo valor de um bem, numa feira ambulante ou numa venda de garagem, pode levar à necessidade de aceitação de uma coisa menos perfeita. Na verdade, pode ser isso a explicar o preço diminuto. Ao invés, a obtenção de um artigo novo de luxo, de alta qualidade, desempenho e/ou sofisticação por um valor elevado revela o cenário oposto e a necessidade de se atestar a existência de informações, por parte do vendedor, em sentido adverso, sob pena de haver compra e venda de coisa defeituosa[1412]. Todavia, se o comprador sabia ou devia saber da existência dos vícios ou falhas de qualidade não se assiste a nenhum cumprimento defeituoso[1413]. Ainda assim,

[1408] Assim, também, Calvão da Silva, *Responsabilidade...*, 191 e ss.; Id., *Compra...*, 49 e 50; Pires de Lima/Antunes Varela, *Código...*, II, comentário ao artigo 913 (não tem relevância autónoma a distinção entre vícios ocultos e reconhecíveis); Menezes Cordeiro, *Tratado...*, XI, 254 e ss.. Em sentido oposto ao agora referido v., porém, Pedro Romano Martinez, *Cumprimento...*, 201 e ss.; *Direito...*, 132 e 133.

[1409] Aspeto este sublinhado, por exemplo, por Calvão da Silva, *Responsabilidade...*, 191 e ss. (v., também, do mesmo com interesse para este problema da aparência, ou não do vício, *Compra...*, 49 e 50); e Menezes Cordeiro, *Tratado...*, XI, 254 e ss..

[1410] No mesmo sentido Calvão da Silva, *Responsabilidade...*, 192; e Menezes Cordeiro, *Tratado...*, XI, 254 e ss., *maxime* 257. V., também, na Doutrina alemã, Larenz, *Lehrbuch...*, 48.

[1411] Assim, igualmente, Menezes Cordeiro, *Tratado...*, XI, 257.

[1412] V., de igual modo, Pedro Romano Martinez, *Direito...*, 132.

[1413] Sobre tudo o agora referido v., e em moldes iguais aos referidos no texto, Menezes Cordeiro, *Tratado...*, XI, 132. Cfr., também, Calvão da Silva, *Responsabilidade...*, 192; Id., *Compra...*, 49 e 50, relativamente à relevância da ciência/ignorância do defeito por parte

perante o pagamento de valores importantes, ou até referentes a um bem de padrão normal, haverá uma presunção *hominis*[1414], no sentido da ignorância por parte do adquirente do vício. De outra forma, e a não haver espírito de liberalidade ou *animus donandi*, como entender a relevância do preço pago, em toda a sua extensão, se for equivalente ao de um bem sem vício? Parece, pois, num cenário desses, de preço elevado ou normal, não ser apenas o valor/ /utilidade/qualidade a dever presumir-se como sendo desejado pelas[1415]. O mesmo deve suceder relativamente à ausência de ciência do comprador. Pelas mesmas razões, cenários distintos associados à baixa utilidade/qualidade do estado do bem podem levar a uma presunção *hominis* de conhecimento, pelo comprador, da situação degradada ou diminuída da coisa. Na expressão de MENEZES CORDEIRO, na sociedade monitorizada onde vivemos o preço é normalmente a bitola para se aferir a utilidade/qualidade do bem[1416].

A prova da ciência do defeito, por parte do adquirente, pertence ao garante e a prova da existência do defeito ao comprador[1417]. Provado o vício ou a deficiência de qualidade há presunção de culpa e, destarte, de má fé do alienante[1418]. Presume-se, além disso, a essencialidade do erro[1419]. Assim, se

do comprador para valerem, ou não, os remédios da compra e venda de coisa defeituosa. Por sua vez, relativamente à importância da bitola do preço como forma de determinar o padrão de valor/utilidade/qualidade da coisa pode ver-se, para além da obra e passo de MENEZES CORDEIRO já referido, a abrir esta nota, PEDRO ROMANO MARTINEZ, *Direito...*, 132.

1414 As presunções *hominis* correspondem, na verdade, a presunções radicadas nas regras práticas da experiência e alicerçadas nos ensinamentos obtidos através da observação (empírica) dos factos. É nesse saber feito de experiência que se fundam as presunções constantemente usadas pelos julgadores na apreciação de muitas situações de facto (Cfr., ANTUNES VARELA, *Manual de Processo Civil*, com a colaboração de MIGUEL BEZERRA e SAMPAIO E NORA, 2ª. edição, 1985, 502; PEDRO DE ALBUQUERQUE, *Responsabilidade Processual por Litigância de Má Fé...*, 64, nota 170; Id., *A vinculação das sociedades comerciais...*, I, 987 e 988, nota 5749; PEDRO DE ALBUQUERQUE/ DIOGO COSTA GONÇALVES, *O impedimento do exercício do direito de voto como proibição genérica de atuação em conflito*, in *Revista de Direito das sociedades*, 2011, III, 699 e ss.

1415 No sentido de haver esta presunção v. PEDRO ROMANO MARTINEZ, *Direito...*, 132; e, igualmente, MENEZES CORDEIRO, *Tratado...*, XI, 257.

1416 Assim MENEZES CORDEIRO, *Tratado...*, XI, 257. V., também, PEDRO ROMANO MARTINEZ, *Direito...*, 152.

1417 Cfr, ilustrativamente, CALVÃO DA SILVA, *Responsabilidade...*, 192; Id., *Compra...*, 49 e 50.

1418 No mesmo sentido v., por todos, MENEZES CORDEIRO, *Tratado...*, XI, 257 e 262.

1419 MENEZES CORDEIRO, *Tratado...*, XI, 262. V., também, com interesse PEDRO ROMANO MARTINEZ, *Cumprimento...*, 356 e ss.; Id., *Direito...*, 132, 135 e 136.

houver vício ou falta de qualidade da coisa deve, à luz e com o auxílio das regras gerais, de forma a tornar manuseável e dogmática e sistematicamente harmónico o regime da compra e venda de coisa defeituosa, e, portanto, na presença de um defeito deve presumir-se a existência de um erro (insista-se: é o alienante a ter de provar a ciência do comprador, não a este a ter de demonstrar o erro. À falta de outro fundamento[1420], isso mesmo sempre resultará de uma presunção *hominis* no sentido de o comprador não pretender adquirir um bem padecedor de uma falta de qualidade exigida pelo contrato ou de um defeito que ou desvaloriza ou lhe retira a aptidão para o fim normal ou assegurado).

Na Jurisprudência pode ver-se a este respeito:

- RPt 06-02-2003 (Saleiro Abreu)[1421]: não releva a circunstância de os autores, antes da outorga da escritura, terem visualizado a garagem. É que não está sequer provado o conhecimento do defeito (e para que o defeito seja tido como conhecido torna-se necessário que o comprador tenha ficado ciente da gravidade da situação. O que não se afigurou provado). Tal conhecimento, teria de ser alegado e provado pelo Réu segundo o disposto no art. 342º, n.º 2 do Código Civil[1422].
- RPt 14-07-2008 (Deolinda Varão)[1423]: pertence ao comprador provar que os defeitos são originários da coisa e que não foram conhecidos no momento da compra e venda (artigo 342.º/1)[1424], e ao vendedor provar que desconhecia sem culpa a existência de tais defeitos (artigos 342.º/2).

[1420] E há outro fundamento: traduzido no emolduramento dogmático da compra e venda de coisa defeituosa no regime do cumprimento defeituoso, não obstante a remissão inicial para o regime do erro.

[1421] – RPt 06-02-2003 (Saleiro Abreu), Proc. 0232859/ITIJ (empreitada – preço – redução).

[1422] E, depois, o Aresto cita nesse sentido o ensinamento de Calvão da Silva anteriormente por nós referido.

[1423] RPt 14-07-2008 (Deolinda Varão), Proc. 0832278/ITIJ (venda de coisa defeituosa – caducidade – impedimento).

[1424] Mas não é essa a solução que neste ponto específico advogamos. Pela nossa parte seguimos a posição de Calvão da Silva, *Responsabilidade...*, 192; Id., *Compra...*, 49 e 50, no sentido de ser ao devedor a ter de provar o conhecimento do comprador. Se bem vimos é esta também a posição de Menezes Cordeiro, *Tratado...*, XI, 257 e 262.

- RLx 12-04-2011 (Pedro Brighton)[1425]: na fixação do regime jurídico da compra e venda de coisas defeituosas deve ter-se em conta o regime geral da responsabilidade contratual (artigos 798.º e ss. do Código Civil), o regime especial previsto no artigo 913.º do Código Civil (ao remeter para o regime da compra e venda de bens onerados) e as particularidades previstas nos artigos 914.º e seguintes do Código Civil. Assim, perante tal, pertence ao comprador a prova do direito alegado, ou seja, a entrega da coisa com defeito (artigo 342.º/1 do Código Civil), presumindo-se, a culpa do vendedor (artigo 799.º/1 do Código Civil). Provada a entrega da coisa com defeito e não tendo sido ilidida a presunção de culpa do vendedor, podem ocorrer as seguintes consequências: reparação do defeito; substituição da coisa; redução do preço; resolução do contrato e indemnização.
- STJ 31-05-2011 (Moreira Camilo)[1426]: pertence ao devedor provar que a falta de cumprimento ou o cumprimento defeituoso da obrigação não procede de culpa sua, sendo que a culpa é apreciada nos termos aplicáveis à responsabilidade civil (799.º/ 1 e 2 do mesmo diploma). Estamos, assim, perante uma responsabilidade civil contratual, pelo que não se suscita a questão da caducidade do direito de ação – como erradamente decidiram as instâncias –, mas a aplicação do prazo ordinário de prescrição de vinte anos, nos termos do artigo 309.º do Código Civil.
- RPt 15-01-2019 (Rodrigues Pires)[1427]: em termos gerais, pertence ao comprador a prova do defeito (artigo 342.º/1 do Código Civil) e presume-se a culpa do vendedor se a coisa entregue padecer de defeito (artigo 799.º/1 do Código. Civil)[1428].

[1425] RLx 12-04-2011 (Pedro Brighton), Proc. 391/09.8YXLSB.L1-1/ITIJ (ónus da prova – vícios da coisa – coisa defeituosa).

[1426] STJ 31-05-2011 (Moreira Camilo), Proc. 16368/09.0T2SNT.L1.S1/ITIJ (contrato de compra e venda – bem imóvel – venda de bens onerados – venda de coisa defeituosa – prazo de caducidade – prazo de prescrição).

[1427] RPt 15-01-2019 (Rodrigues Pires), Proc. 22803/16.4T8PRT.P1/ITIJ (contrato de compra e venda – cumprimento defeituoso). Note-se, todavia, como no texto da sentença se aludir às duas posições em confronto para se dizer que, na situação em apreço, a solução não variaria em razão da preferência por uma ou outra tese.

[1428] Na hipótese específica da compra e venda de bens de consumo v., por exemplo, RLx 10-02-2015 (Manuel Marques), Proc. 2360/13.4TBOER.L1-1/ITIJ (venda de coisa defeituosa – ónus da prova – dano patrimonial – culpa do lesado): no caso da venda de bens de consumo defeituosos, regulado no Decreto-Lei n.º 67/2003, ao comprador basta alegar

VII – Na eventualidade de o vendedor ignorar ele próprio o vício ou falta de qualidade o artigo 913.º é, ainda assim, aplicável. Porém, certos remédios são objeto de uma redução ou paralisação. Na verdade, se o vendedor ignorar sem culpa, isto é, se não tiver violado deveres de cuidado ou, dito de outra maneira, se estiver de boa fé, não se assiste ao dever de proceder à substituição do bem (v. artigo 914.º) e não há obrigação de indemnizar num cenário de simples erro (artigo 915.º)[1429]. Mas, já o sublinhámos, provado o vício ou a deficiência de qualidade há presunção de culpa e, destarte, de má fé do alienante[1430]. A presunção poderá ser afastada pelo vendedor. No entanto,

e provar o mau funcionamento da coisa, durante o prazo da garantia, sem necessidade de alegar e provar a específica causa do mau funcionamento e a sua existência à data da entrega. 2. À vendedora, para se ilibar da responsabilidade, incumbe alegar e provar que a causa do mau funcionamento é posterior à entrega da coisa vendida e imputável ao comprador, a terceiro ou devida a caso fortuito; RG 17-01-2019 (ALCIDES RODRIGUES), Proc. 201/15.7T8BAO.G1/ITIJ (compra e venda de para consumo – regime aplicável – defeitos da coisa vendida – dificuldades de prova): «*Ao contrato de compra e venda para consumo aplica-se, além das regras gerais do Código Civil, da Lei n.º 24/96, de 31 de Julho (que estabelece o regime legal aplicável à defesa dos consumidores), o Decreto-Lei n.º 67/2003, de 08.04, alterado posteriormente pelo Dec. Lei. n.º 84/2008, de 21.05, que "procede à transposição para o direito interno da Diretiva n.º 1999/44/CE, do Parlamento Europeu e do Conselho, de 25 de maio" (artigo 1.º deste Decreto-Lei). Considerando a dificuldade da prova da existência do defeito à data da entrega, quando ele se manifesta ao longo de um período de tempo relativamente longo (dentro de 2 ou 5 anos, a contar da entrega de coisa móvel corpórea ou de coisa imóvel, respetivamente), a lei favorece o consumidor, determinando que a falta de conformidade verificada dentro dos referidos prazos faz presumir que o defeito já existia à data da entrega, salvo quando tal for incompatível com a natureza da coisa ou com as características da falta de conformidade (artigo 3.º/2, do Decreto-Lei n.º 67/2003). Nesse pressuposto, ao consumidor basta fazer a prova do defeito de funcionamento da coisa (da falta de conformidade), sem necessidade de (alegar e) provar a causa concreta da origem do mau funcionamento e a sua existência à data da entrega. Uma vez provado o facto que dê origem à presunção de desconformidade, terá o vendedor o ónus de alegar e provar que a causa do mau funcionamento é posterior à entrega da coisa vendida e imputável ao comprador (designadamente por falta de diligência ou violação de deveres de cuidado), a terceiro ou devida a caso fortuito. Apurando-se que a causa da avaria se deveu a falta de cuidado do comprador/consumidor na manutenção do veículo, é de considerar afastada a presunção da falta de conformidade à data da entrega ou que se revelou posteriormente, pelo que não lhe assiste qualquer direito, nomeadamente reparatório e/ou indemnizatório.*»

[1429] V., *colorandi causa*, no sentido agora referido MENEZES CORDEIRO, *Tratado...*, XI, 257.

[1430] No mesmo sentido v., por todos, MENEZES CORDEIRO, *Tratado...*, XI, 257 e 262.

ser-lhe-á difícil fazê-lo se o preço for o de um bem sem vícios e com certas qualidades asseguradas ou exigidas pelo seu fim[1431].

Note-se, por fim, o facto de a entrega de *aliud* ou *peius* não está sujeita ao regime da compra e venda de coisa defeituosa, mas, antes, à disciplina do incumprimento[1432]. Portanto, se o devedor entrega uma coisa diversa ou uma quantidade inferior o regime não é o dos artigos 913.º e seguintes do Código Civil.

Bem, destarte, ao nível jurisprudencial:

- STJ 19-02-2004 (SALVADOR DA COSTA)[1433]: agiram com culpa *stricto sensu* os agentes da vendedora que entregaram à compradora os sacos fechados com o *rótulo tartaric acid food grade*, tal como os haviam recebido da respetiva fornecedora, sem se certificarem se o seu conteúdo correspondia ou não ao convencionado entre ambas. Portanto, constituiu-se a vendedora em responsabilidade contratual e na obrigação de indemnizar a compradora pelo prejuízo decorrente da inutilização do vinho em que o ácido tartárico foi pela última utilizado.
- STJ 09-03-2010 (GARCIA CALEJO)[1434]: tendo-se provado que a autora e a ré acordaram em que aquela venderia a esta três paletes de «peles mestiço», mas tendo-lhe enviado «peles de ovino», a remessa da mercadoria foi efetuada, mas não era a devida. Isto, sendo certo que a autora só cumpriria a obrigação que lhe incumbia se remetesse as "peles

[1431] MENEZES CORDEIRO, *Tratado...*, XI, 257. V., também, entre outros PEDRO ROMANO MARTINEZ, *Direito...*, 136. Na Doutrina alemã v, a este respeito, designadamente, WESTERMANN, *Münchener Kommentar...*, comentário ao § 437, anotação 29 e 30, onde se aborda, entre outros aspetos, o problema de saber se existe, ou não, e com que extensão, um dever de averiguação por parte do vendedor.

[1432] Nessa direção, igualmente, CARNEIRO DA FRADA, *Perturbações...*, in *Direito...*, III, 80 e 81; Id., *Erro e incumprimento...*, in *O Direito*, 1989, 121, 467 e ss.; CALVÃO DA SILVA, *Compra...*, 44; MENEZES LEITÃO, *Direito...*, III, 121; MENEZES CORDEIRO, *Tratado...*, XI, 258, 259 e 278. Na Jurisprudência pode ver-se, sempre no mesmo sentido, STJ 08-05-2018 (JOÃO BERNARDO), Proc. 1944/11.0TBPBL.C1.S1/ITIJ (consumidor – cumprimento defeituoso – *aliud pro alio* – caducidade). Em sentido oposto v., porém, PEDRO ROMANO MARTINEZ, *Direito...*, 135; e CALVÃO DA SILVA, *Compra...*, 45 e 46, distinguindo diferentes cenários ou hipóteses.

[1433] STJ 19-02-2004 (SALVADOR DA COSTA), Proc. 03B309/ITIJ (produtor – responsabilidade civil – proteção do consumidor – incumprimento do contrato – culpa).

[1434] STJ 09-03-2010 (GARCIA CALEJO), Proc. 4467/06.5TBULG.P1.91 (coisa defeituosa – cumprimento defeituoso – vícios da coisa – defeitos).

mestiço", tal como foi estabelecido e acordado no contrato. Há que distinguir o cumprimento defeituoso da obrigação (ou falta qualitativa de cumprimento da obrigação) da venda de coisa defeituosa. Naquele, o vendedor não realizou a prestação a que, por força do contrato, estava adstrito. Nesta, a coisa objeto da transação sofre dos vícios ou carece das qualidades referenciadas no artigo 913.º do Código Civil, quer a coisa corresponda, ou não, à prestação a que o vendedor se achava vinculado. No caso dos autos, por se tratar de uma prestação efetuada pela vendedora que não corresponde ao objeto contratado, estaremos perante um cumprimento defeituoso da obrigação, pois, na realidade, trata-se de uma falta qualitativa do cumprimento da obrigação. Não há que falar em venda de coisa defeituosa, pois não está em jogo um vício que a desvalorize ou impeça a realização do fim a que é destinada, nem está em evidência o bem não ter as qualidades asseguradas pelo vendedor ou necessárias para a realização daquele fim. Do que se trata é de um defeito ou vício da prestação que não envolve uma sua falta de identidade ou qualidade da coisa. Portanto, não haverá aqui que aplicar, pelo menos diretamente, o regime da venda de coisas defeituosas. Face a este deficiente cumprimento a ré poderia exigir, formalmente, a substituição da coisa (artigo 914.º) e se essa substituição não fosse realizada, nos termos do artigo 808.º do Código Civil, marcar prazo razoável para esse efeito, sob pena de julgar a obrigação como definitivamente não cumprida. Poderia ainda, em abstrato, pedir o ressarcimento dos danos (eventualmente) sofridos em razão do cumprimento imperfeito da obrigação. Poderia, igualmente, recusar o pagamento da sua prestação, enquanto a parte contrária não efetuasse a prestação da coisa a que se vinculara (fornecimento das «peles mestiças»).

§ 3.2 – Os remédios associados à compra e venda de coisa defeituosa

§ 3.2.1 – A anulação/resolução do contrato e os remédios gerais (o emolduramento da compra e venda de coisa defeituosa no âmbito do cumprimento defeituoso)

I – Vimos atrás existirem duas teorias a propósito do emolduramento dogmático da compra e venda de bens onerados: a do erro e a do inadimplemento. O mesmo sucede relativamente à compra e venda de coisa defeituosa.

A teoria do erro defende ser a compra e venda de coisa defeituosa (ou onerada) uma hipótese de erro[1435]. O acordo negocial sobre coisa específica dirigir-se-ia apenas à coisa como tal, ao objeto em si, como efetivamente se apresenta na sua individualidade singular e espaciotemporal, sem abranger as qualidades da coisa[1436]. Nestes termos, a designação de uma coisa defeituosa (ou onerada) adviria de um erro do comprador sobre o objeto do contrato.

Já a teoria do incumprimento sustenta representar, precisamente, a designação de um objeto falho (ou onerado) uma hipótese de cumprimento defeituoso do negócio[1437]. Isto pelo facto de a vontade contratual abranger,

[1435] Defendida por INOCÊNCIO GALVÃO TELLES, *Parecer...*, in *A privatização...*, 191 e ss., 195 e ss. (v. também a obra do autor citada na nota anterior); PESSOA JORGE, *Parecer...*, in *Idem*, 170 e 171; PIRES DE LIMA/ANTUNES VARELA, *Código...*, II, comentário ao artigo 913.º, 206 e ss., com especialidades; ANTUNES VARELA, *Cumprimento imperfeito do contrato de compra e venda...*, in *Colectânea...*, 1987, XII, 4, 29 e ss.. É, todavia, de notar, uma vez mais, o facto de PIRES DE LIMA/ANTUNES VARELA aceitarem a existência de aspetos do regime de bens onerados tributários do regime do incumprimento; MIGUEL TEIXEIRA DE SOUSA, *O cumprimento defeituoso...*, in *Ab uno ad omnes...*, 567 e ss.; NUNO PINTO DE OLIVEIRA, *Contrato...*, 195 e ss., 232 e ss., 241 e ss.; MENEZES LEITÃO, *Direito...*, III, 119 e 120.

[1436] Assim, por todos, a explicação de CARNEIRO DA FRADA, *Perturbações...*, in *Direito...*, III, 90 e ss.; CALVÃO DA SILVA, *Responsabilidade...*, 253 e ss.; Id. *Compra e venda...*, 51. Cfr., também, para uma explicação desta tese, NUNO PINTO DE OLIVEIRA, *Contrato...*, 196 e 195. Na Doutrina alemã v., por todos, ZITELMANN, *Irrtum und Rechtsgeschäft: Eine psychologisch--juristische Untersuchung*, 1879, 1 ss., *passim* e, designadamente, 439 e ss..

[1437] Nessa linha se manifestam, com algumas variações, CUNHA GONÇALVES, *Tratado...*, VIII, 562 a 564; BAPTISTA MACHADO, *Acordo negocial e erro...*, in *João Baptista Machado...*, I, 31 e ss., 104 e ss.; CALVÃO DA SILVA, *Responsabilidade...*, 181 e ss., 213 e ss., 257 e ss.; Id., *Compra e venda...*, 40 e ss., 219; Id., *Parecer...*, in *A privatização...*, 220, onde o autor parece inclusivamentem afastar-se de um certo hibridismo referido nas outras duas obras, ao dizer, num passo por nós já antes assinalado, ser o erro sobre as qualidades acordadas uma antinomia. Se as qualidades exigidas do objeto foram convencionadas – diz – e não estão presentes no bem vendido não se trata de um erro ou vício do consentimento, mas de inexecução; FERREIRA DE ALMEIDA, *Texto e enunciado do texto...*, II, 639 e ss.; CARNEIRO DA FRADA, *Perturbações...*, in *Direito...*, III, 75 e ss.; Id., *Erro e incumprimento...*, in *O Direito*, 1989, 461 e ss., 470 e ss.; PEDRO ROMANO MARTINEZ, *Cumprimento...*, 293 e ss.; Id., *Direito...*, 125 e ss., 133 e ss.; MIGUEL BRITO BASTOS, *A compra e venda de coisas defeituosas no Código Civil...*, *per totum*; PAULO MOTA PINTO, *Interesse contratual...*, II, 121 e ss., admitindo, porém, um dualismo estrutural e sucessivo entre a fase estipulativa e a executiva. Isto, por não se poder afastar a anulabilidade com fundamento em erro quando as qualidades em jogo também são

ou poder abranger, os atributos do bem. Destarte, a entrega de uma coisa defeituosa (ou onerada) traduz um cumprimento defeituoso do contrato[1438]. A indicação da coisa objeto do contrato tem uma dupla função: por um lado, ela determina o bem devido juridicamente por referência às qualidades que usualmente lhe são inerentes[1439]. Por outro lado, ela representa o bem singular tido pelo comprador (ao escolhê-lo no momento do negócio) como idóneo ao dever ser contratual. Se o bem apresentar vícios ignorados, não se está perante um problema de erro em sentido técnico, pois, o dever ser contratual está ileso e ajusta-se ao interesse manifestado pelo comprador. O juízo falso ou inexato a propósito dos préstimos da coisa, em que o comprador lavrou ao selecioná-la ou designá-la (por exemplo, o colar *x* que elege, pensado ser de ouro quando, na verdade, é tão-só de prata), apenas respeita à persuasão, por parte deste, de que ela serviria para cumprir o programa contratual apropriadamente expresso e, por isso, sem erro. O comprador pretendia um anel de ouro e elegeu um de prata. O programa negocial está definido sem erro. O comprador pretende um anel de ouro e exprime a sua vontade, nesse sentido, de forma livre e sem vícios. Muito embora tenha selecionado um bem de prata, a *voluntas* formou-se corretamente. O erro ou falha não atinge a fase de formação do negócio. Esta mostra-se e permanece incólume. A falta ou erro faz-se sentir, antes e apenas, numa outra etapa ou aspeto contratual. No da *atuação* ou momento *executivo* do pacto negocial.

devidas, embora na generalidade das situações a existência de uma pretensão fundada no incumprimento afaste a existência de erro (nessa medida o autor diz limitar assim as posições por ele anteriormente sustentadas em *Declaração...*, 388, nota 412, *in fine*, e *Conformidade e garantias na venda de bens de consumo. A Directiva 1994/44/CE e o direito português*, in *Estudos de direito do consumidor*, 2, 2000, 199); Menezes Cordeiro, *Tratado...*, XI, 238 e ss., 277 e ss., 280 e ss. (e já antes do mesmo autor *Privatização da Sociedade Financeira...*, in *A privatização...*, 154 e ss). Veja-se, ainda, a diferenciação entre o regime do erro e o do incumprimento em Jorge Morais de Carvalho, *Código civil...*, II, comentário 913.º, 1125.

1438 V., novamente, *colorandi causa*, Carneiro da Frada, *Perturbações...*, in *Direito...*, III, 90 e ss.; e Nuno Pinto de Oliveira, *Contrato...*, 196.

1439 Ou seja: o comprador, ao celebrar o negócio e ao indicar o objeto, está a exprimir uma vontade de adquirir um bem com determinadas caraterísticas. Ele formou e exprimiu de forma adequada, muito embora por referência ao bem singular, a sua vontade de obter *x* caraterísticas. Todavia, o objeto entregue não possui as caraterísticas *x*, mas apenas as caraterísticas *y*. Não há erro, mas, sim, incumprimento. A realização do interesse do comprador não pressupõe outro modo de ser do negócio na sua formação ou configuração. Cfr. Carneiro da Frada, *Perturbações...*, in *Direito...*, III, 74 e ss., e 92 e ss..

Isto, dado o acordo negocial referente a coisa específica abranger as suas qualidades. Nos termos do artigo 913.º do Código Civil, o vendedor deve partir do pressuposto de o adquirente, ao determinar o bem a entregar, manifestar uma vontade de adquirir um bem com as qualidades próprias do género ou tipo a que pertence. Nesse sentido, o erro ou falta existente abrange ou incide, e incide tão-só, na realidade sobre a qual se vai atuar ou desenvolver o programa negocial. Portanto, a entrega de um bem defeituoso, tal como a de um bem onerado, envolve um cumprimento defeituoso do negócio[1440].

II – Carneiro da Frada procede a uma exemplificação ilustrativa[1441]. O autor refere as seguintes situações hipotéticas:

1) *A* compra a *B*, vinicultor, por lapso, 5 litros de aguardente vínica. Na verdade, interessava-lhe, isso sim, aguardente bagaceira.
2) *A* erradamente persuadido de que a aguardente vínica é o mesmo que a bagaceira compra 5 litros da referida bagaceira.
3.1) *A*, por ter erradamente julgado de que a aguardente vínica, não obstante estar ciente do que era, possuía os atributos e valias próprios da bagaceira para consumo nas noites geladas, adquire 5 litros dessa aguardente.
3.2) *A* comprou a um antiquário uma estatueta por pensar ser de um escultor famoso.
4.1) *A* comprou 5 litros de aguardente bagaceira, mas foi entregue pelo vendedor um produto estragado.
4.2) A entra num stand de venda de automóveis e compra um carro que vê em exposição. Mais tarde percebe-se apresentar ele defeitos no motor.

[1440] Para uma análise e estudo mais pormenorizado desta orientação e das suas possíveis variantes v. os autores anteriormente citados como seus defensores. Agora refere-se, para uma síntese, desta orientação a sinopse formulada por Carneiro da Frada, *Erro e incumprimento na não conformidade da coisa...*, in *O Direito*, cit., 1989, 121, 473 e ss.; Id., *Perturbações...*, in *Direito...*, III, 72 e ss., 89 e ss., 93 e 94; Nuno Pinto de Oliveira, *Contrato...*, 195 e 196, 200 e ss.; e, também, mais pormenorizadamente, mas fundamental na nossa Doutrina, Baptista Machado, *Acordo negocial e erro...*, in *João Baptista Machado...*, I, 41 e ss., 57 e ss., 75 e ss..

[1441] Carneiro da Frada, *Erro e incumprimento na não conformidade da coisa...*, in *O Direito*, cit., 1989, 121, 461 e ss..

As hipóteses 1), 2) 3.1) e 3.2) são, como CARNEIRO DA FRADA alude, hipóteses de erro. Nelas, o sentido com que o negócio vale não *serve* à vontade do comprador subjacente à celebração do negócio[1442]. Celebrou-se, na realidade, uma compra e venda de aguardente vínica; adquiriu-se na verdade uma estátua de autor não famoso. Há, pois, erro. O erro, sendo exterior ao negócio, não pode obter tutela através das normas negociais assumindo-se, antes, como uma *exceptio*[1443].

Nos cenários mencionados em 4.1) e 4.2) há incumprimento. O negócio exprime apropriadamente a vontade do comprador. Há, é certo, uma inaptidão da coisa para satisfazer o propósito do comprador. Porém, ela não resulta da existência de um erro em sentido próprio[1444]. Em ambos os cenários, o negócio mostra-se ajustado à satisfação da finalidade intencionada pelo comprador.

Nas situações de erro valem os artigos 247.º e seguintes do Código Civil. Não os artigos 905.º e seguintes do mesmo diploma. Mas estes já são chamados a depor nos cenários de vício da coisa. Nos vícios da coisa o fundamento da regulamentação é o próprio negócio[1445]. Isto, dado o interesse do comprador em obter um bem sem defeitos ter tido expressão no contrato[1446]. As qualidades estão abrangidas e são designadas pelo negócio. A responsabilidade pelos vícios é assim, não um contra efeito ao negócio, resultante do erro, mas, antes uma responsabilidade contratual ou *ex pacto*[1447].

[1442] Assim CARNEIRO DA FRADA, *Erro e incumprimento na não conformidade da coisa...*, in *O Direito*, cit., 1989, 121, 463. Para mais exemplos de situações, ora de erro em sentido próprio, ora de incumprimento por vícios da coisa, e distinção entre uns e outros pode ver-se BAPTISTA MACHADO, *Acordo negocial e erro...*, in *João Baptista Machado...*, I, 31 e ss., *passim*.

[1443] BAPTISTA MACHADO, *Acordo negocial e erro...*, in *João Baptista Machado...*, I, 35 e ss. e 53; CARNEIRO DA FRADA, *Erro e incumprimento na não conformidade da coisa...*, in *O Direito*, cit., 1989, 121, 463 e 465.

[1444] CARNEIRO DA FRADA, *Erro e incumprimento na não conformidade da coisa...*, in *O Direito*, cit., 1989, 121, 463 e 464.

[1445] BAPTISTA MACHADO, *Acordo negocial e erro...*, in *João Baptista Machado...*, I, 35 e ss.; CARNEIRO DA FRADA, *Erro e incumprimento na não conformidade da coisa...*, in *O Direito*, cit., 1989, 121, 465; MENEZES CORDEIRO, *Tratado...*, XI, 281 e 282.

[1446] CARNEIRO DA FRADA, *Erro e incumprimento na não conformidade da coisa...*, in *O Direito*, cit., 1989, 121, 471.

[1447] Cfr. BAPTISTA MACHADO, *Acordo negocial e erro...*, in *João Baptista Machado...*, I, 45.

Em sentido adverso, ao anteriormente exposto, tem-se dito, já o referimos, incidir, na venda de bem específico[1448], o negócio apenas sobre a concreta ou singular entidade espaciotemporal vendida, sem poder abranger as qualidades da coisa. E isto, pelo facto de o comprador ter selecionado um determinado objeto concreto que assinala ao vendedor pretender comprar. «*Aquele*» anel, «*aquele*» automóvel, «*aquela*» televisão, etc., e não outro ou outra. Donde, seria inimaginável que o anel, o automóvel, a televisão, etc., fossem como não são. Ou dito de outra maneira: seria impensável pretender-se ou desejar-se não ser a coisa como efetivamente é. Ou seja, ter ela qualidades que não tem[1449]. Por isso mesmo, dizer-se reportar-se a declaração ou negócio às qualidades da coisa, na venda de objeto específico, seria uma aporia ou contradição em si mesma[1450]. Por isso, a coisa entraria no negócio apenas como o seu objeto singular. As qualidades por ela possuídas teriam de ser indiferentes, sob pena de se pretender ser a coisa o que não é[1451].

Em oposição a isto, pode, todavia, lembrar-se o facto de a função do negócio jurídico não ser a de representar a realidade, mas determinar um dever ser. Ou seja, expressar uma vontade de certo resultado e assegurar a tutela jurídica para os propósitos das partes[1452]. O comprador pretende um bem que lhe ofereça as utilidades próprias do seu género (um anel, um automóvel, uma televisão, de certa marca e modelo, etc.) e não, apenas, o bem concreto por ele selecionado. Ele deseja aquele bem por ele elegido, mas com as qualidades que lhe são próprias, não com as que efetivamente possui se elas sofrerem de defeito. Portanto, a eleição da coisa singular que se pretende adquirir vale como expressão da vontade de obter um bem com

[1448] Portanto de coisa não genérica. Relativamente a esta, insista-se vale o artigo 918.º do Código Civil. Mas, voltaremos a este aspeto mais adiante.

[1449] Ou seja: que não apresentasse o vício que, na verdade, possui. O comprador quis aquele objeto e, por isso, diz-se só poderia ter pretendido aquela coisa com as qualidades que apresenta, sejam elas quais forem. Quando muito haveria erro, dado o comprador ter querido aquele bem com os seus atributos reais, mas estar persuadido de eles serem diferentes dos efetivos.

[1450] Carneiro da Frada, *Erro e incumprimento na não conformidade da coisa...*, in *O Direito*, cit., 1989, 121, 473.

[1451] Pode ver-se a síntese de Carneiro da Frada, *Erro e incumprimento na não conformidade da coisa...*, in *O Direito*, cit., 1989, 121, 472 e ss..

[1452] Assim, também, Baptista Machado, *Acordo negocial e erro...*, in *João Baptista Machado...*, I, 71 e ss.; e Carneiro da Frada, *Erro e incumprimento na não conformidade da coisa...*, in *O Direito*, cit., 1989, 121, 473 e 474.

os atributos próprios do seu género, mesmo na compra de coisa específica. A individualização da coisa funciona, destarte, como padrão ou forma de manifestação das qualidades que se deseja obter[1453]. Por isso, mesmo se o alienante entrega a coisa selecionada pelo vendedor (por exemplo, o carro *x*) se o bem é desprovido das propriedades devidas (o motor por hipótese não funciona) há um desrespeito pelo estipulado e, destarte, incumprimento.

Portanto, o bem objeto do negócio desempenha uma dupla função. Num primeiro momento, ela exprime ou possui um certo valor declarativo[1454]. Abstrai-se, nesta fase, da individualidade e configuração espaciotemporal singular do objeto selecionado, para se ater, apenas, ao seu préstimo como índice ou padrão de qualidade devida (a escolha do carro *x*, a determinado preço[1455] serve também para exprimir o desejo de um automóvel em estado de funcionamento). Num segundo patamar, a coisa surge como objeto do negócio – na sua dimensão executiva – e a respetiva exteriorização ou revelação designativa pode incluir-se num juízo de realidade afirmativo do ajuste entre aquela coisa singular e o bem tal como deve ser em virtude do pacto normativo[1456]. Dir-se-á é certo, ter o adquirente, individualizado a coisa singular, por ele elegida, apenas por estar erradamente persuadido de ela servir de forma apropriada à execução do negócio ou programa contratual. E nessa perspetiva poder-se-ia dizer estar o fundamento do regime da compra e venda de bem defeituoso no erro. Mas não parece ser assim. Já o dissemos. O erro ou falha não atinge a fase de formação do negócio. Este erro deixa intacta a aptidão instrumental do negócio para satisfazer a vontade ou o propósito do comprador em adquirir um bem, dotado de certos préstimos ou utilidades. Apenas é atingido o modo de realização prático,

[1453] Baptista Machado, *Acordo negocial e erro...*, in *João Baptista Machado...*, I, *passim* e 84 e 89; Carneiro da Frada, *Erro e incumprimento na não conformidade da coisa...*, in *O Direito*, cit., 1989, 121, 475.

[1454] Baptista Machado, *Acordo negocial e erro...*, in *João Baptista Machado...*, I, 87 e 88; Carneiro da Frada, *Erro e incumprimento na não conformidade da coisa...*, in *O Direito*, cit., 1989, 121, 475 e 476.

[1455] Exceto se da interpretação da vontade das partes for possível inferir pelo desejo de compra do carro tal como está ou defeituoso. Por exemplo, o adquirente é alguém que tem por profissão a recuperação de carros estragados e o preço pedido é referente a um automóvel nessa situação.

[1456] Baptista Machado, *Acordo negocial e erro...*, in *João Baptista Machado...*, I, 88; Carneiro da Frada, *Erro e incumprimento na não conformidade da coisa...*, in *O Direito*, cit., 1989, 121, 476.

ou se se preferir a execução, do regulamento ou programa negocial[1457]. Portanto, pode dizer-se não incidir o erro sobre as qualidades que o bem deve possuir, segundo o contrato, mas, tão-só, sobre a aptidão daquela coisa singular, objeto de designação pelo comprador, para funcionar como meio de cumprimento. Trata-se, destarte, de um aspeto que representa um erro sobre a factualidade envolvente do negócio ou a ele exterior e dentro do qual ele é chamado a funcionar, operar ou atuar na prática. No fundo há um erro apenas sobre a realidade apta ao cumprimento[1458]. Se se preferir de uma divergência entre o negócio e a realidade. Não de um erro na formação da vontade[1459]. Não é o negócio enquanto *lex privata*, a ser atingido, mas apenas no seu funcionamento[1460].

Erro em sentido técnico-jurídico próprio, como fundamento de impugnação nos termos do regime do erro, só existirá se, com a identificação singular da coisa, o declarante (normalmente o comprador) pretendeu designar qualidades ou préstimos que não se afiguram daquele tipo de coisas, mas sim de outro tipo de coisas ou, então, uma qualidade individual que não pertence àquela coisa mas a outra do mesmo tipo[1461].

III – O primeiro remédio oferecido pelo regime da compra e venda de bens alheios é, todavia, nos termos do artigo 913.º do Código Civil e da remissão nele presente para o artigo para o artigo 905.º do mesmo diploma, o da anulabilidade por erro. Vimos, todavia, a propósito da compra e venda de bens onerados dever essa *anulação* ser convolada para uma resolução[1462].

[1457] Assim, também, Carneiro da Frada, *Erro e incumprimento na não conformidade da coisa...*, in *O Direito*, cit., 1989, 121, 477.

[1458] Baptista Machado, *Acordo negocial e erro...*, in *João Baptista Machado...*, I, 72.

[1459] Cfr., uma vez mais, Baptista Machado, *Acordo negocial e erro...*, in *João Baptista Machado...*, I, 41 e ss., 45 e ss., 57 e ss., 71 e ss.; Carneiro da Frada, *Erro e incumprimento na não conformidade da coisa...*, in *O Direito*, cit., 1989, 121, 477.

[1460] Baptista Machado, *Acordo negocial e erro...*, in *João Baptista Machado...*, I, 72 e ss..

[1461] Baptista Machado, *Acordo negocial e erro...*, in *João Baptista Machado...*, I, 74.

[1462] Assim, também, Menezes Cordeiro, *Tratado...*, XI, 238 e ss., 282 (esta última página para a compra e venda de coisa defeituosa); e já antes, Pedro Romano Martinez, *Cumprimento...*, 293 e ss.; Id., *Direito...*, 125 e ss., 133 e ss. (agora para a compra e venda de coisa defeituosa). Podem, ainda, ver-se as razões referidas nesse mesmo sentido na análise que fizemos ao emolduramento dogmático da anulação/resolução no âmbito da compra e venda de bens onerados e que integram o essencial dos motivos referidos por ambos os autores agora citados. Veja-se, também, Calvão da Silva, *Compra...*, 70 e ss..

A *anulabilidade* representa, assim, um regime destinado a enfrentar o cumprimento defeituoso da compra e venda[1463].

O regime da compra e venda de coisa defeituosa só pode ser entendido e pressupõe as regras gerais. Haverá uma situação de vício ou falta de qualidade se o objeto do negócio não se traduzir no modelo fixado no contrato ou no modelo comum, no cenário existente[1464]. Já o sublinhámos: na presença de defeito devido a tal não paralelismo presumem-se a essencialidade, a culpa e a ciência do vendedor[1465].

IV – A esta luz percebe-se, desde logo, o facto de o regime da compra e venda de bens onerados não impedir, se for essa a situação, a existência de *culpa in contrahendo*[1466]. Se na fase pré-negocial se assistir aos respetivos pressupostos esta responsabilidade não é eliminada pelo facto de se dar uma compra e venda válida[1467]. Como bem observa MENEZES CORDEIRO se os remédios dos artigos 913.º e seguintes não se afigurarem suficientes para suprimir os prejuízos ilicitamente gerados não há consumpção[1468].

Além disso, na execução da compra e venda há deveres acessórios para ambas as partes nos termos do artigo 762.º/2. Esses deveres não são afastados pelas regras próprias da compra e venda de coisa defeituosa[1469]. Havendo danos resultantes da violação de deveres de proteção[1470], sejam eles danos acompanhantes ou paralelos (os apelidados, na Doutrina alemã, de *Begleitschaden*; *Parallelschaden*), concomitantes com a execução do negócio, sejam, ainda, danos emergentes da violação ou deficiente cumprimento do

[1463] Na mesma direção MENEZES CORDEIRO, *Tratado...*, XI, 239.

[1464] Cfr. MENEZES CORDEIRO, *Tratado...*, XI, 262.

[1465] MENEZES CORDEIRO, *Tratado...*, XI, 257, 262. V., novamente, com interesse PEDRO ROMANO MARTINEZ, *Cumprimento...*, 356 e ss.; Id., *Direito...*, 132, 135 e 136.

[1466] Sublinhando isso mesmo pode ver-se MENEZES CORDEIRO, *Tratado...*, XI, 279.

[1467] Na mesma linha MENEZES CORDEIRO, *Tratado...*, XI, 279.

[1468] Em sentido oposto v., porém, STJ 09-03-2006 (PEREIRA DA SILVA), Proc. 06B066//ITIJ (compra e venda – coisa defeituosa).

[1469] Assim, também, MENEZES CORDEIRO, *Tratado...*, XI, 279 e 280.

[1470] MANUEL CARNEIRO DA FRADA, *Contrato e deveres de protecção*, separata do Volume XXXVIII, do *Suplemento ao Boletim da Faculdade de Direito da Universidade de Coimbra*, 1994; e a sublinhar, também, CARLOS MOTA PINTO, *A cessão da posição contratual*, 1970, 402 e ss; e MENEZES CORDEIRO, *Da boa fé...*, I, 604 e ss., 633 e ss.; Id., *Da responsabilidade civil dos administradores das sociedades comerciais*, 1996, 482 e ss, 555. Veja-se, também, para a noção de dano ANTUNES VARELA, Das obrigações..., I, 597 e ss., com menção aos danos indiretos.

contrato e a ela sequenciais ou subsequentes (trata-se do chamado *consequential damage*[1471] ou *Mangelfolgeschäden*[1472]) e em que a propriedade ou saúde das partes vem a ser afetada[1473].

Num exemplo clássico: a venda de um animal doente vem a infetar todos os outros integrantes de um rebanho ou manada[1474]. Estes danos não se mostram abrangidos e reparados pelos remédios específicos da compra e venda de coisa defeituosa. *Ergo*, a lesão não indemnizada deve sê-lo de modo autónomo[1475]. Outro exemplo, muito embora não se trate de uma situação de compra e venda de coisa defeituosa, o utente de um meio de transporte (*v.g.* ferroviário) goza de especial proteção contra os riscos do cais de desembarque. De lamentar, pois, com a devida consideração, a decisão do STJ 04-07-2002 (Afonso Melo)[1476] com a seguinte factualidade: *A*, menor e aluna da Escola Secundária, no Porto, aguardava no dia 04-10-1996, próximo das 17h e 57min, no apeadeiro de Francos, o comboio para regressar a casa. Tombou à linha após ter retrocedido instintivamente porque um cão, ladrando, se atirou a ela de modo agressivo, sendo apanhada por um comboio conduzido por funcionário da CP – Caminhos de Ferro Portugueses, E.P., que lhe causou graves lesões corporais. A plataforma

[1471] Cfr., a respeito desta terminologia, Treitel, *The law of contract*, 9.ª edição, 1995, 851, onde justamente o autor refere ser a expressão usada para referir danos adicionais como danos pessoais ou à propriedade sofridos em razão de um incumprimento: por exemplo uma vaca é vendida supostamente sadia, mas, não obstante, a sua doença infeta outro gado do comprador. V., também, Michael G. Bridge, *The sale of goods*, 1997, reimpressão de 2003, 571 e ss..

[1472] Cfr., *colorandi causa*, Katerina Stringari, *Die Haftung des Verkäufers für mangelbedingte Schäden*, 2007, 34 e ss., 48 e ss., 203 e ss., 214 e ss., 244 e ss..

[1473] Nesse sentido, também, Menezes Cordeiro, *Tratado...*, XI, 279 e 280; e, antes, para os danos consequenciais Carneiro da Frada, *Perturbações...*, in *Direito...*, III, 81 e 82. V., também, Pereira Coelho, *Obrigações*, 1967, 157, dizendo, então, serem danos patrimoniais indiretos: «*... os danos patrimoniais que derivam da ofensa de bens não patrimoniais: a vida, a saúde, a honra, a liberdade, etc.. Distintos daqueles danos patrimoniais directos, ou seja dos danos patrimoniais que derivam da ofensa de bens patrimoniais, os danos patrimoniais indirectos são todavia patrimoniais, cuja ressarcibilidade não suscita nem nunca suscitou quaisquer dúvidas especiais*».

[1474] Caso próximo foi o decidido entre nós pelo STJ 04-10-1984, in *Boletim do Ministério da Justiça*, 1984, 370 e ss.. Os devedores vincularam-se a proceder ao revestimento de uma sala de música com aglomerado de cortiça. Pertencia-lhes tomar providências para que o manuseamento de colas e diluentes altamente inflamáveis não gerasse algum incêndio.

[1475] Assim, igualmente, Menezes Cordeiro, *Tratado...*, XI, 279.

[1476] STJ 04-07-2002 (Afonso Melo), Proc. 02A2148/ITIJ.

do apeadeiro da CP, nada tinha que a isolasse, protegesse ou assegurasse do prédio rústico que com ele confina, nem sequer uma simples rede. Isto, apesar de amiúde animais estranhos ao tráfego dos comboios por aí apareçam e deambulem. Como consequência direta, necessária e adequada do acidente, o comboio trucidou a perna direita da *A*, provocando-lhe ainda fratura do cotovelo direito e fratura do úmero direito, bem como disjunção da sínfise púbica e lesões a nível perineal. A perna direita foi amputada, ficando a *A* com uma limitação da mobilidade do cotovelo direito e uma cicatriz na coxa direita. Em resultado das lesões sofridas, *A* passou a sofrer de uma incapacidade permanente geral de 70 %. A. era saudável, bonita e psicologicamente sã, com bom aproveitamento escolar e com o curso de manequim. Teve dores e um sofrimento físico muito elevado. Em 15-03-1999, representada pelos pais, *A* deixou de poder praticar desporto e não pode ter filhos sem elevado risco e grandes dores. Passou a sofrer de depressão e o seu aproveitamento escolar baixou, muito embora continuasse a ter aproveitamento. Passou a andar de cadeira de rodas com consequente desgosto. *A* intentou contra a CP ação, pedindo a condenação desta a pagar-lhe 50 000 000 escudos a título de indemnização por danos patrimoniais e não patrimoniais. A R. negou a sua responsabilidade no acidente e pediu a absolvição. O que sucedeu na sentença final, confirmada pela Relação. *A* voltou a recorrer, agora para o STJ. Este voltou a absolver a CP, julgando não estar em jogo a noção de contratos com eficácia de proteção para terceiros que *A* alegou, à semelhança do que foi sustentado para as concessionárias das autoestradas nalguma Jurisprudência, para inverter o ónus da prova da culpa. O STJ entendeu não utilizar *A* os transportes da R., sendo o acidente estranho a qualquer operação de transporte.

Em virtude da presença destes deveres de proteção pode, designadamente, haver responsabilidade por danos morais em paralelo com a responsabilidade contratual e os remédios da compra e venda de coisa defeituosa. Na expressão de Menezes Cordeiro, a complementação desses remédios com o dever de compensar danos morais representa uma das conquistas jurídico-científicas a preservar[1477].

V – O ponto de partida para o problema da compra e venda de coisa defeituosa terá de ser sempre o concreto efetivamente negociado e celebrado.

[1477] Menezes Cordeiro, *Tratado...*, XI, 280.

Estamos em pleno domínio da autonomia privada[1478]. Não pode, pois, deixar de ser assim. Portanto, se as partes previram um regulamento para este assunto é ele valer.

Não havendo regulamentação a abordá-lo, então, valerá o regime jurídico dos artigos 913.º e seguintes. Mas insista-se neste aspeto: em função de tudo o antes por nós referido, a propósito do emolduramento dogmático da figura em análise, esta disciplina não afasta necessariamente o regime geral do incumprimento e da responsabilidade civil. Ao invés pressupõe-no. Portanto, para além do já visto a propósito da *culpa in contrahendo* e dos deveres de proteção, estando nós no domínio do inadimplemento ou cumprimento defeituoso, não no do erro, ao invés do *prima facie* sugerido pelos artigos 905.º e 913.º, o comprador goza da possibilidade de não aceitar a coisa (ninguém é obrigado a aceitar uma prestação diversa da devida), alegar exceção de não-cumprimento, valer-se do regime da mora, fixar um prazo admonitório, perder o interesse na prestação, dar o contrato como não cumprido, resolver o contrato, e pedir uma indemnização nos termos gerais, incluindo uma indemnização pelo interesse positivo[1479].

[1478] Ressalvadas as normas imperativas em matéria de responsabilidade.

[1479] Assim, também, Menezes Cordeiro, *Tratado...*, XI, 277 e 278, para as hipóteses de não haver entrega da coisa, seja por aplicação do artigo 886.º do Código Civil, seja por aplicação do artigo 918.º do mesmo diploma, seja, ainda, por nos termos do artigo 912.º do Código Civil, o prazo de seis meses para a efetivação da denúncia só se iniciar depois da entrega (logo antes dela segue-se o regime comum, pois o comprador não ser obrigado a aceitar um bem defeituoso); e igualmente, nos cenários previstos no artigo 918.º do Código Civil (que se refere, como veremos já de seguida no texto, às hipóteses de a coisa, depois de vendida e antes de entregue, se deteriorar, adquirindo vícios ou perdendo qualidades e, além disso, respeitar a coisa futura ou indeterminada ou mais genericamente a hipóteses de compra e venda sem eficácia real imediata – cfr. artigo 408.º/1 do Código Civil) e, finalmente, tratando-se de coisas transportadas (uma vez que os prazos de denúncia e os de garantia só se iniciam com a receção pelo comprador – logo ele pode negar-se a aceitar um bem desconforme – e 280 e ss., *maxime* 281, mais amplamente para todas as hipóteses de especificação no contrato das qualidades devidas). Cfr., ainda, para mais pormenores a respeito da aplicabilidade destes remédios gerais e seus termos, Pedro Romano Martinez, *Cumprimento...*, 321 e ss.; Id., *Direito...*, 136 e seguintes (reportando-se à recusa de aceitação, à exceção de não-cumprimento e à resolução); e Calvão da Silva, *Compra...*, 68 e ss.. Relativamente apenas à possibilidade de recusa de aceitação da coisa e da exceção de não-cumprimento do contrato Nuno Pinto de Oliveira, *Contrato...*, 302 e 303.

VI – O artigo 918.º do Código Civil dispõe no sentido de, tendo a coisa, depois de vendida e antes de entregue, sofrido deterioração, adquirindo vícios ou perdendo qualidades, ou a venda respeitar a coisa futura ou a coisa indeterminada de certo género, serem aplicáveis as regras gerais. Poder-se-ia, assim, tomar-se o preceito à letra e, depois, fazer-se uma interpretação *a contrario* do mesmo, de forma a julgar-se impor o preceito dois regimes absolutamente diferenciados. Um primeiro, referente:

- *i*) à compra e venda de coisa com eficácia real imediata, nos termos do artigo 408.º/1 do Código Civil[1480], em que o defeito é posterior à conclusão do negócio, ou seja, se mostra superveniente, mas anterior à entrega;
- *ii*) e à compra e venda sem eficácia real imediata, nos termos do artigo 408.º/2 do Código Civil[1481].

E um outro, relativo, agora, à compra e venda dotada de eficácia real imediata, de acordo com o artigo 408.º/1, mas em que o defeito ou vício é contemporâneo à celebração do contrato e se afigura, destarte, originário.

Tratando-se do primeiro cenário valeria, por força do artigo 918.º, a disciplina do inadimplemento ou cumprimento defeituoso.

Já no segundo, aplicar-se ia o regime dos artigos 914.º e seguintes[1482].

Não parece, porém, dever aceitar-se ser essa a melhor solução. Por força do princípio geral da integralidade do cumprimento, presente no artigo 763.º/1 do Código Civil, e, portanto, do direito ao cumprimento pontual,

[1480] A este respeito v. *supra* 63 e ss., 81 e ss..

[1481] V., novamente, *supra* 88 e ss..

[1482] Nessa direção v., por exemplo, PIRES DE LIMA/ANTUNES VARELA, *Código*..., II, comentário ao artigo 913.º, 207; ANTUNES VARELA, *Cumprimento imperfeito*..., in *Colectânea*..., 1987, XII, 4, 29 e ss.; NUNO PINTO DE OLIVEIRA, *Contrato*..., 299 e 300; e MENEZES LEITÃO, *Direito*..., III, 119. Pode pensar-se ser essa também a posição de MENEZES CORDEIRO, *Tratado*..., XI, 283 e 284. Mas face ao alerta feito por MENEZES CORDEIRO, no sentido da necessidade de se flexibilizar o regime da compra e venda de coisa defeituosa, abrindo-o às regras gerais, e ao anterior emolduramento dogmático da compra e venda de coisa defeituosa feito pelo autor (261 e ss., 277 e 278, 281 e 282), nomeadamente, a afirmação segundo a qual, na eventualidade de as qualidades serem especificadas pelo contrato, e de o perfil comum e funcional ser o implicitamente pretendido pelas partes, se deve aplicar o regime do incumprimento é duvidoso poder, na verdade, ser MENEZES CORDEIRO favorável a esta diferenciação de regimes.

subjacente também, de forma manifesta à compra e venda de coisa defeituosa, em especial por força do artigo 914.º do Código Civil, ninguém pode ser forçado a aceitar um bem diverso do devido[1483]. Se a isso somarmos o facto de:

- *i*) o regime da compra e venda de coisa defeituosa dever ser emoldurado, ele próprio, no regime do cumprimento defeituoso e a anulação prevista no artigo 905.º do Código Civil, para onde remete o artigo 914.º do mesmo diploma, convolada em resolução;
- *ii*) o prazo de seis meses para a realização da denúncia só se iniciar depois da entrega da coisa (artigo 916.º/2 do Código Civil), *ergo* antes dela se seguir o regime comum e, destarte, o comprador não poder ser forçado a aceitar uma coisa com defeito[1484];
- tratando-se de coisas transportadas os prazos de denúncia e garantia só se dão a partir da receção pelo comprador (artigo 922.º), donde este pode não aceitar coisas desconformes[1485].

Então, tudo somado, mesmo na eventualidade de se estar diante de uma compra e venda dotada de eficácia real imediata, segundo o artigo 408.º/1, mas em que o defeito ou vício é contemporâneo à celebração do contrato, se deve julgar valer o regime do cumprimento defeituoso. Seria, além disso, absurdo, antissistemático e valorativamente contraditório e, destarte, despropositado admitir-se um regime para as hipóteses diretamente referidas no artigo 918.º e as demais[1486]. E sendo a necessidade de remoção das aporias valorativas e a ponderação dos resultados hoje um dos elementos comummente aceites, do processo de interpretação não pode a solução valer.

Uma via possível de ultrapassagem desta aporia seria admitir com PEDRO ROMANO MARTINEZ[1487] dever entender-se o artigo 918.º do Código Civil de forma a ver-se nele um preceito destinado apenas a evidenciar o facto de,

[1483] PEDRO ROMANO MARTINEZ, *Direito...*, 136; e MENEZES CORDEIRO, *Tratado...*, XI, 277, nota 800. Cfr., também, CALVÃO DA SILVA, *Compra...*, 68.

[1484] Assim v., igualmente, MENEZES CORDEIRO, *Tratado...*, XI, 278.

[1485] Isto mesmo é sublinhado por MENEZES CORDEIRO, *Tratado...*, XI, 278.

[1486] Nesse sentido, também, PEDRO ROMANO MARTINEZ, *Direito...*, 134 e 135. V., também, MENEZES LEITÃO, *Direito...*, III, 119, que, muito embora defenda a solução de *iure condito*, a censura de *iure condendo*. Vai mesmo ao ponto de afirmar serem graves as disparidades assim geradas.

[1487] PEDRO ROMANO MARTINEZ, *Direito...*, 134 e 135.

nas hipóteses previstas na norma, terem aplicação as regras gerais relativas à transferência da propriedade e do risco. Ou seja, o regime do cumprimento defeituoso previsto nos artigos 913.º e seguintes destinar-se-ia também às hipóteses de venda de coisa indeterminada, após a transferência da propriedade ou do risco. Julgamos, todavia, não ser assim.

Note-se, primeiro, já o referimos, como por força do disposto no artigo 922.º do Código Civil, não obstante as regras de distribuição de risco poderem ditar a sua transferência em data anterior à entrega, o prazo para a realização da denúncia só se inicia com a referida entrega. Depois, se bem se atentar no artigo 918.º a regra, prevista na sua segunda parte, funciona para além da aquisição da coisa futura pelo vendedor ou com a determinação e, portanto, para além da transferência do risco[1488]. Apenas a entrega afasta o regime geral. Mas se é assim, por força do artigo 918.º, para os cenários de defeito superveniente relativamente ao negócio, mas anterior à entrega, atendendo ao disposto nos artigos 916.º/2 e 922.º do Código Civil, de onde emerge não se iniciarem os prazos de denúncia antes da entrega, vale igual solução mesmo tratando-se de defeito originário de um bem vendido através de uma compra e venda com eficácia real imediata. Ou seja, também aqui, não havendo entrega da coisa vale o regime geral. Apenas a entrega afastará as regras do cumprimento defeituoso. Só depois dela tem lugar a regulamentação especial dos artigos 914.º e seguintes do Código Civil[1489].

Donde, em bom rigor, o artigo 918.º do Código Civil mais não faz senão explicitar o facto de, também, nos cenários nele previstos de defeito superveniente – esteja-se perante uma compra e venda com eficácia real imediata, nos termos do artigo 408.º/1 do Código Civil, ou diante de uma compra e venda sem essa eficácia, segundo o artigo 408.º/2 do mesmo diploma – poder o comprador enquanto não tiver havido entrega, optar pelo regime geral ou o especial. Ao mesmo tempo, e do mesmo passo, o artigo 918.º, explicita só valer, nas hipóteses de defeito superveniente, de modo forçoso, o regime especial, após a entrega. Dito, de outra maneira: o artigo 918.º elucida valer para o defeito superveniente a mesma solução que emerge, por força do disposto nos artigos 916.º/2 e 922.º do Código Civil, para o defeito originário. Isto é: se não houver entrega vale o regime geral. Apenas após a efetivação desta tem lugar o especial. Tudo isto com a seguinte ressalva: na medida em

[1488] No mesmo sentido MENEZES CORDEIRO, *Tratado...*, XI, 278.

[1489] Assim, também, MENEZES CORDEIRO, *Tratado...*, XI, 277, 278 e 282.

que as qualidades do bem estejam determinadas no contrato e o vendedor venha a fornecer uma realidade diversa temos um simples inadimplemento. E, sendo as partes livres de estipularem as qualidades da coisa e de associarem à sua não observância os efeitos que muito bem entenderem, ter-se-á de aceitar terem as partes, em regra, e no mínimo, pretendido, implicitamente, o perfil funcional comum[1490]: nesse sentido depõe, de resto, o artigo 913.º/2 do Código Civil.

A aplicação das regras gerais não valerá, todavia, mesmo nos cenários em que poderia ter lugar, se o comprador se pretender valer do regime especial. Ele pode, na verdade, preferir, eventualmente, por exemplo, a reparação ou substituição da coisa[1491].

Nalguns cenários, em que o preço só deve ser pago depois da entrega poderá mesmo, não obstante essa entrega do bem, existir igualmente coexistência das regras referentes à exceção de não-cumprimento do contrato e as dos artigos 913.º e seguintes[1492]. Destarte, o comprador pode nesses cenários unir as pretensões dos artigos 913.º e seguintes à *exceptio*[1493]. Se ele optar pelas pretensões do artigo 914.º, e se o pagamento for licitamente posterior à entrega, poderá alegar a exceção[1494]. MENEZES CORDEIRO limita, porém, ambas as pretensões do artigo 914.º à existência de culpa[1495]. Nesses termos, faz depender, também, a possibilidade de o comprador alegar a *exceptio*, depois da entrega, da culpa do alienante[1496]. Pela nossa parte, veremos isso mesmo já de seguida, julgamos dever interpretar-se o artigo 914.º, no sentido de este apenas levar, na ausência de culpa, ao afastamento da obrigação de substituir a coisa. Portanto, mantemos a exceção mesmo na eventualidade de falta de culpa.

1490 Sobre o agora referido v. MENEZES CORDEIRO, *Tratado...*, XI, 281 e 282.

1491 Em todo o caso, ele terá de optar: ou alega apenas pretensões derivadas do cumprimento, nomeadamente a *exceptio*, ou alega as outras advenientes dos artigos 913.º e seguintes.

1492 Relativamente à possibilidade de invocação da exceção de não-cumprimento do contrato para além da data da entrega v. MENEZES CORDEIRO, *Violação positiva...*, in *Revista...*, 1981, 41, I, 128 e ss., 149 e ss.; PEDRO ROMANO MARTINEZ, *Direito...*, 141.

1493 No mesmo sentido MENEZES CORDEIRO, *Violação positiva...*, in *Revista...*, 1981, 41, I, 151.

1494 Assim, também, MENEZES CORDEIRO, *Violação positiva...*, in *Revista...*, 1981, 41, I, 151 e 152, admitindo axiologicamente a existência de um sinalagma no duo preço-pretensões derivadas do vício da coisa.

1495 V. MENEZES CORDEIRO, *Tratado...*, XI, 265 e ss..

1496 Cfr. MENEZES CORDEIRO, *Violação positiva...*, in *Revista...*, 1981, 41, I, 151 e 152.

Tudo visto a propósito do emolduramento dogmático da compra e venda de coisa defeituosa de louvar, portanto, ao nível jurisprudencial:

- STJ 31-01-1980 (Costa Soares)[1497]: num cenário de compra e venda de coisa defeituosa reconheceu-se ao comprador a possibilidade de alegar a exceção de não-cumprimento do contrato.
- RPt 13-02-2006 (Fonseca Ramos)[1498]: deve ser vista à luz das regras do cumprimento defeituoso de contrato de compra e venda, e não de erro-vício da vontade, no contexto dos artigos 247.º e 251.º do Código Civil, a problemática suscitada pela pretensão do comprador em ver anulado o contrato de compra venda de um lote de terreno cuja área é inferior à que pretendia adquirir e que lhe fora assegurada pelo vendedor[1499].
- STJ 17-04-2007 (Gil Roque)[1500]: no contrato de compra e venda, bem como no de empreitada, mesmo que os prazos para cumprimento da prestação sejam diferentes e tenha havido entrega dos bens pelo vendedor ao comprador, dentro do prazo mais curto, verificando-se após a entrega dos bens, que tinham defeito, a prestação embora cumprida, foi-o com defeito. Estando a autora (vendedora) obrigada a reparar os danos, que causou à ré (compradora), pelo fornecimento de tubos que não serviram para levar a cabo a obra, não seria razoável impor-se à ré o cumprimento da sua prestação, sem que esta pudesse invocar a exceção de não-cumprimento da prestação da autora (*exceptio non rite adimpleti*

[1497] STJ 31-01-1980 (Costa Soares), in *Revista da Ordem dos Advogados*,1981, 41, I, 124 e ss..
[1498] RPt 13-02-2006 (Fonseca Ramos), Proc. 0650169/ITIJ (venda de coisa defeituosa – erro – incumprimento do contrato – caducidade).
[1499] Neste Acórdão afirma-se ainda perfilhar-se a posição da Sentença do Tribunal de primeira instância ao afirmar este, na esteira de Pedro Romano Martinez: as consequências da compra e venda de coisas defeituosas determinam-se atentos três aspetos: em primeiro lugar, na medida em que se trata de um cumprimento defeituoso, encontram aplicação as regras gerais da responsabilidade contratual (artigos 798.º e seguintes do Código Civil); segundo, no artigo 913.º/1, do Código Civil faz-se uma remissão para a secção anterior. Nos termos gerais, incumbe ao comprador a prova do defeito (artigo 342.º/1 do Código Civil) e presume-se a culpa do vendedor, se a coisa entregue padecer de defeito (artigo 799.º/1 do Código Civil).
[1500] STJ 17-04-2007 (Gil Roque), in *Sumários de Acórdãos do Supremo Tribunal de Justiça Secções Cíveis* (Revista n.º 488/07 – 7.ª Secção), 239, (disponível em <*https://www.stj.pt/wp-content/uploads/2018/01/sumarios-civel-2007.pdf*>) (contrato de compra e venda – exceção de não-cumprimento – venda de coisa defeituosa – juros de mora).

contractus), atento a falta de apuramento e do pagamento dos danos por ela sofridos com o fornecimento dos materiais de construção, que não satisfizeram os requisitos de qualidade assegurados pela vendedora. Num cenário de cumprimento defeituoso, mesmo havendo prazos de cumprimento diversos, se à data do vencimento da que tem prazo mais longo, ainda estiver por cumprir a outra prestação (de prazo mais curto), nesse momento, não existem prazos diferentes. Nessa situação, a exceção pode ser alegada, por aquele cuja prestação devia ser efetuada depois. Não há mora da ré, enquanto não for apurado o valor dos danos sofridos pelo comprador pelo fornecimento dos materiais inadequados.

- RPt 14-07-2008 (Deolinda Varão)[1501]: o regime jurídico da venda de coisa defeituosa não obsta à aplicação das regras gerais, em alternativa, se a situação concreta se incluir nas respetivas previsões legais. Por exemplo, se o pagamento do preço se encontrava transferido para momento posterior à entrega da coisa, pode o comprador excecionar o cumprimento até que a coisa seja reparada. (...) Segundo Calvão da Silva (...) o comprador pode escolher e exercer autonomamente a ação de responsabilidade civil pelo interesse contratual positivo decorrente do incumprimento defeituoso ou inexato, presumidamente imputável ao vendedor (artigos 798.º, 799.º e 801.º/1), sem lançar mão do regime específico previsto nos artigos 913º e seguintes.
- STJ 06-01-2016 (Orlando Afonso)[1502]: o comprador de coisa defeituosa nos termos do artigo 913.º, n.º 1, do Código Civil, pode, em alternativa aos direitos referidos nos artigos 905.º a 912.º do Código Civil e, ainda, no artigo 914.º do mesmo Código, optar por exercer autonomamente a ação de responsabilidade civil pelo interesse contratual positivo resultante do cumprimento defeituoso ou inexato, presumidamente imputável ao vendedor (artigos 798.º, 799.º e 801.º/1, do Código Civil).

[1501] RPt 14-07-2008 (Deolinda Varão), Proc. 0832278/ITIJ (venda de coisa defeituosa – caducidade – impedimento).

[1502] STJ 06-01-2016 (Orlando Afonso), Proc. 6637/13.0TBMAI-A.P1.S2/ITIJ (coisa defeituosa – compra e venda – cumprimento defeituoso – direito à indemnização – responsabilidade contratual – prazo de caducidade – prazo de prescrição – prazo de propositura da ação – interpretação extensiva – interesse contratual positivo – nulidade de acórdão – excesso de pronúncia – questão nova).

- RPt 15-01-2019 (Rodrigues Pires)[1503]: provado o defeito e não tendo sido ilidida a presunção de culpa do vendedor, do regime geral do incumprimento das obrigações decorre o direito de o comprador recusar a entrega da coisa defeituosa.
Integra uma situação de cumprimento defeituoso, venda de um bem onerado, a venda de um veículo automóvel em que existe uma desconformidade no registo do conta-quilómetros (em 2.2.2016 registava 72 569 km, quando em 28.3.2015 apresentava já 104 880 km) e que tendo sido asseguradas, pelo vendedor, as suas boas condições de funcionamento e oferecida uma garantia de 48 meses, os seus órgãos da suspensão, travões, carroceria e motor evidenciavam, em agosto de 2016, um estado de oxidação tal que levou a oficina oficial da marca a não assumir o risco pela sua reparação por ser de prever que alguns dos componentes se partissem na desmontagem, tendo a compradora sido ainda avisada não ser seguro circular com o veículo, à qual terá de ser aplicado o regime da responsabilidade civil por incumprimento do contrato. As consequências da compra e venda de coisas defeituosas determinam-se com referência a três aspetos: em primeiro lugar, na medida em que se trata de um cumprimento defeituoso, têm aplicação as regras gerais da responsabilidade contratual (artigos 798.º e seguintes do Código Civil); em segundo lugar, no artigo 913.º/1, faz-se uma remissão para a secção anterior que respeita à compra e venda de bens onerados; em terceiro lugar, nos artigos 914.º e seguintes do Código Civil estabelecem-se para a compra e venda de coisas defeituosas algumas especialidades.

§ 3.2.2 – A reparação ou substituição da coisa

I – O artigo 914.º do Código Civil determina a existência de uma pretensão do comprador à reparação ou substituição da coisa se esta última possibilidade for necessária e o bem tiver natureza fungível. A segunda parte

[1503] RPt 15-01-2019 (Rodrigues Pires), Proc. 22803/16.4T8PRT.P1/ITIJ (contrato de compra e venda – cumprimento defeituoso). Note-se, todavia, como no texto da sentença se aludir às duas posições em confronto para se dizer que, na situação em apreço, a solução não variaria em razão da preferência por uma ou outra tese.

do preceito estipula, porém, que esta obrigação não existe se o vendedor ignorava sem culpa a falta de qualidade da coisa, exceto se houver usado de dolo. Uma opinião com adesão na Doutrina[1504] entende assistir-se, se o vendedor ignorava sem culpa o vício ou a falta de qualidades da coisa, a um afastamento de ambas as obrigações: a de reparar e a de substituir a coisa. O que pensar deste entendimento?

A primeira nota a referir reside no facto de valer neste domínio a presunção de culpa do devedor[1505]. Será, portanto, ele a ter de inverter o ónus da prova. Porém, no atual estádio de massificação, produção e transação de bens em série isso poderá não se afigurar difícil de fazer. Além disso, o vendedor integrado numa organização facilmente apresentará técnicos que exporão ao juiz ser o defeito insuspeito. E o comprador pouco poderá fazer[1506]. Por isso, fosse essa a solução resultante do preceito ela seria, no mínimo, pouco amiga dos compradores, fazendo incidir sobre eles grande parte do risco[1507], e questionável[1508]. Julgamos, não ser, porém, essa a regra resultante do artigo 914.º.

II – Em primeiro lugar, vê-lo-emos mais adiante, nem a obrigação de reparar, nem a de substituir a coisa serão afastadas na ausência de culpa se o vendedor estiver obrigado, por estipulação das partes ou por força dos usos, a garantir o bom funcionamento da coisa vendida. Isto, nos termos do artigo 921.ºdo Código Civil. Mas mesmo não havendo garantia de bom funcionamento parece-nos não ser de afastar a obrigação de substituição.

Repare-se como do ponto de vista significativo literal apenas se mostra em jogo a obrigação de substituição. De outro modo, dir-se-ia no preceito «*aquelas obrigações*», «*tais obrigações*», «*essas obrigações*» ou outra fórmula

1504 V., por exemplo, Pires de Lima/Antunes Varela, *Código...*, II, comentário ao artigo 914.º, 209; e Menezes Cordeiro, *Tratado...*, XI, 265.

1505 Assim, por exemplo, Baptista Machado, *Acordo negocial e erro...*, in *João Baptista Machado...*, I, 118 e ss..

1506 Isso mesmo é sublinhado por Menezes Cordeiro, *Tratado...*, XI, 266.

1507 Só não é mais grave dado o comprador manter as outras pretensões do contrato nomeadamente de «*anulação*»/resolução.

1508 Afirmando ser justamente a solução da parte final do artigo 914.º questionável pelas razões referidas no texto Menezes Leitão, *Direito...*, III, 123.

abrangente das duas obrigações[1509]. Não é, porém, isso a suceder: diz-se apenas esta obrigação – «*o comprador tem o direito de exigir a reparação da coisa ou (...) a substituição dela; mas esta obrigação não existe se o vendedor desconhecia sem culpa o vício* (...)». Dir-se-á não poder ser um elemento puramente literal a resolver o problema de saber se em jogo estão ambas as obrigações ou apenas a de substituição. E assim é na verdade. Dever-se-á, então, sistematicamente estender o afastamento, a ambos os deveres[1510]? Julgamos ser a resposta negativa. É certo parecer o artigo 921.º indiciar esse sentido. Mas mesmo assim julgamos ser a solução de rejeitar.

Observe-se, também, e este é um segundo argumento no sentido de afastados não serem os dois deveres, mas apenas um deles (o de substituição), parecer manifesto não estarem, no artigo 914.º, ambas as obrigações no mesmo plano. Há uma evidente preferência pela obrigação de reparar a coisa. É esta a assumir normativamente a primazia[1511]. A última obrigação (a de substituição) só terá lugar se o bem tiver natureza fungível e se isso for necessário. Portanto, do ponto de vista normativo ambas as obrigações se situam em planos diferentes. *Ergo*, por este prisma reforça-se a ideia segundo a qual a expressão «*esta obrigação não existe*», numa perspetiva precetiva ou de normatividade, não abrange as duas obrigações, mas apenas a última – a de comutação do bem.

Depois, e este é o terceiro e decisivo argumento no sentido de não se dever entender serem as duas obrigações excluídas na falta de culpa do vendedor, o artigo 914.º tutela o direito ao cumprimento pontual. O vendedor está, por força do contrato, obrigado a entregar uma coisa isenta de vícios ou defeitos[1512]. Ora, o afastamento seja do dever de reparar, seja do de proceder à substituição, se se assistir à falta de culpa, pressuporia um *favor*

[1509] Em sentido aproximado Menezes Cordeiro, *Tratado...*, XI, 265.

[1510] Nesse sentido v., por exemplo, Menezes Cordeiro, *Tratado...*, XI, 256. A solução é partilhada, nos resultados, entre outros, por Baptista Machado, *Acordo negocial e erro...*, in *João Baptista Machado...*, I, 119 e ss.; Pires de Lima/Antunes Varela, *Código...*, II, comentário ao artigo 914.º 299; e Nuno Pinto de Oliveira, *Contrato...*, 311; Jorge Morais de Carvalho, *Código civil...*, II, comentário 914.º, 1130.

[1511] Assim, também, *colorandi causa*, Nuno Pinto de Oliveira, *Contrato...*, 309 e ss.; e Menezes Leitão, *Direito...*, III, 123.

[1512] Nesse sentido v., por exemplo, Baptista Machado, *Acordo negocial e erro...*, in *João Baptista Machado...*, I, 119 e ss.; Pires de Lima/Antunes Varela, *Código...*, II, comentário ao artigo 209.

debitoris insuscetível de se mostrar apropriado[1513]. Na verdade, o direito ao cumprimento, a ação de adimplemento, é independente da culpa do devedor. *Pacta sunt servanda*, o devedor está adstrito a um cumprimento conforme e pontual[1514].

Nesse sentido, muito embora no âmbito do artigo 921.º do Código Civil (que é naturalmente diverso do preceito agora em análise) não no do artigo 914.º, se pronunciou, por exemplo, o STJ 10-02-2004 (Quirino Soares)[1515]: os direitos de reparação e de substituição (...) não passam, afinal, de aspetos do direito ao cumprimento do contrato que, obviamente, não depende de culpa do devedor.

O comprador que pede a reparação ou substituição da coisa está, ainda, a manifestar a vontade de obter a originária prestação a que tem direito[1516]. Pede, destarte, a condenação *in natura*. A ação de reparação ou substituição da coisa é uma ação de cumprimento. Nela o comprador pede a condenação do vendedor na prestação devida[1517]. A culpa representa um aspeto relevante para a valoração do comportamento do vendedor e, também, do direito à reparação detido pela outra parte. Já o direito do credor de exigir o cumprimento da obrigação, através da imposição da satisfação do seu interesse no adimplemento, não depende de culpa do devedor[1518]. Inimputável, ou não, o atraso no cumprimento ou o cumprimento imperfeito não impede o credor de exercer o seu direito.

Por isso mesmo, Calvão da Silva, não obstante o teor da segunda parte do artigo 914.º, entende, dado se estar neste preceito ainda diante de uma manifestação de cumprimento, ter o comprador sempre o direito de

1513 Assim, também, Calvão da Silva, *Compra...*, 61, mas reportando-se não apenas ao afastamento do direito de substituição, mas, também, ao de reparação. Na verdade, o autor tem por injustificável o afastamento de qualquer um deles.

1514 Na mesma direção Calvão da Silva, *Compra...*, 61.

1515 STJ 10-02-2004 (Quirino Soares), Proc. 04B029/ITIJ (cumprimento defeituoso – indemnização).

1516 No mesmíssimo sentido Calvão da Silva, *Compra...*, 61.

1517 Assim, também, Calvão da Silva, *Compra...*, 62.

1518 Sublinha-o, também, Calvão da Silva, *Compra...*, 62. Este autor aproxima a ação de cumprimento aos meios dirigidos à reintegração de um direito absoluto – *v.g.*, a ação de reivindicação do artigo 1311.º e seguintes do Código Civil – onde também se prescinde da culpa imputável ao violador.

exigir a eliminação do vício ou a substituição da coisa, independentemente da culpa do vendedor, diferentemente do sucedido com a indemnização, essa sim filiada na culpa. Assim como um incumprimento inimputável da entrega da coisa pelo vendedor não pode suprimir o direito do comprador de exigir judicialmente a realização da prestação devida, assim, também, a entrega de coisa defeituosa, mesmo se na ausência de ciência por parte do alienante da desconformidade, não deveria impedir o adquirente da satisfação *in natura* do seu interesse mediante a reparação[1519]. CALVÃO DA SILVA advoga desta forma a necessidade de revogação da segunda parte do artigo 914.º do Código Civil.

Não obstante, a solução proposta por CALVÃO DA SILVA se mostrar, no seu enquadramento dogmático, acertada ela não pode ser, de *iure condito*, aceite em toda a sua extensão. Na verdade, apesar de o artigo 914.º traduzir apenas uma manifestação do direito ao cumprimento pontual, a segunda parte do preceito em análise é manifesta no sentido de, na ausência de culpa do vendedor, não haver direito à substituição da coisa. Parece, pois, haver nesse cenário um propósito de atenuar os deveres do vendedor em homenagem à sua boa fé. Mas, esta mesma fundamentação, esgrimida por CALVÃO DA SILVA para fundar a respetiva interpretação do artigo 914.º, já nos adverte perante as orientações que procedem a uma interpretação do artigo em análise, para além do seu significado textual mais imediato. No plano normativo, o decisivo, essa solução não se afigura apropriada. Se o direito ao cumprimento pontual não depende de culpa e se a forma de o obter é ou através da reparação ou a substituição, então, se a substituição pode ser afastada se não houver culpa, perante esse afastamento, só há uma forma de manter a possibilidade de satisfação *in natura*: através da manutenção, mesmo perante a boa fé do vendedor, da obrigação de reparação.

III – Dir-se-á não resolver esta solução tudo: sempre permanecerá afastada a hipótese de satisfação *in natura*, nas hipóteses de impossibilidade de reparação, dado a coisa não ser pura e simplesmente reparável, se não existir dever de se proceder à sua substituição. E nessa medida sempre se assistirá, dado o artigo 914.º tratar ainda de uma situação de exigência de adimplemento ou satisfação do interesse no cumprimento, a uma contradição valorativa entre a solução associada às hipóteses de compra e venda

[1519] Nesse sentido CALVÃO DA SILVA, *Compra...*, 62 e 63.

de coisa defeituosa, de um lado, e as restantes situações de cumprimento defeituoso. Assim será, em certa medida.

Mas, mesmo assim, a referida contradição será bem menor do que se se estendesse o afastamento também à obrigação de proceder à reparação. E, por outro lado, sempre se dirá ser a solução a mesma da existente, impreterivelmente, em cenários de infungibilidade do bem a entregar. Nestas hipóteses, se não houver possibilidade de reparação, não poderá, jamais, haver satisfação *in natura*. Pelo que a solução do artigo 914.º, segunda parte, entendida esta como restrita à substituição, se aproxima da existente em cenários em que a coisa não é fungível: em ambas as hipóteses, na inviabilidade da reparação não há substituição.

Poder-se-ia, deste modo, dizer haver como que uma espécie de ficção de infungibilidade por detrás do regime subjacente ao artigo 914.º, segunda parte. Deve, entretanto observar-se o facto de, à semelhança de todas as outras situações jurídicas, sem exceção, a faculdade, por parte do vendedor isento de culpa de, nos termos do artigo 914.º, segunda parte, se eximir à obrigação de proceder à substituição da coisa se dever pautar pelas regras de boa fé, pelas quais todo o devedor se deve reger (artigo 762.º/2 do Código Civil) e pela proibição de abuso de direito (artigo 334.º do Código Civil). Destarte, em certos cenários em que a reparação não é viável nem possível, poder-se-á, eventualmente, assistir à obrigação de substituição, se isso puder ser feito, por parte do vendedor não culposo, sem custo ou com um custo muito reduzido, não tendo ele, portanto, um interesse sério em negar-se à substituição e se, ao mesmo tempo, a ausência de permuta do bem gerar um dano especialmente avultado para o comprador. Posto é, a observância dos pressupostos do abuso de direito. Não iremos, porém, abordar este aspeto, relativo aos pressupostos das atuações abusivas, agora[1520].

[1520] O abuso de direito foi, aliás, entre nós, objeto de aprofundados estudos e contributos como o ilustram as obras de Tito Arantes, *Do abuso de direito e da sua repercussão em Portugal (ensaio jurídico)*, 1936, 11 e ss.; Vaz Serra, *Abuso de direito (em matéria de responsabilidade civil)*, in *Boletim do Ministério da Justiça*, 1959, 85, 243 e ss.; Castanheira Neves, *Questão...*, I, 513 e ss. e, designadamente, 522 e nota (38), 525 nota (42), 526 nota (47); Fernando Cunha de Sá, *Abuso de direito*, 1973, *per totum*, 435 e ss., *maxime* 441; Coutinho de Abreu, *Do abuso...*, *per totum*; Menezes Cordeiro, *Da boa fé...*, II, 662 e ss., *maxime* 861 e ss., e 874 e ss.; Menezes Cordeiro, *Tratado...*, V, e 267 ss.; Sinde Monteiro, *Responsabilidade...*, 535 e ss.; Pedro de Albuquerque, *A representação...*, 736 e ss..

IV – No âmbito da compra e venda de bens onerados estabelece-se uma convalescença do contrato se desaparecerem os ónus (artigo 906.º do Código Civil). Este preceito é aplicável à compra e venda de coisa defeituosa, por força da remissão presente no artigo 913.º. Assim, se for vendido um animal doente e este recuperar a saúde o negócio não poderá ser *anulado*/resolvido.

Por sua vez, sempre no âmbito da compra e venda de bens onerados estabelece-se, como vimos, a obrigação de fazer convalescer o negócio. Todavia, na compra e venda de coisa defeituosa essa obrigação é substituída, precisamente, pela regra do artigo 914.º, ou seja, pelo dever de reparar ou substituir o bem vendido.

V – Na eventualidade de a obrigação de reparar ou substituir a coisa não ser objeto de adimplemento vale o artigo 910.º do Código Civil, referente à indemnização pelo incumprimento da obrigação de não fazer convalescer o negócio além das regras gerais do incumprimento[1521]. Haverá, então, mora e responsabilidade dela adveniente. Pode ser-lhe fixado prazo admonitório ou valer o desinteresse objetivo do comprador sendo, nessa situação, aplicável o regime do incumprimento definitivo: a indemnização mostrar-se-á integral[1522].

§ 3.2.3 – Redução do preço

I – Um outro efeito da compra e venda de coisa defeituosa é a possibilidade de redução do preço. Trata-se de um efeito resultante da aplicação, também, à compra e venda de bem defeituoso do regime estabelecido pelo artigo 911.º.

Trata-se de uma solução alternativa à *anulação*/resolução. Não há, neste domínio, especialidades relativamente ao regime da compra e venda de bens onerados. A redução é, igualmente, imposta ao comprador em determinados cenários já antes analisados a respeito da compra e venda de bens onerados. Segundo MENEZES CORDEIRO as hipóteses documentadas

[1521] No mesmo sentido MENEZES LEITÃO, *Direito...*, III, 125; MENEZES CORDEIRO, *Tratado...*, XI, 266.

[1522] MENEZES LEITÃO, *Direito...*, III, 125; MENEZES CORDEIRO, *Tratado...*, XI, 266. Cfr., também, CALVÃO DA SILVA, *Responsabilidade...*, 245 e 246; Id., *Compra...*, 68 e ss.; NUNO PINTO DE OLIVEIRA, *Contrato...*, 261 e ss., 277 e ss., 317 e 318.

judicialmente são referentes à compra e venda de bens imóveis. Assim é, na verdade, na generalidade das situações. Mas o tema aparece igualmente, de forma mais direta ou mais indireta, nalgumas outras decisões respeitantes a outros tipos de bens.

§ 3.2.4 – Indemnização

I – No âmbito da compra e venda de coisa defeituosa existem três fundamentos distintos de indemnização:

i) Indemnização havendo dolo;
ii) Indemnização se existir simples erro;
iii) Indemnização por inadimplemento da obrigação de fazer convalescer o contrato.

A primeira resulta do funcionamento integrado do artigo 913.º/1 e do artigo 908.º, preceito este atrás estudado.

A indemnização por simples erro sucede, uma vez mais, por força da remissão do artigo 913.º, mas agora para o artigo 909.º, ambos do Código Civil. Há, todavia, uma especialidade. No âmbito da compra e venda de bens onerados assiste-se a uma responsabilidade objetiva do vendedor. Essa solução é afastada, na compra e venda de coisa defeituosa, pelo artigo 915.º do Código Civil. Na verdade, estipula-se aí não ter lugar a indemnização prevista no artigo 909.º se não houver culpa do alienante. Esta solução tem sido objeto de censuras de *iure condendo*[1523] por se mostrar hoje desajustada. Mesmo perante a presunção de culpa do vendedor, nos termos do artigo 799.º/1 do Código Civil, o comprador é posto numa situação de especial vulnerabilidade situado perante uma série de danos emergentes não ressarcidos. Menezes Cordeiro refere que em estatísticas não divulgadas e apenas por amostragem se logram firmar, muitos compradores são despojados injustamente das suas expectativas preferindo não reagir: iriam somar um mal a outro mal[1524]. E assim é, na verdade. Trata-se de mais uma razão para, perante o artigo 914.º não fazer desaparecer a obrigação de reparação, se houver ignorância sem culpa por parte do alienante do vício ou falta de qualidade, limitando essa solução à obrigação de substituição. Mantendo a obrigação

[1523] Menezes Leitão, *Direito...*, III, 125; Menezes Cordeiro, *Tratado...*, XI, 267.
[1524] Cfr. Menezes Cordeiro, *Tratado...*, XI, 267.

de reparação, se ela não tiver lugar, manter-se-á, então, alguma forma de indemnização, mesmo numa situação de ignorância, sem culpa, por parte do vendedor do vício ou falta de qualidade da coisa. Só não será uma indemnização imposta pelo artigo 909.º. Ela resultará, antes, dos artigos 913.º e 910.º.

II – Já atrás fizemos referência à obrigação de indemnizar pelo incumprimento da obrigação de convalidar o contrato[1525]. Vimos, então, como no âmbito da compra e venda de coisa defeituosa a obrigação de convalidar o contrato é representada pelas obrigações previstas no artigo 914.º do Código Civil. Viu-se, também, como não sendo elas observadas e objeto de adimplemento pontual, se abriam as portas à mora, podendo ser fixado prazo admonitório ou valer o desinteresse objetivo do comprador sendo, nessa situação, aplicável o regime do incumprimento definitivo: a indemnização afigurar-se-á, sublinhámo-lo já antes, então, integral[1526].

Note-se, a fechar, ainda, o facto de ser admissível, nos termos do artigo 910.º e à semelhança do visto a propósito da compra e venda de bens alheios[1527] e da compra e venda de bens onerados o cúmulo nos termos do artigo 910.º/1, exceto na parte em que o prejuízo for comum. Tratando-se da hipótese prevista no artigo 908.º, por remissão do artigo 913.º, em relação aos lucros cessantes, o comprador deverá optar entre a indemnização dos lucros cessantes pela celebração do contrato que veio a ser anulado e a dos lucros cessantes pelo facto de não ser sanada a *anulabilidade*[1528].

§ 3.2.5 – A denúncia e caducidade das pretensões e a caducidade da ação de anulação, de reparação, de substituição ou de indemnização

I – O primeiro aspeto a reter prende-se com a necessidade de se distinguir os prazos para a denúncia do vício ou defeito dos prazos para interposição da ação destinada a fazer valer os direitos do comprador.

[1525] Cfr. *supra* § 3. 1, VI; § 3. 2. 1, VI; e § 3. 2. 2, IV.

[1526] V., uma vez mais, MENEZES LEITÃO, *Direito...*, III, 125; MENEZES CORDEIRO, *Tratado...*, XI, 266. Cfr., igualmente, CALVÃO DA SILVA, *Responsabilidade...*, 245 e 246; Id., *Compra...*, 68 e ss.; NUNO PINTO DE OLIVEIRA, *Contrato...*, 261 e ss., 277 e ss., 317 e 318.

[1527] V. *supra* 366 e ss.

[1528] Cfr. *supra* 416.

Relativamente à primeira, a denúncia da desconformidade, apurado o defeito o comprador deve proceder à respetiva denúncia (artigo 916.º/1, do Código Civil). A denúncia só não será necessária se o comprador houver usado de dolo.

O Código Civil prevê dois prazos para a efetivação da denúncia: até trinta dias depois de conhecido o defeito e dentro dos seis meses após a entrega da coisa. O prazo de seis meses é um prazo de manifestação da imperfeição. Se ela se manifestar para além desses seis meses o comprador já nada poderá fazer. Mas, se a exteriorização for dentro do primeiro semestre após a venda, o comprador terá trinta dias a partir da exposição da falha. O prazo de seis meses conta-se a partir da entrega. O de trinta dias a partir da manifestação do defeito.

Tratando-se de bens imóveis estes prazos serão, respetivamente, de um e cinco anos[1529].

II – Na eventualidade de se estar diante de uma situação de dolo do vendedor vale o disposto no artigo 287.º/1 do Código Civil. O comprador tem, então, um ano, a contar do conhecimento do vício e do dolo, para reagir, podendo fazê-lo diretamente na ação de anulação, sem denúncia prévia[1530-1531]. Pergunta-se se, nesta hipótese de dolo, o artigo 287.º/1 continua a valer na eventualidade de se estar perante a venda de um bem imóvel? A resposta poderá parecer negativa. De outro modo, dir-se-ia, o comprador

[1529] Pedro Romano Martinez, *Direito...*, 144; e Nuno Pinto de Oliveira, *Contrato...*, 306, sustentam, porém, só valer esse prazo alargado para defeitos graves (para a empreitada v., ainda, Pires de Lima/Antunes Varela, *Código...*, II, comentário ao artigo 1225.º, 902; e Menezes Leitão, *Direito...*, III, 548). Não acompanhamos essa solução. Cfr. Pedro de Albuquerque/Miguel Raimundo, *Direito...*, II, 453 e ss..

[1530] Em sentido adverso à aplicação do prazo do artigo 287.º/1 do Código Civil pode ver-se Pedro Romano Martinez, *Direito...*, 145, nota 1, na esteira de alguma Jurisprudência entende que o prazo deste preceito não é de reter: o dolo só tornaria dispensável a denúncia, mas não alteraria os prazos do artigo 916.º. Assim é para a hipótese do prazo do artigo 916.º/3. Mas não para o do artigo 913.º/2. Havendo dolo, não se vê razão para diminuir a posição do comprador relativamente a outras situações análogas. Deve, pois, valer o regime geral do artigo 287.º/1, exceto se o prazo previsto para a compra e venda for mais largo (como sucede com o do artigo 916.º/3).

[1531] Mas v. Pedro Romano Martinez, *Direito...*, 145; e Nuno Pinto de Oliveira, *Contrato...*, 305; no sentido de a ação de *anulação* poder valer como uma denúncia nas hipóteses de simples erro.

teria melhor proteção na hipótese de simples erro do que na de dolo. Valeria, para o simples erro, o prazo do artigo 916.º/3 (um ano a contar da manifestação e cinco a contar da venda), a que se seguiria depois um prazo de seis meses para a interposição da ação de *anulação*. Portanto, o comprador teria um ano e meio, a partir da ciência do vício, para atacar o negócio. Já na situação de dolo, o adquirente teria apenas o de um ano do artigo 287.º/1, a determinar desde a ciência do defeito, para intentar a ação de *anulação*. Deveria, por isso, entender-se valer sempre o prazo de um ou cinco anos na eventualidade de se estar diante da compra e venda de um bem imóvel, para a realização da denúncia, independentemente de haver dolo ou erro a que se somaria, ainda, o prazo de seis meses, do artigo 917.º do Código Civil[1532].

Não obstante poder haver situações de algum encurtamento do prazo para o comprador objeto de dolo, a verdade reside no facto de não se poder dizer haver, para este, sem mais, invariavelmente, um prejuízo relativamente ao comprador que *errou*. É que, muito embora o que simplesmente errou possa vir a ter um ano e meio (em virtude da soma dos prazos do artigo 916.º/3 e 917.º do Código Civil), a partir do conhecimento do vício, para interpor a ação, e o adquirente, vítima de dolo, só ter um ano a partir da mesma data para o fazer, a verdade está no facto de o primeiro estar sujeito a um prazo máximo de cinco anos para denunciar o vício (destarte, se neste período não tiver ciência do defeito já não pode fazer nada), mais seis meses para intentar a ação, e o segundo o poder fazer sempre, no prazo de um ano a partir do vício, independentemente da altura da respetiva manifestação (donde, sem dependência do período máximo de cinco anos) e, portanto, não se poderá dizer ser sempre a sua situação pior do que a do mero errante. Pense-se, por exemplo, na seguinte hipótese: o vendedor usa de dolo na venda de um bem imóvel. O comprador só vem a aperceber-se do vício após o decurso de cinco anos e um dia. Pode, no prazo de um ano a partir dessa data da ciência do defeito, atacar o negócio. Todavia, se tivesse havido simples dolo já nada poderia fazer. O prazo de mais seis meses do artigo 917.º de nada lhe valeria. Portanto, não é[1533] necessariamente verdadeira a afirmação segundo a qual o comprador, vítima de dolo, estaria sempre em pior situação, relativamente ao mero errante, se ao prazo de um ano, do artigo 287.º/1, se não somasse, ainda, o de seis meses do artigo 917.º. Na medida em que tem

[1532] Na mesma direção Nuno Pinto de Oliveira, *Contrato...*, 306 e 307.
[1533] Diversamente do sustentado por Nuno Pinto de Oliveira, *Contrato...*, 306 e 307.

sempre no mínimo um ano para reagir, mesmo se o vício se manifestar para além do horizonte temporal dos cinco anos, pode afirmar-se ser, ao invés, a sua posição melhor do que a do mero *errante*, não obstante a partir da sua ciência só dispor de um ano (quando o comprador que lavrou em mero *erro*, dispõe, tratando-se de bens imóveis, de um ano a partir do respetivo conhecimento e meio). Portanto, depende da perspetiva[1534].

Uma tentativa de solução poderia passar por defender valer o prazo de um ano mais seis meses (resultantes da soma do prazo do artigo 287.º/1 ao do artigo 917.º, ambos do Código Civil) apenas aos vícios manifestados dentro dos cinco anos após a venda e, vencido esse quinquénio sobre a data da venda, apenas o prazo de um ano do artigo 287.º/1. Mas mesmo aí teríamos problemas para harmonizar todas as situações. Pois, se se adotasse essa solução, e o defeito se manifestar no último dia do prazo de cinco anos, o comprador teria um ano e meio para atacar o negócio. Mas se a exteriorização do problema se desse um dia para além dos cinco anos o comprador já só teria um ano para o fazer. E, portanto, entrar-se-ia numa espécie de escada sucessiva em que o prazo adicional de seis meses, a ser dado, como pretende NUNO PINTO DE OLIVEIRA, teria de se ir estendendo, de modo contínuo, numa espiral interminável, de forma a aproximar as sucessivas distinções que a outorga desses seis meses iriam gerando. Isto, só não seria assim se se entendesse haver uma valoração de merecimento adicional do comprador, e de desmerecimento do vendedor, se o vício se manifestasse nos primeiros cinco anos após a venda, e isso já não sucedesse a partir da entrada para o primeiro sexénio.

Perante isto, não se pode dizer ser melhor ou mais adequada, do ponto de vista jurídico-valorativo, a pura e simples aplicação do artigo 287.º/1, às hipóteses de dolo (portanto, sem o limite máximo de cinco anos sobre a data da venda e sem o prazo de um ano e meio a partir da ciência do vício, valendo sempre o prazo de um ano previsto no artigo 287.º) ou, ao invés, a aplicação

[1534] Isto será assim a menos que se pretenda sujeitar o comprador doloso também ao prazo máximo de cinco anos do artigo 916.º/3. Mas isso, envolveria obstáculos diversos na hipótese de compra e venda de bens móveis. Qual seria, nessa eventualidade, o prazo de manifestação do defeito, havendo dolo? Nenhum? Não podia ser dado entender-se valer o do artigo 916.º/3 para a hipótese da compra e venda de bens imóveis. Mas então qual? A solução é só uma. Havendo dolo, não há prazo máximo de manifestação do defeito. Posto é que se demonstre o dolo e o vício da coisa e se ligue a sua posterior manifestação à ausência de qualidades ao tempo da venda.

conjugada dos artigos 916.º/3 e do artigo 917.º, ambos do Código Civil (de forma a permitir ao comprador a impugnação do negócio até ao período máximo de um ano e meio a partir do conhecimento – um ano do artigo 916.º/3, mais seis meses do artigo 917.º, mas sem possibilidade de o vício se manifestar depois de passado o primeiro quinquénio sobre a data da venda). Portanto, deverá valer o regime geral do dolo: ou seja, o do artigo 287.º/1.

A Doutrina de ponta mais atenta tem assinalado a existência de lacunas insuscetíveis de serem preenchidas ou integradas através de uma concreta decisão jurídica, num passo que não deve, de resto, merecer nenhuma impugnação. E são insuscetíveis de serem preenchidas por uma decisão puramente jurídica – ou seja, de índole meramente jurídica alicerçada, tão-só, em fundamentos e critérios jurídicos[1535] – pois, sem se situarem no espaço livre de Direito, para a concreta solução exigida afluem intenções que não são de natureza jurídica, mas sim de mera oportunidade, de opção político-social, de sentido técnico ou estratégico, etc., a exigirem também opções dessa natureza – pense-se, por exemplo, nos casos que têm a ver com exigências ou aspetos meramente técnicos, com o modo de registo, com a regras de trânsito, mas também, e é isso que agora nos interessa, com a regras relativas a prazos[1536], etc.. Noutros termos, trata-se de hipóteses que, por um lado, não nos situam perante espaço livre de Direito (*Rechtsleeren Raum*)[1537], mas para os quais a protesto de um critério normativo de solução não se impõe, apenas ou essencialmente, em razão de uma valoração jurídica[1538].

[1535] Cfr., entre outros, ENGISCH, *Der Begriff...*, in *Festschrift...*, 85 e ss, 98; Id., *Introdução...*, 308 e 309; CANARIS, *Feststellung von Lücken...*, 172 a 177. Identificando igualmente a questão, LARENZ, *Metodologia...*, 608 e ss.; e CASTANHEIRA NEVES, *Metodologia...*, 230 e 234 e ss., ambos partindo do entendimento de que a essência da questão não se centra na temática da lacuna jurídica, mas dos limites à autónoma constituição normativa-jurídica no caso concreto, ou seja, de definir as fronteiras entre o espaço da decisão legislativa e o da decisão jurisprudencial.

[1536] Assim ENGISCH, *Der Begriff...*, in *Festschrift...*, 98; CANARIS, *Die Feststellung...*, 175; e CASTANHEIRA NEVES, *Metodologia...*, 230.

[1537] Ao contrário do que era designadamente sustentado por BERGBOMS, autor para o qual este tipo de lacunas nos remetia efetivamente para o espaço livre de Direito. Cfr., a este respeito, novamente, *brevitatis causa*, ENGISCH, *Der Begriff*, in *Festschrift...*, 99.

[1538] É esta a razão que leva algum setor da Doutrina a sugerir não se centrar a essência do assunto na temática da lacuna, mas na dos chamados limites normativo-técnicos à autónoma constituição do Direito através de lacunas [expressivamente, LARENZ, *Metodologia...*, 608 e

Nas hipóteses de falta da fixação legal do prazo que se afigura necessário estabelecer, se, e porque a solução que se pretende obter, não se funda em valorações jurídicas, mas sim simples de operacionalidade ou de natureza semelhante, o ensaio de preenchimento da lacuna terminará por redundar num exercício meramente arbitrário, já que não pode haver solução «que exclusiva ou prevalentemente se justifique»[1539-1540].

A ser, porém, assim, no plano da atividade jurisdicional, o resultado lógico da tese geral a extrair daquela inferência traduz-se na justificação, excecional, da recusa da decisão ou *non liquet*, perante uma hipótese lacunar cujo critério de solução, não sendo *de Direito*, é indiferente na perspetiva da justiça[1541]. Para usar um argumento extraído do art. 10.º/3, do Código Civil, se se ordena ao julgador que crie um critério de solução da lacuna *ao jeito de uma norma*, compatível com *o espírito do sistema jurídico*, está ordenar-se o impossível, uma vez que não há neste um referencial que permita a solução – não há solução de valoração exclusivamente política ou técnica mais ou menos compatível com o sistema jurídico no seu conjunto.

De resto, o dever de o julgador proferir uma decisão jurídica e a proibição de *non liquet*, como quaisquer outros deveres e proibições, não se mostram incondicionais[1542]. No âmbito do problema de que ora se trata, a obrigação de proferir uma decisão jurisdicional cede perante a determinação consti-

609: «(...) *o limite do desenvolvimento judicial do Direito radica aí onde a resolução exigida já não pode ser fundamentada só em considerações jurídicas, mas exige uma decisão política, orientada a pontos de vista de oportunidade. Encontrá-la é, no Estado democrático, em princípio, matéria do legislador»*]; essa autónoma constituição do Direito através do preenchimento de lacunas deve actuar segundo uma racionalidade especificamente jurídica, que faltaria quando tais limites fossem ultrapassados» (cfr. também CASTANHEIRA NEVES, *Metodologia*..., 230 e ss.).

1539 CASTANHEIRA NEVES, *Metodologia jurídica*..., 230. Cfr., também, CANARIS, *Feststellung*..., 172 e ss., *maxime* 175, onde se refere a circunstância de na medida dessa arbitrariedade a solução alcançada carecer de qualquer vinculatividade geral.

1540 LARENZ (*Metodologia*..., 608 e 609), em discurso reportado aos limites normativo-técnicos à autónoma constituição do Direito através de lacunas, na perspetiva de normas jurídicas que são o veículo de opções políticas, alerta para o facto de esses limites deverem ser levados a sério pelos tribunais, sob pena de verificação do «*perigo de que os seus juízos sejam interpretados como tomada de partido ante a divergência de opiniões políticas e de que já não sejam aceites como enunciados fundados no Direito*», juízo que é extensível às normas que sejam o veículo de meras opções técnicas.

1541 CANARIS, *Feststellung*..., 177.

1542 Assim, também, CANARIS, *Feststellung*..., 177.

tucional e concretamente perante o art. 205.º, n.º 1, e o artigo 203.º ambos da CRP.

Estabelece-se no primeiro dos dois preceitos:

> *As decisões dos tribunais que não sejam de mero expediente são fundamentadas na forma prevista na lei.*

Enquanto isso dispõe o artigo 203.º:

> *Os tribunais são independentes e apenas estão sujeitos à lei.*

A fundamentação a que se refere o artigo 203.º é, naturalmente, de racionalidade jurídica. A regra constitucional proíbe, portanto, a arbitrariedade da decisão jurisdicional, arbitrariedade essa que seria inevitável, conforme já foi referido, na solução de uma lacuna cuja solução suscita fundamentos e critérios de índole não jurídica.

Por sua vez, o artigo 203.º da CRP fixa, por um lado, a independência dos tribunais e, por outro, também o dever de não-arbítrio[1543]. Ora, o dever esbarra, na hipótese de se proferir uma decisão baseada em fundamentos técnicos ou de oportunidade e não em fundamentos jurídicos, com a proibição do *non liquet*, num conflito de proibições. E perante este cenário, sustenta-se, a saída deve ser precisamente a admissibilidade de um *non liquet* em a prevalência da proibição da arbitrariedade sobre a da recusa de decisão[1544] – até porque uma decisão arbitrária, mais do que a própria ausência de solução, é a negação do próprio Direito[1545].

[1543] Expressamente nesse sentido MENEZES CORDEIRO, *Tratado...*, I, 140.

[1544] CANARIS, *Feststellung...*, 177.

[1545] CASTANHEIRA NEVES, *Metodologia...*, 237, considera estar-se perante situações desta natureza diante de limites técnico-normativos ao preenchimento de lacunas uma vez que nos encontramos perante questões que por serem apenas suscetíveis de decisão por critérios também puramente técnicos ou com base numa opção indiferente à validade axiológico-normativa do Direito (indiferente à intenção de «justiça») excluem do mesmo modo a justiciabilidade (a possibilidade de um juízo jurídico jurisdicional), e que, destarte, não poderão ser integradas, tendo o julgador de remeter para o legislador, para um imperativo ato legislativo não se pronunciando enquanto ele não surgir.

III – O cenário descrito, com as conclusões expressas, não sucederá, todavia, se, de alguma forma, e na falta do recurso à analogia, ainda for possível preencher a lacuna consistente na falta de um prazo[1546] através de um conceito geral e indeterminado a concretizar através das próprias exigências do problema para o qual se indaga uma solução[1547]. Será essa a situação quando, faltando a fixação legal de um prazo necessário, ainda assim se possa operar com recurso ao conceito de *prazo adequado*[1548].

Não havendo imposição de forma para a realização da denúncia ela pode ser feita por qualquer modo podendo, até, ser meramente tácita[1549]. A prudência postula, todavia, a sua realização através de forma escrita[1550]. Além disso, ela não se poderá traduzir em meras observações de natureza genérica. Tem de se assinalar o vício. A denúncia será ou poderá, porém, ser dispensável se tiver havido ciência do defeito por parte do vendedor por alguma outra forma. Será, assim, designadamente, se o vendedor reconhecer, por si, a existência de defeito.

IV – Os prazos de denúncia previstos no artigo 916.º valem para todos os remédios associados à compra e venda de bem defeituoso: ou seja, abrangem também a redução do preço, a reparação ou substituição da coisa e a indemnização[1551]. Isto, tratando-se de uma situação de simples erro. Já na eventualidade de haver dolo, na medida da aplicação a estas situações do artigo 287.º/1 (não do artigo 916.º/2), que permite a interposição da ação de *anulação* sem denúncia e no prazo de um ano, a contar da ciência do dolo e do vício, tem-se perguntado qual o prazo para fazer valer os outros direitos atribuídos ao comprador. PIRES DE LIMA/ANTUNES VARELA[1552]

1546 Mas o mesmo vale para a falta de qualquer regulamentação técnica.

1547 CANARIS, *Feststellung*..., 175.

1548 CANARIS, *Feststellung*..., 175.

1549 A propósito da forma da denúncia v., para mais pormenores e desenvolvimentos, PIRES DE LIMA/ANTUNES VARELA, *Código*..., II, comentário ao artigo 914.º, 212; PEDRO ROMANO MARTINEZ, *Direito*..., 142, 144 e 145; NUNO PINTO DE OLIVEIRA, *Contrato*..., 304 e ss., MENEZES CORDEIRO, *Tratado*..., XI, 268.

1550 Relativamente às vendas comerciais v. os artigos 470.º e 471.º do Código Civil.

1551 Assim, também, PIRES DE LIMA/ANTUNES VARELA, *Código*..., II, comentário ao artigo 916.º, 211, implicitamente; NUNO PINTO DE OLIVEIRA, *Contrato*..., 304 e ss., 311 e 312; MENEZES CORDEIRO, *Tratado*..., XI, 269.

1552 PIRES DE LIMA/ANTUNES VARELA, *Código*..., II, comentário ao artigo 914.º, 211.

e MENEZES CORDEIRO[1553] afirmam valer, então, o prazo geral de prescrição de vinte anos (artigo 309.º do Código Civil). A solução tem merecido a divergência de outros autores e de alguma Jurisprudência[1554].

Pela nossa parte temos dúvidas relativamente à melhor solução. Havendo dolo do vendedor não parece não haver motivo para o beneficiar, aplicando o prazo curto do artigo 916.º.

Não tem, salvo melhor entendimento, razão NUNO PINTO DE OLIVEIRA[1555] ao dizer desproteger, a utilização do prazo geral de prescrição, excessivamente o vendedor e levar, ainda, a resultados incoerentes: por um lado, vale o prazo de um ano, para atacar o negócio, por outro, o de vinte anos para exigir a substituição e ou reparação. Se o vendedor usou de dolo não há necessidade de se avantajar a sua proteção. Além disso, não há nenhuma desarmonia em aplicar o prazo de um ano para atacar o negócio e o prazo de vinte para os outros remédios. O mesmo sucede, sempre, em todos os outros negócios! Se há um negócio viciado o prazo é sempre de um ano para impugnar o negócio (artigo 287.º/1 do Código Civil) e vinte anos para fazer valer os direitos ao cumprimento (artigo 309.º do Código Civil).

Ora, o exercício dos direitos de reparação e substituição, é uma forma de exigência do cumprimento. Se houvesse necessidade de realizar a denúncia faria sentido a aplicação dos prazos previstos no artigo 916.º, pois é essa a solução prevista para a necessidade de denúcnia. Mas, sendo ela dispensada, não há razão para se entender valerem eles ou mesmo o prazo do artigo 287.º/1. Só não seria assim se, em todos os outros cenários de erro ou dolo, a exigência de cumprimento estivesse igualmente limitada pelo artigo 287.º/1. Mas não é isso a suceder. Portanto, em matéria de compra e venda defeituosa, deve valer a mesma solução que vigora para os demais negócios.

V – Estes prazos são, nos termos do artigo 298.º/2 de caducidade[1556]. Não se suspendem, nem interrompem, exceto nas hipóteses previstas nesse sen-

[1553] MENEZES CORDEIRO, *Tratado...*, XI, 269.

[1554] Assim CARNEIRO DA FRADA, *Perturbações...*, in *Direito...*, III, 84; CALVÃO DA SILVA, *Compra...*, 80; NUNO PINTO DE OLIVEIRA, *Contrato...*, 313 e 314;

[1555] NUNO PINTO DE OLIVEIRA, *Contrato...*, 313 e 314.

[1556] Na mesma direção CARNEIRO DA FRADA, *Perturbações...*, in *Direito...*, III, 84; PEDRO ROMANO MARTINEZ, *Direito...*, 145 e 146; MENEZES CORDEIRO, *Tratado...*, XI, 269.

tido (artigo 328.º do Código Civil). Os prazos previstos no artigo 916.º são, porém, supletivos. Na verdade, é possível estipular prazos mais dilatados, como de resto se entende perante o disposto no artigo 921.º/2 do Código Civil.

Além disso, enquanto o negócio não estiver cumprido a anulabilidade pode ser arguida a todo o tempo (artigo 287.º/2)[1557].

VI – Além do prazo fixado no artigo 916.º do Código Civil, o artigo 917.º do mesmo diploma estabelece, ainda, um prazo adicional de seis meses para se interpor a ação de anulação. Este prazo vale, como o próprio preceito cuida de estabelecer, não obstante a opinião maioritária da Jurisprudência em sentido oposto, para a ação destinada a atacar a subsistência do negócio[1558]. Defender a solução oposta e defender valer o prazo de seis meses para, após a denúncia, para a interposição da ação de reparação/substituição e indemnização, é um estímulo e incentivo à litigiosidade[1559]. Realizada a denúncia haverá que se esperar por uma reação da outra parte no negócio, podendo esta depender de perícias, estudos e vistorias, arranjar advogado apropriado, reunir meios para a ação, etc.[1560]. Tudo entremeado por negociações com o vendedor e acrescido de possíveis manobras dilatórias deste. Donde, para usar a expressão de MENEZES CORDEIRO, em termos valorativos e axiológicos, nada postula um prazo tão breve. Do ponto de vista literal a solução afasta do disposto no artigo 917.º, é certo, não ser, não dever ser, a letra o *prius* metodológico. Será, antes, o problema a resolver. Mas, justamente, do ponto de vista deste, o prazo é demasiado curto para ser objeto de outro tipo de interpretação[1561-1562].

[1557] Sublinhando este aspeto v., por exemplo, NUNO PINTO DE OLIVEIRA, *Contrato...*, 305; MENEZES CORDEIRO, *Tratado...*, XI, 269.

[1558] No mesmo sentido do texto v. MENEZES CORDEIRO, *Tratado...*, XI, 273

[1559] Assim, também, MENEZES CORDEIRO, *Tratado...*, XI, 274.

[1560] MENEZES CORDEIRO, *Tratado...*, XI, 274.

[1561] Na mesma linha v. MENEZES CORDEIRO, *Tratado...*, XI, 274 e 275.

[1562] Pela nossa parte impugnamos a distinção tradicional entre interpretação, interpretação extensiva e interpretação analógica. Só há uma interpretação. A boa, exigida pelo problema. E ela será sempre analógica. Mas para quem continue a defender esta distinção, mesmo assim, não há neste cenário, nem margem para uma interpretação extensiva, nem para uma interpretação analógica.

Por mais que se diga impor o espírito do sistema a sujeição da ação de anulação, de um lado, e da ação de cumprimento do artigo 914.º, do outro, ao mesmo prazo, a verdade reside antes no facto de o espírito do sistema não poder exigir, jamais, uma solução favorável ao aumento da litigância. Além disso, não se vislumbra razão para sujeitar o comprador errante a um prazo de cumprimento inferior ao disposto pelo comprador não errante. Aquele, estaria sujeito ao prazo do artigo 917.º para exigir o cumprimento. Este, teria possibilidade de o fazer durante vinte anos (artigo 309.º do Código Civil). Isso sim, seria oposto à ideia de sistema. Ambos devem ter o mesmo prazo para requerer o adimplemento: o geral.

Divergimos, pois, com MENEZES CORDEIRO, da Jurisprudência maioritária.

- STJ 12-01-1994 (PAIS DE SOUSA)[1563]: o artigo 917.º do Código Civil de 1966, relativo à caducidade do direito de anulação por simples erro, aplica-se, por interpretação extensiva, ao caso de reparação de coisas defeituosas vendidas. Em tais termos, os defeitos devem ser denunciados até trinta dias depois do seu conhecimento e dentro de seis meses após a entrega da coisa vendida, caducando a ação de reparação desta findo qualquer desses prazos sem o comprador ter feito a denúncia, ou decorridos seis meses sobre esta.
- STJ 04-12-1996 (Acórdão Uniformizador) (CARDONA FERREIRA)[1564]: a determinação do prazo de caducidade do direito de ação do comprador destinado a exigir do vendedor a reparação de defeitos do imóvel vendido, na falta de previsão legal expressa nesse sentido, obtém-se por interpretação extensiva dos artigos 916.º e 917.º, relativos aos prazos de denúncia e de caducidade da ação de anulação por simples erro na compra e venda de coisas defeituosas, que serão aplicáveis. Ora, de facto, a solução não pode deixar de ser alcançada por interpretação extensiva destas últimas regras. A ação destinada a exigir a reparação de defeitos de coisa imóvel vendida, no regime anterior ao Decreto-Lei n.º 267/94, de 25 de outubro, estava sujeita à caducidade nos termos previstos no artigo 917.º do Código Civil.

[1563] STJ 12-01-1994 (PAIS DE SOUSA), Proc. 084501/ITIJ (venda – coisa defeituosa).

[1564] STJ 04-12-1996 (Acórdão Uniformizador) (CARDONA FERREIRA), disponível em <*https://dre.pt/pesquisa/-/search/570770/details/maximized*> (com três votos de vencido, dois na questão em análise).

- STJ 06-01-2016 (Orlando Afonso)[1565]: sendo a causa de pedir – o vício da coisa –, comum a todas as correspondentes ações (de anulação, indemnização pelo interesse contratual negativo,...), em homenagem ao princípio da unidade do sistema jurídico, deve aplicar-se, por interpretação extensiva, a esta ação de indemnização pelo interesse contratual positivo, decorrente de cumprimento defeituoso do contrato de compra e venda comercial, por vício da coisa vendida – no caso, farinha imprópria para consumo humano –, o prazo de caducidade de seis meses previsto no artigo 917.º do Código Civil e não o prazo geral de prescrição ordinária de vinte anos, previsto no artigo 309.º do mesmo Código.
- STJ 08-05-2018 (João Bernardo)[1566]: o artigo 917.º do Código Civil dispõe que a ação de anulação por simples erro caduca no prazo de seis meses decorridos sobre a denúncia, com uma especificidade relativa ao artigo 287.º/2, que aqui não importa. A letra deste preceito reporta-se apenas aos casos de ação de anulação por simples erro. Mas, face ao artigo 921.º/4, mal se compreenderia que não abrangesse os casos de ações que visem a reparação ou substituição da coisa. Interpretando-se assim o preceito, não se encontraria justificação plausível para deixar de fora as ações indemnizatórias.

No bom sentido:

- STJ 12-11-1996 (Miranda Gusmão)[1567]: tratando-se de venda de coisa defeituosa, é de seguir a orientação jurisprudencial segundo a qual à ação para reparação ou substituição da coisa se não aplica o prazo de caducidade da ação de anulação.

Na direção oposta não vale a pena alegar o disposto no artigo 921.º/4. Este preceito dispõe, na verdade, caducar o prazo de garantia de bom

[1565] STJ 06-01-2016 (Orlando Afonso), Proc. 6637/13.0TBMAI-A.P1.S2/ITIJ (coisa defeituosa – compra e venda – cumprimento defeituoso – direito à indemnização – responsabilidade contratual – prazo de caducidade – prazo de prescrição – prazo de propositura da ação – interpretação extensiva – interesse contratual positivo – nulidade de acórdão – excesso de pronúncia – questão nova).

[1566] STJ 08-05-2018 (João Bernardo), Proc. 1944/11.0TBPBL.C1.S1/ITIJ (consumidor – cumprimento defeituoso – *aliud pro alio* – caducidade).

[1567] STJ 12-11-1996 (Miranda Gusmão), Proc. 98B831/ITIJ (cumprimento imperfeito – caducidade de ação – venda).

funcionamento se, findo o prazo para realização da denúncia o comprador a não tiver feito, ou passados seis meses sobre a data em que ela foi efetuada. Por isso, alguns autores[1568] têm dito gerar uma aporia valorativa a sujeição do direito de ação, uma vez realizada a denúncia, a um prazo de vinte anos (o prazo geral do artigo 309.º do Código Civil) para a interposição da ação de reparação/substituição e indemnização, nas hipóteses em que não há garantia, e a imposição de um prazo mais reduzido (o do artigo 921.º) na eventualidade de existir garantia. Os prazos teriam de ser os mesmos sob pena na hipótese de garantia o comprador ter menos tempo para reagir do que se não tiver nenhuma garantia. Mas não é assim. Na eventualidade de ter sido prestada garantia o comprador terá na verdade um prazo curto se se pretender valer dela. E, portanto, se desejar responsabilizar objetivamente o vendedor. Mas decorrido este prazo ele continua a ter abertas as portas para responsabilizar o credor subjetivamente. Ou seja, com base na culpa. O que, isso sim, não faria sentido era impor prazos similares independentemente de haver responsabilidade culposa ou responsabilidade objetiva.

VII – O prazo do artigo 917.º conta-se a partir da denúncia[1569]. Tal como na hipótese do artigo 916.º, também o prazo do artigo 917.º se afigura supletivo. A vontade das partes pode levar ao seu afastamento.

§ 3.3 – Situações especiais de compra e venda (defeito superveniente, venda sob amostra, venda de animais defeituosos, venda de coisas a serem transportadas)

I – A par do regime geral existem algumas situações especiais. A primeira delas emerge do, já por nós antes analisado, artigo 918.º. O preceito intenciona, *prima facie*, três situações diversas:

[1568] Assim, por exemplo, PIRES DE LIMA/ANTUNES VARELA, *Código...*, II, comentário ao artigo 917.º, 213; e NUNO PINTO DE OLIVEIRA, *Contrato...*, 312.

[1569] STJ 08-11-2018 (ILÍDIO SACARRÃO MARTINS), Proc. 267/12.1TVLSB.L1.S1/ITIJ (contrato de compra e venda – venda de coisa defeituosa – caducidade – reconhecimento do direito – prazo de propositura da ação – nexo de causalidade – teoria da causalidade adequada – produto defeituoso – compra e venda comercial – natureza comercial – responsabilidade contratual – nulidade de acórdão – omissão de pronúncia).

i) a primeira, a de a coisa, depois de vendida e antes de entregue, se deteriorar;
ii) a segunda, a de isso se passar relativamente a coisa futura;
iii) e a terceira se dar com coisa indeterminada.

Uma vez aprofundada a determinação do sentido do preceito ele parece ir bem para além das pistas à primeira vista sugeridas. Mas já analisamos antes o sentido desta norma. Designadamente, a sua relação com os contratos de compra e venda com e sem eficácia real (nos termos do artigo 408.º/1 e 2 do Código Civil) e, também, com a obrigação de entrega. Não voltaremos agora a ele. Remetemos antes para o dito a este propósito à medida do desenvolvimento do nosso estudo a respeito das perturbações da compra e venda[1570].

II – Tratando-se de venda sob amostra também existe um regime próprio[1571]: o do artigo 919.º.

Este preceito tem, no entanto, suscitado dúvidas. Pires de Lima/ /Antunes Varela[1572], assim como Menezes Leitão[1573], entre outros[1574], apontam no sentido de a norma remeter para os artigos 913.º e seguintes. Baptista Machado[1575] e Menezes Cordeiro[1576], igualmente entre outros[1577], dissentem e apelam, precisamente, para o artigo 918.º. Pela nossa parte seguimos estes dois últimos autores. A argumentação no sentido de a compra e venda sob amostra ser afinal uma venda sem entrega da coisa. A isso soma-se a indeterminação da espécie, no final, a ser usada no cumprimento.

[1570] Cfr. *supra* § 2. 2. 1, IV; § 3. 2. 1, VI.

[1571] Relativamente à solução no âmbito do Direito comercial v. Menezes Cordeiro, *Tratado...*, XI, 284, e o artigo 469.º do Código Comercial.

[1572] Pires de Lima/Antunes Varela, *Código...*, II, comentário ao artigo 919.º, 215.

[1573] Menezes Leitão, *Direito...*, III, 129.

[1574] Nesse sentido parecem depor, ainda, por exemplo, se bem lemos, muito embora haja espaço para dúvidas José Alberto González, *Código civil...*, III, 67; e Jacinto Bastos, *Notas...*, IV, comentário ao artigo 919.º, 104, ao dizer ter o comprador, na compra e venda sob amostra, a possibilidade de exigir, nos termos do artigo 914.º, a substituição da coisa, em vez de afirmar resultar, antes, a possibilidade de o comprador de se negar a aceitar o cumprimento e exigir nova prestação das regras gerais.

[1575] Baptista Machado, *Acordo negocial e erro...*, in *João Baptista Machado...*, I, 98, nota 103.

[1576] Menezes Cordeiro, *Tratado...*, XI, 285.

[1577] Nessa direção pode ver-se, também, designadamente, Calvão da Silva, *Compra...*, 89; Jorge Morais de Carvalho, *Código civil...*, II, comentário ao artigo 919.º, 1137.

Os valores subjacentes ao artigo 919.º alinham, além disso, manifestamente com os presentes no artigo 918.º[1578]. Portanto, se o comprador adquire *a*, através de amostra e, mais tarde, vem a receber *b* haverá, certamente, de alegar incumprimento.

Admite-se ainda a possibilidade de, por força de convenção ou dos usos, resultar que a amostra serve apenas para revelar de modo aproximado as qualidades do objeto.

III – O artigo 920.º do Código Civil reporta-se, ainda, à venda de animais defeituosos. Fá-lo para dizer serem ressalvadas as leis especiais ou, na falta delas, os usos sobre a venda de coisa defeituosa.

Interessa referir o Decreto de 16 de dezembro de 1886, em especial os respetivos artigos 49.º e 50.º.

O primeiro dos dois preceitos menciona o que se reputa de vícios redibitórios, referindo, expressamente, algumas das moléstias de que podem padecer certos animais. Assistindo-se à sua verificação o corpo do artigo 49.º diz ser o contrato resilível, salvo convenção em contrário.

O artigo 50.º prevê a possibilidade de redução do preço se, sendo pedida pelo comprador, o vendedor não preferir antes reaver o animal ou animais, restituindo o custo da venda e indemnizando o comprador pelos prejuízos sofridos.

Depois, deverá ter-se, ainda, presente o Decreto n.º 18 563, de 5 de julho de 1930. Este diploma estabelece o Regulamento para o serviço de remonta geral do Exército[1579]. Interessam sobretudo os artigos 61.º e seguintes.

A primeira interrogação suscitada a este respeito passa por saber se o Decreto de 16 de dezembro de 1886 permanece em vigor. A resposta é positiva[1580]. A outra é se a enumeração das doenças referidas no respetivo artigo 49.º é taxativa ou exemplificativa. A resposta vai manifestamente a favor do segundo termo da alternativa[1581]. A solução oposta viria legitimar determinadas vendas de animais defeituosos. Ora, essa solução não pode manifestamente aceitar-se.

[1578] Na mesma direção MENEZES CORDEIRO, *Tratado...*, XI, 285.

[1579] Para a Guarda Republicana vale o Decreto n.º 13 544 de 28 de abril de 1927.

[1580] Assim, também, CALVÃO DA SILVA, *Compra...*, 90 e ss.; MENEZES LEITÃO, *Direito...*, III, 129 e ss., ambos implicitamente, e MENEZES CORDEIRO, *Tratado...*, XI, 287, expressamente. V., também, PINTO MONTEIRO/CARDOSO GUEDES, *Venda de animal defeituoso/ Parecer*, in *Colectânea de jurisprudência*, 1994, XIX, 5, 8 e ss..

[1581] Na mesma direção MENEZES CORDEIRO, *Tratado...*, XI, 287 e 288.

A fechar o problema da venda de animais defeituosos sublinhe-se o facto de o regime do Decreto de 16 de dezembro de 1886, verter expressamente, e forma inequívoca a ação redibitória como uma ação de resolução. Ou seja, insere a granatia edilícia no âmbito ou pólo do cumprimento imperfeito da prestação devida[1582].

IV – Nos termos do artigo 922.º, já o vimos, na venda de coisas que devam ser transportadas de um sítio para outro os prazos, que segundo os artigos 916.º e 919.º principiam a contar a partir da entrega, só se iniciam a partir do dia em que o credor as receber. Não vale, pois, a mera entrega ao transportador. Além disso, na esfera do transporte internacional de coisas e, mas também interno, preponderam práticas comerciais traduzidas em siglas como os *incoterms* e os *trade terms*[1583].

§ 3.4 – Garantia de bom funcionamento

I – Se o vendedor estiver obrigado, por convenção das partes ou por força dos usos, a garantir o bom funcionamento da coisa vendida, deve repará-la, ou substituí-la se a substituição for necessária e a coisa tiver natureza fungível, independentemente de culpa sua ou de erro do comprador (artigo 921.º do Código Civil). Trata-se, pois, de uma responsabilidade objetiva a envolver uma obrigação de *facere* e não propriamente de uma garantia, em sentido próprio, não obstante terminologia usada[1584].

II – Na eventualidade de as partes não terem disposto de outro modo, o prazo de garantia expira seis meses após a entrega da coisa, se os usos não estabelecerem de prazo mais amplo (artigo 921.º/2 do Código Civil).

O defeito de funcionamento deve ser denunciado ao vendedor dentro do prazo de garantia e, salvo estipulação diversa, até trinta dias depois de conhecido (artigo 921.º/3 do Código Civil).

A ação caduca logo que termine o tempo de denúncia sem o comprador a ter realizado, ou passados seis meses sobre a data em que a denúncia foi feita (artigo 921.º/24 do Código Civil).

[1582] Na mesma direção Calvão da Silva, *Compra...*, 92.

[1583] Sublinha-o, também, por exemplo Menezes Cordeiro, *Tratado...*, XI, 288.

[1584] Assim, também, Menezes Cordeiro, *Tratado...*, XI, 292.

§ 3.5 – A compra e venda de bens de consumo[1585]

I – A Diretriz 1999/44, de 25 de maio, veio regular, a nível comunitário, a venda de bens de consumo. Trata-se de um diploma objeto de diversos estudos a nível nacional[1586]. A sua transposição foi efetuada pelo Decreto-Lei n.º 67/2003, de 8 de abril, posteriormente alterado pelo Decreto-Lei n.º 84/2008, de 21 de maio. Antes disso, tinha sido aprovada a Lei de Defesa do consumidor (Lei n.º 24/96, de 31 de julho[1587], sucessivamente alterada pelo Decreto-Lei n.º 67/2003, pela Lei n.º 10/2013, de 28 de janeiro e pela Lei n.º 47/2014, de 28 de julho).

A lei de defesa do consumidor define o que se deve entender por consumidor (artigo 2.º)[1588], enumera os direitos do consumidor (artigo 3.º)[1589],

[1585] V., ainda, *supra* Parte II, capítulo II, § 8.4.

[1586] Remete-se, *brevitatis causa*, para as referências a este respeito fornecidas por Menezes Cordeiro, *Tratado*..., XI, 336, nota 994. Agora refere-se apenas, além da obra de Menezes Cordeiro, citada nesta nota, Paulo Mota Pinto, *Conformidade e garantias na venda de bens de bens de consumo. A Directiva 1999/44/CE*, in *Estudos de direito do consumidor*, 2000, 2, 197 e ss., Id., *O anteprojecto de código do consumidor e a venda de bens de consumo*, in *Estudos de direito do consumidor*, 2005, 7, 263 e ss.; Pinto Monteiro, *Garantías en la venta de bienes de consumo. Les garanties dans la vente de biens de consommation*, separata de *Ponenecias de la conferencia internacional Santiago de Compostela, 30-31 de enero de 2004, Rapports de la conférence international Saint-Jacques-de-Compostelle, 30-31 janvier 2004*, 2004, 247 e ss., Calvão da Silva, *Venda de bens de consumo*, 3.ª edição, 2006, 7 e ss. Sobre a problemática suscitada pelo Direito do consumo pode, ainda, ver-se, ilustrativamente, Ferreira de Almeida, *Direito do consumo*, 2005, 15 e ss.; Gravato de Morais, *Contratos*..., 19 e ss.; e o *Manual de Direito do consumo* de Jorge Morais de Carvalho citado supra na nota 997, entre outra bibliografia que temos vindo a referir ao longo das páginas.

[1587] Que revogou o Decreto-Lei n.º 29/81 de 22 de julho.

[1588] O artigo 2.º diz que se considera consumidor todo aquele a quem sejam fornecidos bens, prestados serviços ou transmitidos quaisquer direitos, destinados a uso não profissional, por pessoa que exerça com caráter profissional uma atividade económica que vise a obtenção de benefícios. Afirma, também, considerarem-se incluídos no âmbito da presente lei os bens, serviços e direitos fornecidos, prestados e transmitidos pelos organismos da Administração Pública, por pessoas coletivas públicas, por empresas de capitais públicos ou detidos maioritariamente pelo Estado, pelas regiões autónomas ou pelas autarquias locais e por empresas concessionárias de serviços públicos. Não vemos, face a este preceito razão para nos afastarmos da noção de consumidor apresentada em Pedro de Albuquerque/ /Miguel Assis Raimundo, *Direito*..., II, 472 e ss..

[1589] O consumidor tem direito: a) à qualidade dos bens e serviços; b) à proteção da saúde e da segurança física; c) à formação e à educação para o consumo; d) à informação para o

garante o direito à qualidade dos bens e serviços (artigo 4.º)[1590], garante igualmente o direito à proteção da saúde e da segurança física (artigo 5.º)[1591], estabelece um direito à informação em particular (artigo 8.º)[1592], disciplina

consumo; e) à proteção dos interesses económicos; f) à prevenção e à reparação dos danos patrimoniais ou não patrimoniais que resultem da ofensa de interesses ou direitos individuais homogéneos, coletivos ou difusos; g) à proteção jurídica e a uma justiça acessível e pronta; h) à participação, por via representativa, na definição legal ou administrativa dos seus direitos e interesses.

1590 Os bens e serviços destinados ao consumo devem ser aptos a satisfazer os fins a que se destinam e a produzir os efeitos que se lhes atribuem, segundo as normas legalmente estabelecidas, ou, na falta delas, de modo adequado às legítimas expectativas do consumidor.

1591 É o seguinte o respetivo teor: 1 – É proibido o fornecimento de bens ou a prestação de serviços que, em condições de uso normal ou previsível, incluindo a duração, impliquem riscos incompatíveis com a sua utilização, não aceitáveis de acordo com um nível elevado de proteção da saúde e da segurança física das pessoas. 2 – Os serviços da Administração Pública que, no exercício das suas funções, tenham conhecimento da existência de bens ou serviços proibidos nos termos do número anterior devem notificar tal facto às entidades competentes para a fiscalização do mercado. 3 – Os organismos competentes da Administração Pública devem mandar apreender e retirar do mercado os bens e interditar as prestações de serviços que impliquem perigo para a saúde ou segurança física dos consumidores, quando utilizados em condições normais ou razoavelmente previsíveis.

1592 Trata-se de um preceito extremamente longo: 1 – O fornecedor de bens ou prestador de serviços deve, tanto na fase de negociações como na fase de celebração de um contrato, informar o consumidor de forma clara, objetiva e adequada, a não ser que essa informação resulte de forma clara e evidente do contexto, nomeadamente sobre: a) As caraterísticas principais dos bens ou serviços, tendo em conta o suporte utilizado para o efeito e considerando os bens ou serviços em causa; b) A identidade do fornecedor de bens ou prestador de serviços, nomeadamente o seu nome, firma ou denominação social, endereço geográfico no qual está estabelecido e número de telefone; c) Preço total dos bens ou serviços, incluindo os montantes das taxas e impostos, os encargos suplementares de transporte e as despesas de entrega e postais, quando for o caso; d) Modo de cálculo do preço, nos casos em que, devido à natureza do bem ou serviço, o preço não puder ser calculado antes da celebração do contrato; e) A indicação de que podem ser exigíveis encargos suplementares postais, de transporte ou de entrega e quaisquer outros custos, nos casos em que tais encargos não puderem ser razoavelmente calculados antes da celebração do contrato; f) As modalidades de pagamento, de entrega ou de execução e o prazo de entrega do bem ou da prestação do serviço, quando for o caso; g) Sistema de tratamento de reclamações dos consumidores pelo profissional, bem como, quando for o caso, sobre os centros de arbitragem de conflitos de consumo de que o profissional seja aderente, e sobre a existência de arbitragem necessária; h) Período de vigência do contrato, quando for o caso, ou, se o contrato for de duração indeterminada ou de renovação automática, as condições para a sua denúncia ou

o direito à proteção dos interesses económicos do consumidor (artigo 9.º), regulamenta os pagamentos adicionais (artigo 9.º-A)[1593], regula a entrega dos

não renovação, bem como as respetivas consequências, incluindo, se for o caso, o regime de contrapartidas previstas para a cessação antecipada dos contratos que estabeleçam períodos contratuais mínimos; i) A existência de garantia de conformidade dos bens, com a indicação do respetivo prazo, e, quando for o caso, a existência de serviços pós-venda e de garantias comerciais, com descrição das suas condições; j) A funcionalidade dos conteúdos digitais, nomeadamente o seu modo de utilização e a existência ou inexistência de restrições técnicas, incluindo as medidas de proteção técnica, quando for o caso; k) Qualquer interoperabilidade relevante dos conteúdos digitais, quando for o caso, com equipamentos e programas informáticos de que o fornecedor ou prestador tenha ou possa razoavelmente ter conhecimento, nomeadamente quanto ao sistema operativo, a versão necessária e as caraterísticas do equipamento; l) As consequências do não pagamento do preço do bem ou serviço. 2 – A obrigação de informar impende também sobre o produtor, o fabricante, o importador, o distribuidor, o embalador e o armazenista, por forma que cada elo do ciclo produção-consumo possa encontrar-se habilitado a cumprir a sua obrigação de informar o elo imediato até ao consumidor, destinatário final da informação. 3 – Os riscos para a saúde e segurança dos consumidores que possam resultar da normal utilização de bens ou serviços perigosos devem ser comunicados, de modo claro, completo e adequado, pelo fornecedor ou prestador de serviços ao potencial consumidor. 4 – Quando se verifique falta de informação, informação insuficiente, ilegível ou ambígua que comprometa a utilização adequada do bem ou do serviço, o consumidor goza do direito de retratação do contrato relativo à sua aquisição ou prestação, no prazo de sete dias úteis a contar da data de receção do bem ou da data de celebração do contrato de prestação de serviços. 5 – O fornecedor de bens ou o prestador de serviços que viole o dever de informar responde pelos danos que causar ao consumidor, sendo solidariamente responsáveis os demais intervenientes na cadeia da produção à distribuição que hajam igualmente violado o dever de informação. 6 – O dever de informar não pode ser denegado ou condicionado por invocação de segredo de fabrico não tutelado na lei, nem pode prejudicar o regime jurídico das cláusulas contratuais gerais ou outra legislação mais favorável para o consumidor. 7 – O incumprimento do dever de informação sobre as consequências do não pagamento do preço do bem ou serviço determina a responsabilidade do fornecedor de bens ou prestador de serviços pelo pagamento das custas processuais devidas pela cobrança do crédito. 8 – O disposto no n.º 1 aplica-se também aos contratos de fornecimento de água, gás ou eletricidade, caso não sejam postos à venda em volume ou quantidade limitados, aos de aquecimento urbano ou aos de conteúdos digitais não fornecidos em suporte material.

[1593] O preceito em referência estabelece: 1 – Antes de o consumidor ficar vinculado pelo contrato ou oferta, o fornecedor de bens ou prestador de serviços tem de obter o acordo expresso do consumidor para qualquer pagamento adicional que acresça à contraprestação acordada relativamente à obrigação contratual principal do fornecedor de bens ou prestador de serviços. 2 – A obrigação de pagamentos adicionais depende da sua comunicação clara e compreensível ao consumidor, sendo inválida a aceitação pelo consumidor quando não

bens (artigo 9.º-B)[1594], a transferência do risco (artigo 9.-C)[1595], estabelece um direito à prevenção e ação inibitória (artigo 10.º), impõe um direito à reparação de danos (artigo 12.º) e estabelece o caráter injuntivo dos direitos dos consumidores (artigo 16.º).

lhe tiver sido dada a possibilidade de optar pela inclusão ou não desses pagamentos adicionais. 3 – Quando, em lugar do acordo explícito do consumidor, a obrigação de pagamento adicional resultar de opções estabelecidas por defeito que tivessem de ser recusadas para evitar o pagamento adicional, o consumidor tem direito à restituição do referido pagamento. 4 – Incumbe ao fornecedor de bens ou prestador de serviços provar o cumprimento do dever de comunicação estabelecido no n.º 2. 5 – O disposto no presente artigo aplica-se à compra e venda, à prestação de serviços, aos contratos de fornecimento de serviços públicos essenciais de água, gás, eletricidade, comunicações eletrónicas e aquecimento urbano e aos contratos sobre conteúdos digitais.

1594 O artigo 9.º-B determina em mais um longo clausulado: 1 – O fornecedor de bens deve entregar os bens na data ou dentro do período especificado pelo consumidor, salvo convenção em contrário. 2 – Na falta de fixação de data para a entrega do bem, o fornecedor de bens deve entregar o bem sem demora injustificada e até 30 dias após a celebração do contrato. 3 – A entrega dá-se quando o consumidor adquira o controlo ou a posse física do bem. 4 – Não sendo cumprida a obrigação de entrega dos bens na data acordada ou no prazo previsto no n.º 2, o consumidor tem o direito de solicitar ao fornecedor de bens a entrega num prazo adicional adequado às circunstâncias. 5 – Se o fornecedor de bens não entregar os bens dentro do prazo adicional, o consumidor tem o direito de resolver o contrato. 6 – O consumidor tem o direito de resolver imediatamente o contrato sem necessidade de indicação de prazo adicional nos termos do n.º 4, se o fornecedor não entregar os bens na data acordada ou dentro do prazo fixado no n.º 2 e ocorra um dos seguintes casos: a) No âmbito do contrato de compra e venda, o fornecedor de bens se recuse entregar os bens; b) O prazo fixado para a entrega seja essencial atendendo a todas as circunstâncias que rodearam a celebração do contrato; ou c) O consumidor informe o fornecedor de bens, antes da celebração do contrato, de que a entrega dentro de um determinado prazo ou em determinada data é essencial. 7 – Após a resolução do contrato, o fornecedor de bens deve restituir ao consumidor a totalidade do montante pago até 14 dias após a referida resolução. 8 – Em caso de incumprimento do disposto no número anterior, o consumidor tem o direito à devolução em dobro do montante pago, sem prejuízo da indemnização por danos patrimoniais e não patrimoniais a que haja lugar. 9 – Incumbe ao fornecedor de bens a prova do cumprimento das obrigações estabelecidas no presente artigo.

1595 É o seguinte o teor do artigo: 1 – Nos contratos em que o fornecedor envia os bens para o consumidor, o risco de perda ou dano dos bens transfere-se para o consumidor quando este ou um terceiro por ele indicado, que não o transportador, adquira a posse física dos bens. 2 – Se o consumidor confiar o transporte a pessoa diferente da proposta pelo fornecedor de bens, o risco transfere-se para o consumidor com a entrega do bem ao transportador.

II – De entre os aspetos regulados pelo Decreto-Lei n.º 67/2003 interessa--nos, agora, reter o seguinte:

- O diploma é aplicável aos contratos de compra e venda celebrados entre profissionais e consumidores (artigo 1.º).
- «Consumidor» é aquele a quem sejam fornecidos bens, prestados serviços ou transmitidos quaisquer direitos, destinados a uso não profissional, por pessoa que exerça com caráter profissional uma atividade económica que vise a obtenção de benefícios, nos termos do n.º 1 do artigo 2.º da Lei n.º 24/96 (artigo 1.º-B)[1596].
- O vendedor tem o dever de entregar ao consumidor bens que sejam conformes com o contrato de compra e venda (artigo 2.º/1).
- Presume-se que os bens de consumo não são conformes com o contrato se se verificar algum dos seguintes factos (artigo 2.º/2):

a) não serem conformes com a descrição que deles é feita pelo vendedor ou não possuírem as qualidades do bem que o vendedor tenha apresentado ao consumidor como amostra ou modelo;
b) não serem adequados ao uso específico para o qual o consumidor os destine e do qual tenha informado o vendedor quando celebrou o contrato e que o mesmo tenha aceitado;
c) não serem adequados às utilizações habitualmente dadas aos bens do mesmo tipo;
d) não apresentarem as qualidades e o desempenho habituais nos bens do mesmo tipo e que o consumidor pode razoavelmente esperar, atendendo à natureza do bem e, eventualmente, às declarações públicas sobre as suas caraterísticas concretas feitas pelo vendedor, pelo produtor ou pelo seu representante, nomeadamente na publicidade ou na rotulagem.

[1596] Mas v. o que dizemos a este respeito em Pedro de Albuquerque/Miguel Assis Raimundo, Direito..., II, 472 e ss.. Cfr. também o Acórdão Uniformizador de Jurisprudência do STJ n.º 4/2019: «*Na graduação de créditos em insolvência, apenas tem a qualidade de consumidor, para os efeitos do disposto no Acórdão n.º 4 de 2014 do Supremo Tribunal de Justiça, o promitente--comprador que destina o imóvel, objeto de* traditio, *a uso particular, ou seja, não o compra para revenda nem o afeta a uma atividade profissional ou lucrativa*», disponível em <*https://dre.pt/web/guest/home/-/dre/123473735/details/maximized*>.

- Não se considera existir falta de conformidade, na aceção do presente artigo, se, no momento em que for celebrado o contrato, o consumidor tiver conhecimento dessa falta de conformidade ou não puder razoavelmente ignorá-la ou se esta decorrer dos materiais fornecidos pelo consumidor (artigo 2.º/3).
- A falta de conformidade resultante de má instalação do bem de consumo é equiparada a uma falta de conformidade do bem, quando a instalação fizer parte do contrato de compra e venda e tiver sido efetuada pelo vendedor, ou sob sua responsabilidade, ou quando o produto, que se prevê que seja instalado pelo consumidor, for instalado pelo consumidor e a má instalação se dever a incorreções existentes nas instruções de montagem (artigo 2.º/4).
- O vendedor responde perante o consumidor por qualquer falta de conformidade que exista no momento em que o bem lhe é entregue (3.º/1).
- As faltas de conformidade que se manifestem num prazo de dois ou de cinco anos a contar da data de entrega de coisa móvel corpórea ou de coisa imóvel, respetivamente, presumem-se existentes já nessa data, exceto se tal for incompatível com a natureza da coisa ou com as caraterísticas da falta de conformidade (artigo 3.º/2).
- O comprador tem os direitos à reparação ou substituição do bem vendido no prazo máximo de trinta dias, de resolução e de redução do preço (artigo 4.º)[1597].
- O consumidor deve denunciar o vício no prazo de dois meses, para os bens móveis, ou de um ano, na hipótese de se estar diante de bens imóveis, a partir do momento do conhecimento do vício. Realizada essa diligência, tem dois anos, tratando-se de coisas móveis, ou três, na eventualidade de o negócio respeitar a imóveis, para intentar a ação (artigo 5.º).
- O adquirente pode preferir demandar diretamente o produtor (artigo 6.º/2).

III – Além do problema referente à determinação da qualidade de consumidor, onde se pode suscitar algum debate, o regime da compra e venda

[1597] Estes direitos transmitem-se a terceiro adquirente do bem (artigo 4.º/6).

de bens de consumo não suscita embaraços especiais ou aspetos dogmáticos de realce[1598].

Apenas faremos duas notas adicionais.

Uma para dizer permitir esta disciplina a resolução do contrato sem o comprador suscitar primeiro a reparação ou a substituição[1599].

A outra para referir o facto de os remédios da compra e venda de bens de consumo poderem funcionar cumulativamente com os gerais[1600].

[1598] No sentido segundo o qual se está diante de um regime sem especiais temas de relevo dogmático v., também, MENEZES CORDEIRO, *Tratado...*, XI, 338 e 339.

[1599] No mesmo sentido RPt 20-04-2010 (SÍLVIA PIRES), Proc. 1451/08/ITIJ (compra e venda de bem futuro – bens de consumo – contratos coligados por nexo funcional): «*No contrato de compra e venda de bens de consumo, abrangidos pelo âmbito do DL 67/2003, os direitos do comprador por desconformidades da coisa vendida são independentes uns dos outros, estando a sua utilização apenas condicionada pela impossibilidade manifesta do seu exercício ou abuso de direito (...). É possível que o comprador peticione a resolução do contrato, sem primeiro pedir a eliminação dos defeitos ou a substituição do bem vendido*»; RPt 15-09-2011 (TELES DE MENEZES), Proc. 7679/08.3TBMTS.P1/ITIJ (compra e venda defeituosa – bens de consumo – resolução do contrato – abuso de direito): «*O n.º 5 do art.º 4.º do DL n.º 67/2003, de 8/4, contrariamente ao disposto no Código Civil e na Directiva que transpôs, não hierarquiza os direitos do consumidor relativamente aos defeitos da coisa adquirida, permitindo que seja exercido qualquer deles, salvo caso de impossibilidade ou abuso de direito*»; e MENEZES CORDEIRO, *Tratado...*, XI, 339.

[1600] RPt 11-12-2102 (MÁRCIA PORTELA), Proc. 55/08.0TBETR.P1/ITIJ (compra e venda – imóvel – bens de consumo – denúncia dos defeitos – prazo caducidade): «*À compra e venda de bens de consumo é aplicável o Decreto-Lei 67/2003, de 8 de abril, em tudo o que seja mais favorável ao consumidor, pois, como resulta do artigo 8.º, n.º 1 da Directiva 1999/44/CE, transposta por aquele diploma, o exercício dos direitos resultantes da presente directiva não prejudica o exercício de outros direitos que o consumidor possa invocar ao abrigo de outras disposições nacionais relativas à responsabilidade contratual ou extracontratual*); e MENEZES CORDEIRO, *Tratado...*, XI, 339.

BIBLIOGRAFIA

ABREU (COUTINHO),
— *Do abuso de direito*, reimpressão da edição de 1983, 1999.
— *Da empresarialidade. As empresas no direito*, 1999.
— *Curso de direito comercial*, II, *Das sociedades*, 5.ª edição, 2015.

AGUILAR (FRANCISCO),
— *Felonia metodológica no código civil de 1996*, in *Código Civil. Livro do cinquentenário*, I, *Homenagem ao Prof. Doutor Fernando Pessoa Jorge*, 2019.

ALBUQUERQUE (MARTIM DE),
— *Da igualdade, Introdução à jurisprudência*, com a colaboração de EDUARDO VERA-CRUZ, 1993.
— v. ALBUQUERQUE (RUY DE).

ALBUQUERQUE (PEDRO DE),
— *Autonomia da vontade e negócio jurídico em direito da família (ensaio)*, 1986.
— *A aplicação do prazo prescricional do artigo 498.º do Código Civil à responsabilidade contratual*, separata da *Revista da Ordem dos Advogados*, 1989, 49, III.
— *Direito português da concorrência* (análise breve do Decreto-Lei n.º 422/83), separata da *Revista da Ordem dos Advogados*, 1990, III, dezembro.
— *Compra e venda. Introdução, efeitos essenciais e modalidades*, in *Direito das Obrigações*, 2.ª edição, sob coordenação de MENEZES CORDEIRO, 1991, III.
— *Direito de preferência dos sócios em aumentos de capital nas sociedades anónimas e por quotas*, 1993.
— *A representação voluntária no Direito Civil*, 2004.
— *Direito ao cumprimento de prestação de facto, o dever de a cumprir e o princípio* nemo ad factum cogi potest. *Providência cautelar, sanção pecuniária compulsória e caução*,

Estudos em honra de Ruy de Albuquerque, 2006, II (=*Revista da Ordem dos Advogados*, 2005, 65, II).

— *Direitos reais, relatório sobre o programa, conteúdo e métodos de ensino*, 2009.

— *Anotação ao Acórdão do STJ 02-03-2004. Contrato-promessa, procuração irrevogável e acção de preferência*, in *Cadernos de Direito Privado*, Janeiro-Março de 2006.

— *Responsabilidade processual por litigância de má fé, abuso de direito e responsabilidade civil em virtude de actos praticados no processo. A responsabilidade por pedido infundado de declaração da situação de insolvência ou indevida apresentação por parte do devedor*, 2006.

— *Os limites à pluriocupação dos membros do conselho geral e de supervisão e do conselho fiscal*, 2007.

— *Código das sociedades comerciais anotado*, coordenação de MENEZES CORDEIRO, 2.ª edição, 2011.

— *A vinculação das sociedades comerciais anónimas e por quotas*, 2017, I.

ALBUQUERQUE (PEDRO DE) / GONÇALVES (DIOGO COSTA),

— *O impedimento do exercício do direito de voto como proibição genérica de atuação em conflito*, in *Revista de Direito das sociedades*, 2011, III.

ALBUQUERQUE (PEDRO DE) / PEREIRA (MARIA DE LURDES),

— *A responsabilidade civil das autoridades reguladoras e de supervisão por danos causados a agentes económicos e investidores no exercício de actividades de fiscalização e ou investigação*, in *Regulação e Concorrência. Perspectivas e Limites da Defesa da concorrência*, coordenação de RUY DE ALBUQUERQUE e ANTÓNIO MENEZES CORDEIRO, 2005.

ALBUQUERQUE (PEDRO DE) / RAIMUNDO (MIGUEL ASSIS),

— *Direito das Obrigações – Contratos em Especial*, Volume II, *Contrato de empreitada*, 2.ª edição, 2013.

ALBUQUERQUE (RUY DE),

— *Poesia e lei*, in *Esmeraldo*, 1955.

— *Os títulos de aquisição territorial na expansão portuguesa. Séculos XV e XVI*, pol., 1960.

— *Da* culpa in contrahendo *no Direito luso-brasileiro*, pol., 1961.

— *Direito de juristas – Direito de Estado*, separata da *Revista da Faculdade de Direito da Universidade de Lisboa*, 2001, XLII.

ALBUQUERQUE (RUY DE) e ALBUQUERQUE (MARTIM DE),

— *História do direito português*, 12.ª edição, 2005, I.

ALMEIDA (ANTÓNIO PEREIRA),

— *Sociedades comerciais e valores mobiliários*, 5.ª edição, 2008.

ALMEIDA (FERREIRA DE),
— *Texto e enunciado na teoria do negócio jurídico*, 1990, III.
— *Desmaterialização dos títulos de crédito: valores mobiliários escriturais*, separata da *Revista da Banca*, 1993.
— *Registo de valores mobiliários*, in *Estudos em memória do Professor Doutor Marques dos Santos*, 2005, I.
— *Transmissão contratual de propriedade. Entre o mito da consensualidade e a realidade de múltiplos regimes*, in *Themis*, 2005, 11.
— *Direito do consumo*, 2005.
ALMEIDA (MOITINHO DE),
— *O processo cautelar de apreensão de veículos automóveis*, 5.ª edição, 1999.
ÁLVAREZ CORA (ENRIQUE),
— *La teoría de los contratos em Castilla (siglos XIII-XVIII)*, 2005.
ALVES (GUICHARD),
— *Da relevância jurídica do conhecimento no Direito Civil*, 1996.
— *O instituto da procuração aparente – algumas reflexões à luz do direito alemão*, in Juris et de jure. *Nos vinte anos da Faculdade de Direito da UCP – Porto*, 1998.
ALVES (MOREIRA),
— *Direito romano*, II, *Instituições de direito romano: b) parte especial: direito das obrigações, direito da família. direito das sucessões*, 2.ª edição, 1972.
ALVES (SÍLVIA ISABEL DOS ANJOS),
— *Alguns aspectos acerca da natureza obrigacional ou real da compra e venda civil na história do direito português*, pol., 1990.
AMARAL (ANTÓNIO CARDOZO DO),
— *Verbo Emptio venditio*, in *Liber utilissimus judicibus, et advocatis* [Lisboa, 1610].
AMARAL (FREITAS DO),
— *Da necessidade de revisão dos artigos 1.º a 13.º do Código Civil*, in *Themis*, 2000, I.
— *Manual de introdução ao direito*, com a colaboração de RAVI AFONSO PEREIRA, 2004, I.
ANDRADE (JOSÉ CARLOS VIEIRA DE),
— *O Direito e as palavras*, in *Archivum et jus*, 2006, 39 e ss.
ANDRADE (MANUEL DE),
— *Teoria geral da relação jurídica*, 8.ª reimpressão, 1998, II.
ANTERO (ADRIANO),
— *Comentário ao Código Commercial portuguez*, 1913, II.
ANTUNES (ANA FILIPA),
— *Os novos desafios da venda a retro*, in *Estudos dedicados ao Professor Doutor Carvalho Fernandes*, 2011, I.

ANTUNES (ENGRÁCIA),
— *Direito dos contratos comerciais*, 3.ª reimpressão da edição de 2009, 2014.
ANTUNES (HENRIQUE SOUSA),
— *Direitos reais*, 2017.
ARANGIO-RUIZ,
— *Istituzioni di Diritto Romano*, 9.ª edição, 1947.
ARAÚJO (FERNANDO),
— *Análise económica do direito, programa e guia de estudo*, 2008.
ARAÚJO (LIMA) e SEARA (FERNANDO),
— *Direitos Reais*, 1980.
ARNDT (ADOLF),
— *Gesetz und Richterrecht*, in *Neue Juristische Wochenschrift*, 1963.
ASCENSÃO (OLIVEIRA),
— *Curso de Direitos Reais*, prelecções para uso dos alunos do 4.º ano, 1963.
— *Direitos Reais*, 2.ª edição, reprodução da 1.ª edição de 1971, 1973.
— *Direito comercial*, III, *Títulos de crédito*, 1992.
— *Valor mobiliário e título de crédito*, separata de *Direitos dos Valores Mobiliários, Revista da Faculdade de Direito de Lisboa*, sem local, nem data, mas de 1997.
— *As acções*, separata do volume II de *Direito dos Valores Mobiliários*, 2000.
— *A tipicidade dos Direitos Reais*, 1968.
— *Direito civil, Direitos reais*, reimpressão da 5.ª edição, 2000.
— *O actual conceito de valor mobiliário*, in *Revista da Ordem dos Advogados*, 2001, I.
— *Direito civil*, III, *Relações e situações jurídicas*, 2002.
— *Direito civil. Teoria geral*, 2.ª edição, 2003, II.
— *O direito. Introdução e teoria geral*, 13.ª edição refundida, 2005.
ASCOLI (ALFREDO),
— *La riserva di proprietà nella vendita*, in *Studi Senesi. Scritti giuridici e di scienze economiche pubblicati in onore di Luigi Morani, nel XXXV anno del suo insegnamento*, 1906, II.
ASTUTI (ALDO),
— *I contratti obbligatori nella storia del diritto italiano, parte generale*, 1952, I.
AURELIANO (NUNO),
— *O risco nos contratos de alienação, contributo para o estudo do direito privado português*, 2009.
AZEVEDO,
— *Commentarium Iuris Civilis in Hispaniae regias constitutiones tomus tertius* [«Duaci», 1612, II].

Azo,
— *Summa super codicem instituta extraordinaria*, reimpressão anastática, 1966.
Barbosa (Agostinho),
— *Thesaurus locorum communium iurisprudentiae* [Lípsia, 1707].
Barbosa (Manuel),
— *Remissiones docturum ad contractus, ultimas voluntates & delicta spectantes, in librum quartum, et quintum ordinationum* [Lisboa, 1732].
Barros (Gama),
— *História da administração pública em Portugal nos séculos XII a XV*, 2.ª edição dirigida por Torquato de Sousa Soares, 1949, VI.
Bártolo (Diogo),
— *Venda de bens alheios*, in *Estudos em homenagem ao Professor Doutor Inocêncio Galvão Telles*, 2003, IV.
Bartolus,
— *Im primam Codicis partem, commentaria* [*Omnium iuris interpretum antesignati, commentaria, tomus septimus*, Veneza, 1514].
— *Digestum Vetus* [Lião, 1544].
— *In secundam Digesti Novi partem praelectiones* [Lião, 1546].
Bastos (Jacinto Fernandes Rodrigues),
— *Notas ao Código Civil*, 1995, IV, artigos 827.º a 1250.º.
Bastos (Miguel Brito),
— *A compra e venda de coisas defeituosas no Código Civil, ensaio sobre o seu enquadramento dogmático*, sem data, mas de 2008.
Bauknecht,
— *Eigentumsvorbehalt und Anwartschaftsrecht*, in *Neue Juristische Wochenschrift*, 1955.
Bechmann,
— *Der Kauf nach gemeinem Recht*, I, reimpressão da edição de 1867, II, reimpressão da edição de 1884, 1965, III; 1905, I; 1908, III, II.
Beckmann (Roland Michael),
— *Staudingers Kommentar zum Bürgerlichen Gesetzbuch mit Einführungsgesetz und Nebengesetzen. Buch 2: Recht der Schuldverhältnisse*, 2004, §§ 433 a 487; 2014, II, §§ 433 a 480.
— *Kauf*, in *Staudingers Kommentar zum Bürgerlichen Gesetzbuch mit Einführungsgesetz und Nebengesetzen. Eckpfeiler des Zivilrechts*, 2014.
Benedetto (Maria ada),
— *Vendita (diritto intermédio)*, in *Novissimo Digesto Italiano*, 1957, XX.
Besta,
— *Le obbligazioni nella storia del diritto italiano*, 1937.

BETTI,
— *Istituzioni di diritto romano*, 1960, II, I.
BIANCA,
— *Vendita (diritto vigente)*, in *Novissimo Digesto Italiano*, 1957, XX.
— *La vendita e la permuta*, in *Tratatto di diritto civile italiano*, direção de FILIPPO VASSALLI, VI, I, 1972.
BRAGA (ARMANDO),
— *Contrato de compra e venda*, 1990; 3.ª ed., 1994.
BRIDGE (MICHAEL G.),
— *The sale of goods*, 1997, reimpressao de 2003.
BRITO (MARIA HELENA),
— *O contrato de concessão comercial. Descrição, qualificação e regime jurídico de um contrato socialmente típico*, 1990.
BRONZE (JOSÉ),
— *Breves Considerações sobre o estado actual da questão metodonomológica*, separata do *Boletim da Faculdade de Direito*, 1993.
— *Lições de introdução ao direito*, 2.ª edição, 2006.
— Quae sunt Caesaris, Caesari: et quae sunt iurisprudentiae, iurisprudentiae, in *Comemorações dos 35 anos do Código Civil*, volume II, 2006.
BURDESE,
— *Vendita (diritto romano)*, in *Novissimo Digesto italiano*, 1957, XX.
BUSSI,
— *La formazione dei dogmi di diritto privato nel diritto comune*, I, *Diritti reali e diritti di obbligazione*, 1937, II, *Contratti, sucessioni, diritti di famiglia*, reimpressão da edição de 1939, 1971.
CABRAL (RITA),
— *A responsabilidade por prospecto e a responsabilidade pré-contratual. Anotação ao Acórdão do Tribunal Arbitral, de 31 de Março de 1993 (Acção proposta pelo Banco Mello contra o Banco Pinto e Sotto Mayor)*, in *Revista da Ordem dos Advogados*, 1995, 55.
CALDAS (PEREIRA),
— *Analyticvs commentarivs sive ad typum instrumenti emptionis & venditionis tractatus operum tomus quartus* [«Coloniae Allobrogum», 1745].
CAMPOS (MARIA ISABEL MENÉRES),
— *Algumas reflexões em torno da cláusula de reserva de propriedade em favor do financiador*, in *Estudos em comemoração do décimo aniversário da licenciatura em Direito da Universidade do Minho*, 2004.

— *Cancelamento do registo de reserva de propriedade, anotação ao STJ 02-02-2006*, in CDP, 2006, 15.
— *A reserva de propriedade: do vendedor ao financiador*, 2013.
Canaris,
— *Die Vertrauenshaftung im deutschen Privatrecht*, 1971.
— *Die Feststellung von Lücken im Gesetz. Eine methodologische Studie über Voraussetzungen und Grenzen der richterlichen Rechtsfortbildung* praeter legem, 2.ª edição, 1983.
Cannata (Carlo),
— *La compravendita consensuale romana: significato di una struttura*, in *Vendita e trasferimento della proprietà nella prospettiva storico-comparatistica. Materiali per un corso di diritto romano*, 1997.
Carvalho (Jorge Morais de),
— *Código civil anotado*, coordenação de Ana Prata, 2017, I.
— *Manual de Direito do consumo*, 2.ª edição, 2014; 4.ª ed., 2017.
Carvalho (Orlando de),
— *Critério e estrutura do estabelecimento comercial*, 1967.
— *Direito das coisas*, 1977.
— *Teixeira de Freitas e a unificação do direito privado*, in *Boletim da Faculdade de Direito*, 1984, LX.
— *Introdução à posse*, in *Revista de Legislação e de Jurisprudência*, 1989-1990, 122.
Carvalho (Pedro Nunes de),
— *Direito Privado II, Contratos em especial*, I, *Compra e venda e doação*, 1990.
Casals Colldecarrera,
— *El pacto de retro y la carta de gracia*, 1943.
Castaldo (Andre),
— v. Levy (Jean-Philipe).
Castro (Osório de),
— *Valores mobiliários, conceito e espécies*, 2.ª edição, 1998.
Coelho (Nuno Miguel Pereira Ribeiro),
— *O consumidor e a tutela do consumo no âmbito do crédito ao consumo: algumas questões*, in *Revista do Ministério Público*, 2005, ano 26, número 103, Julho-Setembro.
Coelho (Pereira),
— *Obrigações*, 1967.
Coing (Helmut),
— *Europäisches Privatrecht*, I, *Älteres gemeines Recht 1500 bis 1800*, 1985.
— *Europäisches Privatrecht*, II, *19. Jahrhundert*, 1989.

CORDEIRO (MENEZES),
— *Direitos reais*, reimpressão da edição de 1979, 1993.
— *Violação positiva do contrato (acórdão do Supremo Tribunal de Justiça, de 31-1-80). Anotação*, in *Revista da Ordem dos Advogados*, 1981, 41, I.
— *Direito das obrigações*, reimpressão da edição de 1980, 1988, I.
— *Da boa fé no direito civil*, 1984, I e II.
— *Lei (aplicação da)*, in *Polis. Enciclopédia Verbo da Sociedade e do Estado*, 1985, III.
— *Tendências actuais da interpretação da lei/ Do juiz autómato aos modelos de decisão jurídica*, in *Revista jurídica*, 1987, n.ºs 9 e 10.
— *Evolução juscientífica e direitos reais*, in *Estudos de direito civil*, 1987, I.
— *Teoria Geral do Direito Civil. Relatório apresentado nos termos do artigo 449.º do Decreto-Lei n.º 448/79, de 13 de Novembro, para o concurso destinado ao preenchimento de uma vaga de Professor Associado do 4.º Grupo (Ciências Jurídicas), da Faculdade de Direito da Universidade de Lisboa*, 1987, (=*Revista da Faculdade de Direito da Universidade de Lisboa*, 1988).
— *Anotação ao STJ 19-02-1991 – Impugnação pauliana de actos anteriores ao crédito – nulidade da fiança por débitos futuros indetermináveis – efeitos da impugnação*, in *Revista da Ordem dos Advogados*, 1991, 51, II.
— *Dolo na conclusão do negócio: culpa in contrahendo. Anotação ao STJ 13-01-1993*, in *O Direito*, 1993, 125, 1-2.
— *Privatização da Sociedade Financeira e vícios ocultos: das pretensões de reparação*, in *A privatização da Sociedade Financeira Portuguesa. Regras sobre reprivatizações. Responsabilidade pelo prospecto.* Culpa in contrahendo. *Vícios ocultos das empresas reprivatizadas*, 1995.
— *Vícios ocultos nos bens privatizados: subsídios para a análise da privatização da Sociedade Financeira Portuguesa – Banco de Investimento, S. A. e suas consequências*, in *A privatização da Sociedade Financeira Portuguesa. Regras sobre reprivatizações. Responsabilidade pelo prospecto.* Culpa in contrahendo. *Vícios ocultos das empresas reprivatizadas*, 1995.
— *Da responsabilidade civil dos administradores das sociedades comerciais*, 1996.
— *Anotação ao STJ (Pleno) 31-01-1996*, in *Revista da Ordem dos Advogados*, 1996, 56, I.
— *Direitos reais*, sumários, 2000.
— *Da prescrição de créditos das entidades prestadoras de Serviços Públicos*, in *Regulação e Concorrência. Perspectivas e Limites da Defesa da Concorrência*, coordenação de RUY DE ALBUQUERQUE e MENEZES CORDEIRO, 2005.
— *A posse: perspectivas dogmáticas actuais*, 2.ª reimpressão da 3.ª edição, 2005.

— *Tratado de direito civil*, I, *Parte Geral*, I, 3.ª edição, 2005.
— *Manual de direito das sociedades*, II, *Das sociedades em especial*, 2.ª edição, 2007.
— *Tratado de direito civil português*, 2010, II, II.
— *Tratado de direito civil*, I, *Introdução, fontes do direito, interpretação da lei, aplicação das leis no tempo, doutrina geral*, 4.ª edição, 2012.
— *Tratado de direito civil*, VI, *Direito das obrigações, introdução – Sistemas e direito europeu – dogmática geral*, 2.ª edição, 2012.
— *Tratado de direito civil*, II, *Parte geral. Negócio jurídico. Formação. Conteúdo e interpretação. Vícios da vontade. Ineficácia e invalidades*, 4.ª edição, 2014.
— *Tratado de direito civil*, X, *Direito das obrigações. Garantias*, 2015.
— *Manual de direito comercial*, 4.ª edição, com a colaboração de A. Barreto Menezes Cordeiro, 2016.
— *Tratado de direito civil*, IX, *Direito das obrigações. Cumprimento e não-cumprimento. Transmissão. Modificação e extinção*, 3. ª edição, 2017.
— *Tratado de direito civil*, 2018, XI.
— *Tratado de direito civil*, V, *Parte geral. Exercício jurídico*, 3.ª edição, 2018.
Correia (Ferrer) / Mesquita (Henrique),
— *Anotação ao STJ 03-11-1983*, in *Revista da Ordem dos Advogados*, 1985, 45, I.
Costa (Almeida),
— *Responsabilidade civil pela ruptura das negociações preparatórias de um contrato*, separata da *Revista de Legislação e de Jurisprudência*, 1984.
— *Direito das Obrigações*, 11.ª edição, 2006.
Costa (Almeida)/Mendes (Evaristo),
— *Transmissão de acções tituladas nominativas*, in *Estudos dedicados ao Professor Luís Alberto Carvalho Fernandes*, 2011, 3.
Cristas (Assunção),
— *Dupla venda de um direito de crédito*, separata de *O Direito*, 2000.
— *Transmissão da posição contratual do direito de crédito (do carácter real do direito de crédito)*, 2005.
Cristas (Assunção) / Gouveia (França),
— *Transmissão da propriedade de coisas móveis e contrato de compra e venda. Estudo comparado dos direitos português, espanhol e inglês*, in *Transmissão da propriedade e contrato*, 2001.
Crome,
— *System des Deutschen Bürgerlichen Rechts*, 1902.
Cujacius,
— *In librum primum Pauli ad edictum commentarii* [*Opera omnnia* «Mutinae», 1776].

CUNHA (PAULO OLAVO),

— *Venda de bens alheios, in Revista da Ordem dos Advogados,* 1987, 47, II, Setembro.

CURA (VIEIRA),

— *O fundamento romanístico da eficácia obrigacional e da eficácia real da compra e venda nos Códigos Civis espanhol e português,* in *Jornadas romanísticas,* 2003.

— *Compra e venda e transferência da propriedade no Direito romano clássico e justinianeu (a raiz do «sistema do título e do modo»),* in *Boletim da Faculdade de Direito, Volume Comemorativo do 75.º tomo,* 2003.

— *Transmissão da propriedade. Aquisição de outros direitos reais (algumas considerações sobre a história do «sistema do título e do modo»),* separata de *Estudos em homenagem ao Prof. Doutor Raúl Ventura,* 2003.

DEDEK (HELGE),

— *Negative Haftung aus Vertrag,* 2007.

DERQUI (DIEGO POOLE),

— *El derecho de los juristas y sus implicaciones. Un diálogo com Lombardi Valluari,* 1988.

DIAS (SILVA),

«Delicta in se» *e* «delicta mere prohibita»: *uma análise das descontinuidades do ilícito penal moderno à luz da reconstrução de uma distinção clássica,* 2008.

Direcção-Geral dos Registos e Notariado. Serviços Administrativos Centrais. Conselho Técnico

— *Parecer do Conselho Técnico. Direcção-Geral dos Registos e Notariado. Serviços administrativos centrais. Sumários dos pareceres jurídicos do conselho técnico,* R.P. 33/99//DSJCT, in <*http://www.dgrn.mj.pt/pareceres/1999/928.html*>.

DIRK (ZERANSKI),

— *Eigentümer und Vorbehaltskäufer im Widerstreit um die Vorbehaltsware,* in *Archiv für die civilistische Praxis,* 2003, 203, 4/5.

DIURNI (GIOVANNI) e PECORELLA (CORRADO),

— *Vendita (dir. intermedio),* in *Enciclopedia del Diritto,* 1993, LVI.

DUARTE (RUI PINTO),

— *Alguns aspectos jurídicos dos contratos não bancários de aquisição e uso de bens,* in *Revista da Banca,* 1992, 22.

— *Curso de direitos reais,* 2002, 2.ª edição, 2007; 3.ª ed., 2013.

— *O ensino dos Direitos Reais. Propostas e elementos de trabalho,* Lisboa, 2004.

— *Direitos reais, relatório sobre o programa, conteúdo e métodos de ensino,* 2007.

ECKERT,

— *Sachenrecht,* 4.ª edição, 2005.

Eckert (Hans-Werner) / Maifeld (Jan) / Matthiessen (Michael),
— *Handbuch des Kaufrechts. Der Kaufvertrag nach bürgerlichem Recht, Handelsrecht und UN-Kaufrecht,* 2.ª edição, 2014.
Eiró (Vera),
— *A transmissão de valores mobiliários – as acções em especial,* in *Themis, Revista da Faculdade de Direito da Universidade Nova,* 2005, VI.
Endemann (Wilhelm),
— *Das Kaufgeschäft,* in *Studien in der romanisch-Kanonistischen Wirtschafts- und Rechtslehre bis gegen Ende des Siebenzehnten Jahrhunderts,* 1883, II.
Engisch,
— *Der Begriff der Rechtslücke. Eine analytische Studie zu Wilhelm Sauers Methodenlehre,* in *Festschrift für Wilhelm Sauer zum seinem 70. Geburtstag,* 1949.
— *Introdução ao pensamento jurídico,* tradução e prefácio de Baptista Machado, 1965.
Estaca (José Marques),
— *A cláusula penal e a responsabilidade civil,* in *Estudos em homenagem ao Professor Doutor Inocêncio Galvão Telles,* IV, *Novos estudos de direito privado,* 2003.
Faber (Antonius),
— *Rationalia in tertiam partem pandectarum* [Genebra, 1626, Tomo V].
— *Codex Fabrianus, Definitionum forensium* [Lião, 1644].
Fachineus (Andreas),
— *Controversiarum Iuris tomi tres* [Lião, 1555].
Faria (Ana Ribeiro de),
— *A natureza do direito de indemnização cumulável com o direito de resolução dos artigos 801.º e 802.º do Código Civil,* in *Direito e Justiça,* 1994, VIII, 1.
— *A natureza da indemnização no caso de resolução do contrato – novamente a questão,* in *Estudos em comemoração dos cinco anos (1995-2000) da Faculdade de Direito da Universidade do Porto,* 2001.
Faria (J. Ribeiro de),
— *Direito das obrigações,* 1990, I.
Feltmann,
— *Tractatus de iure in re & ad rem* [Duisburgo, 1666].
Fernandes (Carvalho),
— *A conversão dos negócios jurídicos civis,* 1993.
— *Lições de direitos reais,* 2.ª reimpressão da 4.ª edição, 2005.
— *Lições de Direitos Reais,* 5.ª edição, 2007.
Fernández (Federico),
— *Sistema contractual romano,* 3.ª edição, 2007.

FERREIRA (AMADEU),
— *Valores mobiliários escriturais. Um novo modo de representação e circulação de direitos*, pol. 1994.
FERREIRA (DIAS),
— *Codigo civil portuguez annotado*, 2.ª edição, I, 1894, III, 1898.
FERREIRA (DURVAL),
— *Posse e usucapião*, 2.ª edição, 2003.
FERRINI,
— *Manuale di Pandette*, 4.ª edição integrada e tratada por GROSSO, 1953.
FIGUEIREDO DIAS (GABRIELA),
— *Reserva de propriedade*, in *Comemorações dos 35 anos do Código Civil e dos 25 anos da reforma de 1977*, III, *Direito das obrigações*, 2007.
FIKENSTCHER/HEINEMANN,
— *Schuldrecht*, 10.ª edição, 2006.
FITTING,
— *Zur Lehre vom Kauf auf Probe oder auf Besicht*, in *Zeitschrift für das gesammte Handelsrecht*, 1862.
FLUME,
— *Die Rechtsstellung des Vorbehaltskäufers*, in *Archiv für die Civilistische Praxis*, 1962.
— *Allgemeiner Teil des bürgerlichen Rechts*, II, *Das Rechtsgeschäft*, 3.ª edição (a 4.ª edição é igual à 3.ª), 1979.
FRADA (CARNEIRO DA),
— *Erro e incumprimento na não conformidade da coisa com o interesse do comprador*, in *O Direito*, 1989, 121.
— *Perturbações típicas do contrato de compra e venda*, in *Direito das Obrigações*, 2.ª edição, sob coordenação de MENEZES CORDEIRO, 1991, III.
— *Contrato e deveres de protecção*, separata do Volume XXXVIII, do *Suplemento ao Boletim da Faculdade de Direito da Universidade de Coimbra*, 1994.
— *Teoria da confiança e responsabilidade civil*, 2004.
FREIRE (MELLO),
— *Instituições de Direito Civil português tanto público como particular*, tradução de MIGUEL PINTO DE MENEZES, in *Boletim do Ministério da Justiça*, 1967, 168.
FREITAS (PEDRO CARIDADE DE),
— *A compra e venda no direito romano; características gerais*, in *Estudos em honra de Ruy de Albuquerque*, 2006, II.
FREITAS (TEIXEIRA DE),
— *Consolidação das leis civis*, 5.ª edição, anotada por MARTINHO GARCEZ, 1915.

FREYBOTT,
— *Specimen juris civilis, quo contractum emptionis venditionis propter laesionem enormissimam de se praecise rescindi ad illustrandam legem secundam codicis de rescindenda venditione determinatur* [Wirceburg, 1768].
FUENTESECA,
— *Derecho privado romano*, 1978.
GALGANO (FRANCESCO),
— *Vendita (dir. priv.)*, in *Enciclopedia del diritto*, LVI, 1993.
GÉNY,
— *Méthode d'interprétation et sources en droit privé positif*, 2.ª edição, 1919, I.
GERALDES (ABRANTES),
— *Valor da jurisprudência cível*, in *Colectânea de Jurisprudência/STJ*, 1999, VIII, II.
— *Temas da Reforma do Processo Civil*, 3.ª edição, 2006, IV.
— *Recursos em processo civil. Novo regime*, 2.ª edição, 2008.
GIFFARD,
— *Précis de droit romain*, 1951, II.
— *Droit romain et ancien droit français – les obligations*, 1958.
GIRARD,
— *Manuel de droit romain*, 7.ª edição, 1924.
GOMES (JANUÁRIO),
— *Em tema de revogação do mandato civil*, 1989.
— *Assunção fidejussória de dívida. Sobre o sentido e âmbito da vinculação como fiador*, 1999.
GONÇALVES (CUNHA),
— *Da compra e venda no direito comercial portuguez*, 1909, I, 1912, II.
— *Comentário ao Código Comercial português*, 1918, III.
— *Tratado de direito civil em comentário ao Código Civil português*, 1935, VIII.
— *Da propriedade e da posse*, 1952.
— *Dos contratos em especial*, 1953.
— *Tratado de direito civil em comentário ao Código Civil português*, 1942, XIV.
GONÇALVES (GABRIEL ÓRFÃO),
— *Aquisição tabular*, 2004.
GONÇALVES (PENHA),
— *Curso de direitos reais*, 2.ª edição, 1993.
GONZÁLEZ (JOSÉ ALBERTO),
— *Direitos reais e direito registal imobiliário*, 3.ª edição, 2005.
— *A realidade registal predial para terceiros*, 2006.
— *Código civil anotado*, 2014, I, comentário aos artigos 874.º a 1250.º.

GORLA,
— *La compravendita e la permuta*, 1937.
GOTHOFREDUS,
— *Corpus Iuris Civilis «com notis integris»* [Amtelodami, 1613].
GOTTWALD,
— *Münchener Kommentar zum Bürgerlichen Gesetzbuch*, 5.ª edição, 2007.
GOUVEIA (JAIME DE),
— *Da responsabilidade contratual*, 1933.
— *Direitos Reais*, segundo as lições magistrais feitas ao curso do 3.º ano jurídico de 1935-1936, compiladas por ANTÓNIO DE CASTRO GUIMARAIS, EMÍDIO DA CRUZ e JOÃO MARQUES, 1935.
GOUVEIA (MARIA FRANÇA),
— v. CRISTAS (ASSUNÇÃO).
GRECO (PAOLO) e COTTINO (GASTONE),
— *Della vendita*, reimpressão da 1.ª edição, 1964.
GROTIUS,
— *De iure belli ac pacis, passim*, Lib. II [Amesterdão, 1720].
— *The jurisprudence of Holland*, L. II, edição bilingue, com tradução e comentários de ROBERT WARDEN LEE, reimpressão da edição de 1936, 1977, I.
GUERRA (PANTALEÃO),
— *Commentaria ad Ordinationes Portugaliae Regni libri quarti in quibus omnia dilucidantur, resolvuntur & explanantur: tomus primus, in quo tracatur de emptione et venditione, de procuratoribus, de factis sub arrhis contractibus, de consuetudine, & ejus requisitis, de arbitris, & arbitratoribus, & laudi reductione, de hypotecis expressis, & tacitis, de excussione debitorum; & fideijussorum, de dote, & ejus priviligis, de praescritionibus, aliifque quaestionibus variis* [«Conimbricae», 1740].
HAGEN (HORST),
— *Funktionale und dogmatische Zusammenhänge zwischen Schadens und Bereicherungsrecht, Festschrift für Karl Larenz zum 70. Geburtstag*, 1973.
HALLEBEEK (JAN),
— *The ignorant seller's liability for latent defects: one* regula *or various sets of rules*, in *Creation of the* ius commune. *From* casus *to* regula, org. JOHN W. CAIRNS/PAUL J. DU PLESSIS, 2010.
HARKE (DIRK),
— *Das Irrtumsrecht des portuguiesischen* Código Civil*: Gegenmodell zum Nebeneinander von Erklärungs- und Sachverhaltsirrtum*, in *Zeitschrift für Europäisches Privatrecht*, 2003, 11.

HASSEMER (WINDFRIED),
— *Sistema jurídico e codificação: a vinculação do juiz à lei*, in *Introdução à Filosofia do Direito e à Teoria do Direito Contemporâneas*, org. de A. KAUFMANN e de W. HASSEMER, tradução de MARCOS KEEL e MANUEL SECA DE OLIVEIRA, revisão científica de A. M. HESPANHA, 2002.
HECK (PHILIP),
— *Grundgriß des Sachenrechts*, 2.ª reimpressão da edição de 1930, 1970.
HEINECCIUS,
— *Elementa iuris civilis romani secundum ordinem istitutionum Justiniani* [Nápoles, 1828].
— *Grundlagen des Natur- und Völkrrechts*, tradução de PETER MORTZFELD, da obra *Elementa iuris naturae et gentium*, Halae, 1738 [Francoforte do Meno e Lípsia, 1994].
HEINEMANN,
— v. FIKENTSCHER.
HOFMANN (FRANZ),
— *Die Lehre von* titulus *und* modus adquirendi, und von der *iusta causa traditionis*, [Viena, 1873].
HOMEM (PEDRO BARBAS),
— *História do pensamento político*, separata da *Revista da Faculdade de Direito da Universidade de Lisboa*, 2007.
HÖRSTER (HEINRICH),
— *A parte geral do Código Civil português. Teoria geral do direito civil*, 1992.
IMPALLOMENI (GIAMBATTISTA),
— *Evizione (Direito romano)*, in *Novissimo digesto italiano*, 1957, VI.
JHERING,
— *Ueber den Grund der Besitzsschutzes*, 2.ª edição, 1869.
— Culpa in contrahendo *oder Schadenersatz bei nichtigen oder nicht zur Perfection gelangten Verträge*, in *Gesammelte Aufsätze aus den Jahrbüchern fur die Dogmatik des heutigen römischen und deutschen Privatrechts*, 1969, reimpressão da 1881, I.
— *Geist des römischen Rechts auf den verschiedenen Stufen seiner Entwicklung*, 6.ª e 7.ª edições, 1923, II (usou-se também *O espírito do Direito romano, nas diversas fases do seu desenvolvimento*, tradução de RAFAEL BENAION, 1943, III).
JORGE (PESSOA),
— *Mandato sem representação*, 1961.
— *Ensaio sobre os pressupostos da responsabilidade civil*, 1968.
— *Direito das obrigações*, 1975-1976, I.

— *Parecer de Direito*, in *A privatização da sociedade financeira portuguesa. Regras sobre reprivatizações, responsabilidade pelo prospecto*, culpa in contrahendo, *vícios ocultos das empresas reprivatizadas*, 1995.

JOUSSEN (JACOB),

— *Das Gestaltungsrecht des Dritten nach § 317 BGB*, in *Archiv für die Civilistische Praxis*, 2003.

— *Schlichtung als Leistbestimmung und Vertragsgestaltung durch einen Dritten*, 2005.

JUSTO (SANTOS),

— *Direito privado romano*, III, *Direitos reais*, 1997.

— *A evolução do direito romano*, in *Boletim da Faculdade de Direito, Volume Comemorativo do 75.º tomo*, 2003.

— *Nótulas de história do pensamento jurídico*, 2005.

— *Direito privado romano*, II, *Direito das Obrigações*, reimpressão da 2.ª edição, 2006.

— *Direitos reais*, 2007.

— *Breviário de direito privado romano*, 2010.

— *Direito privado romano*, II, *Direito das Obrigações*, 4.ª edição, 2011.

— *Manual de contratos civis. Vertentes romana e portuguesa*, 2017.

— *Manual de direito privado romano*, 2.ª edição, 2018.

KASER (MAX),

— *Compraventa y transmissión de la propriedade en el derecho romano y la dogmática moderna*, 1962.

KASER (MAX) e KNÜTEL (ROLF),

— *Römisches Privatrecht*, 18.ª edição, 2005.

KAUFMANN (ARTHUR),

— *A problemática da filosofia do direito ao longo da história*, in *Introdução à Filosofia do Direito e à Teoria do Direito Contemporâneas*, org. de A. KAUFMANN e de W. HASSEMER, tradução de MARCOS KEEL e MANUEL SECA DE OLIVEIRA, revisão científica de M. HESPANHA, 2002.

KLEMP,

— *Der Kauf auf wiederkauf*, 1925.

KNÜTEL (ROLF),

— *Vendita e trasferimento della proprietà nel diritto tedesco*, in *Vendita e trasferimento della proprietà nella prospettiva storico-comparatistica. Materiali per un corso di diritto romano*, 1997.

— v. KASER (MAX).

KORNBLUM (UDO),

— *Die Rechtsnatur der Bestimmung der Leistung in den §§ 315-319 do BGB*, in *Archiv für die Civilistische Praxis*, 1968, 163.

KRONKE (HERBERT),

— *Zu Funktion und Dogmatik der Leistungsbestimmung nach § 315 BGB*, in *Archiv für die Civilistische Praxis*, 1983.

KUPISCH (BERTHOLD),

— *Causalità e astratteza*, in *Vendita e trasferimento della proprietà nella prospettiva storico--comparatistica. Materiali per un corso di diritto romano*, 1997.

LALINDE (JESUS),

— *Iniciación histórica al derecho español*, Barcelona, 1970.

LAMEGO (JOSÉ),

— *Elementos de metodologia jurídica*, 2016.

— *A interpretação da lei e a integração das lacunas no Código Civil*, in *Código Civil. Livro do cinquentenário*, II, *Em memória do Prof. Doutor Eduardo Santos Júnior*, 2019.

LANDSBERG,

— *Die Glosse des Accursius und ihre Lehre von Eigenthum*, 1883.

LANGE/KRIECHBAUM,

— *Römisches Recht im Mittelalter*, II, *Die Kommentatoren*, 2007.

LANGHANS (FRANZ PAUL ALMEIDA),

— *Uma concepção fenomonológica do Direito*, in *Revista da Ordem dos Advogados*, 1941, I, 2.

LARENZ (KARL),

— *Lehrbuch des Schuldrecht*, II, *Besonderer Teil*, I, 1986.

— *Metodologia da ciência do Direito*, 3.ª edição, tradução de JOSÉ LAMEGO, 1997.

LEICHT (P. S.),

— *Storia del diritto italiano, Il diritto privatto*, II, 69; III, *Le obbligazioni*, 2.ª edição, 1948.

LEITÃO (MENEZES),

— *O enriquecimento sem causa no direito civil português*, 1996.

— *Cessão de créditos*, 2005.

— *Garantias das obrigações*, 3.ª edição, 2012, 254 a 256; 5.ª ed., 2016.

— *Direito das obrigações*, III, *Contratos em especial*, 11.ª edição, 2016.

— *Direito das obrigações*, II, *Transmissão e extinção das obrigações. Não cumprimento e garantias do crédito*, 11.ª edição, 2017.

— *Direito das obrigações*, I, *Introdução. Da constituição das obrigações*, 15.ª edição, 2018.

— *Direitos reais*, 7.ª edição, 2018.

LÉVY (JEAN-PHILIPE) e CASTALDO (ANDRÉ),
— *Histoire du droit civil*, 2002.
LIMA (PIRES DE),
— *Noções fundamentais de direito civil*, lições proferidas ao 1.º ano jurídico de 1944-1945, por JOÃO DE MATOS ANTUNES VARELA, II, 1945.
LIMA (PIRES DE) e VARELA (ANTUNES),
— *Noções fundamentais de direito civil*, 3.ª edição, 1954; 6.ª edição, reimpressão, 1973.
— *Código Civil anotado*, 2.ª edição, com a colaboração de HENRIQUE MESQUITA, 1987, III.
— *Código civil anotado*, 4.ª edição, 1997, II.
LIPARI (MARCO),
— *Vendita com riserva*, in *Enciclopedia del Diritto*, 1993, XLVI.
LIZ (JORGE PEGADO),
— *Crédito ao consumo: análise crítica da proposta de directiva da Comissão*, in *Revista portuguesa de direito do consumo*, 2003.
LOBÃO (ALMEIDA E SOUSA DE),
— *Tractado practico, e critico de direito emphitêutico, conforme a legislação, e costumes deste reino e uso actual das nações*, II, 1814, reedição de 1928.
— *Fascículo de Dissertações jurídico-práticas*, Lisboa, 1825.
LOPES (BAPTISTA),
— *Do contrato de compra e venda no direito civil, comercial e fiscal*, 1971.
LÖWISCH (MANFRED),
— *Staudingers Kommentar zum Bürgerlichen Gesetzbuch mit Einführung und Nebengesetzen*, II, *Recht der Schuldverhähltnisse §§ 315-326 (Leistungsstörungsrecht II)*, por HANSJÖRG OTTO e VOLKER RIEBLE, 2004.
LÜBTOW,
— *Der Grundpfandrecht am Vorbehaltseigentum – BGHZ 35, 85*, in *Juristische Schulung*, 1963.
LUCA (DE),
— *Theatrum veritatis & justitiae, sive decisivi discursus per materias, seu titulus distincti, & ad veritatem editi in forensibus controversiis Canonicis & Civilibus, in quibus in Urbe Advocatus pro una partium scripsit, vel consultus respondit. Liber septimus, Cujus I. Pars de donationibus; II. de emptione, & venditione; III. de alienationibus, & contratibus prohibitis; IV. de tutoribus, curatoribus, administratoribus, &c., Pars II, De emptione et venditione* [Veneza, 1706].
LUMINOSO,
— *I contratti tipici e atipici*, 1995.

LUSITANO (*BENEDICTUS AEGIDIO*),
— *Commentaria in lex hoc iure ff, de iustit. et iure* [Lisboa, 1619].
LUZZATTO (RUGGERO),
— *La compravendita*, edição póstuma, a cargo de GIOVANNI PERSICO, 1961.
MAAB,
— *Die Geschichte des Eigentumsvorbehalts, insbesondere im 18. und 19*, 2000.
MACHADO (BAPTISTA),
— *Prefácio a Engisch – Introdução ao pensamento jurídico*, 1964.
— *Introdução ao direito e ao discurso legitimador*, 1983.
— *Anotação ao STJ 16-02-1984*, in *Revista de Legislação e de Jurisprudência*, 1984-1985, 117.
— *Acordo negocial e erro na venda de coisas defeituosas*, in *João Baptista Machado. Obra dispersa*, 1991, I.
— *A resolução por incumprimento e a indemnização*, in *João Baptista Machado. Obra Dispersa*, 1991, I.
— *Pressupostos da resolução por incumprimento*, in *João Baptista Machado. Obra dispersa*, 1991, I.
— *Tutela da confiança e* venire contra factum proprium, in *João Baptista Machado. Obra Dispersa*, 1991, I.
— *A cláusula do razoável*, in *João Baptista Machado. Obra dispersa*, I, 1991.
MACKELDEY,
— *Manuel de droit romain contenant la théorie des institutes précédée d'une introduction à l'étude du droit romain*, traduzido do alemão por BEVING, 3.ª edição, 1846.
MADER (PETER),
— *Staudingers Kommentar zum Bürgerlichen Gesetzbuch mit Einführungsgesetz und Nebengesetzen. Buch 2: Recht der Schuldverhältnisse*, 2004, §§ 433 a 487.
MADER (PETER) / JOSEF SCHERMAIER (MARTIN),
— *Staudingers Kommentar zum Bürgerlichen Gesetzbuch mit Einführungsgesetz und Nebengesetzen Buch 2: Recht der Schuldverhältnisse*, 2014, §§ 433 a 487.
MALAFOSSE,
— v. OURLIAC.
MARCHANTE (JOÃO PEDRO),
— *Das lacunas da lei* de iure constituto*: noção* maxime, *da delimitação da juridicidade aferidora do dever de juridificar implícito nas lacunas (ou: da detecção de lacunas da lei)*, pol., 1999.
— *Da detecção de lacunas da lei no direito português*, pol., 2001.

— *Das lacunas da lei, no Direito português* – maxime, *do disposto no art. 203.º da CRP (Os tribunais [...] apenas estão sujeitos à lei)*, pol., 2018.

MARHENKE (KARINA),

— *Vergleich der Gewährleistungsrechte im Kaufrecht (§§ 437 ff BGB) und im Werkvertragsrecht (§§ 634 ff BGB) und der Schulrechtsreform*, 2007.

MARQUES (DIAS),

— *Direitos Reais (Da prescrição aquisitiva)*, apontamentos coligidos por MANUEL MALHEIRO DIAS e LUIZ QUEIROZ DE BARROS, 1960.

— *A prescrição aquisitiva*, 1960, I.

MARTINEZ (PEDRO ROMANO),

— *Cumprimento defeituoso em especial na compra e venda e na empreitada*, 1994.

— *Direito das obrigações, parte especial, contratos (compra e venda, locação e empreitada)*, 2.ª edição, 2001.

— *Da cessação do contrato*, 2005; 2.ª ed., 2006.

— *Compra e venda e empreitada*, in *Comemorações dos 35 anos do Código Civil e dos 25 anos da reforma de 1977*, III, *Direito das obrigações*, 2007.

MARTINEZ (PEDRO ROMANO) / PONTE (PEDRO FUZETA DA),

— *Garantias de cumprimento*, 5.ª edição, 2006.

MARTINI (ANGELO DE),

— *Evizione (Direito romano)*, in *Evizione (Direito romano)*, in *Novissimo digesto italiano*, 1957, VI.

MARTINI (REMO),

— *Evizioni (Diritto greco)*, in *Novissimo digesto italiano*, 1957, VI.

MARTINS (ALEXANDRE SOVERAL),

— *Títulos de crédito e valores mobiliários*, Parte I, *Títulos de crédito*, Volume I, 2008.

— *Da personalidade e capacidade jurídicas das sociedades comerciais*, in *Estudos de direito das sociedades*, 7.ª edição, 2005, 12.ª ed., 2015.

MATOS (ALBINO),

— *Venda sem preço e averbamento e rectificação*, in *Revista da Ordem dos Advogados*, 1999, II.

MATUSCHE-BECHMANN (ANNEMARIE),

— *Staudingers Kommentar zum Bürgerlichen Gesetzbuch mit Einführungsgesetzund Nebengesetzen. Buch 2, Recht der Schuldverhältnisse*, comentário aos §§ 433 a 487, 2004.

MEINHART,

— *Dogmengeschichtliches und Dogmatiches zum Eigentumsvorbehalt*, in *Zeitschrift der Savigny-Stiftung für Rechtsgeschichte, romanistische Abteilung*, 1988, 105.

MENDES (CASTRO),
— *Teoria geral do direito civil*, 1979 (mas revista em 1985), II.
MENDES (EVARISTO),
— V. COSTA (ALMEIDA).
MERÊA (PAULO),
— *Direito romano, obrigações, prelecções feitas ao primeiro ano jurídico*, por RUI CUNHA E COSTA e ANTÓNIO MADAIL, 1913-1914.
— *Sobre a compra e venda na legislação visigótica*, in *Estudos de Direito Visigótico*, 1948.
— *A doação* per cartam *no direito romano vulgar e no direito visigótico*, in *Estudos de Direito Visigótico*, 1948.
— Traditio cartae *e os documentos medievais portugueses*, in *Estudos de Direito Hispânico Medieval*, 1953, II.
MESQUITA (HENRIQUE),
— *Direitos Reais*, 1967.
— *Obrigações e ónus reais*, 1990.
— *Acção proposta pelo Banco Mello contra o Banco Pinto & Sotto Mayor e decidida por Acórdão de 31 de Março de 1991*, in *Revista de Legislação e de Jurisprudência*, 1994--1995, 127.
MIRANDA (YARA),
— *Venda de coisa alheia*, in *Themis*, 2005, VI, 11.
MISERA (KARLHEINZ),
— *Zum Eigentumsvorbehalt im klassischen römischen Recht*, in *Festschrift für Rolf Serick zum 70. Geburtstag*, 1992.
MOLINA (LUIS DE),
— *De iustitia et iure. Opera omnia in quinque tomus distributa*, Tomo I, Tomo II [«Coloniae Allobrogum», 1733].
MONCADA (CABRAL DE),
— *A* «traditio» *e a transferência da propriedade imobiliária no direito português (séculos XII-XV)*, in *Estudos de História do Direito*, 1948, I
— *Lições de direito civil, parte geral*, 3.ª edição, 1959 [existe 4.ª ed. de 1962 e publicada em 1995], I.
— *Lições de direito civil*, II.
MONIER,
— *Manuel élémentaire de droit romain*, 2 tomos num só volume, Tomo I, *Introduction historique, les sources, la procédure, les personnes, droits réels, les sucessions*, Tomo II, *Les obligations*, segunda reimpressão das 5.ª e 6.ª edições de 1947–1954, 1977, II.

MONTEIRO (PINTO),
— *Sobre o não cumprimento na venda a prestações (algumas notas)*, in *O Direito*, 1990, 122, III e IV.
— *Cláusula penal e indemnização*, 1990.
— *A protecção do consumidor de serviços públicos essenciais*, in *Estudos de direito do consumidor*, 2000, 2.
— *Garantías en la venta de bienes de consumo. Les garanties dans la vente de biens de consommation*, separata *de Ponenecias de la conferencia internacional Santiago de Compostela, 30-31 de enero de 2004, Rapports de la conférence internationale Saint-Jacques-de-Compostelle, 30-31 janvier 2004*, 2004.
MONTEIRO (PINTO) / GUEDES (CARDOSO),
— *Venda de animal defeituoso/Parecer*, in *Colectânea de jurisprudência*, 1994, XIX, 5.
MONTEIRO (SINDE),
— *Responsabilidade por conselhos, recomendações ou informações*, 1989.
MORAIS (GRAVATO DE),
— *Reserva de propriedade a favor do financiador (anotação RLx 21-02-2002)*, in *Cadernos de Direito Privado*, n.º 6 Abril/Junho 2004, 51.
— *O direito de revogação nos contratos de crédito ao consumo: confronto entre os regimes jurídicos português e alemão*, in *Scientia Iuridica*, 2006, LV, 307, Julho-Setembro.
— *União de contratos de crédito ao consumo e de venda para consumo*, 2004, 307, nota 572.
— *Alienação e oneração de estabelecimento comercial*, 2005.
— *Contratos de crédito ao consumo*, 2007.
MOREIRA (GUILHERME),
— *Instituições do direito civil*, III, *Direitos reaes e direitos de família*, pré-edição, sem indicação de local nem data, mas de 1901.
— *Instituições de direito civil portuguez*, Lições de 1903-1904, mas sem local nem data.
— *Instituições de direito civil português*, II. *Direito das obrigações*, 2.ª edição, 1925.
MÜLLER-FREINFELS,
— *Die Vertretung beim Rechtsgeschäft*, 1955.
MÚRIAS (PEDRO) / PEREIRA (MARIA DE LURDES),
— *Sobre o conceito e a extensão do sinalagma*, in *Estudos em Honra do Professor Doutor José de Oliveira Ascensão*, 2008, I.
NEVES (CASTANHEIRA),
— *Questão-de-facto – Questão-de-direito ou o problema metodológico da juridicidade (Ensaio de uma reposição crítica)*, I, *A crise*, 1967.
— *O Instituto dos «assentos» e a função jurídica dos supremos tribunais*, 1983.

— *Metodologia jurídica. Problemas fundamentais*, 1993.
— *Interpretação jurídica*, in *Digesta. Escritos acerca do direito, do pensamento jurídico, da sua metodologia e outros*, 1995, II.
— *Método jurídico*, in *Digesta. Escritos acerca do direito, do pensamento jurídico, da sua metodologia e outros*, 1995, II.
— *O papel do jurista no nosso tempo*, in *Digesta. Escritos acerca do direito, do pensamento jurídico, da sua metodologia e outros*, 1995, I.
— *O princípio da legalidade criminal*, in *Digesta. Escritos acerca do direito, do pensamento jurídico, da sua metodologia e outros*, 1995, I.
— *O actual problema metodológico da realização do direito*, in *Digesta. Escritos acerca do direito, do pensamento jurídico, da sua metodologia e outros*, 1995, II.
— *Entre o «legislador», a «sociedade» e o «juiz» ou entre «sistema», «função» e «problema» – os modelos actualmente alternativos da realização jurisdicional*, in *Revista de Legislação e de Jurisprudência*, 1998, 131 [=*Boletim da Faculdade de Direito*, 1998, 124, *Boletim da Faculdade de Direito*, 1998, 124].
— *O actual problema metodológico da interpretação jurídica*, 2003.
— *O sentido actual da metodologia jurídica*, in *Boletim da Faculdade de Direito*, Volume Comemorativo, 2003.
— *Dworkin e a interpretação jurídica – ou a interpretação jurídica, a hermenêutica e a narratividade*, in *Digesta. Escritos acerca do direito, do pensamento jurídico, da sua metodologia e outros*, 2008, III.

NICOLÒ,
— *L'adempimento dell'obbligo altrui*, 1936.

NOVA (DE),
— *La cassazione e il leasing: atto secondo*, in *Foro Italiano*, 1990, I.

OETKER (HARTMUT)/MAULTZSCH (FELIX),
— *Vertragliche Schuldverhältnisse*, 2018.

OLIVEIRA (NUNO PINTO),
— *Contrato de compra e venda, noções fundamentais*, 2008.
— *Cláusulas acessórias ao contrato. Cláusulas de exclusão e de limitação do dever de indemnizar. Cláusulas penais*, 3.ª edição, 2008.

OURLIAC /MALAFOSSE,
— *Droit romain et ancien droit*, I, *Les obligations*, 1957.

PARDOLESI,
— *Leasing finanziario: si recomincia da due*, in *Foro Italiano*, 1990, I.

PECORELLA (CORRADO),
— v. DIURNI (GIOVANNI).

PELÁGIO (HUMBERTO),
— *Da venda a prestações. Ensaio sobre a venda de cousas móveis para uso ou consumo*, 1941.
PELOSI (ANGELO CARLO),
— *Vendita com patto di riscatto*, in *Enciclopedia del Diritto Italiano*, 1993, XLI.
PERALTA (ANA MARIA),
— *A posição jurídica do comprador na compra e venda com reserva de propriedade*, 1991.
PEREIRA (MARIA DE LURDES),
— *Conceito de prestação e destino da contraprestação*, 2001.
PEREIRA (MARIA DE LURDES),
— v. ALBUQUERQUE (PEDRO DE),
PEREIRA (RUI SOARES),
— *A eficácia (real) da compra e venda de acções*, in *Código Civil. Livro do cinquentenário*, II, *Em memória do Prof. Doutor Eduardo Santos Júnior*, 2019.
PERELMAN,
— *Ética e direito*, tradução de JOÃO DUARTE, 2002.
PERTILE,
— *Storia dell diritto italiano della caduta dell'impero romano alla codificazione*, IV, *Storia del diritto privato*, 1874.
— *Storia dell diritto italiano della caduta dell'impero romano alla codificazione*, 2.ª edição, IV. *Storia del diritto privato*, 1893.
PINHEIRO (LUÍS DE LIMA),
— *A venda com reserva de propriedade em direito internacional privado*, 1991.
— *A cláusula de reserva da propriedade (algumas reflexões sobre a função, regime e natureza jurídica)*, 1988.
PINTO (BORGES),
— v. PITÃO (FRANÇA).
PINTO (CARLOS MOTA),
— *Cessão da posição contratual*, 1970.
— *Nulidade do contrato-promessa de compra e venda e responsabilidade por culpa na formação dos contratos*, in *Revista de Direito e Estudos Sociais*, 1970, 1.
— *Direitos reais*, segundo as prelecções ao 4.º ano jurídico de 1970-1971, por ÁLVARO MOREIRA/CARLOS FRAGA, 1971.
— *Teoria geral do direito civil*, 4.ª edição por PINTO MONTEIRO e PAULO MOTA PINTO, 2005.
PINTO (EDUARDO VERA-CRUZ),
— *O direito das obrigações em Roma*, 1997, I.

Pinto (Paulo Mota),
— *Aparência de poderes de representação e tutela de terceiros, reflexão a propósito do artigo 23.º do Decreto-Lei n.º 178/86, de 3 de Julho*, in *Boletim da Faculdade de Direito*, 1993, vol. LXIX.
— *Declaração tácita e comportamento concludente*, 1995.
— *Conformidade e garantias na venda de bens de bens de consumo. A Directiva 1999/44//CE*, in *Estudos de direito do consumidor*, 2000.
— *Interesse contratual negativo e interesse contratual positivo*, 2009, II.
— *O anteprojecto de código do consumidor e a venda de bens de consumo*, in *Estudos de direito do consumidor*, 2005, 7
Pinto (Rui),
— *Direitos reais de Moçambique*, 2006.
Pires (Catarina Monteiro),
— *A alienação em garantia no direito civil português*, 2010.
Pisu (Luciana),
— *Garanzia e responsabilità*, in *Vendita e trasferimento della proprietà nella prospettiva storico-comparatistica. Materiali per un corso di diritto romano*, 1997.
Pitão (França) e Pinto (Borges),
— *Direito das coisas*, s.l., 1976.
Pothier,
— *Pandectes de Justinian*, versão bilingue em latim e em francês, tradução de Breárd-Neuville, 1821.
— *Traité du contrat de vente*, in *Oeuvres de R.-J. Pothier*, Bruxelas, 1831, I.
Praça (Lopes),
— *Estudos sobre o código civil: rescisão do contracto de compra e venda por lesão e vicios redhibitorios, segundo o art. 1582 do código civil portuguez*, 1870.
Prata (Ana),
— *Cláusulas de exclusão e limitação da responsabilidade contratual*, 1985.
— *Notas sobre a responsabilidade pré-contratual*, in *Revista da Banca*, Outubro--Dezembro, 1990.
— *Os contratos em volta (da compra e venda), Estudos em Homenagem ao Professor Doutor Inocêncio Galvão Telles*, 2003, IV.
— *Código civil anotado*, coordenação de Ana Prata, 2017, I.
Proença (Brandão),
— *A resolução do contrato no direito civil*, 1996.
Prütting,
— v. Schwab.

PUFENDORF,
— *De jure naturae et gentium libri octo* [reprodução fotográfica da edição de 1688, com introdução de WALTER SIMONS, Londres, 1934, vol. I].
PUGLIESE,
— *Istituzioni di diritto romano*, com a colaboração de FRANCESCO SITZIA e LETIZIA VACCA, Parte II, 1986, Parte III, *Il período postclassico e giustinianeo*, 1988.
— *Compravendita e trasferimento della proprietà in diritto romano*, in *Vendita e trasferimento della proprietà nella prospettiva storico-comparatistica. Materiali per un corso di diritto romano*, 1997.
QUEIROZ (CRISTINA),
— *A interpretação jurídica*, in *Estudos em Homenagem ao Professor Doutor Marcello Caetano no centenário do seu nascimento*, 2006, I.
— *O princípio da interpretação conforme a constituição: questões e perspectivas*, in *Revista da Faculdade de Direito da Universidade do Porto*, 2010, VII.
RADBRUCH,
— *Einführung in die Rechtswissenschaft*, 12.ª edição, cuidada após a morte do autor por KONRAD ZWEIGERT, Estugarda, 1969.
RAISER,
— *Dinglichen Anwartschaftrechten*, 1961.
RAMOS (BONIFÁCIO),
— *Direitos reais, relatório*, 2013.
RAMOS (MOURA)
— *A convenção de Viena sobre o contrato de compra e venda internacional de mercadorias trinta e cinco anos depois*, in *Boletim da Faculdade de Direito*, 2016, XCII, I.
RAMOS (MOURA) / SOARES (MARIA BENTO),
— *Contratos internacionais, compra e venda, cláusulas penais, arbitragem*, 1986.
REGO (LOPES),
— *A uniformização de jurisprudência no novo direito processual civil*, 1997.
RESCIGNO (PIETRO),
— *Condizione (dir. vig.)*, in *Enciclopedia del Diritto*, 1961, XI.
RHINOW (RENÉ A.),
— *Rechtsetzung und Methodik*, 1979.
RIBEIRO (SEQUEIRA),
— *Acerca da forma no contrato de mandato*, in *Revista da Faculdade de Direito de Lisboa*, 1997, 2.
RIBEIRO (SOUSA),
— *O problema* do contrato. *As cláusulas contratuais gerais e o princípio da liberdade contratual*, 1999.

ROCHA (ANA CATARINA),
— *A cláusula de reserva de propriedade na Directiva 2000/35/CE do Parlamento Europeu e do Conselho sobre as medidas de luta contra atrasos de pagamentos*, in *Revista da Faculdade de Direito da Universidade do Porto*, 2005, II.
ROCHA (COELHO DA),
— *Instituições de direito civil portuguez*, 2.ª edição, 1848, I.
RODRIGUES (MANUEL),
— *A compropriedade*, in *Revista de Legislação e de Jurisprudência*, 1925-1926, 58.
— *A posse – estudo de direito civil português*, 3.ª edição revista, anotada e prefaciada por FERNANDO LUSO SOARES, 1980.
RODRIGUES (SANDRA MARTINHO),
— *A interpretação jurídica no pensamento de Ronald Dworkin (uma abordagem)*, 2005.
ROMANO (SALVATORE),
— *Vendita, contratto estimatorio*, in *Trattato di diritto civile*, de GROSSO/SANTORO-PASSARELLI, 1960.
ROSE (CARLOS DA GAMA),
— *Compra e venda a prestações com e sem reserva de propriedade*, 1962.
ROSSHIRT,
— *Dogmen-Geschichte des Civilsrechts*, reimpressão da edição de 1853, 2006.
SÁ (FERNANDO CUNHA DE),
— *Abuso de direito*, 1973.
SANDROCK (ANDREA),
— *Vertragswidrigkeit der Sachleistung*, 2003.
SANTOS (EDUARDO),
— *Curso de Direitos Reais*, I, *Introdução. Direitos reais de gozo*, 1983, relativo ao ano letivo 1982-1983, turno da noite.
SANTOS (ELSA SEQUEIRA),
— *Analogia e tipicidade em Direitos Reais*, in *Estudos em Homenagem ao Professor Doutor Inocêncio Galvão Telles*, 2003, IV.
SANTOS (MARQUES DOS),
— *Defesa e ilustração do Direito Internacional Privado*, suplemento à *Revista da Faculdade de Direito da Universidade de Lisboa*, 1998.
SAVIGNY,
— *Das Recht des Besitz*, 7.ª edição, 1865.
SCHAPP (SCHUR),
— *Sachenrecht*, 3.ª edição, 2002.

SCHIEMANN,
— *Über die Funktion des* pactum reservati domini *während der Rezeptionen des römischen Rechts in Italien und Mitteleuropa*, in *Zeitschrift der Savigny-Stiftung für Rechtsgeschichte, romanistische Abteilung*, 1976, 93.
SCHMIDT (REIMER),
— *Die Obliegenheiten. Studien auf dem Gebiet des Rechtszwanges im Zivilrecht unter besonderer Berücksichtigung des Privatsversicherungsrechts*, 1953.
SCHULZ,
— *Classical roman law*, reimpressão da edição de 1951, 1954.
SCHUPFER (FRANCESCO),
— *Il diritto delle obbligazioni*, 1868.
SCHWAB e PRÜTTING,
— *Sachenrecht*, 32.ª ed. da obra fundada por FRIEDRICH LENT, 2006.
SCHUR,
— V. SCHAPP.
SEARA (FERNANDO),
— v. ARAÚJO (LIMA).
SERICK,
— *Eigentumsvorbehalt und Sicherungsübertragung*, I, *Der einfache Eigentumsvorbehalt*, 1963.
SERRA (VAZ),
— *Cessão de créditos ou de outros direitos*, in *Boletim do Ministério da Justiça*, número especial, 1955.
— *Impossibilidade superveniente e cumprimento imperfeito imputáveis ao devedor*, in *Boletim do Ministério da Justiça*, 1955, 47.
— *Efeitos dos contratos (princípios gerais)*, in *Boletim do Ministério da Justiça*, 1958.
— *Objecto da prestação – suas espécies, conteúdos e requisitos*, in *Boletim do Ministério da justiça*, 1958, 74.
— *Abuso de direito (em matéria de responsabilidade civil)*, in *Boletim do Ministério da Justiça*, 1959, 85.
— *Anotação ao STJ 29-07-1966*, in *Revista de Legislação e de Jurisprudência*, 1967-1968, 100.
— *Acções nominativas e acções ao portador*, in *Boletim do Ministério da Justiça*, 1968, 176.
— *Anotação ao STJ 30-101967*, in *Revista de Legislação e de Jurisprudência*, 1969, 101.
— *Anotação ao STJ 03-12-1968*, in *Revista de Legislação e de Jurisprudência*, 1970-1971, 103.
— *Anotação ao STJ 18-12-1970*, in *Revista de Legislação e de Jurisprudência*, 1971-1972, 104.

— *Anotação ao STJ 30-06-1970*, in *Revista de Legislação e de Jurisprudência*, 1971-1972, 104.

— *Anotação ao STJ 14 de Março de 1972*, in *Revista de Legislação e de Jurisprudência*, 1974, 106.

— *Anotação ao Acórdão do Supremo Tribunal de Justiça de 07-10-1976*, in *Revista de Legislação e de Jurisprudência*, 1977-1978, ano 90.

— *Anotação ao STJ 16-03-1973*, in *Revista de Legislação e de Jurisprudência*, 1974-1975, 107.

SEUFFERT,

— *Wiederkaufsrecht und Wiederverkaufsrecht während Konkurs*, in *Leipziger Zeitschrift für Deutches Recht für Handels-, Konkurs-, und Versicherungsrecht*, 1907, I.

SILVA (ANA PAULA COSTA E),

— *Compra e venda de valores mobiliários*, separata de *Direitos dos Valores Mobiliários, Revista da Faculdade de Direito de Lisboa*, sem local, nem data, mas de 1997.

— *A transmissão de valores mobiliários fora do mercado secundário*, in *Direito dos Valores Mobiliários*, 1999.

— *Posse ou posses?*, 2004.

SILVA (CALVÃO DA),

— *Responsabilidade civil do produtor*, 1990.

— *Parecer de Direito*, in *A privatização da Sociedade Financeira Portuguesa. Regras sobre reprivatizações. Responsabilidade pelo prospecto.* Culpa in contrahendo. *Vícios ocultos das empresas reprivatizadas*, 1995.

— *Anotação a RLx 09-07-1998 e Rpt 28-06-1998*, in *Revista de Legislação e de Jurisprudência*, 1999, 132.

— *Anotação ao STJ 16-05-2000*, in *Revista de Legislação e de Jurisprudência*, 2000, 133.

— *Cumprimento e sanção pecuniária compulsória*, 4.ª edição, 2002.

— *Sinal e contrato-promessa*, 11.ª edição, 2006; 14.ª ed., 2016.

— *Compra e venda de coisas defeituosas, conformidade e segurança*, 4.ª edição, 2006.

— *Venda de bens de consumo*, 3.ª edição, 2006.

SILVA (EVA),

— *As relações entre a responsabilidade pré-contratual por informações e os vícios da vontade (erro e dolo). O caso da indução negligente em erro*, 2010.

SILVA (GOMES DA) / CABRAL (RITA),

— *Parecer de direito*, in *A privatização da sociedade financeira portuguesa. Regras sobre reprivatizações, responsabilidade pelo prospecto*, culpa in contrahendo, *vícios ocultos das empresas reprivatizadas*, 1995.

SILVA (MANUEL DUARTE GOMES DA),

— *O dever de prestar e do dever de indemnizar*, 1944, I.

— *Curso de Direitos Reais*, apontamentos das lições proferidas no curso do 4.º ano jurídico de 1956-1957, coligidos por ANTÓNIO BRAZ TEIXEIRA, 1957.

SOARES (FERNANDO JOSÉ GAUTIER LUSO),

— *Compra e venda na história do direito português: sua natureza*, pol., 1995.

SOLLER (MARIA JOÃO),

— *Direitos Reais (plano da cadeira)*, sem indicação de local (mas de Lisboa), 1976-1977.

SOUSA (JOÃO SERRAS DE),

— *Garantias reais e modificação do objeto da garantia*, in *Código Civil. Livro do cinquentenário*, II, *Em memória do Prof. Doutor Eduardo Santos Júnior*, 2019.

SOUSA (MARCELO REBELO DE),

— *Parecer de direito*, in *A privatização da sociedade financeira portuguesa. Regras sobre reprivatizações, responsabilidade pelo prospecto*, culpa in contrahendo, *vícios ocultos das empresas reprivatizadas*, 1995.

SOUSA (TEIXEIRA DE),

— *Estudos sobre o novo processo civil*, 1997.

— *Acção executiva singular*, 1998.

— *O cumprimento defeituoso e a venda de coisas defeituosas*, in *Ab uno ad omnes. 75 anos da Coimbra editora*, 1998.

— *Introdução ao Direito*, 2012.

SPONER,

— *Das Anwartschaftsrecht und seine Pfändung*, 1965.

SYLVA (GONÇALVES DA),

— *Commentaria ad ordinationes regni Portugaliae* [Lisboa, 1740. Tomo IV].

STRINGARI (KATERINA),

— *Die Haftung des Verkäufers für mangelbedingte Schäden*, 2007.

SUTCHET (HOLGER),

— *Haftung für anfängliches Unvermögen*, in *Neue juristische Wochenschrift*, 2005.

TALAMANCA (MARIO),

— *Vendita Diritto Romano*, in *Enciclopedia del Diritto*, 1993, XLVI.

TAVARES (JOSÉ),

— *Os princípios fundamentais do direito civil*, 2.ª edição, II, 1929.

TELLES (INOCÊNCIO GALVÃO),

— *Dos contratos em especial, I e II, compra e venda e locação. Ante-projecto de dois capítulos do futuro Código Civil português*, separata da *Revista da Faculdade de Direito de Lisboa*, 1948, V.

— *Venda obrigatória e venda real*, in *Revista da Faculdade de Direito da Universidade de Lisboa*, 1948, V.
— *Dos contratos civis*, in *Boletim do Ministério da Justiça*, 1949, 13.
— *Aspectos comuns aos vários contratos (Exposição de Motivos referente ao Título do futuro Código Civil português sobre contratos em especial)*, separata da *Revista da Faculdade de Direito da Universidade de Lisboa*, 1950, VII.
— *Contratos civis (Projecto completo de um futuro Código Civil português e respectiva exposição de motivos)*, separata da *Revista da Faculdade da Universidade de Direito de Lisboa*, 1953-1954, IX-X.
— *Manual dos contratos em geral*, 3.ª edição, *Dos Contratos em geral*, 1965.
— *Parecer de Direito*, in *A privatização da sociedade financeira portuguesa. Regras sobre reprivatizações, responsabilidade pelo prospecto,* culpa in contrahendo, *vícios ocultos das empresas reprivatizadas*, 1995.
— *Direito das obrigações*, 7.ª edição, 1997.
Telles (José Homem Corrêa),
— *Digesto portuguez ou Tratado dos modos de adquirir a propriedade; de a gozar e de a administrar, e de a transferir por derradeira vontade; para servir de subsidio ao novo Código Civil*, 4.ª edição, 1853, III.
— *Doutrina das Acções, acommodada ao foro de Portugal*, 4.ª edição, 1853.
Thiele,
— *Die Zustimmungen in der Lehre vom Rechtsgeschäft*, 1966.
Tito Arantes,
— *Do abuso de direito e da sua repercussão em Portugal (ensaio jurídico)*, 1936.
Treitel,
— *The law of contract*, 9.ª edição, 1995.
Vacca (Letizia),
— *Annotazioni in tema di vendita e trasferimento della proprietà*, in *Vendita e trasferimento della proprietà nella prospettiva storico-comparatistica. Materiali per un corso di diritto romano*, 1997.
— *Sulla responsabilità* «ex empto» *del venditore nel caso di evizione secondo la giurisprudenza tardo-classica*, in *Vendita e trasferimento della proprietà nella prospettiva storico-comparatistica. Materiali per un corso di diritto romano*, 1997.
— *Ancora sull'estenzione dell'ambito di applicazione dell'*actio empti *in età classica*, in *Vendita e trasferimento della proprietà nella prospettiva storico-comparatistica. Materiali per un corso di diritto romano*, 1997.
— *La garanzia per evizione e le obbligazioni del venditore nel sistema romano e nel sistema del codice civile italiano*, in *Vendita e trasferimento della proprietà nella prospettiva storico-comparatistica. Materiali per un corso di diritto romano*, 1997.

VARELA (ANTUNES),
— *Parecer*, in *Revista da Ordem dos Advogados*, 1985, 45, I.
— *Manual de Processo Civil*, com a colaboração de MIGUEL BEZERRA e SAMPAIO E NORA, 2.ª edição, 1985.
— *Cumprimento imperfeito do contrato de compra e venda. A excepção do contrato não cumprido*, in *Colectânea de Jurisprudência*, 1987, XII.
— *Anotação ao STJ 13-12-1984*, in *Revista de Legislação e de Jurisprudência*, 1989-1990, 122.
— *Anotação. Tribunal arbitral. Acórdão de 31 de Março de 1993*, in *Revista de Legislação e de Jurisprudência*, 1993-1994, 126.
— *Das obrigações em geral*, reimpressão da 7.ª edição, II, 2004, reimpressão da 10.ª edição, I, 2005.
— v. LIMA (PIRES DE).
VASCONCELOS (LUÍS MIGUEL PESTANA DE),
— *A cessão de créditos em garantia e a insolvência*, 2007.
VASCONCELOS (PEDRO PAIS DE),
— *Direito comercial*, 2011.
VAZ (TERESA ANSELMO),
— *Alguns aspectos do contrato de compra e venda a prestações*, 1995.
VENTURA (RAÚL),
— *Direito romano. Obrigações*, 1951/1952.
— *O contrato de compra e venda no código civil. Venda de bens alheios. Venda com expedição*, in *Revista da Ordem dos Advogados*, 1980, ano 40, II.
— *Contrato de compra e venda no Código Civil. O preço. Venda a retro)*, in *Revista da Ordem dos Advogados*, ano 40, 1980, III.
— *O contrato de compra e venda no código civil. Proibições de compra e venda. Venda de bens futuros. Venda de bens de existência ou de titularidade incerta. Venda de coisas sujeitas a contagem, pesagem ou medida*, in *Revista da Ordem dos Advogados*, 1983, ano 43, II, Maio.
— *O contrato de compra e venda no Código Civil. Efeitos essenciais do contrato de compra e venda: a transmissão da propriedade da coisa ou da titularidade do direito; a obrigação de entregar a coisa*, in *Revista da Ordem dos Advogados*, 1983, ano 43, III.
— *Reflexões sobre direitos dos sócios*, in *Colectânea de Jurisprudência*, 1984, IX, 2.
— *Sociedades por quotas*, 4.ª reimpressão da 2.ª edição de 1989, 2007.
VICENTE (DÁRIO MOURA),
— *Da responsabilidade pré-contratual em direito internacional privado*, 2001.
VIEIRA (JOSÉ ALBERTO),
— *Direitos reais*, 2008, 2.ª edição, 2018.

— *A posse. Estudo sobre o seu objeto e extensão, perspectiva histórica e de direito português*, 2018.

Volterra (Edoardo),

— *Istituzioni di diritto privato romano*, 1961.

Waldeck,

— *Institutiones iuris civilis Heineccianae emendate atque reformatae* [Coimbra, 1814].

Weber (Hansjörg),

— *Kreditscherheiten. Recht der Sicherungsgeschäfte*, 8.ª edição, 2006.

Wesel (Uwe),

— *Geschichte des Rechts vom den Frühformen bis zu Gegenwart*, 3.ª edição, 2006.

Westermann,

— *Münchener Kommentar. Bürgerliches Gesetzbuch. Schuldrecht.* III, *Besonderer Teil I*, 4.ª edição, 2005.

— *Münchener Kommentar zum BGB* 7.ª edição, 2016, comentário prévio ao § 433 (acedido através de *beck-online*).

Westphals (Ernst Christian),

— *Lehre des gemeinen Rechts vom Kauf, Pacht, Mieth und Erbzinskontract, der Cession, auch der Gewähr des Eigenthums und der Mängel* [Francoforte, Lípsia, 1791].

Wiegand (Wolfgang),

— Numerus clausus *der dinglichen Rechte. Zur Entstehung und Bedeutung eines zentralen zivilrechtlichen Dogmas*, in *Wege europäischer Rechtsgeschichte. Karl Kroeschell zum 60. Geburtstag*, 1987.

— *Sicherungsübereignung und Fahrnispfand*, in *Mobiliarsicherhieten. Sicherungszessions und Übereignung, Pfandrecht und Eigentumsvorbehalt aus privat- und verfahrensrechtlicher Sicht (Berner Banksrechtstag, 1998)*, 1998.

Wilhelm (Jan),

— *Sachenrecht*, 2.ª edição, 2002.

Wolff (Christian),

— *Grundsätze des Natur- und Völckrrechts*, reimpressão da edição de 1754, 1980.

Wolf (Manfred),

— *Sachenrecht*, 23.ª edição, 2007.

Wörlen,

— *Sachenrecht*, 6.ª edição, com a colaboração de Metzler-Müller, 2005.

Xavier (Vasco da Gama Lobo),

— *Venda a prestações – algumas notas sobre os artigos 934.º e 935.º do Código Civil*, in *Revista de Direito e de Estudos Sociais*, XXI, 1974, 1 a 4.

— *Acção (II – Direito Comercial)*, in *Pólis*, 1983, I.

ZITELMANN,
— *Irrtum und Rechtsgeschäft: Eine psychologisch-juristische Untersuchung*, 1879.
ZULUETA,
— *The roman law of sale*, reimpressão da primeira edição, 1957.

ÍNDICE